Código Civil para el Estado Libre y Soberano de Puebla

Código Nacional de Procedimientos Civiles y Familiares

ACCESO GRATIS a la Lectura en la Nube

Para visualizar el libro electrónico en la nube de lectura envíe junto a su nombre y apellidos una fotografía del código de barras situado en la contraportada del libro y otra del ticket de compra a la dirección:

ebooktirant@tirant.com

En un máximo de 72 horas laborales le enviaremos el código de acceso con sus instrucciones.

Código Civil para el Estado Libre y Soberano de Puebla

Código Nacional de Procedimientos Civiles y Familiares

2ª Edición

Edición y prólogo de

MIGUEL CARBONELL

tirant lo blanch

Ciudad de México, 2024

© EDITA: TIRANT LO BLANCH
DISTRIBUYE: TIRANT LO BLANCH MÉXICO
Av. Tamaulipas 150, Oficina 502
Hipódromo, Cuauhtémoc, 06100, Ciudad de México
Telf: +52 1 55 65502317
infomex@tirant.com
www.tirant.com/mex/
www.tirant.es
ISBN: 978-84-1197-608-4

Si tiene alguna queja o sugerencia, envíenos un mail a: *atencioncliente@tirant.com*. En caso de no ser atendida su sugerencia, por favor, lea en *www.tirant.net/index.php/empresa/politicas-de-empresa* nuestro Procedimiento de quejas.

Responsabilidad Social Corporativa: http://www.tirant.net/Docs/RSCTirant.pdf

ÍNDICE

CÓDIGO NACIONAL DE PROCEDIMIENTOS CIVILES Y FAMILIARES

Prólogo

Miguel Carbonell
Director del Centro de Estudios Jurídicos Carbonell AC

Introducción

En el Diario Oficial de la Federación del 15 de septiembre de 2017 se incorpora una fracción XXX al artículo 73 constitucional para facultar al Congreso de la Unión: "XXX. Para expedir la legislación única en materia procesal civil y familiar". Esta disposición es la que permite unificar los ordenamientos procesales en materia civil y familiar, tal como sucedió en su momento con la legislación relativa al procedimiento penal (regido desde 2014 por el Código Nacional de Procedimientos Penales, cuya expedición y progresiva entrada en vigor fue teniendo como efecto la abrogación de los códigos de procedimientos penales de las entidades federativas).

La expedición de un código único aplicable a todo el país para regular los procedimientos civiles y familiares, nos da una magnífica oportunidad para poner al día nuestra normativa y nuestra doctrina procesales, las cuales se habían quedado bastante rezagadas en las décadas recientes.

En efecto, si bien se habían dado cambios importantes a las reglas y principios que rigen la tramitación de los procesos civiles y familiares, se trataba de avances poco homogéneos y realizados sin un diagnóstico adecuado de lo que se tenía que mejorar y la forma de llevarlos a cabo. Además, el desarrollo doctrinal en tales materias fue muy escaso como consecuencia de la dispersión normativa existente, lo que tampoco ayudaba demasiado.

La expedición del Código Nacional de Procedimientos Civiles y Familiares debe servir también como un poderoso recordatorio de que el procesalismo científico mexicano ha tenido a lo largo de la historia muy destacados exponentes y de que la cabal aplicación de la nueva normativa en tan relevantes materias va a necesitar del surgimiento de nuevos exponentes académicos. Recordemos que a partir del impulso que le da a los estudios procesales el eminente jurista Niceto Alcalá Zamora y Castillo (exiliado español, se incorpora a la UNAM en 1945 y empieza a formar a una brillante escuela de discípulos, hasta su regreso a España en 1975), van surgiendo muchos nombres brillantes que traen a México las más modernas doctrinas procesales.

A partir de la expedición del Código Nacional se abren una serie de oportunidades que conviene aquilatar y que ya habían vislumbrado desde hace años nuestros más preclaros procesalistas.

Así por ejemplo, en un artículo que ha sido citado en infinidad de ocasiones, el propio Niceto Alcalá-Zamora y Castillo había señalado desde 1960 que lograr la unificación procesal en materia civil y penal tendría la ventaja de permitir una práctica forense y jurisdiccional uniforme, contar con una legislación depurada y lograr un mejoramiento de la dogmática jurídica en la materia[1].

La expedición en 2014 del Código Nacional de Procedimientos Penales parece haberle dado la razón a Alcalá-Zamora en cada uno de los tres aspectos que señalaba hace tanto tiempo. Y seguramente lo mismo sucederá en lo que tiene que ver con el procedimiento civil y familiar.

El texto del Código Nacional de Procedimientos Civiles y Familiares, por ser de aplicabilidad a lo largo y ancho de la República, permitirá una uniformidad en su interpretación y (esperemos) en su aplicación.

Pero además hay que reconocer que, sin ser ni de lejos una norma perfecta, mejora en varios aspectos la existente a nivel federal y local en las materias que regula.

Y finalmente, va a permitir el surgimiento de una doctrina procesal moderna, que sea capaz de servir a todos los estudiantes de derecho del país y a todos los profesionales jurídicos, sin importante el lugar de la República en el que ejerzan.

---

1 "Unificación de los códigos procesales mexicanos, tanto civiles como penales", *Revista de la Facultad de Derecho de México*, tomo X, números 37-40, México, enero-diciembre de 1960, páginas 265 y siguientes.

Para la doctrina procesalista se avizora una edad de oro que dará como resultado un "progreso extraordinario", como también lo había anticipado Alcalá-Zamora en el artículo que ya hemos citado. Tiene razón el jurista Rubén Sánchez Gil cuando afirma que la expedición del Código Nacional de Procedimientos Civiles y Familiares "será una gran revolución en la práctica jurídica, en nuestras concepciones jurídicas y en la manera en la que vamos a operar y practicar el derecho, sea desde la judicatura, desde la abogacía o desde la academia"[2].

Algunos antecedentes históricos

El nuevo Código Nacional de Procedimientos Civiles y Familiares es resultado de un largo periplo histórico. Tiene como antecedente remoto, bajo el manto de la entonces recientemente expedida Constitución mexicana de 1857, el llamado "Código Zuloaga" de 1858, cuyo nombre oficial fue "Ley para el Arreglo de la Administración de Justicia en los Tribunales y Juzgados del Fuero Común". A nivel local cabe destacar el antecedente de la "Ley de Procedimientos Civiles del Estado de Jalisco" de 1868, que es considerado el primer código propiamente procesal en la historia del derecho mexicano.

Fueron también muy influyentes los códigos de procedimientos civiles aplicables al territorio de la capital de la República y al de los entonces todavía existentes (aunque hoy ya desparecidos) territorios federales —como Baja California, por ejemplo— de los años 1872, 1880 y 1884. También fueron importantes los códigos federales en la materia, de los años 1896 y 1908.

El antecedente inmediato del Código Nacional se encuentra en las dos grandes referencias normativas en materia procesal civil del siglo XX mexicano. Por un lado el Código de Procedimientos Civiles para el Distrito Federal, cuya vigencia inició el 1 de octubre de 1932. Por otra parte el Código Federal de Procedimientos Civiles que fue publicado en el *Diario Ofi-*

---

2 "Código Nacional de Procedimientos Civiles: federalismo, retos y oportunidades", *Tohil. Revista de la Universidad Autónoma de Yucatán*, año, 21, número 46, Mérida, enero-diciembre de 2021, páginas 53-54.

cial de la Federación el 24 de febrero de 1942 y cuyo texto no tuvo ninguna reforma durante sus primeros 45 años, hasta que en 1988 se le adicionó un conjunto de cuestiones relativas a la cooperación procesal internacional.

De esos antecedentes, de la doctrina que los analizó y de la jurisprudencia que buscó su correcta aplicación, es de donde abreva el Código Nacional, que esperemos pueda estar en vigor (con las reformas que el paso del tiempo vaya sugiriendo, desde luego) durante mucho tiempo.

Supletoriedad

No cabe duda que las materias civil y familiar son de una relevancia imposible de exagerar. Tocan la vida de millones de personas cada año, incluso a miles y miles de niñas, niños y adolescentes. De ahí la relevancia de conocer y aplicar debidamente las normas del Código Nacional de Procedimientos Civiles y Familiares.

Pero esa importancia se ve reforzada si consideramos que se trata de la norma que se va a aplicar de manera supletoria, cuando en otras materias no se cuente con una regulación completa (o con una regulación, a secas) de determinada institución jurídica.

Respecto a la figura de la supletoriedad la Suprema Corte de Justicia de la Nación ha dicho lo siguiente:

> **Registro digital:** 2003161
>
> SUPLETORIEDAD DE LAS LEYES. REQUISITOS PARA QUE OPERE.
>
> La aplicación supletoria de una ley respecto de otra procede para integrar una omisión en la ley o para interpretar sus disposiciones y que se integren con otras normas o principios generales contenidos en otras leyes. Así, para que opere la supletoriedad es necesario que: a) El ordenamiento legal a suplir establezca expresamente esa posibilidad, indicando la ley o normas que pueden aplicarse supletoriamente, o que un ordenamiento establezca que aplica, total o parcialmente, de manera supletoria a otros ordenamientos; b) La ley a suplir no contemple la institución o las cuestiones jurídicas que pretenden aplicarse supletoriamente o, aun estableciéndolas, no las desarrolle o las regule deficientemente; c) Esa omisión o vacío legislativo haga necesaria la aplicación supletoria de normas para solucionar la controversia o el problema jurídico planteado, sin que sea válido atender a cuestiones jurídicas que el legislador no tuvo intención de establecer en la

> ley a suplir; y, d) Las normas aplicables supletoriamente no contraríen el ordenamiento legal a suplir, sino que sean congruentes con sus principios y con las bases que rigen específicamente la institución de que se trate.

El Código Nacional será supletorio de un buen número de normas que, hasta antes de su expedición y entrada en vigor, eran de carácter solamente federal, pero que ahora —al tener un alcance nacional y por tanto al incidir también en los ámbitos competenciales de las entidades federativas— serán también de carácter local.

Las normas que prevén supletoriedad de la legislación procesal civil (antes federal, ahora nacional), son entre otras las siguientes:

- Código de Comercio.
- Ley de Seguridad Nacional.
- Ley Federal de Competencia Económica.
- Ley Federal de Procedimiento Contencioso Administrativo.
- Código Nacional de Procedimientos Penales.
- Ley Agraria.
- Ley de Amparo.
- Ley de adquisiciones, arrendamientos y servicios del sector público.
- Ley Federal de Derechos de Autor.
- Ley de navegación y comercio marítimo.
- Ley Federal de Turismo.
- Ley de Concursos Mercantiles.
- Ley de Obras Públicas y servicios relacionados con las mismas.
- Ley Federal de Protección de Datos Personales en Posesión de Particulares.
- Ley Federal de Procedimiento Administrativo.
- Ley para Regular las Instituciones de Tecnología Financiera.
- Ley del Sistema de Pagos.
- Ley Federal de Protección a la Propiedad Industrial.

- Ley Reglamentaria de las Fracciones I y II del artículo 105 de la Constitución Política de los Estados Unidos Mexicanos.
- Código Fiscal de la Federación.
- Ley General del Equilibrio Ecológico y Protección al Ambiente.
- Ley del Mercado de Calores.
- Ley Federal de Protección al Consumidor.
- Ley de Instituciones de Crédito.
- Ley de Instituciones de Seguros y Fianzas.
- Ley de los Sistemas de Ahorro para el Retiro.
- Ley General de Bienes Nacionales.

Además, como se apuntaba, los códigos de procedimientos civiles son, en el ámbito local, supletorios de un número importante de normas estatales. Todas las referencias a esos códigos deberán entenderse hechas ahora al Código Nacional de Procedimientos Civiles y Familiares, de acuerdo a lo establecido en el artículo 13 transitorio del propio Código que señala lo siguiente: "Toda referencia a la legislación procesal civil y familiar Federal y de las Entidades Federativas, en ordenamientos diversos, se entenderá a partir de la vigencia en las mismas, al Código Nacional de Procedimientos Civiles y Familiares".

Este efecto normativo es consecuencia también de la "abrogación" del Código Federal de Procedimientos Civiles y de las legislaciones procesales civiles y familiares de las entidades federativas, que está previstas en el artículo Tercero transitorio del Código Nacional.

La importancia del derecho civil

Si bien es cierto que el derecho civil se cuenta entre las ramas más tradicionales de los ordenamientos jurídicos de nuestro tiempo, también es verdad que se ha venido actualizando y transformando en su contenido en los años recientes por diversas causas.

Algunas de esas modificaciones han sido producto de reformas legislativas que han ido aconteciendo, con el objeto de poner al día los textos legales. Otros cambios han tenido como fuente las resoluciones judiciales, las cuales han suministrado significados y puntos de vista igualmente novedosos respecto al contenido de la normatividad civil.

También ha habido una influencia importante del llamado proceso de "constitucionalización" del derecho privado, a partir del cual las normas del derecho civil y mercantil se deben interpretar y aplicar a la luz del derecho constitucional, respetando en todo momento los derechos humanos.

La constitucionalización del derecho civil es una tendencia muy consolidada en el derecho comparado que también ha llegado a México. La idea fundamental de este proceso es que las normas constitucionales puedan servir como criterios de orientación interpretativa para que en las relaciones jurídicas de derecho privado se hagan valer también, en aquellos casos que así lo requieran, los derechos humanos.

En todo caso, lo que resulta evidente es que el derecho civil sigue siendo un área de estudio de la mayor relevancia, que supone grandes retos para la formación de los juristas. No se puede ser un buen profesional del derecho sin tener muy firmes las bases y el conocimiento del derecho civil. Por eso es que cada esfuerzo que se haga para ayudar en su difusión es algo que vale la pena y en lo cual todos debemos sentirnos comprometidos.

CÓDIGO CIVIL PARA EL ESTADO LIBRE Y SOBERANO DE PUEBLA

ÚLTIMA REFORMA PUBLICADA EN EL PERIÓDICO OFICIAL: 3 DE AGOSTO DE 2022.

Código publicado en la Sección Segunda del Periódico Oficial del Estado de Puebla, el día 30 de abril de 1985.

Al margen un sello con el Escudo Nacional y una leyenda que dice: Estados Unidos Mexicanos. H. Congreso del Estado. Puebla.

GUILLERMO JIMÉNEZ MORALES, Gobernador Constitucional del Estado Libre y Soberano de Puebla, a los habitantes del mismo sabed:

Que por la Secretaría del H. Congreso se me ha dirigido el siguiente:

EL HONORABLE CUADRAGÉSIMO NOVENO CONGRESO CONSTITUCIONAL DEL ESTADO LIBRE Y SOBERANO DE PUEBLA,

CONSIDERANDO:

Que por oficio número 6621 de fecha 13 de Noviembre de 1984 el Ciudadano Licenciado Guillermo Jiménez Morales, Gobernador del Estado, sometió a la consideración de este Honorable Congreso la Iniciativa del CÓDIGO CIVIL PARA EL ESTADO LIBRE Y SOBERANO DE PUEBLA.

Que para cumplir con los trámites que establecen los Artículos 64 fracción I de la Constitución Política Estatal; 99, 105 y 141 fracción VI de la Ley Orgánica y Reglamentaria de este Poder Legislativo, se turnó dicha Iniciativa a la Comisión de Gobernación, Legislación, Puntos Constitucionales, Justicia y Elecciones, la que en Sesión Pública ordinaria celebrada el día 26 de Marzo del presente año presentó su Dictamen proponiendo la aprobación en lo general de la Iniciativa del Código Civil y en lo particular la modificación de diversos Artículos del referido Código, constituyéndose este Honorable Cuerpo Colegiado en Sesión Permanente para ese estudio una vez que fue leído el Dictamen.

Que sin perjuicio de que la Unidad de Estudios y Proyectos Legislativos del Gobierno del Estado que tuvo a su cargo el Proyecto del Código Civil, realizó a partir del día 4 de Mayo de 1984, Audiencias Públicas celebradas en las Cabeceras de los Distritos de la Entidad con el fin de darle publicidad y recabar la opinión de los interesados en el mismo, al término de dichas Audiencias se formuló la Iniciativa que se estudia con las modificaciones que la Unidad de Estudios estimó necesarias.

Por otra parte, y considerando la Comisión de Estudios de este Honorable Congreso la conveniencia de convocar a otras Audiencias Públicas para recabar el criterio y opinión de las personas físicas, instituciones y organizaciones públicas y privadas que lo desearan, las llevó a cabo a partir del día 14 de Diciembre de 1984, distribuyendo entre los interesados un ejemplar de la Iniciativa y recabando las opiniones de los que asistieron para el estudio que se realizaba.

Cabe mencionar entre los asistentes a las Audiencias: A la Asociación de Abogados de Puebla, Colegio de Abogados y Agrupación Nacional de Abogados al Servicio del Estado de Puebla.

Partidos: Socialista de los Trabajadores, Revolucionario de los Trabajadores, Auténtico de la Revolución Mexicana, Popular Socialista, de Acción Nacional, Socialista Unificado de México, Demócrata Mexicano, Revolucionario Institucional y Estatal de la Ugom-Roja.

Confederación Regional Obrera Mexicana y Confederación de Trabajadores de México.

Universidades: Cuauhtémoc, Autónoma de Puebla, Popular Autónoma del Estado de Puebla, de las Américas, del Valle de Puebla y Escuela Libre de Derecho.

Asociación Nacional Cívica Femenil del Centro Sur y Consejo Estatal para la Participación de la Mujer.

De todos los participantes se recibieron opiniones con relación al proyecto, que previamente analizadas por la Comisión de Estudio, algunas fueron tomadas en consideración.

Que en Sesiones Posteriores fue aprobada la Iniciativa en lo general, y al ser estudiada en lo particular, se aprobaron las reformas propuestas por la Comisión Dictaminadora, modificándose asimismo del Dictamen los Artículos 478, 500, 798, 2321, 2373 de la Iniciativa y 1o. Transitorio.

Que estando satisfechos además los requisitos de los Artículos 57 fracción I, 63 fracción I, 79 fracción VI de la Constitución Política del Estado; 1o., 183, 184 y 185 de la Ley Orgánica y Reglamentaria del Poder Legislativo.

D E C R E T A :

CÓDIGO CIVIL PARA EL ESTADO LIBRE Y SOBERANO DE PUEBLA

DISPOSICIONES GENERALES

Artículo 1°. Este Código regirá en el territorio del Estado de Puebla las relaciones y situaciones jurídicas civiles.

Artículo 2°. Las disposiciones de este Código son supletorias de las otras leyes del Estado, salvo mandato de éstas en contrario.

Artículo 3°. Las leyes y disposiciones gubernamentales no podrán aplicarse retroactivamente en perjuicio de ninguna persona.

Artículo 4°. La ley queda abrogada o derogada por otra posterior que así lo declare expresamente, o que contenga disposiciones incompatibles con la ley anterior. La abrogación suprime la vigencia de toda una ley y la derogación sólo la vigencia de una parte de ésta.

Artículo 5°. Contra la observancia de la ley no puede alegarse desuso, costumbre o práctica en contrario.

Artículo 6°. Las leyes que establecen excepciones a las reglas generales, no son aplicables a caso alguno que no esté expresamente especificado en las leyes mismas.

Artículo 7°. La voluntad de los particulares no puede eximir de la observancia de las leyes, ni alterar o modificar éstas.

Artículo 8°. No tiene eficacia alguna la renuncia de las leyes en general, ni la especial de las leyes prohibitivas o de interés público.

Artículo 9°. Los efectos de las leyes de interés público no podrán alterarse por convenio celebrado entre particulares.

Artículo 10. Sólo pueden renunciarse los derechos privados que no afecten al interés público.

Artículo 11. Para que la renuncia autorizada en el artículo anterior sea válida, se requiere:

1° Que no sea contraria al orden público;

2° Que con ella no se perjudiquen derechos de persona extraña al derecho renunciado;

3° Que se haga por escrito en todo caso; y

4° Que si se hace por convenio:

a) Se exprese la renuncia en palabras claras y precisas; y

(REFORMADO, P.O. 14 DE SEPTIEMBRE DE 1998)

b) Que en el documento en que se haga constar el contrato, se señale el derecho aplicable.

Artículo 12. La renuncia autorizada en los dos artículos anteriores no podrá extenderse a otros casos no comprendidos en el artículo o artículos que se transcriban en el documento probatorio del contrato.

Artículo 13. Salvo disposición legal en contrario, los actos ejecutados contra el tenor de las leyes prohibitivas serán nulos de manera absoluta.

(REFORMADO, P.O. 14 DE SEPTIEMBRE DE 1998)

Artículo 14. Las Leyes del Estado de Puebla se aplicarán a todas las personas que estén en su territorio, así como a los actos y hechos ocurridos en su jurisdicción o ámbito territorial y aquéllos que se sometan válidamente a dichas leyes salvo cuando en éstas proceda la aplicación del derecho de otra entidad federativa, o de un derecho extranjero, o además en lo previsto en los tratados de los que México sea parte.

Artículo 15. Nadie puede sustraerse a la observancia de las leyes, alegando que las ignora; pero el Juez podrá, oyendo al Ministerio Público, eximir a las personas físicas de las sanciones en que hubieren incurrido, por esa causa, cuando no se trate de leyes de interés público y quien las ignore sea de notorio atraso intelectual, de manifiesta pobreza o resida en lugar alejado de las vías de comunicación.

Artículo 16. En el caso del artículo anterior, el Juez instruirá a la persona a quien exima de sanción, de los deberes que le imponen las leyes que ignoraba, y de ser posible le concederá un plazo para que los cumpla.

Artículo 17. Los habitantes del Estado de Puebla deben:

I. Realizar sus actividades, usar y disponer de sus bienes, y ejercitar sus derechos, no sólo en forma que no perjudique a la colectividad, sino también de manera que redunde en beneficio de ésta, bajo las sanciones establecidas en este Código y en otras leyes locales;

II. Usar y disponer de sus bienes, cuando de no hacerlo se pueda causar un perjuicio general o se impida un beneficio colectivo; y

III. Aceptar las consecuencias jurídicas de los actos o hechos realizados por otra u otras personas, con la autorización de ellos.

(REFORMADO, P.O. 14 DE SEPTIEMBRE DE 1998)

Artículo 18. Salvo lo previsto en los artículos 14, 20 y 21, los efectos de los actos jurídicos celebrados fuera del territorio del Estado de Puebla, que deban ser ejecutados en éste, se regirán por las leyes poblanas, a menos que las partes hubieran renunciado a las facultades que éstas les confieren en términos del artículo 11 y designado válidamente la aplicabilidad de otro derecho, siempre que éste no sea contrario a principios o instituciones fundamentales del orden público en el Estado o que la designación no se haya hecho con la intención de evadir dichos principios.

(REFORMADO, P.O. 14 DE SEPTIEMBRE DE 1998)

Artículo 19. Respecto de la determinación del derecho aplicable, y la forma de aplicación o no del derecho extranjero, se estará a lo dispuesto por las leyes federales.

Las situaciones jurídicas válidamente creadas en un Estado extranjero o en otras entidades federativas, deberán ser reconocidas en el Estado de Puebla. El estado civil y capacidad de las personas físicas se rigen por el derecho del lugar de su domicilio.

Artículo 20. El acto jurídico, en todo lo relativo a su forma, se regirá por las leyes del lugar donde se realice, pero los mexicanos y los extranjeros, que residan fuera del territorio del Estado de Puebla, pueden sujetarse a las formas prescritas en las leyes poblanas, cuando el acto haya de tener ejecución en este Estado.

Artículo 21. Los bienes inmuebles sitos en el territorio del Estado de Puebla, y los muebles que en él se encuentren, se regirán por las leyes de este Estado, aun cuando los dueños no sean poblanos ni residan en el mismo.

Artículo 22. El silencio, obscuridad o insuficiencia de las leyes, no autorizan a los jueces o tribunales para dejar de resolver una controversia.

Artículo 23. Cuando no se pueda decidir una controversia judicial, ni por el texto ni por el sentido natural o finalidad de la ley, deberá decidirse según los principios generales de derecho, tomando en consideración todas las circunstancias del caso.

Artículo 24. Cuando haya conflicto de derechos, a falta de ley expresa aplicable, se observarán las siguientes disposiciones:

I. La controversia se decidirá a favor del que trate de evitarse perjuicios y no del que pretenda obtener lucro; pero deberá tomarse en consideración, en su caso, lo preceptuado en las dos fracciones siguientes;

(REFORMADA, P.O. 14 DE SEPTIEMBRE DE 1998)

II. Si la posición de las partes no es igual porque una de ellas sea de notorio atraso intelectual, de manifiesta pobreza, esté discapacitada, carezca de instrucción o tenga alguna otra situación de desventaja, el conflicto se decidirá a favor de ésta, si fuere entre derechos iguales o de la misma especie, y

III. Sólo cuando la posición de las partes sea la misma, el conflicto se resolverá observando la mayor igualdad posible entre ellas.

Artículo 25. Cuando la ley conceda al Juzgador la facultad de decidir discrecionalmente, su resolución deberá:

I. Estar fundada y motivada;

II. No contrariar las constancias de autos;

III. Deducirse lógicamente de los hechos y leyes que le sirvan de antecedentes; y

IV. Tender a la realización del fin de la ley aplicable.

(REFORMADO, P.O. 14 DE SEPTIEMBRE DE 1998)

Artículo 26. Es de orden público la protección legal y judicial de las personas de notorio atraso intelectual, de manifiesta pobreza, discapacitadas, que carezcan de instrucción o tengan alguna otra situación de desventaja frente a quienes se encuentren en la situación contraria.

(ADICIONADO, P.O. 31 DE DICIEMBRE DE 2015)

La protección a que hace referencia el párrafo que antecede, también se realizará atendiendo al principio del interés superior de la niñez; así como de la Primera Infancia, en términos de lo previsto en la Ley de los Derechos de las Niñas, Niños y Adolescentes del Estado de Puebla.

Artículo 27. Cuando la ley no permita a una persona la adquisición de un derecho o la realización de un acto jurídico, no podrá ella adquirir tal derecho, o realizar ese acto jurídico, ni por sí ni por testaferro.

Artículo 28. Para los efectos del artículo anterior y excepto lo que este Código disponga, enunciativa y no limitativamente se consideran testaferros, salvo prueba en contrario, el cónyuge, los socios, dependientes económicos, empleados y presuntos herederos de aquél a quien la ley no permite adquirir ese derecho o realizar ese acto jurídico.

Artículo 29. Salvo disposición de las leyes en otro sentido, los plazos fijados por este Código, se computarán atendiendo a las siguientes reglas:

I. Se contarán por años, meses y días, respectivamente, y no de momento a momento.

II. Los años se computarán desde el día, mes y año en que empiece el plazo, hasta la misma fecha, menos un día del año siguiente y así sucesivamente.

III. Los meses se regularán con el número de días que les correspondan.

IV. Los días se entenderán de veinticuatro horas naturales, contadas desde las cero horas hasta las veinticuatro horas.

V. El día en que comienza el plazo, se cuenta siempre entero, aunque no lo sea; pero aquél en que termina debe ser completo; y

VI. Cuando el último día sea feriado, no se tendrá por completo el plazo, sino cumplido el primer día hábil que siga.

Artículo 30. Cuando respecto a la transmisión onerosa de bienes, una persona tenga el derecho del tanto o el de preferencia por el tanto, se aplicarán las siguientes disposiciones:

I. El enajenante notificará, por conducto de Notario o en jurisdicción voluntaria, al titular o titulares de tales derechos, la transmisión que tuviere convenida y el precio, para que aquéllos hagan uso de su derecho dentro de ocho días.

II. Si el titular o titulares del derecho del tanto, y en su caso del derecho de preferencia por el tanto, aceptan la transmisión y el precio, deben notificarlo al enajenante, también por conducto de Notario o en jurisdicción voluntaria.

III. Cuando el bien sobre el que se tiene el derecho del tanto o de preferencia por el tanto, se remate, debe hacerse saber a quienes gocen de esos derechos, el día, hora y lugar del remate y en este caso el plazo establecido en la anterior fracción I, comenzará el día siguiente de la notificación al titular o titulares de tales derechos, de la resolución que admita una postura como mejor.

IV. Transcurrido el plazo a que se refieren las fracciones I y III anteriores, sin haberse ejercitado el derecho del tanto, o el de preferencia por el tanto, se pierde aquél o éste.

V. Si el bien se enajena sin hacerse la notificación ordenada en las fracciones I y III anteriores, se hará la distinción siguiente:

a) Si se trata del derecho del tanto, la enajenación será nula y son a cargo del enajenante los daños y perjuicios.

b) Si se trata del derecho de preferencia por el tanto, el titular de éste sólo puede demandar al enajenante, el pago de daños y perjuicios.

VI. La nulidad establecida en el inciso a) de la fracción V anterior, sólo puede ser demandada por el titular o titulares del derecho del tanto.

VII. Las acciones a que se refieren los dos incisos de la fracción V anterior prescriben en seis meses, si la enajenación no fue conocida por el titular del derecho del tanto o del derecho de preferencia por el tanto; pero si la enajenación la conocen éstos antes de que transcurra ese plazo, esas acciones prescriben a los treinta días contados desde que la enajenación fue conocida.

VIII. Si hay varios titulares del derecho del tanto, que hicieren uso de éste al mismo tiempo y respecto del mismo bien, será preferido, salvo disposición legal en contrario, el que represente mayor porción cuando el derecho del tanto lo conceda la ley a quienes, con anterioridad, tengan ya un derecho real sobre el bien objeto de la transmisión; y si las porciones son iguales, será preferido el designado por la suerte, salvo convenio en contrario.

Artículo 31. Cuando la ley imponga el deber a una persona, de proporcionar una garantía para asegurar la administración o cuidado de bienes encomendados a ella, o el pago de una obligación, y salvo disposición en otro sentido, se aplicarán los siguientes preceptos:

I. El importe de la garantía será fijado por el Juez, atendiendo a las bases para determinarlo, establecidas por la ley que imponga el deber de otorgar aquélla.

II. La garantía podrá otorgarse, indistintamente, mediante:

a) Depósito en efectivo;

b) Hipoteca;

c) Prenda;

d) Fianza;

III. El depósito en efectivo se hará en una Sociedad Nacional de Crédito, imponiéndolo a interés, y la suma que por este concepto se produzca aumentará el importe de la garantía.

IV. La garantía prendaria puede ser con o sin desposesión, según se dispone en este Código.

V. Si durante el manejo de quien debe garantizar éste, aumentan o disminuyen los bienes objeto del mismo, podrá el Juez, a petición de parte, o de oficio cuando lo faculte para ello la ley, ordenar se aumente o disminuya proporcionalmente la garantía.

VI. El Juez deberá recibir a petición de parte, o de oficio en los casos establecidos por la ley y cuando lo estime conveniente, información de supervivencia e idoneidad de los fiadores.

VII. Cuando la garantía se haya constituido mediante derechos reales de hipoteca o de prenda, y los bienes objeto de estos derechos sufrieren deterioro o menoscabo, que disminuyan notablemente el precio de los mismos, el Juez, a petición de parte o de oficio si la ley lo faculta para ello, ordenará a quien otorgó la garantía, que asegure con otros bienes los que administra.

VIII. Si la persona obligada a proporcionar garantía de su administración, no proporciona esta garantía, o no cumple lo dispuesto en la fracción anterior, se le suspenderá o privará de esa administración, según lo que disponga la ley en cada caso.

LIBRO PRIMERO
PERSONAS

CAPÍTULO PRIMERO
PERSONAS FÍSICAS

SECCIÓN PRIMERA
REGLAS GENERALES

Artículo 32. Son personas físicas los seres humanos.

Artículo 33. La capacidad jurídica es uno de los atributos de la persona, que ésta adquiere con el nacimiento y pierde por la muerte.

Artículo 34. La capacidad jurídica es igual para el hombre y la mujer.

(REFORMADO, P.O. 14 DE SEPTIEMBRE DE 1998)

Artículo 35. La protección que concede la Ley a todo hombre y a toda mujer, comprende cada uno de los derechos inherentes a la personalidad y a la dignidad humana.

Si por exigencias de construcción gramatical, enumeración, orden u otra circunstancia, un texto legal usa el género masculino y no emplea el género femenino, sin que existan motivos jurídicos para su exclusión, esa Ley deberá ser interpretada por el juzgador, en sentido igualitario para hombres y mujeres, de modo que éstas y aquéllos puedan adquirir toda clase de derechos y contraer igualmente toda clase de deberes jurídicos.

Artículo 36. La capacidad jurídica es de goce y de ejercicio:

I. Capacidad de goce es la aptitud para adquirir derechos y contraer obligaciones.

II. Capacidad de ejercicio es la aptitud para ejercitar derechos y cumplir obligaciones.

Artículo 37. La ley protege al ser humano desde que es concebido y éste puede, desde ese momento, adquirir derechos y obligaciones; pero si no nace vivo se extinguen retroactivamente los derechos y obligaciones que haya adquirido.

Artículo 38. La capacidad de ejercicio se confiere por la ley a los mayores de edad en pleno uso de sus facultades mentales y a los menores emancipados en los casos declarados expresamente.

SECCIÓN SEGUNDA
MAYORÍA DE EDAD

Artículo 39. La mayor edad comienza a los dieciocho años cumplidos.

Artículo 40. El mayor de edad dispone libremente de su persona y de sus bienes.

SECCIÓN TERCERA
INCAPACIDAD

Artículo 41. Las incapacidades establecidas por las leyes son simples restricciones al ejercicio de los derechos por el titular de éstos, pero el incapaz puede ejercitar sus derechos, contraer obligaciones y comparecer en juicio por medio de quien lo represente.

Artículo 42. Son incapaces:

I. El menor de edad;

II. El mayor de edad privado de inteligencia por locura, alcoholismo crónico o cualquiera otro trastorno mental, aunque tenga intervalos lúcidos;

III. El mayor de edad sordomudo, que no sepa darse a entender por escrito o por intérprete mediante lenguaje mímico;

IV. El mayor de edad que habitualmente hace uso no terapéutico de enervantes, estupefacientes, psicotrópicos o de cualquiera otra sustancia que altere la conducta y produzca farmacodependencia.

Artículo 43. Es de orden público el interés que el Estado tiene en la atención de los incapaces.

(REFORMADO PRIMER PÁRRAFO, P.O. 25 DE NOVIEMBRE DE 2015)

Artículo 44. La atención de los incapaces mencionada en el artículo 42 del presente ordenamiento comprende:

I. El cuidado del ser humano durante la gestación, nacimiento y minoridad.

II. La salud física y mental de los menores, así como su educación, instrucción y preparación.

III. El tratamiento médico, cuidado y vigilancia de los mayores que se hallen en los supuestos a que se refieren las fracciones II a IV del artículo 42.

IV. La guarda de sus bienes.

(REFORMADO, P.O. 15 DE DICIEMBRE DE 1992)

Artículo 45. A la patria potestad, tutela, curaduría y adopción, le corresponde la atención de los incapaces por los ascendientes, tutores, curadores, adoptantes, funcionarios judiciales, administrativos y demás servidores públicos.

Cuando en este Código se usen las siglas D.I.F., se entenderá que se refiere al Sistema Estatal para el Desarrollo integral de la Familia y las facultades que el mismo Código le confiere, serán ejercitadas por el Presidente del Patronato de esa Institución, quien podrá delegarlas.

(REFORMADO, P.O. 27 DE ABRIL DE 1990)

Artículo 46. Las medidas protectoras del incapaz que este Código establece, y las que juzguen pertinentes los tribunales, se dictarán por ellos:

I. De oficio;

II. A petición del D.I.F., del Ministerio Público, del tutor o curador del incapaz;

III. A petición del mismo incapaz, de los parientes de éste o de cualquier persona, tenga o no interés en el establecimiento de esas medidas.

Las peticiones a que se refiere la fracción anterior no necesitan ser por escrito.

Artículo 47. Son nulos los actos jurídicos que realicen los menores por sí mismos, cuando estén sujetos a patria potestad.

Artículo 48. Son nulos los actos jurídicos realizados por los menores de edad no sujetos a patria potestad, y por los mayores incapaces, antes del nombramiento de tutor, si la minoridad o la causa de la incapacidad eran patentes y notorias en el momento de realizarse los actos jurídicos.

Artículo 49. Son nulos los actos jurídicos realizados por el menor no sujeto a patria potestad, o por el mayor incapaz, posteriores al nombramiento de tutor, aun cuando la minoridad o la causa de incapacidad no sean patentes y notorias al realizarse dichos actos.

Artículo 50. La nulidad de los actos jurídicos realizados por los incapaces sólo puede ser pedida por el mismo incapaz o por su representante.

Artículo 51. Los menores o sus representantes no pueden demandar la nulidad a que se refieren los cuatro artículos anteriores, si las obligaciones contraídas por aquéllos se refieren a materias propias de la profesión o arte en que los mismos menores sean peritos.

Artículo 52. Ni el menor ni su representante pueden pedir la nulidad de los actos jurídicos que aquél hubiere realizado, presentando certificados falsos del Registro Civil para hacerse pasar como mayor, o manifestando dolosamente que lo era; pero sí puede pedir esa nulidad la contraparte del menor.

Artículo 53. La acción de nulidad por incapacidad de una de las partes prescribe en dos años, contados desde que el representante legal del incapaz tuvo conocimiento del acto impugnado, o desde que el incapaz adquiera la capacidad, si carecía de tal representante o quien lo era no se enteró de dicho acto.

SECCIÓN CUARTA
EMANCIPACIÓN

Artículo 54. (DEROGADO, P.O. 28 DE MARZO DE 2016)

Artículo 55. El emancipado tiene capacidad de ejercicio para la libre administración de su patrimonio, pero necesita autorización judicial para la enajenación, gravamen o hipoteca de sus bienes raíces, y de un tutor especial para sus negocios judiciales.

Artículo 56. El menor que haya cumplido catorce años, se considera emancipado para los actos de administración de los bienes que obtenga con su trabajo.

SECCIÓN QUINTA
DOMICILIO

Artículo 57. El domicilio de la persona física es el lugar donde reside con el propósito de establecerse en él; a falta de éste, el lugar en que tiene el principal asiento de sus negocios; y a falta de uno y otro, el lugar en que se halle.

Artículo 58. Se presume el propósito de establecerse en un lugar, cuando se reside por más de seis meses consecutivos en él.

Artículo 59. Transcurrido el lapso de seis meses a que se refiere el artículo anterior, el que no quiera que nazca esa presunción, declarará dentro de quince días, a las autoridades municipales de su anterior domicilio y de su nueva residencia, respectivamente, que no desea perder aquel domicilio y adquirir uno nuevo.

Artículo 60. El domicilio legal de la persona física es el lugar donde la ley le fija su residencia, para el ejercicio de sus derechos y el cumplimiento de sus deberes jurídicos, aunque de hecho no esté allí presente.

Artículo 61. Se reputa domicilio legal:

I. Del menor de edad no emancipado, el domicilio familiar de la persona o personas a cuya patria potestad está sujeto;

II. Del menor que no esté bajo la patria potestad y del mayor incapacitado, el de su tutor;

(REFORMADA, P.O. 10 DE NOVIEMBRE DE 2020)

III. El domicilio familiar de los cónyuges o concubinas;

IV. De los militares en servicio activo, el lugar en que estén destinados;

V. De los empleados públicos, el lugar donde desempeñen sus funciones por más de seis meses; pero los que por tiempo menor desempeñen alguna comisión, no adquirirán domicilio por ese sólo hecho en el lugar donde la cumplen;

VI. De los sentenciados a sufrir una pena privativa de la libertad por más de seis meses, el lugar en que la extingan.

Artículo 62. Las reglas sobre domicilio establecidas en los artículos que preceden, no privan a las partes en un acto jurídico, del derecho que tienen para fijar el lugar en que debe cumplirse una obligación o en que deban tenerse por domiciliadas.

SECCIÓN SEXTA
NOMBRE

Artículo 63. El nombre de las personas físicas se forma con el nombre propio y los apellidos.

(REFORMADO, P.O. 27 DE JULIO DE 2018)

Artículo 64. El nombre propio será puesto libremente por quien declare el nacimiento de una persona, y los apellidos, serán el del padre y el de la madre, en el orden que de común acuerdo determinen, o en su caso, sólo los de aquél o los de ésta, sean tales apellidos simples o compuestos.

En caso de no existir acuerdo entre los padres, el orden de los apellidos se determinará por orden alfabético de los mismos.

Artículo 65. Si al registrar a un niño no se sabe quiénes son los padres de él, el nombre propio y los apellidos serán puestos por el Juez del Registro del Estado Civil.

(REFORMADO, P.O. 14 DE SEPTIEMBRE DE 1998)

Artículo 66. Ninguna persona está obligada a agregar a su nombre de soltera o soltero, el apellido de su cónyuge o concubino, por lo que si lo hiciere, cualesquiera que fueren los motivos, este hecho no surtirá ningún efecto legal.

(REFORMADO, P.O. 31 DE DICIEMBRE DE 2015)

Artículo 67. Todas las personas físicas tienen derecho a un nombre y pueden oponerse a que otra persona lo use sin derecho.

Si las personas físicas tienen varios nombres propios, tienen derecho a usar uno, algunos o todos ellos, sin que por ello varíe su identidad y sin que sea necesario que se rectifique el acta de nacimiento. La ley sancionará a quien impida el ejercicio libre de este derecho.

A quien lo alegue, le corresponde probar la falta de identidad.

Artículo 68. La protección establecida en el artículo anterior se da también para el seudónimo cuando éste desempeña realmente la función del nombre.

Artículo 69. El derecho de controvertir judicialmente el uso indebido por otra persona de un nombre, o de un seudónimo, se trasmite a los herederos del afectado, para continuar la acción; pero no para ejercitarla si el afectado no lo hizo en vida.

(REFORMADO PRIMER PÁRRAFO, P.O. 14 DE SEPTIEMBRE DE 1998)

Artículo 70. Procede la modificación y en su caso el cambio del nombre con que una persona física está inscrita en el Registro Civil, además de los casos de adopción, por los siguientes motivos:

I. Cuando se demuestre fehacientemente, con documentos indubitables e inobjetables, adminiculados en su caso con cualquiera otra prueba, que de manera invariable y constante una persona ha usado en su vida social y jurídica otro nombre distinto al de su registro;

II. Cuando el nombre propio puesto a una persona al registrar su nacimiento, le causa afrenta;

III. En el caso de homonimia, si el solicitante demuestra que el uso del homónimo le causa perjuicio, sea éste económico o no.

Artículo 71. Procede la enmienda del nombre;

I. Por rectificación del acta, cuando en ésta se cometió algún error en la atribución de los apellidos.

II. Por aclaración cuando en el acta deban enmendarse errores en la ortografía de los apellidos o en la del nombre propio.

Artículo 72. Las sentencias ejecutoriadas que desconozcan o establezcan la paternidad o maternidad producirán, respectivamente, el efecto de privar, a la persona de cuya filiación se trate, del derecho al uso del apellido correspondiente o de otorgarle este derecho.

Artículo 73. La enmienda, modificación y cambio de nombre de una persona, no liberan ni eximen a ésta de las obligaciones y responsabilidades que haya contraído con el nombre anterior.

CAPÍTULO SEGUNDO
DERECHOS DE LA PERSONALIDAD

Artículo 74. Los derechos de la personalidad son inalienables, imprescriptibles, irrenunciables, ingravables y pueden oponerse a las autoridades y a los particulares sin más límite que el derecho similar de estos últimos.

Artículo 75. Con relación a las personas individuales son ilícitos los hechos o actos que:

1, Dañen o puedan dañar la vida de ellas;

2, Restrinjan o puedan restringir, fuera de los casos permitidos por la ley, su libertad;

3, Lesionen o puedan lesionar la integridad física de las mismas;

4, Lastimen el afecto, cualquiera que sea la causa de éste, que tengan ellas por otras personas o por un bien.

Artículo 76. Toda persona tiene derecho a que se respete:

1, Su honor o reputación y, en su caso, el título profesional que haya adquirido;

2, Su presencia física;

3, El secreto epistolar, telefónico, profesional, testamentario y de su vida privada.

(ADICIONADO, P.O. 26 DE MARZO DE 2021)

4, Su orientación sexual y,

(ADICIONADO, P.O. 26 DE MARZO DE 2021)

5, Su identidad de género autopercibida.

Artículo 77. Sin consentimiento de una persona, no pueden revelarse los secretos de ésta, a menos que la revelación deba realizarse por un interés legítimo de quien la haga o en cumplimiento de un deber legal.

Artículo 78. La ley determinará quiénes tienen el deber de revelar un secreto.

Artículo 79. La protección del derecho a la individualidad, o identidad personal por medio del nombre, se rige por lo dispuesto al respecto en este Código.

Artículo 80. Toda persona capaz tiene derecho a disponer parcialmente de su cuerpo, en beneficio terapéutico de otra y puede igualmente disponer de su cuerpo, para después de su muerte, con fines terapéuticos, de enseñanza o de investigación.

Artículo 81. En el segundo de los supuestos previstos en el artículo anterior, se aplicarán las siguientes disposiciones:

I. El que pretenda disponer de su cuerpo hará saber por escrito su última voluntad a sus parientes más próximos, a la institución beneficiaria y al Director del Registro Civil.

II. Acaecida la defunción del disponente, los parientes próximos de éste lo harán saber a la institución beneficiaria y ésta gestionará ante el Juez del Estado Civil y el Director del Registro Civil la entrega del cuerpo.

III. El Juez del Registro del Estado Civil autorizará la entrega del cuerpo a la institución beneficiaria, si no hay inconveniente desde el punto de vista médico y oyendo la opinión de un médico legista.

Cuando existan signos externos que hagan suponer la comisión de algún delito, se requerirá la autorización del Ministerio Público.

Artículo 82. Salvo lo que dispongan las leyes sobre imprenta, la exhibición o reproducción de la imagen de una persona, sin consentimiento de ésta y sin un fin lícito, es violatoria de los derechos de la personalidad.

Artículo 83. El honor, el respeto al secreto y a la imagen de los difuntos, se protegen en beneficio de los deudos de éstos.

Artículo 84. Los habitantes del Estado de Puebla tienen derecho a que las autoridades y los demás miembros de la comunidad, respeten los derechos de convivencia por medio de los cuales se protegen las relaciones interpersonales.

Artículo 85. Enunciativamente se consideran de convivencia, los siguientes derechos:

a) de asistencia o ayuda en caso de accidente, sin perjuicio de lo que disponga el Código de Defensa Social.

b) de entrar libremente en la casa habitación o lugar de trabajo, sin que lo impidan vehículos u objetos estacionados o colocados frente a la misma, aunque no haya aviso de prohibición en ese sentido.

c) de que no se depositen desechos o desperdicios en el frente, o a los lados de la casa habitación, aunque no haya señal o prohibición en este sentido.

d) a no ser perturbados constantemente con sonidos estridentes, estruendosos o cualquiera otro ruido molesto, o por la luz temporal de lámparas que impidan el trabajo o el reposo.

e) a transitar libremente en calles, avenidas, bulevares y caminos públicos, salvo lo dispuesto por autoridad competente.

Artículo 86. La violación de los derechos de la personalidad, por actos de un particular o de una autoridad, es fuente de responsabilidad civil para el autor de esos actos, tanto por lo que hace al daño no económico, como al económico, de acuerdo con lo dispuesto en este Código.

Artículo 87. La responsabilidad civil a que se refiere el artículo anterior, no exime al autor de la violación, de cualquiera otra sanción que le imponga la ley.

Artículo 88. Puede ocurrirse a los tribunales para que decreten las medidas que procedan, a fin de que cese la violación a los derechos de la personalidad que se esté realizando, si se efectúa por actos continuos o reiterados, o para evitar que se realice una amenaza de violación de esos mismos derechos.

CAPÍTULO TERCERO
AUSENTES E IGNORADOS

SECCIÓN PRIMERA
MEDIDAS PROVISIONALES EN CASO DE AUSENCIA

Artículo 89. El que se hubiere ausentado del lugar de su residencia ordinaria y tuviere apoderado constituido antes o después de su partida, se tendrá como presente para todos los efectos civiles, y sus negocios se podrán tratar con el apoderado hasta donde alcanzare el poder.

Artículo 90. Cuando una persona haya desaparecido y se ignore el lugar donde se halle y quien la represente, el Juez, a petición de parte o de oficio, nombrará un depositario de sus bienes, la citará por edictos, publicados en los principales periódicos de su último domicilio, señalándole para que se presente un plazo que no bajará de tres meses ni pasará de seis, y dictará las providencias necesarias para asegurar los bienes.

Artículo 91. Al publicarse los edictos, remitirá copia a los cónsules mexicanos de aquellos lugares del extranjero en que se puede presumir que se encuentre el ausente, para que les den publicidad de la manera que crean conveniente.

Artículo 92. Si el ausente tiene hijos menores que estén bajo su patria potestad, y no hay quien deba ejercerla conforme a la Ley, ni tutor testamentario ni legítimo, el Ministerio Público pedirá que se nombre tutor en los términos prevenidos por el artículo 690.

Artículo 93. Las obligaciones y facultades del depositario serán las que la ley asigna a los depositarios judiciales.

Artículo 94. Si cumplido el plazo del llamamiento, el citado no compareciere por sí ni por apoderado legítimo, ni por medio de tutor o de pariente que pueda representarle, se procederá al nombramiento de representante.

Artículo 95. Lo mismo se hará cuando en iguales circunstancias caduque el poder conferido por el ausente, o sea insuficiente para el caso.

Artículo 96. Tienen acción para pedir el nombramiento de depositario y representante, el Ministerio Público y cualquiera a quien interese tratar o litigar con el ausente o defender los intereses de éste.

Artículo 97. El cónyuge ausente será representado por el presente; los ascendientes por los descendientes, y éstos por aquéllos.

Artículo 98. Si el cónyuge ausente fuere casado en segundas o ulteriores nupcias, y hubiere hijos del matrimonio o matrimonios anteriores, el Juez dispondrá que el cónyuge presente y los hijos del matrimonio o matrimonios anteriores, nombren de acuerdo el representante; mas si no estuvieren conformes, el Juez le nombrará libremente.

Artículo 99. A falta de cónyuge, de descendientes y de ascendientes, será representante el heredero presuntivo. Si hubiere varios con igual derecho, ellos mismos elegirán al que deba ser representante. Si no se ponen de acuerdo en la elección, la hará el Juez, prefiriendo al que tenga más interés en la conservación de los bienes del ausente.

Artículo 100. El representante del ausente es el legítimo administrador de los bienes de éste, y tiene respecto de ellos las mismas obligaciones, facultades y restricciones que los tutores.

Artículo 101. El representante del ausente disfrutará la misma retribución que a los tutores señala el artículo 744.

Artículo 102. No pueden ser representantes de un ausente los que no pueden ser tutores.

Artículo 103. Pueden excusarse los que pueden hacerlo de la tutela.

Artículo 104. Será removido del cargo de representante el que deba serlo del de tutor.

Artículo 105. El cargo de representante acaba:
I. Con el regreso del ausente;
II. Con la presentación de apoderado legítimo;
III. Con la muerte del ausente;
IV. Con la posesión provisional.

Artículo 106. Cada año, en el día que corresponda a aquél en que se hubiere nombrado el representante, se publicarán nuevos edictos llamando al ausente. En ellos constarán el nombre y domicilio del representante y el tiempo que falta para que se cumpla el plazo que señalan los artículos 109 y 110 en su caso.

Artículo 107. Los edictos se publicarán por dos meses, con intervalos de quince días, en los principales periódicos del último domicilio del ausente, y se remitirán a los cónsules, como previene el artículo 91.

Artículo 108. El representante está obligado a promover la publicación de los edictos. La falta de cumplimiento de esa obligación hace responsable, al representante, de los daños y perjuicios que se sigan al ausente, y es causa legítima de remoción.

SECCIÓN SEGUNDA
DECLARACIÓN DE AUSENCIA

(REFORMADO, P.O. 31 DE DICIEMBRE DE 2012)

Artículo 109. Pasado un año desde el día en que haya sido nombrado el representante, habrá acción para pedir la declaración de ausencia.

Artículo 110. En caso de que el ausente haya dejado o nombrado apoderado general para la administración de sus bienes, no podrá pedirse la declaración de ausencia sino pasados tres años, que se contarán desde la desaparición del ausente, si en este período no se tuvieren noticias suyas, o desde la fecha en que se hayan tenido las últimas.

Artículo 111. Lo dispuesto en el artículo anterior se observará aún cuando el poder se haya conferido por más de tres años.

Artículo 112. Pasados dos años, que se contarán del modo establecido en el artículo 110, el Ministerio Público y las personas que designa el artículo 114, pueden pedir que el apoderado garantice de la misma manera que debe hacerlo el representante.

Artículo 113. Si el apoderado no quiere o no puede dar la garantía, se tendrá por terminado el poder, y se procederá al nombramiento de representante de acuerdo con lo dispuesto en los artículos 97, 98 y 99.

Artículo 114. Pueden pedir la declaración de ausencia:

I. Los presuntos herederos legítimos del ausente;

II. Los herederos instituidos en testamento abierto;

III. Los que tengan algún derecho u obligación que dependa de la vida, muerte o presencia del ausente;

IV. El Ministerio Público.

Artículo 115. Si el Juez encuentra fundada la demanda, dispondrá que se publique durante dos meses, con intervalos de quince días, en el Periódico Oficial y en los principales del último domicilio del ausente, y la remitirá a los cónsules, conforme al artículo 91.

Artículo 116. Pasados cuatro meses desde la fecha de la última publicación, si no hubiere noticias del ausente ni oposición de algún interesado, el juez declarará la ausencia.

Artículo 117. Si hubiere algunas noticias u oposición, el Juez no declarará la ausencia sin repetir las publicaciones que establece el artículo 115, y hacer la averiguación por los medios que el oponente proponga y por los que el mismo Juez crea oportunos.

Artículo 118. La declaración de ausencia se publicará tres veces en los periódicos mencionados con intervalos de quince días, remitiéndose a los Cónsules como está prevenido respecto de los edictos. Ambas publicaciones se repetirán cada dos años, hasta que se declare la presunción de muerte.

Artículo 119. El fallo que se pronuncie en el Juicio de Declaración de Ausencia, tendrá los recursos que el Código de Procedimientos asigne para los negocios de mayor interés.

SECCIÓN TERCERA
EFECTOS DE LA DECLARACIÓN DE AUSENCIA

Artículo 120. Declarada la ausencia, si hubiere un testamento cerrado, la persona en cuyo poder se encuentre lo presentará al Juez dentro de quince días, contados desde la última publicación de que habla el artículo 118.

Artículo 121. El Juez, de oficio, o a instancia de cualquiera que se crea interesado en el testamento, abrirá éste en presencia del representante del ausente, con citación de los que promovieron la declaración de ausencia, y con las demás solemnidades prescritas para la apertura de los testamentos cerrados.

Artículo 122. Los herederos testamentarios, y en su defecto los que fueron legítimos al tiempo de la desaparición del ausente, o al tiempo en que se hayan recibido las últimas noticias, serán puestos en posesión provisional de los bienes, dando fianza que asegure las resultas de la administración, si fueren mayores o estuvieren emancipados. Si estuvieren bajo patria potestad o tutela, se procederá conforme a derecho.

Artículo 123. Si son varios los herederos y los bienes admiten cómoda división, cada uno administrará la parte que le corresponda.

Artículo 124. Si los bienes no admiten cómoda división, los herederos elegirán de entre ellos mismos un administrador general; y si no se pusieren de acuerdo, el Juez le nombrará, escogiéndole de entre los mismos herederos.

Artículo 125. Si una parte de los bienes fuere cómodamente divisible y otra no, respecto de ésta se nombrará al administrador general.

Artículo 126. Los herederos que no administren, podrán nombrar un interventor, que tendrá las facultades y obligaciones señaladas a los curadores. Su honorario será el que le fijen los que le nombren, y se pagará por éstos.

Artículo 127. El que entre en la posesión provisional, tendrá, respecto de los bienes, las mismas obligaciones, facultades y restricciones que los tutores.

Artículo 128. En el caso del artículo 123, cada heredero dará la garantía que corresponda a la parte de bienes que administre.

Artículo 129. En el caso del artículo 124 el administrador general será quien dé la garantía legal.

Artículo 130. Los legatarios, los donatarios y todos los que tengan sobre los bienes del ausente derechos que dependan de la muerte o presencia de éste, podrán ejercitarlos dando la garantía que corresponda según el artículo 707.

Artículo 131. Los que tengan con relación al ausente obligaciones que deben cesar a la muerte de éste, podrán también suspender su cumplimiento bajo la misma garantía.

Artículo 132. Si no pudiere darse la garantía prevenida en los artículos anteriores, el Juez según las circunstancias de las personas y de los bienes, y concediendo el plazo fijado en el artículo 708, podrá disminuir el importe de aquélla; pero de manera que no baje de la tercia parte de los valores señalados en el artículo 707.

Artículo 133. Mientras no se dé la expresada garantía, no cesará la administración del representante.

Artículo 134. No están obligados a dar garantía:

I. El cónyuge, los descendientes y los ascendientes que como herederos entren en la posesión de los bienes del ausente, por la parte que en ellos les corresponda;

II. El ascendiente que en ejercicio de la patria potestad administre bienes que como herederos del ausente correspondan a sus descendientes.

Si hubiere legatarios, el cónyuge, los descendientes y ascendientes darán la garantía legal por la parte de bienes que corresponda a los legatarios, si no hubiere división, ni administrador general.

Artículo 135. Los que entren en la posesión provisional tienen derecho de pedir cuentas al representante del ausente, y éste entregará los bienes y dará las cuentas como se previene en las secciones novena y undécima, capítulo duodécimo del libro segundo. El plazo señalado en el artículo 768 se contará desde el día en que el heredero haya sido declarado con derecho a la referida posesión.

Artículo 136. Si hecha la declaración de ausencia no se presentaren herederos del ausente, el Ministerio Público pedirá, o la continuación del representante o la elección de otro que, en nombre de la Hacienda Pública, entre en la posesión provisional conforme a los artículos que anteceden.

Artículo 137. Muerto el que haya obtenido la posesión provisional, le sucederán sus herederos en la parte que le haya correspondido, bajo las mismas condiciones y con iguales garantías.

Artículo 138. Si el ausente se presenta o se prueba su existencia antes de que sea declarada la presunción de su muerte, recobrará sus bienes, con deducción de la mitad de los frutos y rentas, que quedarán a beneficio de los que han tenido la posesión provisional.

SECCIÓN CUARTA
ADMINISTRACIÓN DE LOS BIENES DEL AUSENTE CASADO

Artículo 139. La declaración de ausencia no disuelve el vínculo del matrimonio; pero interrumpe la sociedad conyugal, salvo lo dispuesto en el artículo 144.

Artículo 140. Declarada la ausencia se procederá, con citación de los herederos presuntivos, al inventario de los bienes y a la separación que de ellos debe hacerse conforme a las capitulaciones.

Artículo 141. El cónyuge presente recibirá desde luego sus bienes propios y los gananciales que le correspondan hasta el día en que la declaración de ausencia haya causado ejecutoria. De unos y otros podrá disponer libremente.

Artículo 142. Los bienes propios del ausente y los gananciales que le correspondan, se entregarán a sus herederos en los términos prevenidos en la sección anterior.

Artículo 143. Si el cónyuge presente entrare como herederos como se dispone en la sección anterior visto en el artículo 138, hará suyos todos los frutos y rentas de los bienes que haya administrado.

Artículo 144. Si el cónyuge presente no fuere heredero, ni tuviere bienes propios ni gananciales, continuará la sociedad conyugal si se hubiere estipulado en las capitulaciones; y el cónyuge podrá nombrar un interventor de la manera prevenida en el artículo 126; si no hubiere sociedad legal, tendrá alimentos.

Artículo 145. Si hubiere sociedad el cónyuge tendrá derecho a la mitad de las utilidades, sin perjuicio de los alimentos, que el Juez le señalará con audiencia de los herederos.

Artículo 146. Si después de haber sido hecha la declaración de ausencia, regresare el cónyuge ausente, quedará restaurada la sociedad conyugal, si ha sido interrumpida conforme al artículo 139; pero los gananciales adquiridos serán propios del cónyuge que los adquirió.

Artículo 147. Si aún después de hecha la declaración de ausencia, se probare que la muerte del cónyuge fue anterior a ella, sólo hasta la fecha del fallecimiento serán comunes los gananciales; debiéndose devolver a los herederos lo que bajo ese carácter haya recibido de más el cónyuge presente.

Artículo 148. Si durante la ausencia de un cónyuge se ausentare el otro, se procederá respecto de los bienes de éste conforme a lo dispuesto en la sección anterior.

Artículo 149. Si la ausencia de los cónyuges fuere simultánea, se hará la separación de bienes conforme se previene en esta sección, y se entregarán a los herederos los que respectivamente les correspondan, conforme a la sección anterior.

SECCIÓN QUINTA
PRESUNCIÓN DE MUERTE DEL AUSENTE

(REFORMADO, P.O. 31 DE DICIEMBRE DE 2012)

Artículo 150. Cuando hayan transcurrido dos años desde la declaración de ausencia, el Juez a instancia de parte interesada, declarará la presunción de muerte.

Si la desaparición ocurre asociada a incendio, explosión, terremoto, catástrofe aérea o ferroviaria, naufragio, inundación o siniestro semejante, porque exista presunción de que el desaparecido se encontraba en el lugar del siniestro o catástrofe, bastará el transcurso de seis meses contados a partir de la fecha en que ocurrió el acontecimiento trágico, para la declaración de presunción de muerte sin necesidad de declarar ausencia. El Juez ordenará la publicación de declaración de presunción de muerte por tres veces durante el procedimiento dentro de treinta días.

Tratándose de personas no localizadas por actos presumiblemente atribuibles a la delincuencia organizada, en los casos de secuestro, así como en el supuesto de servidores públicos de procuración y administración de justicia, de seguridad pública o de ejecución de sanciones penales, no localizados por hechos acontecidos durante el ejercicio de sus funciones o con motivo de ellas, bastará que hayan transcurrido dos años, contados desde su no localización, para que pueda hacerse la declaración de presunción de muerte, sin que en estos casos sea necesario que previamente se declare su ausencia; no obstante, se tomarán las medidas provisionales autorizadas para personas ausentes en la Sección Primera de este Capítulo. En estos supuestos, el Juez acordará la publicación de la declaración de presunción de muerte, sin costo alguno.

Cuando el Ministerio Público conozca de los hechos citados en el presente artículo, podrá promover ante la autoridad judicial competente el inicio del procedimiento que corresponda.

Artículo 151. Hecha esta declaración, se abrirá el testamento del ausente, si no estuviere ya publicado conforme al artículo 120; los poseedores provisionales darán cuenta de su administración, como previene el artículo 135, y los herederos y demás interesados entrarán en la posesión definitiva de los bienes sin garantía alguna. La que según la ley se hubiere dado, quedará cancelada.

Artículo 152. Si se llega a probar la muerte del ausente, la herencia se defiere a los que debieron heredarle al tiempo de ella; pero el poseedor o poseedores de los bienes hereditarios, al restituirlos se reservarán la mitad de los frutos correspondientes a la época de la posesión provisional, y todos ellos desde que obtuvieron la posesión definitiva.

Artículo 153. Si el ausente se presentare o se probare su existencia, después de otorgada la posesión definitiva, recobrará sus bienes en el Estado en que se hallen, el precio de los enajenados, o los que se hubieren adquirido con el mismo precio; pero no podrá reclamar frutos ni rentas.

Artículo 154. Cuando declarada la ausencia o la presunción de muerte de una persona, se hubiesen aplicado sus bienes a los que se tuvieron por herederos, y después se presentaren otros pretendiendo que ellos deben ser preferidos en la herencia, y así se declarare por sentencia ejecutoriada, la entrega de bienes se hará a éstos de la misma manera que según los artículos 138 y 153, debiera hacerse al ausente si se presentara.

Artículo 155. Los poseedores definitivos darán cuenta al ausente y a sus herederos. El plazo legal correrá desde el día en que el primero se presente por sí o por apoderado legítimo, o desde aquél en que por sentencia que cause ejecutoria, se haya deferido la herencia.

Artículo 156. La posesión definitiva termina:

I. Con el regreso del ausente;

II. Con la noticia cierta de su existencia;
III. Con la certidumbre de su muerte;
IV. Con la sentencia que cause ejecutoria en el caso del artículo 154.

Artículo 157. En el caso segundo del artículo anterior, los poseedores definitivos serán considerados como provisionales desde el día en que se tenga noticia cierta de la existencia del ausente.

Artículo 158. La sentencia que declare la presunción de muerte de un ausente casado, termina con la comunidad de bienes.

Artículo 159. En el caso previsto por el artículo 144, el cónyuge sólo tendrá derecho a alimentos.

SECCIÓN SEXTA
EFECTOS DE LA AUSENCIA RESPECTO DE LOS DERECHOS EVENTUALES DEL AUSENTE

Artículo 160. Cualquiera que reclame un derecho referente a una persona cuya existencia no esté reconocida, deberá probar que ésta persona vivía en el tiempo en que era necesaria su existencia para adquirir aquel derecho.

Artículo 161. Si se defiere una herencia, a la que sea llamado un individuo declarado ausente, entrarán sólo en ella los que debían ser coherederos de aquél o suceder por su falta; pero deberán hacer inventario en forma de los bienes que reciban.

Artículo 162. En este caso los coherederos o sucesores se considerarán como poseedores provisionales o definitivos de los bienes que por la herencia debían corresponder al ausente, según la época en que la herencia se defiera.

Artículo 163. Lo resuelto en los dos artículos anteriores, debe entenderse sin perjuicio de las acciones de petición de herencia y de otros derechos que podrán ejercitar el ausente, sus representantes, acreedores o legatarios, y que no se extinguirán sino por el tiempo fijado para la usucapión y la prescripción.

Artículo 164. Los que hayan entrado en la herencia harán suyos los frutos percibidos de buena fe, mientras que el ausente no comparezca, o que sus acciones no sean ejercitadas por sus representantes, o los que por contrato o cualquiera otra causa tengan con él relaciones jurídicas.

SECCIÓN SÉPTIMA
DISPOSICIONES GENERALES

Artículo 165. El representante y los poseedores provisionales y definitivos, en sus respectivos casos, tienen la legítima procuración del ausente en juicio y fuera de él.

Artículo 166. Todos los actos que ejecuten dentro de la órbita de sus facultades legales, son válidos y obligan al ausente.

Artículo 167. Por causa de ausencia no se suspenden los plazos que fija la ley para la usucapión y la prescripción.

Artículo 168. El ausente y sus herederos tienen acción para reclamar los daños y perjuicios que el representante o los poseedores hayan causado por exceso de sus facultades, culpa o negligencia.

Artículo 169. El Ministerio Público velará por los intereses del ausente, y será oído en todos los juicios que tengan relación con él y en las declaraciones de ausencia y presunción de muerte.

Artículo 170. El Juez competente para todos los negocios relativos a ausencia, es el del último domicilio del ausente; y si éste se ignora, el del lugar donde se halle la mayor parte de los bienes.

CAPÍTULO CUARTO
REGLAS GENERALES SOBRE LAS PERSONAS JURÍDICAS

Artículo 171. Las personas jurídicas tienen capacidad de goce y de ejercicio, salvo las restricciones que a esa doble capacidad se establezcan legalmente.

Artículo 172. Son personas jurídicas:
I. El Estado de Puebla y los municipios del mismo Estado;
II. Las asociaciones civiles;
III. Las sociedades civiles;

IV. Las fundaciones;

V. Las demás que reconozca la ley.

Artículo 173. En el Estado de Puebla se reconoce la capacidad de las personas jurídicas, creadas de acuerdo con las leyes federales o de los demás Estados de la República Mexicana.

(ADICIONADO, P.O. 14 DE SEPTIEMBRE DE 1998)

El reconocimiento de las personas jurídicas colectivas extranjeras de naturaleza privada, se rige por lo dispuesto en las leyes federales.

Artículo 174. Las personas jurídicas se regirán por las leyes correspondientes y, en su caso, por lo dispuesto en este Código, por su escritura constitutiva y por su estatuto.

Artículo 175. Las personas jurídicas pueden ejercitar los derechos que no sean incompatibles con su objeto y los que no les estén prohibidos por la ley.

Artículo 176. Las personas jurídicas adquieren derechos y se obligan por medio de la persona o personas físicas que las representen legalmente.

Artículo 177. El domicilio de las personas jurídicas se determina:

1° Por la ley que las haya creado o reconocido, o que las rija directamente;

2° Por su escritura constitutiva, estatuto o reglas de su fundación:

3° En defecto de lo anterior, por el lugar en que se ejerzan sus funciones principales o en el que se haya establecido su representación legal.

Artículo 178. Las personas jurídicas privadas, que tengan su domicilio fuera del Estado de Puebla, pero que realicen actos o hechos jurídicos dentro de su territorio, se considerarán domiciliadas en el lugar donde los hayan ejecutado, para todo lo que a esos actos o hechos se refiere.

Artículo 179. Las personas jurídicas privadas que operen por medio de sucursales, en lugar distinto del domicilio de la casa matriz, se entenderán sometidas, para todo lo relativo a los hechos que sean imputables a sus sucursales, o a los actos jurídicos que éstas realicen, a la jurisdicción del lugar donde sucedan tales hechos o actos jurídicos.

Artículo 180. Las personas jurídicas pueden designar un domicilio convencional para el cumplimiento de obligaciones determinadas.

Artículo 181. Las personas jurídicas de carácter público llevarán el nombre que las leyes les asignen.

Artículo 182. El nombre de las personas jurídicas de carácter privado estará constituido por la denominación, o la razón social que se les dé, de acuerdo con su escritura constitutiva o con su estatuto.

Artículo 183. Las personas jurídicas tienen el mismo derecho que el artículo 67 da a las personas físicas, respecto al uso de su nombre, y pueden ejercitar la acción de usurpación o de supresión de nombre.

CAPÍTULO QUINTO
ASOCIACIÓN CIVIL

Artículo 184. La asociación civil se constituye mediante un acto jurídico, por el cual se reúnen de manera que no sea enteramente transitoria, dos o más personas, para realizar un fin posible, lícito y común y que no tenga carácter preponderantemente económico.

Artículo 185. Son consecuencias jurídicas, inherentes a la capacidad de la asociación, las siguientes:

I. El patrimonio de la asociación es distinto e independiente del patrimonio individual de cada asociado;

II. La asociación puede ser acreedora o deudora de sus miembros y, a su vez, éstos pueden ser acreedores o deudores de aquélla;

III. Las relaciones jurídicas de la asociación son independientes de las relaciones jurídicas individuales de los asociados;

IV. No existe copropiedad entre los asociados respecto al patrimonio de la asociación;

V. La asociación ejerce un derecho autónomo, directo e inmediato sobre su patrimonio.

Artículo 186. El acto jurídico por el cual se constituya una asociación deberá constar en escritura pública, y ésta y el estatuto de la asociación deben inscribirse en el Registro Público para que surtan efectos contra personas distintas de los asociados.

Artículo 187. La escritura constitutiva de la asociación debe contener.

I. Nombre, domicilio, edad y estado civil de los asociados;

II. La denominación de la asociación;

III. El objeto de la asociación;

IV. Los bienes que integren el patrimonio de la asociación;

V. El domicilio de la asociación;

VI. Si la administración se encarga a un director o a un consejo de directores;

VII. En todo caso las cláusulas a que se refieren los artículos 201 y 202; y

VIII. La duración determinada o indeterminada de la asociación.

Artículo 188. La inobservancia de la forma requerida originará la disolución de la asociación, que podrá ser pedida por cualquier asociado, y que se realizará como dispone la fracción II del artículo 211.

Artículo 189. La asociación puede admitir y excluir asociados.

Artículo 190. Las asociaciones se regirán por su estatuto y por lo que establecen los siguientes artículos.

Artículo 191. El poder supremo de las asociaciones reside en la asamblea general.

Artículo 192. La asamblea general se reunirá en la época fijada en su estatuto o cuando sea convocada por la dirección. Esta deberá citar a asamblea si para ello fuere requerida, cuando menos por el cinco por ciento de los asociados.

Artículo 193. Si la dirección no cita a asamblea cuando deba hacerlo, en su lugar lo hará el Juez de lo Civil a petición del cinco por ciento o más de los asociados.

Artículo 194. La asamblea general resolverá sobre:

I. Admisión y exclusión de los asociados;

II. Disolución anticipada de la asociación o prórroga de ella por más tiempo del fijado en el estatuto;
III. Nombramiento de director o de directores;
IV. Revocación de los nombramientos hechos;
V. Otros asuntos que le encomiende el estatuto.

Artículo 195. Las asambleas generales sólo se ocuparán de los asuntos contenidos en la respectiva orden del día, y sus decisiones serán tomadas por mayoría de votos de los miembros presentes.

Artículo 196. Cada asociado gozará de un voto en las asambleas generales.

Artículo 197. El asociado no votará las decisiones en que se encuentre directamente interesado él, su cónyuge, ascendientes, descendientes o parientes colaterales dentro del segundo grado.

Artículo 198. La administración y representación de la asociación la ejercerán un director, o un consejo de directores, según establezcan el estatuto o la asamblea general.

Artículo 199. El director o los integrantes del consejo de directores de la asociación deben ser miembros de ésta.

Artículo 200. El director o los integrantes del consejo de directores:
I. Serán los ejecutores de los acuerdos de la asamblea general.
II. Tendrán facultades para encausar los actos de la asociación hacia el logro de los objetivos de ésta; y
III. Serán personalmente responsables en favor de la asociación, de los asociados o de personas distintas de aquélla y de éstos, por el exceso o defecto en el cumplimiento de los acuerdos de la asamblea general.

Artículo 201. En toda escritura constitutiva de una asociación se hará constar, en cláusula expresa, que el director o el consejo de directores tienen facultades de apoderados para pleitos y cobranzas y para actos de administración.

Artículo 202. Los actos de dominio competen exclusivamente a la asamblea general, la que los realizará a través de su director o consejo de directores o de un delegado nombrado especialmente para cada caso y esta facultad de la asamblea general se hará constar en cláusula expresa de la escritura constitutiva de la asociación.

Artículo 203. Cuando la asociación tenga más de veinte asociados, la facultad de admisión o exclusión de los mismos se considerará delegada por la asamblea general al director o al consejo de directores, quienes someterán los acuerdos que tomen a la ratificación o rectificación de la siguiente asamblea general.

Artículo 204. Cada vez que se reúna la asamblea general, deberá incluirse, como un punto de la orden del día, el informe que el director o el consejo de directores rendirá sobre el estado que guarde la asociación, y la situación económica de la misma.

Artículo 205. Los miembros de la asociación tendrán derecho a separarse de ella, previo aviso dado con dos meses de anticipación.

Artículo 206. Los asociados podrán ser excluidos de la asociación:

a) Por dejar de pagar oportunamente las cuotas acordadas en el estatuto o por la asamblea general.

b) Por observar una conducta contradictoria con los fines de la asociación.

c) Por las demás causas que señale el estatuto.

Artículo 207. Los asociados que voluntariamente se separen o que fueren excluidos, perderán todo derecho al haber social.

Artículo 208. Los asociados tienen derecho de vigilar que las cuotas se dediquen al fin que se propone la asociación, y con ese objeto pueden examinar los libros de contabilidad y demás papeles de ésta. En las asociaciones con más de veinte asociados, esta facultad sólo podrá ejercitarse dentro del mes siguiente a la celebración de la asamblea general.

Artículo 209. La calidad de asociado es intransferible, salvo por causa de muerte.

Artículo 210. Las asociaciones, además de las causas previstas en el estatuto, se extinguen:

I. Por acuerdo de la asamblea general;

II. Por haber concluido el plazo fijado para su duración o por haber conseguido totalmente el objeto para el que fueron creadas;

III. Por haber llegado a ser física o legalmente imposible el fin para el que fueron fundadas; y

IV. Por resolución de la autoridad competente.

Artículo 211. En caso de disolución, los bienes de la asociación se aplicarán:

I. Según disponga el estatuto;

II. Según lo que determine la asamblea general, si el estatuto no contiene disposición sobre este punto; pero la asamblea sólo podrá atribuir a los asociados, la parte del activo social que equivalga a sus aportaciones, y los demás bienes se aplicarán a otra asociación o fundación de objeto similar a la extinguida.

(REFORMADO, P.O. 31 DE DICIEMBRE DE 2012)

Artículo 212. Las asociaciones de asistencia social se regirán por las leyes correspondientes.

CAPÍTULO SEXTO
SOCIEDADES

SECCIÓN PRIMERA
DISPOSICIONES GENERALES

Artículo 213. La sociedad civil se constituye mediante un acto jurídico, por el cual se reúnen de manera permanente, dos o más personas, para realizar un fin común de carácter preponderantemente económico, lícito, posible y que no constituya una especulación mercantil, mediante aportación de sus bienes o industria, o de ambos, para dividir entre sí el dominio de los bienes y las ganancias y pérdidas.

Artículo 214. La sociedad debe crearse para utilidad común de los socios.

Artículo 215. La aportación de los socios puede consistir en una cantidad de dinero u otros bienes, o en su industria.

Artículo 216. La aportación de bienes por los socios a la sociedad implica la transmisión de su dominio a ésta, salvo que expresamente se pacte lo contrario.

Artículo 217. El acto constitutivo de la sociedad debe constar en escritura pública, la que se inscribirá, junto con el estatuto de ella, en el Registro Público de las sociedades civiles.

Artículo 218. La falta de la forma prescrita en el artículo anterior, sólo produce el efecto de que los socios puedan pedir, en cualquier tiempo, que se disuelva y liquide la sociedad conforme a los artículos 269 a 289; pero mientras esa liquidación no se pida, la sociedad produce todos sus efectos entre los socios y éstos y aquélla no pueden oponer la falta de forma a las personas que hayan contratado con la sociedad.

Artículo 219. Si se formara de hecho una sociedad que no pueda subsistir legalmente, se aplicarán las siguientes disposiciones:

I. A solicitud de uno o más de los socios o de cualquiera persona interesada, se declarará la nulidad de la sociedad, la cual se pondrá en liquidación;

II. Después de pagadas las deudas sociales, se reembolsará a los socios lo que hubieren llevado a la sociedad;

(REFORMADA, P.O. 31 DE DICIEMBRE DE 2012)

III. Las utilidades se destinarán a los establecimientos de asistencia social pública del domicilio de la sociedad o a los más cercanos, si no los hubiere en ese lugar.

Artículo 220. La escritura constitutiva de la sociedad debe contener:

I. Los nombres y apellidos de los otorgantes;

II. La razón social;

III. El objeto de la sociedad;

IV. El importe del capital social y la aportación con que cada socio debe contribuir;

V. El inventario y avalúo de los bienes que aporten, en su caso, los socios;

VI. El domicilio de la sociedad;

VII. La duración de la sociedad; y

VIII. Las reglas aplicables a la administración de la sociedad.

Artículo 221. Si falta alguno de los requisitos que establece el artículo anterior, se aplicará lo que dispone el artículo 218.

Artículo 222. Antes de que se inscriba en el Registro Público la escritura constitutiva de la sociedad surtirá ella efectos entre los socios.

Artículo 223. Mientras no se inscriba la escritura constitutiva de la sociedad en el Registro Público produce efectos en beneficio y no en perjuicio de personas distintas de ella.

Artículo 224. No puede estipularse en la sociedad:

I. Que los provechos pertenezcan exclusivamente a uno o a varios socios y todas las pérdidas a otro u otros.

II. Que a los socios capitalistas se les restituya su aporte con una cantidad adicional haya o no ganancias.

Artículo 225. La escritura constitutiva de la sociedad no puede modificarse sino por consentimiento unánime de los socios.

Artículo 226. Después de la razón social se agregarán las palabras "Sociedad Civil".

Artículo 227. No quedan comprendidas en este capítulo las sociedades mutualistas.

SECCIÓN SEGUNDA
SOCIOS

Artículo 228. Cada socio estará obligado:

I. Al saneamiento, para el caso de evicción de los bienes que aporte a la sociedad.

II. A indemnizar a la sociedad por los defectos de los bienes a que se refiere la fracción anterior.

III. A responder, según los principios que rigen las obligaciones entre el arrendador y el arrendatario, si prometió a la sociedad el aprovechamiento de bienes determinados.

Artículo 229. A menos que lo establezca la escritura constitutiva, no puede obligarse a los socios a hacer una nueva aportación para aumentar el capital social.

Artículo 230. Cuando el aumento del capital social sea acordado por la mayoría, los socios que no estén conformes pueden separarse de la sociedad, con devolución de lo que aportaron.

Artículo 231. Las obligaciones sociales estarán garantizadas subsidiariamente por la responsabilidad ilimitada y solidaria de los socios que administren; los demás socios, salvo lo que se establezca en la escritura constitutiva de la sociedad, sólo estarán obligados con su aportación.

Artículo 232. Los socios no pueden ceder sus derechos sin el consentimiento previo y unánime de los demás coasociados; y sin él, tampoco pueden admitirse otros nuevos socios, salvo lo que para uno y otro caso disponga la escritura constitutiva.

Artículo 233. Los socios gozarán del derecho del tanto.

Artículo 234. El estatuto establecerá las causas de exclusión de los socios, y éstos por unanimidad acordarán la exclusión, cuando proceda.

Artículo 235. Es a cargo del socio excluido la parte de pérdidas que le corresponda, y la sociedad puede retener la parte del capital y utilidades de aquél, mientras no concluyan las operaciones pendientes al tiempo de la exclusión, debiendo hacerse hasta entonces la liquidación correspondiente.

SECCIÓN TERCERA
ADMINISTRACIÓN DE LA SOCIEDAD

Artículo 236. La administración de la sociedad puede conferirse a uno o más socios.

Artículo 237. Habiendo socios especialmente encargados de la administración, los demás no podrán contrariar ni entorpecer las gestiones de aquéllos, ni impedir sus efectos.

Artículo 238. El nombramiento de los socios administradores no priva a los demás socios del derecho de examinar el estado de los negocios sociales y de exigir, a este fin, la presentación de libros, documentos y papeles, con el objeto de que puedan hacerse las reclamaciones que estimen convenientes. No es válida la renuncia del derecho consignado en este artículo.

Artículo 239. El nombramiento del administrador, hecho en la escritura constitutiva de la sociedad podrá revocarse:

I. Por acuerdo unánime de los socios:

II. Por decisión judicial motivada en dolo, culpa o inhabilidad del administrador.

Artículo 240. El nombramiento de administradores hecho después de constituida la sociedad, es revocable por mayoría de votos.

Artículo 241. Los socios administradores ejercerán las facultades que fueren necesarias al giro y desarrollo de los negocios que formen el objeto de la sociedad; pero salvo que la escritura constitutiva de la sociedad prevenga lo contrario, necesitan autorización expresa de los otros socios:

I. Para enajenar los bienes de la sociedad, si ésta no se constituyó con ese objeto;

II. Para gravar los bienes de la sociedad con cualquier derecho real;

III. Para afianzar; y

IV. Para tomar capitales prestados.

Artículo 242. Las facultades que no se hayan concedido a los administradores serán ejercitadas por todos los socios, resolviéndose los asuntos por mayoría de votos.

Artículo 243. La mayoría, en el caso del artículo anterior, y en todos los casos en que se requiera conforme a los preceptos de este Capítulo, se computará por personas.

Artículo 244. Siendo varios los socios encargados indistintamente de la administración, sin declaración de que deberán proceder de acuerdo, podrá cada uno de ellos practicar separadamente los actos administrativos que crea oportunos.

Artículo 245. Si en la escritura constitutiva de la sociedad se dispone que un administrador, para realizar sus funciones, requiera el concurso de otro, sólo podrá prescindir de él, cuando de no proceder así, pueda resultar perjuicio grave e irreparable a la sociedad.

Artículo 246. Los compromisos contraídos por los socios administradores en nombre de la sociedad, excediéndose de sus facultades, si no son ratificados por la mayoría de los socios, sólo obligan a la sociedad en razón del beneficio recibido.

Artículo 247. Las obligaciones que se contraigan por la mayoría de los socios encargados de la administración, sin conocimiento de la minoría, o contra su voluntad expresa, serán válidas.

Artículo 248. Los socios que contraigan las obligaciones a que se refiere el artículo anterior, serán personalmente responsables ante la sociedad de los daños y perjuicios que por ellas se causen.

Artículo 249. El socio o socios administradores están obligados a rendir cuentas siempre que lo pida la mayoría de los socios.

Artículo 250. Las cuentas mencionadas en el artículo anterior se rendirán, aún cuando no se exijan, en las fechas fijadas en la escritura constitutiva de la sociedad.

Artículo 251. Cuando no se hayan nombrado socios administradores, todos los socios tendrán derecho a concurrir a la dirección y manejo de los negocios comunes.

Artículo 252. En el supuesto previsto en el artículo anterior, las decisiones serán tomadas por mayoría.

SECCIÓN CUARTA
DISOLUCIÓN DE LA SOCIEDAD

Artículo 253. La sociedad se disuelve:

I. Por consentimiento unánime de los socios;

II. Por haberse cumplido el plazo prefijado a la sociedad;

III. Por la realización completa del fin social, o por haberse vuelto imposible la consecución del objeto de la sociedad;

IV. Por resolución judicial.

Artículo 254. Para que la disolución de la sociedad surta efectos contra personas distintas de ésta y de los socios de la misma, es necesario que se inscriba en el Registro Público.

Artículo 255. Pasado el plazo por el cual fue constituida la sociedad, si ésta continúa funcionando, se entenderá prorrogada su duración por tiempo indeterminado, sin necesidad de nueva escritura social.

Artículo 256. En el supuesto previsto en el artículo anterior, la existencia de la sociedad puede demostrarse por todos los medios de prueba.

Artículo 257. La sociedad se disuelve por la muerte o incapacidad de uno de los socios, que tenga responsabilidad ilimitada por los compromisos sociales, salvo que en la escritura constitutiva se haya pactado que la sociedad continúe con los sobrevivientes o con los herederos de aquél.

Artículo 258. La muerte del socio industrial es causa de disolución de la sociedad, si ésta se estableció por causa de la industria de aquél.

Artículo 259. En el caso de que a la muerte de un socio, la sociedad hubiere de continuar con los supervivientes se procederá a la liquidación de la parte que corresponda al socio difunto, para entregarla a su sucesión.

Artículo 260. Los herederos, en el caso del artículo anterior, tendrán derecho al capital y utilidades que correspondan al finado, en el momento del fallecimiento y, en lo sucesivo, sólo tendrán parte en lo que dependa necesariamente de los derechos adquiridos o de las obligaciones contraídas por su causante.

Artículo 261. Cuando la sociedad, en caso de fallecimiento de uno de los socios, deba continuar con sus herederos, estos tendrán los mismos derechos y obligaciones que correspondían a su causante.

Artículo 262. Cuando se trate de sociedades de duración indeterminada, se disuelve la sociedad por renuncia de uno de los socios, si los demás no desean continuar asociados.

Artículo 263. En el caso del artículo anterior, para que la renuncia de uno de los socios sea causa de disolución de la sociedad, se requiere además que no sea maliciosa ni extemporánea.

Artículo 264. La renuncia es maliciosa si el socio que la hace se propone aprovecharse exclusivamente de los beneficios, o evitarse las pérdidas que los socios deberían recibir o soportar en común, con arreglo a la escritura constitutiva de la sociedad.

Artículo 265. La renuncia es extemporánea, si al hacerla el socio renunciante, la disolución de la sociedad, que esa renuncia originaría, puede causar perjuicios a la misma sociedad.

Artículo 266. Sólo las sociedades de duración indeterminada se disuelven por renuncia de uno o más socios.

Artículo 267. En las sociedades de duración indeterminada es también causa legítima para su disolución, la falta de cumplimiento de las obligaciones de uno o más socios, en favor de la sociedad, si ésta puede perjudicarse irreparablemente por virtud de ese incumplimiento.

Artículo 268. La disolución de la sociedad no modifica los compromisos contraídos con personas distintas de ella y de los socios.

SECCIÓN QUINTA
LIQUIDACIÓN DE LA SOCIEDAD

Artículo 269. Disuelta la sociedad, se pondrá en liquidación.

Artículo 270. La liquidación se practicará dentro del plazo de seis meses, salvo lo que disponga la escritura constitutiva.

Artículo 271. Cuando la sociedad se ponga en liquidación, deben agregarse a su nombre las palabras "en liquidación".

Artículo 272. La liquidación debe hacerse por todos los socios.

Artículo 273. La liquidación de la sociedad se hará por liquidadores si así lo convienen los socios o si aquéllos estuviesen ya nombrados en la escritura.

Artículo 274. Ni el capital social ni las utilidades pueden repartirse sino después de la disolución de la sociedad y previa la liquidación respectiva.

Artículo 275. Si cubiertos los compromisos sociales y devueltos los aportes de los socios, quedaren algunos bienes, se considerarán utilidades.

Artículo 276. Las utilidades de que habla el artículo anterior se repartirán entre los socios, como prevenga la escritura constitutiva.

Artículo 277. En el supuesto del artículo anterior, si nada establece la escritura constitutiva, la repartición de los bienes será proporcional a los aportes de los socios.

Artículo 278. Si al liquidarse la sociedad no quedaren bienes suficientes para cubrir las obligaciones sociales y devolver sus aportes a los socios, el faltante se considerará pérdida y se repartirá entre éstos en la proporción establecida por el artículo anterior.

Artículo 279. Si sólo se hubiere previsto lo que debe corresponder a los socios por utilidades, en la misma proporción responderán de las pérdidas.

Artículo 280. Si alguno de los socios contribuye sólo con su industria, sin que ésta se hubiere estimado, ni se hubiere designado cuota que por ella debiera recibir, se observarán las reglas siguientes.

Artículo 281. Si el trabajo del socio industrial pudiere hacerse por otro, su cuota será la que corresponda por razón de sueldos y honorarios, y esto mismo se observará si son varios los socios industriales.

Artículo 282. Si el trabajo del socio industrial no pudiere ser hecho por otro, su cuota será igual a la del socio capitalista que tenga más.

Artículo 283. Si sólo hubiere un socio industrial y otro capitalista, se dividirán entre sí por partes iguales las ganancias.

Artículo 284. Si son varios los socios industriales y están en el caso del artículo 282, llevarán entre todos la mitad de las ganancias y la dividirán entre sí por convenio.

Artículo 285. Si los socios no llegan a un convenio sobre la división de las ganancias, esta división se hará por decisión arbitral.

Artículo 286. Si el socio industrial hubiere contribuido también con cierto capital, se considerarán éste y la industria separadamente.

Artículo 287. Si al terminar la sociedad en que hubiere socios capitalistas e industriales, resultare que no hubo ganancias, todo el capital se distribuirá entre los socios capitalistas, conforme a sus aportes.

Artículo 288. Salvo lo dispuesto en la escritura constitutiva, los socios industriales no responderán de las pérdidas.

Artículo 289. Si se conviene que la partición la haga una persona extraña a la sociedad y a los socios, quedarán éstos sujetos a la que formule esa persona.

LIBRO SEGUNDO
FAMILIA

CAPÍTULO PRIMERO
REGLAS GENERALES

Artículo 290. Las leyes civiles del Estado de Puebla son protectoras de la familia y del estado civil de las personas.

(REFORMADO, P.O. 14 DE SEPTIEMBRE DE 1998)

Artículo 291. A través de las instituciones correspondientes, el Estado deberá auxiliar y proteger legal y socialmente a la familia, proporcionando asistencia especial a la niñez, la mujer, los enfermos, los incapaces, los discapacitados y los ancianos, conforme a los siguientes principios:

I. Se declara de interés público la protección de cada integrante de la familia, contra toda forma de prejuicio, abuso, maltrato físico o mental, descuido, atención negligente o explotación;

(REFORMADO [N. DE E. ESTE PÁRRAFO], P.O. 24 DE ENERO DE 2020)

II. Todo individuo tiene derecho a desarrollarse y ser educado dentro de su propio ámbito familiar, bajo la custodia y cuidado conjunto de sus progenitores.

(ADICIONADO, P.O. 24 DE ENERO DE 2020)

Cada progenitor debe procurar el respeto y el acercamiento constante de las y los menores con el otro ascendiente, por lo que cada uno de los ascendientes deberá evitar, en todo momento, cualquier acto de manipulación, aleccionamiento o alienación parental, entendiéndose esta última como la inducción que un progenitor realiza hacia sus hijas o hijos, mediante la desaprobación, la manipulación psicológica, distintas estrategias o critica tendiente a obtener la denigración exagerada y/o injustificada del otro progenitor, para obstaculizar o destruir sus vínculos y producir en la o el menor, rechazo, rencor, antipatía, desagrado, odio, desprecio o temor hacia éste.

(REFORMADA, P.O. 26 DE MARZO DE 2021)

III. Los integrantes de la familia tienen derecho a que los demás miembros respeten su integridad física y psíquica, así como su orientación sexual y, en su caso, su identidad de género autopercibida, de manera que no se afecten su sano desarrollo individual ni su plena incorporación al núcleo social;

(REFORMADO [N. DE E. ESTE PÁRRAFO], P.O. 3 DE AGOSTO DE 2022)

IV. Todas las personas están obligadas a evitar las conductas que generen violencia familiar, entendiéndose por ésta, la agresión física o moral, así como la omisión, que de manera intencional, individual, o reiterada, se ejercita en contra de un miembro de la familia por el cónyuge, la cónyuge, concubino, concubina, pariente consanguíneo en la línea recta sin limitación de grado; pariente colateral consanguíneo o por afinidad, hasta el cuarto grado; adoptado, adoptante; madrastra, padrastro; hijastra, hijastro; pupilo, pupila; curador, curadora, tutor o tutora; o persona que habite el mismo domicilio o con el cual haya tenido algún vínculo familiar o afectivo, con afectación a la integridad física, psicoemocional, sexual o cualquiera de éstas, independientemente de que pueda producir afectación orgánica.

(REFORMADO, P.O. 20 DE SEPTIEMBRE DE 2016)

Por violencia contra las mujeres en el ámbito familiar se entiende el acto abusivo de poder u omisión intencional, dirigido a dominar, someter, controlar, o agredir de manera física, verbal, psicológica, patrimonial, económica y sexual a las mujeres, dentro o fuera del domicilio familiar, ejercida por cualquier persona que tenga o haya tenido relación de parentesco por consanguinidad o afinidad, de matrimonio, concubinato o mantengan o hayan mantenido una situación de hecho.

(ADICIONADO, P.O. 3 DE AGOSTO DE 2022)

Como violencia contra las mujeres en el ámbito familiar, se contempla la violencia vicaria, entendida como todo acto u omisión intencional, con el objeto de causar daño a la víctima a través del perjuicio, maltrato, descuido y/o manipulación de las hijas y los hijos; así como el daño o menoscabo del vínculo filial con la víctima. Es una manifestación de violencia por parte de quien mantiene o mantuvo una relación afectiva o sentimental de pareja con la víctima, que por sí o por interpósita persona, utiliza a las hijas y los hijos de la víctima como instrumento para causarle daño.

(ADICIONADO, P.O. 3 DE AGOSTO DE 2022)

Se considera como violencia vicaria equiparada la que se realice hacia un, ascendiente directo por consanguinidad o afinidad hasta el tercer grado, dependiente económico de la víctima, o un adulto mayor que se encuentre al cuidado de la víctima.

(ADICIONADO, P.O. 3 DE AGOSTO DE 2022)

Para efectos de la violencia vicaria se entenderá como víctima a la mujer, en términos de la Ley para el Acceso de las Mujeres a una Vida Libre de Violencia del Estado de Puebla.

(ADICIONADO, P.O. 20 DE SEPTIEMBRE DE 2016)

En estos casos, la autoridad competente podrá emitir los actos de protección y de urgente aplicación de manera precautoria o cautelar, en función del interés superior de la víctima.

(ADICIONADO, P.O. 20 DE SEPTIEMBRE DE 2016)

Las órdenes de protección se emitirán de conformidad con la Ley para el Acceso de las Mujeres a una Vida Libre de Violencia del Estado de Puebla y demás legislación aplicable.

(ADICIONADO, P.O. 20 DE SEPTIEMBRE DE 2016)

Los integrantes de la familia que incurran en violencia familiar, deberán reparar los daños y perjuicios que se ocasionen con dicha conducta, con autonomía de otro tipo de sanciones que éste y otros ordenamientos legales establezcan.

(ADICIONADO, P.O. 20 DE SEPTIEMBRE DE 2016)

Cuando cause ejecutoria una sentencia que determine la existencia de un hecho ilícito, civil o penal, derivado de la violencia familiar o de género, se comunicará a la autoridad que sea competente para el control de la estadística correspondiente; y

V. Todo menor, mujer, enfermo, incapaz, anciano o persona discapacitada, privado temporal o permanentemente de su medio familiar o cuyo interés haga necesario que no permanezca en él, podrá ser acogido por el Sistema Estatal para el Desarrollo Integral de la Familia o alguna otra institución con objeto similar, las que proveerán su protección y cuidado hasta en tanto se den las condiciones mínimas necesarias en su seno familiar para ser restituido o, en su caso, se le encuentre un hogar sustituto.

(REFORMADO, P.O. 14 DE SEPTIEMBRE DE 1998)

Artículo 292. Toda autoridad o persona que tenga conocimiento, deberá avisar al Juez al Ministerio Público, sobre cualquier situación que atente contra los principios contenidos en el artículo anterior, para que de oficio promuevan las medidas que correspondan.

El Juez deberá dar vista al Ministerio Público en los casos en que la integridad física o psíquica de las personas que sean víctimas de violencia familiar, esté en peligro, con el fin de que proceda a tomar las medidas cautelares que tienden a garantizar y proteger el interés superior de los afectados, que podrán serlo las personas maltratadas y sus familiares.

Por su parte, el Ministerio Público deberá hacer del conocimiento del Juez, cualquier diligencia que se realice atendiendo a lo dispuesto en los párrafos anteriores.

El Ministerio Público será oído en los negocios judiciales relativos a ausencia, alimentos, matrimonio, nulidad de éste, calificación de impedimentos y dispensas con relación a la celebración del matrimonio, divorcio, sociedad conyugal, filiación, patria potestad, tutela, curatela, rectificación o nulidad de actas de estado civil, patrimonio de familia, sucesión y todos los que directa o indirectamente se refieran a la familia.

Cuando en este Código se hable del "Juez", para imponerle deberes o concederle facultades, con relación a los negocios mencionados en los párrafos anteriores, debe entenderse que se trata del "Juez de lo Familiar".

(REFORMADO, P.O. 14 DE SEPTIEMBRE DE 1998)

Artículo 293. Los negocios familiares se resolverán atendiendo preferentemente al interés de los menores o mayores incapaces o discapacitados, si los hubiere en la familia de que se trate; en caso contrario se atenderá al interés de la familia misma y por último al de los mayores de edad capaces que formen parte de ella.

(ADICIONADO, P.O. 14 DE SEPTIEMBRE DE 2017)

Para garantizar el derecho fundamental de igualdad, los jueces deberán identificar situaciones de poder o de género que provoquen un desequilibrio entre las partes; así como cuestionar la neutralidad del derecho aplicable, observando los estándares establecidos en materia de derechos humanos.

(NOTA: EL 1 DE AGOSTO DE 2017, EL PLENO DE LA SUPREMA CORTE DE JUSTICIA DE LA NACIÓN, EN EL RESOLUTIVO SEGUNDO DE LA SENTENCIA DICTADA AL RESOLVER LA ACCIÓN DE INCONSTITUCIONALIDAD 29/2016, "DECLARA LA INVALIDEZ DEL ARTÍCULO 300, EN LA PORCIÓN NORMATIVA "EL HOMBRE Y LA MUJER", DEL CÓDIGO CIVIL PARA EL ESTADO LIBRE Y SOBERANO DE PUEBLA, REFORMADO MEDIANTE DECRETO PUBLICADO EN LA SEGUNDA SECCIÓN DE LA EDICIÓN NÚMERO 17 DEL PERIÓDICO OFICIAL DE DICHA ENTIDAD EL VEINTIOCHO DE MARZO DE DOS MIL DIECISÉIS Y, EN VÍA DE CONSECUENCIA, LA DEL ARTÍCULO 294, EN LA PORCIÓN NORMATIVA "PERPETUAR LA ESPECIE Y", DEL REFERIDO CÓDIGO CIVIL; EN LA INTELIGENCIA DE QUE, EN LA INTERPRETACIÓN Y APLICACIÓN DE LA PORCIÓN NORMATIVA "UN SOLO HOMBRE Y UNA SOLA MUJER" DEL CITADO ARTÍCULO 294, DE LAS PORCIONES NORMATIVAS "ENTRE UN SOLO HOMBRE Y UNA SOLA MUJER" Y "COMO MARIDO Y MUJER" DEL ARTÍCULO 297, Y DE LAS PORCIONES NORMATIVAS REFERIDAS A TALES SUJETOS, CONTENIDAS EN DIVERSOS PRECEPTOS DEL CÓDIGO IMPUGNADO Y EN OTROS ORDENAMIENTOS ESTATALES VINCULADOS TANTO CON EL MATRIMONIO COMO CON EL CONCUBINATO (COMPRENDIDO DENTRO DEL CAPÍTULO SEGUNDO "MATRIMONIO" DE ESTE CÓDIGO CIVIL), DEBERÁ ENTENDERSE QUE ESTAS INSTITUCIONES INVOLUCRAN A DOS PERSONAS DEL MISMO

O DE DIFERENTE SEXO.", LA CUAL SURTIÓ EFECTOS EL 1 DE AGOSTO DE 2017 DE ACUERDO A LAS CONSTANCIAS QUE OBRAN EN LA SECRETARÍA GENERAL DE ACUERDOS DE LA SUPREMA CORTE DE JUSTICIA DE LA NACIÓN. DICHA SENTENCIA PUEDE SER CONSULTADA EN LA DIRECCIÓN ELECTRÓNICA http://www2.scjn.gob.mx/).

CAPÍTULO SEGUNDO
MATRIMONIO

(REFORMADA SU DENOMINACIÓN, P.O. 14 DE SEPTIEMBRE DE 1998)

SECCIÓN PRIMERA
GENERALIDADES

(REFORMADO, P.O. 10 DE NOVIEMBRE DE 2020)

Artículo 294. El matrimonio es un contrato civil por el cual dos personas se unen voluntariamente en sociedad, para llevar una vida en común, con respeto, ayuda mutua e igualdad de derechos y obligaciones.

Artículo 295. La Ley no reconoce esponsales de futuro.

(REFORMADO, P.O. 14 DE SEPTIEMBRE DE 1998)

Artículo 296. La celebración del matrimonio es un acto solemne que debe realizarse ante el funcionario que establece la Ley y con las formalidades que la misma exige.

(REFORMADO, P.O. 10 DE NOVIEMBRE DE 2020)

Artículo 297. El concubinato es la unión voluntaria y de hecho entre dos personas, que estando en aptitud de contraer matrimonio entre sí, no lo han celebrado en los términos que la Ley señala, haciendo vida en común de manera notoria y permanente, situación que podrá demostrarse si tienen hijas o hijos en común, o si han cohabitado públicamente como cónyuges durante más de dos años continuos.

(REFORMADO, P.O. 14 DE SEPTIEMBRE DE 1998)

Artículo 298. Son aplicables al concubinato las siguientes disposiciones:

(REFORMADA, P.O. 10 DE NOVIEMBRE DE 2020)

I. Los concubinos se deben mutuamente alimentos, en los mismos casos, términos y proporciones que la Ley señala para los cónyuges, mientras perdure su unión;

II. El concubinato termina por muerte de uno de los concubinos, por voluntad de uno o de ambos, o por cualquier otra causa que implique la cesación de la vida en común;

III. La terminación del concubinato o cesación de la vida en común, no origina derecho a reclamación alguna entre los concubinos, y

IV. Los concubinos están obligados a coadyuvar de manera equitativa en el cuidado y la educación de sus menores hijos, así como en el mantenimiento del hogar, sin importar si realizan actividades diferentes al cuidado del hogar y si obtienen un sueldo o ganancias con motivo de las mismas.

(REUBICADA Y REFORMADA SU DENOMINACIÓN, P.O. 14 DE SEPTIEMBRE DE 1998)

SECCIÓN SEGUNDA
REQUISITOS PARA CONTRAER MATRIMONIO

(REFORMADO, P.O. 14 DE SEPTIEMBRE DE 1998)

Artículo 299. Son impedimentos para contraer matrimonio:

(REFORMADA, P.O. 28 DE MARZO DE 2016)

I. La falta de edad requerida por la ley;

II. (DEROGADA, P.O. 28 DE MARZO DE 2016)

III. El parentesco por consanguinidad, por afinidad o civil, sin limitación de grado en línea recta, ascendente o descendente;

IV. El parentesco por consanguinidad o civil en la línea colateral igual, entre hermanos;

V. El parentesco por consanguinidad en la línea colateral desigual, entre tíos y sobrinas, y al contrario que estén en tercer grado;

VI. El delito de homicidio, consumado o intentado, cometido contra uno de los cónyuges, por quien pretenda contraer matrimonio con el ex cónyuge de aquél; así se haya disuelto el matrimonio por el homicidio, muerte natural, nulidad o divorcio;

VII. La fuerza o miedo graves;

(REFORMADA, P.O. 27 DE JULIO DE 2023)

VIII. El alcoholismo crónico, o cualquier enfermedad que sea además contagiosa y hereditaria excepto en caso de que los pretendientes manifiesten tener conocimiento de tales circunstancias y expresen su consentimiento de forma libre, clara, indubitable y por escrito para contraer matrimonio durante la diligencia de presentación ante el Juez del Registro Civil;

(REFORMADA, P.O. 27 DE JULIO DE 2023)

IX. El uso no terapéutico de enervantes, estupefacientes, psicotrópicos o de cualquier otra substancia que altere la conducta y produzca farmacodependencia, excepto en caso de que los pretendientes manifiesten tener conocimiento de tales circunstancias, expresen su consentimiento de forma libre, clara, indubitable y por escrito para contraer matrimonio durante la diligencia de presentación ante el Juez del Registro Civil;

(REFORMADA, P.O. 20 DE SEPTIEMBRE DE 2016)

X. El vínculo de un matrimonio anterior subsistente al tiempo en que se pretenda contraer otro;

(REFORMADA, P.O. 20 DE SEPTIEMBRE DE 2016)

XI. La violencia por condición de género en cualquiera de sus tipos o modalidades de un pretendiente hacia el otro; y

(ADICIONADA, P.O. 20 DE SEPTIEMBRE DE 2016)

XII. La locura.

(REFORMADO, P.O. 28 DE MARZO DE 2016)

De estos impedimentos, sólo es dispensable el parentesco por consanguinidad en línea colateral desigual.

(REFORMADO, P.O. 10 DE NOVIEMBRE DE 2020)

Artículo 300. No pueden contraer matrimonio las personas, antes de cumplir dieciocho años de edad.

Artículo 301. (DEROGADO, P.O. 28 DE MARZO DE 2016)

Artículo 302. (DEROGADO, P.O. 28 DE MARZO DE 2016)

Artículo 303. (DEROGADO, P.O. 28 DE MARZO DE 2016)

Artículo 304. (DEROGADO, P.O. 28 DE MARZO DE 2016)

Artículo 305. (DEROGADO, P.O. 28 DE MARZO DE 2016)

Artículo 306. (DEROGADO, P.O. 28 DE MARZO DE 2016)

Artículo 307. Para que el tutor, el curador o los hijos de ambos, contraigan matrimonio con quien está o estuvo sujeto a la tutela, se requiere licencia judicial y que hayan sido legalmente aprobadas las cuentas de aquélla.

Artículo 308. (DEROGADO, P.O. 28 DE MARZO DE 2016)

Artículo 309. El matrimonio celebrado entre las personas a que se refiere el Artículo 307, sin haber obtenido la licencia judicial o estando ésta pendiente, se considerará contraído con régimen de separación de bienes, aunque se haya celebrado con sociedad conyugal.

Artículo 310. (DEROGADO, P.O. 28 DE MARZO DE 2016)

Artículo 311. (DEROGADO, P.O. 28 DE MARZO DE 2016)

Artículo 312. El matrimonio celebrado entre mexicanos fuera del territorio del Estado de Puebla, pero dentro de la República, y que sea válido con arreglo a las leyes del lugar en que se celebró, surte todos los efectos civiles en este Estado.

Artículo 313. Respecto a la transcripción en el Registro Civil del acta de celebración de matrimonio de los mexicanos que se casen en el extranjero y que se domicilien en el territorio del Estado de Puebla, se aplicará lo dispuesto por la legislación federal.

Artículo 314. Los cónyuges están obligados a guardarse fidelidad, a contribuir cada uno por su parte a los fines del matrimonio y a ayudarse mutuamente.

Artículo 315. Cualquier convenio contrario a la ayuda mutua que se deben los cónyuges se tendrá por no puesto, ya se haya pactado antes de celebrarse el matrimonio, en el momento de su celebración o después de ésta.

Artículo 316. (DEROGADO, P.O. 6 DE DICIEMBRE DE 2019)

Artículo 317. Los cónyuges pueden, después de celebrado el matrimonio y de común acuerdo, planificar el número de hijos que procrearán y la diferencia de edades entre estos.

Artículo 318. Los cónyuges vivirán juntos en el domicilio familiar.

Artículo 319. La obligación establecida por el artículo anterior puede suspenderse:

I. Si uno de los cónyuges se traslada a país extranjero, a no ser que lo haga para prestar un servicio público;

II. Si uno de los cónyuges se establece en un lugar insalubre o indecoroso;

III. Cuando uno de los cónyuges intente ejercitar o haya ejercitado una acción civil en contra del otro, sea de nulidad de matrimonio o de divorcio;

IV. Cuando uno de los cónyuges intente denunciar, o haya denunciado, la comisión de un delito, atribuyendo ésta al otro cónyuge.

Artículo 320. En los supuestos previstos en las dos últimas fracciones del artículo anterior, antes o después de iniciarse el juicio o de formularse la denuncia, se adoptarán por el Juez, provisionalmente y mientras duren los procedimientos judiciales, las disposiciones siguientes:

I. Separar a los cónyuges.

II. Prevenir a ambos cónyuges que no se molesten uno a otro.

III. Fijar reglas para el cuidado de los hijos, para lo cual oirá a ambos cónyuges y, en su caso, a los hijos.

IV. Señalar y asegurar los alimentos que debe dar el deudor alimentario al cónyuge acreedor y a los hijos.

V. Dictar las medidas conducentes para que los cónyuges no se causen perjuicios en su persona ni en los bienes que sean comunes.

VI. Dictar, en su caso las medidas precautorias que la ley establece respecto a la mujer que quede encinta.

(ADICIONADA, P.O. 14 DE SEPTIEMBRE DE 1998)

SECCIÓN TERCERA
DERECHOS Y OBLIGACIONES QUE NACEN DEL MATRIMONIO

Artículo 321. Para cumplir lo dispuesto en la fracción I del artículo anterior, se aplicarán las siguientes disposiciones:

(REFORMADA, P.O. 14 DE SEPTIEMBRE DE 1998)

I. Si los cónyuges tienen hijos o descendientes de ulterior grado, bajo su paria potestad, el Juez atenderá lo dispuesto por el artículo 635.

II. El Juez ordenará al esposo que se separe del domicilio familiar.

III. Sólo a solicitud de la mujer será ella la que se separe del domicilio familiar.

(REFORMADA, P.O. 14 DE SEPTIEMBRE DE 1998)

IV. Al cónyuge que se separe del domicilio familiar y conserve la guardia de los menores habidos en el matrimonio, se le entregarán la ropa, muebles y demás enseres de los mismos menores.

V. Ordenará el Juez que se entreguen al cónyuge que deba separarse del domicilio familiar, la ropa de él y los bienes que sean necesarios para el ejercicio de la profesión, arte u oficio a que esté dedicado.

VI. El cónyuge que deba separarse del domicilio familiar informará al Juez, el lugar de su domicilio personal y los cambios de éste.

VII. Si los cónyuges no ejercen patria potestad sobre ningún descendiente, o los descendientes sobre quienes la ejerzan son mayores de catorce años, la autorización para separarse del domicilio conyugal al consorte que intente demandar al otro, o denunciar en su contra la comisión de un delito, se tramitará como disponga el Código de Procedimientos Civiles.

(ADICIONADA, P.O. 10 DE NOVIEMBRE DE 2020)

VIII. Tratándose de matrimonios entre personas del mismo sexo, y de no existir común acuerdo, el Juez podrá designar al cónyuge que le corresponderá el uso del domicilio conyugal, previa audiencia y analizando las particularidades de cada caso.

Al efecto, se estará a lo dispuesto dentro del presente artículo y del similar 635, en todo lo que aplique y no contravenga las disposiciones y condiciones legales existentes.

(REFORMADO, P.O. 13 DE DICIEMBRE DE 2004)

Artículo 322. El que intente demandar, denunciar o querellarse contra su cónyuge, concubino o pariente, podrá acudir al Centro Estatal de Mediación o ante el Juez para llamar a las partes, y tratar de dirimir la controversia.

El mediador exhortará a las partes a buscar alternativas de solución que mejor convenga al interés de los menores, a fin de que por convenio entre los progenitores, se resuelve lo relativo a su guarda y custodia, y al derecho de convivencia que corresponda al ascendiente que no conserve la custodia.

El cumplimiento del convenio podrá solicitarse ante el Juez de lo familiar en la vía de apremio.

Para el caso de las personas que se encuentren en los supuestos del párrafo primero de este artículo, podrán por separado a la mediación, solicitar al Juez de lo familiar su separación del domicilio en el que residan habitualmente o la separación del cónyuge, concubino o pariente.

Cuando uno de los cónyuges pretenda ejercitar o haya ejercitado una acción civil en contra del otro, que no sea de nulidad de matrimonio o de divorcio, el Juez, oyendo a ambos cónyuges y según la importancia del objeto del juicio, y la mayor o menor influencia de las consecuencias de éste, sobre la vida común de los cónyuges, decidirá si deben separarse éstos y en la afirmativa aplicará lo dispuesto en los artículos anteriores.

(REFORMADO, P.O. 14 DE SEPTIEMBRE DE 1998)

Artículo 323. Ambos cónyuges están obligados a hacer aportaciones con equidad, para el sostenimiento del hogar y la educación de los hijos.

(REFORMADO, P.O. 14 DE SEPTIEMBRE DE 1998)

Artículo 324. Las aportaciones de los cónyuges pueden consistir en una cantidad de dinero u otros bienes que permitan sufragar los gastos de sostenimiento o en actividades para el cuidado del hogar y de los hijos, en la medida y proporción que ambos acuerden y sin que ninguno pueda excusarse o tener prohibido participar en la administración y demás labores propias del hogar, por razón de su sexo.

(REFORMADO, P.O. 14 DE SEPTIEMBRE DE 1998)

Artículo 325. Si uno de los cónyuges está imposibilitado para trabajar y carece de bienes, corresponderá al otro sufragar todos los gastos del hogar y de la educación de los hijos. Esta obligación es irrenunciable.

Artículo 326. Los derechos y obligaciones que nacen del matrimonio serán iguales para los cónyuges e independientes de su aportación económica al sostenimiento del hogar.

Artículo 327. Los cónyuges podrán desempeñar cualquier actividad o empleo, ejercer una profesión, industria o comercio y sólo puede oponerse uno de ellos a que el otro realice esa actividad cuando ésta dañe a la familia o ponga en peligro su estabilidad.

Artículo 328. Los cónyuges tendrán en el hogar autoridad y consideraciones iguales; por lo tanto, de común acuerdo arreglarán todo lo relativo:

I. Al lugar en que se establezca el domicilio familiar;

II. A la dirección y cuidado del hogar;

III. A la suspensión temporal del deber que impone a ambos cónyuges el artículo 318, en el caso de las fracciones I y II del 319;

IV. A la educación y establecimiento de los hijos; y

V. A la administración o disposición de los bienes que sean comunes a los cónyuges.

Artículo 329. Si los cónyuges no llegaren a un acuerdo sobre alguno de los puntos indicados en el artículo anterior, o sobre otro relativo directa o indirectamente a la familia, el Juez, sin forma de juicio, procurará avenirlos, y si no lo lograre, resolverá lo que fuere más conveniente a los intereses de los hijos menores, si los hubiere, o de la familia en caso de no haberlos, considerando entonces que ambos cónyuges integran la familia.

CAPÍTULO TERCERO
RELACIONES PATRIMONIALES ENTRE LOS CÓNYUGES

SECCIÓN PRIMERA
REGLAS GENERALES

(REFORMADO, P.O. 10 DE NOVIEMBRE DE 2020)

Artículo 330. Los cónyuges, mayores de edad, tienen capacidad para administrar, contratar o disponer de sus bienes propios, y ejercitar las acciones u oponer las excepciones que a ellos corresponden, sin que para tal objeto necesite uno de ellos la autorización del otro.

Artículo 331. El artículo anterior se aplicará, salvo lo dispuesto por este Código sobre sociedad conyugal o lo que se estipule en las capitulaciones sobre administración de los bienes.

Artículo 332. (DEROGADO, P.O. 28 DE MARZO DE 2016)

(REFORMADO, P.O. 10 DE NOVIEMBRE DE 2020)

Artículo 333. Los cónyuges, durante el matrimonio, podrán ejercitar los derechos y acciones que tengan el uno contra el otro; pero la prescripción entre ellos no corre mientras dure el matrimonio.

Artículo 334. Ni el marido podrá cobrar a la esposa ni ésta a aquél retribución u honorarios por servicios personales que se prestaren, o por consejos y asistencia que se dieren.

Artículo 335. Los cónyuges sólo responden entre sí, de los daños y perjuicios que se causen por dolo.

Artículo 336. El matrimonio puede celebrarse bajo el régimen de separación de bienes o de sociedad conyugal.

Artículo 337. Las personas que contraigan matrimonio deben manifestar, al celebrar éste, si optan por el régimen de separación de bienes o por el de sociedad conyugal.

Artículo 338. Si quienes contraigan matrimonio omiten, al celebrar éste, la manifestación a que se refiere el artículo anterior, se les tendrá por casados con el régimen de sociedad conyugal.

SECCIÓN SEGUNDA
SOCIEDAD CONYUGAL

Artículo 339. El régimen de sociedad conyugal consiste en la formación y administración de un patrimonio común, diferente de los patrimonios propios de los cónyuges.

Artículo 340. La sociedad conyugal se rige:

I. Por las capitulaciones;

II. En lo no previsto por las capitulaciones, o si no se pactaron, por lo dispuesto en los preceptos de esta sección y en los relativos a la sociedad civil.

Artículo 341. Pueden los cónyuges, durante el matrimonio, sustituir el régimen de separación de bienes por el de sociedad conyugal, o éste por aquél.

Artículo 342. Se llaman capitulaciones los pactos que los contrayentes o los cónyuges celebran para constituir sociedad conyugal y reglamentar los bienes de ésta.

Artículo 343. Las capitulaciones pueden comprender los bienes de que sean dueños los cónyuges al tiempo de celebrarlas, los que adquieran después o sólo parte de ellos, precisándose en este último caso, cuáles son los bienes que hayan de entrar en la sociedad conyugal.

Artículo 344. (DEROGADO, P.O. 28 DE MARZO DE 2016)

Artículo 345. Si respecto a las capitulaciones hubiere disentimiento entre el contrayente y las personas que conforme al artículo anterior deben concurrir a su otorgamiento, resolverá el Juez, con audiencia de los interesados.

Artículo 346. (DEROGADO, P.O. 28 DE MARZO DE 2016)

Artículo 347. Las capitulaciones y su modificación, o revocación, se otorgarán:

I. En escritura pública cuando los cónyuges pacten comunicarse o transferirse la propiedad de bienes inmuebles o derechos reales; o

II. En documento privado, con dos testigos y ratificado ante Notario por éstos y los cónyuges, en cuanto al contenido y firmas, cuando al otorgarlas ninguno de los cónyuges sea propietario de inmuebles.

Artículo 348. Debe inscribirse en el Registro Público de la Propiedad, tanto la constitución, como la liquidación de la sociedad conyugal y anotarse ambas inscripciones, en el acta de matrimonio, de acuerdo con las siguientes disposiciones:

I. La inscripción de la sociedad conyugal se hará indicando claramente en el Registro del Estado Civil y en la correspondiente acta de matrimonio, si se pactaron o no capitulaciones.

II. El Juez del Registro del Estado Civil que celebre un matrimonio con régimen económico de sociedad conyugal, debe comunicarlo, dentro de las setenta y dos horas siguientes, al Registrador Público de la Propiedad de su Distrito Judicial, enviando a éste, sin costo alguno para los cónyuges, copia certificada del acta de matrimonio, e informándole si se pactaron capitulaciones.

III. Cuando al celebrarse un matrimonio, los contrayentes hayan celebrado capitulaciones, deberán inscribir éstas en el Registro Público de la Propiedad.

IV. Cuando se pacten capitulaciones después de celebrado el matrimonio, el Notario deberá comunicarlo al Juez del Registro del Estado Civil ante quien se celebró aquél, para que anote el acta respectiva, y agregue al apéndice el testimonio o copia certificada de las capitulaciones.

V. La inscripción de la sociedad conyugal se hará en el Registro Público de la Propiedad que corresponda al domicilio familiar de los cónyuges y a la ubicación de cada uno de los inmuebles que, en su caso, fueren objeto de las capitulaciones.

VI. Los cónyuges que hubieren contraído matrimonio en el Estado de Puebla, antes de la vigencia de este Código, o fuera del Estado, con sociedad conyugal, deberán manifestarlo al Notario en el momento de que cualquiera de ellos realice un acto jurídico que tenga por objeto un derecho real; y deberán inscribir dicha sociedad en el Registro Público de la Propiedad del domicilio familiar y de la ubicación de los inmuebles, en su caso.

VII. El Notario ante quien una persona casada con régimen de sociedad conyugal no registrada, adquiera un inmueble, deberá instruirla de los deberes que impone la fracción anterior.

Artículo 349. Cuando sea emplazado en juicio quien esté casado con régimen de sociedad conyugal, deberá, al contestar la demanda, manifestar al Juez, bajo protesta de decir verdad, la fecha de su matrimonio, el Juez del Estado Civil que lo autorizó, el nombre de su cónyuge, y la dirección del domicilio personal de éste, en caso de que se halle separado del domicilio familiar.

Artículo 350. Si el cónyuge demandado no cumple al contestar la demanda, con el deber que le impone el artículo anterior, o cuando el juicio se siga en rebeldía, la sentencia surte efectos a favor o en contra del otro cónyuge, pero de los daños y perjuicios que esa sentencia cause a éste, responderá el demandado.

Artículo 351. En las capitulaciones pueden las partes pactar lo que estimen conveniente, pero no pueden renunciar a lo dispuesto en los artículos 340, 353, 361, fracción I, 362 fracción I, 364, 373 fracciones I, II incisos a) y b), III y IV y 375 ni los derechos concedidos por ellos.

Artículo 352. Es nula la capitulación por la cual uno de los cónyuges haya de percibir todas las utilidades, así como la que establezca que alguno de ellos sea responsable de las pérdidas y deudas comunes, en una parte que exceda a la que proporcionalmente corresponda a su capital, o a las utilidades que deba percibir.

Artículo 353. En las capitulaciones se formará un inventario de los bienes que sean propios de cada cónyuge y si no se hizo inventario, se admitirá prueba de la propiedad en cualquier tiempo y entre tanto los bienes se presumen de la sociedad conyugal.

Artículo 354. En el inventario mencionado en el artículo anterior, se listarán pormenorizadamente las deudas que tenga cada uno de los cónyuges, expresándose si la sociedad ha de responder de ellas, y si no se hace esa enumeración, responderá de las deudas únicamente el cónyuge que las contrajo siendo aplicable en lo conducente el artículo 364.

Artículo 355. Son bienes propios de uno de los cónyuges:

I. Los que le pertenecían al celebrarse el matrimonio.

II. Los que adquiera, durante la sociedad, por donación, herencia o legado constituido a su favor.

III. Los comprendidos en la parte señalada a cada uno de los cónyuges, en la donación, herencia o legado hecho a ambos con designación de partes.

IV. Los adquiridos por título anterior al matrimonio, si la adquisición se perfecciona durante éste.

V. Los comprados con dinero obtenido de la venta de bienes raíces que le pertenecían, para adquirir otros también raíces, que sustituyan a los vendidos.

VI. Los inmuebles permutados por otros bienes raíces que le eran propios.

VII. El precio obtenido por la venta de inmuebles propios.

VIII. El inmueble respecto al cual era titular de la nuda propiedad al celebrarse el matrimonio y que durante éste se consolida con el usufructo.

IX. Los créditos contraídos a su favor, antes del matrimonio, y pagaderos después de éste.

Artículo 356. Cuando las donaciones a que se refieren las fracciones II y III del artículo anterior sean onerosas, los gravámenes que el donante imponga al cónyuge donatario son a cargo de éste, y no de la sociedad conyugal.

Artículo 357. Los gastos que se hicieren con motivo de la adquisición y consolidación, a que se refieren las fracciones IV y VIII del artículo 355, son a cargo del cónyuge dueño de los bienes adquiridos por él o consolidados en su favor, y no de la sociedad conyugal.

Artículo 358. Forman el fondo de la sociedad conyugal:

I. El producto del trabajo de ambos cónyuges o de cualquiera de ellos.

II. Los bienes que provengan de donación, herencia o legado hechos a ambos cónyuges sin designación de partes.

III. La donación hecha a uno de los cónyuges sin indicación de ser el único donatario.

IV. Los frutos de la herencia, legado o donaciones a que se refieren las fracciones II y III anteriores.

V. El precio pagado con dinero de la sociedad conyugal, para adquirir inmuebles en favor de uno de los cónyuges, por virtud de un título anterior al matrimonio.

VI. El dinero invertido en reparaciones no indispensables hechas a inmuebles propios de uno de los cónyuges.

VII. La suma que exceda del precio de los bienes que se adquieran con el dinero a que se refiere la fracción V del artículo 355.

VIII. La cantidad que, además del bien permutado, pague uno de los cónyuges al otro permutante, o éste a aquél, en la permuta a que se refiere la fracción VI del artículo 355.

IX. Los bienes adquiridos a título oneroso durante la sociedad a costa del caudal común, ya se haga la adquisición para la sociedad conyugal o ya para uno sólo de los cónyuges.

X. Los frutos, accesiones, rentas o intereses percibidos o devengados durante la sociedad, procedentes de bienes de ésta o de los propios.

XI. Lo adquirido por razón de usufructo.

XII. Los edificios construidos durante la sociedad con fondos de ella, sobre suelo propio de alguno de los cónyuges.

XIII. Las cabezas de ganado que excedan al número de las que fueren propias de alguno de los cónyuges, al celebrarse el matrimonio.

XIV. Los frutos pendientes al tiempo de disolverse la sociedad conyugal.

XV. El tesoro y los bienes adquiridos por don de la fortuna.

Artículo 359. En el caso a que se refiere la fracción XII del artículo anterior, se abonará el valor del terreno al cónyuge dueño de éste.

Artículo 360. Los frutos mencionados en la fracción XIV del artículo 358, se dividirán en proporción al tiempo que haya durado la sociedad conyugal, en el último año.

Artículo 361. Son a cargo de la sociedad conyugal:

I. Las deudas contraídas durante el matrimonio por ambos cónyuges o sólo por uno de ellos, en ausencia o por impedimento del otro, en tanto cuanto las contraídas por aquél, beneficien a la sociedad conyugal; pero no pueden los cónyuges oponer como excepción al acreedor, el hecho de no haber beneficiado la deuda a la sociedad.

II. Los atrasos de las pensiones o réditos, devengados durante el matrimonio, de las obligaciones a que estuvieren afectos así los bienes propios de los cónyuges, como los que formen el fondo social.

III. Los gastos necesarios para la conservación de los bienes propios de cada cónyuge.

IV. Los gastos que se hicieren para la conservación de los bienes de la sociedad conyugal.

V. El importe de lo dado por ambos cónyuges a los hijos, para su establecimiento, cuando no hayan pactado que se satisfaga de los bienes de uno de ellos en todo o en parte.

VI. Los gastos de inventario y los que se causen en la liquidación y en la entrega de los bienes que formen el fondo social.

Artículo 362. Se exceptúan de lo dispuesto en la fracción I del artículo anterior:

I. Las deudas que provengan de delitos intencionales de uno o de ambos cónyuges.

II. Las deudas que graven los bienes propios de los cónyuges, posteriores al matrimonio, si la suma correspondiente al crédito, o el bien adquirido con éste no entró en el fondo de la sociedad conyugal.

Artículo 363. Las deudas de cada cónyuge, anteriores al matrimonio, no son carga de la sociedad conyugal, salvo en los casos siguientes:

I. Si el otro cónyuge estuviese personalmente obligado;

II. Si hubieren sido contraídas en provecho común de los cónyuges.

Artículo 364. Las deudas a cargo de uno de los cónyuges y no de la sociedad conyugal, independientemente de que se hayan contraído antes de ésta o durante ella, cuando el cónyuge deudor no tenga bienes con que cubrirla, deberán ser pagadas con los gananciales que le correspondan, para lo cual el acreedor podrá promover la separación de los bienes del deudor.

Artículo 365. La administración de la sociedad conyugal corresponde a ambos cónyuges y éstos pueden convenir que uno de ellos sea el administrador.

Artículo 366. En el matrimonio con sociedad conyugal, cada uno de los cónyuges es representante legítimo del otro en los juicios que se sigan contra uno de ellos, o contra ambos, y que puedan afectar, en su resultado final, a la sociedad conyugal; pero esta representación no exime al cónyuge demandado, del deber y obligación que respectivamente le imponen los artículos 349 y 350.

Artículo 367. Los actos de dominio respecto a los bienes de la sociedad conyugal, sólo podrán realizarse por ambos cónyuges y ninguna enajenación, que de los bienes gananciales haga alguno de los cónyuges, en contravención de la ley o en fraude del otro, perjudicará a éste o a sus herederos.

Artículo 368. Si el cónyuge administrador, por negligencia o administración torpe, amenaza arruinar a la sociedad conyugal o disminuir considerablemente los bienes de la misma, puede el otro cónyuge pedir judicialmente la administración o terminación de ella.

Artículo 369. La sociedad conyugal termina:

I. Cuando durante el matrimonio es sustituida por el régimen de separación de bienes.

II. Por resolución judicial fundada en lo dispuesto por el artículo 368.

III. Por disolución del matrimonio.

Artículo 370. La liquidación de la sociedad conyugal en los casos de la fracción I del artículo anterior, o en los de divorcio o nulidad de matrimonio, se hará por convenio de las partes y, a falta de éste, de acuerdo con lo dispuesto en los artículos 371 a 374.

Artículo 371. Son aplicables a los gananciales además, las siguientes disposiciones:

I. No pueden renunciarse durante el matrimonio;

II. Disuelta o decretada la separación de bienes, pueden renunciarse los adquiridos; y

III. Todos los bienes que existan en poder de cualquiera de los cónyuges al terminar la sociedad conyugal, se presumen gananciales, mientras no se pruebe lo contrario.

Artículo 372. La confesión de ambos consortes, en el sentido de ser un bien propio de uno de ellos, es prueba bastante de tal derecho; pero esa confesión no puede perjudicar a personas distintas de los cónyuges.

Artículo 373. Terminada la sociedad conyugal, se procederá conforme a las siguientes disposiciones.

I. Se levantará inventario en el cual no se incluirán el lecho, vestidos y objetos de uso personal de los cónyuges, que serán de éstos o de sus herederos.

II. Concluido el inventario se procederá a la partición y para ello:

a) Se pagarán las deudas de la sociedad;

b) Se devolverá a cada cónyuge lo que llevó al matrimonio;

c) El sobrante, si lo hubiere, se dividirá por partes iguales entre los dos cónyuges;

d) En caso de que hubiere pérdidas, el importe de éstas se deducirá del haber de cada cónyuge, en proporción al monto de cada uno de sus haberes y si sólo uno llevó capital, de éste se deducirá la pérdida total.

III. La liquidación de la sociedad producirá efectos respecto de los acreedores y de personas extrañas a la sociedad desde la fecha de su inscripción en el Registro Público de la Propiedad.

IV. Si hubiere de ejecutarse simultáneamente la liquidación de dos o más matrimonios contraídos por una misma persona, a falta de inventarios, se admitirán las pruebas ordinarias para fijar el fondo de cada sociedad.

Artículo 374. La formación de inventario y la partición y adjudicación de los bienes, se regirán por lo que disponga el Código de Procedimientos Civiles.

Artículo 375. Muerto uno de los cónyuges, continuará el que sobreviva en la posesión y administración de la sociedad conyugal, con intervención del representante de la sucesión mientras se verifica la partición.

SECCIÓN TERCERA
SEPARACIÓN DE BIENES

Artículo 376. En el régimen de separación de bienes, los cónyuges conservarán la propiedad y administración de los bienes que respectivamente les pertenecen y todos los frutos y accesiones de dichos bienes no serán comunes, sino del dominio exclusivo del dueño de ellos.

Artículo 377. Serán también propios de cada uno de los dos cónyuges los salarios, sueldos, emolumentos y ganancias que obtuvieren por servicios personales, por el desempeño de un empleo o por el ejercicio de una profesión, comercio o industria.

Artículo 378. Los bienes que los cónyuges adquieren en común por donación, herencia, legado, por cualquier otro título gratuito o por don de la fortuna, entre tanto se hace la división, serán administrados por ambos o por uno de ellos con acuerdo del otro; pero en ese caso el que administre será considerado como mandatario.

SECCIÓN CUARTA
DONACIONES ANTENUPCIALES

Artículo 379. Se llaman antenupciales las donaciones que antes del matrimonio hace un pretendiente al otro.

Artículo 380. Son también donaciones antenupciales las que un extraño hace a uno de los pretendientes, o a ambos, en consideración al matrimonio.

Artículo 381. Las donaciones antenupciales entre pretendientes, no podrán exceder, reunidas, de la sexta parte de los bienes del donante, y en el exceso la donación será inoficiosa.

Artículo 382. Las donaciones antenupciales hechas por un extraño serán inoficiosas de acuerdo con las disposiciones aplicables a las donaciones comunes.

Artículo 383. Para calcular si es inoficiosa una donación antenupcial, tienen el cónyuge donatario y sus herederos, la facultad de elegir entre la época en que se hizo la donación y la del fallecimiento del donante.

Artículo 384. Las donaciones antenupciales no necesitan para su validez de aceptación expresa.

Artículo 385. Las donaciones antenupciales no podrán ser revocadas por sobrevenir hijos al donante, ni por ingratitud, a no ser que el donante fuere un extraño, que la donación haya sido hecha a ambos cónyuges y que los dos sean ingratos.

(REFORMADO, P.O. 6 DE DICIEMBRE DE 2019)

Artículo 386. Las donaciones antenupciales son revocables por abandono injustificado del domicilio familiar por parte del donatario, cuando el donante fuere el otro cónyuge.

Artículo 387. Los menores pueden hacer donaciones antenupciales, con intervención de sus padres o tutores, o con aprobación judicial.

Artículo 388. Las donaciones antenupciales quedarán sin efecto si el matrimonio no se celebra.

Artículo 389. Son aplicables a las donaciones antenupciales las reglas de las donaciones comunes en todo lo que no fueren contrarias a esta sección.

SECCIÓN QUINTA
DONACIONES ENTRE CÓNYUGES

Artículo 390. Las donaciones que un cónyuge haga al otro, se rigen por las siguientes disposiciones:

I. Cuando el cónyuge donante done un bien propio de él, éste no entrará en el fondo de la sociedad conyugal y será bien propio del cónyuge donatario.

II. Si el bien donado forma parte de la sociedad conyugal, el donante será deudor de ésta por el valor de aquel bien.

III. La donación surte efectos desde que se otorga, sin necesidad de aceptación del donatario, cualquiera que sea el régimen económico del matrimonio.

IV. Son aplicables a las donaciones entre cónyuges los preceptos relativos al contrato de donación, salvo lo dispuesto en los artículos siguientes.

Artículo 391. Las donaciones entre cónyuges únicamente pueden ser revocadas por el donante, en caso de divorcio necesario por culpa del donatario.

Artículo 392. Las donaciones entre cónyuges no son revocables por superveniencia de hijos pero se reducirán por inoficiosas, de la misma manera que las comunes.

CAPÍTULO CUARTO
MATRIMONIOS NULOS

SECCIÓN PRIMERA
REGLAS GENERALES

Artículo 393. El matrimonio, una vez contraído, tiene a su favor la presunción de ser válido; sólo es nulo cuando así lo declare una sentencia irrevocable.

Artículo 394. Sobre la nulidad no puede haber transacción entre los cónyuges ni compromiso en árbitros.

Artículo 395. El derecho para demandar la nulidad del matrimonio sólo corresponde a quienes la ley lo concede expresamente, y no es transmisible por acto entre vivos ni por herencia.

Artículo 396. No obstante lo dispuesto en la última parte del artículo anterior, los herederos podrán continuar el juicio de nulidad de un matrimonio, en el que sea parte la persona a quien heredan.

SECCIÓN SEGUNDA
NULIDAD ABSOLUTA DEL MATRIMONIO

Artículo 397. Hay nulidad absoluta del matrimonio:

I. Cuando se celebra entre parientes consanguíneos sin limitación de grado en la línea recta, o hasta el segundo grado en la colateral;

II. Cuando se celebra entre parientes por afinidad en línea recta sin limitación de grado;

III. Cuando se celebra entre parientes por adopción en línea recta sin limitación de grado, y en la colateral en el segundo grado;

IV. Cuando se celebra subsistiendo el matrimonio anterior de uno de los contrayentes.

Artículo 398. La acción de nulidad, en los casos de las tres primeras fracciones del artículo anterior, puede ejercitarse en todo tiempo por los cónyuges o por sus ascendientes.

Artículo 399. El vínculo de un matrimonio anterior subsistente al tiempo de contraerse el segundo, anula éste aunque se contraiga de buena fe, creyéndose fundadamente que el matrimonio anterior se había disuelto.

Artículo 400. La acción de nulidad por la causa mencionada en los artículos 397 fracción IV y 399, puede deducirse, en todo tiempo, por el cónyuge del primer matrimonio, por los hijos de aquél y por los cónyuges que contrajeron el segundo.

Artículo 401. Las acciones establecidas en los artículos 397 a 400 son imprescriptibles; y si no las ejercitan las personas enumeradas en ellos, deberá promover la nulidad el Ministerio Público.

SECCIÓN TERCERA
NULIDAD RELATIVA DEL MATRIMONIO

Artículo 402. Hay nulidad relativa del matrimonio:

(REFORMADA, P.O. 27 DE JULIO DE 2023)

I. Cuando se haya celebrado concurriendo alguno de los impedimentos enumerados en las fracciones I, II, V a IX y XI del artículo 299; y

II. Cuando se haya celebrado sin observar las formalidades establecidas en los artículos 906 y 907, fracción VII;

III. En caso de error, cuando ésta sea esencialmente sobre la persona.

(REFORMADO, P.O. 10 DE NOVIEMBRE DE 2020)

Artículo 403. La nulidad fundada en la edad menor de dieciocho años de cualquiera de los contrayentes, puede ser demandada por los ascendientes y a falta de éstos, por quien desempeñaba la tutela o por el tutor que al efecto se nombre.

Artículo 404. La acción a que se refiere el artículo anterior cesa:

I. Cuando haya habido hijos;

(REFORMADA, P.O. 28 DE MARZO DE 2016)

II. Cuando, aunque no los haya habido, el cónyuge que al celebrarse el matrimonio no tenía la edad requerida para contraerlo, cumpla dieciocho años, sin que se hubiere intentado la nulidad, y

(REFORMADA, P.O. 28 DE MARZO DE 2016)

III. Cuando antes de concluir el juicio de nulidad por sentencia irrevocable la esposa se embarace.

Artículo 405. (DEROGADO, P.O. 28 DE MARZO DE 2016)

Artículo 406. (DEROGADO, P.O. 28 DE MARZO DE 2016)

Artículo 407. (DEROGADO, P.O. 28 DE MARZO DE 2016)

Artículo 408. (DEROGADO, P.O. 28 DE MARZO DE 2016)

Artículo 409. El error respecto de la persona anula el matrimonio sólo cuando entendiendo un cónyuge contraerlo con una persona determinada, lo contrajo con otra y esta nulidad únicamente puede deducirse por el cónyuge que incurrió en el error, dentro de los quince días siguientes a la fecha en que advierta éste, si no hubo acceso.

Artículo 410. El parentesco por consanguinidad no dispensado anula el matrimonio y la acción que nace de esta causa de nulidad puede deducirse por los ascendientes de los cónyuges, dentro de los siguientes sesenta días a la celebración del matrimonio; pero éste quedará revalidado y surtirá efectos desde el día de su celebración, si antes de causar ejecutoria la sentencia que declare la nulidad, se obtuviere la dispensa.

(REFORMADA, P.O. 27 DE JULIO DE 2023)

Artículo 411. La acción de nulidad que nace de la causa que se señala en la fracción VI del artículo 299, puede ser deducida por los hijos del cónyuge víctima del delito y por el Ministerio Público, dentro de tres meses contados desde que se celebró el nuevo matrimonio.

Artículo 412. El miedo y la fuerza serán causa de nulidad si concurren las circunstancias siguientes

I. Que uno u otra importen peligro de perder la vida, la honra, la libertad, la salud o una parte considerable de los bienes.

II. Que el miedo haya sido causado o la violencia hecha al cónyuge o a la persona que lo tenía bajo su patria potestad, al celebrarse el matrimonio; y

III. Que uno u otra hayan subsistido al tiempo de celebrarse el matrimonio.

Artículo 413. La acción de nulidad que nace del miedo y de la fuerza, sólo puede deducirse por el cónyuge agraviado y dentro de sesenta días contados desde la fecha del matrimonio.

(REFORMADA, P.O. 27 DE JULIO DE 2023)

Artículo 414. La nulidad que se funde en alguna de las causas enumeradas en las fracciones VIII y IX del artículo 299, sólo puede ser pedida por los cónyuges, dentro de sesenta días contados desde que se celebró el matrimonio.

Artículo 415. La nulidad por la causa a que se refiere la fracción XI del artículo 298 puede pedirse en todo tiempo, si continúa la locura, por el cónyuge capaz, por quien desempeñaba la tutela del incapaz o por el tutor que para tal efecto se le nombrará.

Artículo 416. No procede la acción de nulidad por falta de solemnidades en la celebración o en el acta de matrimonio, cuando a la existencia del acta se una la posesión de estado matrimonial.

SECCIÓN CUARTA
EFECTOS DE LA DECLARACIÓN DE NULIDAD DEL MATRIMONIO

(REFORMADO, P.O. 22 DE ENERO DE 2010)

Artículo 417. Ejecutoriada la sentencia que declare la nulidad, el Juez efectuará de oficio lo indicado en el artículo 841 del presente Código.

(REFORMADO, P.O. 22 DE ENERO DE 2010)

Artículo 418. Los funcionarios del Registro Civil, al margen del acta de matrimonio pondrán una nota circunstanciada en la que consten los puntos resolutivos de la sentencia, su fecha y el Juez que la pronunció.

Artículo 419. El matrimonio declarado nulo produce, en todo tiempo, sus efectos civiles en favor de los hijos de ambos cónyuges nacidos antes de su celebración, durante él y dentro de trescientos días siguientes a la declaración de nulidad, o a la fecha en que se haya ordenado y ejecutado la separación de los cónyuges.

Artículo 420. El matrimonio contraído de buena fe y declarado nulo, produce todos sus efectos civiles en favor de los cónyuges mientras dure.

Artículo 421. Si hubo buena fe de parte de uno solo de los cónyuges, el matrimonio produce efectos civiles únicamente respecto de él.

Artículo 422. Si la mala fe existió en ambos cónyuges, el matrimonio no produce efectos en beneficio de ninguno de ellos.

Artículo 423. La buena fe en estos casos se presume; para destruir esta presunción se requiere prueba plena.

Artículo 424. Luego que la sentencia de nulidad cause ejecutoria se resolverá lo relativo a la situación de los hijos, siendo aplicables las siguientes disposiciones.

I. Los padres podrán convenir lo que les parezca sobre el cuidado de ellos, la proporción que les corresponda pagar de los alimentos de los hijos y la manera de garantizar su pago.

II. El Juez aprobará o no el convenio según estime conveniente para el interés de los hijos.

III. En caso de que el Juez desapruebe el convenio, o los padres no llegaren a ningún acuerdo, dictará las medidas que estime procedentes.

(REFORMADA, P.O. 14 DE SEPTIEMBRE DE 1998)

IV. Las medidas que dicte el Juez, deberán sujetarse a lo dispuesto por los artículos 635 fracción II y 636 de este Código.

V. El Juez en todo tiempo podrá modificar las determinaciones que dicte fundado en este artículo, según las nuevas circunstancias de los hijos y siempre que el interés de estos requiera esa modificación.

Artículo 425. Si el régimen económico del matrimonio es el de sociedad conyugal, se aplicarán las siguientes disposiciones:

I. La sociedad conyugal se considerará subsistente hasta que cause ejecutoria la sentencia que decrete la nulidad del matrimonio, si los dos cónyuges procedieron de buena fe;

II. Cuando uno solo de los cónyuges tuvo buena fe, la sociedad conyugal subsistirá hasta que cause ejecutoria la sentencia, si la continuación es favorable al cónyuge de buena fe; en caso contrario, se considerará nula desde la celebración del matrimonio;

III. Si los dos cónyuges procedieron de mala fe, la sociedad conyugal se considerará nula desde la celebración del matrimonio, quedando a salvo los derechos que un extraño a la sociedad tuviere contra el fondo social;

IV. Las utilidades, si las hubiere, una vez que cause ejecutoria la sentencia que declara la nulidad del matrimonio, se aplicarán a ambos ex cónyuges si los dos fueren de buena fe;

V. El ex cónyuge que hubiere obrado de mala fe no tendrá parte en las utilidades, las cuales se aplicarán a los hijos, y si no los hubiere, al otro ex cónyuge;

VI. Si ambos ex cónyuges procedieron de mala fe, las utilidades se aplicarán a los hijos si los hay, y en caso de no haberlos, aquéllas se repartirán entre los ex cónyuges en proporción a lo que cada uno llevó al matrimonio.

Artículo 426. Declarada la nulidad del matrimonio, se observarán respecto de las donaciones ante nupciales las reglas siguientes:

I. Las hechas por un extraño a uno de los cónyuges o a los dos, quedarán en beneficio de los hijos;

II. Las que hizo el cónyuge inocente al culpable quedarán sin efecto y los bienes que fueron objeto de ellas se devolverán al donante con todos sus productos;

III. Subsistirán las hechas al inocente por el cónyuge que obró de mala fe;

IV. Si los dos cónyuges procedieron de mala fe, las donaciones que se hayan hecho quedarán en favor de sus hijos. Si no los tienen, no podrán hacer los donantes reclamación alguna con motivo de la liberalidad.

Artículo 427. Si al declararse la nulidad, la mujer está encinta, se dictarán las precauciones que se establecen en los artículos 3362 a 3371, si no se dictaron al tiempo de instaurarse la acción de nulidad.

CAPÍTULO QUINTO
DIVORCIO

SECCIÓN PRIMERA
DISPOSICIONES GENERALES

Artículo 428. El divorcio disuelve el matrimonio y deja a los ex cónyuges en aptitud de contraer otro.

(REFORMADO, P.O. 14 DE SEPTIEMBRE DE 1998)

Artículo 429. Salvo en el caso del artículo 436, el divorcio debe promoverse ante Juez competente, en atención al domicilio familiar del matrimonio de que se trate o del actor si hubiere conflicto de jurisdicción, y una vez que cause ejecutoria la sentencia que lo declare, el Juez que la dicte remitirá copia certificada de la misma al Juez del Registro del Estado Civil que corresponda, para que levante el acta respectiva.

Artículo 430. En el procedimiento de divorcio las audiencias y diligencias no serán públicas.

Artículo 431. La muerte de uno de los cónyuges, acaecida durante el procedimiento de divorcio, pone fin a él en todo caso y los herederos del muerto tienen los mismos derechos y obligaciones que tendrían, si no se hubiere promovido ese divorcio.

Artículo 432. La reconciliación de los cónyuges pone fin al procedimiento de divorcio, en cualquier estado en que se encuentre, si aún no se hubiere decidido definitivamente y los interesados deberán denunciar su reconciliación al Juez o, en su caso, al Director del Registro Civil, sin que la omisión de esta noticia destruya los efectos de aquélla.

Artículo 433. La ley presume la reconciliación si hay cohabitación entre los cónyuges, después de promovido el divorcio.

Artículo 434. En los procedimientos de divorcio el Juez debe ordenar, de oficio, las medidas necesarias para proteger a los hijos que sean menores o sólo estén concebidos.

(REFORMADO, P.O. 28 DE MARZO DE 2016)

Artículo 435. Los ex cónyuges, que hayan obtenido el divorcio, podrán contraer nuevamente matrimonio entre ellos, después de la resolución definitiva que declare aquél.

SECCIÓN SEGUNDA
DIVORCIO ADMINISTRATIVO

(REFORMADO, P.O. 20 DE SEPTIEMBRE DE 2016)

Artículo 436. Los cónyuges que pretendan divorciarse administrativamente deberán cumplir lo siguiente:

I. No haber procreado ni adoptado hijos:

II. Estar sometidos a separación de bienes, como régimen económico actual de su matrimonio o, en caso de ser ese régimen el de sociedad conyugal presentar convenio de liquidación.

III. No estar la mujer encinta; y

IV. Tener su domicilio familiar actual dentro del territorio del Estado de Puebla.

Artículo 437. Son aplicables al divorcio administrativo, entre otras, las siguientes disposiciones:

(REFORMADA, P.O. 31 DE DICIEMBRE DE 2015)

I. Los cónyuges que reúnan los requisitos del artículo anterior, se presentarán personalmente ante el Juez del Registro del Estado Civil de su domicilio familiar o el Notario de su elección;

II. Comprobarán con certificado médico que la mujer no está en cinta; y con los documentos respectivos los demás requisitos que exige el artículo anterior.

(REFORMADA, P.O. 31 DE DICIEMBRE DE 2015)

III. Declararán bajo protesta de decir verdad que no tuvieron hijos en su matrimonio, ni adoptaron alguno, y que si fuere el caso, éstos no son menores o mayores incapaces.

IV. Manifestarán expresamente su voluntad de divorciarse.

(REFORMADO, P.O. 31 DE DICIEMBRE DE 2015)

Artículo 438. El Juez del Registro del Estado Civil, hará constar, en diligencia de la que levantará acta, la solicitud de divorcio, citará a los cónyuges para que se presenten a ratificarla a los quince días, y si lo hacen y notare que la decisión de éstos es irrevocable, los declarará divorciados.

Para el caso del trámite de divorcio ante el Notario, se remitirá copia del acta notarial de divorcio administrativo, al Registro del Estado Civil de la Jurisdicción donde hayan celebrado el contrato matrimonial y al Archivo Estatal, en un plazo máximo de quince días naturales, para las anotaciones que correspondan.

El acta notarial de divorcio administrativo, produce los mismos efectos que la sentencia definitiva dictada por el órgano jurisdiccional.

Artículo 439. En el caso del artículo anterior, se aplicarán las siguientes disposiciones:

I. Si es el Juez del Registro del Estado Civil quien declara el divorcio, levantará el acta correspondiente a éste; y

(REFORMADA, P.O. 31 DE DICIEMBRE DE 2015)

II. Si el divorcio es declarado por el Notario, se remitirá copia de la declaración, o el acta notarial en su caso, al Juez del Registro del Estado Civil del domicilio familiar de los divorciados, para que levante el acta respectiva.

(REFORMADO, P.O. 31 DE DICIEMBRE DE 2015)

Artículo 440. Antes de levantar el acta a que se refiere el artículo 438, el Juez del Registro del Estado Civil o en su caso el Notario, personalmente identificará a los cónyuges y les leerá el artículo siguiente.

(REFORMADO, P.O. 31 DE DICIEMBRE DE 2015)

Artículo 441. Si se comprueba que el divorcio administrativo, no cumple lo establecido por el artículo 436, no surtirá efectos legales y los promoventes sufrirán además, las penas que correspondan al delito de falsedad.

(F. DE E., P.O. 29 DE MARZO DE 2016)
(REFORMADA SU DENOMINACIÓN, P.O. 29 DE MARZO DE 2016)

SECCIÓN TERCERA
DIVORCIO INCAUSADO

(REFORMADO, P.O. 14 DE SEPTIEMBRE DE 2017)

Artículo 442. El divorcio incausado podrá solicitarse por cualquiera de los cónyuges o por ambos, ante Juez de lo Familiar competente, con la sola manifestación de la voluntad de no querer continuar con el matrimonio, sin ser necesario señalar la causa por la que lo solicita.

(F. DE E., P.O. 29 DE MARZO DE 2016)

(REFORMADO PRIMER PÁRRAFO, P.O. 29 DE MARZO DE 2016)

Artículo 443. El cónyuge que unilateralmente desee promover el juicio de divorcio deberá acompañar a su solicitud la propuesta de convenio para regular las consecuencias inherentes a la disolución del vínculo matrimonial, debiendo contener los siguientes requisitos:

(F. DE E., P.O. 29 DE MARZO DE 2016)

(REFORMADA, P.O. 29 DE MARZO DE 2016)

I. A quién se confiarán los hijos de los consortes durante el procedimiento y después de ejecutoriado el divorcio, estableciéndose la designación de guarda y custodia;

(REFORMADA, P.O. 27 DE ABRIL DE 1990)

II. El modo de ejercitar, durante el procedimiento y después de ejecutoriado el divorcio, el derecho de visitar a sus hijos y de tener correspondencia con ellos, respecto al cónyuge a quien no se confíen aquéllos;

(F. DE E., P.O. 29 DE MARZO DE 2016)

(REFORMADA, P.O. 29 DE MARZO DE 2016)

III. El modo de subvenir a las necesidades de los hijos, tanto durante el procedimiento, como después de ejecutoriado el divorcio así como la forma de hacer el pago, lugar y fecha; la garantía que debe darse para asegurarlo; pero si el cónyuge deudor de los alimentos no encuentra persona que sea su fiador, si carece de bienes raíces o muebles para garantizar con ellos, en hipoteca o prenda respectivamente el pago de los alimentos, no se exigirá ésta, y al aprobar el convenio, el Juez hará saber al deudor alimentario, que la ley castiga con cárcel el incumplimiento del pago de los alimentos y el contenido de los artículos 347 y 348 del Código Penal para el Estado Libre y Soberano de Puebla;

(F. DE E., P.O. 29 DE MARZO DE 2016)

(REFORMADA [N. DE E. ADICIONADA], P.O. 29 DE MARZO DE 2016)

V (SIC). La cantidad y forma de hacer el pago, que a título de alimentos se determine pagar al cónyuge que se haya dedicado al trabajo del hogar y cuidado de los niños;

(F. DE E., P.O. 29 DE MARZO DE 2016)

(REFORMADA, P.O. 29 DE MARZO DE 2016)

VI. La forma y periodicidad en que se incrementará el monto de las pensiones alimenticias que se hayan acordado, debiéndose señalar como obligación del deudor de los alimentos que dicho aumento se verifique por lo menos una vez al año y que su importe sea al menos equivalente al aumento porcentual que tenga el salario mínimo general, durante el mismo periodo;

(F. DE E., P.O. 29 DE MARZO DE 2016)

(REFORMADA, P.O. 29 DE MARZO DE 2016)

VII. La manera de administrar los bienes de la sociedad conyugal durante el procedimiento y la de liquidar dicha sociedad después de ejecutoriado el divorcio. A este efecto se acompañará un inventario y avalúo de los bienes muebles o inmuebles de la sociedad, con indicación de las deudas a cargo de ésta; y

(F. DE E., P.O. 29 DE MARZO DE 2016)

(ADICIONADA, P.O. 29 DE MARZO DE 2016)

VIII. En el caso de que los cónyuges hayan celebrado el matrimonio bajo el régimen de separación de bienes deberá señalarse la compensación, que no podrá ser superior al 50% del valor de los bienes que hubieren adquirido, a que tendrá derecho el cónyuge que, durante el matrimonio, se haya dedicado preponderantemente al desempeño del trabajo del hogar, y en su caso, al cuidado de los hijos. El Juez de lo Familiar resolverá atendiendo a las circunstancias especiales de cada caso.

(F. DE E., P.O. 29 DE MARZO DE 2016)

(REFORMADO [N. DE E. ADICIONADO], P.O. 29 DE MARZO DE 2016)

Artículo 444. Cuando la demanda de divorcio sea presentada por ambos cónyuges, el Juez los citará a una junta en donde procurará avenirlos; pero, si notare que su decisión fuere irrevocable, pronunciará sentencia de divorcio, y en su caso, aprobará el convenio y sus modificaciones conforme a los artículos 446 y 447 del presente ordenamiento.

(F. DE E., P.O. 29 DE MARZO DE 2016)

(REFORMADO, P.O. 29 DE MARZO DE 2016)

Artículo 445. Cuando el divorcio sea solicitado por sólo uno de los cónyuges, se desarrollará la junta de avenencia en términos del artículo anterior; pero, si notare que la decisión del promovente es irrevocable, emplazará al otro haciéndole de su conocimiento que cuenta con los términos que señala el Código de Procedimientos Civiles para contestar la demanda, en la que podrá expresar su conformidad con el convenio, o bien realizar una contrapropuesta, acompañando las pruebas necesarias. La falta de contestación se tendrá como no aceptado el convenio.

(F. DE E., P.O. 29 DE MARZO DE 2016)

(REFORMADO, P.O. 29 DE MARZO DE 2016)

Artículo 446. El Juez y el Ministerio Público examinarán cuidadosamente el convenio, y si consideran que viola los derechos de los hijos, propondrán el Ministerio Público al Juez o éste a los cónyuges, las modificaciones que estimen procedentes, para lo cual los citará el Juez a una junta, en la que procurará que los cónyuges lleguen a un arreglo sobre los puntos propuestos.

Lo mismo hará cuando existan diferencias en los convenios exhibidos por los cónyuges.

(F. DE E., P.O. 29 DE MARZO DE 2016)

(REFORMADO, P.O. 29 DE MARZO DE 2016)

Artículo 447. Si los cónyuges no llegaren a un arreglo en la junta a que se refiere el artículo anterior, el Juez decretará la disolución del vínculo matrimonial dejando expedito el derecho de los cónyuges para que lo hagan valer por la vía incidental, exclusivamente por lo que concierne al convenio.

(F. DE E., P.O. 29 DE MARZO DE 2016)

(REFORMADO, P.O. 29 DE MARZO DE 2016)

Artículo 448. En caso de que los cónyuges lleguen a un acuerdo respecto del convenio señalado en el artículo 443 del presente ordenamiento y éste no contraviene ninguna disposición legal, el Juez lo aprobará de plano, decretando el divorcio mediante sentencia.

(F. DE E., P.O. 29 DE MARZO DE 2016)

(REFORMADO, P.O. 29 DE MARZO DE 2016)

Artículo 449. La reconciliación de los cónyuges pone término al procedimiento de divorcio en cualquier estado en que se encuentre. Para tal efecto los interesados deberán comunicar su reconciliación al Juez de lo Familiar.

(F. DE E., P.O. 29 DE MARZO DE 2016)

(REFORMADO, P.O. 29 DE MARZO DE 2016)

Artículo 450. Desde que se presenta la solicitud de divorcio y solo mientras dure el juicio, se dictarán las medidas provisionales pertinentes; asimismo, en los casos de divorcio en que no se llegue a concluir mediante convenio, las medidas subsistirán hasta en tanto se dicte sentencia interlocutoria en el incidente que resuelva la situación jurídica de hijos o bienes, según corresponda y de acuerdo a las disposiciones siguientes:

A. De oficio:

I. En los casos en que el Juez de lo Familiar lo considere pertinente, de conformidad con los hechos expuestos y las documentales exhibidas en los convenios propuestos, tomará las medidas que considere adecuadas para salvaguardar la integridad y seguridad de los interesados, incluyendo las de violencia familiar, donde tendrá la más amplia libertad para dictar las medidas que protejan a las víctimas;

II. Señalar y asegurar las cantidades que a título de alimentos debe dar el deudor alimentario al cónyuge acreedor y a los hijos que corresponda;

III. Las que se estimen convenientes para que los cónyuges no se puedan causar perjuicios en sus respectivos bienes ni en los de la sociedad conyugal en su caso. Asimismo, ordenar, cuando existan bienes que puedan pertenecer a ambos cónyuges, la anotación preventiva de la demanda en el Registro Público de la Propiedad del Estado y de aquellos lugares en que se conozca que tienen bienes; y

IV. Revocar o suspender los mandatos que entre los cónyuges se hubieran otorgado, con las excepciones que marca este Código;

B. Una vez contestada la solicitud:

I. El Juez de lo Familiar determinará con audiencia de parte, y teniendo en cuenta el interés familiar y lo que más convenga a los hijos, cuál de los cónyuges continuará en el uso de la vivienda familiar y asimismo, previo inventario, los bienes y enseres que continúen en ésta y los que se ha de llevar el otro cónyuge, incluyendo los necesarios para el ejercicio de la profesión, arte u oficio a que esté dedicado, debiendo informar éste el lugar de su residencia;

II. Poner a los hijos al cuidado de la persona que de común acuerdo designen los cónyuges, pudiendo estos compartir la guarda y custodia mediante convenio.

En defecto de ese acuerdo; el Juez de lo Familiar resolverá conforme al Código de Procedimientos Civiles, tomando en cuenta la opinión del menor de edad.

Los menores de doce años deberán quedar al cuidado de la madre, excepto en los casos en los que exista peligro grave para el normal desarrollo de los hijos. No será obstáculo para la preferencia de la madre, el hecho de que ésta carezca de recursos económicos;

(ADICIONADO, P.O. 10 DE NOVIEMBRE DE 2020)

Con relación a lo dispuesto en el párrafo anterior y tratándose de parejas del mismo sexo, el juez considerará la fuente del parentesco con respecto al menor, además de su opinión y beneficio;

III. El Juez de lo Familiar resolverá teniendo presente el interés superior de los hijos, quienes serán escuchados, respecto de las modalidades del derecho de visita o convivencia con sus padres;

IV. Requerirá a ambos cónyuges para que le exhiban, bajo protesta de decir verdad, un inventario de sus bienes y derechos, así como, de los que se encuentren bajo el régimen de sociedad conyugal, en su caso, especificando además el título bajo el cual se adquirieron o poseen, el valor que estime que tienen, las capitulaciones matrimoniales y un proyecto de partición. Durante el procedimiento, recabará la información complementaria y comprobación de datos que en su caso precise; y

V. Las demás que considere necesarias.

(F. DE E., P.O. 29 DE MARZO DE 2016)

(REFORMADO, P.O. 29 DE MARZO DE 2016)

Artículo 451. La sentencia de divorcio fijará la situación de los hijos menores de edad para lo cual deberá contener las siguientes disposiciones:

I. Todo lo relativo a los derechos y deberes inherentes a la patria potestad, su pérdida, suspensión o limitación; a la guarda y custodia, así como a las obligaciones de crianza y el derecho de los hijos a convivir con ambos progenitores;

II. Todas las medidas necesarias para proteger a los hijos de actos de violencia familiar o cualquier otra circunstancia que lastime u obstaculice su desarrollo armónico y pleno;

III. Las medidas necesarias para garantizar la convivencia de los hijos con sus padres, misma que sólo deberá ser limitada o suspendida cuando exista riesgo para los menores;

IV. Tomando en consideración, en su caso, los datos recabados en términos del artículo 450 de este Código, el Juez de lo Familiar fijará lo relativo a la división de los bienes y tomará las precauciones necesarias para asegurar las obligaciones que queden pendientes entre los cónyuges o con relación a los hijos. Los excónyuges tendrán obligación de contribuir, en proporción a sus bienes e ingresos, al pago de alimentos a favor de los hijos;

V. Las medidas de seguridad, seguimiento y las psicoterapias necesarias para corregir los actos de violencia familiar en términos de las Leyes aplicables. Medidas que podrán ser suspendidas o modificadas en los términos previstos por el Código de Procedimientos Civiles para el Estado;

VI. Para el caso de los mayores incapaces, sujetos a la tutela de alguno de los excónguyes (sic), en la sentencia de divorcio deberán establecerse las medidas a que se refiere este artículo para su protección.

En caso de desacuerdo, el Juez de lo Familiar, en la sentencia de divorcio, habrá de resolver sobre la procedencia de la compensación que prevé el artículo 443 fracción VI, atendiendo a las circunstancias especiales de cada caso; y

VII. Las demás que sean necesarias para garantizar el bienestar, el desarrollo, la protección y el interés de los hijos menores de edad.

Para lo dispuesto en el presente artículo, de oficio o a petición de parte interesada, durante el procedimiento el Juez se allegará de los elementos necesarios, debiendo escuchar al Ministerio Público, a ambos padres y a los menores.

(F. DE E., P.O. 29 DE MARZO DE 2016)

(REFORMADO, P.O. 29 DE MARZO DE 2016)

Artículo 452. En caso de que los padres hayan acordado la guarda y custodia compartida en términos de lo establecido en la fracción II del apartado B del artículo 450 del presente Código, el Juez, en la sentencia de divorcio, deberá garantizar que los divorciantes cumplan con las obligaciones de crianza, sin que ello implique un riesgo en la vida cotidiana para los hijos.

(F. DE E., P.O. 29 DE MARZO DE 2016)

(REFORMADO, P.O. 29 DE MARZO DE 2016)

Artículo 453. El padre y la madre, aunque pierdan la patria potestad quedan sujetos a todas las obligaciones que tienen para con sus hijos.

(F. DE E., P.O. 29 DE MARZO DE 2016)

(DEROGADA SU DENOMINACIÓN, P.O. 29 DE MARZO DE 2016)

SECCIÓN CUARTA

(F. DE E., P.O. 29 DE MARZO DE 2016)

(REFORMADO, P.O. 29 DE MARZO DE 2016)

Artículo 454. El Juez resolverá sobre el pago de alimentos a favor del cónyuge que, teniendo la necesidad de recibirlos, durante el matrimonio se haya dedicado preponderantemente a las labores del hogar, al cuidado de los hijos, esté imposibilitado para trabajar o carezca de bienes; tomando en cuenta las siguientes circunstancias:

I. La edad y el estado de salud de los cónyuges;

II. Su calificación profesional y posibilidad de acceso a un empleo;

III. Duración del matrimonio y dedicación pasada y futura a la familia;

IV. Colaboración con su trabajo en las actividades del cónyuge;

V. Medios económicos de uno y otro cónyuge, así como de sus necesidades; y

VI. Las demás obligaciones que tenga el cónyuge deudor.

En la resolución se fijarán las bases para actualizar la pensión y las garantías para su efectividad. El derecho a los alimentos se extingue cuando el acreedor contraiga nuevas nupcias o se una en concubinato o haya transcurrido un término igual a la duración del matrimonio.

(F. DE E., P.O. 29 DE MARZO DE 2016)

(REFORMADO, P.O. 29 DE MARZO DE 2016)

Artículo 455. En virtud del divorcio, los cónyuges recobrarán su entera capacidad para contraer matrimonio.

(F. DE E., P.O. 29 DE MARZO DE 2016)

(REFORMADO, P.O. 29 DE MARZO DE 2016)

Artículo 456. La muerte de uno de los cónyuges pone fin al juicio de divorcio, y los herederos tienen los mismos derechos y obligaciones que tendrían si no hubiere existido dicho juicio.

(F. DE E., P.O. 29 DE MARZO DE 2016)

(REFORMADO, P.O. 29 DE MARZO DE 2016)

Artículo 457. Ejecutoriada una sentencia de divorcio, el Juez de lo Familiar, bajo su más estricta responsabilidad, remitirá copia de ella al Juez del Registro Civil ante quien se celebró el matrimonio, para que realice la anotación correspondiente en la del matrimonio disuelto.

(F. DE E., P.O. 29 DE MARZO DE 2016)

Artículo 458. (DEROGADO, P.O. 29 DE MARZO DE 2016)

(F. DE E., P.O. 29 DE MARZO DE 2016)

Artículo 459. (DEROGADO, P.O. 29 DE MARZO DE 2016)

(F. DE E., P.O. 29 DE MARZO DE 2016)

Artículo 460. (DEROGADO, P.O. 29 DE MARZO DE 2016)

(F. DE E., P.O. 29 DE MARZO DE 2016)

Artículo 461. (DEROGADO, P.O. 29 DE MARZO DE 2016)

(F. DE E., P.O. 29 DE MARZO DE 2016)

Artículo 462. (DEROGADO, P.O. 29 DE MARZO DE 2016)

(F. DE E., P.O. 29 DE MARZO DE 2016)

Artículo 463. (DEROGADO, P.O. 29 DE MARZO DE 2016)

(F. DE E., P.O. 29 DE MARZO DE 2016)

Artículo 464. (DEROGADO, P.O. 29 DE MARZO DE 2016)

(F. DE E., P.O. 29 DE MARZO DE 2016)

Artículo 465. (DEROGADO, P.O. 29 DE MARZO DE 2016)

(F. DE E., P.O. 29 DE MARZO DE 2016)

Artículo 466. (DEROGADO, P.O. 29 DE MARZO DE 2016)

(F. DE E., P.O. 29 DE MARZO DE 2016)

Artículo 467. (DEROGADO, P.O. 29 DE MARZO DE 2016)

(F. DE E., P.O. 29 DE MARZO DE 2016)

Artículo 468. (DEROGADO, P.O. 29 DE MARZO DE 2016)

(F. DE E., P.O. 29 DE MARZO DE 2016)

Artículo 469. (DEROGADO, P.O. 29 DE MARZO DE 2016)

(F. DE E., P.O. 29 DE MARZO DE 2016)

Artículo 470. (DEROGADO, P.O. 29 DE MARZO DE 2016)

(F. DE E., P.O. 29 DE MARZO DE 2016)

Artículo 471. (DEROGADO, P.O. 29 DE MARZO DE 2016)

(F. DE E., P.O. 29 DE MARZO DE 2016)

Artículo 472. (DEROGADO, P.O. 29 DE MARZO DE 2016)

(F. DE E., P.O. 29 DE MARZO DE 2016)

(DEROGADA CON LOS ARTÍCULOS QUE LA INTEGRAN, P.O. 29 DE MARZO DE 2016)

SECCIÓN QUINTA

(F. DE E., P.O. 29 DE MARZO DE 2016)

Artículo 473. (DEROGADO, P.O. 29 DE MARZO DE 2016)

(F. DE E., P.O. 29 DE MARZO DE 2016)

Artículo 474. (DEROGADO, P.O. 29 DE MARZO DE 2016)

(F. DE E., P.O. 29 DE MARZO DE 2016)

Artículo 475. (DEROGADO, P.O. 29 DE MARZO DE 2016)

CAPÍTULO SEXTO
PARENTESCO

Artículo 476. El parentesco es por consanguinidad afinidad o civil.

Artículo 477. Consanguinidad es el parentesco entre personas que descienden de un mismo progenitor.

(ADICIONADO, P.O. 13 DE DICIEMBRE DE 2004)

Artículo 477 Bis. También existirá parentesco por consanguinidad entre el hijo producto de la reproducción asistida y los cónyuges o concubinos que hayan procurado el nacimiento, para atribuirse el carácter de progenitor o progenitores.

(REFORMADO, P.O. 10 DE NOVIEMBRE DE 2020)

Artículo 478. Afinidad es el parentesco que se contrae por el matrimonio o el concubinato, entre los cónyuges o concubinos y los parientes del otro.

Artículo 479. El parentesco civil es el que nace de la adopción.

(REFORMADO, P.O. 14 DE SEPTIEMBRE DE 1998)

Artículo 480. Disuelto el matrimonio o terminado el concubinato, desaparece el parentesco por afinidad en la línea colateral; pero subsiste en línea recta.

Artículo 481. Cada generación forma un grado, y la serie de grados constituye lo que se llama línea de parentesco.

Artículo 482. La línea es recta o transversal. La recta se compone de la serie de grados entre personas que descienden unas de otras; la transversal llamada también colateral, se compone de la serie de grados entre personas que, sin descender unas de otras, proceden de un mismo progenitor.

Artículo 483. La línea recta es ascendente o descendente; ascendente es la que liga a una persona con su progenitor o tronco de que procede; descendente es la que liga al progenitor con los que de el proceden. La misma línea es ascendente o descendente, según el punto de partida y la relación a que se atiende.

Artículo 484. En la línea recta los grados se cuentan por el número de generaciones, o por el de las personas, excluyendo al progenitor.

Artículo 485. En la línea transversal los grados se cuentan por el número de generaciones, subiendo por una de las líneas y descendiendo por la otra, o por el número de personas que haya de uno a otro de los extremos que se consideran, exceptuando la del progenitor común o tronco.

CAPÍTULO SÉPTIMO
ALIMENTOS

Artículo 486. La obligación de dar alimentos es reciproca. El que los da tiene a su vez el derecho de recibirlos.

Artículo 487. Los padres están obligados a dar alimentos a sus hijos y los hijos están obligados a dar alimentos a sus padres.

Artículo 488. A falta o por imposibilidad de los ascendientes en primer grado, la obligación alimentaria recae en los demás ascendientes por ambas líneas, que estuvieren más próximos en grado.

Artículo 489. A falta o por imposibilidad de los descendientes en primer grado, la obligación alimenticia recae en los demás descendientes que estuvieren más próximos en grado.

Artículo 490. A falta o por imposibilidad de los ascendientes y descendientes, la obligación recae en los hermanos.

Artículo 491. Faltando los parientes a que se refieren las disposiciones anteriores, tienen obligación de ministrar alimentos los parientes colaterales dentro del cuarto grado.

(ADICIONADO, P.O. 14 DE SEPTIEMBRE DE 1998)

Artículo 492. Los cónyuges y los ex cónyuges deben darse alimentos en los casos señalados en este Código; misma obligación tendrán quienes vivan en concubinato.

(REFORMADO, P.O. 14 DE SEPTIEMBRE DE 1998)

Artículo 493. Cuando los concubinos se separen o cesen su vida en común, el derecho alimentario subsistirá a favor del ex concubino sólo si estuviere incapacitado o imposibilitado para trabajar y siempre que no viva en concubinato ni haya contraído matrimonio con persona distinta al deudor, teniendo el acreedor alimentario el término de un año a partir de la terminación del concubinato, para el ejercicio de la acción correspondiente.

(REFORMADO, P.O. 14 DE SEPTIEMBRE DE 1998)

Artículo 494. Los cónyuges, los concubinos y los hijos, en materia de alimentos, tendrán derecho preferente sobre los ingresos y bienes de quien tenga a su cargo la obligación alimentaria.

(REFORMADO, P.O. 14 DE SEPTIEMBRE DE 1998)

Artículo 495. El ex cónyuge y el ex concubino acreedores de alimentos tienen los mismos derechos que establece el artículo anterior contra el deudor alimentario.

Artículo 496. El Estado debe dar alimentos a los menores, mayores incapaces, enfermos graves y ancianos que los necesiten y no tengan parientes que estén obligados a proporcionárselos; pero si aparecieren parientes deudores de esos alimentos, deberá el Estado exigirles el pago de la suma gastada en ellos, más intereses legales.

Artículo 497. Los alimentos comprenden comida, vestido, habitación y asistencia en caso de enfermedad y, en el supuesto del artículo 499, libros y material de estudio necesarios.

(ADICIONADO, P.O. 20 DE SEPTIEMBRE DE 2016)

Además, los alimentos comprenderán la atención médica y hospitalaria del embarazo y parto, en cualquier caso, del padre hacia la madre.

(REFORMADO, P.O. 14 DE SEPTIEMBRE DE 1998)

Artículo 498. Respecto de los menores los alimentos comprenden, además, los gastos necesarios para la educación primaria y secundaria del alimentista, y para proporcionarle algún oficio, arte o profesión, que resulte adecuado para la subsistencia del deudor alimentario.

(REFORMADO, P.O. 14 DE SEPTIEMBRE DE 2017)

Artículo 499. Los hombres y las mujeres que al adquirir la mayoría de edad estén estudiando una carrera, tienen derecho a recibir alimentos hasta que obtengan el título correspondiente, si realizan sus estudios normalmente y sin interrupción.

Artículo 500. (DEROGADO, P.O. 6 DE DICIEMBRE DE 2019)

Artículo 501. El obligado a dar alimentos cumple la obligación asignando una pensión suficiente al acreedor alimentario, o incorporándolo a su familia, si en ello no hubiere grave inconveniente a juicio del Juez.

Artículo 502. Si el acreedor se opone a ser incorporado, compete al Juez, según las circunstancias fijar la manera de ministrar los alimentos cuando apruebe la oposición.

Artículo 503. Los alimentos han de ser proporcionados a la posibilidad del que debe darlos y a la necesidad del que debe recibirlo.

Artículo 504. Si fueren varios los que deben dar alimentos, y todos tuvieren posibilidad para hacerlo, el Juez repartirá el importe entre ellos, en proporción a sus haberes.

Artículo 505. Si sólo algunos tuvieren posibilidad, entre ellos se repartirá el importe de los alimentos, y si uno sólo la tuviere, el únicamente cumplirá la obligación.

Artículo 506. La obligación de dar alimentos no comprende la de proveer de capital a los hijos para su establecimiento o para ejercer el oficio, arte o profesión a que se hubieren dedicado.

Artículo 507. El deudor alimentario deberá asegurar, conforme al artículo 31, el pago de los alimentos, y tienen acción para pedir ese aseguramiento:

I. El acreedor alimentario;

II. El ascendiente que le tenga bajo su patria potestad;

III. El tutor del acreedor alimentario;

IV. Los demás parientes de dicho acreedor, sin limitación de grado en la línea recta y dentro del quinto grado en la línea colateral;

V. El Ministerio Público.

Artículo 508. Si la persona que a nombre del menor pide los alimentos o el aseguramiento de éstos, no puede o no quiere representarle judicialmente, se nombrará por el Juez de oficio, un tutor interino.

Artículo 509. El tutor interino dará garantía por el importe anual de los alimentos y por el fondo que esté destinado a este objeto, si lo hay y lo administra aquél.

Artículo 510. Si la necesidad del alimentista proviene de mala conducta, el Juez, con conocimiento de causa, puede disminuir la cantidad destinada a los alimentos.

(REFORMADO, P.O. 6 DE DICIEMBRE DE 2019)

Artículo 511. Además de los casos establecidos en la ley, la obligación de dar alimentos cesa cuando el alimentista deje de necesitar los alimentos.

Artículo 512. El derecho de recibir alimentos no es renunciable ni puede ser objeto de transacción.

Artículo 513. Cuando el deudor alimentario no estuviere presente, o estándolo, rehusare entregar lo necesario para los alimentos de los miembros de la familia, con derecho a recibirlos, será responsable de las deudas que éstos contraigan, para cubrir esa exigencia, pero sólo en la cuantía estrictamente necesaria para ese objeto y siempre que no se trate de gastos de lujo.

(REFORMADO, P.O. 14 DE SEPTIEMBRE DE 1998)

Artículo 514. Quien sin culpa suya se vea obligado a vivir separado de su cónyuge podrá pedir al Juez de su domicilio que obligue al deudor a ministrar sus alimentos y los de los hijos, por el tiempo que dure la separación y que además satisfaga los adeudos que hubiere contraído, conforme al artículo anterior.

(REFORMADO, P.O. 14 DE SEPTIEMBRE DE 1998)

Artículo 515. En el supuesto previsto en el artículo que antecede, el Juez según el caso, fijará la suma que el deudor alimentario debe ministrar mensualmente, dictando las medidas necesarias para que dicha cantidad sea debidamente asegurada y para que éste pague las deudas que su cónyuge haya adquirido con tal motivo.

(REFORMADO, P.O. 14 DE SEPTIEMBRE DE 1998)

Artículo 516. Para la fijación, aseguramiento, pago e incremento de las pensiones alimenticias, el Juez procederá según su prudente arbitrio, pudiendo fijar de plano el monto de la pensión, cuando esta sea provisional.

La forma y periodicidad como deberá incrementarse la pensión alimenticia que se haya fijado en la sentencia o mediante convenio entre las partes, se sujetará a lo previsto en la fracción VI del artículo 443.

Artículo 517. En materia de alimentos, las resoluciones judiciales, provisionales o no, pueden modificarse por el Juez cualquiera que sea el juicio o procedimiento en que se hayan dictado, si cambiaren las posibilidades del deudor o las necesidades del acreedor.

(REFORMADO, P.O. 29 DE DICIEMBRE DE 2017)

Artículo 518. Los patrones, administradores, gerentes de empresas, directores, jefes de oficinas y quienes por razón de su cargo, público o privado, puedan conocer la capacidad económica de los deudores alimentistas, están obligados a suministrar exactamente los informes que se les pida, bajo pena de multa que se impondrá a éstos por el Juez, cuyo importe será del equivalente a la cantidad de veinte a cien veces el valor diario de la Unidad de Medida y Actualización, que se duplicará en caso de reincidencia.

Artículo 519. Las personas a que se refiere el artículo anterior responderán, además, solidariamente con los obligados directos, de los daños y perjuicios que causen al alimentista por sus informes falsos o por sus omisiones.

Artículo 520. Incurren en las mismas sanciones establecidas en los dos artículos anteriores, quienes se resistan a acatar las correspondientes órdenes judiciales de descuento, o auxilien al obligado a ocultar, o disimular sus bienes o a eludir de cualquier otra manera el cumplimiento de las obligaciones alimenticias.

Artículo 521. Las sanciones impuestas por las disposiciones de este Capítulo a los infractores de las mismas, no eximen a estos de las penas que otra u otras disposiciones legales les impongan.

CAPÍTULO OCTAVO
FILIACIÓN

Artículo 522. La filiación confiere e impone a los hijos, al padre y a la madre, respectivamente, los derechos, deberes y obligaciones establecidos por la ley.

(REFORMADO, P.O. 14 DE SEPTIEMBRE DE 1998)

Artículo 523. En la relación entre ascendientes y descendientes debe imperar el respeto y la consideración mutuos, cualquiera que sea su estado, edad y condición.

Artículo 524. La ley no hace ninguna distinción en los derechos de los hijos.

Artículo 525. El Estado a través de la autoridad y organismo que la ley señale, debe instruir sobre los deberes y derechos inherentes a la filiación, a quienes hayan llegado a la pubertad.

Artículo 526. La filiación resulta:

I. Del nacimiento;

II. De las presunciones legales;

III. Del reconocimiento;

IV. De la adopción; y

V. De una sentencia que la declare.

Artículo 527. Se presumen hijos de los cónyuges:

I. Los nacidos dentro de los ciento ochenta días, contados desde la celebración del matrimonio;

II. Los nacidos después de ciento ochenta días contados desde la celebración del matrimonio;

III. Los nacidos dentro de los trescientos días siguientes a la disolución del matrimonio.

Artículo 528. El marido no puede desconocer a los hijos comprendidos en la fracción I del artículo anterior:

I. Si se probare que supo antes de casarse el embarazo de su futura cónyuge;

II. Si asistió al acta de nacimiento, o si ésta fue firmada por él o contiene su declaración de no saber firmar;

III. Si a dos o más personas manifestó ser hijo suyo, el de su mujer.

Artículo 529. Contra las presunciones establecidas por las fracciones II y III del artículo 527, no se admite otra prueba, que la de haber sido físicamente imposible al marido, tener acceso con su mujer, en los primeros ciento veinte días de los trescientos que han precedido al nacimiento.

(REFORMADO, P.O. 6 DE DICIEMBRE DE 2019)

Artículo 530. El marido no podrá desconocer a las hijas e hijos favorecidos por las presunciones establecidas en las fracciones II y III del artículo 527, alegando infidelidad de la madre, aunque ésta declare contra la paternidad de aquél, a no ser que el nacimiento se le haya ocultado, o que estando separada del marido, tenga una relación de hecho con otro hombre y éste reconozca como suyo a la hija o hijo de aquélla.

Artículo 531. No basta el dicho de la madre para excluir de la paternidad al marido, salvo el caso previsto en la última parte del artículo anterior.

Artículo 532. Mientras el marido viva, únicamente él podrá reclamar contra la filiación del hijo favorecido por las presunciones establecidas en el artículo 527.

Artículo 533. El marido podrá desconocer al hijo nacido dentro de trescientos días, contados desde que judicialmente y de hecho tuvo lugar la separación definitiva por divorcio, o la provisional prescrita para los casos de divorcio o nulidad; pero la mujer, el hijo o el tutor de esté pueden sostener en estos casos la legitimidad.

Artículo 534. Los herederos del marido no podrán contradecir la paternidad de un hijo de éste, que beneficie con las presunciones establecidas por el artículo 527; pero podrán continuar el juicio iniciado por su causante, si éste muere después de presentada la demanda.

(REFORMADO PRIMER PÁRRAFO, P.O. 28 DE MARZO DE 2016)

Artículo 535. Si la viuda, la divorciada o la ex cónyuge cuyo matrimonio fuere declarado nulo, contrajera segundas nupcias dentro del período de trecientos (sic) días posteriores a la declaración de nulidad, la filiación del hijo que naciere, celebrado el segundo matrimonio, se establecerá conforme a las reglas siguientes:

I. Se presume que el hijo es del primer marido, si nace dentro de los trescientos días siguientes a la disolución del primer matrimonio; y dentro de ciento ochenta días de la celebración del segundo;

II. Se presume que es hijo del segundo marido, si nació después de ciento ochenta días de la celebración del segundo matrimonio, aunque el nacimiento acaezca dentro de los trescientos posteriores a la disolución del primero;

III. Si nace después de los trescientos días siguientes a la disolución del primer matrimonio y antes de los ciento ochenta días, contados desde la celebración del segundo matrimonio, la ley no establece presunción alguna de paternidad.

Artículo 536. El marido que negare cualquiera de las presunciones establecidas por las fracciones I y II del artículo anterior, sea para contradecir la paternidad que se le atribuye a él, sea para contradecir la que se atribuye al otro, deberá probar plenamente la imposibilidad física de que el hijo sea del marido a quien se atribuye.

(REFORMADO, P.O. 28 DE MARZO DE 2016)

Artículo 537. Los dos artículos anteriores no son aplicables cuando las segundas nupcias se contrajeron habiéndose exhibido el certificado médico de no embarazo.

Artículo 538. En todos los casos en que el marido tenga derecho de contradecir la paternidad del hijo, deberá deducir su acción, dentro de los sesenta días contados desde el nacimiento de aquél, si está presente, desde el día en que llego al lugar, si no se encontraba en él, y desde el día en que descubra el engaño, si se le ocultó el nacimiento.

Artículo 539. Si el marido es mayor de edad, pero está sujeto a tutela, podrá contradecir la paternidad en el plazo antes señalado, que se contará desde el día en que legalmente se declare haber cesado su estado de incapacidad.

Artículo 540. Si el hijo no nace vivo, nadie puede entablar demanda sobre la paternidad.

Artículo 541. En el juicio de contradicción de la paternidad serán oídos:

I. La madre;

II. El hijo;

III. El tutor que se nombre al hijo si éste es menor;

IV. El tutor del hijo si éste es mayor incapacitado, o el tutor que se le nombre en caso de no tenerlo.

(REFORMADO PRIMER PÁRRAFO, P.O. 14 DE SEPTIEMBRE DE 1998)

Artículo 542. Se presumen hijos de los concubinos:

I. Los nacidos dentro de los ciento ochenta días contados desde que empezó la vida común;

II. Los nacidos después de ciento ochenta días contados conforme a lo dispuesto en la fracción anterior;

III. Los nacidos dentro de los trescientos días siguientes a la terminación de la vida común.

Artículo 543. En los casos establecidos en el artículo anterior, son aplicables por analogía los artículos 528 a 530, menos la última excepción establecida por éste, 532, 534, 538 y 539.

Artículo 544. No puede haber sobre la filiación resultante de las presunciones legales establecidas en este capítulo, ni transacción ni compromiso en árbitros; pero sí puede haber transacción o arbitramento sobre los derechos pecuniarios que de la filiación legalmente adquirida pudieran deducirse.

Artículo 545. La filiación de los hijos favorecidos por las presunciones establecidas en los artículos 527 y 535 se prueba con la partida de nacimiento de aquéllos, pero si se cuestiona la existencia del matrimonio de los padres deberá presentarse el acta de éste.

Artículo 546. La filiación de los hijos favorecidos por las presunciones establecidas en el artículo 542, se demuestra con el acta de nacimiento de aquéllos y, en su caso, con la prueba de la fecha en que comenzó o terminó la vida común de los padres.

Artículo 547. La filiación puede probarse, en juicio, por la posesión de estado de hijo de las personas a quienes se señalan como padres y, en defecto de esta posesión, por todos los medios ordinarios de prueba en los siguientes casos:

I. Cuando no haya actas de matrimonio ni de nacimiento.

II. Cuando las actas que existieren fueren:

a) defectuosas;

b) incompletas; o

c) declaradas judicialmente falsas.

III. Cuando en las actas existentes hubiere omisión en cuanto a los nombres o apellidos.

IV. Cuando las personas a quienes se señala como padres, hubieren vivido públicamente como marido y mujer, y por ausencia, no presencia o enfermedad, no les fuere posible manifestar el lugar donde se casaron o la fecha en que comenzó su vida común.

V. Cuando hayan fallecido las dos personas a quienes se señalan como padres.

VI. Cuando el hijo tenga a su favor una de las presunciones establecidas por el artículo 542.

Artículo 548. La posesión de estado de hijo se justificará, en todo caso, demostrando por los medios ordinarios de prueba, que el hijo ha sido tratado por el presunto padre o por la familia de éste, como hijo del primero, que ha usado constantemente el apellido del presunto padre, y que éste ha proveído a su subsistencia, educación y establecimiento.

Artículo 549. La acción que compete al hijo para reclamar su estado, es imprescriptible para él y sus descendientes.

Artículo 550. Probada la posesión de estado de hijo, queda demostrada la filiación de éste.

Artículo 551. La filiación de los hijos que no se benefician de las presunciones establecidas en los artículos 527, 535 y 542 resulta, con relación a la madre, del sólo hecho del nacimiento y para justificar éste, son admisibles todos los medios de prueba, pudiendo, en los juicios de intestado o de alimentos, probarse la filiación respecto a la madre dentro del mismo procedimiento.

Artículo 552. Respecto del padre, la filiación de los hijos a que se refiere el artículo anterior, se establece por el reconocimiento o por sentencia que declare la paternidad.

Artículo 553. Pueden reconocer a sus hijos, los que tengan la edad exigida para contraer matrimonio, más la edad del hijo que va a ser reconocido.

Artículo 554. Puede reconocerse al hijo que aún no ha nacido y al que ya murió, si dejó descendientes; pero en este último caso el que reconoce no tiene derecho a heredar por intestado al reconocido y a sus descendientes ni a recibir alimentos de éstos.

Artículo 555. La madre y el padre pueden reconocer, junta o separadamente, a su hijo.

Artículo 556. El reconocimiento hecho por el padre, o por la madre, puede ser contradicho por quien pretenda también ser el padre o madre del reconocido.

Artículo 557. Es irrevocable el reconocimiento de un hijo, y en el supuesto de haberse hecho en testamento, si éste se revoca, no se tiene por revocado aquél.

Artículo 558. El reconocimiento de un hijo deberá hacerse de alguno de los modos siguientes:

I. En la partida de nacimiento, ante el Juez del Registro del Estado Civil;

II. En acta especial ante el mismo Juez;

III. En el acta de matrimonio de los padres; en este caso los padres tienen el deber de hacer el reconocimiento. Este deber subsiste aunque el hijo haya fallecido al celebrarse el matrimonio, si dejó descendientes;

IV. En escritura pública;

V. En testamento;

VI. Por confesión judicial.

(REFORMADO, P.O. 14 DE SEPTIEMBRE DE 1998)

Artículo 559. Cuando el padre o la madre reconozcan separadamente a un hijo y el otro estuviere legalmente unido en matrimonio con una tercera persona, el que reconoce no podrá revelar en el acto del reconocimiento, el nombre de la persona con quien fue habido, ni exponer ninguna circunstancia por la que pueda ser reconocida. Las palabras que contengan la revelación no constarán en el acta respectiva y si aparecieren, se testarán de oficio de manera que queden ilegibles.

Artículo 560. La disposición anterior no es aplicable si el hijo tiene a su favor una de las presunciones de que habla el artículo 542.

(REFORMADO, P.O. 29 DE DICIEMBRE DE 2017)

Artículo 561. El Juez del Registro del Estado Civil y el Notario que violen el artículo 559, pagarán una multa del equivalente a la cantidad de diez a veinte veces el valor diario de la Unidad de Medida y Actualización y que les impondrá la Autoridad Judicial ante quien se haga valer el reconocimiento.

Artículo 562. Si el reconocimiento no se hizo por la madre y el padre al contraer matrimonio, podrá asentarse, en el acta de reconocimiento, el nombre del otro cónyuge, como progenitor del reconocido y, en este caso, quedará probada la filiación respecto de ambos, sin perjuicio del derecho de quien no estuvo presente en el reconocimiento, para contradecir éste dentro de sesenta días a partir de la fecha que tenga conocimiento de él.

Artículo 563. El padre puede reconocer, sin consentimiento de su esposa, a un hijo habido con persona distinta a ésta antes o durante el matrimonio.

(REFORMADO, P.O. 6 DE DICIEMBRE DE 2019)

Artículo 564. La mujer casada puede reconocer, sin consentimiento del esposo a una hija o hijo habido con persona distinta a éste, antes o durante su matrimonio.

Artículo 565. (DEROGADO, P.O. 6 DE DICIEMBRE DE 2019)

Artículo 566. El hijo mayor de edad no puede ser reconocido sin su consentimiento.

Artículo 567. Para el reconocimiento de un hijo menor de edad no se requiere el consentimiento de su representante; pero el hijo reconocido puede reclamar contra el reconocimiento cuando llegue a la mayor edad.

Artículo 568. El plazo para deducir la acción a que se refiere el artículo anterior, será de tres meses, que comenzará a correr desde que el hijo sea mayor, si antes de serlo tuvo noticias del reconocimiento; y si entonces no la tenía, desde la fecha en que la adquirió.

(REFORMADO, P.O. 14 DE SEPTIEMBRE DE 1998)

Artículo 569. Cuando el padre y la madre que no vivan juntos reconozcan al mismo tiempo al o los hijos, convendrán cuál de los dos ejercerá la guardia y custodia de éste, y con quién de ellos habitará; y si no se ponen de acuerdo sobre estos puntos, se observará lo que disponen los artículos 635 y 636 de este Código.

Artículo 570. Si el reconocimiento se efectúa sucesivamente por el padre y la madre, y éstos no viven juntos, el que primero hubiere reconocido ejercerá la guarda del hijo, y éste habitará con el, sin perjuicio del convenio que celebren los dos progenitores y que el Juez podrá modificar, en beneficio del hijo, oyendo tanto a éste como a aquéllos.

Artículo 571. Si la madre contradice el reconocimiento que un hombre haga de un hijo que ella reconoce como suyo, y esa contradicción se hace valer para negar al padre los derechos que le da el reconocimiento, y el hijo fuere menor de edad, se aplicarán las siguientes disposiciones:

I. Se proveerá al hijo de un tutor especial; y con audiencia de éste y del que lo reconoció como hijo, se resolverá lo que proceda acerca de los derechos controvertidos;

II. Quedarán a salvo los derechos del hijo para consentir en el reconocimiento del padre o en el de la madre, cuando llegue a la mayoridad;

III. Quedarán también a salvo los derechos hereditarios del hijo, si los padres muriesen durante la minoridad.

Artículo 572. Si la madre ha cuidado de la lactancia del hijo, le ha dado su apellido o permitido que lo lleve y ha proveído a su educación y subsistencia, no se le podrá separar de su lado a menos que ella consienta en entregarlo o lo ordene una sentencia ejecutoriada.

Artículo 573. Cuando el hijo, siendo mayor de edad consienta en el reconocimiento de la madre, en oposición al que haya hecho el padre, no conservará ninguno de los derechos que adquirió con el reconocimiento de éste.

Artículo 574. El que reconoce a un hijo tiene derecho:

I. A alimentos, si al hacer el reconocimiento tenía necesidad de ellos.

II. A heredar al hijo si el reconocimiento se hizo durante la última enfermedad de éste.

Artículo 575. Está permitido al hijo y a sus descendientes investigar la maternidad, la cual puede probarse por cualquiera de los medios ordinarios: pero la indagación no será permitida cuando tenga por objeto atribuir el hijo a una mujer casada.

Artículo 576. La investigación de la paternidad sólo está permitida:

I. En los casos de rapto, estupro o violación, cuando la época del delito coincida con la concepción.

II. Cuando el hijo se encuentre en posesión de estado de hijo del presunto padre.

Artículo 577. Las acciones de investigación de maternidad o paternidad sólo pueden intentarse en vida de los padres.

Si los padres hubieren fallecido durante la menor edad de los hijos, tendrán éstos el derecho de intentar la acción antes de que se cumplan cuatro años de su mayor edad.

En los juicios en que se ejerciten tales acciones no procede el sobreseimiento por inactividad procesal.

CAPÍTULO NOVENO
ADOPCIÓN

(REFORMADO, P.O. 15 DE DICIEMBRE DE 1992)

Artículo 578. La adopción confiere al adoptado el estado de hijo y el parentesco que surge, produce efectos legales iguales al consanguíneo.

(REFORMADO PRIMER PÁRRAFO, P.O. 27 DE JUNIO DE 2011)

Artículo 579. Pueden adoptar los cónyuges o personas solteras que tengan veinticinco años cumplidos y más de diecisiete años que el menor que se pretenda adoptar a la fecha de inicio del procedimiento especial de adopción y que satisfagan los requisitos señalados en este ordenamiento. El requisito de la diferencia de la edad, no es necesario en el caso de la adopción de hijos de uno de los cónyuges ni respecto de la adopción de incapaces.

(REFORMADO, P.O. 15 DE DICIEMBRE DE 1992)

Pueden ser adoptados los menores expósitos y los que legalmente sean declarados abandonados.

(REFORMADO, P.O. 15 DE DICIEMBRE DE 1992)

Cuando los menores tengan más de 6 años deben ser informados ampliamente y obtener su consentimiento.

(ADICIONADO, P.O. 27 DE JUNIO DE 2011)

Artículo 579 Bis. Para que se autorice la adopción, él o los que pretendan adoptar deberán reunir las condiciones que se establecen en este Capítulo y además acreditar plenamente, los siguientes requisitos:

I. Que el adoptante o adoptantes tengan medios suficientes para proveer a la subsistencia y educación del adoptado;

II. Que el adoptante o adoptantes no tengan antecedentes penales por la comisión de un delito doloso;

III. Que la adopción sea benéfica para la persona que se pretenda adoptar;

IV. Que el adoptante o adoptantes, sean idóneos para adoptar;

V. Que el adoptante o adoptantes acrediten que su estado de salud les permitirá cumplir cabalmente con sus responsabilidades de padre o de madre; y

VI. Las demás que establezcan las Leyes Federales y en su caso, los Tratados Internacionales de los cuales el Estado Mexicano forme parte, en materia de Derechos Humanos, Derechos del Niño y de Adopción.

Los requisitos que se establecen en las fracciones I, III, IV, V y VI quedarán plenamente acreditados con el dictamen técnico o certificado de idoneidad que emita el Consejo Técnico de Adopciones, dependiente del Sistema para el Desarrollo Integral de la Familia del Estado, con base en los estudios técnicos de quienes pretendan adoptar.

En todos los casos, se atenderá al interés superior del menor o incapaz, se considerará su origen étnico, cultural y lingüístico y se procurará dar continuidad en su educación.

(REFORMADO, P.O. 27 DE JUNIO DE 2011)

Artículo 580. Las personas solteras podrán adoptar, aún cuando tengan descendientes y, tratándose de cónyuges, siempre que ambos estén conformes con la adopción.

Artículo 581. Nadie puede ser adoptado por más de una persona, salvo en el caso previsto en el artículo anterior.

Artículo 582. El tutor no puede adoptar al pupilo o al mayor incapacitado que estuvo bajo su tutela, sino hasta después de que hayan sido definitivamente aprobadas las cuentas de ésta.

Artículo 583. (DEROGADO, P.O. 27 DE JUNIO DE 2011)

Artículo 584. (DEROGADO, P.O. 27 DE JUNIO DE 2011)

(REFORMADO PRIMER PÁRRAFO, P.O. 27 DE JUNIO DE 2011)

Artículo 585. El procedimiento para la adopción será fijado en el Código de Procedimientos Civiles para el Estado Libre y Soberano de Puebla.

(REFORMADO, P.O. 27 DE JUNIO DE 2011)

La resolución judicial que apruebe la adopción, ordenará se proceda conforme a lo indicado en el artículo 841; asimismo, se ordenará remitir oficio al Juez del Registro Civil de su Jurisdicción para que éste, a su vez, inscriba en el Libro correspondiente la nueva acta en los términos que establece el Capítulo Décimo Tercero, Sección Segunda del Libro Segundo de este Código, para lo cual deberán comparecer el o los adoptantes proporcionando los datos necesarios dentro del término de quince días.

(REFORMADO, P.O. 15 DE DICIEMBRE DE 1992)

El acta a que se refiere el párrafo anterior, no causará la multa que establece el artículo 875 fracción I de este Código.

(REFORMADO, P.O. 22 DE ENERO DE 2010)

Una vez que se haya hecho la anotación marginal al acta originaria, se reservará en secreto en el Archivo Estatal y en el Registro del Estado Civil, por lo que no se expedirá constancia alguna de ella, salvo por resolución judicial.

Artículo 586. El que adopta tendrá, respecto de la persona y bienes del adoptado, los mismos derechos y deberes que tienen los padres respecto de la persona y bienes de los hijos.

(ADICIONADO, P.O. 26 DE NOVIEMBRE DE 2007)

El que adopta dará nombre y sus apellidos al adoptado, salvo que, por circunstancias específicas, no se estime conveniente.

Artículo 587. El adoptado tendrá, para con la persona o personas que lo adopten, los mismos derechos y deberes que tiene un hijo.

(REFORMADO, P.O. 14 DE SEPTIEMBRE DE 1998)

Artículo 588. Los derechos y deberes que resulten del parentesco de consanguinidad se extinguen por adopción, salvo los impedimentos para contraer matrimonio. Cuando uno de los adoptantes esté casado con uno de los progenitores del adoptado, el parentesco consanguíneo con éste y sus efectos permanecen vigentes en términos de Ley. La patria potestad se ejercerá por ambos.

Artículo 589. La adopción produce sus efectos aunque sobrevengan hijos al adoptante.

(REFORMADO, P.O. 15 DE DICIEMBRE DE 1992)

Artículo 590. El menor adoptado, podrá impugnar la adopción dentro de los doce meses siguientes al cumplir la mayoría de edad.

(ADICIONADO, P.O. 14 DE SEPTIEMBRE DE 1998)

Artículo 591. La adopción promovida por ciudadanos de otro país, con residencia habitual fuera del territorio mexicano y que tengan por objeto incorporar, en una familia, a un menor que pueda ser adoptado, se considera internacional y por lo tanto se regirá por los Tratados Internacionales de los que México sea parte, y en lo conducente a lo que establecen las disposiciones del presente Código.

Las adopciones realizadas en el Estado de Puebla y promovidas por nacionales de otro país con residencia permanente o definitiva en territorio nacional, se regirán por las disposiciones del presente Código.

(ADICIONADO, P.O. 26 DE NOVIEMBRE DE 2007)

En igualdad de circunstancias se dará preferencia en la adopción a mexicanos sobre extranjeros.

Artículo 592. (DEROGADO, P.O. 15 DE DICIEMBRE DE 1992)

Artículo 593. (DEROGADO, P.O. 15 DE DICIEMBRE DE 1992)

Artículo 594. (DEROGADO, P.O. 15 DE DICIEMBRE DE 1992)

Artículo 595. (DEROGADO, P.O. 15 DE DICIEMBRE DE 1992)

(REFORMADO, P.O. 22 DE ENERO DE 2010)

Artículo 596. El Juez que apruebe la impugnación procederá conforme a lo indicado por el artículo 841 para que se asiente en el acta correspondiente.

CAPÍTULO DÉCIMO
PATRIA POTESTAD

SECCIÓN PRIMERA
REGLAS GENERALES

Artículo 597. Patria potestad es el conjunto de derechos y deberes que recíprocamente tienen, por una parte el padre y la madre, y por la otra los hijos menores no emancipados, y cuyo objeto es la guarda de la persona y bienes de estos menores, así como su educación.

Artículo 598. La patria potestad se ejerce por el padre y la madre conjuntamente, o por el supérstite cuando uno de ellos haya muerto.

Artículo 599. Cuando mueran el padre y la madre del menor sujeto a patria potestad el ejercicio ésta corresponde a los abuelos paternos y maternos.

(REFORMADO, P.O. 14 DE SEPTIEMBRE DE 1998)

Artículo 600. Los menores sujetos a patria potestad, tendrán derecho a vivir con el ascendiente o ascendientes que la ejerzan y a convivir con su padre y con su madre, aún en el caso de que estos no vivan juntos, por lo que el Juez deberá tomar siempre las medidas necesarias para proteger los derechos de convivencia.

Artículo 601. Mientras el menor esté sujeto a patria potestad no podrá dejar el domicilio familiar sin permiso de quién o quiénes ejercen aquélla.

Artículo 602. Si el hijo es adoptivo, se aplicarán, en su caso, las siguientes disposiciones:

I. Cuando la adopción se hizo por un matrimonio, ambos cónyuges conjuntamente ejercerán la patria potestad.

II. Si el hijo sólo fue adoptado por una persona, a ésta corresponde ejercer la patria potestad.

(ADICIONADA, P.O. 15 DE DICIEMBRE DE 1992)

III. En la adopción, la patria potestad se ejercerá por el o los adoptantes y a falta de éstos por sus ascendientes en los términos señalados en este Código para los hijos consanguíneos.

Artículo 603. Cuando los dos progenitores reconocieron a un hijo, ejercerán ambos la patria potestad.

Artículo 604. En el caso del artículo anterior, si los progenitores viven separados se observará en cuanto a la guarda y habitación del hijo, lo que disponen los artículos 569 y 570, pero cuando por cualquiera circunstancia cese de tener la guarda del hijo el ascendiente a quien correspondía y deje aquél de habitar con éste, se encargará del hijo el otro ascendiente y con éste habitará aquél.

(REFORMADO, P.O. 14 DE SEPTIEMBRE DE 1998)

Artículo 605. Si se separan los padres que vivían juntos al hacer el reconocimiento, ambos deberán continuar en el cumplimiento de sus deberes y convendrán quién de los dos se encargará de la custodia y guarda del o de los hijos, y si no se ponen de acuerdo sobre este punto se observará lo que disponen los artículos 635 y 636 de este Código.

(ADICIONADO, P.O. 14 DE SEPTIEMBRE DE 1998)

Artículo 605 Bis. Quienes ejercen la patria potestad, aún cuando no tengan la custodia o guarda, conservan los derechos de vigilancia y convivencia con sus descendientes, salvo que la autoridad judicial suspenda o extinga esos derechos, por considerar que existe peligro para los menores.

Artículo 606. Solamente por falta o impedimento del padre y de la madre, la patria potestad corresponde al abuelo y a la abuela, paternos y maternos.

Artículo 607. En el caso del artículo anterior, se aplicarán las siguientes disposiciones:

I. Los abuelos a quienes corresponde la patria potestad convendrán entre ellos, si la ejercerán los de la línea paterna o los de la línea materna;

II. Si no se pusieren de acuerdo los abuelos, decidirá el Juez, oyendo a los ascendientes y al menor si ya cumplió catorce años;

III. La resolución del Juez a que se refiere la fracción anterior debe dictarse atendiendo a lo que sea más conveniente a los intereses del menor;

IV. Si el abuelo o abuela por una de las líneas es viudo o casado en segundas nupcias, y los dos abuelos por la otra línea viven juntos, puede el Juez confiar a éstos o a aquél la patria potestad, según sea más conveniente para el menor;

V. Si la patria potestad se defiere por convenio o por resolución judicial a los abuelos por una línea, a falta o por impedimento de éstos, corresponderá ejercerla a los de la otra línea.

(REFORMADO, P.O. 30 DE DICIEMBRE DE 2016)

Artículo 608. Las personas que tienen al menor bajo su patria potestad o su custodia, deberán proporcionar a éste educación con la facultad de corregirlo de una manera prudente y moderada, y abstenerse de ejercer cualquier tipo de violencia en su contra, en específico castigo corporal; así como la obligación de observar una conducta que le sirva de buen ejemplo.

La facultad de corregir no implica infligir al menor actos de fuerza u omisiones, que atenten contra su integridad física o psíquica en términos de lo dispuesto por el artículo 291 de este Código, y las normas aplicables en materia de Niñas, Niños y Adolescentes.

Artículo 609. Cuando llegue a conocimiento del Juez que quienes ejercen la patria potestad no cumplen con los deberes que ella les impone, dictará de oficio las medidas que correspondan en interés de sujeto a la patria potestad.

Artículo 610. El Ministerio Público deberá promover las medidas a que se refiere el artículo anterior, cuando los hechos lleguen a su conocimiento independientemente del Juez y éste no las haya dictado.

(ADICIONADO, P.O. 14 DE SEPTIEMBRE DE 1998)

Artículo 610 Bis. Las autoridades judiciales y administrativas que conozcan que quienes ejercen la patria potestad, custodia o guardia de un menor, no cumplen con los deberes que ello les impone, o que dicho menor es víctima de violencia familiar, deberán dar aviso al Ministerio Público.

Artículo 611. El que está sujeto a patria potestad no puede:

I. Contraer obligaciones sin expreso consentimiento del que o de los que ejerzan aquélla función; y

(REFORMADA, P.O. 25 DE NOVIEMBRE DE 2016)

II. Comparecer en juicio, salvo lo dispuesto en la normatividad aplicable.

Artículo 612. Cuando la patria potestad se ejerza a la vez por el padre y por la madre o por el abuelo y la abuela, o por los adoptantes, el administrador de los bienes del menor será nombrado por mutuo acuerdo.

Artículo 613. El administrador nombrado en la forma prevista en el artículo anterior, consultará en todos los negocios al otro ascendiente o adoptante, en su caso, y si hubiere oposición, el Juez, sin forma de juicio procurará avenirlos, y si no lo lograre, resolverá lo que fuere más conveniente a los intereses del menor.

SECCIÓN SEGUNDA
EFECTOS DE LA PATRIA POTESTAD RESPECTO DE LOS BIENES DEL HIJO

Artículo 614. Quienes ejerzan patria potestad son legítimos representantes de los que están sujetos a ella, y tienen la administración legal de los bienes que pertenecen a aquéllos, conforme a las prescripciones de este Código.

Artículo 615. El menor sujeto a patria potestad es administrador de los bienes que adquiera con su trabajo.

Artículo 616. Las personas que ejerzan patria potestad representarán a los menores en juicio; pero si se nombra representante a una de ellas, no podrá celebrar ningún arreglo para terminarlo, sin consentimiento expreso de su cónyuge.

Artículo 617. Cuando por ley o por voluntad del titular o titulares de la patria potestad, el menor tenga administración de bienes, se le considerará respecto de está como emancipado, con la restricción que establece la ley para enajenar, gravar o hipotecar bienes raíces.

Artículo 618. Los que ejercen patria potestad pueden enajenar o gravar los bienes inmuebles y muebles preciosos de propiedad del hijo, por causa de absoluta necesidad o evidente beneficio, previa autorización del Juez.

Artículo 619. Quienes ejercen patria potestad no podrán:

I. Arrendar bienes del menor por más de tres años;

II. Recibir renta del arrendamiento que celebren, por más de dos años;

III. Vender títulos de rentas, valores comerciales, industriales, acciones, por menor valor del que se cotice en plaza el día de la venta;

IV. Donar bienes del menor;

V. Remitir voluntariamente derechos del menor.

VI. Dar fianza en representación del menor.

Artículo 620. Cuando el Juez conceda licencia a quienes ejercen patria potestad, para enajenar un bien inmueble o mueble precioso perteneciente al menor, tomará las medidas necesarias para que:

a) El producto de la venta se dedique al objeto a que se destinó; y

b) El resto se invierta en la adquisición de un inmueble o en una Sociedad Nacional de Crédito o se imponga con segura hipoteca en favor del menor, según sea más conveniente para éste.

Artículo 621. Mientras se cumple lo dispuesto en el párrafo a) del artículo anterior, el precio de la venta se depositará en una Sociedad Nacional de Crédito, procurando que la suma depositada reditúe interés y la persona que ejerce la patria potestad no podrá disponer de ese dinero sin orden judicial.

Artículo 622. La fracción X del artículo 728 es aplicable a los bienes de que sea copropietario el sujeto a patria potestad.

Artículo 623. Cuando las personas que ejerzan patria potestad tengan interés opuesto al de los menores sujetos a ella, serán éstos representados en juicio y fuera de el por un tutor especial.

Artículo 624. También nombrará el Juez tutor especial a cada menor, en caso de que la oposición de intereses sea entre dos o más menores, sujetos a una misma patria potestad.

Artículo 625. Las medidas establecidas por las disposiciones anteriores se dictarán como lo dispone del artículo 46.

Artículo 626. Las personas que ejercen patria potestad deben entregar a sus hijos, al llegar éstos a la mayoridad, o en su caso, al emanciparse, los bienes que les pertenecen.

SECCIÓN TERCERA
MODOS DE ACABARSE Y SUSPENDERSE LA PATRIA POTESTAD

Artículo 627. La patria potestad se acaba:

I. Por muerte del que la ejerce, si no hay otra persona en quien recaiga;

(REFORMADA, P.O. 1 DE MARZO DE 2021)

II. Por emancipación del menor;

(REFORMADA, P.O. 8 DE MARZO DE 2023)

III. Por llegar a la mayoría de edad el que estuvo sujeta a ella, y

(ADICIONADA, P.O. 1 DE MARZO DE 2021)

IV. Por violencia familiar reiterada.

(REFORMADO PRIMER PÁRRAFO, P.O. 13 DE DICIEMBRE DE 2004)

Artículo 628. Los derechos de la patria potestad que se confieren a quien o a quienes la ejercen, se pierden:

I. Cuando el que la ejerza cometa algún delito grave o intencional contra el menor;

(ADICIONADA, P.O. 8 DE MARZO DE 2023)

I Bis. Cuando el titular de ella sea condenado por delito de feminicidio en contra de la madre de las niñas, niños y adolescentes sujetos a patria potestad;

II. Cuando el titular de ella sea condenado por delito intencional, a una pena de prisión inconmutable;

(REFORMADA, P.O. 13 DE DICIEMBRE DE 2004)

III. Cuando quienes la ejerzan tengan costumbres depravadas o hábitos nocivos, ejerzan públicamente la prostitución, inflijan malos tratos o realicen cualquier otro acto que implique el abandono de sus deberes frente a sus hijos o nietos, en su caso, de manera tal que se pueda comprometer la vida, la salud, la seguridad, el desarrollo moral del menor e incluso su integridad física o psíquica en términos de lo dispuesto por el artículo 291 de este Código aunque estos hechos no sean penalmente punibles;

IV. Cuando el padre, madre, abuelo o abuela, en su caso:

a) Expongan a su hijo o nieto;

(REFORMADO, P.O. 27 DE JUNIO DE 2011)

b) Abandonen a su hijo o nieto por más de tres meses, si éste quedó a cargo de alguna persona. El plazo no tendrá que agotarse cuando el menor se encuentre bajo la custodia del Sistema para el Desarrollo Integral de la Familia del Estado, y el Organismo cuente con los elementos necesarios y suficientes que acrediten que es imposible o inadecuado, atendiendo al interés superior del menor, la restitución a su núcleo familiar.

c) Abandonen por más de un día a su hijo o nieto si el menor no hubiere quedado al cuidado de alguna persona y el abandono sea intencional.

(ADICIONADO, P.O. 13 DE DICIEMBRE DE 2004)

d) No Permitan de manera reiterada que se lleven a cabo las convivencias decretadas por autoridad competente o en convenio aprobado judicialmente.

V. En los casos de divorcio, cuando la ley lo establece;

(ADICIONADA, P.O. 26 DE NOVIEMBRE DE 2007)

VI. Por el cumplimiento parcial o insuficiente de la obligación alimentaria sin causa justificada por más de noventa días;

(ADICIONADA, P.O. 27 DE JUNIO DE 2011)

VII. Con la resolución que determine la adopción del menor.

Artículo 629. La pérdida de los derechos a que se refiere el artículo anterior se decretará:

(REFORMADA, P.O. 8 DE MARZO DE 2023)

I. En el caso de las fracciones I y I Bis en la sentencia que termine el proceso respectivo, mandándose suspender entre tanto la patria potestad;

II. En los casos de las fracciones II a IV, en la sentencia del juicio civil que se siga especialmente al efecto.

III. En el caso de la fracción V, en la sentencia del juicio de divorcio.

(ADICIONADA, P.O. 26 DE NOVIEMBRE DE 2007)

IV. En el caso de la fracción VI, cuando el Juez verifique que efectivamente no se ha cubierto su monto total por más de noventa días y que a su prudente arbitrio no exista una causa justificada para ello.

(ADICIONADA, P.O. 27 DE JUNIO DE 2011)

V. En el caso de la fracción VII con la resolución que decrete la adopción.

Artículo 630. La pérdida de derechos, reglamentada en los dos artículos anteriores, no extingue los deberes que la patria potestad impone, en cuanto su cumplimiento no se oponga a esta pérdida, a juicio del Juez.

Artículo 631. La madre o la abuela que pase a segundas nupcias no pierde por este hecho la patria potestad.

Artículo 632. En el caso del artículo anterior, el segundo marido no ejercerá la patria potestad sobre los hijos o nietos del matrimonio anterior.

Artículo 633. Los derechos que confiere la patria potestad se suspenden:

I. Por incapacidad declarada judicialmente;

II. Por la ausencia declarada en forma;

(REFORMADA, P.O. 8 DE MARZO DE 2023)

III. Por sentencia condenatoria que imponga como pena esta suspensión;

(REFORMADA, P.O. 8 DE MARZO DE 2023)

IV. Por incurrir en conductas de violencia familiar previstas en el artículo 291 de este Código, que no impliquen la comisión de algún delito en contra de las personas sobre las cuales la ejerza, y

(ADICIONADA, P.O. 8 DE MARZO DE 2023)

V. Por auto de vinculación a proceso dictado por delito de feminicidio o su tentativa en contra de la madre de las niñas, niños y adolescentes sujetos a patria potestad.

(REFORMADO PRIMER PÁRRAFO, P.O. 3 DE AGOSTO DE 2022)

Artículo 634. El Juez puede en beneficio de las niñas, niños y adolescentes modificar el ejercicio de la patria potestad o custodia cuando la tenga decretada judicialmente, ya sea provisional o definitiva sobre ellos, en los siguientes casos:

(ADICIONADA, P.O. 3 DE AGOSTO DE 2022)

I. Cuando quien la ejerce realice conductas reiteradas para evitar la convivencia de las niñas, niños y adolescentes con la persona o personas que tengan reconocido judicialmente su derecho a la misma; y

(ADICIONADA, P.O. 3 DE AGOSTO DE 2022)

II. Cuando se acredite que las niñas, niños y adolescentes han sido víctimas indirectas de violencia vicaria.

(ADICIONADA, P.O. 8 DE MARZO DE 2023)

III. Cuando exista auto de vinculación a proceso dictado por delito de feminicidio o su tentativa en contra de la madre de las niñas, niños y adolescentes sujetos a patria potestad.

(REFORMADO PRIMER PÁRRAFO, P.O. 13 DE DICIEMBRE DE 2004)

Artículo 635. La ley reconoce el derecho de convivencia que tienen los menores con sus padres y con las familias de ambos. La convivencia permite el conocimiento directo de los menores con sus ascendientes y demás parientes, a fin de lograr su integración al núcleo familiar y obtener la identidad plena de los menores en el grupo social a que pertenece.

(ADICIONADO, P.O. 13 DE DICIEMBRE DE 2004)

La custodia puede establecerse de manera compartida y mediante ella se determinan derechos iguales de convivencia en favor de los menores con sus padres y demás familiares.

(ADICIONADO, P.O. 13 DE DICIEMBRE DE 2004)

Cuando conforme a este Código deba hacerse cargo provisional o definitivamente de la guarda de un menor, uno solo de los padres, se aplicarán las siguientes disposiciones:

(REFORMADA, P.O. 13 DE DICIEMBRE DE 2004)

I. El padre y la madre convendrán quién de ellos ejercerá la guarda, poniendo a los hijos a cuidado de la persona que de común acuerdo hubieren designado los cónyuges, debiendo ser uno de éstos y pudiéndose compartir la custodia, en los tiempos libres de los menores, al otro que no tenga dicha custodia. Las obligaciones de formación cultural y educativa, corresponde a ambos padres, quienes podrán acordar formas de colaboración para alcanzar dicho objetivo;

(REFORMADA, P.O. 13 DE DICIEMBRE DE 2004)

II. Si los padres no llegaran a ningún acuerdo, el Juez de lo familiar resolverá lo conducente, previo el procedimiento que fije el Código Procesal, tomando en cuenta la opinión del menor.

Salvo peligro grave para el normal desarrollo de los hijos, los menores de siete años deberán quedar al cuidado de la madre. No será obstáculo para la preferencia maternal en la custodia, el hecho de que la madre carezca de recursos económicos, y

III. En caso de divorcio necesario se estará a lo que disponga la sentencia que lo decrete.

(REFORMADO, P.O. 14 DE SEPTIEMBRE DE 1998)

Artículo 636. Lo dispuesto en el artículo anterior no impide al Juez encomendar en cualquier momento la custodia o guarda de los menores a los abuelos, tíos, hermanos mayores u otros parientes interesados, cuando ello sea conveniente para los menores mismos.

Los parientes a los que por cualquier circunstancia se otorgue la custodia o guarda de un menor, tendrán las obligaciones, facultades y restricciones establecidas para los tutores. La guarda a que se refiere este artículo podrá terminar por resolución judicial, en la que se resuelva nuevamente quién o quiénes deberán hacerse cargo del menor.

(REFORMADO PRIMER PÁRRAFO, P.O. 1 DE MARZO DE 2021)

Artículo 637. No podrán impedirse, sin justa causa, las relaciones personales ni la convivencia entre el menor y sus parientes, ni siquiera cuando la patria potestad o la guarda corresponda a uno de ellos, por lo que en caso de oposición a la solicitud de cualquiera de ellos o incumplimiento del convenio en que las partes hubieren fijado el tiempo, modo y lugar para que los ascendientes que no tengan la guarda del menor lo visiten y convivan con él, el Juez de lo Familiar resolverá lo conducente, en atención al interés superior de la niñez.

(ADICIONADO, P.O. 13 DE DICIEMBRE DE 2004)

El Tribunal contará con los medios eficaces que considere necesarios para decretar la convivencia en el modo y forma que beneficie a los menores y en caso de incumplimiento parcial o total podrá decretar las medidas de apremio que concede la ley o dar vista al Ministerio Público si del comportamiento de quien deba permitir la convivencia se desprende algún delito.

(ADICIONADO, P.O. 1 DE MARZO DE 2021)

Sólo por mandato judicial expreso y fundado en causa justa, y cuando exista violencia familiar reiterada se deberá considerar la restricción e impedir, suspender o perder el derecho de convivencia a que se refiere este artículo. Se deberá escuchar a la niña, niño o adolescente sujeto a patria potestad, privilegiando ante todo el interés superior de la niñez en la cuestión planteada, de acuerdo a su edad y desarrollo cognoscitivo.

Artículo 638. La patria potestad no es renunciable; pero aquéllos a quienes corresponda ejercerla pueden excusarse:

I. Cuando tengan sesenta años cumplidos;

II. Cuando por su mal estado habitual de salud, no puedan atender debidamente a su desempeño.

CAPÍTULO UNDÉCIMO
TUTELA

SECCIÓN PRIMERA
DISPOSICIONES GENERALES

Artículo 639. Están sujetos a tutela:

I. El menor que no tenga quién ejerza sobre él patria potestad;
II. El mayor de edad incapaz; y
III. El menor emancipado.

Artículo 640. El objeto de la tutela es:
I. La atención, como dispone el artículo 44 de los incapaces sujetos a ella.
II. La representación interina del incapaz en los casos que señala la ley.
III. La representación del emancipado en los negocios judiciales de éste.

(REFORMADO, P.O. 25 DE NOVIEMBRE DE 2015)

Artículo 641. La tutela es, testamentaria, legítima, dativa y voluntaria.

Artículo 642. La tutela se desempeña por el tutor, con intervención del curador, según se dispone en este Código.

Artículo 643. El incapaz, sujeto a tutela, no puede tener a un mismo tiempo más de un tutor y un curador definitivos.

Artículo 644. Un tutor y un curador pueden desempeñar el cargo respecto de varios incapaces.

Artículo 645. En los negocios relativos a tutela, el Juez oirá necesariamente al curador, antes de dictar resolución en ellos, sea o no sentencia.

Artículo 646. Los cargos de tutor y curador de un mismo incapaz, no pueden ser desempeñados:
I. Por una misma persona;
II. Por personas que tengan entre sí parentesco en cualquier grado, en la línea recta, o dentro del cuarto en la colateral.

Artículo 647. Cuando los intereses de alguno o algunos de los incapaces sujetos a la misma tutela, fueren opuestos, el tutor lo pondrá en conocimiento del Juez, quien nombrará un tutor especial a cada uno de los incapaces, para que defiendan los intereses de éstos, mientras se decide el punto de oposición.

Artículo 648. Cuando fallezca una persona que ejerza la patria potestad sobre un incapaz a quien deba nombrarse tutor, el albacea testamentario y en caso de intestado los parientes o personas con quienes haya convivido aquélla, están obligados a dar parte del fallecimiento al Juez, dentro de un mes, a fin de que se provea a la tutela.

(REFORMADO, P.O. 29 DE DICIEMBRE DE 2017)

Artículo 649. Si los obligados a dar parte del fallecimiento, en el caso del artículo anterior, no lo hacen, el Juez les impondrá una multa será del equivalente a la cantidad de una a cincuenta veces el valor diario de la Unidad de Medida y Actualización.

Artículo 650. Los encargados del Registro Civil y demás autoridades del Estado, deben informar al Juez de los casos que conozcan, en ejercicio de sus funciones, en los que sea necesario nombrar tutor; y el Juez dictará las medidas necesarias, para que se cuide provisionalmente de la persona y bienes del incapaz, hasta que se le nombre tutor.

Artículo 651. En cumplimiento de lo dispuesto en el artículo anterior, podrá el Juez:

I. Encomendar la guarda de la persona del incapaz, menor o mayor, a una institución escolar o asistencial, oficial o particular respectivamente.

II. Encargar la administración de los bienes del tutoreado a una institución fiduciaria.

Artículo 652. Si las medidas ordenadas por el Juez conforme al artículo que precede, continúan después de haberse nombrado tutor, éste, cualquiera que sea la clase de tutela además de ejercer sus funciones, deberá:

I. Vigilar la educación, readaptación o curación en su caso que se procure al incapaz;

II. Informar quincenal o mensualmente al Juez, según disponga éste, de la forma en que se están realizando la educación, readaptación o curación;

III. Revisar la cuenta de administración que rinda la institución fiduciaria en su caso;

IV. Informar al Juez, inmediatamente que advierta la comisión de una irregularidad en perjuicio del incapaz; y el Juez en este caso dictará las medidas que procedan.

Artículo 653. Para discernir la tutela, debe declararse previamente, como lo disponga el Código de Procedimientos, el estado de incapacidad de la persona que va a quedar sujeta a ella.

Artículo 654. El menor de edad no sujeto a patria potestad, que adolezca de una de las enfermedades enumeradas en las fracciones II a IV del artículo 42, estará sujeto a tutela de menores, mientras no llegue a la mayor edad; pero si al cumplirse ésta continuare la enfermedad, el incapaz se sujetará a la tutela de mayores, previo juicio en el que se declare su incapacidad y en el que se oirá también al tutor y al curador anteriores.

Artículo 655. En el caso del artículo que precede, quienes hubieren sido tutor y curador del menor pueden ser nombrados tutor y curador del mayor incapaz.

Artículo 656. Si el ascendiente que ejerce patria potestad fuese judicialmente declarado incapaz, aquélla la ejercerán los ascendientes a quienes corresponda, y no habiendo en quién recayere, se proveerá al menor de tutor, que puede serlo también el del ascendiente.

Artículo 657. El cargo de tutor del mayor incapaz durará el tiempo que subsista la incapacidad, cuando el cargo sea desempeñado por los descendientes o por los ascendientes.

(REFORMADO, P.O. 14 DE SEPTIEMBRE DE 1998)

Artículo 658. El cónyuge o concubino del incapaz debe desempeñar el cargo del tutor de este, mientras subsista el matrimonio o concubinato.

Artículo 659. Los demás parientes del mayor incapaz, así como los extraños que desempeñen la tutela de éste, tienen derecho de que se les releve de ella a los cinco años de ejercerla.

Artículo 660. La incapacidad cesa por la muerte del mayor sujeto a ella, o por sentencia definitiva, que revoque la resolución que la haya declarado.

Artículo 661. El Juez que discierna una tutela, el Ministerio Público y el curador deben vigilar, bajo su responsabilidad, que el tutor cumpla estrictamente su función.

Artículo 662. Se concede acción pública para denunciar a las autoridades todo acto de mala conducta del tutor o de cualquiera otra persona, con relación al pupilo y a los bienes de éste.

SECCIÓN SEGUNDA
TUTELA TESTAMENTARIA

Artículo 663. El nombramiento de tutor testamentario por el padre que sobreviva a la madre, o por ésta, si sobrevive a aquél, y que haya continuado en el ejercicio de la patria potestad, aunque sean menores, excluye de la misma a los ascendientes en quienes hubiere de recaer, a la muerte del que hubiere sobrevivido.

Artículo 664. Si los ascendientes excluidos fueren incapaces o hubieren sido declarados ausentes, la tutela cesará cuando cese la incapacidad o la ausencia, a no ser que el testador haya dispuesto que continúe la tutela.

Artículo 665. De los abuelos, paternos o maternos, sólo el último que sobreviva puede nombrar tutor testamentario.

Artículo 666. Si fueren varios los menores, podrá nombrárseles un tutor común, o conferirse a persona diferente la tutela de cada uno de ellos.

Artículo 667. El padre que ejerce la tutela de su hijo sujeto a interdicción, puede nombrarle tutor testamentario, si la madre falleció o no puede legalmente ejercer la tutela.

Artículo 668. La madre en su caso podrá hacer el nombramiento de que trata el artículo anterior.

Artículo 669. En ningún otro caso habrá tutela testamentaria del incapaz.

Artículo 670. El emancipado no estará sujeto a tutela testamentaria.

Artículo 671. El testador que deja bienes a un incapaz, sea por legado, sea por herencia, puede nombrarle tutor sólo para la administración de los bienes que le deja.

Artículo 672. Si se nombran varios tutores, desempeñará la tutela el primer nombrado, a quien substituirán los demás por el orden de su nombramiento en los casos de muerte, incapacidad, excusa o remoción.

Artículo 673. Lo dispuesto en el artículo anterior no regirá cuando el testador haya establecido el orden en que los tutores deban sucederse en el desempeño de la tutela.

Artículo 674. Las reglas, limitaciones y condiciones puestas por el testador para la administración de la tutela, que sean perjudiciales al incapaz sujeto a ella, serán modificadas o dispensadas por el Juez en beneficio de dicho incapaz.

Artículo 675. Si por un nombramiento condicional de tutor, o por cualquier otro motivo, faltare temporalmente el tutor testamentario, el Juez proveerá de tutor interino al menor conforme a las reglas generales sobre nombramiento de tutores.

SECCIÓN TERCERA
TUTELA LEGÍTIMA DE MENORES

Artículo 676. Habrá tutela legítima:

I. Cuando no hay quien ejerza la patria potestad.

II. Cuando no hay tutor testamentario.

III. Cuando deba nombrarse tutor por causa de divorcio.

(REFORMADO, P.O. 27 DE ABRIL DE 1990)

Artículo 677. La tutela legítima corresponde:

I. A los hermanos o hermanas;

II. Por falta o incapacidad de las personas mencionadas en la fracción anterior, a los abuelos o abuelas, tíos o tías, hermanos o hermanas del padre o de la madre.

En el supuesto previsto por cualquiera de las dos fracciones anteriores, si hubiera varios hermanos o hermanas, o varios tíos o tías, el Juez elegirá entre ellos al que le parezca más apto para el cargo; pero si el menor hubiera cumplido catorce años, él hará la elección.

(REFORMADO, P.O. 27 DE ABRIL DE 1990)

Artículo 678. La falta temporal del tutor legítimo se suplirá como lo dispone el Artículo anterior.

(REFORMADO, P.O. 27 DE ABRIL DE 1990)

Artículo 679. A los menores de edad que no estén sujetos a patria potestad ni a tutela legítima, por no tener, respectivamente, padres, abuelos, ni parientes conocidos, o que teniendo éstos los hayan abandonado o no acepten la tutela, se les aplicarán las siguientes disposiciones:

I. Tendrán como tutor, por ministerio de la ley, a la persona que por su propia voluntad se haya hecho cargo de ellos;

II. No será necesario el discernimiento del cargo;

III. Si el menor que se encuentre en el caso previsto por este Artículo, adquiere bienes, se le nombrará tutor dativo de acuerdo con lo dispuesto en el Artículo 689 y siguientes.

(REFORMADO PRIMER PÁRRAFO, P.O. 27 DE JUNIO DE 2011)

Artículo 680. El Presidente del Patronato del Sistema para el Desarrollo Integral de la Familia del Estado, será tutor sin necesidad de discernir el cargo y por ministerio de ley, facultad que podrá delegar a los funcionarios del Organismo:

(REFORMADA, P.O. 27 DE ABRIL DE 1990)

I. De los menores huérfanos, abandonados por el titular de su patria potestad o tutela o maltratados reiteradamente por sus parientes.

(REFORMADA, P.O. 31 DE DICIEMBRE DE 2012)

II. De los menores no sujetos a patria potestad o tutela que se encuentren internados en casas de asistencia, colegios públicos o privados, incluyendo las Dependencias del Gobierno o cualquiera otra.

(REFORMADO, P.O. 27 DE ABRIL DE 1990)

En el supuesto previsto por la fracción II de este Artículo, los Directores de las Instituciones en que se hallen internados los menores, tendrán únicamente la custodia de éstos y de ella habrán de dar cuenta al tutor.

(REFORMADO, P.O. 27 DE ABRIL DE 1990)

Artículo 681. El Estado debe encargarse de los menores mencionados en el Artículo 679, cuando éstos no tengan el tutor a que se refiere el mismo Artículo.

SECCIÓN CUARTA
TUTELA LEGÍTIMA DEL MAYOR INCAPACITADO

(REFORMADO, P.O. 14 DE SEPTIEMBRE DE 1998)

Artículo 682. Uno de los cónyuges o concubinos es tutor legítimo y forzoso del otro, en caso de incapacidad de éste y mientras no se disuelva el matrimonio o decida terminar el concubinato.

Artículo 683. Los hijos, o hijas mayores de edad, son tutores de su padre o madre viudos, divorciados o solteros, que estén incapacitados.

Artículo 684. Cuando haya dos o más hijos o hijas, será preferido el hijo o la hija que viva en compañía del incapaz; siendo varios los que estén en el mismo caso, el Juez elegirá entre ellos a quien le parezca más apto.

Artículo 685. El padre o la madre son de derecho tutores de sus hijos divorciados, solteros o viudos, cuando éstos no tengan hijos que puedan desempeñar la tutela.

Artículo 686. Si viven ambos progenitores, deben ponerse de acuerdo, respecto de quién ejercerá la tutela, y en caso de disentimiento el Juez elegirá al que le parezca más apto para el cargo.

Artículo 687. A falta de tutor testamentario y de persona que, con arreglo a los artículos anteriores, deba desempeñar la tutela, serán llamados a ella sucesivamente, los hermanos del incapaz, sus abuelos, abuelas y demás parientes del mismo a que se refiere el artículo 677, observándose en su caso lo dispuesto en el artículo 678 y, a falta de todos, el administrador del establecimiento en que se encuentre el incapaz.

Artículo 688. Debe el Estado encargarse del mayor incapaz que no tenga parientes y carezca de bienes.

SECCIÓN QUINTA
TUTELA DATIVA

Artículo 689. La tutela es dativa:

I. Cuando no hay tutor testamentario ni persona a quien, conforme a la ley, corresponda la tutela legítima.

II. Cuando el tutor testamentario está impedido temporalmente para ejercer su cargo, y no hay pariente de los designados en el artículo 677.

Artículo 690. Son aplicables al nombramiento de tutor dativo, las siguientes disposiciones:

I. El tutor dativo será designado por el menor, si ya cumplió catorce años.

II. El Juez confirmará la designación si no tiene justa causa para reprobarla.

III. Para reprobar un segundo nombramiento, el Juez oirá a la persona en quien recaiga éste, al menor y a un defensor de éste, que el mismo menor elegirá.

IV. Si tampoco se aprueba este segundo nombramiento hecho por el menor, el Juez nombrará tutor conforme a lo dispuesto en la fracción siguiente.

V. Si el menor no ha cumplido catorce años, o en el caso de la fracción IV anterior, el nombramiento de tutor lo hará el Juez, entre las personas que en la localidad gocen de buena fama por su honorabilidad y moralidad.

VI. Si el Juez no hace oportunamente el nombramiento de tutor, es responsable de los daños y perjuicios que se sigan al menor por esa falta.

Artículo 691. Siempre será dativa la tutela para asuntos judiciales del menor emancipado.

(ADICIONADA CON LOS ARTÍCULOS QUE LA INTEGRAN P.O. 25 DE NOVIEMBRE DE 2015)

SECCIÓN QUINTA BIS
TUTELA VOLUNTARIA

(ADICIONADO, P.O. 25 DE NOVIEMBRE DE 2015)

Artículo 691 Bis. Toda persona capaz para otorgar testamento puede nombrar al tutor o tutores, y a sus sustitutos, que deberán encargarse de su persona, y en su caso, de su patrimonio en previsión del caso de encontrarse en los supuestos de las fracciones II al (sic) IV del artículo 42 del presente ordenamiento, a esta tutela se le denominará tutela voluntaria.

(ADICIONADO, P.O. 25 DE NOVIEMBRE DE 2015)

Artículo 691 Ter. La Tutela voluntaria podrá otorgarse ante notario público y se hará constar en escritura pública, o en vía de jurisdicción voluntaria ante el Juez competente en términos de lo previsto para los procedimientos no contenciosos.

La tutela voluntaria, puede ser revocada en cualquier tiempo y momento con la misma formalidad a que se refiere el párrafo anterior.

En caso de muerte, incapacidad, excusa, remoción, no aceptación o relevo del cargo del tutor designado, desempeñará la tutela quien o quienes sean sustitutos.

(ADICIONADO, P.O. 25 DE NOVIEMBRE DE 2015)

Artículo 691 Quater. El instrumento legal donde se manifieste la tutela voluntaria; deberá contener expresamente las facultades u obligaciones a las que deberá sujetarse la administración del tutor, dentro de las cuales serán mínimo las siguientes:

I. Decidir sobre el tratamiento médico y el cuidado de la salud del tutelado, siempre privilegiando el tratamiento más conveniente y adecuado;

II. Fijar la retribución que le corresponde al tutor en los términos de este Código.

El Juez de lo Familiar, a petición del tutor, del curador, y en caso de los sustitutos nombrados por el Juez, podrá modificar las estipulaciones establecidas si las circunstancias, condiciones o situaciones originalmente tomadas en cuenta por la persona capaz en su designación, han variado al grado que perjudiquen la persona o patrimonio del tutelado.

(ADICIONADO, P.O. 25 DE NOVIEMBRE DE 2015)

Artículo 691 Quinquies. El tutor voluntario que tenga conocimiento de que la persona que lo nombró como tal se encuentra en alguno de los supuestos del artículo 42, deberá promover de inmediato, el procedimiento de interdicción correspondiente a efecto de que el Juez competente haga la declaración de incapacidad y le ratifique como tutor de su persona y su patrimonio.

(ADICIONADO, P.O. 25 DE NOVIEMBRE DE 2015)

Artículo 691 Sexies. El tutor voluntario que se excuse de ejercer la tutela, perderá todo derecho a lo que le hubiere dejado por testamento el incapaz.

SECCIÓN SEXTA
IMPEDIMENTOS, REMOCIÓN Y EXCUSAS DE LA TUTELA

Artículo 692. No pueden ser tutores, aunque estén anuentes en recibir el cargo:

I. Los menores de edad;

II. Los mayores de edad que se encuentren bajo tutela;

III. Los que hayan sido separados de otra tutela, por la causa establecida en la fracción III del artículo siguiente;

IV. Los que por sentencia que cause ejecutoria, hayan sido privados de este cargo o inhabilitados para obtenerlo;

V. Los que hayan sido condenados o estén procesados por delitos contra la propiedad o por delitos infamantes;

VI. Los que no tengan oficio o modo de vivir honesto o sean notoriamente de mala conducta;

VII. Los que al discernirse la tutela, tengan pleito pendiente con el incapacitado;

VIII. Los deudores del incapacitado, en cantidad considerable, a juicio del Juez, a no ser que quien lo nombró tutor testamentario lo haya hecho con conocimiento de la deuda, declarándolo así expresamente al hacer el nombramiento;

IX. Los jueces, magistrados y demás funcionarios o empleados de la administración de justicia;

X. Los que no estén domiciliados en el lugar en que deba ejercerse la tutela;

XI. Los empleados del Fisco, que por razón de su destino tengan responsabilidad pecuniaria actual, o la hayan tenido y no la hubieren cubierto;

XII. Los que padezcan enfermedad crónica contagiosa;

XIII. Los demás a quienes lo prohíba la ley.

Artículo 693. Serán separados de la tutela:

I. Los comprendidos en el artículo anterior, desde que sobrevenga o se advierta su inhabilidad;

II. Los que sin haber caucionado su manejo conforme a la ley, ejerzan la administración de la tutela;

III. Los que se conduzcan indebidamente o con negligencia en el desempeño de la tutela, ya sea respecto de la persona, ya respecto de la administración de los bienes del incapaz;

IV. Los tutores que no rindan sus cuentas dentro del término fijado por este Código;

V. El tutor que sin la previa dispensa y aprobación de las cuentas de tutela, contraiga nupcias con la persona que esté bajo su guarda;

VI. El tutor que no esté presente por más de seis meses en el lugar en que debe desempeñar la tutela.

Artículo 694. No puede ser tutor ni curador de un incapaz, quien hubiere provocado en él, o fomentado directa o indirectamente, las enfermedades y demás causas de incapacidad mencionadas en las fracciones II a IV del artículo 42.

Artículo 695. El Ministerio Público y los parientes del pupilo deben promover la separación de los tutores, que se encuentren en alguno de los casos previstos en los artículos 692 a 694, pero debe el Juez iniciar y continuar de oficio el procedimiento de separación del tutor, si no le fuere promovido por aquéllos, por el curador o por el mismo incapaz en su caso.

Artículo 696. La separación del tutor se hará con audiencia de éste y por sentencia judicial.

Artículo 697. Si el tutor es procesado por delito intencional, se aplicarán las disposiciones siguientes:

I. Cualquiera sea el delito por el que se procese al tutor, quedará éste suspenso en el ejercicio de su encargo desde que se provea el auto de formal prisión, hasta que se pronuncie sentencia irrevocable.

II. En el caso de que se trata en la fracción anterior, se proveerá a la tutela conforme a la ley.

III. Absuelto el tutor, volverá a desempeñar su encargo.

IV. Si el tutor es condenado quedará separado definitivamente del cargo.

Artículo 698. Pueden excusarse de ser tutores:

I. Los empleados y funcionarios públicos;

II. Los militares en servicio activo;

III. Los que tengan bajo su patria potestad tres o más descendientes;

IV. Los que por ser de escasos recursos económicos, no puedan atender a la tutela;

V. Los que por el mal estado habitual de su salud, o por no saber leer ni escribir, no puedan atender debidamente a la tutela;

VI. Los que tengan sesenta años cumplidos;

VII. Los que tengan a su cargo otra tutela o curaduría;

VIII. Los que por su inexperiencia en los negocios o por causa grave, a juicio del Juez, no estén en aptitud de desempeñar convenientemente la tutela.

Artículo 699. El tutor debe proponer al Juez, los impedimentos y excusas que tuviere, dentro de los quince días siguientes a la fecha en que se le notifique su nombramiento.

Artículo 700. Cuando el impedimento o la causa legal de excusa ocurrieren después de la admisión de la tutela, los plazos señalados en el artículo anterior correrán desde el día en que el tutor conoció el impedimento o la causa legal de la excusa.

Artículo 701. Si el tutor tuviere dos o más excusas, las propondrá simultáneamente dentro del plazo; y si propone una sola, se tendrán por renunciadas las demás.

Artículo 702. Transcurridos los plazos a que se refieren los artículos anteriores, o aceptado el cargo por el tutor, se entiende que renuncia a las excusas que tuviere.

Artículo 703. Mientras se califica la excusa, el Juez nombrará tutor interino del incapaz.

Artículo 704. El tutor testamentario que se excusare de la tutela, perderá todo derecho a lo que le hubiere dejado el testador.

Artículo 705. Pierde el derecho que tenga para heredar al incapaz:

I. El tutor de cualquier clase que, sin excusa, o desechada la que hubiere propuesto, no desempeñe la tutela; y

II. La persona a quien corresponda la tutela legítima, si legalmente citada no se presenta al Juez, manifestando su parentesco con el incapaz.

SECCIÓN SÉPTIMA
GARANTÍA QUE DEBE PRESTAR EL TUTOR PARA ASEGURAR SU MANEJO

Artículo 706. El tutor, antes de que se le discierna el cargo, otorgará garantía para asegurar su manejo.

Artículo 707. La garantía ordenada en el artículo anterior se dará:

I. Por una suma igual al importe de las rentas que deban producir en dos años los bienes raíces y los réditos de los capitales invertidos.

II. Por el valor de los bienes muebles, maquinaria, enseres y semovientes de las fincas rústicas.

III. Por el importe de los productos de las mismas fincas en dos años, calculados por peritos, o por el término medio en un quinquenio, a elección del Juez.

IV. Por el importe de las utilidades anuales en las negociaciones mercantiles o industriales, calculadas por los libros, si están llevados en debida forma, o a juicio de peritos.

Artículo 708. Si el tutor, dentro de tres meses después de aceptado su nombramiento, no pudiere dar la garantía por las cantidades que fija el artículo 707, se procederá al nombramiento de nuevo tutor.

Artículo 709. Durante los tres meses señalados en el artículo precedente, desempeñará la administración de los bienes un tutor interino, quien los recibirá por inventario, en presencia del curador y sólo podrá ejecutar los actos que el Juez autorice y que se limitarán a los indispensables para la conservación de los bienes y percepción de los productos.

Artículo 710. Están exceptuados de la obligación de dar garantía:

I. El tutor testamentario, cuando expresamente lo haya relevado de esta obligación el testador;

II. El tutor testamentario, legítimo o dativo, si el incapaz no está en posesión efectiva de sus bienes y tenga sólo créditos o derechos litigiosos;

(REFORMADA, P.O. 14 DE SEPTIEMBRE DE 1998)

III. El cónyuge o concubino del incapaz y el padre, madre, abuelo o abuela, en los casos en que conforme a la Ley son llamados a la tutela de sus descendientes, salvo los (sic) dispuesto en el artículo 714, y

IV. Los tutores a que se refieren las fracciones I y II del artículo 680, salvo que hayan recibido pensión para cuidar del menor, o cuando el tutor haya sido nombrado en cumplimiento de la fracción IV del mismo artículo.

Artículo 711. Si el haber de varios incapaces procede de una herencia indivisa y los tutores son varios, sólo se exigirá a cada uno de ellos garantía por la parte que corresponda al incapaz o incapaces que representen.

Artículo 712. El tutor a que se refiere la fracción I del artículo 710 sólo estará obligado a dar garantía cuando sobrevenga una causa que, a juicio del Juez, haga necesaria aquélla.

Artículo 713. En el caso de la fracción II del artículo 710, luego que se realicen algunos créditos o derechos, o se recobren los bienes, aun cuando sea en parte, estará obligado el tutor a dar la garantía correspondiente.

(REFORMADO, P.O. 14 DE SEPTIEMBRE DE 1998)

Artículo 714. Cuando la tutela del incapacitado recaiga en el cónyuge o concubino, en los ascendientes o en los hijos, no se dará garantía, salvo el caso de que el Juez, con audiencia del curador lo crea conveniente.

Artículo 715. Cuando el tutor sea también cohedero (sic) del incapaz, y éste no tenga más bienes que los hereditarios, no se podrá exigir al tutor otra garantía que la de su misma porción hereditaria, a no ser que esta porción no iguale a la mitad de la que corresponde al incapaz, pues en tal caso se integrará la garantía de acuerdo con las disposiciones aplicables a ésta.

Artículo 716. La garantía que preste el tutor no impedirá que el Juez, de oficio o a petición del Ministerio Público, de los parientes del sujeto a tutela o de éste, dicte las medidas que estime útiles para la conservación de los bienes del mismo incapaz.

Artículo 717. El Ministerio Público y el curador deben:

I. Exigir que el tutor garantice el manejo de la tutela, cuando esté obligado a ello.

II. Promover, en los meses de enero y julio, la información de supervivencia e idoneidad de los fiadores, a que se refiere la fracción VIII del artículo 31.

III. Promover lo necesario para que se aumente proporcionalmente el importe de la garantía, cuando los bienes que el tutor administre aumenten de valor según lo dispuesto en la fracción VII del artículo 31.

IV. Vigilar las fincas hipotecadas por el tutor o los bienes entregados en prenda, e informar al Juez en los meses de enero y julio, sobre el estado de tales bienes, para cumplir, en su caso, lo dispuesto en la fracción IX del artículo 31.

Artículo 718. El Juez puede exigir de oficio la información, aumento de la garantía, o sustitución de los bienes que constituyan ésta, a que se refieren respectivamente, las fracciones VII y IX del artículo 31.

SECCIÓN OCTAVA
DESEMPEÑO DE LA TUTELA

I. Reglas generales sobre la administración por el tutor

Artículo 719. El tutor está obligado a administrar los bienes del incapaz y le son aplicables además las siguientes disposiciones:

I. El tutor no puede entrar en la administración de los bienes hasta que sea nombrado el curador;

II. El tutor que infrinja la disposición establecida en la fracción anterior será separado de la tutela y responsable de los daños y perjuicios que se causen al incapaz;

III. Cualquiera persona puede rehusarse a tratar con el tutor que infrinja lo dispuesto en la fracción I de este artículo y al mismo tiempo debe hacerlo del conocimiento del Juez, quien dictará las medidas necesarias;

IV. El tutor, dentro del primer mes de ejercer su cargo, fijará, con aprobación del Juez, la cantidad que haya de invertirse en gastos de administración, y el número y sueldo de los dependientes necesarios;

V. Después de cumplir lo dispuesto en la fracción anterior, sólo con aprobación Judicial podrán aumentarse el número y sueldo de los empleados, salvo lo que respecto a éste establezca la ley de la materia;

VI. Para todos los gastos extraordinarios, que no sean de conservación o reparación, necesita el tutor autorización del Juez;

VII. La aprobación judicial en los casos previstos en las tres fracciones anteriores, no libera al tutor de justificar, al rendir sus cuentas, que efectivamente fueron gastadas dichas sumas en sus respectivos objetos;

VIII. Si el padre o la madre del menor, era propietario de una negociación o industria, el Juez, con informe de dos peritos y audiencia del curador, decidirá si ha de continuar o no la negociación o industria, a no ser que el padre o la madre hubiere dispuesto algo sobre este punto, en cuyo caso se respetará su voluntad en cuanto no ofrezca grave inconveniente, a juicio del Juez;

(REFORMADA, P.O. 14 DE SEPTIEMBRE DE 1998)

IX. El dinero que resulte sobrante, después de cubiertas las cargas y atenciones de la tutela, el que proceda de las redenciones de capitales y el que se adquiera de cualquier otro modo, será semanalmente depositado por el tutor en una institución bancaria, haciendo su inversión de manera que rinda el mayor interés posible.

Artículo 720. El tutor debe formar inventario de cuanto constituya el patrimonio pecuniario del incapaz, siendo aplicables las siguientes disposiciones:

I. El inventario será pormenorizado;

II. Se formará dentro del plazo que el Juez designe, con intervención del Ministerio Público y curador, y del mismo incapaz si goza de discernimiento y tiene catorce años cumplidos o más;

III. La obligación de hacer inventario no puede ser dispensada ni aun por los que tienen derecho de nombrar tutor testamentario;

IV. Mientras el inventario no estuviere formado, la tutela debe limitarse a los actos de mera protección a la persona y conservación de los bienes del incapaz;

V. El tutor está obligado a inscribir en el inventario el crédito o créditos que tenga contra el incapaz;

VI. Si el tutor no cumple con lo dispuesto en la fracción anterior, pierde el derecho de cobrar los créditos que tenga contra el incapaz;

VII. Los bienes que el incapaz adquiera después de la formación del inventario, se inscribirán inmediatamente en él, en forma pormenorizada;

VIII. Hecho el inventario, no se admitirá al tutor rendir pruebas contra él en perjuicio del incapaz, ni antes ni después de la mayor edad o de la revocación de la interdicción de éste;

IX. Se exceptúa de lo dispuesto en la fracción anterior, los casos en que el error del inventario sea evidente o cuando se trate de un derecho claramente establecido;

X. Si se hubiere omitido listar algunos bienes en el inventario, cualquier pariente del incapaz puede ocurrir al Juez pidiéndole que los bienes omitidos se listen y el Juez, oyendo al tutor, determinará en justicia;

XI. En el caso de haber omisión en el inventario, el curador tiene el deber de hacer las gestiones a que se refiere el artículo anterior;

XII. El inventario formado por el tutor no hace fe contra el curador y personas extrañas a la tutela.

II. Tutela del menor

Artículo 721. La alimentación y, en su caso, la educación del menor sujeto a tutela, se rigen, entre otras, por las siguientes disposiciones:

I. El tutor está obligado a alimentar y educar al menor con cargo al patrimonio de éste;

II. Los gastos de alimentación y educación del menor deben regularse de manera que nada necesario le falte, según su situación social y posibilidad económica;

III. El monto de los gastos de alimentación y educación será fijado por el Juez, al entrar el tutor al ejercicio de su cargo, y sin perjuicio de modificarlo, según el aumento o disminución del patrimonio del menor y otras circunstancias;

IV. Por las mismas razones expresadas en la fracción anterior, puede el Juez modificar la cantidad que el testador hubiere señalado para la alimentación y educación del menor;

V. El tutor destinará el menor a la carrera u oficio que éste elija, según sus circunstancias;

VI. Si quien o quienes ejercieron la patria potestad sobre el menor, lo habían dedicado a alguna carrera, el tutor no variará ésta sin aprobación del Juez, quién decidirá este punto prudentemente, oyendo al mismo menor;

VII. Si las rentas del menor no alcanzan a cubrir los gastos de su alimentación y educación, el Juez decidirá si debe destinársele a aprender un oficio, o adoptarse otro medio, para evitar la enajenación de sus bienes y, si fuere posible, sujetará tales gastos a las rentas del menor;

VIII. Si el menor fuese indigente o careciese de medios pecuniarios suficientes para su alimentación y educación, el tutor exigirá judicialmente la prestación de esos gastos a los deudores alimentarios del menor;

IX. Los gastos y costas que origine el procedimiento judicial, a que se refiere la fracción anterior serán a cargo del deudor alimentario;

X. Cuando el mismo tutor esté obligado a dar alimentos por razón de su parentesco con el menor y no cumpliere su obligación, el curador ejercitará en contra de él la acción correspondiente;

XI. Si el tutor, en el caso de la fracción anterior, no se allana a cumplir su obligación alimentaria, será removido de la tutela y perderá el derecho que tuviere para heredar al menor y a quien lo nombró en su testamento, sin perjuicio de la acción penal que corresponda en su contra;

(REFORMADA, P.O. 31 DE DICIEMBRE DE 2012)

XII. Si el menor indigente no tiene personas que estén obligadas a alimentarlo, o si teniéndolas no pudieren hacerlo, el tutor, con autorización del Juez, pondrá al menor en un establecimiento de asistencia social, sea pública o privada, en donde pueda educarse;

XIII. Si no fuese posible poner al menor en uno de los establecimientos a que se refiere la fracción anterior, el tutor procurará obtener un trabajo para aquél, adecuado a su edad y circunstancias personales, con la obligación de alimentarlo y educarlo;

XIV. La colocación del incapaz a que se refiere la fracción anterior, no exime al tutor de su cargo, pues continuará vigilando al menor, a fin de que no sufra daño por lo excesivo del trabajo, lo insuficiente de la alimentación o lo defectuoso de la educación que se le imparta;

XV. Al menor indigente que no pueda ser alimentado y educado por los medios previstos en las fracciones anteriores, se aplicará lo dispuesto por el artículo 496;

XVI. Las disposiciones establecidas en las fracciones anteriores son aplicables, en lo conducente, a la tutela de mayores incapaces.

Artículo 722. El tutor y el menor sujetos a tutela, tienen recíprocamente los mismos deberes y las mismas facultades que establecen los artículos 523, 601 y 608.

III. Tutela de mayores incapaces

Artículo 723. La curación y regeneración del mayor incapaz, se rigen por las siguientes disposiciones:

I. El tutor está obligado a destinar de preferencia los recursos del incapaz a la curación de sus enfermedades o a su regeneración si está comprendido en las fracciones II a IV del artículo 42;

II. El tutor debe presentar al Juez, en el mes de enero de cada año, un certificado de dos médicos, de preferencia psiquiatras si los hay en la localidad, o de la especialidad necesaria, en su caso, que declaren acerca del estado de salud mental del mayor incapaz, a quien para ese efecto reconocerán en presencia del Juez, quien se cerciorará del mismo estado;

III. El Juez dictará las medidas que juzgue oportunas para la seguridad, mejoría y alivio del mayor incapaz, sin perjuicio de las que el tutor juzgue oportuna y ejecute previa autorización judicial;

IV. Las medidas muy urgentes podrán ser ejecutadas por el tutor, quien dará cuenta inmediata al Juez para obtener la debida aprobación.

IV. Reglas sobre la administración

Artículo 724. El tutor está obligado a representar al incapaz, en juicio y fuera de él, en todos los actos civiles, con excepción del matrimonio, reconocimiento de hijos, testamento y demás que sean estrictamente personales.

Artículo 725. El tutor debe demandar judicialmente el pago de los créditos activos del incapaz, dentro de los sesenta días siguientes a su vencimiento, sin perjuicio de las medidas urgentes en caso necesario.

Artículo 726. El tutor debe ejercitar las acciones conducentes, para recuperar los bienes a que tenga derecho el incapaz y de los cuales no esté en posesión, para obtener, en su lugar, la indemnización que corresponda.

Artículo 727. Las acciones a que se refiere el artículo anterior deberá ejercitarlas el tutor, dentro de sesenta días contados desde que tuvo noticia del derecho del incapaz.

Artículo 728. La enajenación y gravamen de bienes del incapaz se sujetará a las siguientes disposiciones:

I. Excepto en los casos de enajenación de productos fabricados o de mercancías, en establecimientos industriales o mercantiles, propiedad del incapaz y administrados por el tutor, deben valuarse los bienes de aquél antes de su enajenación;

II. El avalúo ordenado en la fracción anterior se practicará como lo disponga el Código de Procedimientos Civiles, debiendo los peritos sujetarse, en su caso, a las tablas de valores formuladas por el Estado a través de su Secretaría de Finanzas;

III. Los bienes inmuebles, los derechos anexos a ellos y los muebles preciosos no pueden ser enajenados, ni gravados por el tutor sin previa autorización judicial;

IV. La autorización a que se refiere la fracción anterior sólo se otorgará por causa de absoluta necesidad o evidente utilidad del incapaz;

V. Tratándose de los bienes a que se refiere la fracción III de este artículo, el Juez decidirá si su enajenación debe o no hacerse en subasta pública y judicial, según sea más útil para el incapaz;

VI. El tutor no podrá enajenar valores comerciales, industriales, títulos de rentas, acciones, frutos y ganados pertenecientes al incapaz, por menor valor del que se cotice en el lugar el día de la enajenación;

VII. Cuando la enajenación se haya autorizado para cubrir con su producto algún objeto determinado, el Juez señalará al tutor un plazo dentro del cual deberá acreditar que la suma obtenida por la enajenación se invirtió en su objeto;

VIII. Mientras no se haga la inversión que ordena la fracción anterior, se observará lo dispuesto en el artículo 621;

IX. Si el tutor no cumple lo dispuesto en el artículo 621, pagará los réditos que debieron haber producido los capitales mientras no fueren impuestos, más otro tanto, sin perjuicio de que sea compclido a cumplir con lo dispuesto en esa disposición;

X. Cuando se trate de enajenar a título oneroso, de gravar o hipotecar, bienes que pertenezcan al incapaz, como copropietario, la operación se practicará si así lo determina la mayoría de copartícipes, calculada por cantidades, no requiriéndose autorización judicial para esa venta, sino cuando dicha mayoría estuviere representada por una o más personas sujetas a tutela.

Artículo 729. El arrendamiento de los bienes del incapaz se rige por las siguientes disposiciones:

I. El tutor celebrará el contrato de arrendamiento pactando la renta y cláusulas según las instrucciones del Juez;

II. Si el Juez lo estima necesario, para fijar el monto de la renta, recabará previamente dictamen de peritos;

III. El tutor no puede dar en arrendamiento los bienes del incapaz por más de dos años, sino en caso de necesidad o utilidad y con autorización judicial;

IV. En su caso se observará lo dispuesto por el artículo 621 y por la fracción IX del artículo anterior;

V. Sin autorización del Juez no puede el tutor recibir rentas anticipadas y si la autorización se concede, se observará lo dispuesto por el artículo 621 en lo relativo al depósito bancario;

VI. El arrendamiento hecho de conformidad con las fracciones anteriores, subsistirá el tiempo convenido, aun cuando se acabe la tutela.

Artículo 730. La transacción sobre bienes del incapaz, se rige por las siguientes disposiciones:

I. Se requiere licencia judicial para que el tutor pueda transigir los negocios del menor;

(REFORMADA, P.O. 29 DE DICIEMBRE DE 2017)

II. La transacción que se haga sobre propiedad de bienes inmuebles u otro derecho real o sobre bienes muebles cuyo valor exceda del equivalente a la cantidad de diez veces el valor diario de la Unidad de Medida y Actualización, o que sean inestimables, sólo puede hacerse con aprobación judicial.

Artículo 731. Al compromiso en árbitros de los negocios del incapaz, son aplicables las siguientes disposiciones:

I. Se requiere licencia judicial para que el tutor pueda comprometer en árbitros los negocios del incapaz;

II. Únicamente con aprobación judicial nombrará el tutor a los árbitros.

(REFORMADO, P.O. 29 DE DICIEMBRE DE 2017)

Artículo 732. Para conformarse el tutor con la demanda entablada contra el menor, sobre propiedad de bienes inmuebles u otro derecho real, cualquiera que sea su cuantía, o sobre bienes muebles cuyo valor exceda del equivalente a la cantidad de treinta veces el valor diario de la Unidad de Medida y Actualización, necesita aprobación judicial.

Artículo 733. Al contrato de donación son aplicables las siguientes disposiciones:

I. El tutor no puede hacer donaciones a nombre del incapaz;

II. El tutor debe aceptar las donaciones simples que se hagan al incapaz;

III. El tutor necesita autorización judicial para aceptar las donaciones condicionales que se hagan al incapaz.

Artículo 734. Sin autorización judicial no puede el tutor recibir dinero prestado a nombre del incapaz, con o sin garantía.

(REFORMADO, P.O. 14 DE SEPTIEMBRE DE 1998)

Artículo 735. Ni con licencia judicial, ni en almoneda o fuera de ella, puede el tutor comprar o arrendar los bienes del incapaz, ni hacer contrato alguno respecto de ellos, para sí o sus ascendientes, su cónyuge o concubino, descendientes, hermanos o algún otro pariente por consanguinidad o afinidad, en línea colateral hasta el cuarto grado.

Artículo 736. La infracción del artículo anterior será suficiente para remover al tutor, sin perjuicio de las acciones penales que pudiera ejercitar en su contra el Ministerio Público.

Artículo 737. Se exceptúa de la prohibición establecida en el artículo 735, el caso en que el tutor, o las personas mencionadas en él sean coherederos, copartícipes o socios del incapaz.

Artículo 738. El tutor no podrá hacerse a sí mismo pago de sus créditos contra el incapaz, sin autorización del Juez.

Artículo 739. El tutor no puede aceptar para sí, a título gratuito u oneroso, la cesión de derechos contra el incapaz y sólo puede adquirir éstos por herencia.

Artículo 740. Si el tutor adquiere por herencia derechos contra el incapaz, lo hará saber al Juez para que nombre tutor que lo sustituya si la adquisición de esos derechos lo inhabilita para la tutela, o nombre, en caso contrario, un tutor especial que defienda los intereses del incapaz, mientras subsistan los derechos heredados por el tutor.

Artículo 741. Cuando el tutor del incapaz sea el cónyuge de éste, continuará ejerciendo lo derechos conyugales, con las modificaciones siguientes:

I. Cuando conforme a derecho, se requiera el consentimiento del cónyuge incapaz, se suplirá éste por el Juez;

II. En el caso en que el cónyuge incapaz pueda querellarse contra el otro, o demandarlo para asegurar sus derechos violados o amenazados, será representado por un tutor especial que el Juez le nombrará;

III. Es obligación del Ministerio Público y del curador, promover el nombramiento del tutor especial, a que se refiere la fracción anterior.

Artículo 742. Cuando la tutela del incapaz recaiga en cualquier otra persona y no en el cónyuge de aquél, se ejercerá conforme a las reglas establecidas para la tutela de menores.

Artículo 743. El tutor tiene derecho a una retribución sobre los bienes del incapaz, que podrá fijar el testador que lo nombre en su testamento, o el Juez.

Artículo 744. La retribución fijada por el Juez no será menor del cinco, ni mayor del diez por ciento de las rentas líquidas de los bienes del incapaz.

Artículo 745. El tutor testamentario tiene derecho de escoger entre la retribución fijada por el Juez y la retribución señalada por el testador.

Artículo 746. Si los bienes del incapaz tuvieren un aumento en sus productos, debido exclusivamente a la industria y diligencia del tutor, éste tendrá derecho a que se le aumente la remuneración hasta un veinte por ciento de los productos líquidos.

Artículo 747. La calificación del aumento, en el caso del artículo anterior, se hará por el Juez.

Artículo 748. Para que pueda hacerse, en la retribución de los tutores, el aumento extraordinario que permite el artículo 746, será requisito indispensable que por lo menos en dos años consecutivos, haya obtenido el tutor la aprobación absoluta de sus cuentas.

Artículo 749. La remuneración del tutor interino y del especial será fijada por el Juez.

Artículo 750. El tutor no tendrá derecho a remuneración alguna, y restituirá lo que por este título hubiese recibido, si contraviniese lo dispuesto en el artículo 307.

Artículo 751. Durante la tutela no corre prescripción entre el tutor y el sujeto a ella.

SECCIÓN NOVENA
CUENTAS DE LA TUTELA

Artículo 752. El tutor está obligado a rendir al Juez cuenta detallada de su administración, en el mes de enero de cada año, sea cual fuere la fecha en que se hubiere discernido el cargo.

Artículo 753. También tiene obligación de rendir cuenta cuando, por causas graves que calificará el Juez, la exijan el Ministerio Público, el curador o el mismo menor que haya cumplido catorce años de edad y, en el supuesto de este artículo, la cuenta deberá rendirse dentro del mes siguiente, a partir de la fecha en que se le ordene hacerlo.

Artículo 754. La falta de presentación de las cuentas, mencionadas en los dos artículos anteriores, en el plazo señalado en ellos, es causa de remoción del tutor.

Artículo 755. La cuenta de administración comprenderá las cantidades en numerario, pertenecientes al incapaz y que el tutor hubiere recibido, la aplicación que les haya dado y, en general, todas las operaciones que se hubieren practicado, e irá acompañada de los documentos justificativos y de un balance del estado de los bienes.

Artículo 756. Las cuentas deben rendirse en el lugar en que se desempeña la tutela.

Artículo 757. Deben abonarse al tutor todos los gastos hechos legal y debidamente.

Artículo 758. Ninguna anticipación ni crédito contra el incapaz se abonará al tutor, si excede de la mitad de la renta anual de los bienes de aquél, a menos que al efecto hayan sido autorizados por el Juez.

Artículo 759. No tiene derecho el tutor a ser indemnizado del daño que haya sufrido, por causa de la tutela y en el desempeño necesario de ella, si hubo culpa o negligencia de su parte.

Artículo 760. La obligación de dar cuenta pasa a los herederos del tutor, y si alguno de ellos sigue administrando los bienes de la tutela, su responsabilidad será la misma que la de aquél.

Artículo 761. La garantía dada por el tutor se cancelará cuando la cuenta haya sido aprobada.

Artículo 762. Cuando la tutela termine por haber cesado la incapacidad del que estaba sujeto a ella no puede éste, hasta pasado un mes de haberse rendido la cuenta, celebrar con su ex tutor, convenios relativos a la administración de la tutela o de la cuenta misma.

SECCIÓN DÉCIMA
EXTINCIÓN DE LA TUTELA

Artículo 763. La tutela se extingue totalmente:

I. Por muerte del incapaz;

II. Porque desaparezca la incapacidad;

III. Cuando el incapaz sujeto a tutela entre en la patria potestad.

Artículo 764. La muerte del tutor, la remoción o incapacidad de éste o su ausencia declarada legalmente, termina la tutela con relación a él.

Artículo 765. Tan pronto como llegue a conocimiento del Juez, que un tutor falleció, o fue declarado incapaz o ausente, proveerá de inmediato el nombramiento de nuevo tutor.

SECCIÓN UNDÉCIMA
ENTREGA DE LOS BIENES

Artículo 766. Acabada la tutela, el ex tutor debe dar cuenta de su administración:

I. Al albacea de la sucesión del que fue incapaz;

II. Al representante del incapaz, de quien fue tutor, si la incapacidad continúa;

III. Al ex sujeto a la tutela, que adquirió la capacidad, sea por haber llegado a la mayoría o por la declaración judicial de haber cesado la incapacidad o por emancipación.

Artículo 767. El tutor deberá entregar los bienes del incapaz y los documentos que le pertenezcan, conforme a la cuenta a que se refiere el artículo anterior si ésta es aprobada.

Artículo 768. La rendición de la cuenta y la entrega de los bienes se deben hacer dentro del mes siguiente a la terminación de la tutela.

Artículo 769. Cuando los bienes sean muy cuantiosos o estuvieren ubicados en diversos lugares, el Juez puede fijar un término prudente para la rendición de la cuenta y la entrega de bienes.

Artículo 770. El tutor que entre en el cargo sucediendo a otro tutor, está obligado a exigir cuenta a su antecesor, así como la entrega de los bienes; y si el nuevo tutor no cumple con el deber que le impone esta disposición, será responsable solidariamente con el anterior, de los daños y perjuicios causados al incapaz por la no rendición oportuna de la cuenta.

Artículo 771. La obligación de entregar los bienes no se suspende por estar pendiente la rendición de la cuenta.

Artículo 772. La entrega de bienes y la cuenta se efectuarán, a expensas de quien estuvo sujeto a la tutela, respecto a la cual se rinde la cuenta y se entregan aquéllos.

Artículo 773. El alcance que resulte en pro o en contra del tutor, causará interés legal que, en el primer caso, correrá desde que el ex tutoreado, previa entrega de sus bienes, sea requerido por el pago; y en el segundo, desde la rendición de la cuenta, si hubiese sido dada dentro del plazo designado por la ley, y si no, desde que expiró éste.

Artículo 774. Cuando en la cuenta resulte alcance contra el tutor, subsistirán las garantías dadas para la administración, hasta que se verifique el pago, aunque para éste se conceda plazo, por convenio de los interesados.

Artículo 775. Si la garantía fuere de fianza, el convenio que conceda nuevos plazos al tutor, se hará saber al fiador; si éste consiente, permanecerá obligado hasta la solución; si no consiente, o no se le hiciere saber el convenio, no habrá espera, y el extutoreado podrá exigir la solución inmediata, o la sustitución del fiador por otro igualmente idóneo, que acepte el convenio.

Artículo 776. Las acciones que pueda ejercitar quien estuvo sujeto a tutela, contra el ex tutor y los garantes de éste, dimanadas de la tutela, se extinguen en el lapso de dos años contados:

1, Desde que se cumpla la mayor edad;

2, Desde que se hayan recibido los bienes y la cuenta de la tutela; o

3, Desde que cesó la incapacidad en los demás casos previstos por la ley.

SECCIÓN DUODÉCIMA
CURADOR

Artículo 777. Los sujetos a tutela, ya sea testamentaria, legítima o dativa, además del tutor tendrán un curador.

Artículo 778. Cuando se nombre al menor un tutor interino, se le nombrará curador con el mismo carácter, si no lo tuviere definitivo, o si teniéndolo se halla impedido.

Artículo 779. Se nombrará curador interino en el caso de oposición de intereses a que se refiere el artículo 647.

Artículo 780. Igualmente se nombrará curador interino en los casos de impedimento, separación o excusa del nombrado, mientras se decide el punto; luego que se decida, se nombrará nuevo curador conforme a derecho.

Artículo 781. Lo dispuesto sobre impedimentos y excusas del tutor, regirá igualmente respecto del curador.

Artículo 782. Quien tiene derecho de nombrar tutor; lo tiene también de nombrar curador.

Artículo 783. El curador está obligado:

I. A vigilar la conducta del tutor y poner en conocimiento del Juez cuanto crea que puede ser dañoso al incapaz;

II. A dar aviso al Juez para que se haga el nombramiento de tutor cuando éste faltare o abandonare la tutela;

III. A cumplir los demás deberes y obligaciones que la ley le señala.

Artículo 784. Las funciones del curador cesarán cuando el incapaz salga de la tutela; pero si sólo variare la persona del tutor, el curador continuará en la curaduría.

Artículo 785. El curador tiene derecho a ser relevado de la curaduría pasados diez años desde que se encargó de ella.

Artículo 786. En los casos en que conforme a este Código tenga que intervenir el curador, cobrará el honorario que señale el arancel a los abogados para negocios de cuantía indeterminada, sin que pueda pretender mayor retribución. Si hiciere algunos gastos en el desempeño de su cargo, regirá respecto de él, lo dispuesto en el artículo 757.

CAPÍTULO DÉCIMO TERCERO (SIC)
PATRIMONIO DE FAMILIA

Artículo 787. El patrimonio de familia se forma con una casa que habitarán los miembros de la familia beneficiaria, los muebles necesarios para la comodidad de estos y, en su caso, con una parcela cultivable.

(REFORMADO, P.O. 14 DE SEPTIEMBRE DE 1998)

Artículo 788. Tienen derecho de habitar la casa y de aprovechar los frutos de la parcela afectada al patrimonio de familia, el cónyuge o concubino de quien lo constituya y las demás personas a quienes éste debe alimentos.

Artículo 789. La constitución del patrimonio de familia no transmite la propiedad de los bienes que lo formen, a quienes tienen el derecho que concede el artículo 788 y éstos sólo pueden disfrutar de esos bienes según se dispone en este Código.

Artículo 790. El acreedor alimentario que no pueda ser incorporado a la familia de su deudor de alimentos, no tiene el derecho que concede el artículo 788.

Artículo 791. El derecho establecido en el artículo 788 es instransmisible (sic), no estará sujeto a embargo ni a gravamen alguno y se extingue para el miembro de la familia del constituyente, que forme a su vez otra familia.

Artículo 792. En caso de muerte del constituyente del patrimonio de familia, si le sobreviven personas que tengan los derechos que concede el artículo 788, continuará existiendo el citado patrimonio, sin dividirse, mientras subsista el derecho de éstas o de una de ellas sobre dicho patrimonio.

Artículo 793. Los herederos del constituyente del patrimonio de familia deben respetar el derecho concedido por las disposiciones legales, a los beneficiarios de ese patrimonio, derecho que por la muerte del constituyente se convierte en usufructo parcial, el cual durará mientras subsista alguno de los beneficiarios de ese patrimonio que necesite alimentos.

Artículo 794. Los beneficiarios de los bienes afectados al patrimonio de familia, serán representados en sus relaciones con personas extrañas a ellos, en todo lo que a ese patrimonio se refiere, por el que lo constituyó y, en su defecto, por el que nombre la mayoría.

Artículo 795. El representante de los beneficiarios del patrimonio de familia tendrá la administración de los bienes que lo formen.

Artículo 796. A los bienes que formen parte del patrimonio de familia, se aplicarán las siguientes disposiciones:

I. Son inalienables;

II. La adquisición, por cualquier título, con el objeto de constituir ese patrimonio, no causará ningún impuesto, contribución, derecho o carga fiscal por la transmisión de dominio ni por su inscripción en el Registro Público de la Propiedad;

III. Constituido el patrimonio de familia no puede imponérsele ningún impuesto, contribución, derecho o carga fiscal sobre la propiedad inmobiliaria, consolidación, mejora o que tenga por objeto el cambio de valor de los inmuebles ni tasas adicionales;

IV. No estarán sujetos a embargo ni a gravamen alguno.

Artículo 797. Sólo puede constituirse el patrimonio de familia, con bienes sitos en el municipio en que esté domiciliado el que lo constituye.

Artículo 798. Por cada familia, sólo puede constituirse un patrimonio de la clase reglamentada en este capítulo, y serán inexistentes los que se constituyan subsistiendo el primero.

(REFORMADO, P.O. 29 DE DICIEMBRE DE 2017)

Artículo 799. El valor máximo de los bienes afectados al patrimonio de familia, será del equivalente a la cantidad de diez mil veces el valor diario de la Unidad de Medida y Actualización calculadas en la fecha en que se constituya dicho patrimonio, el que será susceptible de incremento periódicamente, en la medida en que aumente el equivalente al valor diario de la Unidad de Medida y Actualización y sin exceder el equivalente respectivo.

Artículo 800. Para constituir el patrimonio de familia, el interesado presentará por escrito una solicitud al Juez de su domicilio, designando con toda precisión y de manera que puedan ser inscritos en el Registro Público de la Propiedad, los bienes que van a integrarlo y ofrecerá pruebas sobre los hechos a que se refiere el artículo siguiente.

Artículo 801. Comprobará el constituyente del patrimonio de familia, lo siguiente:

I. Que es mayor de edad o que está emancipado;

II. Que está domiciliado en el lugar donde se quiere constituir el patrimonio;

(REFORMADA, P.O. 14 DE SEPTIEMBRE DE 1998)

III. El parentesco, matrimonio o concubinato entre los miembros de familia a favor de los cuales se constituirá ese patrimonio;

IV. Que son propiedad del constituyente los bienes destinados al patrimonio de familia y que no reportan gravámenes fuera de las servidumbres;

V. Que en su caso, se extinguió legalmente el patrimonio de familia constituido con anterioridad;

VI. Que el valor de los bienes que van a formar ese patrimonio no excede del fijado en el artículo 799.

Artículo 802. El valor del inmueble o inmuebles que integrarán el patrimonio de familia, se probará con el que tengan aquéllos en las oficinas fiscales correspondientes o el que éstas le fijen, en caso de que no estuvieren registrados en ellas esos bienes.

Artículo 803. Si el inmueble destinado al patrimonio de familia reporta gravámenes, podrá constituirse con ese bien, aunque el acreedor o los acreedores no consientan en ello; pero, en todo caso, el inmueble responderá del pago del adeudo a que se refiere el gravamen o gravámenes como disponga la ley.

Artículo 804. El Juez instruirá a los interesados de los requisitos necesarios para la constitución del patrimonio de familia y en caso de que advirtiere deficiencias en la solicitud a que se refieren los artículos 800 y 801, y el promovente fuese de las personas a que se refiere el artículo 15, deberá redactarla el Juez mismo, haciéndola constar en acta y supliendo las mencionadas deficiencias.

Artículo 805. Si se satisfacen los requisitos exigidos por los artículos 800 y 801, el Juez aprobará la constitución del patrimonio de familia y mandará que se hagan las inscripciones correspondientes:

I. En el Registro Público de la Propiedad; y

II. En las oficinas fiscales correspondientes.

Artículo 806. Cuando el valor de los bienes que forman el patrimonio de familia sea inferior al máximo fijado en el artículo 799, podrá ampliarse hasta llegar a ese valor.

Artículo 807. La ampliación del patrimonio de familia se sujetará al mismo procedimiento establecido para la constitución.

(REFORMADO, P.O. 14 DE SEPTIEMBRE DE 1998)

Artículo 808. Cuando haya peligro de que un deudor de alimentos pierda sus bienes por mala administración o porque los esté dilapidando, su cónyuge, su concubino, sus acreedores alimentistas y los representantes de éstos pueden promover judicialmente que se constituya el patrimonio de familia, hasta por los valores fijados en el artículo 799.

Artículo 809. En la constitución del patrimonio de familia a que se refiere el artículo anterior, se observará en lo conducente lo dispuesto en los artículos 800 a 805.

Artículo 810. Con objeto de favorecer la formación del patrimonio de familia, se venderá a las personas que tengan capacidad legal, quieran constituirlo y no sean propietarias de un bien inmueble, las propiedades raíces que a continuación se expresan:

I. Los terrenos pertenecientes al Gobierno del Estado o a los municipios, que no estén destinados a un servicio público, ni sean de uso común;

II. Los terrenos que el Gobierno adquiera para dedicarlos a la formación de este patrimonio, en beneficio de familias que cuenten con pocos recursos.

Artículo 811. Para la adquisición de los terrenos comprendidos en lo dispuesto por la fracción I del artículo anterior, tendrá preferencia sobre cualquier otra persona, quien desee constituir el patrimonio de familia.

Artículo 812. El precio de los terrenos a que se refiere la fracción I del artículo 810, se pagará en no más de treinta anualidades, de acuerdo con las condiciones económicas del comprador, que amorticen capital y réditos, a un tipo de interés que no exceda al de interés social fijado por el Banco de México.

Artículo 813. En los casos previstos en la fracción II del artículo 810, la autoridad vendedora fijará la forma y plazo para el pago del precio de los bienes vendidos, tomando en cuenta la capacidad económica del comprador.

Artículo 814. El que desee constituir el patrimonio de familia con la clase de bienes que menciona el artículo 810, además de cumplir con los requisitos exigidos por las fracciones I, II y III del artículo 801 comprobará:

I. Que es mexicano;

II. Su aptitud o la de sus familiares para desempeñar algún oficio, profesión, industria o comercio;

III. Que él o sus familiares poseen los instrumentos y demás objetos indispensables para ejercer la ocupación a que se dediquen, en caso de no ser asalariados;

IV. El promedio de sus ingresos, a fin de que se pueda calcular, con probabilidades de acierto, que el comprador pagará el precio del terreno que se le venda;

V. Que carece de bienes inmuebles.

Artículo 815. Si se demuestra posteriormente que al adquirir uno de los terrenos a que se refiere el artículo 810, quien constituyó el patrimonio de familia con ese terreno, era propietario de otro u otros bienes raíces, la compraventa y la constitución del patrimonio serán nulas.

Artículo 816. La constitución del patrimonio de que trata el artículo 810, se sujetará a la tramitación administrativa que fijen los reglamentos respectivos y se inscribirá en el Registro Público de la Propiedad una vez que sea aprobada.

Artículo 817. La constitución del patrimonio de familia no puede hacerse en fraude de los derechos de los acreedores.

Artículo 818. Constituido el patrimonio de familia, los miembros de ésta, mencionados en el artículo 788, deben habitar la casa que forme parte de aquél, y esa casa será el domicilio familiar. Deben también, en su caso, cultivar la parcela.

Artículo 819. El patrimonio de familia no puede ser objeto de arrendamiento.

Artículo 820. El patrimonio de familia se extingue, en cualquiera de los casos siguientes:

I. Cuando todos los beneficiarios cesen de tener derecho de percibir alimentos;

II. Cuando sin causa justificada, la familia deje de habitar, por un año, la casa que debe servirle de morada, o de cultivar por su cuenta y por dos años consecutivos, la parcela que forma parte de ese patrimonio;

III. Cuando se demuestre que hay necesidad o notoria utilidad en la extinción del patrimonio de familia, para quienes tienen sobre éste los derechos que concede el artículo 788;

IV. Cuando se expropien los bienes que lo forman; y

V. Cuando tratándose del patrimonio formado con los bienes vendidos conforme al artículo 810, se declare judicialmente nula la venta de esos bienes.

Artículo 821. La sentencia que declare la extinción del patrimonio de familia se comunicará al Registro Público de la Propiedad y a las oficinas fiscales, para que se hagan las anotaciones correspondientes.

Artículo 822. En el caso de la fracción IV del artículo 820, hecha la expropiación, el patrimonio queda extinguido sin necesidad de declaración judicial, debiendo hacerse la cancelación que proceda en las oficinas correspondientes.

(REFORMADO, P.O. 14 DE SEPTIEMBRE DE 1998)

Artículo 823. La indemnización por la expropiación y la cantidad pagada por el seguro de un siniestro sufrido por los bienes afectados al patrimonio de familia, se depositarán en una institución bancaria de modo que produzca el mayor interés posible, a fin de dedicarlos a la constitución de un nuevo patrimonio de familia, y durante un año son inembargables el precio depositado, o el importe del seguro y los intereses.

Artículo 824. Si la persona a quien se expropiaron los bienes, no constituye nuevamente el patrimonio de familia dentro del plazo de seis meses, los beneficiarios de ese patrimonio tienen derecho de exigir judicialmente su constitución.

Artículo 825. Transcurrido un año desde que se hizo el depósito a que se refiere el artículo 823, sin que se hubiere promovido la constitución del patrimonio, la cantidad depositada se entregará al dueño de los bienes.

Artículo 826. Puede disminuirse el patrimonio de la familia, por resolución judicial, cuando se demuestre que ello es necesario o útil para quien lo constituyó y para quienes tienen el derecho establecido por el artículo 788.

Artículo 827. Extinguido el patrimonio de familia, los bienes que lo formaban vuelven al pleno dominio del que lo constituyó, si la extinción se verifica en vida del mismo, y en su caso se transmitirán a los herederos del constituyente.

CAPÍTULO DÉCIMO TERCERO
ACTAS DEL ESTADO CIVIL

SECCIÓN PRIMERA
DISPOSICIONES GENERALES SOBRE LAS ACTAS DEL ESTADO CIVIL

Artículo 828. El Registro del Estado Civil es la Institución de carácter público y de interés social, por medio de la cual el Estado, de acuerdo con las leyes y reglamentos aplicables, inscribe y da publicidad a los actos constitutivos o modificativos del estado civil de las personas.

N. DE E. EN RELACIÓN CON LA ENTRADA EN VIGOR DEL PRESENTE ARTÍCULO, VÉASE ARTÍCULO PRIMERO TRANSITORIO DEL DECRETO QUE MODIFICA ESTE ORDENAMIENTO.

(REFORMADO PRIMER PÁRRAFO, P.O. 30 DE DICIEMBRE DE 2013)

Artículo 829. El Registro del Estado Civil de las Personas es una institución que presta sus servicios de manera permanente o transitoria a todos los habitantes del Estado.

(REFORMADO [N. DE E. ADICIONADO], P.O. 30 DE DICIEMBRE DE 2013)

El Titular del Poder Ejecutivo establecerá los planes, programas y políticas bajo las cuales se prestará dicho servicio, los que serán implementados por la Secretaría General de Gobierno.

(REFORMADO [N. DE E. ADICIONADO], P.O. 30 DE DICIEMBRE DE 2013)

En las poblaciones donde no haya Juez del Registro del Estado Civil, la Dirección del Registro del Estado Civil de las Personas, determinará y coordinará las acciones conducentes a efecto de que se verifique el servicio de manera eficiente y permanente.

(ADICIONADO, P.O. 16 DE MARZO DE 2016)

La Secretaría General de Gobierno podrá, para efectos de este artículo, auxiliarse de la autoridad municipal correspondiente.

(REFORMADO, P.O. 28 DE JULIO DE 1989)

Artículo 830. El Director del Registro del Estado Civil será abogado, procurándose que también lo sean los Jueces del Registro del Estado Civil.

(REFORMADO, P.O. 26 DE SEPTIEMBRE DE 1997)

El Secretario de Gobernación nombrará a Jueces Itinerantes, con jurisdicción en todo el territorio del Estado, quienes podrán desempeñar sus funciones en coordinación y para efectos de informe con el Juez del Registro Civil del Municipio o de la localidad correspondiente.

(REFORMADO, P.O. 22 DE ENERO DE 2010)

Artículo 831. Los jueces del Registro del Estado Civil tendrán bajo su responsabilidad, formas especiales por triplicado, en las que asentarán: "Actas de nacimiento", "Actas de Reconocimiento de hijos", "Actas de tutela", "Actas de matrimonio", "Actas de divorcio", "Actas de inscripción de sentencias" y "Actas de defunción" y estas formas serán expedidas por el Director del Registro del Estado Civil, previa aprobación del Ejecutivo del Estado.

Artículo 832. El asentamiento de una acta en formas no autorizadas producirá su nulidad.

Artículo 833. En las actas del estado civil únicamente podrá insertarse lo que deba ser declarado para el acto a que ellas se refieren y lo que esté expresamente prevenido por la ley.

Artículo 834. En el asentamiento de las actas del Registro Civil intervendrán:

I. El Juez que autoriza y da fe;

II. Los particulares que soliciten el servicio o los representantes de éstos, en su caso; y

III. Los testigos que corroboren el dicho de los particulares y atestigüen el acto.

(REFORMADO, P.O. 22 DE ENERO DE 2010)

Artículo 835. Las actas del estado civil se numerarán progresivamente cada año, y en ellas se hará constar la Clave de Registro e Identidad Personal que corresponda al o a los interesados, así como el año, mes, día y hora en que se presenten éstos; se tomará razón específica de los documentos que se presenten, y de los nombres, edad, nacionalidad y domicilio de todos los que en ella sean mencionados, en cuanto fuere posible.

Artículo 836. En los casos en que los interesados no puedan ocurrir personalmente ante el Juez del Registro del Estado Civil, podrán hacerse representar por mandatario especial para el acto, cuyo nombramiento conste por lo menos en instrumento privado otorgado ante testigos; pero tratándose de matrimonio, el mandato deberá constar en escritura pública.

Artículo 837. Los testigos que intervengan en las actas de estado civil, serán mayores de edad, prefiriéndose a los que designen los interesados, aun cuando sean sus parientes.

Artículo 838. Las actas serán firmadas por todos los interesados y testigos, previa lectura que haga el Juez del Registro del Estado Civil; y si alguno no supiere firmar, estampará su huella digital.

Artículo 839. Si un acto comenzado se entorpeciese porque las partes se nieguen a continuarlo, o por cualquier otro motivo, se inutilizará el acta, marcándola con dos líneas transversales y expresándose el motivo por el que se suspendió, debiendo firmar esta razón, la autoridad, los interesados y los testigos.

(REFORMADO, P.O. 22 DE ENERO DE 2010)

Artículo 840. Extendida un acta del estado civil, el Juez que la autorice imprimirá en ella el sello de la oficina y entregará un ejemplar a los interesados; otro quedará en el Archivo del Juzgado, y el tercer ejemplar se remitirá a la Dirección del Registro del Estado Civil, para que lo envíe al Archivo Estatal y notifique al Registro Nacional de Población e Identificación Personal, sobre las anotaciones realizadas, en los términos convenidos para la transferencia de información.

El Juez del Registro del Estado Civil que no cumpla con lo establecido en este artículo, será destituido de su cargo.

(REFORMADO, P.O. 22 DE ENERO DE 2010)

Artículo 841. Cuando una sentencia tenga efectos de modificar un acta del estado civil, el Juez del conocimiento enviará copia certificada por duplicado al Director del Registro del Estado Civil, quien remitirá una al Archivo Estatal a efecto de hacer las anotaciones que correspondan al libro duplicado y la segunda, al Juzgado del Registro del Estado Civil en el que fue expedida, para que se proceda a realizar lo conducente en el libro original de actas.

Artículo 842. El estado civil de las personas sólo se comprueba con las constancias respectivas del Registro del Estado Civil, y ningún otro documento ni medio de prueba es admisible para ese fin, excepto disposición de la ley en otro sentido.

Artículo 843. Cuando no hayan existido registros o se hayan perdido, o estuvieren rotos o borrados, o faltaren las hojas en que se pueda suponer estaba el acta, se podrá recibir prueba del acto por instrumento o testigos; pero si en las Dependencias a que se refiere el artículo 840 existiere algún ejemplar de las formas en que conste el acta, de éste se tomará la prueba, sin admitirla de otra clase.

Artículo 844. Los Jueces del Registro del Estado Civil agruparán por ramos las actas que deban obrar en su Archivo, y de acuerdo con su número progresivo, las encuadernarán, debidamente foliadas, formando libros de doscientas actas, y numerándolas ordinalmente; pero si al terminar el año correspondiente no se hubiere alcanzado la cifra a que se refiere el artículo anterior, los libros se formarán con el número de actas levantadas.

Artículo 845. El encargado del Archivo Estatal del Registro del Estado Civil, formará los mismos libros que los Jueces, con los ejemplares de las actas que éstos le remitan.

Artículo 846. La falsificación de las actas y la inserción en ellas de circunstancias o declaraciones prohibidas por la ley, causarán la destitución del Juez, si éste es responsable de ella, sin perjuicio de las penas que la ley señale y la indemnización de daños y perjuicios.

Artículo 847. Los apuntes dados por los interesados y los documentos que presenten, se anotarán, poniéndoles el número del acta y el sello del Juzgado, y se reunirán y depositarán en el Archivo del mismo, formándose con ellos el apéndice correspondiente.

(REFORMADO, P.O. 28 DE JULIO DE 1989)

Artículo 848. Cualquier persona puede solicitar copia o extractos certificados de las actas del estado civil, así como de los apuntes y documentos de que habla el artículo anterior y el Director, el Encargado del Archivo y los Jueces del Registro del Estado Civil están obligados a expedirlos.

(REFORMADO, P.O. 22 DE ENERO DE 2010)

Artículo 849. Las copias de las actas y los extractos de las mismas, certificadas mediante firma autógrafa, harán plena fe en juicio y fuera de él.

Artículo 850. Los actos y actas del estado civil, relativos al mismo Juez del Registro del Estado Civil, a su cónyuge y a los ascendientes y descendientes de aquél o de éste, se autorizarán por quien deba substituir legalmente al Juez impedido.

Artículo 851. Los vicios o defectos que haya en las actas, sujetan al Juez del Registro del Estado Civil a las penas establecidas y cuando no sean sustanciales, no producirán la nulidad del acto salvo que éste sea falso.

Artículo 852. Los registros del estado civil sólo hacen fe respecto del acto que debe ser consignado en ellos; cualquiera otra mención que se agregue se tendrá por no puesta.

Artículo 853. Para probar el estado civil adquirido por poblanos fuera de la República Mexicana, se estará a lo dispuesto en las leyes federales.

(REFORMADO, P.O. 26 DE MARZO DE 2021)

Artículo 854. Los actos del estado civil relativos a la misma persona deberán anotarse en el acta de nacimiento de ésta y las anotaciones se insertarán en todos los testimonios que se expidan, con excepción de lo dispuesto para el reconocimiento de la identidad de género autopercibida, lo cual se regirá conforme lo establece el presente Código.

(REFORMADO, P.O. 26 DE SEPTIEMBRE DE 1997)

Artículo 855. Los Juzgados del Registro del Estado Civil y los Jueces Itinerantes, estarán bajo la coordinación, inspección y vigilancia de la Dirección del Registro del Estado Civil, de acuerdo con las Leyes y Reglamentos aplicables.

SECCIÓN SEGUNDA
ACTAS DE NACIMIENTO

(REFORMADO, P.O. 27 DE NOVIEMBRE DE 2014)

Artículo 856. Toda persona tiene derecho a la identidad y a ser registrado de manera inmediata a su nacimiento. El Estado garantizará el cumplimiento de estos derechos. El Juez del Registro Civil expedirá gratuitamente la primera copia certificada del acta de registro de nacimiento.

Las declaraciones de nacimiento se harán dentro de los ciento ochenta días siguientes a éste. El niño será presentado al Juez del Registro del Estado Civil en su oficina o en el domicilio familiar.

N. DE E. EN RELACIÓN CON LA ENTRADA EN VIGOR DEL PRESENTE ARTÍCULO, VÉASE ARTÍCULO PRIMERO TRANSITORIO DEL DECRETO QUE MODIFICA ESTE ORDENAMIENTO.

Artículo 857. (DEROGADO, P.O. 30 DE DICIEMBRE DE 2013)

Artículo 858. El nacimiento será declarado por el padre o la madre, y en defecto de éstos, por los médicos, cirujanos, matronas u otras personas que hayan asistido al parto.

(REFORMADO, P.O. 22 DE ENERO DE 2010)

Artículo 859. El acta de nacimiento se extenderá con asistencia de dos testigos, que pueden ser designados por los interesados; contendrá la Clave de Registro e Identidad Personal que se asigne al nacido, el año, mes, día, hora y lugar del nacimiento; el sexo del registrado, el nombre y apellidos que se le pongan, los que no deben omitirse, la razón de si se ha presentado vivo o muerto, y la impresión de la huella digital del registrado.

Artículo 860. En el acta de nacimiento no se hará ninguna mención que califique la filiación en forma alguna, y las palabras "hijo legítimo", "hijo natural", "hijo de matrimonio", "hijo fuera de matrimonio", "hijo ilegítimo", "hijo de padres desconocidos", "hijo de padre desconocido", "hijo de madre desconocida", "hijo adulterino", "hijo incestuoso" u otras semejantes, que se inserten con infracción de este artículo se testarán de oficio de manera que queden ilegibles.

(REFORMADO, P.O. 29 DE DICIEMBRE DE 2017)

Artículo 861. El Juez del Registro del Estado Civil que inserte en el acta alguna de las menciones a que se refiere el artículo anterior será sancionado, la primera vez con multa del equivalente a la cantidad de una a diez veces el valor diario de la Unidad de Medida y Actualización y la segunda con destitución del cargo.

Artículo 862. En el acta se asentarán, salvo en los casos previstos por los artículos 867 y 871, los nombres, nacionalidad, ocupación y domicilios del padre y de la madre, de los abuelos paternos y maternos y los de la persona que hubiere hecho la presentación.

Artículo 863. Si el padre o la madre no pudieren concurrir, ni tuvieren apoderado, pero solicitaren ambos o alguno de ellos la presencia del Juez del Registro del Estado Civil, éste pasará al lugar en que se halle el interesado, y allí recibirá de él la petición de que se exprese su nombre; todo lo cual se asentará en el acta.

Artículo 864. Para que un hijo sea reconocido al registrar su nacimiento, bastará que el padre o la madre, o ambos pidan al Juez del Registro del Estado Civil que se mencione su nombre y su carácter de padre o madre, respectivamente, en el acta de nacimiento y así se asentará en ésta, la cual surtirá tanto los efectos de acta de nacimiento, como de acta de reconocimiento.

Artículo 865. (DEROGADO, P.O. 6 DE DICIEMBRE DE 2019)

Artículo 866. Toda persona que encontrare a un niño recién nacido, o en cuya casa o propiedad fuere expuesto alguno, deberá presentarlo al Juez del Registro del Estado Civil, con los vestidos, papeles o cualesquiera otros objetos encontrados con él, y declarará el tiempo y lugar en que lo haya encontrado, así como las demás circunstancias que concurrieron en el caso.

Artículo 867. En las actas que se levantaren en los casos del artículo anterior, se expresarán además la edad aparente del niño, su sexo, el nombre y apellidos que se le pongan, y el nombre de la persona o la institución que se encargue de él, sin hacer mención de ser expósito.

Artículo 868. Los alcaldes, directores y administradores de las prisiones, y de cualquier casa de comunidad, especialmente de los hospitales y casas de maternidad, tienen obligación de declarar el nacimiento de los niños nacidos en esos lugares, especificándose en el acta respectiva, sólo la ubicación del lugar de nacimiento.

(REFORMADO, P.O. 6 DE DICIEMBRE DE 2019)

Artículo 869. Si la madre o el padre de la niña o el niño tuvieren impedimento para contraer matrimonio entre sí, por estar uno de ellos o ambos casados con otra persona, no se hará ninguna mención de esa circunstancia y podrá asentarse el nombre de ambos padres si lo pidieren.

Artículo 870. Si los padres del niño no pudiesen contraer matrimonio por existir entre ellos el impedimento no dispensable de parentesco por consanguinidad o por afinidad, no se hará mención alguna de esta circunstancia; pero se hará constar el nombre de los padres si éstos reconocieren al hijo.

Artículo 871. Se prohíbe absolutamente al Juez del Registro del Estado Civil y a los testigos que conforme al artículo 859 deben asistir al acto, hacer inquisición directa o indirecta sobre la paternidad. En el acta sólo se expresará lo que deban decir las personas que presentan al niño, aunque parezcan sospechosas de falsedad.

Artículo 872. El nacimiento verificado durante un viaje por tierra, pondrá registrarse donde ocurra o en el domicilio familiar; en el primer caso se remitirá copia del acta al Juez del Registro del Estado Civil de aquél domicilio si el padre o la madre lo pidieren, y en el segundo se tendrá, para hacer el registro, el tiempo que señala el artículo 856, más treinta días.

Artículo 873. Cuando se trate de parto múltiple, se levantará una acta por cada uno de los nacidos.

Artículo 874. Si al dar aviso de un nacimiento, se comunicare también la muerte del recién nacido, se extenderán dos actas, una de nacimiento y otra de defunción.

(REFORMADO, P.O. 28 DE JULIO DE 1989)

Artículo 875. Si el nacimiento no se registra dentro de los plazos establecidos en los artículos 856 y 872, se aplicarán las siguientes disposiciones:

(REFORMADA, P.O. 29 DE DICIEMBRE DE 2017)

I. Antes que el menor cumpla dieciocho años de edad, el Juez del Registro del Estado Civil, autorizará la inscripción de su nacimiento, e impondrá a quien declare éste una multa del equivalente a la cantidad de hasta dos veces el valor diario de la Unidad de Medida y Actualización.

(REFORMADA, P.O. 26 DE SEPTIEMBRE DE 1997)

II. El registro de nacimiento de una persona que tenga más de dieciocho años de edad, sólo podrá ser autorizado por el Director del Registro del Estado Civil, una vez cumplidos los trámites que dispongan las Leyes y Reglamentos aplicables.

(ADICIONADO, P.O. 26 DE MARZO DE 2021)

Artículo 875 Bis. Sin perjuicio de lo dispuesto en el artículo anterior, cualquier persona puede pedir el levantamiento de una nueva acta de nacimiento para el reconocimiento de su identidad de género autopercibida.

Se entenderá por identidad de género autopercibida, la condición personal e interna, tal y como cada persona se percibe a sí misma, la cual puede corresponder o no al sexo asignado en el registro primario. Incluye la vivencia personal del cuerpo, que podría o no involucrar la modificación de la apariencia o funcionalidad corporal, siempre que la misma sea libremente escogida.

Dicho reconocimiento se solicitará y llevará a cabo ante la Dirección del Registro Civil del Estado o ante la autoridad del registro civil del municipio o localidad en donde se haya declarado el nacimiento de la o el solicitante, según su interés y conveniencia, previo cumplimiento de las formalidades establecidas en el presente ordenamiento y la reglamentación correspondiente, para lo cual no será requisito acreditar intervención quirúrgica alguna, terapias u otro diagnóstico o procedimiento de modificación corporal o de apariencia física, incluyendo la vestimenta, modo de hablar, modales, ni ninguna otra condición que dañe la dignidad humana.

Los efectos de la nueva acta de nacimiento por la identidad de género autopercibida, serán oponibles a terceros desde de su registro.

Los derechos y obligaciones contraídas con anterioridad al proceso administrativo de reconocimiento de identidad de género autopercibida y a la expedición de la nueva acta, no se modificarán ni se extinguen con la nueva identidad jurídica de la persona; incluidos los provenientes de las relaciones propias del derecho de familia en todos sus órdenes y grados, los que se mantendrán inmodificables.

(ADICIONADO, P.O. 26 DE MARZO DE 2021)

Artículo 875 Ter. Para solicitar el levantamiento de una nueva acta de nacimiento, para el reconocimiento de la identidad de género autopercibida, se deberá cumplir con lo siguiente:

I. Ser de nacionalidad mexicana;

(NOTA: EL 7 DE MARZO DE 2022, EL PLENO DE LA SUPREMA CORTE DE JUSTICIA DE LA NACIÓN, EN LOS CONSIDERANDOS QUINTO Y SEXTO, ASÍ COMO EN LOS RESOLUTIVOS SEGUNDO Y TERCERO DE LA SENTENCIA DICTADA AL RESOLVER LA ACCIÓN DE INCONSTITUCIONALIDAD 73/2021, DECLARÓ LA INVALIDEZ DE LA FRACCIÓN II DE ESTE ARTÍCULO INDICADA CON MAYÚSCULAS, LA CUAL SURTIRÁ SUS EFECTOS A LOS DOCE MESES SIGUIENTES A LA NOTIFICACIÓN DE LOS PUNTOS RESOLUTIVOS AL CONGRESO DEL ESTADO DE PUEBLA, DE ACUERDO A LAS CONSTANCIAS QUE OBRAN EN LA SECRETARÍA GENERAL DE ACUERDOS DE LA SUPREMA CORTE DE JUSTICIA DE LA NACIÓN. DICHA SENTENCIA PUEDE SER CONSULTADA EN LA DIRECCIÓN ELECTRÓNICA http://www.scjn.gob.mx/).

II. Tener 18 años de edad cumplidos;

III. Manifestar el nombre completo y los datos registrales asentados en el acta primigenia; y

IV. Manifestar el nombre sin apellidos y el género solicitados.

SECCIÓN TERCERA
ACTAS DE RECONOCIMIENTO

Artículo 876. Si el reconocimiento del hijo se hiciere después de haber sido registrado su nacimiento, se formará acta separada en la que se expresará:

I. El nombre y apellido del hijo que se reconoce;

II. El consentimiento del hijo para ser reconocido si es mayor de edad;

III. El nombre, apellido, nacionalidad, ocupación y domicilio del padre o madre que lo reconozca o de ambos si los dos lo reconocen; y

IV. Los nombres y apellidos de los testigos.

Artículo 877. Si el reconocimiento se hace por alguno de los otros medios establecidos en el artículo 558, se presentará al encargado del registro el original o copia certificada del documento que lo compruebe. En el acta se insertará la parte relativa de éste, observándose las demás disposiciones contenidas en este capítulo.

(REFORMADO, P.O. 29 DE DICIEMBRE DE 2017)

Artículo 878. La omisión del registro en el caso del Artículo que procede, no priva de sus efectos legales al reconocimiento hecho conforme a las disposiciones de este Código; pero los responsables de la omisión incurrirán en una multa por el equivalente a la cantidad de una a tres veces el valor diario de la Unidad de Medida y Actualización, que se impondrá y hará efectiva por el Juez ante quien se haga valer el reconocimiento.

Artículo 879. Si el reconocimiento no se hiciere en el acta de nacimiento, se hará en ésta una anotación en la que se mencione el acta de reconocimiento y viceversa.

Artículo 880. Si el reconocimiento se hiciere en oficina diversa, para cumplir lo dispuesto en el artículo anterior, los titulares de ambas oficinas deberán remitirse copia certificada en las actas autorizadas por ellos.

(ADICIONADO, P.O. 22 DE ENERO DE 2010)

En todos los casos se notificarán de inmediato al Director del Registro del Estado Civil, las anotaciones realizadas en actas de nacimiento con motivo del reconocimiento, a efecto de ordenar las anotaciones que correspondan al libro duplicado de actas.

SECCIÓN CUARTA
ACTAS DE ADOPCIÓN

Artículos 881. (DEROGADO, P.O. 15 DE DICIEMBRE DE 1992)

Artículos 882. (DEROGADO, P.O. 15 DE DICIEMBRE DE 1992)

Artículos 883. (DEROGADO, P.O. 15 DE DICIEMBRE DE 1992)

Artículos 884. (DEROGADO, P.O. 15 DE DICIEMBRE DE 1992)

SECCIÓN QUINTA
ACTAS DE TUTELA

Artículo 885. Pronunciado el auto de discernimiento de la tutela y publicado como disponga el Código de Procedimientos, el tutor, dentro de setenta y dos horas después de hecha la publicación, presentará copia certificada del auto referido al encargado del Registro, para que levante el acta respectiva, la que contendrá:

I. El nombre, apellido y edad del incapacitado;

II. La clase de incapacidad por la que se haya discernido la tutela;

III. El nombre y demás generales de las personas que han tenido al incapacitado en su patria potestad antes del discernimiento de la tutela;

IV. El nombre, apellido, edad, profesión, estado civil y domicilio del tutor y curador;

V. La garantía dada por el tutor, expresando el nombre, apellido y demás generales del fiador, si la garantía consiste en fianza; o los nombres, ubicación y demás señas de los bienes, si la garantía consiste en hipoteca;

VI. El Juez que pronunció el discernimiento, y la fecha de éste.

Artículo 886. La omisión del registro de tutela no impide al tutor entrar en ejercicio de su encargo, ni puede alegarse por ninguna persona como causa para dejar de tratar con él; pero hace responsables al tutor y al curador como lo establece el artículo 878.

SECCIÓN SEXTA
ACTAS DE MATRIMONIO

Artículo 887. Las personas que pretendan contraer matrimonio, se presentarán al Juez del Registro del Estado Civil a quien esté sujeto el domicilio de cualquiera de los pretendientes.

Artículo 888. El Juez tomará en el registro nota de esta pretensión, levantando de ella acta en que consten:

I. Los nombres, apellidos, profesiones y domicilios, así de los pretendientes como de sus padres;

II. La edad y nacionalidad de los pretendientes;

III. Los nombres, apellidos, profesiones y domicilios de dos testigos, que presentará cada pretendiente, y que hagan constar la aptitud de éste para contraer matrimonio conforme a la ley;

IV. (DEROGADA, P.O. 28 DE MARZO DE 2016)

V. La disolución del matrimonio anterior, si alguno de los pretendientes fue casado;

(REFORMADA, P.O. 28 DE MARZO DE 2016)

VI. La dispensa de impedimento si lo hubiere;

(REFORMADA, P.O. 28 DE MARZO DE 2016)

VII. Un certificado médico por cada pretendiente, expedido de acuerdo con la Ley General de Salud y su Reglamento; y

VIII. Las formalidades a que se refiere el artículo 838.

Artículo 889. Los médicos encargados de los servicios oficiales de salubridad deben expedir gratuitamente, a los indigentes, el certificado a que se refiere la fracción VII del artículo anterior.

Artículo 890. Si de las declaraciones de los testigos constare la aptitud de los pretendientes, se fijará un extracto del acta que ordena levantar el artículo 888, en la oficina del Registro del Estado Civil, en lugar fácilmente visible.

Artículo 891. El extracto del acta de presentación permanecerá fijado durante cinco días y será obligación del Juez del Registro del Estado Civil reemplazarlo, si se destruyere o se hiciere ilegible.

Artículo 892. Cuando uno de los pretendientes, o ambos, hayan tenido su domicilio, dentro de los seis meses anteriores a la fecha de su presentación, en lugar distinto de la residencia del Juez del Registro del Estado Civil, puede éste ordenar que la publicación a que se refiere el artículo 890 se haga en aquel lugar.

Artículo 893. El Juez del Registro del Estado Civil podrá, en casos urgentes, dispensar las publicaciones a que se refieren los tres artículos anteriores y proceder a la celebración del matrimonio de inmediato.

Artículo 894. El matrimonio se celebrará después de los ocho días siguientes a la presentación, en el lugar día y hora que señale el Juez del Registro del Estado Civil; pero si por causa imputable a los pretendientes no se celebrare el matrimonio dentro de seis meses a partir de la fecha del acta de presentación, las gestiones relativas quedarán sin efecto debiendo repetirse íntegramente.

Artículo 895. El Juez del Registro del Estado Civil que tenga conocimiento de que entre los pretendientes hay impedimento para contraer matrimonio, hará constar en un acta, ante dos testigos, los datos que le hagan suponer que existe el impedimento.

Artículo 896. Cuando haya denuncia, en el acta a que se refiere el artículo anterior, se expresará el nombre, edad, ocupación, estado civil y domicilio del denunciante, insertándose al pie de la letra la denuncia.

Artículo 897. El acta a que se refieren los dos artículos anteriores, firmada por los que en ella intervinieron será remitida al Juez que corresponda, para que, previa audiencia de los directamente interesados, haga la calificación del impedimento.

Artículo 898. Las denuncias de impedimento pueden hacerse por cualquiera persona; pero las que sean falsas, sujetan al denunciante a las penas establecidas para el falso testimonio y siempre que se declare no haber impedimento, el denunciante será condenado al pago de las costas y a la indemnización de danos y perjuicios.

Artículo 899. Antes de remitir el acta al Juez, el del Registro del Estado Civil hará saber a los pretendientes el impedimento denunciado, aunque sea relativo solamente a uno de ellos, absteniéndose de todo procedimiento ulterior hasta que la sentencia que decida el impedimento cause ejecutoria.

Artículo 900. Las denuncias anónimas y las hechas por cualquier otro medio, si no se presentare personalmente el denunciante, sólo serán admitidas cuando estén comprobadas y, en este caso, el Juez del Registro del Estado Civil turnará de inmediato la denuncia a la autoridad judicial que corresponda, suspendiendo todo procedimiento hasta que se resuelva ejecutoriamente el asunto.

Artículo 901. Denunciando el impedimento o en el caso del artículo 895, el matrimonio sólo podrá celebrarse cuando recaiga sentencia ejecutoria que declare que no existe aquél o se obtenga dispensa de él.

Artículo 902. El Juez del Registro del Estado Civil que autorice un matrimonio teniendo conocimiento de que hay impedimento legal, o de que éste se ha denunciado, y sin cumplir con lo dispuesto en el artículo anterior, será sancionado con la destitución de su cargo, sin perjuicio de la responsabilidad que establezca el Código de Defensa Social.

(REFORMADO, P.O. 29 DE DICIEMBRE DE 2017)

Artículo 903. Los Jueces del Registro del Estado Civil no autorizarán un matrimonio, cuando por el tenor de la solicitud, su conocimiento de los interesados o por denuncia formal, tuvieren noticia que uno de los pretendientes o ambos carecen de aptitud legal para contraer matrimonio; pero el Juez que injustificadamente retarde la celebración de un matrimonio, será sancionado con una multa del equivalente a la cantidad de diez veces el valor diario de la Unidad de Medida y Actualización, y en caso de reincidencia, con destitución.

Artículo 904. En el lugar, día y hora designados para la celebración del matrimonio deberán estar presentes, ante el Juez del Registro del Estado Civil, los pretendientes o sus apoderados y dos testigos.

Artículo 905. El Juez previamente leerá a los pretendientes los artículos 337, 338, 339 y 376; y en caso necesario, les explicará lo que disponen dichos artículos.

Artículo 906. El Juez del Registro del Estado Civil leerá en voz alta el acta de presentación, e interrogará a los testigos si los pretendientes son las mismas personas a que se refiere esa acta y, en caso afirmativo, recibirá la formal declaración que hagan los pretendientes de ser su voluntad unirse en matrimonio.

Artículo 907. Se levantará luego el acta de matrimonio en la cual se hará constar:

I. Los nombres, apellidos, edad, ocupación, domicilio, nacionalidad y lugar de nacimiento de los contrayentes;

II. Los nombres, apellidos, domicilio y nacionalidad de los padres;

III. Los nombres, apellidos, edad, nacionalidad y domicilio de los testigos, su declaración sobre si son o no parientes de los contrayentes, y en caso afirmativo, el grado en que lo sean;

IV. (DEROGADA, P.O. 28 DE MARZO DE 2016)

V. El número de autorización de la Secretaría de Gobernación en el caso de que uno de los contrayentes sea extranjero;

VI. La declaración de contraer matrimonio bajo el régimen de separación de bienes o de sociedad conyugal;

VII. La declaración de los pretendientes de ser su voluntad unirse en matrimonio y la de haber quedado unidos, que hará el Juez del Registro del Estado Civil, en nombre de la Ley y de la sociedad;

VIII. Que no hubo impedimento para el matrimonio o que éste se dispensó;

IX. Que se cumplieron las formalidades exigidas por los dos artículos anteriores.

Artículo 908. El acta será firmada por el Juez del Registro del Estado Civil, los contrayentes, los testigos y demás personas que hubieren intervenido, si supieren y pudieren hacerlo y en el acta se imprimirán las huellas digitales de los contrayentes.

Artículo 909. El Juez del Registro del Estado Civil está plenamente autorizado, para exigir de los pretendientes bajo protesta de decir verdad, todas las declaraciones que estime convenientes a fin de asegurarse de su identidad y de su aptitud para contraer matrimonio.

Artículo 910. (DEROGADO, P.O. 28 DE MARZO DE 2016)

SECCIÓN SÉPTIMA
ACTAS DE DIVORCIO

Artículo 911. El acta de divorcio contendrá los nombres, apellidos, edad, domicilio y nacionalidad de los divorciados, los datos de situación de las actas de nacimiento y matrimonio de los mismos y la parte resolutiva de la sentencia o de la resolución administrativa, según el caso, que declaró el divorcio, fecha de esta resolución, autoridad que la dictó y fecha en que causó ejecutoria cuando se trate de sentencia.

SECCIÓN OCTAVA
ACTAS DE DEFUNCIÓN

Artículo 912. Ningún entierro o cremación se hará sin autorización escrita, del Juez del Registro del Estado Civil, quien se asegurará prudentemente del fallecimiento.

Artículo 913. No se procederá al entierro o cremación hasta que pasen veinticuatro horas de la muerte, salvo lo que se ordene por autoridad competente.

Artículo 914. Si la persona a que se refiere el acta murió fuera de su casa habitación, uno de los testigos será aquél en cuya casa haya fallecido, o alguno de los vecinos más inmediatos.

Artículo 915. El acta de defunción contendrá:

I. El nombre, apellidos, edad, nacionalidad, sexo, estado civil, ocupación y domicilio que tuvo el difunto;

II. Si éste era casado o viudo, el nombre, apellido y nacionalidad de su cónyuge o de su ex cónyuge;

III. Los nombres, apellidos, edad, nacionalidad y domicilio de dos testigos, y si fueren parientes el grado en que lo sean;

IV. Los nombres y apellidos de los padres del difunto, si se supieren;

V. La causa de la muerte, el destino del cadáver y el nombre y ubicación del panteón o crematorio;

(REFORMADA, P.O. 6 DE DICIEMBRE DE 2019)

VI. La hora, día, mes, año y lugar de la muerte si se supieren y todos los informes que se tengan en caso de muerte violenta, haciendo las aclaraciones pertinentes si la muerte es causada por violencia de género o familiar;

VII. Nombre, apellidos, número de cédula profesional y domicilio del médico que certifique la defunción;

VIII. Nombre, apellidos, edad, nacionalidad y domicilio del declarante y grado de parentesco, en su caso, con el difunto.

Artículo 916. Los dueños o habitantes de la casa en que se verificare un fallecimiento; los directores y administradores de las prisiones, hospitales, colegios u otra cualquiera casa de comunidad; los administradores de los mesones u hoteles y casas de huéspedes, tienen obligación de dar aviso dentro de las veinticuatro horas siguientes, al Juez del Registro del Estado Civil.

N. DE E. EN RELACIÓN CON LA ENTRADA EN VIGOR DEL PRESENTE ARTÍCULO, VÉASE ARTÍCULO PRIMERO TRANSITORIO DEL DECRETO QUE MODIFICA ESTE ORDENAMIENTO.

Artículo 917. (DEROGADO, P.O. 30 DE DICIEMBRE DE 2013)

Artículo 918. Cuando el Juez del Registro del Estado Civil sospechare que la muerte fue violenta, dará parte al Ministerio Público, comunicándole todos los informes que tenga, para que proceda a la averiguación conforme a derecho.

Artículo 919. Cuando el Ministerio Público averigüe un fallecimiento, dará parte al Juez del Registro del Estado Civil para que asiente el acta respectiva.

Artículo 920. En los casos previstos por los dos artículos anteriores, si se ignora el nombre del difunto, se asentarán las señas de éste, las de los vestidos y objetos con que se le hubiere encontrado, su huella digital, y en general todo lo que pueda conducir con el tiempo a identificar la persona y siempre que se adquieran mayores datos, se comunicarán al Juez del Registro del Estado Civil para que los anote en el acta.

Artículo 921. En los casos de accidentes de tránsito terrestre o aéreo, inundación, incendio, o cualquiera otro en que no sea fácil reconocer el cadáver, se formará el acta por la declaración de quienes lo hayan recogido, procediendo de acuerdo con lo dispuesto en el artículo anterior.

Artículo 922. Si no aparece el cadáver, pero hay certeza de que alguna persona sucumbió en el lugar del desastre, el acta contendrá la declaración de las personas que hayan conocido a la que no parece, y las demás noticias que sobre el suceso puedan adquirirse.

Artículo 923. Si una persona falleciere en algún lugar que no sea el de su domicilio, se remitirá al Juez de éste copia certificada del acta de defunción, para que se haga la anotación correspondiente en la de nacimiento.

Artículo 924. El jefe de cualquier cuerpo o destacamento militar tiene obligación de dar parte, al Juez del Registro del Estado Civil, de los muertos que haya habido en campaña o en otro acto de servicio, especificando nombres y demás señas personales; el Juez del Registro del Estado Civil practicará lo prevenido para los muertos fuera de su domicilio.

Artículo 925. En todos los casos de muerte en las prisiones, no se hará en los registros mención de esa circunstancia, y las actas contendrán simplemente los demás requisitos que se prescriben en el artículo 915.

Artículo 926. Si por cualquier motivo no se hubiere levantado el acta de defunción oportunamente, se aplicarán las siguientes disposiciones:

I. Quienes tengan conocimiento de esta omisión, informarán de ello al Ministerio Público, y éste ordenará la exhumación del cadáver;

II. Hecha la exhumación, el Ministerio Público ordenará la práctica de la autopsia, procederá conforme a sus facultades si hay datos para estimar que se cometió un delito, y en todo caso informará al Juez del Registro del Estado Civil, para que levante el acta de defunción, y ordene la reinhumación del cadáver.

SECCIÓN NOVENA
ACTAS DE INSCRIPCIÓN DE SENTENCIAS

Artículo 927. Las autoridades judiciales que declaren la ausencia, presunción de muerte o la pérdida o limitación de la capacidad legal para administrar bienes, remitirán al Juez del Registro del Estado Civil correspondiente, copia certificada de la resolución ejecutoriada respectiva o auto de discernimiento en el plazo de ocho días.

Artículo 928. El Juez del Registro del Estado Civil que reciba una de las sentencias a que se refiere el artículo anterior, levantará una acta que contendrá el nombre, apellidos, edad, ocupación, estado civil y nacionalidad de la persona de que se trate, los puntos resolutivos de la sentencia, la fecha de la resolución y el órgano judicial que la emitió.

(REFORMADO, P.O. 22 DE ENERO DE 2010)

Artículo 929. Cuando se presente la persona declarada ausente o cuya muerte se presumía o se recobre la capacidad legal para administrar bienes, se procederá como indica el artículo 841 para que sea cancelada el acta a que se refiere el artículo anterior.

SECCIÓN DÉCIMA
RECTIFICACIÓN DE LAS ACTAS DEL ESTADO CIVIL

(REFORMADO, P.O. 26 DE MARZO DE 2021)

Artículo 930. La rectificación o modificación de un acta de estado civil, se hará ante el Poder Judicial y en virtud de sentencia de éste; salvo el reconocimiento que voluntariamente haga un padre de su hijo ante el Juez del Registro del Estado Civil correspondiente, o en su caso de reconocimiento de identidad de género autopercibida.

Artículo 931. Procede la rectificación:

I. Por falsedad, cuando se alegue que el suceso registrado no acaeció;

(REFORMADA, P.O. 14 DE SEPTIEMBRE DE 2012)

II. Por enmienda, cuando se solicite variar algún nombre u otra circunstancia esencial, así como en el caso en que concurran defectos esenciales y accidentales en el contenido de las actas.

(ADICIONADA, P.O. 26 DE MARZO DE 2021)

III. A solicitud por el reconocimiento de identidad de género autopercibida, en ejercicio al libre desarrollo de la personalidad y se estará a lo dispuesto en el presente ordenamiento

Artículo 932. En el juicio de rectificación se oirá al Juez del Registro del Estado Civil y a cualquiera persona que pretenda contradecir la demanda.

(REFORMADO, P.O. 22 DE ENERO DE 2010)

Artículo 933. La sentencia que cause ejecutoria se comunicará al Director del Registro del Estado Civil, para los efectos del artículo 841.

Artículo 934. La sentencia ejecutoriada hará plena fe contra todos, aunque no hayan litigado; pero si alguno probare que estuvo absolutamente impedido para salir al juicio, se le admitirá a probar contra ella; más se tendrá como buena la sentencia anterior, y surtirá sus efectos, hasta que recaiga otra que la contradiga y cause ejecutoria y en este nuevo juicio, se procederá en todo como en el de rectificación.

Artículo 935. Pueden pedir la rectificación de un acta de estado civil:

I. Las personas de cuyo estado se trate;

II. Las que se mencionan en el acta como relacionadas con el estado civil de alguno;

III. Los herederos de las personas comprendidas en las dos fracciones anteriores;

(REFORMADA, P.O. 14 DE SEPTIEMBRE DE 1998)

IV. Los que, según los artículos 575 y 576, pueden intentar la acción que en ellos se trata y los que hayan sido reconocidos después de haber sido registrado su nacimiento.

(REFORMADO, P.O. 31 DE DICIEMBRE DE 2015)

Artículo 936. Cuando se trate de enmendar errores, yerros o defectos mecanográficos, ortográficos, numéricos y otros meramente accidentales del acta asentada, procede su aclaración ante el Director del Registro del Estado Civil.

De resultar procedente la aclaración, el Director del Registro del Estado Civil remitirá una copia certificada de la resolución al Archivo Estatal a efecto de hacer las anotaciones que correspondan al libro duplicado, y otra al Juzgado del Registro del Estado Civil en el que fue expedida, para que se proceda a realizar las anotaciones en el libro original de actas.

(ADICIONADO, P.O. 13 DE AGOSTO DE 2019)

Tratándose de personas adultas mayores, la persona que ocupe la Dirección del Registro del Estado Civil resolverá lo que proceda con relación a la solicitud de aclaración, en un término que no deberá exceder de tres días hábiles contados a partir del momento en el que ésta fue turnada para su conocimiento. Por su parte, en los casos donde se acredite la existencia de una emergencia, independientemente de quien solicite la aclaración, el término para resolver lo procedente no deberá exceder de un día hábil a partir del momento en el que ésta fue turnada para su conocimiento.

(ADICIONADO, P.O. 13 DE AGOSTO DE 2019)

En caso de que las solicitudes referidas en el párrafo anterior sean presentadas ante la persona que ocupe la titularidad del Juzgado del Registro Civil, éste deberá turnarlo de manera inmediata a la Dirección del Registro del Estado Civil.

Artículo 937. Para los efectos del artículo anterior se entiende por errores, yerros o defectos mecanográficos, ortográficos, numéricos y otros meramente accidentales los que se desprendan fehacientemente de la sola lectura del acta correspondiente.

(ADICIONADO, P.O. 14 DE SEPTIEMBRE DE 2012)

Enunciativamente son errores meramente accidentales:

I. La omisión de la anotación de uno o los apellidos del registrado, que aparecen en los nombres de su o sus ascendientes que le presentan al registro, tratándose de actas de nacimiento;

II. La ambigüedad en la fijación de la fecha o lugar del nacimiento del registrado, en las actas de nacimiento, si se pueden desprender esos datos del resto de los elementos consignados en el documento; y

III. El error ortográfico en la transcripción de alguno o todos los apellidos siempre que dicho error sea subsanable a partir de la sola lectura de la transcripción de los apellidos de el o los ascendientes.

LIBRO TERCERO
BIENES

CAPÍTULO PRIMERO
DISPOSICIONES PRELIMINARES

Artículo 938. Son objeto de apropiación las cosas que no están excluidas del comercio.

Artículo 939. Las cosas pueden estar excluidas del comercio, por su naturaleza o por disposición de la ley.

Artículo 940. Están excluidas del comercio por su naturaleza, las cosas que no pueden ser poseídas por alguna persona exclusivamente; y por disposición de la ley, las que ella declare irreductibles a propiedad particular.

Artículo 941. Las cosas no excluidas del comercio y los derechos subjetivos, cuando puedan valorarse en dinero, son bienes.

Artículo 942. Los bienes son muebles o inmuebles.

Artículo 943. El conjunto de bienes pertenecientes a una persona y las obligaciones a cargo de la misma se llama patrimonio económico.

Artículo 944. El patrimonio moral está constituido por los derechos y deberes no valorables en dinero.

CAPÍTULO SEGUNDO
DIFERENTES CLASES DE BIENES

SECCIÓN PRIMERA
BIENES MUEBLES

Artículo 945. Son bienes muebles por su naturaleza los cuerpos que pueden trasladarse de un lugar a otro, por sí mismos o por efecto de una fuerza exterior.

Artículo 946. Son bienes muebles, por determinación de la ley:

I. Los derechos que tienen por objeto bienes muebles corpóreos, o la entrega de éstos o el pago de una cantidad;

II. Las acciones de los socios, o las aportaciones de los asociados, respectivamente, en las sociedades o asociaciones, sean éstas o no propietarias de bienes inmuebles.

Artículo 947. Cuando en la disposición de la ley o en los actos y contratos se use de las palabras "bienes muebles", se comprenderán bajo esa denominación los bienes enumerados en los dos artículos anteriores.

Artículo 948. Cuando se use de las palabras "muebles" o "bienes muebles de una casa", se comprenderán en ellas únicamente el ajuar y utensilios que sirvan exclusiva y propiamente para el uso y trato ordinario de una familia, según las circunstancias de las personas.

Artículo 949. En el ajuar y utensilios designados con la denominación "muebles" o "bienes muebles de una casa" no se comprenderán el dinero, documentos y papeles, colecciones científicas y artísticas, libros y estantes para éstos, medallas, armas, instrumentos de artes y oficios, joyas, ropa de uso, granos, bebidas, mercancías y demás bienes muebles similares.

Artículo 950. Cuando por la redacción de un testamento o de un contrato u otro acto jurídico, aparezca que el testador o las partes contratantes dieron a las palabras "muebles" o "bienes muebles" una significación diversa de la fijada en los tres artículos anteriores, se estará a lo dispuesto en el testamento, contrato o acto.

SECCIÓN SEGUNDA
BIENES INMUEBLES

Artículo 951. Son bienes inmuebles por su naturaleza:

I. Los predios;

II. Las plantas, árboles y frutos pendientes mientras estuvieren unidos a la tierra o formen parte de un inmueble;

III. Las construcciones adheridas al suelo;

IV. Lo que esté unido a una construcción de manera fija y que no pueda separarse sin deterioro de la misma construcción o del objeto a ella unido;

V. La sal de las salinas, mientras no sea separada de éstas;

VI. Las aguas a que se refiere el artículo 1031, mientras no sean separadas de las fuentes naturales, pozos, estanques, jagüeyes, presas o aljibes en los que se capten o de las cañerías que las conduzcan.

Artículo 952. Son bienes inmuebles por disposición de la ley los derechos reales sobre inmuebles.

SECCIÓN TERCERA
BIENES PRINCIPALES Y ACCESORIOS

Artículo 953. Son accesorios los bienes destinados permanentemente por su dueño, a la ornamentación o servicio de otros bienes, llamados principales, y pertenecientes al mismo propietario de aquéllos.

Artículo 954. Las estatuas, pinturas, relieves, espejos u otros objetos de ornamentación son accesorios de un inmueble, cuando estén colocados en nichos, repisas o marcos construidos exclusivamente para ellos, o en forma que revele el propósito del dueño de destinarlos permanentemente a ese fin.

Artículo 955. Los muebles necesarios para la explotación agrícola, industrial, comercial o civil realizada en un inmueble, son accesorios de éste, si se reúnen los dos requisitos siguientes:

I. Que tanto los muebles como el inmueble sean del mismo dueño; y

II. Que el dueño haya destinado de modo duradero aquellos muebles, al servicio de la explotación que se realice en el inmueble.

Artículo 956. Son accesorios de la clase mencionada en el artículo anterior, los siguientes bienes:

I. Los peces, aves, abejas y animales de otras especies menores que se críen en el bien principal;

II. Las cañerías de cualquiera especie, no unidas a la tierra ni a construcciones, y que sirvan para conducir líquidos o gases;

III. Las máquinas, vehículos, vasos, instrumentos o utensilios destinados directa y exclusivamente para la industria o explotación del predio;

IV. Los abonos destinados al cultivo, que estén en las tierras donde hayan de utilizarse;

V. Las semillas necesarias para el cultivo del predio;

VI. Los animales que formen el pie de cría en los predios ganaderos o agrícolas;

VII. Las bestias, tractores y demás utensilios mecanizados, eléctricos o electrónicos usados para la explotación del predio, mientras estén destinados a ese objeto;

VIII. Los diques y casetas que, aun cuando sean flotantes, estén destinados por su objeto y condiciones a permanecer en un punto fijo de un río o lago.

Artículo 957. Salvo disposición legal en contrario, los derechos reales de hipoteca, anticresis y prenda son accesorios del derecho principal que garanticen.

Artículo 958. Los estuches de las alhajas y de los lentes, las fundas de los paraguas, los envases de licores, los maletines, portafolios y cajas de cualquier instrumental de trabajo, las herramientas necesarias para la atención inmediata y transitoria de los vehículos y de cualquier aparato eléctrico o electrónico, son accesorios de los muebles respectivamente mencionados en este artículo.

Artículo 959. Los artículos 954 y 956 a 958 son enunciativos y no limitativos.

Artículo 960. Los bienes accesorios siguen la suerte del principal.

Artículo 961. Salvo disposición legal expresa:

I. No podrá embargarse un bien accesorio individualmente considerado; y

II. En el embargo del bien principal, o de la industria, comercio o explotación, a que estuvieren destinados bienes accesorios, quedarán comprendidos éstos.

SECCIÓN CUARTA
BIENES CONSIDERADOS SEGÚN LAS PERSONAS A QUIENES PERTENECEN

Artículo 962. Los bienes son de propiedad pública o privada.

Artículo 963. Los bienes de propiedad pública se regirán, en el Estado de Puebla, por la ley que se ocupe de ellos, y en lo que ésta no prevea, por las leyes civiles.

Artículo 964. Los bienes de propiedad privada pertenecen a los particulares y se rigen por las disposiciones de este Código y por las demás que les sean aplicables.

SECCIÓN QUINTA
BIENES MOSTRENCOS Y BIENES VACANTES

Artículo 965. Son mostrencos los bienes muebles que carecen de dueño, porque éste los perdió o abandonó.

Artículo 966. Son bienes vacantes:

I. Los inmuebles que no tienen dueño cierto y conocido; y

II. Los inmuebles abandonados por quien era su dueño.

Artículo 967. El que hallare un bien mueble perdido o abandonado, deberá entregarlo dentro de tres días a la autoridad municipal del lugar o a la más cercana, si el hallazgo se verifica en despoblado.

Artículo 968. La autoridad dispondrá desde luego que el bien hallado se tase por peritos, y lo depositará, exigiendo formal y circunstanciado recibo.

Artículo 969. Cualquiera que sea el valor del bien hallado, se fijarán avisos durante un mes, de diez en diez días, en los lugares públicos de la cabecera del Municipio, anunciándose que al vencimiento del plazo se procederá al remate si no se presentare reclamante.

Artículo 970. Si el bien hallado fuera de los que no se pueden conservar, la autoridad dispondrá desde luego su venta y mandará depositar el precio. Lo mismo se hará cuando la conservación del mostrenco pueda ocasionar gastos que no estén en relación con su valor.

Artículo 971. Si durante el plazo señalado se presentare alguna reclamación, la autoridad municipal remitirá todos los datos del caso al juez competente, según el valor del mostrenco, ante quien el reclamante probará su acción, interviniendo como parte demandada el Ministerio Público.

Artículo 972. Si el reclamante es declarado dueño se le entregará el bien de que se trate o su precio, en el caso del Artículo 969, con deducción de los gastos.

(REFORMADO, P.O. 31 DE DICIEMBRE DE 2012)

Artículo 973. Si el reclamante no es declarado dueño, o si pasado el plazo de un mes, contado desde la primera publicación de los avisos, nadie reclamará la propiedad del mostrenco, se venderá éste, dándose una cuarta parte del precio al que lo halló y destinándose el resto al Gobierno del Estado para destinarlo a su vez a la asistencia social pública. Los gastos se repartirán entre los adjudicatarios en proporción a la parte que reciban.

Artículo 974. Aun cuando por alguna circunstancia especial fuere necesaria, a juicio de la autoridad, la conservación del mostrenco, el que halló éste recibirá la cuarta parte del precio.

Artículo 975. La venta se hará siempre en almoneda pública.

(REFORMADO, P.O. 29 DE DICIEMBRE DE 2017)

Artículo 976. El que se apodere de un bien mueble sin cumplir con lo prevenido en el artículo 967, pagará una multa del equivalente a la cantidad de diez a cien veces el valor diario de la Unidad de Medida y Actualización, y será responsable de los daños y perjuicios que ocasione.

Artículo 977. El que tuviere noticia de la existencia de bienes vacantes y quisiere adquirir la parte que la Ley asigna al descubridor, hará la denuncia de ellos ante el Ministerio Público del lugar de ubicación de los bienes.

Artículo 978. El Ministerio Público, si estima que procede, deducirá ante el Juez competente, según el valor de los inmuebles, la acción que corresponda, a fin de que declarados vacantes los bienes, se adjudiquen en favor del Estado. Se tendrá al que hizo la denuncia como tercero coadyuvante.

Artículo 979. El denunciante recibirá, en su caso, la cuarta parte del valor fiscal de los bienes que denuncie, observándose lo dispuesto en la parte final del artículo 972.

Artículo 980. Al que se apodere de un bien vacante sin cumplir con lo prevenido en este apartado, se le aplicará lo dispuesto en el artículo 975, sin perjuicio de las penas correspondientes al delito que pudiere haber cometido.

SECCIÓN SEXTA
BIENES FUNGIBLES, NO FUNGIBLES, CONSUMIBLES Y NO CONSUMIBLES

Artículo 981. Son fungibles los bienes de la misma especie, calidad y cantidad, que puedan ser reemplazados unos por otros.

Artículo 982. Los bienes no fungibles son los que no pueden ser sustituidos unos por otros de la misma especie, calidad y cantidad.

Artículo 983. Los bienes pueden ser consumibles o no consumibles, según que se agoten o no por el primer uso.

CAPÍTULO TERCERO
PROPIEDAD

Artículo 984. La propiedad es el derecho real que faculta a su titular para usar, gozar y disponer de un bien, con las limitaciones y modalidades que fijan las leyes.

Artículo 985. El propietario debe ejercer su derecho cuando por el no ejercicio del mismo se dañe o perjudique a la colectividad.

Artículo 986. Es ilícito el ejercicio de los derechos reales cuando sólo cause perjuicios a persona distinta de su titular y sin utilidad para éste.

Artículo 987. Se declara de utilidad pública, la adquisición por el Estado, o los Municipios, de terrenos apropiados para la constitución del patrimonio de familia, o para que se construyan casas habitación que se alquilen o vendan a familias de escasos recursos económicos.

(REFORMADO, P.O. 31 DE DICIEMBRE DE 2014)

Artículo 988. El propietario de un inmueble es dueño de la superficie de éste y de lo que está debajo de ella, salvo lo dispuesto por el artículo 27 de la Constitución Política de los Estados Unidos Mexicanos y las demás limitaciones contempladas en las leyes y reglamentos administrativos.

Artículo 989. Nadie puede construir junto a pared ajena o medianera, fosos, cloacas, acueductos, hornos, fraguas, chimeneas o establos, ni instalar depósitos de materias corrosivas, máquinas de vapor o fábricas para usos que puedan ser peligrosos o nocivos sin guardar las distancias, o sin construir las obras de resguardo prescritas por los reglamentos y, a falta de éstos, las que se determinen por peritos.

Artículo 990. En un predio no pueden hacerse excavaciones o construcciones que hagan perder el sostén necesario al suelo o construcciones de las propiedades vecinas, o que causen o puedan causar daños a las mismas, a menos que se hagan las obras de consolidación o de previsión para evitar daño.

Artículo 991. El propietario tiene derecho de pedir al que lo sea de los inmuebles contiguos, el apeo, deslinde o amojonamiento de los que respectivamente le pertenecen, si antes no se ha hecho el deslinde o si se ha borrado el lindero.

Artículo 992. El propietario tiene derecho, y en su caso obligación de cerrar o de cercar su propiedad, en todo o en parte, del modo que lo estime conveniente o lo dispongan las leyes o reglamentos, sin perjuicio de las servidumbres que afecten a la propiedad.

(ADICIONADO, P.O. 31 DE DICIEMBRE DE 2014)

Cuando se edificare sobre un bien inmueble, es obligación del propietario o de quien se comporte como tal, declarar su propiedad ante la autoridad catastral con todas sus características y limitaciones, en un término no mayor a treinta días hábiles, contados a partir de la terminación de obra o construcción.

(ADICIONADO, P.O. 31 DE DICIEMBRE DE 2014)

Enterado el pago por los derechos, así como de la contribución correspondiente, el adquiriente deberá inscribirlo ante el Registro Público de la Propiedad.

Artículo 993. Sólo se pueden plantar árboles junto a un inmueble urbano ajeno, a la distancia de tres metros de la línea divisoria, si la plantación se hace de árboles grandes, y de metro y medio si la plantación se hace de arbustos o árboles pequeños.

Artículo 994. El propietario puede pedir que se arranquen los árboles plantados a menor distancia de su predio de la señalada en el artículo anterior.

Artículo 995. Si las ramas de los árboles se extienden sobre construcciones, jardines o patios vecinos, el dueño de éstos tendrá derecho de que se corten en cuanto invadan sus propiedades; y si fueren las raíces de los árboles vecinos las que se extendieren en el suelo de otro, éste podrá hacerlas cortar por sí mismo dentro de su propiedad, con previo aviso al vecino.

Artículo 996. El propietario de árbol o arbusto contiguo al predio de otro, tiene derecho de exigir de éste que le permita hacer la recolección de los frutos que no se puedan recoger de su lado; pero el dueño del árbol o arbusto es responsable de cualquier daño que se cause con la recolección.

Artículo 997. El dueño de una pared no medianera, contigua a predio ajeno, puede abrir en ella ventanas o huecos para recibir luces a una altura tal que la parte inferior de la ventana diste del suelo de la propiedad vecina dos metros a lo menos, y en todo caso con reja de hierro remetida en la pared y con red de alambre cuyas mallas sean de tres centímetros a lo sumo.

Artículo 998. No obstante lo dispuesto en el artículo anterior, el dueño del inmueble contiguo a la pared en que estuvieren abiertas las ventanas o huecos, podrá construir pared contigua a ella, o si adquiere la medianería apoyarse en la misma pared aunque de uno u otro modo cubra los huecos o ventanas.

Artículo 999. No se pueden tener:

I. Ventanas para asomarse, ni balcones u otros voladizos semejantes, sobre la propiedad del vecino, prolongándose más allá del límite que separe las heredades;

II. Vistas de costado u oblicuas sobre la misma propiedad, si no hay un metro de distancia, que se mide desde la línea de separación de las dos propiedades.

CAPÍTULO CUARTO
FORMAS DE ADQUIRIR DERECHOS PATRIMONIALES

Artículo 1000. Las formas de adquirir derechos patrimoniales pueden ser:

I. Originarias o derivadas;

II. A título oneroso o a título gratuito;

III. Por acto entre vivos o por causa de muerte;

IV. A título universal o a título particular.

Artículo 1001. En las formas originarias, el derecho adquirido se crea al ingresar en el patrimonio del adquirente, ya sea porque ese derecho no existía, ya sea porque habiendo existido y formado parte del patrimonio de una persona determinada, se haya extinguido ese derecho.

Artículo 1002. En las formas derivadas hay transmisión del derecho de un patrimonio a otro, por voluntad de los interesados o por disposición de la ley.

Artículo 1003. En la transmisión a título oneroso, el adquirente da por el derecho que adquiere, una prestación en bienes o servicios.

Artículo 1004. En la transmisión a título gratuito, quien adquiere la propiedad no da ninguna prestación.

Artículo 1005. Las transmisiones por acto entre vivos se realizan por contrato o por acto unilateral, en los casos establecidos en este Código.

Artículo 1006. La transmisión es a título particular cuando tiene por objeto bienes individualmente determinados y puede realizarse por acto entre vivos o por causa de muerte.

Artículo 1007. Las transmisiones por causa de muerte se verifican en la sucesión legítima o en la sucesión testamentaria.

Artículo 1008. La transmisión es a título universal cuando su objeto lo constituye el patrimonio del autor de la herencia o una parte alícuota de éste.

Artículo 1009. La adquisición de bienes puede reunir a la vez varias de las formas definidas en los artículos anteriores.

CAPÍTULO QUINTO
APROPIACIÓN DE ANIMALES

Artículo 1010. Se presume que los animales sin marca, pertenecen al propietario del predio donde se encuentren, mientras no se demuestre lo contrario, o que el dueño del predio no cría animales de esa raza.

Artículo 1011. Los animales sin marca, que se encuentren en tierras que exploten en común varias personas, se presumen del dueño o de los copropietarios de la cría de la misma especie y raza en ellas establecidas, mientras no se pruebe lo contrario.

Artículo 1012. El derecho de caza se rige por las leyes y reglamentos respectivos.

Artículo 1013. Se prohíbe destruir en predios ajenos los nidos, huevos y crías de aves de cualquiera especie.

Artículo 1014. El derecho de pesca en aguas particulares pertenece exclusivamente a los dueños de los predios donde se encuentren esas aguas.

Artículo 1015. Es lícito a los labradores matar en cualquier tiempo:

I. Las aves domésticas en las tierras sembradas de cereales u otros frutos pendientes que pudieren ser perjudicados por esas aves; y

II. Los animales bravíos que perjudiquen sus sementeras y plantaciones.

Artículo 1016. Es lícito a cualquiera:

I. Apropiarse de los animales bravíos, conforme a los reglamentos de policía;

II. Apropiarse de los enjambres que no hayan sido encerrados en colmenas;

III. Ocupar o matar los animales feroces que se escaparen del encierro en que los tengan sus dueños.

Artículo 1017. La ocupación de animales domésticos que no tengan dueño, se rige por las disposiciones relativas a mostrencos.

CAPÍTULO SEXTO
TESOROS

Artículo 1018. Se entiende por tesoro, para los efectos de los artículos siguientes, el dinero, alhajas, pinturas y otros objetos preciosos, cuya legítima procedencia se ignore, y que estén ocultos en un inmueble o en un mueble.

Artículo 1019. El tesoro pertenece al que lo descubra en bien de su propiedad.

Artículo 1020. Si el bien que ocultaba el tesoro fuere de propiedad pública o perteneciere a un particular que no sea el mismo descubridor, se aplicará a éste una mitad del tesoro y la otra al propietario del bien.

Artículo 1021. Cuando los objetos descubiertos fueren interesantes para las ciencias o para las artes, se aplicarán al Estado por su justo precio, el cual se entregará al propietario en el caso del artículo 1019 o se distribuirá conforme a lo dispuesto en el artículo 1020 cuando el descubridor no fuere el propietario del bien que ocultaba el tesoro.

Artículo 1022. Para que el descubridor goce del derecho a que se refieren los artículos 1020 y 1021, es necesario que el descubrimiento sea casual.

Artículo 1023. Nadie de propia autoridad puede, en un inmueble o en un bien mueble ajenos, hacer cualquiera obra para buscar un tesoro.

Artículo 1024. El tesoro descubierto en un bien ajeno por obras practicadas sin consentimiento del dueño, pertenece íntegramente a éste.

Artículo 1025. El que sin consentimiento del dueño hiciere en un bien ajeno obras para descubrir un tesoro, estará obligado a pagar los daños y perjuicios que causare, a reponer a su costa el bien en su estado anterior y perderá los derechos que tuviere como inquilino, comodatario, depositario, acreedor prendario u otro título, aunque no haya concluido el plazo a que se sometió el derecho por virtud del cual tenía en su poder ese bien.

Artículo 1026. Si el tesoro se buscare con consentimiento del dueño del bien, se observarán las estipulaciones que se hubieren hecho para la distribución, y si no las hubiere, los gastos y lo descubierto se distribuirán por mitad.

Artículo 1027. Cuando uno tuviere la propiedad y otro el usufructo de una finca en que se haya encontrado un tesoro, si el que lo encontró fue el mismo usufructuario, la parte que le corresponda se determinará según las reglas que quedan establecidas para el descubridor extraño.

Artículo 1028. En el caso del artículo anterior, si el descubridor no es el dueño, ni el usufructuario, el tesoro se repartirá entre el dueño y el descubridor, con exclusión del usufructuario, observándose en este caso lo dispuesto en los artículos 1024 a 1026.

Artículo 1029. Si el nudo propietario encuentra el tesoro, en la finca o terreno cuyo usufructo pertenece a otra persona, no tendrá ésta parte alguna en el tesoro; pero si derecho para exigir del nudo propietario una indemnización por los daños y perjuicios que le origine la interrupción del usufructo, en la parte ocupada o demolida para buscar el tesoro; y aunque éste no se encuentre se pagará la indemnización.

Artículo 1030. El tesoro no se considera fruto del bien que lo oculta.

CAPÍTULO SÉPTIMO
DOMINIO DE LAS AGUAS

Artículo 1031. El dueño del inmueble en que haya una fuente natural, o que hubiese perforado un pozo, hecho obras de captación de aguas subterráneas o construido aljibe o presa para captar aguas pluviales, puede usar y disponer de esas aguas.

Artículo 1032. Si las aguas a que se refiere el artículo anterior se localizaren en dos o más predios, su aprovechamiento se considerará de utilidad pública, y quedará sujeto a las disposiciones legales sobre la materia.

Artículo 1033. El dominio sobre las aguas de que trata el artículo 1031, no perjudica los derechos que legítimamente hayan podido adquirir para su aprovechamiento, los propietarios de los predios inferiores.

Artículo 1034. El propietario de las aguas no podrá desviar su curso de modo que causen daño a otra persona.

Artículo 1035. El propietario de un predio que sólo con muy costosos trabajos pueda proveerse del agua indispensable para utilizar convenientemente ese predio, tiene derecho de exigir de los dueños de los predios vecinos que tengan aguas sobrantes, le proporcionen la necesaria, mediante el pago de una indemnización fijada por peritos.

Artículo 1036. Las disposiciones de este Capítulo se aplicarán en tanto lo permitan el artículo 27 de la Constitución Política de los Estados Unidos Mexicanos y las leyes reglamentarias del mismo.

CAPÍTULO OCTAVO
ACCESIÓN

Artículo 1037. La propiedad de los bienes da derecho a todo lo que ellos producen, o se les une o incorpora natural o artificialmente. Este derecho se llama de accesión.

Artículo 1038. A falta de disposición legal expresa, el derecho de accesión se rige por el principio que prohíbe el enriquecimiento sin causa a costa de otro y por el establecido en el artículo 960.

Artículo 1039. En virtud del derecho de accesión pertenecen al propietario:

I. Los frutos naturales;

II. Los frutos industriales;

III. Los frutos civiles.

Artículo 1040. Son frutos naturales las producciones espontáneas de la tierra; las crías, pieles y demás productos de los animales.

Artículo 1041. Las crías de los animales pertenecen al dueño de la hembra y no al del macho, salvo convenio en contrario.

Artículo 1042. Son frutos industriales los que producen los inmuebles mediante el trabajo realizado en ellos.

Artículo 1043. Los frutos naturales o industriales se consideran existentes desde que están nacidos o manifiestos.

Artículo 1044. Para que los animales se consideren frutos, basta que estén en el vientre de la hembra.

Artículo 1045. Son frutos civiles los alquileres de los bienes muebles; las rentas de los inmuebles; los réditos de los capitales y los que no siendo producidos por el mismo bien directamente, vienen de él por contrato, por última voluntad o por la ley.

Artículo 1046. Quien percibe los frutos tiene obligación de abonar los gastos que otra persona haya hecho, para su producción, recolección y conservación.

Artículo 1047. Lo que se une o incorpora a un bien, lo edificado, plantado y sembrado, y lo reparado o mejorado en finca o terreno ajeno, pertenecen al dueño de éstos, con sujeción a lo dispuesto en los artículos siguientes.

Artículo 1048. Las obras, siembras, plantaciones, mejoras y reparaciones ejecutadas en un inmueble, se presumen hechas por el propietario y a su costa, mientras no se pruebe lo contrario.

Artículo 1049. El que sembrare, plantare o edificare en finca propia, con semillas, plantas o materiales ajenos, adquiere la propiedad de unas y otras, con obligación de pagarlos en todo caso, y de resarcir daños y perjuicios, si ha procedido de mala fe.

Artículo 1050. El dueño de las semillas, plantas o materiales, no tendrá derecho a pedir que se le devuelvan, destruyéndose la obra o plantación; pero si las plantas no han echado raíces y pueden sacarse, el dueño de ellas tiene derecho de pedir que así se haga.

Artículo 1051. El dueño del terreno en que se edificare, sembrare o plantare de buena fe, tendrá derecho de hacer suya la obra, siembra o plantación, previo pago del precio de las semillas, plantas o materiales empleados, o de obligar, al que edificó a pagar el precio del terreno ocupado por la construcción, y al que sembró o plantó solamente la renta.

Artículo 1052. El que edifica, planta o siembra de mala fe en terreno ajeno, pierde lo edificado, plantado o sembrado, sin que tenga derecho a reclamar indemnización alguna al dueño del suelo ni a retener el bien.

Artículo 1053. En el caso del artículo anterior, el dueño del suelo podrá pedir la demolición de la obra o la destrucción de la siembra o plantación y la reposición del bien a su estado primitivo, a costa del edificador, sembrador o plantador.

Artículo 1054. Cuando haya mala fe, no sólo por parte del que edificare, sino por parte del dueño, se entenderá compensada esta circunstancia, y se arreglarán los derechos de uno y otro, conforme a lo resuelto para el caso de haberse procedido de buena fe.

Artículo 1055. Se entiende que hay mala fe de parte del edificador, plantador o sembrador, cuando hace la edificación, plantación o siembra, o permite sin reclamar, que con material suyo las haga otro en terreno que sabe es ajeno, no pidiendo previamente al dueño su consentimiento por escrito.

Artículo 1056. Se entiende haber mala fe por parte del dueño, siempre que con su conocimiento y sin oposición suya se hiciere el edificio, la siembra o la plantación.

Artículo 1057. Si no procedió de mala fe el dueño de los materiales, plantas o semillas y no es el edificador, plantador o sembrador ni el dueño del terreno, éste es responsable subsidiariamente del valor de aquéllos, si concurren las circunstancias siguientes:

I. Que quien de mala fe empleó los materiales, plantas o semillas, no tenga bienes con que responder de su valor;

II. Que lo edificado, plantado o sembrado aproveche al dueño.

Artículo 1058. No es aplicable lo dispuesto en el artículo anterior, si el propietario ejercita el derecho que le concede el artículo 1053.

Artículo 1059. Los dueños de los inmuebles confinantes con lagunas o jagüeyes, no adquieren el terreno descubierto por la disminución natural de las aguas, ni pierden el que éstas inunden con las crecidas extraordinarias.

Artículo 1060. Si la fuerza del río arranca solamente árboles y éstos se hallaban en terrenos de propiedad particular y no en la zona federal, el propietario de ellos conserva el derecho de reclamarlos y llevarlos a su inmueble dentro del plazo de un año; pero no puede usar sus derechos de propietario, en el campo ajeno en que se encuentren.

Artículo 1061. Pertenece a los dueños de los inmuebles confinantes con las riberas de los ríos, el acrecentamiento que aquéllas reciben paulatina e imperceptiblemente, por efecto de la corriente de las aguas, y sólo en la parte que dicho acrecentamiento exceda de la zona federal.

Artículo 1062. Cuando una corriente de agua de propiedad particular cambiare de cauce, los propietarios de los predios a través de los cuales se establezca el nuevo cauce adquirirán esas aguas.

Artículo 1063. Los cauces abandonados por corrientes de agua que no sean de la Federación, pertenecen a los dueños de los terrenos por donde corrían esas aguas.

Artículo 1064. Si la corriente colindaba con varios predios, el cauce abandonado pertenece a los propietarios de ambas riberas proporcionalmente a la extensión del frente de cada inmueble, a lo largo de la primitiva corriente, tirando una línea divisoria por en medio del cauce.

Artículo 1065. Cuando dos bienes muebles que pertenecen a dos dueños distintos, se unen de tal manera que vienen a formar uno solo, sin que intervenga mala fe, el propietario del principal adquiere el accesorio, pagando su valor.

Artículo 1066. Se reputa principal, entre dos bienes incorporados, el de mayor valor.

Artículo 1067. Si no pudiere hacerse la calificación conforme a la regla establecida en el artículo que precede, se reputará principal el bien cuyo uso, perfección o adorno, se haya conseguido por la unión del otro.

Artículo 1068. En la pintura, escultura y bordados; en los escritos, impresos, grabados, litografías, fotograbados, oleografías, cromolitografías y en las demás obras obtenidas por otros procedimientos análogos a los anteriores, se estima accesorio la tabla, el metal, la piedra, el lienzo, el papel, el pergamino, el plástico o cualquiera otro material que sirva de base.

Artículo 1069. Cuando los bienes unidos pueden separarse sin detrimento, y subsistir independientemente, los dueños respectivos pueden exigir la separación.

Artículo 1070. Cuando los bienes no pueden separarse sin que el que se repute accesorio sufra deterioro, el dueño del principal tendrá derecho de pedir la separación; pero quedará obligado a indemnizar al propietario del accesorio, si éste procedió de buena fe.

Artículo 1071. Cuando el dueño del bien accesorio fue quien hizo la incorporación, lo pierde si obró de mala fe; y está además obligado a indemnizar al propietario del principal por los perjuicios que se hayan causado a éste.

Artículo 1072. Si el dueño del bien principal fue quien procedió de mala fe, el que lo sea del accesorio tendrá derecho a que aquél le pague su valor y le indemnice de los daños y perjuicios, o a que éste bien se separe, aunque para ello haya de destruirse el principal.

Artículo 1073. Si la incorporación se hace por uno de los dueños con conocimiento y sin oposición del otro, los derechos respectivos se arreglarán conforme a lo dispuesto en los artículos 1065 a 1068.

Artículo 1074. Siempre que el dueño del bien empleado sin su consentimiento, tenga derecho a indemnización, podrá exigir que ésta consista en la entrega de un bien igual en especie, en valor y en todas sus circunstancias al empleado o en el precio de él fijado por peritos.

Artículo 1075. Si se mezclan dos bienes de igual o diferente especie, por voluntad de sus dueños o por casualidad, y no son separables sin detrimento, cada propietario adquirirá un derecho proporcional a la parte que le corresponda, atendiendo al valor de los bienes mezclados o confundidos.

Artículo 1076. Si por voluntad de uno solo, pero con buena fe, se mezclan o confunden dos bienes de igual o de diferente especie, los derechos de los propietarios se arreglarán por lo dispuesto en el artículo anterior; a no ser que el dueño del bien mezclado sin su consentimiento, prefiera la indemnización de daños y perjuicios.

Artículo 1077. El que de mala fe hace la mezcla o confusión, pierde el bien mezclado o confundido que fuere de su propiedad, y queda además obligado a la indemnización de los daños y perjuicios causados al dueño del bien o bienes con que hizo la mezcla.

Artículo 1078. Si de buena fe se forma, con materia ajena, en todo o en parte, un bien de nueva especie, el que empleó aquélla hará o no suya, a su voluntad, la obra formada; pero en cualquier caso debe pagar al dueño de la materia empleada el importe de ésta.

Artículo 1079. Si la especificación se hizo de mala fe, el dueño de la materia empleada tiene el derecho de hacer suya la obra, sin pagar nada al que la hizo, o de exigir de éste daños y perjuicios.

Artículo 1080. La mala fe en los casos de mezcla o confusión se calificará conforme a lo dispuesto en los artículos 1055 y 1056.

CAPÍTULO NOVENO
COPROPIEDAD

Artículo 1081. Hay copropiedad cuando uno o más bienes pertenecen pro indiviso a dos o más personas.

Artículo 1082. Los que por cualquier título legal tienen el dominio común de un bien, no pueden ser obligados a conservarlo indiviso, sino en los casos en que por la naturaleza del bien o por determinación de la ley, el dominio es indivisible.

Artículo 1083. Si el dominio es divisible, pero el bien no admite cómoda división, y los partícipes no convienen que sea adjudicado a alguno de ellos, se procederá a su venta y a la repartición de su precio entre los interesados.

Artículo 1084. Cuando los diferentes pisos, departamentos, viviendas o locales de una casa no fueren más de tres y pertenecieren a diversos propietarios, si los títulos de cada uno de ellos no regulan la aportación que individualmente les corresponda en las obras necesarias, se aplicarán, además de las disposiciones de este capítulo, los siguientes preceptos:

I. Las paredes maestras, el tejado o azotea, y las demás partes de uso común, estarán a cargo de todos los propietarios en proporción al valor de su piso;

II. Cada propietario costeará el suelo de su piso;

III. El pavimento del portal, puerta de entrada, patio común y las obras de salubridad, higiene y ornato y las labores de limpieza y vigilancia comunes, se costearán a prorrata por todos los propietarios;

IV. La escalera que conduce al piso primero, se costeará a prorrata entre todos, excepto el dueño del piso bajo y la que conduce al tercero se costeará sólo por el dueño de éste.

Artículo 1085. En el supuesto previsto por el artículo anterior, los propietarios ejercitarán las facultades que les confiere la ley, respetando los derechos de convivencia y no son aplicables los artículos 1082, 1083, 1116 a 1139 y 1141 a 1166 de este Código.

Artículo 1086. A falta de contrato o disposición especial, se regirá la copropiedad por las disposiciones siguientes:

I. Los copropietarios participarán, proporcionalmente a sus respectivas porciones, tanto en los beneficios como en las cargas;

II. Mientras no se pruebe lo contrario, se presumirán iguales las porciones correspondientes a los copropietarios en el bien o bienes comunes;

III. Cada copropietario podrá servirse del bien o bienes comunes, conforme al destino de éstos, de manera que no perjudique el interés de los demás copropietarios ni impida a éstos usarlos, según su derecho;

IV. Cualquiera de los copropietarios tiene derecho para obligar a los demás a contribuir a los gastos de conservación del bien o bienes comunes;

V. Sólo puede eximirse de la obligación a que se refiere la fracción anterior, el copropietario que renuncie a la parte que le pertenece en la copropiedad;

VI. Sin el consentimiento de todos los copropietarios, ninguno de ellos podrá hacer alteraciones en el bien común, aunque de ellas pudieran resultar ventajas para todos, ni ejecutar actos de disposición respecto al mismo bien;

VII. Los copropietarios gozan del derecho del tanto.

Artículo 1087. La administración del bien común se rige por las siguientes reglas:

I. Serán obligatorios los acuerdos de la mayoría de los copropietarios;

II. Para que haya mayoría se necesita que ésta sea de copropietarios y de intereses;

III. Si no hubiere mayoría, el Juez, oyendo a los interesados, resolverá lo que deba hacerse dentro de lo propuesto por ellos;

IV. Cuando una parte cierta y determinada del bien perteneciere exclusivamente a un propietario, y otra parte fuere común a dos o más copropietarios, sólo a ésta serán aplicables las fracciones anteriores.

Artículo 1088. Cada uno de los copropietarios tendrá la plena titularidad de su derecho y de los frutos y utilidades que le correspondan, y puede enajenarlo, cederlo o hipotecarlo o substituir a otra persona en su aprovechamiento, salvo el derecho del tanto de los demás copropietarios.

Artículo 1089. El efecto de la enajenación o de la hipoteca que autoriza el artículo anterior, con relación a los demás copropietarios, se limitará a la porción que se adjudique en la división al enajenante o deudor hipotecario, al cesar la copropiedad.

Artículo 1090. La división de un bien común no perjudica a tercero, el cual conservará los derechos reales de que era titular antes de la partición.

Artículo 1091. Cuando haya constancia que demuestre quien fabricó la pared que divide los predios, el que la costeó es dueño exclusivo de ella; si consta que se fabricó por los colindantes, o no consta quién la fabricó, es de propiedad común.

Artículo 1092. Se presume la copropiedad mientras no haya signo exterior que demuestre lo contrario:

I. En las paredes divisorias de los jardines o corrales, situados en poblado o en el campo;

II. En las cercas, vallados y setos vivos que dividan los predios rústicos;

III. En las paredes divisorias de los edificios contiguos, hasta el punto común de elevación; pero si las construcciones no tienen una misma altura, sólo hay presunción de copropiedad hasta la altura de la construcción menos elevada.

Artículo 1093. Hay signo contrario a la copropiedad:

I. Cuando hay ventanas o huecos abiertos en la pared divisoria de los edificios;

II. Cuando conocidamente toda la pared, vallado, cerca o seto están construidos sobre el terreno de uno de los inmuebles y no por mitad entre uno y otro de los dos contiguos;

III. Cuando la pared soporte las cargas y carreras, pasos y armaduras de una de las posesiones y no de la contigua;

IV. Cuando la pared divisoria entre patios, jardines y otros inmuebles esté construida de modo que la albardilla caiga hacia una sola de las propiedades;

V. Cuando la pared divisoria construida de mampostería presente pasaderas, que de trecho en trecho salgan sólo por una cara de la pared, y no por la otra;

VI. Cuando la pared fuere divisoria entre un edificio del cual forma parte, y un jardín, campo, corral o sitio sin edificio;

VII. Cuando un inmueble se halle cercado o defendido por vallados, cercas o setos vivos y los contiguos no lo estén;

VIII. Cuando la cerca que encierra completamente un inmueble es de distinta especie de la que tiene el inmueble vecino en sus lados contiguos a la primera.

Artículo 1094. En los casos señalados en el artículo anterior, se presume, salvo prueba en contrario, que las paredes, cercas, vallados o setos pertenecen exclusivamente al dueño del inmueble que tiene a su favor uno o más de los signos exteriores enumerados en el mismo artículo.

Artículo 1095. Las zanjas o acequias abiertas entre los inmuebles, se presumen de copropiedad si no hay título o signo que demuestre lo contrario.

Artículo 1096. Hay signo contrario a la copropiedad, cuando la tierra o broza sacada de la zanja o acequia para abrirla o limpiarla, se halle sólo de un lado. En este caso, se presume que la propiedad de la zanja o acequia es exclusivamente del dueño del inmueble que tiene a su favor este signo exterior.

Artículo 1097. La presunción que establece el artículo anterior, cesa cuando la inclinación del terreno obliga a echar la tierra de un solo lado.

Artículo 1098. Los dueños de los predios están obligados a cuidar que no se deterioren la pared, zanja o seto de copropiedad; y si por hecho de alguno de sus dependientes o animales, o por cualquiera otra causa que dependa de ellos, se deterioran, deben reponerlos, pagando los daños y perjuicios que se hubieren causado.

Artículo 1099. La reparación y construcción de las paredes medianeras, y el mantenimiento de los vallados, setos, zanjas o acequias, también medianeros, se costearán proporcionalmente por los dueños que tengan a su favor la copropiedad.

Artículo 1100. Puede el copropietario librarse de las obligaciones que le impone el artículo anterior, renunciando a la copropiedad, salvo el caso en que la pared común sostenga un edificio suyo.

Artículo 1101. El propietario de un edificio que se apoya en una pared común, puede al derribarlo renunciar o no a la copropiedad. En el primer caso serán de su cuenta los gastos necesarios para evitar o reparar los daños que cause la demolición. En el segundo, además de esta obligación, queda sujeto a lo dispuesto en los artículos 1098 y 1099.

Artículo 1102. El propietario de una finca contigua a una pared divisoria que no sea común, sólo puede darle este carácter en todo o en parte, por contrato con el dueño de ella.

Artículo 1103. Todo propietario puede alzar la pared de propiedad común, haciéndolo a sus expensas e indemnizando de los perjuicios que se ocasionaren por la obra, aunque sean temporales.

Artículo 1104. Serán igualmente por cuenta del propietario a que se refiere el artículo anterior todas las obras de conservación de la pared en la parte en que ésta haya aumentado su altura o espesor, y las que en la parte común sean necesarias, siempre que el deterioro provenga de la mayor altura o espesor que se haya dado a la pared.

Artículo 1105. Si la pared de propiedad común no puede resistir la elevación, el propietario que quiera levantarla tendrá la obligación de reconstruirla a su costa; y si fuere necesario darle mayor espesor, deberá darlo de su suelo.

Artículo 1106. En los casos a que se refieren los artículos 1103 y 1105, la pared continúa siendo de propiedad común, hasta la altura que lo era antes de efectuarse las obras a que se refieren esos artículos, aun cuando haya sido edificada de nuevo a expensas de uno solo; pero desde el punto donde comience la mayor altura es propiedad exclusiva de quien la edificó.

Artículo 1107. Los demás propietarios que no hayan contribuido a dar más elevación o espesor a la pared, podrán, sin embargo, adquirir en la parte nuevamente elevada los derechos de copropiedad, pagando proporcionalmente el valor de la obra y la mitad del valor del terreno sobre el que se hubiere dado mayor espesor.

Artículo 1108. Cada copropietario de una pared común podrá usarla proporcionalmente al derecho que tenga en la copropiedad, pero sin impedir el uso común de los demás copropietarios, y el que corresponde a cada uno de ellos.

Artículo 1109. El copropietario puede edificar, apoyando su obra en la pared común o introducir vigas hasta la mitad de su espesor y en caso de resistencia de los otros copropietarios, se arreglarán por medio de peritos las condiciones necesarias para que la nueva obra no perjudique los derechos de aquéllos.

Artículo 1110. Los árboles existentes en cerca de copropiedad, o que señalen lindero, son también de copropiedad y no pueden ser cortados ni substituidos con otros, sin el consentimiento de ambos propietarios o por decisión judicial, pronunciada en juicio contradictorio, en caso de desacuerdo.

Artículo 1111. Los frutos de árbol o de arbusto común y los gastos de su cultivo, serán repartidos por partes iguales entre los copropietarios.

Artículo 1112. Para abrir ventana o hueco, en pared común, es necesario el consentimiento de todos los copropietarios de ella.

Artículo 1113. La copropiedad cesa:

I. Por la división del bien común;

II. Por la destrucción o pérdida del bien objeto de ella;

III. Por la enajenación del mismo bien; y

IV. Por la consolidación o reunión de todas las cuotas en un solo copropietario.

Artículo 1114. La división de bienes inmuebles debe hacerse con las formalidades que la ley exige para su venta.

Artículo 1115. Son aplicables a la división entre partícipes, las reglas relativas a la división de herencias.

CAPÍTULO DÉCIMO
RÉGIMEN DE PROPIEDAD Y CONDOMINIO

SECCIÓN PRIMERA
DISPOSICIONES GENERALES

Artículo 1116. Con excepción de lo dispuesto en los artículos 1084 y 1085, el régimen de propiedad y condominio, puede originarse:

I. Cuando los diferentes pisos, departamentos, viviendas o locales de que conste un edificio, pertenezcan a distintos dueños;

II. Cuando se construya un edificio para vender a personas distintas los diferentes pisos, departamentos, viviendas o locales de que conste el mismo;

III. Cuando el propietario o propietarios de un edificio lo dividan en diferentes pisos, departamentos, viviendas o locales, para venderlos a distintas personas, si existe un elemento común que sea indivisible.

(ADICIONADA, P.O. 21 DE ENERO DE 2004)

IV. Cuando el propietario o propietarios de un terreno o predio, lo dividan en diferentes áreas privativas o fracciones, para transmitir su propiedad a distintas personas, preservando elementos comunes que sean indivisibles; encontrándose además dicho inmueble debidamente delimitado por algún elemento físico y con los lineamientos requeridos por la ley de la materia.

N. DE E. EN RELACIÓN CON LA ENTRADA EN VIGOR DEL PRESENTE ARTÍCULO, VÉASE TRANSITORIO PRIMERO DEL DECRETO QUE MODIFICA EL ORDENAMIENTO.

(REFORMADO, P.O. 10 DE AGOSTO DE 2011)

Artículo 1117. La copropiedad sobre los elementos comunes del inmueble no es susceptible de división. La parte alícuota de los condueños sobre los elementos comunes es inseparable del derecho de propiedad exclusivo que les corresponde respecto de las unidades privativas. Sólo se podrá enajenar, gravar o embargar la parte alícuota cuando se haga conjuntamente con la propiedad privativa.

N. DE E. EN RELACIÓN CON LA ENTRADA EN VIGOR DEL PRESENTE ARTÍCULO, VÉASE TRANSITORIO PRIMERO DEL DECRETO QUE MODIFICA EL ORDENAMIENTO.

(REFORMADO, P.O. 10 DE AGOSTO DE 2011)

Artículo 1118. Los derechos y obligaciones de los condóminos a que se refiere este Capítulo, se regirán por este Código, la Ley que regula el Régimen de Propiedad en Condominio para el Estado de Puebla y por las escrituras en que se hubiere constituido el régimen de propiedad en condominio.

N. DE E. EN RELACIÓN CON LA ENTRADA EN VIGOR DEL PRESENTE ARTÍCULO, VÉASE TRANSITORIO PRIMERO DEL DECRETO QUE MODIFICA EL ORDENAMIENTO.

Artículo 1119. (DEROGADO, P.O. 10 DE AGOSTO DE 2011)

N. DE E. EN RELACIÓN CON LA ENTRADA EN VIGOR DEL PRESENTE ARTÍCULO, VÉASE TRANSITORIO PRIMERO DEL DECRETO QUE MODIFICA EL ORDENAMIENTO.

Artículo 1120. (DEROGADO, P.O. 10 DE AGOSTO DE 2011)

N. DE E. EN RELACIÓN CON LA ENTRADA EN VIGOR DEL PRESENTE ARTÍCULO, VÉASE TRANSITORIO PRIMERO DEL DECRETO QUE MODIFICA EL ORDENAMIENTO.

Artículo 1121. (DEROGADO, P.O. 10 DE AGOSTO DE 2011)

N. DE E. EN RELACIÓN CON LA ENTRADA EN VIGOR DEL PRESENTE ARTÍCULO, VÉASE TRANSITORIO PRIMERO DEL DECRETO QUE MODIFICA EL ORDENAMIENTO.

Artículo 1122. (DEROGADO, P.O. 10 DE AGOSTO DE 2011)

N. DE E. EN RELACIÓN CON LA ENTRADA EN VIGOR DEL PRESENTE ARTÍCULO, VÉASE TRANSITORIO PRIMERO DEL DECRETO QUE MODIFICA EL ORDENAMIENTO.

Artículo 1123. (DEROGADO, P.O. 10 DE AGOSTO DE 2011)

N. DE E. EN RELACIÓN CON LA ENTRADA EN VIGOR DEL PRESENTE ARTÍCULO, VÉASE TRANSITORIO PRIMERO DEL DECRETO QUE MODIFICA EL ORDENAMIENTO.

Artículo 1124. (DEROGADO, P.O. 10 DE AGOSTO DE 2011)

N. DE E. EN RELACIÓN CON LA ENTRADA EN VIGOR DEL PRESENTE ARTÍCULO, VÉASE TRANSITORIO PRIMERO DEL DECRETO QUE MODIFICA EL ORDENAMIENTO.

Artículo 1125. (DEROGADO, P.O. 10 DE AGOSTO DE 2011)

N. DE E. EN RELACIÓN CON LA ENTRADA EN VIGOR DEL PRESENTE ARTÍCULO, VÉASE TRANSITORIO PRIMERO DEL DECRETO QUE MODIFICA EL ORDENAMIENTO.

Artículo 1126. (DEROGADO, P.O. 10 DE AGOSTO DE 2011)

N. DE E. EN RELACIÓN CON LA ENTRADA EN VIGOR DEL PRESENTE ARTÍCULO, VÉASE TRANSITORIO PRIMERO DEL DECRETO QUE MODIFICA EL ORDENAMIENTO.

Artículo 1127. (DEROGADO, P.O. 10 DE AGOSTO DE 2011)

SECCIÓN SEGUNDA
BIENES PROPIOS Y BIENES COMUNES

N. DE E. EN RELACIÓN CON LA ENTRADA EN VIGOR DEL PRESENTE ARTÍCULO, VÉASE TRANSITORIO PRIMERO DEL DECRETO QUE MODIFICA EL ORDENAMIENTO.

Artículo 1128. (DEROGADO, P.O. 10 DE AGOSTO DE 2011)

N. DE E. EN RELACIÓN CON LA ENTRADA EN VIGOR DEL PRESENTE ARTÍCULO, VÉASE TRANSITORIO PRIMERO DEL DECRETO QUE MODIFICA EL ORDENAMIENTO.

Artículo 1129. (DEROGADO, P.O. 10 DE AGOSTO DE 2011)

N. DE E. EN RELACIÓN CON LA ENTRADA EN VIGOR DEL PRESENTE ARTÍCULO, VÉASE TRANSITORIO PRIMERO DEL DECRETO QUE MODIFICA EL ORDENAMIENTO.

Artículo 1130. (DEROGADO, P.O. 10 DE AGOSTO DE 2011)

N. DE E. EN RELACIÓN CON LA ENTRADA EN VIGOR DEL PRESENTE ARTÍCULO, VÉASE TRANSITORIO PRIMERO DEL DECRETO QUE MODIFICA EL ORDENAMIENTO.

Artículo 1131. (DEROGADO, P.O. 10 DE AGOSTO DE 2011)

N. DE E. EN RELACIÓN CON LA ENTRADA EN VIGOR DEL PRESENTE ARTÍCULO, VÉASE TRANSITORIO PRIMERO DEL DECRETO QUE MODIFICA EL ORDENAMIENTO.

Artículo 1132. (DEROGADO, P.O. 10 DE AGOSTO DE 2011)

N. DE E. EN RELACIÓN CON LA ENTRADA EN VIGOR DEL PRESENTE ARTÍCULO, VÉASE TRANSITORIO PRIMERO DEL DECRETO QUE MODIFICA EL ORDENAMIENTO.

Artículo 1133. (DEROGADO, P.O. 10 DE AGOSTO DE 2011)

N. DE E. EN RELACIÓN CON LA ENTRADA EN VIGOR DEL PRESENTE ARTÍCULO, VÉASE TRANSITORIO PRIMERO DEL DECRETO QUE MODIFICA EL ORDENAMIENTO.

Artículo 1134. (DEROGADO, P.O. 10 DE AGOSTO DE 2011)

N. DE E. EN RELACIÓN CON LA ENTRADA EN VIGOR DEL PRESENTE ARTÍCULO, VÉASE TRANSITORIO PRIMERO DEL DECRETO QUE MODIFICA EL ORDENAMIENTO.

Artículo 1135. (DEROGADO, P.O. 10 DE AGOSTO DE 2011)

N. DE E. EN RELACIÓN CON LA ENTRADA EN VIGOR DEL PRESENTE ARTÍCULO, VÉASE TRANSITORIO PRIMERO DEL DECRETO QUE MODIFICA EL ORDENAMIENTO.

Artículo 1136. (DEROGADO, P.O. 10 DE AGOSTO DE 2011)

N. DE E. EN RELACIÓN CON LA ENTRADA EN VIGOR DEL PRESENTE ARTÍCULO, VÉASE TRANSITORIO PRIMERO DEL DECRETO QUE MODIFICA EL ORDENAMIENTO.

Artículo 1137. (DEROGADO, P.O. 10 DE AGOSTO DE 2011)

N. DE E. EN RELACIÓN CON LA ENTRADA EN VIGOR DEL PRESENTE ARTÍCULO, VÉASE TRANSITORIO PRIMERO DEL DECRETO QUE MODIFICA EL ORDENAMIENTO.

Artículo 1138. (DEROGADO, P.O. 10 DE AGOSTO DE 2011)

N. DE E. EN RELACIÓN CON LA ENTRADA EN VIGOR DEL PRESENTE ARTÍCULO, VÉASE TRANSITORIO PRIMERO DEL DECRETO QUE MODIFICA EL ORDENAMIENTO.

Artículo 1139. (DEROGADO, P.O. 10 DE AGOSTO DE 2011)

N. DE E. EN RELACIÓN CON LA ENTRADA EN VIGOR DEL PRESENTE ARTÍCULO, VÉASE TRANSITORIO PRIMERO DEL DECRETO QUE MODIFICA EL ORDENAMIENTO.

Artículo 1140. (DEROGADO, P.O. 10 DE AGOSTO DE 2011)

N. DE E. EN RELACIÓN CON LA ENTRADA EN VIGOR DEL PRESENTE ARTÍCULO, VÉASE TRANSITORIO PRIMERO DEL DECRETO QUE MODIFICA EL ORDENAMIENTO.

Artículo 1141. (DEROGADO, P.O. 10 DE AGOSTO DE 2011)

N. DE E. EN RELACIÓN CON LA ENTRADA EN VIGOR DEL PRESENTE ARTÍCULO, VÉASE TRANSITORIO PRIMERO DEL DECRETO QUE MODIFICA EL ORDENAMIENTO.

Artículo 1142. (DEROGADO, P.O. 10 DE AGOSTO DE 2011)

N. DE E. EN RELACIÓN CON LA ENTRADA EN VIGOR DEL PRESENTE ARTÍCULO, VÉASE TRANSITORIO PRIMERO DEL DECRETO QUE MODIFICA EL ORDENAMIENTO.

Artículo 1143. (DEROGADO, P.O. 10 DE AGOSTO DE 2011)

N. DE E. EN RELACIÓN CON LA ENTRADA EN VIGOR DEL PRESENTE ARTÍCULO, VÉASE TRANSITORIO PRIMERO DEL DECRETO QUE MODIFICA EL ORDENAMIENTO.

Artículo 1144. (DEROGADO, P.O. 10 DE AGOSTO DE 2011)

N. DE E. EN RELACIÓN CON LA ENTRADA EN VIGOR DEL PRESENTE ARTÍCULO, VÉASE TRANSITORIO PRIMERO DEL DECRETO QUE MODIFICA EL ORDENAMIENTO.

Artículo 1145. (DEROGADO, P.O. 10 DE AGOSTO DE 2011)

N. DE E. EN RELACIÓN CON LA ENTRADA EN VIGOR DEL PRESENTE ARTÍCULO, VÉASE TRANSITORIO PRIMERO DEL DECRETO QUE MODIFICA EL ORDENAMIENTO.

Artículo 1146. (DEROGADO, P.O. 10 DE AGOSTO DE 2011)

SECCIÓN TERCERA
ADMINISTRADOR Y ASAMBLEAS

N. DE E. EN RELACIÓN CON LA ENTRADA EN VIGOR DEL PRESENTE ARTÍCULO, VÉASE TRANSITORIO PRIMERO DEL DECRETO QUE MODIFICA EL ORDENAMIENTO.

Artículo 1147. (DEROGADO, P.O. 10 DE AGOSTO DE 2011)

N. DE E. EN RELACIÓN CON LA ENTRADA EN VIGOR DEL PRESENTE ARTÍCULO, VÉASE TRANSITORIO PRIMERO DEL DECRETO QUE MODIFICA EL ORDENAMIENTO.

Artículo 1148. (DEROGADO, P.O. 10 DE AGOSTO DE 2011)

N. DE E. EN RELACIÓN CON LA ENTRADA EN VIGOR DEL PRESENTE ARTÍCULO, VÉASE TRANSITORIO PRIMERO DEL DECRETO QUE MODIFICA EL ORDENAMIENTO.

Artículo 1149. (DEROGADO, P.O. 10 DE AGOSTO DE 2011)

N. DE E. EN RELACIÓN CON LA ENTRADA EN VIGOR DEL PRESENTE ARTÍCULO, VÉASE TRANSITORIO PRIMERO DEL DECRETO QUE MODIFICA EL ORDENAMIENTO.

Artículo 1150. (DEROGADO, P.O. 10 DE AGOSTO DE 2011)

N. DE E. EN RELACIÓN CON LA ENTRADA EN VIGOR DEL PRESENTE ARTÍCULO, VÉASE TRANSITORIO PRIMERO DEL DECRETO QUE MODIFICA EL ORDENAMIENTO.

Artículo 1151. (DEROGADO, P.O. 10 DE AGOSTO DE 2011)

N. DE E. EN RELACIÓN CON LA ENTRADA EN VIGOR DEL PRESENTE ARTÍCULO, VÉASE TRANSITORIO PRIMERO DEL DECRETO QUE MODIFICA EL ORDENAMIENTO.

Artículo 1152. (DEROGADO, P.O. 10 DE AGOSTO DE 2011)

N. DE E. EN RELACIÓN CON LA ENTRADA EN VIGOR DEL PRESENTE ARTÍCULO, VÉASE TRANSITORIO PRIMERO DEL DECRETO QUE MODIFICA EL ORDENAMIENTO.

Artículo 1153. (DEROGADO, P.O. 10 DE AGOSTO DE 2011)

SECCIÓN CUARTA
REGLAMENTO DE CONDOMINIO Y ADMINISTRACIÓN

N. DE E. EN RELACIÓN CON LA ENTRADA EN VIGOR DEL PRESENTE ARTÍCULO, VÉASE TRANSITORIO PRIMERO DEL DECRETO QUE MODIFICA EL ORDENAMIENTO.

Artículo 1154. (DEROGADO, P.O. 10 DE AGOSTO DE 2011)

N. DE E. EN RELACIÓN CON LA ENTRADA EN VIGOR DEL PRESENTE ARTÍCULO, VÉASE TRANSITORIO PRIMERO DEL DECRETO QUE MODIFICA EL ORDENAMIENTO.

Artículo 1155. (DEROGADO, P.O. 10 DE AGOSTO DE 2011)

N. DE E. EN RELACIÓN CON LA ENTRADA EN VIGOR DEL PRESENTE ARTÍCULO, VÉASE TRANSITORIO PRIMERO DEL DECRETO QUE MODIFICA EL ORDENAMIENTO.

Artículo 1156. (DEROGADO, P.O. 10 DE AGOSTO DE 2011)

N. DE E. EN RELACIÓN CON LA ENTRADA EN VIGOR DEL PRESENTE ARTÍCULO, VÉASE TRANSITORIO PRIMERO DEL DECRETO QUE MODIFICA EL ORDENAMIENTO.

Artículo 1157. (DEROGADO, P.O. 10 DE AGOSTO DE 2011)

SECCIÓN QUINTA
GASTOS, OBLIGACIONES FISCALES Y CONTROVERSIAS

N. DE E. EN RELACIÓN CON LA ENTRADA EN VIGOR DEL PRESENTE ARTÍCULO, VÉASE TRANSITORIO PRIMERO DEL DECRETO QUE MODIFICA EL ORDENAMIENTO.

Artículo 1158. (DEROGADO, P.O. 10 DE AGOSTO DE 2011)

N. DE E. EN RELACIÓN CON LA ENTRADA EN VIGOR DEL PRESENTE ARTÍCULO, VÉASE TRANSITORIO PRIMERO DEL DECRETO QUE MODIFICA EL ORDENAMIENTO.

Artículo 1159. (DEROGADO, P.O. 10 DE AGOSTO DE 2011)

N. DE E. EN RELACIÓN CON LA ENTRADA EN VIGOR DEL PRESENTE ARTÍCULO, VÉASE TRANSITORIO PRIMERO DEL DECRETO QUE MODIFICA EL ORDENAMIENTO.

Artículo 1160. (DEROGADO, P.O. 10 DE AGOSTO DE 2011)

N. DE E. EN RELACIÓN CON LA ENTRADA EN VIGOR DEL PRESENTE ARTÍCULO, VÉASE TRANSITORIO PRIMERO DEL DECRETO QUE MODIFICA EL ORDENAMIENTO.

Artículo 1161. (DEROGADO, P.O. 10 DE AGOSTO DE 2011)

SECCIÓN SEXTA
GRAVÁMENES

N. DE E. EN RELACIÓN CON LA ENTRADA EN VIGOR DEL PRESENTE ARTÍCULO, VÉASE TRANSITORIO PRIMERO DEL DECRETO QUE MODIFICA EL ORDENAMIENTO.

Artículo 1162. (DEROGADO, P.O. 10 DE AGOSTO DE 2011)

N. DE E. EN RELACIÓN CON LA ENTRADA EN VIGOR DEL PRESENTE ARTÍCULO, VÉASE TRANSITORIO PRIMERO DEL DECRETO QUE MODIFICA EL ORDENAMIENTO.

Artículo 1163. (DEROGADO, P.O. 10 DE AGOSTO DE 2011)

N. DE E. EN RELACIÓN CON LA ENTRADA EN VIGOR DEL PRESENTE ARTÍCULO, VÉASE TRANSITORIO PRIMERO DEL DECRETO QUE MODIFICA EL ORDENAMIENTO.

Artículo 1164. (DEROGADO, P.O. 10 DE AGOSTO DE 2011)

SECCIÓN SÉPTIMA
DESTRUCCIÓN, RUINA Y RECONSTRUCCIÓN DEL EDIFICIO

N. DE E. EN RELACIÓN CON LA ENTRADA EN VIGOR DEL PRESENTE ARTÍCULO, VÉASE TRANSITORIO PRIMERO DEL DECRETO QUE MODIFICA EL ORDENAMIENTO.

Artículo 1165. (DEROGADO, P.O. 10 DE AGOSTO DE 2011)

N. DE E. EN RELACIÓN CON LA ENTRADA EN VIGOR DEL PRESENTE ARTÍCULO, VÉASE TRANSITORIO PRIMERO DEL DECRETO QUE MODIFICA EL ORDENAMIENTO.

Artículo 1166. (DEROGADO, P.O. 10 DE AGOSTO DE 2011)

SECCIÓN OCTAVA
CONDOMINIO DE MERCADOS

Artículo 1167. Es de interés público la construcción de mercados sometidos al régimen de propiedad y condominio.

Artículo 1168. El interés a que se refiere el artículo anterior, puede satisfacerse:

I. Por el Estado;

II. Por los Municipios;

III. Por Empresas de Participación Estatal; y

IV. Por personas físicas o jurídicas.

Artículo 1169. En los mercados que se construyan sujetos a este régimen, se destinará, para los comerciantes ambulantes, un área que no será inferior a la quinta parte de la superficie total de ellos.

Artículo 1170. El administrador del condominio, con intervención del inspector de mercados y sin lesionar los derechos de los condóminos, señalará a los comerciantes ambulantes el sitio del área a que se refiere el artículo anterior, en el cual podrá cada uno de ellos ejercer su comercio.

Artículo 1171. Lo dispuesto en esta sección no limita las facultades, que en materia de mercados, confieren las leyes y reglamentos administrativos a las autoridades competentes.

Artículo 1172. Antes de la construcción de los mercados a que se refiere esta sección, deberán obtenerse las licencias de construcción y autorización que exijan las leyes y reglamentos vigentes.

Artículo 1173. El constructor venderá los locales a personas que hagan del comercio su ocupación habitual.

Artículo 1174. Sólo podrá adquirirse un local por persona.

Artículo 1175. Lo dispuesto en el artículo anterior no impide que las personas enumeradas en el artículo 28, adquieran un local si cumplen lo dispuesto en el 1173.

Artículo 1176. Los condóminos en lo individual no pueden cambiar el fin de los locales del condominio destinado a mercado.

Artículo 1177. La asamblea de condóminos no podrá:

I. Cambiar el fin del condominio destinado a mercado, de los locales de éste, o de la parte de superficie dedicada a los ambulantes;

II. Declarar extinguido el régimen de condominio destinado a mercado.

Artículo 1178. Se prohíbe arrendar los locales de condominio destinado a mercado.

Artículo 1179. El Municipio tiene el derecho del tanto en caso de enajenación por los condóminos de los locales de un mercado en condominio.

Artículo 1180. Al nombramiento de administrador del condominio son aplicables las siguientes disposiciones:

I. El administrador será nombrado por el Ayuntamiento, a propuesta en terna de la asamblea de condóminos;

II. Si los condóminos no celebran asamblea general dentro de los treinta días a partir de la fecha en que sea necesario nombrar el administrador, el Ayuntamiento designará un administrador provisional, quien en tres días convocará para asamblea general de condóminos, por medio de aviso que se fijará en lugares visibles del condominio y de una publicación, por una sola vez, en el Periódico Oficial y con cinco días de anticipación por lo menos. Esta asamblea deberá celebrarse dentro de los quince días siguientes a la publicación de la convocatoria;

III. De no concurrir a la asamblea la mayoría de condóminos, se convocará a éstos por segunda vez, de la manera ordenada en las fracciones anteriores, y sus acuerdos se tomarán por mayoría del número de condóminos que asistan a la asamblea.

Artículo 1181. Las controversias que surjan respecto de las cuestiones de que trata la presente sección, se resolverán:

I. Por la autoridad judicial competente si afectan únicamente derechos civiles; y

II. Por las autoridades administrativas competentes cuando afecten relaciones de orden administrativo entre la autoridad y los condóminos.

Artículo 1182. El Ayuntamiento podrá, en cualquier tiempo, imponerse de la administración y funcionamiento de los condominios a que se refiere esta sección, para cerciorarse del cumplimiento de la ley y del reglamento de condominio y administración, así como de los demás deberes a cargo de los condóminos.

Artículo 1183. A solicitud de la cuarta parte de los condóminos podrán practicarse auditorías a los mercados en condominio.

Artículo 1184. Si de la auditoría resultaren responsabilidades a cargo del administrador, el Ayuntamiento procederá a destituirlo de inmediato en sus funciones, y a designar un administrador interino en tanto la asamblea de condóminos integra la terna a que se refiere el artículo 1180, sin perjuicio de las responsabilidades en que hubiere incurrido el administrador.

Artículo 1185. El administrador será el ejecutor de los acuerdos tomados por la asamblea de condóminos y de las resoluciones administrativas dictadas por las autoridades competentes.

N. DE E. EN RELACIÓN CON LA ENTRADA EN VIGOR DEL PRESENTE ARTÍCULO, VÉASE TRANSITORIO PRIMERO DEL DECRETO QUE MODIFICA EL ORDENAMIENTO.

(REFORMADO, P.O. 10 DE AGOSTO DE 2011)

Artículo 1186. Son aplicables en lo conducente al condominio de mercados, además de este Código, las disposiciones contenidas en la Ley que regula el Régimen de Propiedad en Condominio para el Estado de Puebla.

CAPÍTULO UNDÉCIMO
DERECHO REAL DE USUFRUCTO

SECCIÓN PRIMERA
GENERALIDADES

Artículo 1187. El usufructo es el derecho real y temporal de disfrutar, total o parcialmente, de un bien ajeno sin alterar su forma ni substancia.

Artículo 1188. El usufructo se constituye por acto entre vivos y por testamento y puede adquirirse por usucapión.

Artículo 1189. Puede constituirse el usufructo a favor de una o varias personas, simultánea o sucesivamente.

Artículo 1190. Si se constituye a favor de varias personas simultáneamente, sea par testamento, sea por contrato, cuando cese el derecho de una de las personas, el usufructo acrece a las demás, salvo disposición testamentaria o convenio en contrario.

Artículo 1191. Si el usufructo se constituye sucesivamente, sólo lo adquirirán las personas que existan al tiempo de comenzar el derecho del primer usufructuario.

Artículo 1192. Las personas jurídicas que no pueden adquirir o administrar bienes inmuebles, no pueden tener usufructo sobre éstos.

Artículo 1193. El usufructo puede constituirse desde o hasta cierto día, puramente y bajo condición.

Artículo 1194. Es vitalicio el usufructo:

I. Si en el título constitutivo no se expresa lo contrario; y

II. Cuando se adquiere por usucapión.

Artículo 1195. Los acreedores del usufructuario pueden:

I. Embargar los productos del usufructo; y

II. Oponerse a la cesión o renuncia de éste, cuando se haga en fraude de sus derechos.

Artículo 1196. Los derechos y obligaciones del usufructuario y del nudo propietario, se arreglan por el título constitutivo del usufructo.

SECCIÓN SEGUNDA
DERECHOS DEL USUFRUCTUARIO

Artículo 1197. El usufructuario puede ejercitar y oponer, respectivamente, las acciones y excepciones relativas al bien objeto del usufructo y es parte en los litigios que versen sobre ese derecho, sean o no seguidos por el nudo propietario.

Artículo 1198. El usufructuario tiene derecho de percibir los frutos naturales, industriales y civiles de los bienes usufructuados.

Artículo 1199. Son aplicables a los frutos naturales o industriales las siguientes disposiciones:

I. Los frutos de ambas clases pendientes al comenzar el usufructo, pertenecen al usufructuario;

II. Los pendientes al tiempo de extinguirse el usufructo, pertenecen al propietario;

III. Ni el usufructuario ni el nudo propietario tienen que hacerse abono alguno por razón de labores, semillas u otros gastos semejantes;

IV. Lo dispuesto en las fracciones anteriores no perjudica al aparcero o arrendatario que tenga derecho de percibir alguna porción de frutos al tiempo de comenzar o extinguirse el usufructo;

V. Los derechos del aparcero o arrendatario, en el supuesto de la fracción anterior, se rigen por lo establecido en el título constitutivo de esos derechos y, en su caso, por las disposiciones de este Código relativas a los contratos de aparcería y arrendamiento.

Artículo 1200. Los frutos civiles pertenecen al usufructuario en proporción al tiempo que dure el usufructo, aun cuando no estén cobrados.

Artículo 1201. Corresponde al usufructuario el fruto de los aumentos que reciban los bienes por accesión.

Artículo 1202. El usufructuario puede:

I. Gozar por sí mismo del bien objeto del usufructo;

II. Arrendar el bien usufructuado;

III. Realizar actos jurídicos entre vivos, a título oneroso o gratuito, respecto del ejercicio de su derecho.

Artículo 1203. Los actos jurídicos que celebre el usufructuario, respecto al bien objeto de su derecho, se rigen, además de lo preceptuado por la ley para el acto jurídico de que se trate, por las siguientes disposiciones:

I. Debe el usufructuario hacer saber previamente a los interesados en el acto por realizar, su situación jurídica de usufructuario y la fecha en que termina su derecho, si es día fijo, o su carácter de vitalicio, en su caso;

II. Los datos a que se refiere la fracción anterior se harán constar expresamente en el documento redactado para probar el acto jurídico;

III. En el mismo documento se transcribirá textualmente el artículo 1204, haciéndose constar que las partes se enteraron del contenido de este artículo.

Artículo 1204. Los efectos de los contratos celebrados por el usufructuario, se rigen por las siguientes disposiciones:

I. Cesan al terminar el usufructo, si éste se constituyó a plazo fijo;

II. Si el usufructo fue vitalicio y los efectos del contrato son de tracto sucesivo, seguirán produciéndose después de la muerte del usufructuario, hasta vencerse el plazo convenido en el contrato;

III. En el caso de la fracción anterior, será de tres años el plazo máximo durante el cual seguirán produciéndose, después de la muerte del usufructuario, los efectos del contrato celebrado por éste, aun cuando en él se hubiere pactado un plazo mayor;

IV. Las partes no tienen derecho a prestación alguna por el vencimiento anticipado que establece la fracción anterior, respecto al contrato celebrado por el usufructuario.

Artículo 1205. Si por virtud de un contrato, celebrado por el usufructuario, éste es sustituido en el ejercicio de su derecho por otra persona, el usufructuario y el sustituto responden solidariamente al nudo propietario, del daño que causen al bien usufructuado.

Artículo 1206. Las servidumbres voluntarias que el usufructuario constituya sobre el inmueble objeto de su derecho cesarán al terminar éste.

Artículo 1207. Si el usufructo se constituye sobre un capital que genere frutos civiles, se aplicarán las siguientes disposiciones:

I. El usufructuario sólo hace suyos los frutos y no el capital;

II. Se necesita el consentimiento del usufructuario y del propietario para:

a) Redimir anticipadamente el capital;

b) Novar la obligación primitiva;

c) Sustituir al deudor si no se trata de derecho con garantía real; y

d) Volver a imponer el capital redimido.

(REFORMADO, P.O. 10 DE MARZO DE 2021)

Artículo 1208. Si el usufructo comprendiere bienes que se deterioren por el uso, el usufructuario tiene derecho de servirse de ellos con la debida diligencia, para los usos a que se hallen destinados; y sólo está obligado a devolverlos, en el estado en que se encuentren, al extinguirse el usufructo, sin perjuicio de la responsabilidad en que pudiere incurrir conforme a este Código.

Artículo 1209. El usufructuario de un monte, que pueda explotarse conforme a las leyes forestales, disfruta de todos los productos de éste.

Artículo 1210. El usufructuario a que se refiere el artículo anterior, debe ejercitar su derecho, conforme a las leyes forestales, y es responsable para con el nudo propietario de los daños y perjuicios que le cause de no hacerlo así.

Artículo 1211. El usufructuario puede usar de los viveros sin perjuicio de su conservación y según la ley de la materia y las costumbres del lugar.

Artículo 1212. Son aplicables a las mejoras hechas por el usufructuario, lo dispuesto en las fracciones III y V del artículo 1374.

Artículo 1213. El nudo propietario y el usufructuario tienen recíprocamente el derecho del tanto.

SECCIÓN TERCERA
OBLIGACIONES DEL USUFRUCTUARIO

Artículo 1214. El usufructuario, antes de entrar en el goce de los bienes, está obligado:

I. A formar a sus expensas, con citación del nudo propietario, un inventario, valuando los muebles y describiendo el estado en que se hallen los inmuebles;

(REFORMADA, P.O. 10 DE MARZO DE 2021)

II. A garantizar que cuidará de los bienes con la debida diligencia y que, al extinguirse el usufructo, los restituirá al propietario, con sus accesiones, no deteriorados por su culpa o negligencia.

Artículo 1215. El donante que se reserva el usufructo de los bienes donados, está dispensado de la garantía si no se obligó expresamente a ello.

Artículo 1216. El que se reserva la nuda propiedad puede dispensar al usufructuario de la obligación de garantizar.

Artículo 1217. Si el usufructo fuere constituido por contrato, y el que contrató quedare de nudo propietario y no exigiere en el contrato la garantía, no estará obligado el usufructuario a otorgarla; pero si quedare de nudo propietario otra persona, ésta podrá pedirla aunque no se haya estipulado en el contrato.

Artículo 1218. Si el usufructo se constituyó en testamento, el usufructuario estará obligado a otorgar la garantía, salvo que el testador lo haya liberado de esa obligación.

Artículo 1219. Si el usufructuario no otorga la garantía, el nudo propietario tiene derecho de intervenir la administración de los bienes para procurar su conservación, sujetándose a las bases prescritas en los artículos 1250 y 1251, incluyendo lo relativo a gastos de administración.

Artículo 1220. Otorgada la garantía, el usufructuario tendrá derecho a los frutos del bien, desde el día en que conforme al título constitutivo del usufructo, debió comenzar a percibirlos.

Artículo 1221. Si entre los bienes objeto del usufructo hay ganados, se aplicarán las disposiciones siguientes:

I. El usufructuario está obligado a reemplazar con las crías las cabezas que falten por su culpa o negligencia;

II. Si el ganado a que se refiere la fracción anterior perece sin culpa o negligencia del usufructuario, por efecto de una epizootia o por algún otro acontecimiento no común, el usufructuario cumple con entregar al dueño, los despojos que se hayan salvado;

III. Si el ganado perece en parte y sin culpa o negligencia del usufructuario, el usufructo continúa en la parte que queda.

Artículo 1222. El usufructuario de árboles frutales está obligado a la replantación de los pies muertos.

Artículo 1223. Si el usufructo se constituyó a título gratuito, son aplicables las siguientes disposiciones:

I. El usufructuario está obligado a hacer las reparaciones indispensables para mantener el bien en el estado en que se encontraba cuando lo recibió;

II. Ni el usufructuario ni el nudo propietario están obligados a hacer las reparaciones a que se refiere la fracción anterior, si la necesidad de ellas proviene de vejez, vicio intrínseco o deterioro grave del bien, que sea anterior a la constitución del usufructo;

III. Si el usufructuario o el nudo propietario hacen las reparaciones mencionadas en la fracción anterior, ninguno de ellos tiene derecho a exigir del otro, el pago del importe de las mismas;

IV. El usufructuario antes de hacer las reparaciones a que se refiere la fracción II de este artículo, debe obtener el consentimiento del nudo propietario;

V. Si el nudo propietario hace las reparaciones a que se refiere la fracción I de este artículo no tiene derecho a exigir el pago de ellas al usufructuario.

Artículo 1224. Si el usufructo se constituyó a título oneroso, el nudo propietario tiene obligación de hacer las reparaciones necesarias para que el bien, durante el tiempo que dure el usufructo, pueda servir para el uso a que esté destinado y producir los frutos que ordinariamente se obtenían de él.

Artículo 1225. El usufructuario puede exigir al nudo propietario que haga las reparaciones a que se refiere el artículo anterior o hacerlas él.

Artículo 1226. Si el usufructuario hace las reparaciones mencionadas en el artículo 1224, avisará previamente al nudo propietario y tendrá derecho aquél de cobrar a éste, al terminar el usufructo, el importe de esa reparación más intereses legales.

Artículo 1227. El usufructuario debe informar, al nudo propietario, de la necesidad de las reparaciones y, si no lo hace, es responsable de la destrucción, pérdida o menoscabo del bien por falta de las reparaciones y pierde, además, el derecho de cobrar su importe si él las hace.

Artículo 1228. Las contribuciones y cargas ordinarias sobre el bien usufructuado son por cuenta del usufructuario.

Artículo 1229. El heredero universal del usufructo de una herencia, está obligado a pagar por entero el legado de renta vitalicia o pensión de alimentos.

Artículo 1230. El heredero del usufructo de una parte alícuota de la herencia pagará, en proporción a esa parte, el legado o pensión a que se refiere el artículo anterior.

Artículo 1231. El usufructuario a título particular de un inmueble sobre el cual se constituyó un derecho real de hipoteca, no está obligado a pagar los créditos para cuya seguridad se estableció esa garantía, ni en su suerte principal ni en sus accesorios.

Artículo 1232. Si el inmueble se remata para el pago de la deuda a que se refiere el artículo anterior, y no se convino o dispuso en otro sentido en el título constitutivo del usufructo, quien era nudo propietario responde, al que fue usufructuario, de los daños y perjuicios que se le causen.

Artículo 1233. Si el usufructo es de alguna herencia o de una parte alícuota de ella, y la herencia tiene deudas, respecto del pago de éstas se aplicarán las siguientes disposiciones:

I. El nudo propietario podrá hacer que se venda la parte de los bienes, objeto del usufructo, que baste para pagar las deudas hereditarias;

II. Si el usufructuario desea evitar la venta a que se refiere la fracción anterior, podrá pagar desde luego las deudas, y él, o en su caso, sus herederos, tendrán derecho de exigir, al nudo propietario, al extinguirse el usufructo, la restitución de la suma pagada, la cual no causará intereses;

III. Si el nudo propietario hiciere el pago, la suma que importe éste, causará interés legal, a cargo del usufructuario, por el tiempo que dure el usufructo.

Artículo 1234. Si la propiedad fuere perturbada, el usufructuario está obligado a ponerlo en conocimiento del nudo propietario; y si no lo hace, es responsable de los daños que resulten, como si hubieren sido ocasionados por su culpa.

Artículo 1235. Los gastos y costas de los juicios relativos al usufructo, si la sentencia no dispone que sean a cargo de la otra parte, serán:

I. A cargo del usufructuario cuando éste haya motivado culpablemente el juicio.

II. A cargo del nudo propietario si el usufructo se constituyó por título oneroso y no se está en el supuesto previsto en la fracción anterior; y

III. A cargo del usufructuario si el usufructo se constituyó a título gratuito.

Artículo 1236. Si el usufructuario sin citación del nudo propietario, o éste sin la de aquél, siguió un juicio, la sentencia favorable aprovecha al no citado, y la adversa no le perjudica.

SECCIÓN CUARTA
USUFRUCTO PARCIAL

Artículo 1237. El usufructo parcial sólo puede recaer sobre bienes específicamente determinados y no sobre partes alícuotas de un bien.

Artículo 1238. Por el usufructo parcial, el usufructuario puede:

I. Percibir de los frutos de un bien ajeno, los que basten a las necesidades del usufructuario y de la familia de éste, aunque ella aumente;

II. Habitar las piezas o locales señalados en el título constitutivo del usufructo, y puede recibir a otras personas para que habiten en su compañía.

Artículo 1239. No puede el titular del usufructo parcial:

I. Consumir los frutos en exceso a la cantidad de ellos que baste para satisfacer las necesidades de su familia;

II. Habitar otras piezas o locales del inmueble, distintos a los señalados para ese fin, al constituirse el usufructo.

Artículo 1240. El usufructo parcial puede conceder al usufructuario, según su título, los dos derechos a que se refiere el artículo 1238, o sólo uno de ellos; pero quien tenga el usufructo parcial sobre un ganado puede aprovecharse de las crías, leche y lana en cuanto baste para su consumo y el de su familia.

Artículo 1241. El titular de un usufructo parcial no puede enajenarlo, gravarlo o arrendarlo en todo o en parte; ni ese derecho puede ser embargado por sus acreedores.

Artículo 1242. Son aplicables, en lo conducente al usufructo parcial los artículos 1199, 1214 a 1239, 1250 y 1251.

SECCIÓN QUINTA
EXTINCIÓN DEL USUFRUCTO

Artículo 1243. El usufructo se extingue:

I. Por muerte del usufructuario;

II. Por vencimiento del plazo por el cual se constituyó;

III. Por cumplirse la condición convenida o impuesta en el título constitutivo para la cesación de este derecho;

IV. Por la consolidación del usufructo y de la nuda propiedad en una misma persona; mas si la consolidación se verifica en parte de lo usufructuado, en lo demás subsistirá el usufructo;

V. Por usucapión;

VI. Por la renuncia del usufructuario salvo lo dispuesto respecto de las renuncias hechas en perjuicio de los acreedores;

VII. Por la pérdida del bien que era objeto del usufructo;

VIII. Por la extinción del derecho del que constituyó el usufructo, cuando teniendo un dominio revocable llega el caso de la revocación.

Artículo 1244. La muerte del usufructuario no extingue el usufructo, cuando éste se constituyó en favor de varias personas sucesivamente, pues en tal caso entra al goce del mismo la persona que corresponda.

Artículo 1245. El usufructo constituido a favor de una persona jurídica, que pueda adquirir y administrar bienes raíces, durará treinta años, si la usufructuaria tiene por objeto la asistencia social y diez años en los demás casos, cesando antes si se extingue esa persona.

Artículo 1246. El usufructo concedido por el tiempo que tarde una persona, distinta del usufructuario, en llegar a cierta edad, dura el número de años prefijados, aunque aquélla muera antes.

Artículo 1247. Si el usufructo está constituido sobre un edificio, y éste se arruina por vejez, incendio o algún otro accidente, el usufructuario no tiene derecho de gozar del suelo ni de los materiales.

Artículo 1248. Si el edificio es reconstruido por el dueño o por el usufructuario, se estará a lo dispuesto en los artículos 1223 y 1226.

Artículo 1249. El impedimento temporal por caso fortuito o fuerza mayor no extingue el usufructo, ni da derecho a exigir indemnización del nudo propietario.

Artículo 1250. El usufructo no se extingue por el mal uso que haga el usufructuario del bien usufructuado; pero si el abuso es grave, el nudo propietario puede pedir que se le ponga en posesión de los bienes, garantizando pagar, anual o semestralmente al usufructuario, según sean bienes rústicos o urbanos, el importe líquido de los frutos y productos por el tiempo que dure el usufructo, deducidos los gastos de administración que el Juez apruebe.

Artículo 1251. Si el nudo propietario no da la garantía en el caso del artículo anterior ni cumple con las obligaciones que le impone el cargo de administrador, el bien se pondrá en intervención.

CAPÍTULO DUODÉCIMO
SERVIDUMBRES

SECCIÓN PRIMERA
REGLAS GENERALES

Artículo 1252. La servidumbre es un derecho real, impuesto sobre un inmueble, para servicio de otro, perteneciente a distinto dueño y en provecho de éste.

Artículo 1253. El inmueble en cuyo favor está constituida la servidumbre se llama predio dominante y el que la soporta, predio sirviente.

Artículo 1254. La servidumbre origina relaciones jurídicas entre el dueño o poseedor del predio dominante, como sujeto activo, y el dueño o poseedor del predio sirviente, como sujeto pasivo.

Artículo 1255. La servidumbre impone al poseedor o propietario del predio sirviente, el deber de no hacer o el de tolerar.

Artículo 1256. Para que pueda exigirse al dueño del predio sirviente, la ejecución de un hecho o costear alguna obra, es necesario que esté expresamente determinado por la ley o en el acto en que se constituyó la servidumbre.

Artículo 1257. Si el dueño del predio sirviente estuviere obligado, por convenio o por disposición de última voluntad, a costear o hacer una obra, se liberará de esta obligación abandonando al dueño del predio dominante, la parte del sirviente afectada por la servidumbre.

Artículo 1258. Es continua la servidumbre cuyo uso se realiza sin la acción del hombre y que sólo por un hecho de éste puede interrumpirse.

Artículo 1259. Discontinua es la servidumbre cuyo uso necesita de algún hecho actual del ser humano.

Artículo 1260. Es aparente la servidumbre que se anuncia por obras o signos exteriores, dispuestos para su uso y aprovechamiento.

Artículo 1261. No aparente es la servidumbre que no presenta signo exterior de su existencia.

Artículo 1262. Las servidumbres son inseparables del inmueble a que activa o pasivamente pertenecen.

Artículo 1263. Si los inmuebles gravados o beneficiados con una servidumbre cambian de dueño, la servidumbre continúa, ya activa, ya pasivamente, en el inmueble en que estaba constituida, hasta que legalmente se extinga.

Artículo 1264. La servidumbre es indivisible.

Artículo 1265. Cuando los predios entre los que exista una servidumbre se dividan, se aplicarán las siguientes disposiciones:

I. Si se divide entre varios dueños el predio sirviente, la servidumbre no se modifica, y cada uno de ellos debe tolerarla en la parte que le corresponda;

II. Si el predio dominante se divide entre varios propietarios, cada uno de ellos puede usar por entero de la servidumbre, sin variar el lugar de su uso ni agravar éste de otra manera;

III. En el caso de división del predio dominante, si la servidumbre se hubiere establecido en favor de una sola de las partes de éste, únicamente el dueño de esa parte podrá continuar disfrutándola.

Artículo 1266. Las servidumbres pueden constituirse por la ley, por usucapión y por acto jurídico unilateral o plurilateral.

Artículo 1267. El dueño del predio dominante debe hacer, en su predio y a su costa, las obras necesarias:

I. Para el uso y conservación de la servidumbre; y

II. Para que al dueño del predio sirviente no se cause por la servidumbre más gravamen que el consiguiente a ella.

Artículo 1268. El dueño del predio sirviente no podrá menoscabar de modo alguno la servidumbre constituida sobre éste.

Artículo 1269. Si el lugar primitivamente designado para el uso de la servidumbre, llegase a presentar graves inconvenientes, el dueño del predio sirviente podrá ofrecer otro que sea cómodo al dueño del predio dominante, quien no podrá rehusarlo, si no se perjudica.

Artículo 1270. El dueño del predio sirviente puede ejecutar las obras que hagan menos gravosa la servidumbre, si de ellas no resulta perjuicio al predio dominante.

Artículo 1271. Si de la conservación de las obras a que se refiere el artículo anterior, se siguiere perjuicio al predio dominante el dueño del sirviente estará obligado a restablecerlo en su antiguo estado y a indemnizar los daños y perjuicios que haya causado.

Artículo 1272. Si el dueño del predio dominante se opone a las obras de que trata el artículo 1270, el Juez decidirá previo informe de peritos.

Artículo 1273. Cualquier duda sobre el uso y extensión de la servidumbre, se decidirá en el sentido menos gravoso para el dueño del predio sirviente, sin imposibilitar o entorpecer el uso de la servidumbre.

SECCIÓN SEGUNDA
SERVIDUMBRE LEGAL

Artículo 1274. Servidumbre legal es la establecida por la ley, dada la situación de los predios y en vista de la utilidad pública, de la utilidad privada o de ambas conjuntamente.

Artículo 1275. Las servidumbres establecidas por utilidad pública o comunal, se regirán por las leyes y reglamentos que las establezcan.

SECCIÓN TERCERA
SERVIDUMBRE LEGAL DE LÍQUIDOS

Artículo 1276. Los predios inferiores están sujetos a recibir las aguas que naturalmente, o como consecuencia de mejoras agrícolas, industriales o urbanas, caigan de los superiores, así como la piedra o tierra que arrastren en su curso.

Artículo 1277. Cuando los predios inferiores reciban las aguas de los superiores, a consecuencia de las mejoras hechas a éstos, los dueños de los predios sirvientes tienen el derecho de ser indemnizados.

Artículo 1278. Cuando un predio rústico o urbano, se encuentre enclavado entre otros, de manera que no tenga comunicación con algún canal o desagüe públicos, estarán obligados los dueños de los predios circunvecinos a permitir por entre éstos, el desagüe del central.

Artículo 1279. En el caso del artículo anterior, las dimensiones y dirección del conducto de desagüe se fijarán por convenio, y si éste no es posible, por el Juez, previo dictamen pericial y audiencia de los interesados, observándose las reglas establecidas por este Código para las servidumbres de paso y acueducto.

Artículo 1280. El dueño del predio inferior no puede hacer obras que impidan la servidumbre establecida por el artículo 1276, ni el del superior obras que la agraven.

Artículo 1281. El dueño de un predio en que existan obras defensivas para contener el agua, o en que por variación del curso de ésta sea necesario construir nuevas, está obligado a su elección, a hacer las reparaciones o construcciones, o a permitir que sin perjuicio suyo las hagan los dueños de los predios que experimenten o estén inminentemente expuestos a experimentar daño, salvo que la ley le imponga la obligación de hacer las obras.

Artículo 1282. Lo dispuesto en el artículo anterior, es aplicable al caso en que sea necesario desembarazar algún predio de las materias cuya acumulación o caída impide el curso del agua con daño o peligro de personas o bienes.

Artículo 1283. Si las aguas que pasan al predio sirviente se han vuelto insalubres, a consecuencia de mejoras agrícolas hechas en el predio dominante o por usos domésticos o industriales que de ellas se hayan hecho, deberán ser conducidas subterráneamente por el predio sirviente, sin perjuicio de lo dispuesto por la legislación sobre agua potable, drenaje y mejoramiento del ambiente.

Artículo 1284. Los propietarios que participan del beneficio proveniente de las obras de que tratan los artículos anteriores, están obligados a contribuir al gasto de su ejecución en proporción a aquél y a juicio de peritos; pero los que por su culpa hubieren ocasionado el daño serán responsables de éste.

Artículo 1285. Si hay aguas sobrantes que pasen del predio dominante al sirviente, puede el propietario de éste adquirir esas aguas, por usucapión, en el plazo de tres años, que se contarán desde que haya construido obras destinadas a facilitar la caída o el curso de las aguas.

SECCIÓN CUARTA
SERVIDUMBRE DE ACUEDUCTO

Artículo 1286. El que quiera usar agua de que pueda disponer, tiene derecho de hacerla pasar por los inmuebles intermedios, con obligación de indemnizar tanto a los dueños de éstos, como a los dueños de los predios inferiores, sobre los que se filtren o caiga el agua.

Artículo 1287. Se exceptúan de la servidumbre que establece el artículo anterior, los edificios, sus patios, jardines y demás pertenencias.

Artículo 1288. La servidumbre establecida en el artículo 1286, da el derecho de tránsito para las personas y animales, y el de conducción de las máquinas y materiales necesarios para el uso y reparación del acueducto, así como para el cuidado de éste, siendo aplicable además los artículos 1301 a 1305.

Artículo 1289. El que ejercite el derecho de hacer pasar el agua de que trata el artículo 1286, está obligado a construir el canal necesario en los predios intermedios, aunque haya en ellos canales para el uso de otras aguas.

Artículo 1290. El que tiene en su predio un canal para el curso de agua que le pertenece, puede impedir la apertura de otro nuevo, ofreciendo dar paso por aquél, si esto no causa perjuicio al dueño del predio dominante.

Artículo 1291. El dueño del predio dominante en la servidumbre de acueducto, previamente al ejercicio de su derecho, debe:

I. Justificar que puede disponer del agua que pretende conducir;

II. Acreditar que el paso que solicita es el más conveniente para el uso a que destina el agua; y el menos oneroso para los predios por donde debe pasar ésta;

III. Pagar una indemnización por el terreno que ha de ocupar el canal, según estimación de peritos;

IV. Resarcir los daños inmediatos, con inclusión del que resulte por dividirse en dos o más partes el predio sirviente, y de cualquier otro deterioro.

Artículo 1292. La cantidad de agua que puede hacerse pasar por un acueducto, a través de un predio ajeno, será la que permitan las dimensiones del acueducto, si ya existía, o las dimensiones que se fijaron a éste, cuando se constituyó la servidumbre.

Artículo 1293. Si el que disfruta el acueducto necesitare ampliarlo, deberá costear las obras necesarias, y pagar, conforme a lo dispuesto en las fracciones III y IV del artículo 1291, el terreno que nuevamente se ocupe y los daños que cause.

Artículo 1294. Las disposiciones sobre el paso del agua son aplicables al desecamiento de un terreno pantanoso, o a la salida de aguas estancadas.

Artículo 1295. Quien se aproveche de un acueducto debe construir y conservar los puentes, canales, conductos subterráneos y demás obras necesarias, para que no se perjudique el derecho de otra persona.

Artículo 1296. En el caso del artículo anterior, si los que se aprovecharen fueren varios, la obligación recaerá sobre todos ellos en proporción a su aprovechamiento, salvo convenio o ley en contrario.

Artículo 1297. Lo dispuesto en los dos artículos anteriores comprende la limpia, construcciones y reparaciones para que el curso del agua no se interrumpa.

Artículo 1298. Cuando para el mejor aprovechamiento del agua de que se tiene derecho de disponer, se requiera construir una represa y el que haya de hacerla no sea dueño del terreno en que se necesite apoyarla, puede pedir que se establezca la servidumbre de apoyo, mediante la indemnización correspondiente.

SECCIÓN QUINTA
SERVIDUMBRE LEGAL DE PASO

Artículo 1299. El propietario de un inmueble, enclavado entre otros ajenos, sin salida a la vía pública, tiene derecho de exigir paso para el aprovechamiento de aquél por los inmuebles vecinos, y deberá indemnizar a los dueños de éstos de los perjuicios que les ocasione.

Artículo 1300. La acción para reclamar la indemnización establecida en el artículo anterior, prescribe en un año a partir de la obtención del paso.

Artículo 1301. El dueño del predio sirviente tiene derecho de señalar el lugar por donde deba pasarse.

Artículo 1302. Si el Juez califica el lugar señalado como impracticable o muy gravoso para el propietario del predio dominante, debe el dueño del sirviente señalar otro.

Artículo 1303. Si este lugar es calificado de la misma manera que el primero, el Juez señalará el que crea más conveniente, procurando conciliar los intereses de los propietarios y poseedores de ambos predios.

Artículo 1304. Si hubiera varios predios por donde pueda darse paso a la vía pública, el obligado a la servidumbre será aquél por donde fuere más corta la distancia.

Artículo 1305. Si hubiere dos predios en los que la distancia fuese igual, el Juez designará por cual de los dos se ha de dar el paso.

Artículo 1306. El dueño de un predio que por contrato o por acto unilateral lo divida o proponga dividirlo entre varios propietarios, deberá establecer una servidumbre que dé paso a todas las fracciones que en su caso resulten y necesiten éste.

Artículo 1307. En el caso del artículo anterior no es aplicable el 1304.

Artículo 1308. En la servidumbre de paso, el ancho de éste será el que baste a las necesidades del propietario o poseedor del predio dominante, a juicio del Juez.

Artículo 1309. El dueño de un predio rústico tiene derecho, mediante la indemnización correspondiente, de exigir que se le permita el paso de sus ganados por los predios vecinos, para conducirlos a un abrevadero de que pueda disponer.

Artículo 1310. Si fuere indispensable para construir o reparar algún edificio, pasar materiales por predio ajeno o colocar en él andamios u otros objetos para la obra, el dueño de este predio estará obligado a consentirlo, recibiendo la indemnización correspondiente al perjuicio que se le irrogue.

Artículo 1311. Si para establecer comunicaciones telefónicas particulares entre dos o más fincas, o para conducir energía eléctrica de propiedad particular y que no estén regidas por leyes federales, sea necesario colocar postes y tender alambres en terrenos de una finca ajena, el dueño de ésta tiene obligación de permitirlo.

Artículo 1312. La servidumbre a que se refiere el artículo anterior, trae consigo el derecho de tránsito de las personas y el de conducción de materiales necesarios para la construcción, vigilancia y mantenimiento de la línea, así como la obligación del dueño del predio dominante de reparar los daños y de indemnizar los perjuicios.

SECCIÓN SEXTA
SERVIDUMBRE VOLUNTARIA EN GENERAL

Artículo 1313. El propietario de un inmueble puede establecer en él, las servidumbres que quiera y en el modo y forma que estime conveniente, sin contravenir las leyes ni perjudicar a otra persona.

Artículo 1314. Para constituir una servidumbre voluntaria, el constituyente debe tener capacidad de ejercicio.

Artículo 1315. Para imponer servidumbre a una copropiedad, se requiere el consentimiento de todos los copropietarios.

Artículo 1316. Si uno de los propietarios adquiere una servidumbre, de ella podrán aprovecharse los demás, quedando obligados a los gravámenes naturales que la misma traiga consigo, y a los pactos con que se haya adquirido.

SECCIÓN SÉPTIMA
ADQUISICIÓN DE LAS SERVIDUMBRES VOLUNTARIAS

Artículo 1317. Las servidumbres continuas y aparentes se adquieren por testamento, acto entre vivos o usucapión.

Artículo 1318. Las servidumbres continuas no aparentes, y las discontinuas, sean o no aparentes se adquieren por cualquier título legal, con excepción de la usucapión.

Artículo 1319. Quien pretenda tener derecho a una servidumbre, debe probar el título de la misma.

Artículo 1320. El reconocimiento hecho por el dueño del predio sirviente, en escritura pública, o la confesión judicial, de la existencia de la servidumbre, suple la falta del documento probatorio del título constitutivo de ella.

Artículo 1321. La existencia de un signo aparente de servidumbre entre dos porciones del mismo bien, o entre dos fincas de un mismo dueño, establecido o conservado por el propietario de ambas, se considera como título para que la servidumbre continúe activa o pasivamente, cuando las porciones o las fincas pasen a propiedad de diferentes dueños, salvo que al dividirse la propiedad se exprese lo contrario en el título de enajenación de cualquiera de ellas.

Artículo 1322. Al constituirse una servidumbre se entienden concedidos los medios necesarios para su uso y este derecho accesorio cesa al extinguirse la servidumbre.

SECCIÓN OCTAVA
DERECHOS Y OBLIGACIONES DERIVADOS DE LAS SERVIDUMBRES VOLUNTARIAS

Artículo 1323. El uso y extensión de las servidumbres establecidas por la voluntad del propietario, se arreglarán por lo establecido en el título en que tengan su origen, o en su defecto por lo dispuesto en los artículos 1254 a 1257, 1263 a 1265 y 1267 a 1273.

SECCIÓN NOVENA
EXTINCIÓN DE LAS SERVIDUMBRES

Artículo 1324. Las servidumbres voluntarias se extinguen:

I. Por reunirse en una misma persona la propiedad de ambos predios dominante y sirviente;

II. Por el no uso;

III. Por la remisión hecha por el dueño del predio dominante;

IV. Cuando constituida en virtud de un derecho revocable, se vence el plazo, se cumple la condición o sobreviene la circunstancia que extinga aquél derecho.

Artículo 1325. En el caso de la fracción I del artículo anterior son aplicables las siguientes disposiciones:

I. Si el acto de reunión de ambos predios es rescindible por su naturaleza y llega el caso de la rescisión, renacen las servidumbres, como estaban antes de la reunión;

II. Si se trata de una servidumbre legal y se separan nuevamente las propiedades, revive aquélla, aun cuando no se haya conservado ningún signo aparente;

III. Las servidumbres distintas de las legales no reviven por una nueva separación de los dos predios que eran dominante y sirviente, respectivamente, salvo lo dispuesto en la fracción I de este artículo y en el 1321.

Artículo 1326. El no uso extingue la servidumbre continua y aparente, en tres años si hubiere buena fe, y en cinco si no la hubiere, contados desde el día en que dejó de existir el signo aparente de la servidumbre.

Artículo 1327. Si la servidumbre es discontinua o no aparente, se extingue por el no uso en cuatro años si hubiere buena fe, y en ocho si no la hubiere, contados desde que dejó de usarse, por haber ejecutado el dueño del predio sirviente acto contrario a la servidumbre, o por haber prohibido que se usará de ella.

Artículo 1328. En el caso del artículo anterior, no corre el tiempo de la prescripción, aunque no se haya usado de la servidumbre, si no hubo por parte del dueño del predio sirviente acto contrario a ésta ni prohibición de usarla.

Artículo 1329. No se interrumpe la prescripción, cuando sin culpa del propietario del predio sirviente sea imposible usar de la servidumbre, debido al estado de los predios.

Artículo 1330. El no uso parcial de la servidumbre produce el mismo efecto extintivo que el no uso total y la extingue en la parte que no fue usada.

Artículo 1331. Si el predio dominante pertenece a varios dueños pro indiviso, el uso de uno de ellos aprovecha a los demás para impedir la prescripción.

Artículo 1332. Si entre los copropietarios hubiere alguno contra quien legalmente no pueda correr la prescripción, ésta no correrá contra los demás.

Artículo 1333. El dueño de un predio sujeto a una servidumbre legal de desagüe, o de paso, puede librarse de ella por convenio, si éste es aprobado por los dueños del predio o predios circunvecinos, por donde nuevamente se constituya la servidumbre.

Artículo 1334. No es lícita la renuncia a la servidumbre legal de desagüe contraria a las leyes y reglamentos aplicables a ésta.

CAPÍTULO DECIMOTERCERO
DERECHO DE SUPERFICIE

Artículo 1335. Puede el dueño constituir, en favor de otra persona y respecto a un terreno de su propiedad, un derecho de:

I. Construir un edificio sobre el suelo;

II. Hacer construcciones debajo del suelo.

Artículo 1336. El derecho a que se refiere el artículo anterior se extingue, por no construir dentro del plazo de dos años.

Artículo 1337. En los casos supuestos en el artículo 1335, el dueño del terreno conservará la propiedad del suelo, y hecha la construcción, la propiedad de ésta es de la persona en cuyo favor se constituyó el derecho de construir.

Artículo 1338. Puede el propietario de una construcción existente en terreno suyo, sobre o debajo del suelo, enajenarla separadamente de éste, conservando tanto la propiedad del terreno como la del suelo.

Artículo 1339. El derecho de propiedad sobre las construcciones a que se refieren los artículos anteriores se denomina "derecho de superficie" y su titular "superficiario".

Artículo 1340. Mientras subsista el derecho de superficie, son aplicables las siguientes disposiciones:

I. Existen dos derechos de propiedad independientes, y que son:

a) La propiedad de las construcciones, que son del superficiario; y

b) La propiedad del terreno, que continúa siendo del dueño de éste.

II. No se confundirán las dos propiedades a que se refiere la fracción anterior; y

III. El superficiario goza de una servidumbre de apoyo, en provecho de la construcción como predio dominante, y por lo que hace a los cimientos de ésta.

Artículo 1341. El derecho de superficie puede constituirse a título oneroso o gratuito, por acto entre vivos o en testamento y por tiempo determinado.

Artículo 1342. El derecho de superficie se extingue al vencerse el plazo, siendo aplicable (sic) las siguientes disposiciones:

I. El propietario del suelo adquiere la propiedad de la construcción;

II. Si en el título constitutivo se pactó una prestación en favor del superficiario, al extinguirse su derecho, debe el dueño del terreno cumplir aquélla;

III. Con la extinción del derecho de superficie se extinguen los derechos reales establecidos por el superficiario;

IV. El dueño del suelo se substituye al superficiario en los contratos que éste haya celebrado con otras personas, respecto de la construcción y que, sin crear derechos reales, transmitan el uso total o parcial de ésta.

Artículo 1343. El derecho de superficie no se extingue por la destrucción de lo edificado.

CAPÍTULO DECIMOCUARTO
POSESIÓN

Artículo 1344. Posesión es la tenencia o el goce, por nosotros mismos, o por otro en nuestro nombre, de un bien corpóreo, o de un derecho, respectivamente, con el ánimo de comportarnos como propietarios de ese bien o como titulares de ese derecho.

Artículo 1345. La posesión puede ser o no consecuencia de un derecho, y en ambos casos es protegida por la ley, de acuerdo con lo dispuesto en este Capítulo.

Artículo 1346. Quien posee a nombre propio es poseedor civil y ejerce, por sí mismo o por otra persona, sobre el bien poseído, un poder de hecho para su aprovechamiento exclusivo.

Artículo 1347. Es capaz de poseer quien lo es de adquirir.

Artículo 1348. El incapaz posee por medio de su representante.

Artículo 1349. Puede poseerse también por medio de mandatario.

Artículo 1350. Quien por disposición judicial o por otro acto jurídico recibe un bien ajeno, con derecho de retenerlo temporalmente, en su poder, en calidad de interventor, depositario, arrendatario, acreedor prendario, comodatario u otro título análogo, detenta ese bien a nombre del propietario o poseedor de él, y a la vez posee a nombre propio el derecho, real o personal, creado por esa disposición judicial o acto jurídico de que se trate.

Artículo 1351. Quien detenta un bien o goza de un derecho a nombre de otro es poseedor precario.

Artículo 1352. Los derechos y obligaciones del poseedor precario se rigen, además de lo dispuesto en este Capítulo, por las disposiciones legales que regulen el cargo o acto jurídico, por virtud del cual recibió el bien o derecho ajenos.

Artículo 1353. Quien tenga en su poder un bien, en virtud de la situación de dependencia en que se encuentra respecto del propietario de ese bien, reteniéndolo en provecho de éste en cumplimiento de órdenes e instrucciones que de él ha recibido, no se considera poseedor.

Artículo 1354. Si varias personas poseen un bien indiviso, podrá cada una de ellas ejercer actos posesorios sobre el bien común, sin excluir los actos posesorios de los otros coposeedores.

Artículo 1355. Se entiende que cada uno de los partícipes de un bien que se posee en común, ha poseído exclusivamente, por todo el tiempo que duró la indivisión, la parte que al dividirse le tocare.

Artículo 1356. El poseedor a nombre propio tiene derecho mediante el juicio de interdicto que reglamenta el Código de Procedimientos Civiles:

I. A ser mantenido en su posesión siempre que fuere perturbado en ella;

II. A ser restituido en su posesión si lo requiere dentro del plazo de un año, contado desde el día en que se le desposeyó, si no se le ocultó a él la desposesión, o desde aquél en que ésta llegue a su conocimiento si se hace furtivamente.

Artículo 1357. En el caso de la fracción II del artículo anterior, son aplicables las siguientes disposiciones:

I. La restitución procede contra cualquiera que tenga el bien en su poder, si el actor poseyó éste más de un año;

II. Puede el actor pedir que la posesión le sea restituida a él mismo o al poseedor precario.

Artículo 1358. El poseedor de un bien mueble, perdido o robado, sólo podrá recuperarlo de una persona de buena fe, que lo haya adquirido en almoneda o en mercado público en que se expendan objetos de la misma especie, reembolsando al adquirente el precio que hubiere pagado lícitamente por ese bien.

Artículo 1359. En el caso del artículo anterior, el recuperante tiene derecho de repetir contra el vendedor.

Artículo 1360. Quien no haya promovido el interdicto de recuperar la posesión, o quien habiéndolo promovido no haya obtenido sentencia favorable, puede ejercitar la acción plenaria, contra aquél cuya posesión no sea mejor.

Artículo 1361. No procede la acción a que se refiere el artículo anterior, contra el dueño del bien ni cuando ambas posesiones fueren dudosas.

Artículo 1362. Posesión dudosa es la que se tiene por título del que no se desprende claramente la naturaleza civil o precaria de la misma.

Artículo 1363. Para calificar el derecho a la posesión, en el caso del artículo 1360, se aplicarán las siguientes disposiciones:

I. Es mejor derecho a la posesión el que se funda en título anterior a ella;

II. Si las dos partes tienen títulos del mismo origen, o de orígenes distintos y de igual calidad, se atenderá a la prelación en el Registro Público de la Propiedad;

III. A falta de títulos, o de títulos registrados, será mejor la posesión más antigua.

Artículo 1364. Se reputa como nunca perturbado o despojado a quien judicialmente fue mantenido en la posesión o restituido en ella.

Artículo 1365. Quien legalmente fue mantenido en la posesión o restituido en ella, tiene derecho a ser indemnizado de los daños y perjuicios que se le hayan causado.

Artículo 1366. La posesión es de buena o de mala fe.

Artículo 1367. Es poseedor de buena fe:

I. El que entra en la posesión en virtud de un justo título;

II. El que ignora los vicios de su título; o

III. El que ignora que su título es insuficiente.

Artículo 1368. Entiéndese por título la causa generadora de la posesión.

Artículo 1369. Se llama justo título:

I. El que es bastante para transferir el dominio o, en su caso, el derecho correspondiente;

II. El que con fundamento legal, y no de hecho, se cree bastante para transferir el dominio o, en su caso, el derecho de que se trate.

Artículo 1370. La ignorancia se presume, salvo prueba en contrario, en el caso de las dos últimas fracciones del artículo 1367.

Artículo 1371. La apariencia del derecho es fundamento legal para creer que un título es bastante para transferir ese derecho.

Artículo 1372. Es poseedor de mala fe:

I. El que entra en la posesión sin título para poseer;
II. El que sin fundamento legal cree que tiene título para poseer;
III. El que sabe que su título es insuficiente;
IV. El que despoja a otro furtiva o violentamente de la posesión en que se halla, aunque el despojado no sea el propietario del bien.

Artículo 1373. Salvo prueba en contrario, se presume:
I. Que el poseedor lo es a nombre propio;
II. Que el poseedor es propietario del bien poseído;
III. Que el poseedor es de buena fe;
IV. Que el poseedor de un inmueble lo es también de los muebles que se encuentren en él;
V. Que el poseedor actual, que prueba haber poseído en tiempo anterior, poseyó también en el intermedio;
VI. Que la posesión se sigue disfrutando en el mismo concepto en que se adquirió.

Artículo 1374. El poseedor de buena fe tiene derecho:
I. A los frutos percibidos mientras su buena fe no es interrumpida;
II. A que se le abonen los gastos necesarios que haya hecho;
III. A que se le paguen las mejoras útiles que haya costeado;
IV. A retener el bien poseído hasta que se le paguen los gastos a que se refieren las dos fracciones anteriores;
V. A retirar las mejoras voluntarias, si no se causa daño en el bien mejorado, o reparando el que se cause al retirarlas;
VI. A que se le abonen los gastos hechos por él, para la producción de los frutos naturales e industriales, que no hace suyos por estar pendientes al interrumpirse la buena fe;
VII. Al interés legal sobre el importe de los gastos mencionados en la fracción anterior, desde el día que los haya hecho.

Artículo 1375. La buena fe se interrumpe por las mismas causas que interrumpen la usucapión, en los casos de las fracciones II a IV del artículo 1412.

Artículo 1376. Sólo en los casos expresamente establecidos por la ley, pierde el poseedor, por interrupción de la buena fe, el derecho de percibir los frutos.

Artículo 1377. Se entienden percibidos los frutos naturales o industriales desde que se alzan o separan.

Artículo 1378. Los frutos civiles se producen día por día y pertenecen al poseedor, en esta proporción, luego que son debidos, aunque no los haya recibido.

Artículo 1379. El poseedor de buena fe no responde del deterioro o pérdida del bien poseído, aunque hayan ocurrido por hecho propio, pero sí responde de la utilidad que él mismo haya obtenido por esa pérdida o deterioro.

Artículo 1380. El poseedor de mala fe que haya adquirido la tenencia por un hecho ilícito, civil o penal, está obligado:

I. A restituir los frutos percibidos;

II. A responder de los frutos que haya dejado de producir el bien, por omisión culpable del mismo poseedor, en el cultivo o administración de aquél;

III. A responder de la pérdida o deterioro del bien, sobrevenidos por su culpa o por caso fortuito o fuerza mayor, a no ser que pruebe que éstos se habrían causado aunque el bien hubiere sido poseído por su dueño.

Artículo 1381. El poseedor de mala fe que haya adquirido la tenencia por un título traslativo de dominio y no por un hecho ilícito, sólo estará obligado:

I. A restituir los frutos percibidos;

II. A responder de toda pérdida o deterioro que hayan sobrevenido por su culpa.

Artículo 1382. El poseedor de mala fe a que se refiere el artículo anterior tiene derecho:

I. A que se le abonen los gastos necesarios;

II. A retirar las mejoras útiles si el dueño no se las paga y pueden separarse sin detrimento del bien mejorado.

Artículo 1383. En el caso de la fracción I del artículo anterior, el poseedor de mala fe no tiene el derecho de retención.

Artículo 1384. El poseedor de mala fe no responde de la pérdida sobrevenida natural o inevitablemente por el solo transcurso del tiempo.

Artículo 1385. Los gastos voluntarios no son abonables al poseedor de mala fe, ni éste tiene derecho a retirar del bien, las mejoras correspondientes a tales gastos.

Artículo 1386. Son gastos necesarios los que están prescritos por la ley, y aquéllos sin los que el bien se pierde o desmejora.

Artículo 1387. Son gastos útiles aquéllos que, sin ser necesarios, aumentan el precio o producto del bien.

Artículo 1388. Son gastos voluntarios los que sirven sólo al ornato del bien, o al placer o comodidad del poseedor.

Artículo 1389. El poseedor debe justificar el importe de los gastos a que tenga derecho.

Artículo 1390. Las mejoras o aumentos de valor provenientes de la naturaleza o del tiempo, benefician siempre al que haya vencido en la posesión.

Artículo 1391. La posesión de bienes corpóreos se pierde:

I. Por abandono;

II. Por la destrucción o pérdida del bien o por quedar éste fuera del comercio;

III. Por sentencia ejecutoriada que ordene al poseedor entregar la posesión;

IV. Por hecho de otra persona que tome posesión del bien de que se trate si esa posesión dura más de un año, contado conforme lo dispone la fracción II del artículo 1356;

V. Por expropiación.

Artículo 1392. Se pierde la posesión de los derechos cuando es imposible ejercitarlos.

CAPÍTULO DECIMOQUINTO
USUCAPIÓN

Artículo 1393. Usucapión es un medio de adquirir un derecho real mediante la posesión que exige la ley.

Artículo 1394. El poseedor a nombre propio tiene derecho a adquirir por usucapión el bien poseído.

Artículo 1395. El incapaz puede adquirir por usucapión a través de sus representantes.

Artículo 1396. El poseedor precario y el dependiente a que se refieren, respectivamente, los artículos 1351 y 1353, no pueden adquirir por usucapión.

Artículo 1397. El poseedor precario y el dependiente pasan a ser poseedores civiles cuando comienzan a poseer en nombre propio, en virtud de un justo título, pero el plazo de la usucapión corre desde el día en que la posesión civil comienza.

Artículo 1398. La renuncia en materia de usucapión se rige por las siguientes disposiciones:

I. El derecho de adquirir por usucapión no puede renunciarse anticipadamente;

II. Puede renunciarse al plazo de la usucapión que ha comenzado, así como a la usucapión consumada;

III. La renuncia a la usucapión puede ser expresa o tácita, siendo ésta última la que resulte de un hecho que importe el abandono del derecho adquirido;

IV. El que no puede enajenar no puede renunciar al plazo de la usucapión que ha comenzado ni a la usucapión consumada;

V. El acreedor del adquirente por usucapión y quien tuviere legítimo interés en que esta adquisición subsista, pueden hacer valer la usucapión que aquél haya renunciado.

Artículo 1399. Si varias personas poseen en común algún bien, no puede ninguna de ellas usucapir contra sus copropietarios o coposeedores; pero sí pueden usucapir contra un extraño y, en este caso, la usucapión aprovecha a todos los copartícipes.

Artículo 1400. El Estado, los Municipios y los establecimientos oficiales con personalidad se consideran como particulares, tratándose de la usucapión, sea en favor de ellos o en su perjuicio.

Artículo 1401. La posesión necesaria para usucapir debe ser:

I. A nombre propio;
II. Pacífica;
III. Continua;
IV. Pública.

Artículo 1402. El que hace valer la usucapión, debe probar la existencia del título que genere su posesión.

Artículo 1403. Posesión pacífica es la que se adquiere sin violencia.

Artículo 1404. Si la posesión se adquirió con violencia, sólo comenzará la posesión útil cuando medie una causa legal posterior para adquirir la misma posesión pacíficamente.

Artículo 1405. Posesión continua es la que no se ha interrumpido de alguno de los modos enumerados en el artículo 1412.

Artículo 1406. Posesión pública es:
I. La que se disfruta de manera que pueda ser conocida de quienes tengan interés en interrumpirla; o
II. La posesión que se deriva de un justo título inscrito en el Registro Público de la Propiedad.

Artículo 1407. Los bienes inmuebles y los derechos reales constituidos sobre ellos, se adquieren por usucapión en diez años, si son poseídos con buena y en veinte con mala fe.

Artículo 1408. La buena fe sólo es necesaria en el momento de la adquisición.

Artículo 1409. Los bienes muebles se adquieren por usucapión en tres años si la posesión es continua, pacífica y de buena fe, y en diez años, independientemente de la buena fe.

Artículo 1410. La usucapión puede comenzar y correr contra cualquiera persona, salvas (sic) las restricciones establecidas por la ley.

Artículo 1411. La usucapión no puede comenzar ni correr:
I. Entre ascendientes y descendientes;

II. Entre cónyuges;

III. Contra los menores y demás incapacitados mientras no tengan representante;

IV. Entre los menores o incapacitados y sus tutores o curadores mientras dure la tutela;

V. Entre copropietarios y coposeedores respecto del bien común;

VI. Entre beneficiarios del patrimonio familiar respecto de los bienes que integren éste;

VII. Entre un tercero y una persona casada, respecto de bienes inmuebles de la sociedad conyugal, enajenados por uno de los cónyuges sin el consentimiento del otro y sólo en la parte que a éste corresponda en ellos.

Artículo 1412. La usucapión se interrumpe:

I. Si el poseedor es privado de la posesión del bien o del goce del derecho durante un año consecutivo;

II. Por demanda judicial, notificada al poseedor, salvo que el demandante se desistiere de la acción intentada, o el demandado fuere absuelto de la demanda, o se declare nulo el emplazamiento;

III. Por cita para un acto prejudicial o providencia precautoria, desde el día en que se realicen estos actos, si el actor entabla su demanda dentro del término fijado por el Código de Procedimientos Civiles;

IV. Si la persona a cuyo favor corre la usucapión reconoce en forma expresa, de palabra o por escrito, o tácitamente por hechos indubitables, el derecho del propietario.

Artículo 1413. Para los efectos de la fracción III del artículo anterior, no es necesario que la demanda se presente dentro del plazo de la prescripción, ni que las resoluciones o secuestro se notifiquen o practiquen, respectivamente, dentro de ese plazo, y para que la usucapión se interrumpa basta que la promoción se haga en tiempo y no haya culpa u omisión del actor.

Artículo 1414. El Código de Procedimientos Civiles reglamentará el juicio de usucapión, para que, sin perjuicio de que se pueda oponer como excepción la usucapión, se ejercite ésta como acción, se declare que se consumó en favor del actor, y la sentencia ejecutoriada, inscrita en el Registro Público de la Propiedad, sirva de título probatorio de su derecho.

LIBRO CUARTO
OBLIGACIONES

CAPÍTULO PRIMERO
HECHOS JURÍDICOS

Artículo 1415. Hecho jurídico es un acaecimiento que produce consecuencias de derecho, que pueden ser crear, conservar, modificar, transmitir o extinguir obligaciones y derechos, o situaciones jurídicas concretas.

Artículo 1416. Para que se realicen las consecuencias de derecho a que se refiere el artículo anterior, se requiere que el hecho jurídico generador de aquéllas consecuencias, sea hipótesis de la norma o normas que las establecen.

Artículo 1417. Los hechos jurídicos pueden realizarse sin la participación del hombre o con la participación o acción de éste.

Artículo 1418. Los hechos jurídicos que se realizan sin participación del ser humano son los fenómenos naturales, que producen consecuencias de derecho.

Artículo 1419. Los hechos jurídicos realizados con la participación del hombre son los hechos biológicos relacionados con el ser humano, en su nacimiento, vida, facultades o muerte, que originan consecuencias de derecho.

Artículo 1420. Los hechos jurídicos realizados con la acción del hombre son voluntarios, involuntarios y contra su voluntad.

Artículo 1421. Los hechos voluntarios son lícitos o ilícitos.

Artículo 1422. Es lícito lo no contrario a la ley; ilícito lo que es contrario a ella.

Artículo 1423. Los hechos ilícitos son delitos penales o delitos civiles.

Artículo 1424. Los hechos involuntarios y los ejecutados contra la voluntad de quien los realice, producirán consecuencias de derecho sólo cuando expresamente lo establezca la ley.

Artículo 1425. El hecho jurídico se ejecuta contra la voluntad de su autor, cuando éste lo realice por intimidación, o estando privado de su libertad, o compelido por caso fortuito o de fuerza mayor.

Artículo 1426. En los hechos voluntarios, las consecuencias de derecho se producen independientemente de la edad, capacidad mental o discernimiento del sujeto, a no ser que la ley exija alguno de esos requisitos.

Artículo 1427. Para que los hechos voluntarios produzcan consecuencias de derecho, basta la manifestación exterior de fenómenos volitivos, y no requieren la intención o fin en el autor de ellos, salvo en los casos establecidos por la ley.

Artículo 1428. Cuando en los hechos voluntarios, la ley tome en consideración la intención o fin del autor de ellos, para que se produzcan las consecuencias de derecho, se tratará de actos jurídicos.

CAPÍTULO SEGUNDO
ACTO JURÍDICO

Artículo 1429. Acto jurídico es la declaración de voluntad, hecha con el objeto de producir una o más de las consecuencias de derecho enumeradas en el artículo 1415.

Artículo 1430. Por medio del acto jurídico normativo, el autor o autores del mismo, en ejercicio de las facultades que la ley les concede o de la autonomía de la voluntad que la ley reconoce a los particulares, regulan la conducta propia o la ajena, adquieren derechos y contraen o imponen deberes.

Artículo 1431. La ley establece las consecuencias de derecho que producen los actos jurídicos no normativos.

Artículo 1432. Se aplicarán a los actos jurídicos, en su caso, las siguientes disposiciones:

(REFORMADA, P.O. 26 DE MARZO DE 2021)

I. Los actos jurídicos se rigen por las disposiciones de este Código que reglamentan en general a los contratos y a la declaración unilateral de voluntad, en tanto ellas no se opongan a la naturaleza propia del acto;

(REFORMADA, P.O. 26 DE MARZO DE 2021)

II. Las disposiciones que rigen al acto jurídico el (sic) general, son aplicables a los contratos y a la declaración unilateral de voluntad, en tanto esas disposiciones no se opongan a la naturaleza propia del contrato o declaración unilateral; y

(ADICIONADA, P.O. 26 DE MARZO DE 2021)

III. Los actos jurídicos y sus consecuencias no se extinguen por el reconocimiento de la identidad de género autopercibida, por lo que subsisten y se ligan a la persona que las adquirió hasta su total cumplimiento.

CAPÍTULO TERCERO
FUENTES DE LAS OBLIGACIONES

Artículo 1433. Los hechos y actos jurídicos, que como consecuencias de derecho producen obligaciones, son fuentes de éstas.

Artículo 1434. Los actos jurídicos fuente de obligaciones pueden ser:

I. De los particulares, en ejercicio de la autonomía de la voluntad que la ley reconoce a éstos; y

II. De las autoridades, en ejercicio de las facultades que la ley les confiere.

Artículo 1435. Las obligaciones cuya fuente es la ley se rigen por las disposiciones de ésta, y cuando ellas sean omisas, por las reglas generales de este libro y del siguiente.

CAPÍTULO CUARTO
CONTRATOS

SECCIÓN PRIMERA
REGLAS GENERALES

Artículo 1436. Convenio de derecho civil es el acuerdo de dos o más personas para crear, conservar, transferir, modificar o extinguir obligaciones o derechos.

Artículo 1437. Contrato es el convenio que crea o transfiere obligaciones o derechos.

Artículo 1438. Es contrato unilateral aquél en que sólo una de las partes se obliga. Es bilateral cuando las partes se obligan recíprocamente.

Artículo 1439. Es contrato oneroso aquél en que se estipulan provechos y gravámenes recíprocos; y gratuito aquél en que el provecho es solamente de una de las partes.

Artículo 1440. El contrato oneroso puede ser conmutativo o aleatorio, de acuerdo con las siguientes disposiciones:

I. Es conmutativo el contrato oneroso, si las prestaciones que se deben las partes son ciertas, en cuanto a su existencia y cuantía, desde que se celebra el contrato; y

II. Es aleatorio el contrato oneroso si una de las partes o todas ellas desconocen la existencia o cuantía de las prestaciones que deben, por depender éstas de un acontecimiento contingente.

Artículo 1441. Son contratos consensuales los que se perfeccionan por el mero consentimiento de las partes, sin que la ley exija que se prueben por escrito ni se entregue el bien objeto del contrato, para la constitución de éste.

Artículo 1442. Se llaman formales los contratos que, perfeccionándose por el mero consentimiento de las partes, deben probarse mediante documento, sea público o privado, según determine la ley.

Artículo 1443. El contrato es real cuando sea necesario para su validez, por exigirlo la ley o convenirlo así las partes, que al celebrarlo éstas, se entreguen material o jurídicamente, el bien o bienes objeto de las obligaciones creadas por el contrato.

Artículo 1444. Pueden ser los contratos de tracto sucesivo o instantáneos, de acuerdo con las siguientes disposiciones:

I. Se llaman contratos de tracto sucesivo aquéllos cuya vigencia no se agota en un solo acto, de tal manera que ambas partes o una de ellas van cumpliendo sus obligaciones o ejercitando sus derechos a través de cierto tiempo;

II. Los contratos son instantáneos cuando las prestaciones se realizan inmediatamente.

Artículo 1445. Los contratos se perfeccionan por el mero consentimiento, excepto los que deben revestir una forma señalada en la ley, como solemne.

Artículo 1446. Los contratos legalmente celebrados obligan no sólo al cumplimiento de lo expresamente pactado, sino también a todas las consecuencias que, según su naturaleza, son conformes a la buena fe, al uso o a la ley.

Artículo 1447. Los contratos obligan a las personas que los otorgan y a los causahabientes de éstas.

Artículo 1448. La validez y el cumplimiento de los contratos no pueden dejarse al arbitrio de uno de los contratantes, a excepción de los casos expresamente señalados en la ley.

Artículo 1449. Para que el contrato exista se requiere:

I. Consentimiento;

II. Objeto que pueda ser materia de las obligaciones creadas por el contrato;

III. Solemnidad cuando la ley la exija.

Artículo 1450. Para que el contrato sea válido se requiere:

I. Capacidad de los contratantes;

II. Que el consentimiento esté libre de vicios;

III. Que su fin o su motivo sean lícitos;

IV. Que sea lícito el objeto de las obligaciones creadas por el contrato;

V. Que el consentimiento se haya manifestado en la forma que la ley establece.

Artículo 1451. En los contratos no produce efectos el juramento ni la promesa que lo substituya.

SECCIÓN SEGUNDA
CAPACIDAD DE LOS CONTRATANTES

Artículo 1452. Son hábiles para contratar todas las personas no exceptuadas por la ley.

Artículo 1453. La incapacidad de una de las partes no puede ser invocada por la otra en provecho propio, salvo en los casos de excepción establecidos expresamente en la ley.

Artículo 1454. El que es hábil para contratar puede hacerlo por sí o por medio de otro legalmente autorizado.

Artículo 1455. Ninguno puede contratar a nombre de otro, sin estar autorizado por él o por la ley.

Artículo 1456. Los contratos celebrados a nombre de otro por quien no sea su representante son inexistentes y, en su caso, se aplicarán las siguientes disposiciones:

I. Las personas a cuyo nombre se celebraron esos contratos pueden dar su aceptación, antes de que se retracte la otra parte;

II. La aceptación debe ser hecha de la misma manera que exija la ley, para el contrato; y

III. Si no se obtiene la aceptación a nombre de quien se pretendió celebrar el contrato, la otra parte tendrá derecho para exigir daños y perjuicios a quien indebidamente pretendió contratar.

SECCIÓN TERCERA
CONSENTIMIENTO

Artículo 1457. El consentimiento se rige por las siguientes disposiciones:

I. Debe manifestarse claramente;

II. Puede ser expreso o tácito;

(REFORMADA, P.O. 27 DE JUNIO DE 2011)

III. Es expreso cuando se manifiesta verbalmente, en un documento o por signos inequívocos;

IV. Sólo podrá recurrir a los signos de que habla la fracción anterior, el contratante que tenga imposibilidad física para hablar o escribir, salvo disposición de la ley en otro sentido o costumbre en contrario;

V. No puede ser tácito el consentimiento si por ley o convenio debe manifestarse expresamente; y

VI. El consentimiento tácito resultará de hechos o de actos que lo presupongan o que autoricen a presumirlo.

Artículo 1458. La persona que propone a otra la celebración de un contrato fijándole un plazo para aceptar, queda obligada por su oferta hasta la expiración del plazo.

Artículo 1459. Si el oferente y la persona a quien se hace la oferta estuvieren presentes, aquél queda desligado de su oferta si la aceptación no se hace inmediatamente, salvo que el oferente haya hecho la proposición fijando a la otra parte un plazo para aceptar o que este plazo haya sido pactado por ambos.

Artículo 1460. El artículo anterior es aplicable a la oferta hecha por teléfono, radio, telex o cualquier medio de comunicación similar, que permita a la persona que recibe la oferta, contestar inmediatamente.

Artículo 1461. Luego que la propuesta sea aceptada, se perfecciona el contrato, salvo aquellos casos en que la ley exija algún otro requisito.

Artículo 1462. Si los contratantes no estuvieren presentes, la aceptación se hará dentro del plazo fijado por el proponente.

Artículo 1463. Cuando no se haya fijado plazo, se considerará no aceptada la propuesta, si la otra parte no respondiere dentro de tres días, además del tiempo necesario para la ida y vuelta regular del correo público, o del que se juzgue bastante, no habiendo correo público, según las distancias y la facilidad o dificultad de las comunicaciones.

Artículo 1464. El proponente está obligado a mantener su propuesta durante el plazo señalado en el artículo anterior.

Artículo 1465. Si la respuesta que reciba el proponente es una modificación de la primera oferta y no una aceptación lisa y llana, el proponente quedará liberado de la obligación que le impone el artículo anterior y la respuesta se considerará como una nueva oferta.

Artículo 1466. Es aplicable a la nueva oferta lo dispuesto en los artículos 1463 y 1464.

Artículo 1467. Si al tiempo de la aceptación hubiere fallecido el proponente, sin que el aceptante fuere sabedor de su muerte, los herederos de aquél tienen la obligación de sostener el contrato.

Artículo 1468. Cuando se convengan arras, el contrato no se perfecciona si una de las partes se retracta de la oferta, o de la aceptación respectivamente, siendo aplicables las siguientes disposiciones:

I. La suma que una de las partes entrega a la otra, al celebrar el contrato, constituye las arras;

II. La retractación sólo impone a la parte que la hace, la responsabilidad establecida en este artículo;

III. La parte que hubiere dado las arras, perderá éstas, si es ella la que se retracta;

IV. Si la retractación proviene de la parte que recibió las arras, devolverá éstas con otro tanto;

V. Para que una cantidad entregada por el vendedor, tenga el carácter de arras, debe expresarse así claramente.

Artículo 1469. Si el contrato se perfecciona, el importe de las arras se entiende entregado a cuenta de la obligación de la parte que las entrega, o se devolverá a ésta si la obligación que ella adquiera por el contrato no es dineraria.

SECCIÓN CUARTA
VICIOS DEL CONSENTIMIENTO

Artículo 1470. Son aplicables al error las siguientes disposiciones:

I. El error de derecho no anula el contrato;

II. El error de aritmética sólo da lugar a su rectificación;

III. El error de hecho anula el contrato:

a) Si es común a ambos contratantes, sea cual fuere la causa de que proceda.

b) Si recae sobre el motivo u objeto del contrato, declarándose en el acto de la celebración o probándose por las circunstancias de la misma obligación, que el falso supuesto motivó el contrato.

c) Si procede de dolo de uno de los contratantes.

d) Si procede de dolo de un extraño al contrato, que pueda tener interés en él y, en este caso, los contratantes tienen también acción contra aquél.

e) Si se mantiene por dolo, reticencia, o mala fe del contratante que no incurrió en el error.

Artículo 1471. En los contratos se entiende:

I. Por dolo, cualquiera sugestión o artificio que se emplea para inducir a error, o mantener en él a alguno de los contratantes;

II. Por mala fe, la disimulación del error de uno de los contratantes una vez conocido; y

III. Por reticencia el no hacer saber por uno de los contratantes al otro, un hecho o hechos conocidos por aquél e ignorados por éste y que de haberlos sabido, no hubiera celebrado el acto jurídico.

Artículo 1472. Es nulo el contrato celebrado por intimidación, ya provenga ésta de alguno de los contratantes, ya de un extraño al contrato.

Artículo 1473. Hay intimidación cuando se emplean fuerza física o amenazas que importan peligro de perder la vida, la honra, la libertad, la salud, o una parte considerable de los bienes del contratante, o de sus ascendientes, hermanos, descendientes o persona ligada con él por grande afecto ilícito.

Artículo 1474. El temor de desagradar a las personas a quienes se debe obediencia o respeto, no basta para viciar la voluntad.

Artículo 1475. Las consideraciones vagas y generales que los contratantes expusieren sobre los provechos y perjuicios que naturalmente puedan resultar de la celebración o no celebración del contrato, y que no importen engaño o amenaza a alguna de las partes, no serán tomadas en consideración al calificar el dolo.

Artículo 1476. No es lícito renunciar para el futuro la nulidad que resulte del dolo o de la intimidación.

Artículo 1477. Habrá lesión en los contratos, cuando la parte que adquiere da dos tantos más o la que enajena recibe el cincuenta por ciento menos del precio o estimación del bien.

Artículo 1478. Es nulo el contrato en el que uno de los contratantes sufra lesión, haya o no mala fe en la otra parte.

Artículo 1479. Si la parte beneficiada por la lesión, al contestar la demanda se allana a pagar a la otra parte, la diferencia que resulte a favor de ésta y hace el pago, se extingue la acción de nulidad.

Artículo 1480. La acción de nulidad por lesión sólo es procedente en los contratos conmutativos y prescribe en dos años, que se contarán desde que se celebre el contrato.

SECCIÓN QUINTA
OBJETO DE LAS OBLIGACIONES

Artículo 1481. El objeto de las obligaciones puede ser un bien o un hecho.

Artículo 1482. Es inexistente el contrato cuando sea física o legalmente imposible el objeto de las obligaciones creadas por él.

Artículo 1483. Es físicamente imposible el objeto de la obligación que no puede existir por ser incompatible con una ley de la naturaleza.

Artículo 1484. Son legalmente imposibles los hechos incompatibles con una norma que deba regirlos y que constituya un obstáculo insuperable para su realización.

Artículo 1485. El objeto de la obligación debe estar determinado o ser determinable en cuanto a su especie.

Artículo 1486. Los bienes futuros pueden ser objeto de las obligaciones; pero no puede serlo la herencia de una persona viva, aun cuando ésta preste su consentimiento.

Artículo 1487. El interés del acreedor en el objeto de la obligación puede o no ser de carácter económico.

Artículo 1488. Puede ser o no de carácter económico, tanto para el acreedor, como para el deudor, el motivo o motivos que los haya determinado a contraer la obligación.

SECCIÓN SEXTA
RENUNCIAS Y CLÁUSULAS QUE PUEDEN CONTENER LOS CONTRATOS

Artículo 1489. Los contratantes pueden estipular las cláusulas que crean convenientes; pero las que se refieran a requisitos esenciales del contrato, o sean consecuencia de su naturaleza ordinaria, se tendrán por puestas aunque no se expresen; a no ser que las segundas sean renunciadas en los casos permitidos por la ley.

SECCIÓN SÉPTIMA
FORMA EXTERNA DE LOS CONTRATOS

Artículo 1490. Para la validez del contrato bastan las formalidades externas expresamente prevenidas por la ley.

Artículo 1491. Deben constar en escritura pública los contratos por los cuales se transfiera o modifique el dominio de bienes inmuebles o se constituya un derecho real sobre ellos.

Artículo 1492. Cuando se exija la forma escrita para el contrato, los documentos relativos serán firmados por las personas a quienes la ley impone ese deber; pero si alguna de ellas no puede o no sabe firmar, lo hará otra a su ruego y en el documento se imprimirá la huella digital del interesado que no firmó.

(REFORMADO, P.O. 27 DE JUNIO DE 2011)

Artículo 1493. Es nulo el contrato que no tenga la forma establecida por la ley. Si la voluntad de las partes para celebrarlo consta fehacientemente, cualquiera de ellas puede exigir que se dé al contrato la forma legal.

(REFORMADO, P.O. 27 DE JUNIO DE 2011)

Artículo 1494. Los contratos celebrados a través de medios electrónicos serán válidos según las reglas siguientes:

I. Si se trata de contratos para cuya validez la ley requiere que el consentimiento se exprese en documentos privados, siempre que sea posible atribuirlos al interesado y que la información que los constituya esté archivada o disponible para su ulterior consulta; y

II. Para los contratos para los que la ley requiere que el consentimiento se exprese en documentos públicos se aplicarán las disposiciones de las leyes especiales sobre firma electrónica.

SECCIÓN OCTAVA
INTERPRETACIÓN DE LOS CONTRATOS

Artículo 1495. Si las palabras de un contrato son claras y no dejan duda sobre la intención de los contratantes, se estará al sentido literal de sus cláusulas.

Artículo 1496. Si las palabras parecieren contrarias a la intención evidente de los contratantes, prevalecerá ésta sobre aquéllas.

Artículo 1497. Cualquiera que sea la generalidad de las palabras de un contrato, no deberán entenderse comprendidos en él bienes distintos y casos diferentes de aquéllos sobre los que se propusieren contratar los interesados.

Artículo 1498. Si alguna cláusula de los contratos admitiere diversos sentidos, deberá entenderse en el más adecuado para que produzca efecto.

Artículo 1499. Las cláusulas de los contratos deben interpretarse las unas con las otras, atribuyendo a las dudosas el sentido que resulte del conjunto de todas.

Artículo 1500. Las palabras que pueden tener distintas acepciones serán entendidas en aquélla que sea más conforme a la naturaleza y objeto del contrato.

Artículo 1501. El uso o la costumbre se tendrán en cuenta para interpretar las ambigüedades de los contratos.

Artículo 1502. Cuando fuere imposible resolver las dudas por las reglas establecidas en los artículos anteriores, y aquéllas recaen sobre circunstancias accidentales del contrato, se observarán las reglas siguientes:

I. Si las circunstancias, aunque accidentales por la naturaleza del contrato, revelaren que sin ellas no se habría prestado el consentimiento de alguno de los contratantes, el contrato es inexistente;

II. Si el contrato fuere gratuito, se resolverá la duda en favor de la menor transmisión de derechos e intereses;

III. Si el contrato fuere oneroso, se resolverá la duda en favor de la parte más débil económica o socialmente, y sólo que las partes sean económica o socialmente iguales, la duda se resolverá en favor de la mayor reciprocidad de intereses.

Artículo 1503. Es inexistente el contrato cuando por las palabras en que esté expresado, no pueda saberse cuál fue la intención o voluntad de los contratantes sobre el objeto principal de la obligación.

SECCIÓN NOVENA
DISPOSICIONES GENERALES

Artículo 1504. Los contratos que no están especialmente reglamentados en este Código, se regirán por las reglas generales de los contratos, por las estipulaciones de las partes y, en lo que fueren omisas, por las disposiciones del contrato con el que tenga más analogía de los reglamentados en este Código.

CAPÍTULO QUINTO
DECLARACIÓN UNILATERAL DE VOLUNTAD

SECCIÓN PRIMERA
REGLAS GENERALES

Artículo 1505. La declaración unilateral de voluntad es un acto jurídico, fuente de obligaciones.

Artículo 1506. Las personas capaces pueden obligarse mediante una declaración unilateral de voluntad.

SECCIÓN SEGUNDA
ACTO DISPOSITIVO A TÍTULO GRATUITO

Artículo 1507. Mediante el acto dispositivo a título gratuito, una persona, en vida, transmite a otra bienes corpóreos o valores, por la entrega de los mismos, sin esperar la conformidad del beneficiario ni contraprestación alguna.

Artículo 1508. Es irrevocable el acto dispositivo a título gratuito una vez ejecutado.

Artículo 1509. Sólo puede demandarse la nulidad del acto dispositivo a título gratuito, por error de hecho determinante de aquél.

Artículo 1510. La falta de causa o motivo, que justifique la ejecución del acto dispositivo, no perjudica a éste en cuanto a su validez ni puede ser motivo de revocación del mismo.

Artículo 1511. La falta de aceptación por parte del beneficiario en cuanto a la recepción de los bienes o valores objeto del acto dispositivo, no perjudica la validez de éste.

Artículo 1512. Si el beneficiario devuelve los bienes o valores entregados o se opone a la realización del acto de disposición a título gratuito, éste es inexistente.

Artículo 1513. Cuando la oposición o devolución a que se refiere el artículo anterior, se hiciere en perjuicio de acreedores, éstos podrán ejercitar la acción pauliana o pedir al Juez que los autorice, para aceptar el bien objeto del acto dispositivo.

Artículo 1514. En el caso del artículo anterior, el beneficiario del acto dispositivo a título gratuito podrá impedir que los acreedores acepten los bienes o valores objeto de éste, y que se revoque su devolución, pagando los créditos que tengan en su contra.

SECCIÓN TERCERA
OFERTA PARA CONTRATAR HECHA A PERSONA INDETERMINADA

Artículo 1515. La oferta mediante declaración unilateral de voluntad a persona indeterminada, para obligarse a favor de ésta, o para celebrar un contrato, es válida si el objeto de esa obligación es lícito y posible.

Artículo 1516. Para la validez de la oferta a que se refiere el artículo anterior:

I. Deben determinarse la obligación que se pretende contraer o el contrato que se propone, sus elementos esenciales, el objeto de los mismos, limitarse a cierto tiempo y constar por escrito; y

II. El oferente debe ser capaz de contraer obligaciones.

Artículo 1517. La oferta a persona indeterminada para contratar, sólo engendra obligaciones de hacer, consistentes en otorgar el contrato propuesto de acuerdo con lo ofrecido.

Artículo 1518. Si quien acepta la oferta a persona indeterminada, es capaz de obligarse y reúne los requisitos necesarios para cumplir la prestación objeto de aquélla, podrá exigir que se otorgue el contrato propuesto o que se cumpla la obligación ofrecida.

Artículo 1519. En el caso de que varias personas se encuentren en la hipótesis prevista en el artículo anterior, se preferirá a la que primero aceptó la oferta, y si son dos o más los que al mismo tiempo aceptaron, el oferente elegirá entre ellos la persona con la que celebra el contrato.

Artículo 1520. El hecho de ofrecer al público un bien en determinado precio, obliga al oferente a sostener la oferta.

Artículo 1521. Quien ofrezca públicamente adquirir un bien en un valor cierto, sea en dinero o en otra especie, queda obligado a cumplir su oferta.

SECCIÓN CUARTA
PROMESA ABSTRACTA DE DEUDA

Artículo 1522. La promesa abstracta de deuda, una vez formulada, es irrevocable.

Artículo 1523. Por virtud de una promesa abstracta de deuda, puede el promitente:

I. Reconocer una obligación preexistente, sin expresar su origen o causa; o

II. Declararse el promitente deudor de otra persona, sin especificar la fuente de su obligación ni los motivos o razones que haya tenido para hacerlo, o que justifiquen la deuda.

Artículo 1524. La promesa abstracta de deuda debe formularse por escrito, determinando el objeto de la obligación que el promitente contrae y, en su caso, el plazo de vencimiento.

Artículo 1525. Si el promitente no puede o no sabe escribir, firmará otra persona por él, ante dos testigos, y aquél estampará su huella digital.

Artículo 1526. La promesa abstracta de deuda requiere para su validez:
I. Que la obligación objeto de la misma sea lícita y posible;
II. Que el promitente sea capaz para obligarse;
III. Que no se haya otorgado por error determinante de la voluntad, respecto a las personas del acreedor o del deudor.

Artículo 1527. Habrá error en la persona del acreedor, cuando al declararse deudor el promitente, lo haga en favor de una determinada persona creyendo que es su acreedora, cuando en realidad no lo es.

Artículo 1528. Existirá error en la persona del deudor, cuando el promitente, al declararse obligado en favor de otro, lo haga en atención a una deuda que creía era a su cargo y que realmente no debía.

SECCIÓN QUINTA
PROMESA DE RECOMPENSA

Artículo 1529. El que por anuncios u ofrecimientos hechos al público, se comprometa a alguna prestación, en favor de quien realice determinada obra científica o artística o desempeñe cierto servicio, contrae la obligación de cumplir lo prometido.

Artículo 1530. En los certámenes en que haya promesa de recompensa para los que llenaren ciertas condiciones, es requisito esencial que se fije un plazo.

Artículo 1531. El promitente debe designar la persona o personas que decidirán a quién o a quiénes de los concursantes se otorga la recompensa.

Artículo 1532. Podrá exigir el pago de la recompensa ofrecida:
I. Quien ejecutare el servicio pedido conforme al artículo 1529;

II. Quien realizare la obra solicitada si fuere premiada por quien debe calificarla;

III. Quien con anterioridad a la promesa reuniere ya los requisitos pedidos por la misma, salvo que expresamente se declare en la promesa, que ésta sólo beneficiará a los que a partir de ella, y en el plazo que en ese caso deberá señalarse, ejecuten el servicio pedido o reúnan esos requisitos.

Artículo 1533. Antes de que esté prestado el servicio, cumplida la condición o aceptada en su caso la oferta que se hubiere hecho a persona indeterminada, podrá el promitente revocar su ofrecimiento, siempre que la revocación se haga con la misma publicidad que aquél.

Artículo 1534. En el caso de la revocación a que se refiere el artículo anterior, quien pruebe que hizo erogaciones proporcionadas al monto de la recompensa, para prestar el servicio o realizar la obra, tiene derecho a que se le reembolsen.

Artículo 1535. No podrá revocar el promitente la oferta:

I. En el caso de que las erogaciones a que se refiere el artículo anterior impliquen un principio de ejecución, respecto a la prestación o realización de la obra o servicio;

II. Si se hubiere señalado plazo para la ejecución, mientras no esté vencido el plazo.

Artículo 1536. En los supuestos previstos por el artículo 1532, el promitente está obligado a cumplir el ofrecimiento.

Artículo 1537. Si el acto señalado por el promitente fuere ejecutado por más de un individuo, o si fueren varios los que se encuentren en el caso de la fracción III del artículo 1532, se aplicarán las siguientes disposiciones:

I. Tendrá derecho a la recompensa quien primero ejecutare la obra o cumpliese la condición;

II. Si la ejecución es simultánea, o varios llenan al mismo tiempo la condición, se distribuirá la recompensa por partes iguales;

III. Si la recompensa no fuere divisible, se sorteará entre los interesados.

CAPÍTULO SEXTO
ENRIQUECIMIENTO SIN CAUSA

Artículo 1538. El que sin causa se enriquece en detrimento de otro, está obligado a indemnizarlo de su empobrecimiento, de acuerdo con las siguientes disposiciones:

I. Si el enriquecimiento es igual al empobrecimiento, la indemnización será en la medida de ambos;

II. Si el enriquecimiento es menor que el empobrecimiento, la indemnización será en la medida del primero;

III. Si el enriquecimiento es mayor que el empobrecimiento, la indemnización será en la medida de este último.

Artículo 1539. Para los efectos del artículo anterior, existen empobrecimiento y enriquecimiento:

I. Cuando se opere el aumento de un patrimonio en detrimento de otro, sin que haya una fuente jurídica de obligaciones o derechos a través de la cual pueda fundarse dicho aumento;

II. Cuando sin fuente o causa legítima un deudor se libere de una obligación; y

III. Cuando una persona deje de percibir sin causa aquello a que legalmente tenía derecho.

Artículo 1540. Debe existir una relación de causa a efecto entre el empobrecimiento y el enriquecimiento.

Artículo 1541. El empobrecimiento y el enriquecimiento deben ser estimables en dinero.

Artículo 1542. Existirá también enriquecimiento sin causa, en los casos en que, habiendo existido una fuente jurídica del empobrecimiento y enriquecimiento correlativo, desaparezca ésta posteriormente.

Artículo 1543. En los casos en que un incapaz se enriquezca por actos que ejecutare una persona capaz, sin incurrir ésta en error de hecho y con conocimiento del empobrecimiento que experimente o pueda sufrir, no habrá lugar a exigir indemnización alguna.

Artículo 1544. Cuando por actos de una persona se beneficiaren otra u otras, por aumentar el valor de sus propiedades o posesiones, y dicho beneficio sea consecuencia del que también experimente la persona que ejecute tales actos, no habrá lugar a exigir indemnización alguna, no obstante las erogaciones o trabajos que el primero hubiere ejecutado.

CAPÍTULO SÉPTIMO
CONDICIÓN Y PLAZO

SECCIÓN PRIMERA
OBLIGACIONES CONDICIONALES

Artículo 1545. La obligación es pura cuando su exigibilidad no depende de condición alguna.

Artículo 1546. La obligación es condicional cuando su nacimiento, exigibilidad o resolución dependen de un acontecimiento futuro y contingente.

Artículo 1547. La condición es suspensiva cuando el nacimiento o el cumplimiento de la obligación, depende de la condición misma, según la voluntad de las partes.

Artículo 1548. Cuando al pactar la condición suspensiva, las partes no expresan si ella detiene el nacimiento o el cumplimiento de la obligación, se entiende que suspende éste y no aquél.

Artículo 1549. Es resolutoria la condición, cuando cumplida que sea, extingue la obligación, y restablece la situación jurídica anterior al nacimiento de aquélla.

Artículo 1550. La condición es casual, cuando depende enteramente del acaso, o de la voluntad de una persona extraña al contrato y no interesada en éste.

Artículo 1551. Es mixta la condición que depende a la vez de la voluntad de una de las partes y de un acontecimiento del todo ajeno a la voluntad de ellas.

Artículo 1552. Se tendrá por no puesta la condición que dependa puramente de la voluntad de una de las partes.

Artículo 1553. Si el cumplimiento del contrato o de una obligación dependen de la condición de que un acontecimiento suceda en un tiempo fijo, se aplicarán las siguientes disposiciones:

I. Cumplida que sea la condición, se tendrá el contrato por perfeccionado, desde el día de la celebración;

II. Si transcurre el plazo sin realizarse la condición, se tendrá ésta como no verificada;

III. Si antes del plazo señalado, hay certeza de que la condición no podrá realizarse, se tendrá por no verificada desde el momento en que se adquiera esa certeza.

Artículo 1554. En el caso del artículo anterior, si no se fijó plazo para que suceda la condición, se aplicará lo dispuesto en las fracciones II y III del artículo 1555.

Artículo 1555. La obligación contraída con la condición de que un acontecimiento no se verifique, se rige por las siguientes disposiciones:

I. Si se fijó un tiempo cierto, será exigible la obligación si pasa este tiempo sin verificarse el acontecimiento;

II. Si no se hubiere fijado tiempo, la condición deberá reputarse cumplida transcurrido el que verosímilmente se hubiere querido señalar, atenta la naturaleza y demás circunstancias de la obligación; y

III. En caso de desacuerdo de las partes, sobre la duración del plazo a que se refiere la fracción II anterior, será fijada por el Juez, en atención a las circunstancias mencionadas en dicha fracción.

Artículo 1556. Se tendrá por cumplida la condición que dejare de realizarse por hecho culpable y voluntario del obligado.

Artículo 1557. Los derechos y las obligaciones de los contratantes que fallecen antes del cumplimiento de la condición, pasan a sus herederos.

Artículo 1558. Los acreedores cuyos contratos dependieren de alguna condición, podrán, aun antes de que ésta se cumpla, ejercitar los actos lícitos necesarios para la conservación de su derecho.

Artículo 1559. El deudor puede repetir lo que antes de cumplirse la condición suspensiva hubiere pagado.

Artículo 1560. Cuando las obligaciones se hayan contraído bajo condición suspensiva, y pendiente ésta se perdiere, deteriorare o mejorare el bien que fuere objeto de aquélla, se observarán las disposiciones siguientes:

I. Si el bien se pierde por culpa del deudor, éste quedará obligado al pago de la responsabilidad civil;

II. Si el bien se pierde sin culpa del deudor, quedará extinguida la obligación;

III. Cuando el bien se deteriorare por culpa del deudor, el acreedor podrá optar entre la resolución de la obligación o su cumplimiento, con la indemnización de daños y perjuicios en ambos casos;

IV. Cuando el bien se deteriore sin culpa del deudor, éste cumple su obligación entregándolo al acreedor en el estado en que se encuentre al cumplirse la condición;

V. Si el bien se mejora por su naturaleza o por el tiempo, las mejoras son para el acreedor;

VI. Si se mejora a expensas del deudor, no tendrá éste otro derecho que el concedido al usufructuario.

Artículo 1561. En caso de pérdida, deterioro o mejora del bien restituible, se aplicarán al que debe hacer la restitución, las disposiciones que respecto del deudor contienen los artículos que preceden.

Artículo 1562. La condición resolutoria, salvo disposición expresa de la ley, va implícita en los contratos bilaterales, para el caso de que uno de los contratantes no cumpliere su obligación.

Artículo 1563. Si uno de los contratantes no cumple su obligación, podrá el otro escoger entre exigirle el cumplimiento o la rescisión del contrato, y en uno y otro caso el pago de daños y perjuicios, pudiendo adoptar este segundo medio, aun en el caso de que, habiendo elegido el primero, no fuere posible el cumplimiento de la obligación.

Artículo 1564. La rescisión del contrato fundada en la falta de pago por parte del adquirente de la propiedad de bienes inmuebles u otro derecho real sobre los mismos, no surtirá efecto contra tercero de buena fe, si no se estipuló expresamente e inscribió en el Registro Público, en la forma prevenida por la ley.

Artículo 1565. Respecto de los contratos cuyo objeto sean uno o varios bienes muebles, se aplicarán las siguientes disposiciones:

I. Quedan sujetos a lo dispuesto por el artículo 1563, en caso de incumplimiento de una de las partes;

II. La rescisión no producirá efectos contra persona distinta de las partes, que de buena fe haya adquirido el bien o bienes muebles objeto del contrato;

III. Cuando se haya cumplido la prestación, cuyo objeto sea un bien consumible por el primer uso, no procede la rescisión del contrato.

Artículo 1566. Si la rescisión del contrato dependiere de una persona distinta de las partes contratantes y fuere ella dolosamente inducida a rescindirlo, se tendrá por no rescindido.

Artículo 1567. Es nula la obligación que depende de una condición física o legalmente imposible.

SECCIÓN SEGUNDA
OBLIGACIONES A PLAZO

Artículo 1568. Es obligación a plazo aquélla para cuyo cumplimiento se señaló un día cierto.

Artículo 1569. Entiéndese por día cierto aquél que necesariamente ha de llegar.

Artículo 1570. Si la incertidumbre consistiere en si ha de llegar o no el día, la obligación será condicional, y se regirá por las reglas que contiene la sección precedente.

Artículo 1571. Si en el contrato se pacta un plazo, se presume establecido en beneficio del deudor, a no ser que del contrato mismo o de otras circunstancias resultare haberse puesto también en favor del acreedor.

Artículo 1572. Se tendrá por vencido anticipadamente el plazo, en los siguientes casos:

I. Si el deudor se hallare en notoria insolvencia o en peligro de quedar insolvente;

II. Cuando, sin consentimiento del acreedor, el deudor hubiere disminuido por medio de actos propios, las garantías otorgadas; y

III. Si el deudor es concursado.

Artículo 1573. Si fueren dos o más los deudores y estuvieren obligados solidariamente, lo dispuesto en el artículo anterior sólo comprenderá al que se hallare en alguno de los casos que en él se designan.

CAPÍTULO OCTAVO
OBLIGACIONES FACULTATIVAS, CONJUNTIVAS Y ALTERNATIVAS

Artículo 1574. La obligación es facultativa si el deudor debe una prestación, con la posibilidad de liberarse cumpliendo otra distinta.

Artículo 1575. El objeto de la obligación conjuntiva lo constituyen varios bienes o hechos, o aquéllos y éstos, y el deudor debe dar todos los primeros y prestar todos los segundos.

Artículo 1576. Si el deudor debe uno de dos hechos o uno de dos bienes, o un hecho o un bien, la obligación es alternativa y cumple prestando cualquiera de esos hechos o bienes.

Artículo 1577. En las obligaciones alternativas no puede el deudor prestar, contra la voluntad del acreedor, parte de un bien y parte de otro, o ejecutar en parte un hecho.

Artículo 1578. En las obligaciones alternativas la elección corresponde al deudor, si no se pacto lo contrario.

Artículo 1579. Cuando el objeto de la obligación lo constituyan dos bienes alternativamente, si uno de los dos no puede ser objeto de la obligación, deberá entregarse el otro.

Artículo 1580. Si la elección compete al deudor, y alguno de los dos bienes se pierde por culpa suya o por caso fortuito, el acreedor está obligado a recibir el que queda.

Artículo 1581. Si se pierden los dos bienes y la pérdida de ambos o de uno se causó por culpa del deudor, éste debe pagar el precio del último que se perdió.

Artículo 1582. Si los dos bienes se perdieron por caso fortuito, el deudor queda libre de la obligación.

Artículo 1583. Si la elección compete al acreedor, y uno de los bienes se pierde por culpa del deudor, puede el primero elegir el bien que ha quedado o el valor del perdido.

Artículo 1584. Si el bien se perdió sin culpa del deudor, estará obligado el acreedor a recibir el que haya quedado.

Artículo 1585. Si ambos bienes se perdieren por culpa del deudor, podrá el acreedor exigir el valor de cualquiera de ellos, o la rescisión del acto jurídico generador de la obligación y, en uno u otro caso, podrá exigir además la reparación de daños y perjuicios.

Artículo 1586. Si ambos bienes se perdieren sin culpa del deudor, se hará la distinción siguiente:

I. Si se hubiere hecho ya la elección o designación del bien, la pérdida será por cuenta del acreedor;

II. Si la elección no se hubiere hecho, quedará el contrato sin efecto.

Artículo 1587. Si la elección es del deudor y uno de los bienes se pierde por culpa del acreedor, quedará el primero libre de la obligación o podrá pedir que se rescinda el acto jurídico generador de ésta, y en uno u otro caso, la reparación de daños y perjuicios.

Artículo 1588. Cuando la elección es del acreedor y por culpa de éste se pierde uno de los bienes, con el bien perdido quedará satisfecha la obligación.

Artículo 1589. Si los dos bienes se perdieren por culpa del acreedor, y es de éste la elección, quedará a su arbitrio pagar el precio que quiera de los bienes.

Artículo 1590. En el caso del artículo anterior, si la elección es del deudor, éste designará el precio de uno de los dos bienes.

Artículo 1591. En los casos de los dos artículos que preceden, el acreedor está obligado al pago de los daños y perjuicios.

Artículo 1592. Si la obligación alternativa fuera de hechos, el acreedor, cuando tenga la elección, podrá exigir cualquiera de los hechos que sean objeto de la obligación.

Artículo 1593. Si la elección compete al deudor, tendrá la facultad de prestar el hecho que quiera.

Artículo 1594. Si la obligación fuere de dar o de hacer, el que tenga la elección podrá exigir o prestar en su caso el bien o el hecho.

Artículo 1595. Si el obligado se rehusa a ejecutar el hecho, el acreedor podrá exigir el bien o la ejecución del hecho por otra persona, como dispone el artículo 1664.

Artículo 1596. Si el bien se pierde por culpa del deudor y la elección es del acreedor, éste podrá exigir el precio del bien o la prestación del hecho.

Artículo 1597. En el caso del artículo anterior, si el bien se pierde sin culpa del deudor, el acreedor está obligado a recibir la prestación del hecho.

Artículo 1598. Haya habido o no culpa en la pérdida del bien por pare del deudor, si la elección es de éste, el acreedor está obligado a recibir la prestación del hecho.

Artículo 1599. Si el bien se pierde o el hecho deja de prestarse por culpa del acreedor, se tiene por cumplida la obligación.

Artículo 1600. La falta de prestación del hecho se regirá por lo dispuesto en los artículos 1663 a 1666.

CAPÍTULO NOVENO
MANCOMUNIDAD Y SOLIDARIDAD

SECCIÓN PRIMERA
REGLAS GENERALES

Artículo 1601. Cuando hay pluralidad de deudores o de acreedores, tratándose de una misma obligación existe mancomunidad o solidaridad.

Artículo 1602. En la mancomunidad de deudores o de acreedores, el crédito o deuda se consideran divididos en tantas partes como deudores o acreedores haya, cada parte constituye una deuda o un crédito distinto uno de otros y todas las partes se presumen iguales, salvo que se pacte de distinta manera o la ley disponga lo contrario.

Artículo 1603. La solidaridad puede ser activa o pasiva.

Artículo 1604. La solidaridad activa o pasiva resulta por la voluntad expresa de las partes o por disposición de la ley.

SECCIÓN SEGUNDA
SOLIDARIDAD PASIVA

Artículo 1605. Solidaridad pasiva es la obligación que tienen dos o más deudores de prestar cada uno, por sí, la totalidad de la obligación.

Artículo 1606. La insolvencia de uno de los deudores solidarios no impide al acreedor, exigir el cumplimiento total a los demás deudores o a cualquiera de éstos.

Artículo 1607. La solidaridad pasiva se presume:

I. Cuando la obligación es de dar algún bien individualmente determinado, y que por su naturaleza no admita cómoda división, o aunque la admita, siempre que el conjunto de las partes prestadas separadamente, tenga un valor menor que el que corresponda a la especie determinada;

II. Cuando dos o más personas heredan a un deudor solidario;

III. Cuando la obligación se contrae para la prestación de un hecho o ejecución de una obra que no puede obtenerse sino por el concurso simultáneo de las personas obligadas.

Artículo 1608. En los casos del artículo que precede, la solidaridad no puede dejar de existir sino por convenio expreso.

Artículo 1609. El pago hecho por uno de los deudores solidarios extingue la deuda.

Artículo 1610. La novación, compensación, confusión o transacción verificada por uno de los deudores solidarios, extingue la obligación y quedan exonerados los demás deudores.

Artículo 1611. La liberación de un deudor solidario, por un medio distinto a los enumerados en los dos artículos anteriores, extingue la obligación también respecto a los demás deudores solidarios.

Artículo 1612. La quita hecha en favor de uno de los deudores solidarios sin expresarse que favorece a él personalmente, extingue parcialmente la obligación, para todos los demás hasta el importe de la quita.

Artículo 1613. Si el acreedor de varios deudores solidarios hubiere consentido en la división de la deuda, respecto de alguno o algunos de los deudores, podrá:

I. Reclamar a los demás obligados el pago de la deuda, deducida la parte del deudor o deudores liberados de la solidaridad; y

II. Exigir el total de la deuda a los demás obligados, sin deducir la parte del deudor o deudores liberados de la solidaridad, en caso de insolvencia de éstos.

Artículo 1614. El deudor solidario podrá oponer contra las reclamaciones del acreedor, las excepciones que le sean personales.

Artículo 1615. El deudor soliario (sic) a quien se reclame el pago, deberá oponer las siguientes excepciones:

I. Las que se deriven de la obligación o de la fuente de ésta;

II. Las personales de cualquiera de sus codeudores, si las conocía o se le dieron a conocer oportunamente.

Artículo 1616. En el caso de la fracción segunda del artículo anterior, en el juicio se llamará al codeudor solidario, titular de las excepciones opuestas, para que como coadyuvante del demandado aporte las pruebas que estime conveniente.

Artículo 1617. El deudor solidario a quien se demande el pago, es responsable civilmente:

I. Para con sus coobligados si no hace valer las excepciones que sean comunes a todos; y

II. Para con el deudor que oportunamente le haya dado a conocer las excepciones personales que éste tenía, si aquél no las opone.

Artículo 1618. Cuando por el no cumplimiento de la obligación se demande daños y perjuicios, cada uno de los deudores solidarios responderá íntegramente de ellos.

Artículo 1619. Si el bien que fuere objeto de la prestación se perdiere por culpa de alguno de los deudores solidarios, no quedarán los demás libres de la obligación; y el que haya causado la pérdida será responsable por ella y por los daños y perjuicios, tanto respecto del acreedor como de los demás obligados.

Artículo 1620. Si muere uno de los deudores solidarios dejando varios herederos, éstos serán considerados como un solo deudor, con relación a los otros deudores, pero cada uno de ellos responde de la deuda hasta el monto de su haber hereditario.

Artículo 1621. Las relaciones entre los codeudores solidarios se regirán por las siguientes disposiciones:

I. El deudor solidario que paga por entero la deuda, tiene derecho de exigir de los otros codeudores la parte que en ella les corresponda;

II. Salvo convenio en contrario, los deudores solidarios estarán obligados entre sí por partes iguales;

III. Si la parte que incumbe a un deudor solidario no puede obtenerse de él, el déficit debe ser repartido entre los demás deudores solidarios, aun entre aquéllos a quienes el acreedor hubiere liberado de la solidaridad;

IV. En la medida que un deudor solidario satisface la deuda, por pago, novación, compensación, confusión o transacción, se subroga en los derechos del acreedor;

V. Si la solidaridad pasiva sólo se estableció para el efecto de que pudiera exigirse a los deudores solidarios el pago, y sólo uno de ellos tiene interés en la obligación, éste responderá de toda la deuda a sus codeudores;

VI. La quita o remisión de la deuda hecha por el acreedor a uno de los deudores solidarios, no extinguirá la obligación respecto de todos, cuando el perdón se halle limitado a un deudor determinado;

VII. Los convenios que el acreedor celebrare acerca de la deuda con uno de los deudores solidarios, no aprovecharán ni perjudicarán a los demás, salvo lo dispuesto en los artículos 1610 y 1612.

Artículo 1622. Antes de la partición, los herederos de un deudor solidario responden, también solidariamente, con los bienes de la sucesión, de la deuda de su autor.

Artículo 1623. Hecha la partición cada uno de los herederos de un deudor solidario, debe pagar la parte que le corresponda en la obligación de éste, conforme a la misma partición y hasta el importe de su haber hereditario, salvo que la obligación sea indivisible.

Artículo 1624. Pagada total o parcialmente la deuda por la sucesión, o por uno o varios de los herederos, es aplicable a éstos y a los demás codeudores solidarios, el artículo 1621, en lo conducente.

SECCIÓN TERCERA
SOLIDARIDAD ACTIVA

Artículo 1625. Solidaridad activa es el derecho que tienen dos o más acreedores, para exigir todos juntos, o cualquiera de ellos, el cumplimiento total de la obligación.

Artículo 1626. En virtud de sucesión son acreedores solidarios:

I. Los herederos de un acreedor solidario;

II. Los albaceas nombrados solidariamente por el testador o por los herederos;

III. Los herederos y legatarios nombrados conjuntamente, respecto de algún bien, sin designación de partes;

IV. Las personas llamadas simultáneamente a la misma herencia, no habiendo albacea y mientras no se practique la partición.

Artículo 1627. El deudor de varios acreedores solidarios se libera pagando a cualquiera de éstos, a no ser que haya sido requerido judicialmente por alguno de ellos, en cuyo caso deberá hacer el pago al demandante.

Artículo 1628. La novación, compensación, confusión o remisión, verificadas por cualquiera de los acreedores solidarios extinguen la obligación.

Artículo 1629. La quita hecha por uno de los acreedores solidarios extingue la obligación para todos los demás, hasta el importe de la quita.

Artículo 1630. El deudor de varios acreedores solidarios, a quien éstos demanden el pago, pueden oponerle las excepciones que sean personales al demandado, las comunes a todos los acreedores y las que sean personales de cualquiera de éstos; pero para resolver sobre estas últimas, el acreedor a quien se refieran, debe ser oído en el juicio en que se opongan tales excepciones.

Artículo 1631. El acreedor que hubiese recibido todo o parte de la deuda, hecho quita o remisión de ella, o en quien se hubiese efectuado compensación o confusión, o contra quien hubiesen procedido excepciones personales, es responsable para con los otros acreedores de la parte que a éstos corresponda, por virtud de lo dispuesto en la ley o por el convenio celebrado entre dichos acreedores.

Artículo 1632. Si el crédito pertenece a uno solo de los acreedores solidarios y la solidaridad activa se estableció para el solo efecto de que cualquiera de ellos pudiese recibir el pago, las relaciones entre los acreedores solidarios se regirán por las reglas establecidas para el mandato sin representación.

Artículo 1633. En el caso de transmisión hereditaria de un crédito solidario, se aplicarán las siguientes disposiciones:

I. Mientras no se haga la partición, la sucesión se considera coacreedora solidaria;

II. Hecha la partición, si el crédito se aplicó a varios herederos, nombrarán un representante común para hacer valer sus derechos, con relación al deudor y a los coacreedores;

III. Si el causante, en sus relaciones con los demás acreedores, únicamente era mandatario sin representación, el crédito no formará parte del activo de la sucesión.

Artículo 1634. Si el bien objeto de la obligación hubiere perecido, o si la prestación se hubiere hecho imposible, sin culpa del deudor, la obligación quedará extinguida; pero si mediare culpa de uno de los acreedores solidarios, éste responderá a los demás de los daños y perjuicios compensatorios y moratorios por la parte que a éstos corresponda.

SECCIÓN CUARTA
SOLIDARIDAD ACTIVA Y PASIVA A LA VEZ

Artículo 1635. Cuando haya solidaridad activa y pasiva a la vez, se aplicarán las disposiciones de las secciones segunda y tercera de este capítulo.

CAPÍTULO DÉCIMO
OBLIGACIONES DIVISIBLES E INDIVISIBLES

Artículo 1636. Las obligaciones son divisibles cuando tienen por objeto prestaciones susceptibles de cumplirse parcialmente.

Artículo 1637. Son indivisibles las obligaciones si el objeto de las mismas sólo se puede cumplir por entero.

Artículo 1638. Cuando la obligación sea indivisible y sean varios los deudores, responderán todos ellos solidariamente.

Artículo 1639. Pierde la calidad de indivisible, la obligación que se resuelve en el pago de daños y perjuicios.

CAPÍTULO UNDÉCIMO
PRESTACIÓN DE BIENES

Artículo 1640. La obligación de dar o prestación de bienes, puede consistir:

I. En la traslación del dominio de un bien cierto;
II. En la enajenación temporal del uso o goce de un bien cierto;
III. En la restitución de un bien ajeno; o
IV. En el pago de un bien debido.

(REFORMADO, P.O. 10 DE MARZO DE 2021)

Artículo 1641. La persona obligada a dar algún bien, lo está a conservarlo y entregarlo con la debida diligencia en virtud de garantizar mantenerlo en condiciones pactadas mientras no lo entregue.

Artículo 1642. La obligación de dar un bien cierto comprende también la de entregar los accesorios de éste.

Artículo 1643. El acreedor de un bien cierto no puede ser obligado a recibir otro, aun cuando sea de mayor valor.

Artículo 1644. Si no se designa la calidad del bien, el deudor cumple entregando uno de mediana calidad.

Artículo 1645. La entrega puede ser real o ficta.

Artículo 1646. La entrega real consiste en poner materialmente el bien debido en poder del acreedor.

Artículo 1647. La entrega ficta puede ser jurídica, virtual o simbólica, de acuerdo con las siguientes disposiciones:

I. En la entrega jurídica, la ley considera recibido el bien por el acreedor, aun cuando no haya sido materialmente entregado;

II. Hay entrega virtual cuando por ser así la voluntad del acreedor, se da éste por recibido del bien, sin que le haya sido entregado materialmente, aceptando que quede a su disposición. En este caso, el deudor que conserve en su poder el bien sólo tendrá los derechos y obligaciones de un depositario;

III. La entrega es simbólica, cuando se hace por la sola recepción de un símbolo, como las llaves de un inmueble o de las del lugar en que esté guardado el bien mueble que deba entregarse; y

IV. Si la obligación queda comprendida dentro de la clase a que se refiere la fracción I del artículo 1640 y el bien debido es un inmueble o derecho real sobre inmueble, se considera entregado al otorgarse la escritura pública.

Artículo 1648. Desde que el contrato se perfecciona, son a cargo del acreedor, la pérdida o deterioro del bien objeto de la obligación, aun cuando éste no le haya sido entregado.

Artículo 1649. La pérdida puede verificarse:

I. Pereciendo el bien;

II. Desapareciendo de manera que no se tenga noticia del bien, o que aunque se tenga alguna, el bien no se pueda recobrar.

Artículo 1650. La pérdida o deterioro serán por cuenta del deudor, en los siguientes casos:

I. Si en el contrato así se convino;

II. Si el deterioro o pérdida del bien ocurren por culpa del deudor.

Artículo 1651. En el caso de la fracción I del artículo anterior, el deudor sólo responde de la pérdida o deterioro normales del bien y no de aquélla o éstos debidos a caso fortuito o de fuerza mayor.

Artículo 1652. Son aplicables al caso fortuito o de fuerza mayor, las siguientes disposiciones:

I. Se entiende por caso fortuito o de fuerza mayor todo acontecimiento previsible o imprevisible, realizado sin intervención humana, o con la intención de una o más personas, determinadas o indeterminadas, que sea además inevitable y por virtud del cual se pierda el bien o se imposibilite el cumplimiento de la obligación;

II. La imposibilidad para el cumplimiento de la obligación, en el caso fortuito o de fuerza mayor, debe ser absoluta de manera que ni el deudor ni cualquiera otra persona puedan realizar la prestación debida;

III. Si el bien se pierde por caso fortuito o de fuerza mayor, el deudor queda liberado de la obligación;

IV. Si el bien se deteriora por caso fortuito o de fuerza mayor, el deudor cumple entregando el bien al acreedor en el estado en que se halle;

V. Lo dispuesto en las dos fracciones anteriores y en la última parte del artículo 1651 no se aplicará:

a) Si el deudor contribuyó al caso fortuito o de fuerza mayor, o si causó éste;

b) Si convino expresamente, en el contrato, responder de la pérdida o deterioro del bien o bienes debidos, aun en ese caso; y

c) Cuando la ley le imponga esa responsabilidad.

VI. Si el deudor está en mora y no se obligó a responder de los casos fortuitos o de fuerza mayor, la obligación se extinguirá si se prueba que el bien se hubiera perdido igualmente en poder del acreedor.

Artículo 1653. Hay culpa o negligencia:

I. Cuando el deudor no conserva el bien como lo determina el artículo 1641;

II. Cuando el obligado a prestar un bien se ha constituido en mora;

III. Cuando el contrato no se cumple conforme a lo convenido o de acuerdo con lo establecido en el artículo 1642;

IV. Cuando se ejecutan actos contrarios a la conservación del bien; y

V. Cuando dejan de ejecutarse los actos necesarios a la conservación del bien.

Artículo 1654. La calificación de la culpa o negligencia queda al prudente arbitrio del Juez, según las circunstancias del hecho, del contrato y de las personas.

Artículo 1655. Salvo prueba en contrario, se presume que el bien se pierde por culpa de quien lo tenga en su poder.

Artículo 1656. Si el bien se deteriorare por culpa del deudor, el acreedor puede demandar la rescisión del contrato o exigir la reducción del valor de la prestación a que se hubiere obligado, y en uno y otro caso el pago de daños y perjuicios.

Artículo 1657. Cuando la deuda de un bien cierto y determinado procediere de delito o falta, no se eximirá el deudor del pago de su precio, cualquiera que hubiere sido el motivo de la pérdida; a no ser que, habiendo ofrecido el bien al que debió recibirlo, se haya éste constituido en mora.

Artículo 1658. Cuando la obligación de dar tenga por objeto un bien designado sólo por su género y cantidad, luego que el bien se individualice por la elección del deudor o del acreedor, se aplicarán, en caso de pérdida o deterioro, las reglas establecidas en este capítulo.

Artículo 1659. El deudor de un bien perdido sin culpa suya, está obligado a ceder al acreedor cuantos derechos y acciones tuviere para reclamar la indemnización a quien fuere responsable de la pérdida.

Artículo 1660. Si el bien se deteriora por culpa del acreedor, éste deberá recibir el bien en el estado en que se halle.

Artículo 1661. Si el bien se perdiere por culpa del acreedor, el deudor quedará libre de la obligación.

Artículo 1662. En los contratos en que la prestación del bien no importe traslación de la propiedad, el deterioro o pérdida del bien serán por cuenta del dueño salvo que intervenga culpa o negligencia de la otra parte.

CAPÍTULO DUODÉCIMO
OBLIGACIONES DE HACER O DE NO HACER

Artículo 1663. Si el que se hubiere obligado a prestar un hecho no lo hiciere o no lo prestare conforme a lo convenido, el acreedor puede exigir el cumplimiento o la rescisión del contrato, más daños y perjuicios en uno u otro caso.

Artículo 1664. Puede el acreedor pedir que la obligación de hacer se ejecute por otra persona, a costa del deudor, cuando éste no la cumpla, o no la haya cumplido de la manera convenida y la sustitución sea posible.

Artículo 1665. Si la obligación de hacer no se cumplió por el obligado de la manera convenida, puede el acreedor pedir que la obra realizada se destruya a costa de aquél.

Artículo 1666. La contravención de una obligación de no hacer, da derecho al acreedor para exigir:

I. El pago de los daños y perjuicios causados por el incumplimiento del deudor; y

II. Que si hubiere obra material se destruya ésta a costa del deudor.

CAPÍTULO DECIMOTERCERO
TRANSMISIÓN DE DERECHOS DE CRÉDITO Y DE DERECHOS REALES

SECCIÓN PRIMERA
CESIÓN DE DERECHOS

Artículo 1667. El acreedor puede transmitir sus derechos a otra persona, por título gratuito u oneroso, salvo que la ley prohiba la cesión, se haya convenido no hacerla o se trate de pensiones alimenticias.

Artículo 1668. La cesión de derechos por el acreedor no requiere el consentimiento del deudor.

Artículo 1669. Si los derechos o créditos fueren litigiosos, no podrán ser cedidos en ninguna forma a las personas que desempeñen la judicatura o el cargo de Autoridad en el Gobierno o Ayuntamiento, si esos derechos o créditos fueren disputados dentro del ámbito territorial de la competencia de los referidos funcionarios.

Artículo 1670. La cesión hecha en contravención a lo dispuesto en el artículo anterior será nula y esa nulidad es absoluta.

Artículo 1671. El deudor de una obligación litigiosa, cedida por título oneroso, puede liberarse, satisfaciendo al cesionario el valor que éste hubiere dado por ella, con sus intereses y demás expensas hechas en la adquisición.

Artículo 1672. No es aplicable el artículo anterior:

I. Si la cesión se hace en favor del coheredero o copropietario del derecho cedido;

II. Si la cesión se hace en favor del poseedor del inmueble objeto del derecho cedido;

III. Si la cesión se hace a un acreedor en pago de su deuda.

Artículo 1673. Se considerará litigioso el derecho desde que se practique providencia precautoria de embargo, si el embargante presenta en tiempo la demanda; desde el secuestro en el juicio ejecutivo; y en los demás casos desde la contestación de la demanda hasta que se pronuncia sentencia que cause ejecutoria.

Artículo 1674. La liberación permitida en el artículo 1671 sólo procede cuando el litigio esté aún pendiente de resolución.

Artículo 1675. El deudor podrá oponerse a la cesión:

I. En el caso del artículo 1669;

II. Si tiene contra el acreedor un crédito anterior a la cesión, por el cual pueda operar compensación; y

III. Si se pactó no hacer la cesión y la cláusula correspondiente consta en el documento comprobatorio del crédito.

Artículo 1676. La cesión de un crédito transmite al cesionario, salvo pacto expreso en contrario, los intereses, privilegios, fianza, hipoteca, prenda y demás derechos accesorios del crédito cedido.

Artículo 1677. La cesión de créditos civiles se hará en escrito privado que firmarán cedente, cesionario y dos testigos, o en escritura pública, cuando por la naturaleza del crédito cedido, la ley exija que su transmisión se haga en esta forma.

Artículo 1678. Para que el cesionario pueda ejercitar sus derechos contra el deudor, deberá hacer a éste la notificación de la cesión, judicialmente o ante Notario.

Artículo 1679. Sólo tiene derecho para pedir o hacer la notificación, el acreedor que presente el título justificativo del crédito, o el de la cesión, cuando aquél no sea necesario.

Artículo 1680. Si el deudor está presente en la cesión y no se opone a ella, o si no habiendo estado presente, la aceptó y esto se prueba, se tiene por hecha la notificación.

Artículo 1681. Mientras no se haya hecho la notificación, el deudor se libera pagando al acreedor primitivo.

Artículo 1682. Hecha la notificación, el deudor se libera únicamente pagando al cesionario que le presente el título.

Artículo 1683. Si el crédito se cedió a varios cesionarios, tendrá preferencia el que primero haya notificado la cesión al deudor, salvo lo dispuesto para títulos que deben registrarse.

Artículo 1684. Los acreedores del cedente podrán ejercitar sus derechos con respecto a la deuda cedida, siempre que no se haga la notificación en forma legal.

Artículo 1685. Si el título se extravió, el acreedor tiene derecho de probar su existencia; y la confesión del deudor o el fallo judicial servirán de nuevo título.

Artículo 1686. El cesionario no tendrá mayores derechos u obligaciones que el cedente.

Artículo 1687. La cesión de crédito produce efectos contra personas que no sean parte en ella, desde que su fecha deba tenerse como cierta, conforme a las reglas siguientes:

I. Si tiene por objeto un crédito que deba inscribirse, desde la fecha de su inscripción en el Registro Público de la Propiedad;

II. Si se hace en escritura pública, desde la fecha de su otorgamiento;

III. Si se trata de un documento privado, desde el día en que se incorpore o inscriba en un Registro Público; desde la muerte de cualquiera de los que lo firmaren, o desde la fecha en que se entregue a un funcionario público por razón de sus funciones.

Artículo 1688. El cedente está obligado a garantizar la legitimidad del crédito; pero no la solvencia del deudor, a no ser que se haya estipulado expresamente o que la insolvencia sea pública y anterior a la cesión.

Artículo 1689. Si el cedente se hubiere hecho responsable de la solvencia del deudor, y no se fijare el tiempo que esta responsabilidad deba durar, se limitará a un año, contado desde la fecha de la cesión si la deuda estuviere vencida y, si aún no fuere exigible, desde la fecha en que lo sea.

Artículo 1690. Si el crédito cedido consiste en una renta, que deba pagarse por pensiones diarias, semanales, quincenales, mensuales o anuales, la responsabilidad por la solvencia del deudor cuando la haya tomado a su cargo el cedente, se extingue a los dos años, contados desde la fecha de la cesión.

Artículo 1691. El que cede alzadamente la totalidad de ciertos derechos, cumple con responder de la legitimidad del todo en general; pero no está obligado al saneamiento de cada una de las partes, salvo en el caso de evicción del todo o de la mayor parte.

Artículo 1692. El que cede su derecho a una herencia, sin enumerar los bienes de que ésta se compone, sólo está obligado a responder de su calidad de heredero.

Artículo 1693. Si el cedente se hubiere aprovechado de algunos frutos o percibido algún bien de la herencia que cediere, deberá abonarlos al cesionario, si no se hubiere pactado lo contrario.

Artículo 1694. El cesionario debe, por su parte, satisfacer al cedente todo lo que haya pagado por las deudas o cargas de la herencia y sus propios créditos contra ella, salvo si se hubiere pactado lo contrario.

Artículo 1695. Si la cesión fuere gratuita, el cedente no será responsable para con el cesionario, ni por la existencia del crédito ni por la solvencia del deudor.

Artículo 1696. El deudor puede oponer al cesionario las excepciones que podría oponer al cedente en el momento de la cesión.

Artículo 1697. Las disposiciones relativas al acto jurídico con el que tengan mayor analogía las cláusulas pactadas en la cesión de derechos, son aplicables a ella, en lo que no se opongan a las disposiciones de esta sección.

SECCIÓN SEGUNDA
CESIÓN DE DEUDAS

Artículo 1698. Mediante la substitución del deudor se efectúa la cesión de deudas.

Artículo 1699. Para que haya substitución de deudor basta que el acreedor consienta tácitamente.

Artículo 1700. Se presume que el acreedor consiente en la substitución del deudor, cuando permite que el substituto haga, a nombre propio y no por cuenta del deudor, pagos parciales, periódicos o de réditos.

Artículo 1701. Si el acreedor acepta expresamente la substitución del deudor primitivo, hay novación y no cesión de deuda.

Artículo 1702. Si convienen el acreedor y el deudor primitivo, que aquél pueda exigir a éste el crédito en caso de insolvencia del deudor substituto, hay solidaridad de deudores y no cesión de deudas ni novación.

Artículo 1703. El deudor substituto queda obligado de la misma manera que lo estaba el deudor primitivo.

Artículo 1704. Si otra persona constituyó fianza, prenda o hipoteca para garantizar la deuda, estas garantías cesan con la substitución del deudor, si el constituyente de esas garantías no consiente en que continúen.

Artículo 1705. El deudor substituto puede oponer al acreedor las excepciones que se originen de la naturaleza de la deuda.

Artículo 1706. El deudor substituto no puede oponer al acreedor las excepciones que sean personales de él y del deudor primitivo.

Artículo 1707. Por la nulidad de la substitución de deudor renace la antigua deuda con sus accesorios, salvo lo dispuesto en el artículo siguiente.

Artículo 1708. Si la persona a que se refiere el artículo 1704 no consintió en la substitución del deudor, al declararse nula ésta, no renacen las garantías que otorgó en favor del deudor primitivo.

SECCIÓN TERCERA
TRANSMISIÓN DE DERECHOS REALES

Artículo 1709. Para la cesión de los derechos reales se aplicarán las reglas de la sección primera de este capítulo, en lo conducente, salvo disposición expresa en contrario, o que el derecho de que se trata sea intransferible.

Artículo 1710. El usufructo parcial no puede ser objeto de cesión.

Artículo 1711. Las servidumbres sólo pueden transmitirse junto con el predio dominante cuando se enajene éste.

Artículo 1712. Con excepción de lo dispuesto en los dos artículos anteriores, los demás derechos reales pueden cederse sin el consentimiento del dueño o del poseedor del bien gravado con los mismos.

Artículo 1713. El acto jurídico por el cual se transmitan o cedan derechos reales, debe celebrarse con las formalidades que establece la ley y para que sea oponible a tercero, deberá inscribirse en el Registro Público de la Propiedad, si se trata de derechos registrables.

Artículo 1714. El dueño o poseedor del bien gravado con los derechos reales cedidos, puede oponer al cesionario todas las excepciones que por virtud del bien o del derecho real fueren procedentes, así como las que podría haber opuesto al cedente.

Artículo 1715. Para que el cesionario pueda ejercitar los derechos reales que se le hayan cedido, deberá registrar la cesión, si el registro es necesario, y notificarla al deudor con arreglo al artículo 1678.

Artículo 1716. En las enajenaciones de bienes ciertos y determinados, la traslación de la propiedad se verifica entre los contratantes por mero efecto del contrato, sin dependencia de tradición ya sea natural, ya simbólica, salvo convenio en contrario.

Artículo 1717. En las enajenaciones de alguna especie indeterminada, la propiedad se transfiere hasta el momento en que el bien sea cierto y determinado con conocimiento del acreedor.

Artículo 1718. Si un bien cierto y determinado fuere sucesivamente enajenado por el mismo enajenante a distintos adquirentes, se observará lo siguiente:

I. Si el bien enajenado fuere mueble prevalecerá la enajenación hecha al que se halle en posesión del bien;

II. Si el bien enajenado fuere inmueble, prevalecerá la enajenación que primero se haya registrado; si ninguna lo ha sido prevalecerá la primera en fecha y si no fuere posible verificar la prioridad de ésta, adquirirá la propiedad del bien el que se halle en posesión de él;

III. Si un derecho real se cedió a dos o más cesionarios sucesivamente, para determinar quien de ellos lo adquiere, se aplicará lo dispuesto en las fracciones anteriores;

IV. Lo dispuesto en las tres fracciones anteriores no se aplicará al segundo o subsecuentes adquirentes, si éstos son de mala fe.

SECCIÓN CUARTA
REMATES

Artículo 1719. Las enajenaciones judiciales y administrativas en remate público, constituyen actos que se forman:

I. Con la declaración de voluntad del Estado emitida por medio de la autoridad que decreta y aprueba el remate; y

II. Con la declaración de voluntad de la persona a quien se adjudica el bien.

Artículo 1720. Los remates se regirán por las disposiciones relativas a compraventa, aplicándose éstas por analogía en lo conducente, en cuanto a las obligaciones y derechos del ejecutado y del adquirente, con las modificaciones que se expresan en esta sección.

Artículo 1721. El ejecutado se considerará como enajenante y el adquirente como comprador.

Artículo 1722. El Código de Procedimientos Civiles y, en su caso, las leyes administrativas aplicables, regirán el procedimiento en los remates.

Artículo 1723. Para que la transmisión de la propiedad en los remates sea perfecta, se requiere:

I. Que haya causado estado el auto de fincamiento de remate o la resolución de la autoridad administrativa que lo apruebe;

II. Que si el bien rematado es mueble, se entregue al adquirente y éste pague su precio; y

III. Que si es inmueble el bien rematado, se otorgue la escritura, que según este Código se requiere como formalidad.

Artículo 1724. Para que surta efectos contra tercero el remate de inmuebles deberá inscribirse en el Registro Público una vez llenada la formalidad requerida.

Artículo 1725. No pueden adquirir en remate:

I. Los jueces, secretarios y empleados de los juzgados;

II. Los magistrados del Tribunal que sea superior de la autoridad judicial que decrete y realice el remate;

III. La autoridad administrativa que decrete y realice el remate, los superiores de ésta y los empleados de ambos;

IV. El ejecutado, sus procuradores, abogados y fiadores;

V. Los albaceas y tutores, si se trata de bienes que formen parte de una sucesión o que pertenezcan a incapacitados, respectivamente; y

VI. Los peritos que hayan valuado los bienes objeto del remate.

Artículo 1726. En los remates de inmuebles, éstos pasarán al adquirente libres de todo gravamen, a menos que por convenio entre los interesados, se estipule que quede subsistente determinado gravamen o responsabilidad, cuyo valor se deducirá del precio.

Artículo 1727. El Juez o la autoridad administrativa, mandará hacer la cancelación de los gravámenes a que se refiere el artículo anterior, aplicando lo que disponga al respecto el Código de Procedimientos Civiles o la ley administrativa correspondiente.

SECCIÓN QUINTA
SUBROGACIÓN PERSONAL

Artículo 1728. La subrogación personal es legal o convencional.

Artículo 1729. La subrogación es legal:

I. Cuando el que es acreedor paga a otro acreedor preferente;

II. Cuando el que paga tiene interés en el cumplimiento de la obligación;

III. Cuando se hace el pago con consentimiento expreso o tácito del deudor;

IV. Cuando un heredero paga con sus bienes propios alguna deuda de la herencia;

V. Cuando el que adquiere un inmueble, paga a un acreedor que tiene sobre aquél un crédito hipotecario anterior a la adquisición;

VI. En los demás casos en que la ley lo establece.

Artículo 1730. La subrogación legal se verifica por ministerio de la ley y sin necesidad de declaración alguna de los interesados.

Artículo 1731. Hay subrogación convencional cuando el acreedor recibe el pago de persona distinta del deudor y subroga a quien pagó en los derechos, privilegios, acciones o hipotecas que tenga contra el deudor. Esta subrogación debe ser expresa, recaer sobre una deuda vencida y hacerse al mismo tiempo que el pago.

Artículo 1732. Si la deuda fuere pagada por el deudor con dinero que otra persona le prestare para ese objeto, quedará subrogado el prestamista en los derechos del acreedor, si el préstamo constare en documento público o privado ratificado ante Notario, en que se declare que el dinero fue prestado para el pago de la misma deuda. A falta de esta circunstancia, el que prestó sólo tendrá los derechos que exprese su respectivo contrato.

Artículo 1733. El acreedor que solamente hubiere sido pagado en parte, podrá ejercitar sus derechos con preferencia al subrogado, por el resto de su deuda, y de esta preferencia disfrutarán únicamente los acreedores originarios, o sus cesionarios, sin que pueda pretenderla cualquiera otro subrogado.

Artículo 1734. No habrá subrogación parcial en deudas de solución indivisible.

Artículo 1735. El pago de los subrogados en diversas porciones del mismo crédito, cuando no basten los bienes del deudor para cubrir todas las porciones, se hará según la prioridad de la subrogación.

Artículo 1736. El subrogado puede ejercitar todos los derechos que competen al acreedor, tanto contra el deudor como contra sus fiadores.

Artículo 1737. En el caso del artículo 1731, si el subrogado pagó al acreedor una suma menor al importe del crédito y se le subrogó en el total del mismo, puede el deudor liberarse de la deuda, pagando al subrogatorio lo que éste pagó por la subrogación, más los gastos de ella y los intereses que vayan venciendo, calculados al tipo pactado.

SECCIÓN SEXTA
SUBROGACIÓN REAL

Artículo 1738. Hay subrogación real:

I. Cuando un bien afectado a un derecho real, sea sustituido por su valor, en caso de enajenación voluntaria, remate, expropiación, seguro u otro acto equivalente;

II. Cuando el propietario de un bien gravado por un derecho real lo destruya para substituirlo por otro;

III. Cuando un bien propio de uno de los cónyuges, o el bien que constituya el patrimonio de familia se enajene, y con el precio de aquél o de éste se adquiera otro bien.

Artículo 1739. En el caso de la fracción I del artículo anterior, se aplicarán las siguientes disposiciones:

I. La regulación de los derechos correspondientes al dueño o poseedor y al titular del derecho real, cuando exista un valor que substituya al bien, se hará tomando en cuenta los valores que asignen los peritos;

II. Tratándose de hipoteca y prenda, el valor que substituya al bien, se aplicará preferentemente al pago del crédito garantizado aun cuando no esté vencido.

Artículo 1740. En el caso de la fracción II del artículo 1738, el titular del derecho real tendrá acción para que se declare que su derecho real afecta al nuevo bien.

Artículo 1741. En los casos de la fracción III del artículo 1738, el titular o titulares del bien enajenado tienen derecho, a que el nuevo bien ocupe el lugar que tenía en el patrimonio de ellos; y se destine a realizar el mismo fin del anterior.

SECCIÓN SÉPTIMA
EVICCIÓN

Artículo 1742. Habrá evicción cuando el que adquirió un bien fuere privado del todo o parte de él, por sentencia que cause ejecutoria, en razón de algún derecho anterior a la adquisición.

Artículo 1743. El enajenante está obligado a responder de la evicción, aunque nada se haya expresado en el contrato.

Artículo 1744. Si el bien objeto de la evicción hubiere pertenecido sucesivamente a diversos propietarios, cada uno de éstos está obligado con el inmediato adquirente, y tiene derecho de reclamar el saneamiento al que le enajenó, con arreglo a las disposiciones de esta sección.

Artículo 1745. Los contratantes pueden aumentar o disminuir convencionalmente los efectos de la evicción, y aun convenir en que ésta no se preste en ningún caso.

Artículo 1746. Es nulo el pacto que exime al enajenante de responder por la evicción, si hay mala fe de parte suya.

Artículo 1747. Si el adquirente renunció el derecho al saneamiento para el caso de evicción, llegado que sea éste, debe el enajenante entregar únicamente el precio del bien o, en su caso, la prestación que recibió por éste, conforme a lo dispuesto en el artículo 1751, fracción I.

Artículo 1748. Si quien adquirió lo hizo con conocimiento de los riesgos de evicción y sometiéndose a sus consecuencias, el enajenante no tendrá la obligación que impone el artículo anterior.

Artículo 1749. El adquirente, al contestar la demanda, debe pedir al Juez que sea emplazado el que le enajenó, para que la sentencia surta efectos en su contra.

Artículo 1750. El fallo judicial impone al que enajena, la obligación de indemnizar de acuerdo con los artículos siguientes.

Artículo 1751. Si el que enajenó hubiere procedido de buena fe, está obligado a entregar al que sufrió la evicción:

I. El precio íntegro o, en su caso, la prestación que recibió por el bien;

II. Los gastos causados en el contrato, si fueron satisfechos por el adquirente;

III. Los causados en el juicio de evicción y en el de saneamiento;

IV. El valor de las mejoras útiles y necesarias, si en la sentencia no se determina que el vencedor satisfaga su importe.

Artículo 1752. Si el que enajenó hubiere procedido de mala fe, tendrá las obligaciones que expresa el artículo anterior, con las agravaciones siguientes:

I. Devolverá, a elección del adquirente, el precio que el bien tenía al tiempo de la adquisición, o el que tenga al tiempo en que sufra la evicción;

II. Pagará los daños y perjuicios.

Artículo 1753. Si el enajenante no sale sin justa causa al juicio de evicción, en tiempo hábil, o si no rinde prueba alguna, o no alega, queda obligado al saneamiento como ordena el artículo anterior.

Artículo 1754. Si el que enajenó y el que adquiere proceden de mala fe, se aplicará lo dispuesto en el artículo 1945 y no tendrá el adquirente derecho al saneamiento ni a indemnización de ninguna especie.

Artículo 1755. Si el adquirente fuere condenado a restituir los frutos del bien, podrá exigir del que enajenó la indemnización de ellos o el interés legal del precio que haya dado.

Artículo 1756. Si quien adquirió no fuere condenado a restituir los frutos del bien, quedarán compensados los intereses del precio con los frutos recibidos.

Artículo 1757. Los deterioros que el bien haya sufrido serán de cuenta del que los causó.

Artículo 1758. Si el que adquirió hubiere sacado de los deterioros algún provecho, el importe de éste se deducirá de la indemnización.

Artículo 1759. Las mejoras que el enajenante hubiese hecho antes de la enajenación, se le tomarán en cuenta de lo que debe pagar al adquirente, siempre que fueren abonadas por el vencedor.

Artículo 1760. Las disposiciones de esta sección son aplicables:

I. Si el adquirente sólo fuere privado por la evicción de una parte del bien adquirido; y

II. Cuando en un solo contrato se hayan enajenado dos o más bienes sin fijar el precio de cada uno de ellos, y uno sufriere la evicción.

Artículo 1761. En los casos previstos en las dos fracciones del artículo anterior, puede el adquirente preferir la rescisión del contrato, y si elige ésta, debe devolver el bien libre de los gravámenes que le haya impuesto.

Artículo 1762. Si el inmueble que se enajenó se halla gravado, sin haberse hecho mención de ello en la escritura, con alguna carga o servidumbre voluntaria no aparente, el que adquirió puede pedir la indemnización correspondiente al gravamen, o la rescisión del contrato.

Artículo 1763. Si el que enajenó, al denunciársele el juicio, manifiesta que no tiene medios de defensa y consigna el precio del bien, por no quererlo recibir el adquirente, queda libre de cualquiera responsabilidad posterior a la fecha de la consignación, sin perjuicio de las otras responsabilidades que le imponen, en su caso los artículos 1751 y 1752 por causas anteriores a la consignación.

Artículo 1764. Si al denunciársele el juicio o durante éste, el enajenante reconoce el derecho del actor y garantiza el pago de la indemnización correspondiente al gravamen mencionado en el artículo 1762, responderá únicamente de los gastos causados hasta que haga el reconocimiento y garantice el pago, cualquiera que sea el resultado del juicio.

Artículo 1765. El reconocimiento a que se refiere el artículo anterior, no perjudica el derecho del adquirente para optar por la rescisión del contrato.

Artículo 1766. Las acciones rescisorias y de indemnización a que se refieren los dos artículos anteriores, prescriben en un año que se contará desde el día en que el adquirente tenga noticia de la carga o servidumbre.

Artículo 1767. El que enajena no responde por la evicción:

I. Si así se hubiere convenido;

II. En el caso del artículo 1748;

III. Si conociendo el que adquiere el derecho del que entabla evicción lo hubiere ocultado dolosamente al que enajenó;

IV. Si la evicción procede de una causa posterior al acto de enajenación, no imputable al que enajena, o de hecho del que adquiere, ya sea anterior o posterior al mismo acto;

V. Si el adquirente no cumple lo prevenido en el artículo 1749;

VI. Si el adquirente y el que reclama transigen o comprometen el negocio en árbitros sin consentimiento del que enajenó;

VII. Si la evicción tuvo lugar por culpa del adquirente.

Artículo 1768. En las enajenaciones hechas en remate, la persona a quien se remató un bien, está obligada por la evicción del bien rematado que sufra el adquirente, a restituir a éste únicamente el precio que haya pagado por su postura, más los gastos que hubiere hecho.

SECCIÓN OCTAVA
DEFECTOS OCULTOS DEL BIEN ENAJENADO

Artículo 1769. En los contratos conmutativos, el enajenante está obligado al saneamiento por los vicios ocultos del bien enajenado, que lo hagan impropio para los usos a que se le destine, o que disminuyan de tal manera este uso, que de haberlos conocido el adquirente no hubiere hecho la adquisición o habría dado una prestación menor.

Artículo 1770. El enajenante no es responsable de los vicios que estén a la vista, ni tampoco de los que no lo están, si el adquirente es un perito que por razón de su oficio o profesión debe fácilmente conocerlos.

Artículo 1771. En los casos a que se refiere el artículo 1769, el adquirente tiene derecho:

I. A exigir la rescisión del contrato y el pago de los gastos que por el hubiere hecho; o

II. A que se le rebaje una cantidad proporcionada de la prestación que hubiere dado, a juicio de peritos.

Artículo 1772. El derecho concedido al adquirente, por la fracción II del artículo anterior, subsiste aunque el bien defectuoso perezca por caso fortuito o de fuerza mayor o por culpa del mismo adquirente.

Artículo 1773. Si se probare que el enajenante conocía los vicios ocultos del bien, y no los manifestó al adquirente, tendrá éste los mismos derechos que le conceden los dos artículos anteriores, debiendo, además, ser indemnizado de los daños y perjuicios si prefiere la rescisión.

Artículo 1774. En los casos en que el adquirente pueda elegir la indemnización o la rescisión, del contrato, una vez hecha por él la elección del derecho que va a ejercitar, no puede usar del otro sin el consentimiento del enajenante.

Artículo 1775. Si el bien enajenado pereciere o mudare de naturaleza a consecuencia de los vicios que tenía, y eran conocidos del enajenante, éste sufrirá la pérdida y deberá restituir el precio y abonar los gastos del contrato con los daños y perjuicios.

Artículo 1776. Si el enajenante no conocía los vicios, solamente deberá restituir el precio y abonar los gastos del contrato, en el caso de que el adquirente los haya pagado.

Artículo 1777. Las acciones que nacen de lo dispuesto en los artículos 1769 y 1771 a 1776, se extinguen a los tres meses, contados desde la entrega del bien enajenado.

Artículo 1778. Enajenándose dos o más animales juntamente, en un precio alzado o señalándolo a cada uno de ellos, el defecto de uno da lugar a la acción redhibitoria respecto de él y no respecto a los demás, a no ser que aparezca que el adquirente no habría adquirido el sano o sanos sin el defectuoso, o que la enajenación fuese de un rebaño y el defecto contagioso.

Artículo 1779. Se presume que el adquirente no tenía voluntad de adquirir uno solo de los animales, cuando se adquiere un tiro, yunta o pareja, aunque se haya señalado un precio separado a cada uno de los animales que lo componen.

Artículo 1780. Lo dispuesto en el artículo 1778 es aplicable a la enajenación de cualesquiera otros bienes.

Artículo 1781. Si un animal muere dentro de los cinco días siguientes a su adquisición, es responsable el enajenante si por juicio de peritos se prueba que la enfermedad existía antes de la enajenación.

Artículo 1782. Si la enajenación se declara rescindida, debe restituirse el bien enajenado en el mismo estado en que se entregó, siendo responsable el adquirente de cualquier deterioro que no proceda de vicio o defecto ocultos.

Artículo 1783. En caso de venta de animales, ya sea que se vendan individualmente, por troncos o yuntas, o como ganados, la acción redhibitoria por causa de vicios ocultos prescribe en veinte días contados desde la fecha del contrato.

Artículo 1784. La calificación de los vicios del bien enajenado se hará mediante peritos, quienes dictaminarán si los vicios eran anteriores a la enajenación, y si por causa de ellos no puede destinarse el bien a los usos para que se adquirió.

Artículo 1785. Las partes pueden restringir, renunciar o ampliar su responsabilidad por vicios redhibitorios, si no hay mala fe.

Artículo 1786. Al adquirente corresponde probar que el vicio existía al tiempo de la adquisición.

Artículo 1787. Si el bien enajenado con vicios redhibitorios, se pierde por caso fortuito o por culpa del adquirente, puede éste exigir al enajenante el pago de la suma a que se refiere la fracción II del artículo 1771.

Artículo 1788. Si el adquirente de un bien, que se le remite de un lugar a otro, alegare que dicho bien tiene vicios redhibitorios, si es de los que rápidamente se descomponen, debe avisar de inmediato al enajenante que no lo recibe.

Artículo 1789. El incumplimiento de lo dispuesto en el artículo anterior es causa de responsabilidad civil.

Artículo 1790. En las enajenaciones hechas en remate, el demandado a quien se remata un bien no tiene la obligación de responder de los vicios redhibitorios.

CAPÍTULO DECIMOCUARTO
CUMPLIMIENTO DE LAS OBLIGACIONES

SECCIÓN PRIMERA
REGLAS GENERALES

Artículo 1791. Entiéndese por pago o cumplimiento la entrega del bien o la prestación del hecho que sea objeto de la obligación.

Artículo 1792. En las obligaciones de no hacer, el pago de las mismas es la abstención del hecho que constituye su objeto.

Artículo 1793. El pago debe ser hecho por el mismo deudor o por sus representantes.

Artículo 1794. El pago se hará en el tiempo designado en el contrato, salvo disposición de la ley en otro sentido.

Artículo 1795. El pago debe hacerse al acreedor o a su representante.

Artículo 1796. El pago puede ser hecho por cualquier otra persona, que no sea el deudor ni los representantes de éste, y que tenga interés jurídico en el cumplimiento de la obligación.

Artículo 1797. Puede pagar una persona distinta del deudor, que obre con consentimiento expreso o presunto de éste, y que no tenga interés en el cumplimiento de la obligación.

Artículo 1798. Puede hacer el pago un extraño a la obligación ignorándolo el deudor o contra la voluntad de éste.

Artículo 1799. En el caso del artículo 1797, se observarán las disposiciones relativas al mandato, si el pago se hizo con consentimiento expreso del deudor, o las relativas a la gestión de negocios si sólo hubo consentimiento presunto.

Artículo 1800. En el primer caso previsto en el artículo 1798, quien hizo el pago sólo tendrá derecho a reclamar lo que pagó por él, si el acreedor consintió en recibir menor suma de la que se le debía o un bien de menor valor.

Artículo 1801. En el segundo caso previsto por el artículo 1798, quien hizo el pago sólo tendrá derecho a cobrar del deudor aquello en que le hubiere sido útil el pago.

Artículo 1802. El acreedor debe aceptar el pago hecho por persona distinta del deudor; pero no está obligado a subrogarle en sus derechos, salvo en los casos expresamente establecidos por la ley.

Artículo 1803. La obligación de prestar un hecho se puede cumplir por persona distinta del deudor, salvo que se hubiere pactado que la cumpla personalmente el mismo obligado, o que se hubieren elegido los conocimientos especiales de éste o sus cualidades personales.

Artículo 1804. El pago hecho sin los requisitos legales, a una persona impedida de administrar sus bienes, sólo es válido en cuanto haya sido útil a ésta.

Artículo 1805. El pago hecho a persona distinta del acreedor no extingue la obligación.

Artículo 1806. El pago hecho a persona distinta del acreedor extinguirá la obligación, si así se hubiere estipulado o autorizado por el acreedor, y en los casos en que la ley lo determine expresamente.

Artículo 1807. No es válido el pago hecho al acreedor por el deudor, después que se haya ordenado judicialmente a éste, la retención de la deuda.

Artículo 1808. Si se trata de obligaciones de dar y no se fijó el tiempo en que debe hacerse el pago, éste se hará después de treinta días contados a partir de la fecha en que el acreedor interpele al deudor.

Artículo 1809. Si se trata de obligaciones de hacer y no se fijó el tiempo del pago, debe efectuarse éste después de la interpelación y una vez transcurrido el tiempo necesario para el cumplimiento, según dictamen pericial.

Artículo 1810. El acreedor no puede exigir el pago que haya dejado a la posibilidad del deudor, sino probando ésta.

Artículo 1811. La espera concedida al deudor, en juicio o fuera de él, sólo obliga al acreedor que la otorga.

Artículo 1812. En el contrato y salvo lo que la ley disponga, se designará expresamente el lugar en donde debe pedirse al deudor el pago.

Artículo 1813. El lugar a que se refiere el artículo anterior será, según convengan las partes:

I. La casa habitación o despacho del deudor, debiendo el acreedor hacer el cobro por sí o por otra persona en ese lugar;

II. La casa habitación o despacho del acreedor, debiendo el deudor pagar por sí o por otra persona en ese lugar, sin necesidad de que se le cobre;

III. Una casa o despacho distintos de los citados en las fracciones anteriores, que se fije sólo para los efectos del pago y en este caso el deudor debe pagar en ese lugar, sin esperar cobro alguno.

Artículo 1814. Cuando se hayan fijado varias poblaciones o varias casas para hacer el pago, el acreedor puede elegir cualquiera de ellas si a él le corresponde cobrar la obligación en la habitación o despacho del deudor; en caso contrario éste tiene derecho de hacer el pago en cualquiera de las poblaciones o casas que se hayan fijado.

Artículo 1815. Si no se hace la designación a que se refieren los dos artículos anteriores, el pago se hará en el lugar señalado, según el caso, en las disposiciones siguientes:

I. Si el objeto de la obligación es un bien inmueble, y la acción del acreedor es real, el cumplimiento de la obligación o pago se hará en el lugar de ubicación del inmueble;

II. En cualquier otro caso se aplicará lo dispuesto en la fracción I del artículo 1813;

III. Si el deudor no tiene casa habitación o domicilio fijos, el pago se hará en el lugar donde se celebró el contrato.

Artículo 1816. El deudor que después de celebrado el contrato mudare voluntariamente su domicilio deberá indemnizar al acreedor, de los mayores gastos que haga por esta causa para obtener el pago.

Artículo 1817. El acreedor debe indemnizar al deudor, cuando debiendo hacerse el pago en el domicilio de aquél, cambie voluntariamente éste.

Artículo 1818. Los gastos de entrega serán de cuenta del deudor, salvo estipulación en otro sentido.

Artículo 1819. No es válido el pago hecho con bien ajeno, o con bien propio, si el deudor no tiene capacidad para disponer de él.

Artículo 1820. Si el pago hecho por el que no sea dueño del bien, o no tenga capacidad de enajenarlo, consistiere en una suma de dinero u otro bien fungible, no habrá repetición contra el acreedor que lo haya consumido de buena fe.

Artículo 1821. El deudor que paga tiene derecho de exigir el documento que acredite el pago y puede detener éste mientras no le sea entregado aquel documento.

Artículo 1822. Cuando la deuda es de pensiones que deben satisfacerse en períodos determinados, y se acredita por escrito el pago de la última, se presumen pagadas las anteriores, salvo prueba en contrario.

Artículo 1823. La presunción establecida en el artículo anterior no se destruye por la sola declaración del acreedor en sentido contrario, puesta en el recibo expedido por él.

Artículo 1824. Cuando se paga el capital sin hacerse reserva de réditos, se presume que éstos están pagados.

Artículo 1825. La entrega del título hecha al deudor hace presumir el pago de la deuda que consta en aquél.

Artículo 1826. El que tuviere contra sí varias deudas en favor de un solo acreedor, podrá declarar, al tiempo de hacer el pago, a cuál de ellas quiere que éste se aplique.

Artículo 1827. Si el deudor no hiciere la referida declaración, se entenderá hecho el pago por cuenta de la deuda que le fuere más onerosa entre las vencidas. En igualdad de circunstancias, se aplicará a la más antigua, y siendo todas de la misma fecha, se distribuirá entre ellas a prorrata.

Artículo 1828. Las cantidades pagadas a cuenta de deudas con intereses, no se imputarán al capital mientras hubiere intereses vencidos y no pagados, salvo convenio o disposición de la ley en contrario.

SECCIÓN SEGUNDA
OFRECIMIENTO DE PAGO Y CONSIGNACIÓN

Artículo 1829. El ofrecimiento de pago, seguido de la consignación del bien debido, produce los efectos del pago y extingue la deuda, si aquél reúne los requisitos que exige la ley.

Artículo 1830. Si el acreedor rehusare sin justa causa recibir la prestación debida, o dar el documento justificativo de pago, o si fuere persona incierta o incapaz de recibir aquélla, podrá el deudor liberarse consignando el bien debido el cual se depositará judicialmente.

Artículo 1831. Si el acreedor fuere conocido, pero dudosos sus derechos, podrá el deudor depositar el bien debido, con citación del interesado, a fin de que justifique sus derechos por los medios legales.

Artículo 1832. El ofrecimiento se hará en la forma establecida por el Código de Procedimientos Civiles.

Artículo 1833. Si el acreedor se opone a recibir el pago y el Juez declara fundada esa oposición, el ofrecimiento y la consignación se tienen por no hechos.

Artículo 1834. Son a cargo del acreedor la pérdida o deterioro del bien puesto en depósito, en cumplimiento de lo dispuesto en los artículos 1830 y 1831.

Artículo 1835. Aprobada la consignación por el Juez, la obligación queda extinguida con todos sus efectos.

Artículo 1836. Mientras el acreedor no acepte la consignación, o no se pronuncie sentencia sobre ella, podrá el deudor retirar del depósito el bien.

Artículo 1837. En el caso del artículo anterior subsiste la obligación y la pérdida o deterioro del bien son a cargo del deudor.

Artículo 1838. Si el ofrecimiento y la consignación se hicieron legalmente, todos los gastos serán de cuenta del acreedor.

CAPÍTULO DECIMOQUINTO
EXTINCIÓN DE LAS OBLIGACIONES

SECCIÓN PRIMERA
COMPENSACIÓN

Artículo 1839. Se efectúa la compensación de obligaciones cuando dos personas son deudoras recíprocas, y por su propio derecho, de deudas fungibles, líquidas y exigibles.

Artículo 1840. Para que proceda la compensación, se requiere:

I. Que ambas deudas consistan en una cantidad de dinero;

II. Que cuando son fungibles los bienes debidos, sean de la misma especie y calidad;

III. Que en el supuesto a que se refiere la fracción anterior, la especie y calidad de los bienes debidos se hayan designado al celebrarse el contrato; y

IV. Que las deudas sean igualmente líquidas y exigibles.

Artículo 1841. Se llama deuda líquida aquélla cuya cuantía se halla determinada o pueda determinarse dentro del plazo de nueve días.

Artículo 1842. Se llama exigible aquella deuda cuyo pago no puede rehusarse conforme a derecho.

Artículo 1843. Si las deudas no fueren de igual cantidad, hecha la compensación conforme al artículo 1845, queda expedita la acción por el resto de la deuda.

Artículo 1844. No habrá compensación:

I. Si una de las partes la hubiere renunciado;

II. Si una de las deudas fuere por alimentos;

III. Si una de las deudas proviene de una renta vitalicia;

IV. Si una de las deudas o ambas tuvieren por objeto un bien que no pueda ser compensado, ya sea por disposición de la ley o por el título de que procede, a no ser que las dos deudas fueren igualmente privilegiadas; y

V. Si la deuda fuere de un bien puesto en depósito.

Artículo 1845. Desde el momento en que se producen los supuestos legales, la compensación opera por ministerio de la ley y extingue las deudas correlativas hasta la cantidad que importe la menor.

Artículo 1846. El que paga una deuda compensable no puede, cuando exija su crédito que podía ser compensado, aprovecharse, en perjuicio de tercero, de los privilegios e hipotecas que tenga en su favor al tiempo de hacer el pago, a no ser que pruebe que ignoraba la existencia del crédito que extinguía la deuda.

Artículo 1847. Si fuesen varias las deudas sujetas a compensación se seguirá, a falta de declaración, el orden establecido en el artículo 1827.

Artículo 1848. El derecho de compensación puede renunciarse, ya expresamente, ya por hechos que manifiesten claramente la voluntad de hacer la renuncia.

Artículo 1849. El fiador, antes de ser demandado por el acreedor, no puede oponer a éste la compensación del crédito que contra él tenga, con la deuda del deudor principal.

Artículo 1850. El fiador puede utilizar la compensación de lo que el acreedor deba al deudor principal, pero éste no puede oponer la compensación de lo que el acreedor deba al fiador.

Artículo 1851. El deudor solidario no puede exigir compensación con la deuda del acreedor a sus codeudores, cuando alguno de ellos hubiere pagado ignorando la existencia de esa deuda, y llegue el momento de dividirse el pago entre todos los deudores.

Artículo 1852. El deudor que hubiere consentido la cesión hecha por el acreedor en favor de un tercero, no podrá oponer al cesionario la compensación que podría oponer al cedente.

Artículo 1853. Si el acreedor dio conocimiento de la cesión al deudor, y éste no consintió en ella, podrá oponer al cesionario la compensación de los créditos que tuviere contra el cedente y que fueren anteriores a la cesión.

Artículo 1854. Si la cesión se realizare sin conocimiento del deudor, podrá éste oponer la compensación de los créditos anteriores a ella, y la de los posteriores hasta la fecha en que hubiere tenido conocimiento de la cesión.

Artículo 1855. Las deudas pagaderas en diferente lugar, pueden compensarse mediante indemnización de los gastos de transporte o cambio al lugar del pago.

Artículo 1856. La compensación no puede realizarse en perjuicio de derechos legítimamente adquiridos por otra persona.

SECCIÓN SEGUNDA
CONFUSIÓN DE DERECHOS

Artículo 1857. Si se reúnen en una sola persona las cualidades de acreedor y deudor, se extinguen el crédito y la deuda.

Artículo 1858. La confusión que se verifica en la persona del principal deudor, aprovecha a su fiador.

Artículo 1859. La confusión de las cualidades de acreedor y fiador no extingue la obligación.

Artículo 1860. La obligación renace si la confusión cesa por cualquier causa.

Artículo 1861. Si uno de los derechos fuere condicional, se observarán las reglas siguientes:

I. Si la condición fuere suspensiva, la confusión se verificará al realizarse la condición;

II. Si la condición fuere resolutoria, la confusión que se hubiere hecho cesará cuando se realice la condición.

Artículo 1862. Lo dispuesto en el artículo anterior se observará cuando el contrato se rescinda por cualquier causa; pero subsistirán las obligaciones primitivas con las accesorias, tengan éstas o no el mismo deudor que aquéllas.

Artículo 1863. Mientras se hace la partición de una herencia, no hay confusión cuando el deudor hereda al acreedor, o éste a aquél.

Artículo 1864. Después de la partición de la herencia, son aplicables las siguientes disposiciones:

I. Si el heredero es acreedor del autor de la herencia y en la división de la masa hereditaria se le aplica la obligación derivada de dicho crédito, se extinguirá ésta;

II. Si la obligación a cargo de la herencia, mencionada en la fracción anterior, se aplica a otro u otros herederos, por virtud de la partición, éstos responderán a beneficio de inventario, en favor del heredero acreedor.

Artículo 1865. Cuando un legatario haya sido acreedor del autor de la herencia, y subsista su crédito, será exigible en contra de la sucesión, salvo disposición expresa del testador en el sentido de que para la transmisión del legado se extinga el crédito.

Artículo 1866. Si un legatario fue deudor del autor de la sucesión, su obligación subsistirá.

Artículo 1867. No obstante lo dispuesto en el artículo anterior, la obligación del legatario en favor del de cujus, se extinguirá, por confusión, si recibe en calidad de legado el crédito existente contra él.

SECCIÓN TERCERA
NOVACIÓN

Artículo 1868. Hay novación de una obligación, cuando las partes interesadas en ella la alteran substancialmente, substituyéndola por otra nueva.

Artículo 1869. Para los efectos de la novación, se altera substancialmente la obligación:

I. Cuando se cambia el objeto u objetos de la obligación, con el propósito de extinguirla para crear una nueva;

II. Cuando la obligación pura y simple se convierte en condicional;

III. Cuando la obligación condicional se transforma en pura y simple;

IV. Cuando un nuevo deudor sustituye al anterior, que queda liberado; y

V. Cuando el acreedor es sustituido por otro, con quien queda obligado el deudor primitivo.

Artículo 1870. En la novación se requiere el consentimiento expreso de los interesados, tanto en la obligación que se extingue, como en la nueva obligación.

Artículo 1871. La novación se rige por las disposiciones de esta sección y por las reglas generales sobre contratos.

Artículo 1872. El acreedor que libera por la novación al antiguo deudor, aceptando otro en su lugar, no puede repetir contra el primero, si el nuevo se encuentra insolvente, salvo convenio en contrario.

Artículo 1873. La novación no se presume y debe constar expresamente por escrito.

Artículo 1874. La novación extingue la obligación principal primitiva y las obligaciones accesorias de la misma, pero el acreedor puede, de acuerdo con el deudor principal, y en su caso con el deudor de las obligaciones accesorias, pactar con éstas pasen a la nueva obligación y queden subsistentes.

Artículo 1875. Cuando la novación se efectúe entre el acreedor y algún deudor solidario, los privilegios e hipotecas del antiguo crédito, sólo pueden quedar reservados con relación a los bienes del deudor que contrae la nueva obligación.

Artículo 1876. Por la novación hecha entre el acreedor y alguno de los deudores solidarios, quedan liberados los demás codeudores, sin perjuicio de lo dispuesto en el artículo 1621.

Artículo 1877. La nueva obligación quedará sujeta únicamente a las modalidades que se pacten en la novación.

Artículo 1878. Si la primera obligación se hubiere extinguido al tiempo en que se contrajere la segunda, quedará la novación sin efecto.

Artículo 1879. Si la obligación primitiva era inexistente, la novación también lo será.

Artículo 1880. Si la obligación nueva es inexistente, no habrá novación; y surtirá todos sus efectos la obligación primitiva.

Artículo 1881. Cuando la obligación primitiva fuere reprobada por la ley, o cuando sus vicios no puedan subsanarse, será nula la obligación que la substituya.

Artículo 1882. El deudor puede oponer al acreedor substituto las excepciones personales que tenga contra él y las que se deriven de la novación; pero no las que tenía contra el acreedor sustituido.

SECCIÓN CUARTA
REMISIÓN DE DEUDA

Artículo 1883. El acreedor puede por acto jurídico unilateral o por convenio con su deudor, renunciar a su derecho y remitir, en todo o en parte, las prestaciones que le sean debidas, excepto en aquellos casos en que la ley lo prohíba.

Artículo 1884. Una vez hecha la declaración unilateral de remisión o de quita, éstas serán irrevocables.

Artículo 1885. La remisión de la deuda principal extinguirá las obligaciones accesorias, pero la de éstas deja subsistente la primera.

Artículo 1886. Habiendo varios fiadores solidarios, la remisión que fuere concedida solamente a alguno de ellos, en la parte relativa a su responsabilidad, no aprovecha a los otros.

Artículo 1887. La devolución de la prenda no extingue el derecho principal si así se manifiesta expresamente.

Artículo 1888. Son aplicables a la remisión de la deuda, las causas de revocación de la donación por ingratitud.

CAPÍTULO DECIMOSEXTO
DACIÓN EN PAGO

Artículo 1889. Habrá dación en pago, cuando el deudor, con el consentimiento del acreedor, le entregue una prestación distinta de la debida aceptando este último dicha entrega con todos los efectos legales del pago.

Artículo 1890. La aceptación por el acreedor del bien dado en pago por el deudor, extingue la obligación de éste.

Artículo 1891. La dación en pago queda sin efecto y renace la obligación primitiva, si el acreedor sufre evicción respecto al bien que recibió en virtud de aquella dación.

Artículo 1892. Si el bien dado en pago tiene vicios o defectos ocultos, la obligación primitiva no renacerá, quedando expeditas las acciones del acreedor por dichos vicios o defectos ocultos.

Artículo 1893. Para todos los demás efectos de la dación en pago, se considera que las consecuencias de ella son las que este Código reconoce a la novación.

CAPÍTULO DECIMOSÉPTIMO
PRESCRIPCIÓN

Artículo 1894. La prescripción confiere al deudor una excepción, de acuerdo con las siguientes disposiciones.

Artículo 1895. La sentencia ejecutoriada que declara procedente la excepción de prescripción extingue la obligación.

Artículo 1896. La excepción de prescripción se obtiene si el acreedor no exige al deudor, judicialmente, el pago de su crédito durante el tiempo fijado por la ley, y aprovecha a los deudores capaces o incapaces.

Artículo 1897. La prescripción que favorezca al deudor principal, aprovecha a sus fiadores.

Artículo 1898. El deudor puede renunciar:

I. Al tiempo ganado para la prescripción;

II. A la prescripción ya consumada.

Artículo 1899. En el primer caso previsto en el artículo anterior, a partir de la renuncia comenzará a correr nuevamente el tiempo de la prescripción, como si el anterior no hubiere transcurrido.

Artículo 1900. En el segundo supuesto del artículo 1898, la renuncia puede ser expresa o tácita.

Artículo 1901. La renuncia tácita a la prescripción resulta del hecho de no oponerla oportunamente como excepción.

Artículo 1902. No puede renunciarse por convenio, el derecho para prescribir en lo sucesivo.

Artículo 1903. Los acreedores y todos los que tuvieren legítimo interés en que se extinga la obligación que se prescribe, pueden hacer valer la prescripción, aunque el deudor haya renunciado a ella expresa o tácitamente.

Artículo 1904. El Estado, los municipios y demás personas de carácter público, se consideran como particulares para la prescripción de sus derechos y acciones de orden privado.

Artículo 1905. Salvo que la ley disponga en otro sentido para que el deudor adquiera el derecho de oponer la prescripción en juicio, se necesita el lapso de tres años.

Artículo 1906. Las pensiones alimenticias prescriben en cinco años que se contarán desde que sea exigible cada pensión, si el acreedor alimentista es mayor, o desde el día siguiente a la fecha en que adquiera la mayoría, si se le debían alimentos en razón de su minoridad.

Artículo 1907. Prescriben en un año:

I. Los honorarios u otras retribuciones por la prestación de cualquier servicio. La prescripción comienza a correr desde la fecha en que dejaron de prestarse los servicios;

II. La acción de cualquier comerciante para cobrar el precio de objetos vendidos a personas que no fueren revendedoras. La prescripción corre desde el día en que fueren entregados los objetos, si la venta no se hizo a plazo;

III. La acción de los dueños de hoteles y casas de huéspedes para cobrar el importe del hospedaje; y la de éstos y la de los fondistas para cobrar el precio de los alimentos que ministren. La prescripción corre desde el día en que debió ser pagado el hospedaje, o desde aquél en que se ministraron los alimentos;

IV. La responsabilidad civil proveniente de actos ilícitos que no constituyan delitos penales. La prescripción corre desde el día en que se verificaron los actos.

Artículo 1908. Las pensiones, la rentas, los alquileres y cualesquiera otras prestaciones periódicas no cobradas a su vencimiento, quedarán prescritas en dos años, contados desde el vencimiento de cada una de ellas, ya se haga el cobro en virtud de acción real o de acción personal.

Artículo 1909. Respecto de las obligaciones con pensión o renta, el tiempo de la prescripción del capital comienza a correr desde el día del último pago, si no se fijó plazo para la devolución; en caso contrario, desde el vencimiento del plazo.

Artículo 1910. Prescriben en dos años:

I. La obligación de rendir cuentas y en este caso la prescripción comienza a correr desde el día en que el obligado termina su administración;

II. Las obligaciones líquidas que resulten de la rendición de cuentas, y la prescripción comienza a correr, en este caso, desde el día que la liquidación es aprobada por los interesados o por sentencia que cause ejecutoria.

Artículo 1911. La prescripción puede comenzar y correr contra cualquiera persona, salvo en los casos en que conforme al artículo 1411, no puede comenzar ni correr la usucapión.

Artículo 1912. El plazo de la prescripción se interrumpe:

I. Por interpelación judicial o notarial hecha al deudor;

II. Por la interposición de demanda contra el deudor; y

III. Porque la persona a cuyo favor corre la prescripción reconozca expresa o tácitamente, por hechos indubitables, el derecho de la persona contra quien prescribe.

Artículo 1913. En el caso de las fracciones I y II del artículo anterior, se considerará no interrumpido el plazo para la prescripción:

I. Si el actor se desistiere de la interpelación;

II. Si el actor se desiste de la demanda; y

III. Si la sentencia fuere absolutoria.

Artículo 1914. En el supuesto de la fracción III del artículo 1912, empezará a contarse el nuevo plazo para la prescripción:

I. En caso de reconocimiento de las obligaciones, desde el día en que se haga;

II. Si se hubiere prorrogado el plazo del cumplimiento de la obligación, al vencimiento del nuevo plazo.

Artículo 1915. Las causas que interrumpen la prescripción respecto de uno de los deudores solidarios, la interrumpen también respecto de los otros.

Artículo 1916. Si el acreedor, consintiendo en la división de la deuda respecto de uno de los deudores solidarios, sólo exigiere de él la parte que le corresponda, no se tendrá por interrumpida la prescripción respecto de los demás.

Artículo 1917. La interrupción de la prescripción contra el deudor principal produce los mismos efectos contra su fiador.

Artículo 1918. La interrupción de la prescripción a favor de alguno de los acreedores solidarios, aprovecha a todos.

Artículo 1919. El efecto de la interrupción es inutilizar, para la prescripción, el tiempo corrido.

CAPÍTULO DECIMOCTAVO
INEXISTENCIA Y NULIDAD DE LOS ACTOS JURÍDICOS

SECCIÓN PRIMERA
REGLAS GENERALES

Artículo 1920. Son elementos esenciales del acto jurídico:

I. La voluntad del autor o de los autores del acto;

II. El objeto del mismo;

III. Tratándose de actos solemnes, la forma requerida por la ley.

Artículo 1921. El acto jurídico es inexistente cuando falte alguno de los elementos esenciales del mismo.

Artículo 1922. Son aplicables al acto jurídico inexistente las siguientes disposiciones:

I. No produce efecto legal como acto jurídico;

II. Es susceptible de producir efectos únicamente como hecho jurídico;

III. No es susceptible de valer por confirmación ni por prescripción;

IV. La inexistencia puede invocarse en juicio por todo interesado; y

V. La sentencia sobre la inexistencia es declarativa.

Artículo 1923. La ilicitud en el objeto, en el fin o en el motivo del acto, produce la nulidad absoluta de éste, salvo que la ley establezca que dicha nulidad sea relativa.

Artículo 1924. La nulidad absoluta se rige por las siguientes disposiciones:

I. No impide, salvo disposición en contrario, que el acto produzca provisionalmente sus efectos;

II. No desaparece por confirmación ni por prescripción;

III. Salvo disposición legal en contrario, puede invocarse en juicio por todo interesado;

IV. La sentencia sobre nulidad absoluta es declarativa;

V. Si la sentencia declara esta nulidad, los efectos que el acto haya producido se destruyen retroactivamente.

Artículo 1925. La nulidad es relativa si por disposición de la ley no se producen uno o más de los efectos previstos en las fracciones del artículo anterior.

Artículo 1926. La nulidad relativa permite que el acto produzca provisionalmente sus efectos.

Artículo 1927. La falta de forma establecida por la ley, si no se trata de actos solemnes, así como el error, el dolo, la violencia, la lesión y la incapacidad de cualquiera de los autores del acto, produce la nulidad relativa del mismo.

Artículo 1928. La nulidad relativa sólo puede invocarse:

I. Por quien sufrió los vicios de voluntad consistentes en error, dolo o violencia;

II. Por el que resultó perjudicado por la lesión; y

III. Por el incapaz o por el legítimo representante de éste, en caso de incapacidad y de acuerdo con lo dispuesto por los artículos 47 a 53.

Artículo 1929. La acción y la excepción de nulidad por falta de la forma establecida por la ley competen a todos los interesados; pero esta nulidad se extingue por la confirmación del acto en que se llene la forma omitida.

Artículo 1930. El cumplimiento voluntario de las obligaciones derivadas de un acto jurídico nulo por falta de forma, en cualquier tiempo que se haga, extingue la acción de nulidad, salvo lo que disponga la ley.

Artículo 1931. Cuando la falta de forma produzca nulidad del acto, si la voluntad de las partes se declaró de una manera indubitable y no se trata de un acto revocable, cualquiera de los interesados puede exigir que el acto se otorgue en la forma prescrita por la ley.

Artículo 1932. Si el acto jurídico es nulo por incapacidad, violencia o error, puede ser confirmado cuando cese el vicio o motivo de nulidad.

Artículo 1933. El cumplimiento voluntario por medio del pago, novación o de cualquiera otra manera, se tiene por confirmación tácita y extingue la acción de nulidad.

Artículo 1934. En el caso del artículo anterior, la confirmación se retrotrae al día en que se verificó el acto nulo, pero ese efecto retroactivo no perjudicará los derechos de personas distintas de las partes.

Artículo 1935. La acción de nulidad fundada en error, prescribe en dos años si el error no fue conocido por quien lo sufrió. Si el error se conoce antes de que transcurra ese plazo, la acción de nulidad prescribe a los sesenta días, contados desde que el error fue conocido.

Artículo 1936. Salvo disposición legal en otro sentido, la acción para pedir la nulidad de un acto jurídico realizado por violencia, prescribe a los seis meses contados desde que cese este vicio del consentimiento.

Artículo 1937. La excepción de nulidad de un acto jurídico es perpetua.

Artículo 1938. El acto jurídico viciado parcialmente de nulidad, no es nulo en su totalidad, si las cláusulas del mismo pueden legalmente subsistir separadas, a menos que al celebrarse el acto se hubiere querido que sólo íntegramente subsistiera.

SECCIÓN SEGUNDA
EFECTOS RESTITUTORIOS DE LA NULIDAD

Artículo 1939. La anulación del acto obliga a las partes a restituirse, mutuamente, lo que recibieron en virtud o por consecuencia del acto anulado.

Artículo 1940. Si el acto fuere bilateral y las obligaciones correlativas consisten ambas en sumas de dinero o en bienes productivos de frutos, no se hará la restitución respectiva de intereses o de frutos, sino desde el día de la demanda de nulidad. Los intereses y los frutos percibidos hasta esa época se compensan entre sí.

Artículo 1941. Mientras una de las partes, en los actos bilaterales, no cumpla lo dispuesto en el artículo 1939, no puede ser compelida la otra parte a restituir lo que hubiere recibido.

Artículo 1942. Es nula la transmisión de derechos reales, sobre un inmueble, por una persona que fue su propietaria aparente en virtud de un acto anulado.

Artículo 1943. Los bienes a que se refiere el artículo anterior pueden ser reclamados directamente del poseedor actual, mientras no se cumpla la usucapión; pero el adquirente de buena fe y a título oneroso no está obligado a la restitución en ningún caso.

Artículo 1944. Los efectos restitutorios de la nulidad se sujetarán a las reglas siguientes:

I. La restitución será absoluta, operando en forma retroactiva, integral, para los actos instantáneos o de tracto sucesivo susceptibles de reposición;

II. La restitución será parcial, respecto a los actos instantáneos o de tracto sucesivo, que no sean susceptibles de reponerse íntegramente;

III. La restitución es inoperante respecto a las partes en los actos que implican situaciones irreparablemente consumadas;

IV. La restitución de las prestaciones no podrá hacerse en perjuicio de terceros de buena fe;

V. La restitución es inoperante por lo que hace a situaciones jurídicas consolidadas por la usucapión respecto de una de las partes o de ambas;

VI. Este artículo es aplicable en los casos de nulidad absoluta y de nulidad relativa, salvo que para la primera, la ley prevenga expresamente que el acto no producirá efecto legal alguno;

VII. Lo dispuesto en este artículo se aplicará sin perjuicio de las disposiciones sobre enriquecimiento sin causa.

Artículo 1945. Si el objeto, fin o motivo de un acto jurídico, es ilícito por una causa común a las partes, ninguna de ellas tendrá acción para reclamar el cumplimiento de las obligaciones creadas en su favor ni la devolución de lo que haya dado.

Artículo 1946. Si sólo una de las partes fuere culpable del ilícito a que se refiere el artículo anterior podrá la otra parte reclamar lo que hubiere prestado, sin tener obligación a su vez de cumplir lo que hubiese prometido ni devolver lo que hubiese recibido.

CAPÍTULO DECIMONOVENO
RESCISIÓN

Artículo 1947. Sólo pueden rescindirse los contratos válidos.

Artículo 1948. Procede la rescisión:

I. Por incumplimiento de contrato;

II. Por vicios o defectos ocultos del bien transmitido;
III. En los demás casos previstos por la ley.

Artículo 1949. La falta de forma del contrato no impide la acción rescisoria, cuando fue total o parcialmente cumplido por una o por las dos partes.

Artículo 1950. Los efectos de la rescisión son restitutorios para las partes, sin perjuicio de la responsabilidad civil en que incurran.

Artículo 1951. Son aplicables por analogía los artículos 1939 a 1944, a los efectos restitutorios de la rescisión, y en esta aplicación analógica se entenderá que esas disposiciones cuando hablen de "nulidad", se refieren a "rescisión".

Artículo 1952. Pueden las partes regular convencionalmente la forma en que proceda la rescisión y los efectos de ella; y en este caso se estará a lo pactado.

Artículo 1953. En cuanto a los contratos que tengan por objeto la transmisión de la propiedad inmueble se estará a lo dispuesto en los artículos 1564 y 2172.

Artículo 1954. Las acciones de rescisión prescriben en dos años.

CAPÍTULO VIGÉSIMO
REPARACIÓN DEL DAÑO CAUSADO POR HECHO ILÍCITO

SECCIÓN PRIMERA
REGLAS GENERALES

Artículo 1955. El autor de un hecho ilícito que cause daños o perjuicios a otra persona, debe reparar unos y otros.

Artículo 1956. Daño es la pérdida o menoscabo sufrido en el patrimonio de una persona, por la realización del hecho que la ley considera fuente de la responsabilidad.

Artículo 1957. Perjuicio es la privación de cualquiera ganancia lícita, que se habría obtenido de no haberse realizado el hecho considerado por la ley fuente de la responsabilidad.

Artículo 1958. El daño moral resulta de la violación de los derechos de la personalidad.

(REFORMADO, P.O. 23 DE FEBRERO DE 2011)

Por daño moral se entiende la afectación que una persona sufre en sus afectos, creencias, decoro, honor, reputación, vida privada, configuración y aspecto físicos, o bien en la consideración que de sí misma tienen los demás. Se presumirá que hubo daño moral cuando se vulnere o menoscabe ilegítimamente la libertad o la integridad física o psíquica de las personas.

(ADICIONADO, P.O. 23 DE FEBRERO DE 2011)

Cuando un hecho u omisión ilícitos produzcan un daño moral, el responsable del mismo tendrá la obligación de repararlo mediante una indemnización en dinero, determinada por el juez, con independencia de que se haya causado daño material, tanto en responsabilidad contractual como extracontractual.

(ADICIONADO, P.O. 23 DE FEBRERO DE 2011)

La acción de reparación no es transmisible a terceros por acto entre vivos y sólo pasa a los herederos de la víctima cuando ésta haya intentado la acción en vida.

(REFORMADO, P.O. 29 DE DICIEMBRE DE 2017)

El monto de la indemnización lo determinará el juez tomando en cuenta los derechos lesionados, el grado de responsabilidad, la situación económica del responsable, y la de la víctima, así como las demás circunstancias del caso. Dicho monto no excederá del equivalente a la cantidad de tres mil veces el valor diario de la Unidad de Medida y Actualización.

(ADICIONADO, P.O. 23 DE FEBRERO DE 2011)

Artículo 1958 Bis. Toda persona física o jurídica que publique cualquier tipo de escrito, tendrá la obligación de publicar gratuitamente las rectificaciones o respuestas que las autoridades o particulares quieran dar a las alusiones que se les hagan en artículos, editoriales, columnas, párrafos, reportajes o entrevistas y similares, siempre que la respuesta se dé dentro de los ocho días naturales siguientes a la publicación; que su extensión no sea mayor al triple del párrafo o artículo en que se contenga la alusión que se contesta, tratándose de autoridades, o del doble, tratándose de particulares; que no se usen expresiones contrarias a la dignidad de quien las publicó o a terceras personas y que no se cometa algún hecho prohibido por ley.

La publicación de la respuesta, se hará en el mismo lugar y con la misma clase de letra y demás particularidades con que se hizo la publicación del artículo, editorial, columna, párrafo, reportaje o entrevista y similares a que la rectificación o respuesta se refiere.

La rectificación o respuesta se publicará al día siguiente de aquel en que se reciba, si se trata de publicación diaria o en el número inmediato, si se trata de otras publicaciones periódicas. Si la respuesta o rectificación se recibe cuando ya no pueda publicarse en los términos indicados, se hará en el número siguiente.

(REFORMADO, P.O. 29 DE DICIEMBRE DE 2017)

A la persona física o jurídica que se niegue a publicar la rectificación o respuesta en los términos referidos, el juez le impondrá una multa del equivalente a la cantidad de cien a mil quinientas veces el valor diario de la Unidad de Medida y Actualización.

(ADICIONADO, P.O. 23 DE FEBRERO DE 2011)

Artículo 1958 Ter. Toda sentencia que se pronuncie con motivo de daño moral, se publicará a costa del responsable si así lo exigiere el agraviado.

Artículo 1959. Los daños y perjuicios deben ser consecuencia directa e inmediata del hecho origen de la responsabilidad, ya sea que se hayan causado o que necesariamente deban causarse.

Artículo 1960. No hay obligación de reparar el daño, si éste se produjo como consecuencia de culpa o negligencia inexcusable de la víctima.

Artículo 1961. Son ilícitos:

I. Los delitos;

II. Los hechos cometidos con dolo o culpa y que no queden comprendidos en la fracción anterior;

III. El abuso de los derechos;
IV. La simulación de actos jurídicos;
V. La celebración de actos jurídicos en fraude de acreedores;
VI. El incumplimiento de las obligaciones;
VII. La recepción dolosa de lo indebido;

(REFORMADA, P.O. 27 DE JULIO DE 2018)
VIII. Los hechos ejecutados con mala fe;

(REFORMADA [N. DE E. ADICIONADA], P.O. 27 DE JULIO DE 2018)
IX. La violencia por razón de género; y

(ADICIONADA [N. DE E. REUBICADA], P.O. 27 DE JULIO DE 2018)
X. Los demás que sean contrarios a la ley.

Artículo 1962. La reparación del daño puede ser a cargo de una persona distinta del autor del hecho causante de aquél, en los casos expresamente establecidos por la ley.

Artículo 1963. Las personas que causen en común un daño, son responsables solidariamente para con la víctima, por la reparación a que están obligadas de acuerdo con las disposiciones de este Capítulo.

Artículo 1964. La incapacidad del autor del hecho causante del daño no lo exime de la responsabilidad establecida por el artículo 1955.

Artículo 1965. Las personas jurídicas son responsables de los daños y perjuicios que causen sus representantes, en el ejercicio de sus funciones o con motivo de ellas.

Artículo 1966. Los ascendientes tienen obligación de responder de los daños y perjuicios causados por los hechos ilícitos de los menores que estén bajo su patria potestad, exceptuando los casos en que de tales daños y perjuicios deban responder otras personas, conforme a los artículos 1968 a 1973.

Artículo 1967. Lo dispuesto en el artículo anterior es aplicable a los tutores, respecto de los incapaces que tienen bajo su cuidado.

Artículo 1968. Los directores de internados, que reciban en sus establecimientos discípulos menores de edad, son responsables de los daños y perjuicios causados por esos menores, durante el tiempo que se hallen bajo la vigilancia y autoridad de aquéllos.

Artículo 1969. Es a cargo de los directores de colegios públicos o privados, que no reciban internos, y de los maestros de grupos, celadores y vigilantes de esos colegios, la reparación de los daños y perjuicios causados por los alumnos o discípulos menores de edad, durante el tiempo que éstos se hallaren bajo su vigilancia y autoridad.

Artículo 1970. Los directores de sanatorios, hospitales o casas de salud son responsables civilmente de los daños y perjuicios causados por los incapaces, durante el tiempo que estén internados éstos, en esos establecimientos, o en el que hayan sido confiados a ellos para su curación.

Artículo 1971. Los maestros artesanos son responsables de los daños y perjuicios causados por sus aprendices, en la ejecución de los trabajos que les encomienden.

Artículo 1972. Los patrones están obligados a responder de los daños y perjuicios causados por sus obreros o dependientes, en el desempeño de su trabajo.

Artículo 1973. Los jefes de casa o los dueños de hoteles o casas de hospedaje, están obligados a responder de los daños y perjuicios causados por sus sirvientes o empleados, durante y con motivo del trabajo que realicen.

Artículo 1974. Las personas a quiénes los artículos 1966 a 1973, imponen la reparación del daño, causado por incapaces a su cuidado, se liberan de esa obligación, si prueban que les fue imposible evitar el daño y que cuidaron y vigilaron diligentemente al autor de éste, quien en tal supuesto será el único deudor de la responsabilidad civil.

Artículo 1975. El que paga el daño causado por sus sirvientes, empleados u operarios, puede repetir de ellos lo que hubiere pagado.

Artículo 1976. El Estado tiene obligación de responder de los daños causados por sus funcionarios o empleados, en el ejercicio de las funciones o trabajos que le estén encomendados.

Artículo 1977. La responsabilidad establecida en el artículo anterior es subsidiaria y sólo podrá hacerse efectiva contra el Estado, cuando el funcionario o empleado directamente responsable no tenga bienes, o los que tenga no sean suficientes para reparar el daño causado.

Artículo 1978. El dueño de un animal pagará el daño causado por éste, salvo que se demuestre que el daño se causó por imprudencia del ofendido o que el animal fue provocado por el mismo ofendido.

Artículo 1979. Si el animal que hubiere causado el daño fuere excitado por otra persona distinta de la que sufrió el daño, el que excitó al animal y el dueño de éste son solidariamente responsables.

Artículo 1980. El propietario de un edificio es responsable de los daños que resulten:

I. De la ruina de todo o parte del edificio, si ésta sobreviene por falta de reparación;

II. Por vicios de construcción; o

III. Por falta de solidez del terreno y vicios de construcción o defecto de cimentación.

Artículo 1981. En el caso de edificios nuevos, son aplicables las fracciones II y III del artículo anterior, haya o no ruina o deterioro por falta de reparaciones.

Artículo 1982. Los daños causados por el estado o naturaleza de los bienes y que se deban a falta de vigilancia, cuidado, previsión o negligencia en general, deben ser reparados por el propietario o poseedor civil de esos bienes.

Artículo 1983. Tratándose de bienes muebles o inmuebles, cuya utilización se haga por un poseedor precario, a título de usufructo, arrendamiento, como dato, depósito, mandato, prenda u otro título análogo, dicho poseedor responde de los daños causados por los citados bienes, si hubo culpa o negligencia de su parte.

Artículo 1984. En el caso del artículo anterior, si el daño supone culpa o negligencia del propietario o poseedor civil, éste será el responsable.

Artículo 1985. Los jefes de familia, que habiten una casa o parte de ella, serán responsables de los daños causados por los objetos que se arrojaren o cayeren de la misma, aun cuando no exista culpa o negligencia de su parte por descuido en la elección o vigilancia de sus sirvientes, o en la caída misma de esos objetos.

Artículo 1986. Se exceptúa de lo dispuesto en el artículo anterior, el caso de que la caída de los objetos mencionados en él se deba a fuerza mayor.

SECCIÓN SEGUNDA
MONTO DE LA REPARACIÓN

A. Regla General

Artículo 1987. La reparación del daño debe consistir en el restablecimiento de la situación anterior a él, y cuando ello sea imposible, en el pago total de los daños y perjuicios de orden económico y moral.

B. Daño a las personas

Artículo 1988. Si el daño se causa a las personas y produce la muerte o incapacidad total permanente se aplicarán las disposiciones siguientes:

I. La indemnización de orden económico consistirá en el pago de una cantidad de dinero equivalente a mil doscientos días del salario, sueldo o utilidad que percibía la víctima;

II. Si los ingresos de la víctima exceden del cuádruplo del salario mínimo general en la región, no se tomará el excedente para fijar la indemnización, salvo que el obligado a pagarla tenga posibilidades económicas para indemnizar totalmente;

III. Si no fuere posible determinar el salario, sueldo o utilidad de la víctima, se calcularán éstos por peritos, tomando en cuenta las capacidades y aptitudes de aquélla en relación con su profesión, oficio, trabajo o índole de la actividad a la que se dedicaba;

(REFORMADA, P.O. 29 DE DICIEMBRE DE 2017)

IV. Si los peritos carecen de bases suficientes para fundar su opinión, lo mismo que en el caso de que la víctima no disfrutará sueldo, salario o no desarrollare actividad alguna, la indemnización se calculará sobre la base el (sic) equivalente al valor diario de la Unidad de Medida y Actualización.

Artículo 1989. Tendrán derecho a la indemnización de que habla el artículo anterior:

I. La víctima, si el daño produjo incapacidad total permanente;

II. Quienes hubieren dependido económicamente de la víctima, o aquéllos de quienes ésta dependía económicamente si el daño produjo la muerte de la misma; y

III. Los herederos de la víctima, a falta de las personas a que se refiere la fracción anterior.

(ADICIONADO, P.O. 26 DE NOVIEMBRE DE 2007)

La acción de reparación no es transmisible a terceros por acto entre vivos y sólo se transmite a los herederos del afectado, cuando éste falleciere y haya intentado la acción en vida.

Artículo 1990. Si el daño origina una incapacidad para trabajar que sea parcial permanente, parcial temporal o total temporal, la indemnización será regulada por el Juez según las reglas especificadas en el artículo 1988, debiendo determinarse por peritos el tiempo de la incapacidad y el grado de la misma; pero no podrá exceder esta indemnización de la suma fijada para el caso de muerte.

Artículo 1991. Además de la indemnización por causa de muerte o incapacidad para el trabajo, deben pagarse a quién los haya efectuado:

I. Los gastos médicos y de medicinas realizados con motivo del daño; y

II. Los gastos funerarios.

Artículo 1992. Los gastos funerarios deben estar en relación a las posibilidades que hubiere tenido la víctima y no deben ser de lujo. El Juez moderará prudentemente el importe de tales gastos.

Artículo 1993. La indemnización por daño moral, a que tengan derecho la víctima o las personas que sufran éste, será regulada por el Juez en forma discrecional y prudente, tomando en cuenta la mayor o menor gravedad de las lesiones causadas a la víctima en sus derechos de la personalidad.

Artículo 1994. Si la lesión recayó sobre la integridad de la persona y el daño origina una lesión a la víctima, que no la imposibilite total o parcialmente para el trabajo, el Juez fijará el importe de la indemnización del daño moral, tomando en cuenta si la parte lesionada es o no visible, la duración de la visibilidad, en su caso, así como la edad y condiciones de la persona.

(REFORMADO, P.O. 29 DE DICIEMBRE DE 2017)

Artículo 1995. La indemnización por daño moral es independiente de la económica, se decretará aun cuando ésta no exista siempre que se cause aquel daño y no excederá del equivalente a la cantidad de mil veces el valor diario de la Unidad de Medida y Actualización.

(REFORMADO, P.O. 26 DE NOVIEMBRE DE 2007)

Artículo 1996. Cuando el daño moral haya afectado a una persona en su honor, su decoro, su prestigio o reputación, puede el Juez ordenar, además, a petición de aquélla, que a costa del condenado se publique, en los medios informativos que el Juez señale, la sentencia que imponga la reparación.

Si el daño deriva de un acto que haya tenido difusión en los medios informativos, el Juez ordenará que los mismos den publicidad al extracto de la sentencia, con la misma relevancia que hubiere tenido la difusión original, con independencia de los costos que esto origine.

(ADICIONADO, P.O. 26 DE NOVIEMBRE DE 2007)

Artículo 1996 Bis. Se considerarán también ilícitas y por ende dan origen a responsabilidad por daño moral, las siguientes conductas:

I. El que comunique a una o más personas la imputación que se hace a otra persona física o moral, de un hecho cierto o falso, determinado o indeterminado, que pueda causarle deshonra, descrédito, perjuicio o exponerlo al desprecio de alguien;

II. El que impute a otro un hecho determinado y calificado como delito por la ley, si este hecho es falso o es inocente la persona a quien se imputa;

III. El que presente denuncias o querellas calumniosas, entendiéndose por tales aquéllas en que su autor imputa un delito a persona determinada, sabiendo que ésta es inocente o que aquél no se ha cometido.

En estos casos, resulta también aplicable lo dispuesto en el artículo anterior.

(ADICIONADO, P.O. 26 DE NOVIEMBRE DE 2007)

Artículo 1996 Ter. No estará obligado a la reparación del daño moral quien ejerza sus derechos de opinión, crítica, expresión e información, en los términos y con las limitaciones de los artículos 6o. y 7o. de la Constitución Política de los Estados Unidos Mexicanos.

En ningún caso se considerarán ofensas al honor las opiniones de la crítica literaria, artística, histórica, científica o profesional. Tampoco se considerarán ofensivas las opiniones realizadas en cumplimiento de un deber o ejerciendo un derecho, cuando el modo de proceder o la falta de reserva no tenga un propósito ofensivo.

(ADICIONADO, P.O. 27 DE JULIO DE 2018)

Artículo 1996 Quater. En caso de que el hecho ilícito que generó el daño fuese la violencia por razón de género, el Juez ordenará, a petición de la persona afectada y a costa del condenado, se publique la sentencia que imponga la reparación.

Asimismo, si el daño tuvo difusión en los medios informativos el Juez ordenará al condenado publique una disculpa con la misma relevancia que hubiere tenido la difusión original, con independencia de los costos que esto origine.

(REFORMADO, P.O. 14 DE SEPTIEMBRE DE 1998)

Artículo 1997. El Estado protegerá de manera facultativa a quienes sufran daños personales por la comisión de un hecho ilícito, mediante el Fondo previsto en la Ley para la Protección a Víctimas de Delitos.

C. Daño en los bienes

Artículo 1998. Cuando el daño se cause en un bien corpóreo y éste se perdió o sufrió un deterioro tan grave que, a juicio de peritos, no pueda emplearse en el uso a que naturalmente esté destinado, el dueño, o el poseedor de él, debe ser indemnizado de todo el valor del bien.

Artículo 1999. Si el deterioro causado a un bien corpóreo no impide que éste se emplee en el uso a que está naturalmente destinado, el responsable, salvo lo dispuesto en el artículo 1656, sólo abonará al dueño o poseedor del bien, el importe del deterioro.

Artículo 2000. El precio del bien será el que tenía al tiempo de haberse perdido o de haber sufrido el deterioro grave.

Artículo 2001. Al estimar el deterioro de un bien se atenderá no solamente a la disminución que se causó en el precio de él, sino a los gastos que necesariamente exija la reparación.

Artículo 2002. Para fijar el valor y el deterioro de un bien, además de lo dispuesto en el artículo anterior, se aplicarán las siguientes disposiciones:

I. No se tomará en consideración la estimación o afecto del dueño de ese bien por el mismo;

II. Si se causa daño moral, sin intención de causarlo, se reparará éste conforme lo dispone el artículo 1993;

III. Si se prueba que el responsable destruyó o deterioró el bien con el objeto de lastimar la afección del dueño, podrá el Juez aumentar hasta en un veinticinco por ciento, el monto de la reparación fijada conforme las dos fracciones anteriores de este artículo y al 2001.

SECCIÓN TERCERA
ABUSO DE LOS DERECHOS

Artículo 2003. Cuando al ejercitar un derecho se cause daño a otra persona, quien lo ejercitó tiene obligación de indemnizar a aquélla, si se demuestra que ese ejercicio tuvo como fin causar el daño, sin utilidad para el titular del derecho.

SECCIÓN CUARTA
INCUMPLIMIENTO DE CONTRATO

A. Reglas Generales

Artículo 2004. Los contratos legalmente celebrados serán puntualmente cumplidos, y no podrán revocarse ni alterarse sino por mutuo consentimiento de los contratantes, salvo las excepciones consignadas en la ley.

Artículo 2005. El contratante que no cumpla con las obligaciones creadas por el contrato, o no las cumpliere conforme a lo convenido, será responsable de los daños y perjuicios que cause a la otra parte, a no ser que el incumplimiento provenga de hecho de ésta o se deba a fuerza mayor o caso fortuito, a los que de ninguna manera haya contribuido quien no cumplió.

Artículo 2006. La responsabilidad procedente de dolo es exigible en todas las obligaciones y la renuncia de hacerla efectiva es nula.

Artículo 2007. La indemnización es compensatoria o moratoria de acuerdo con las siguientes disposiciones:

I. La indemnización compensatoria substituye al cumplimiento de la obligación y el importe de ella comprenderá el valor del objeto de la obligación misma, más el de los daños y perjuicios causado directamente;

II. La indemnización moratoria comprende los daños y perjuicios originados por el retardo en el cumplimiento de la obligación.

Artículo 2008. Para que proceda la indemnización compensatoria se requiere que el deudor no cumpla la obligación.

Artículo 2009. Para que proceda la indemnización moratoria es necesario que el deudor, después de haber incurrido en mora, cumpla la obligación o pague al acreedor la indemnización compensatoria.

Artículo 2010. El que a virtud de un contrato estuviere obligado a prestar un bien o un hecho y dejare de prestarlos o no los prestare conforme a lo convenido, será responsable de los daños y perjuicios de acuerdo con las siguientes disposiciones:

I. Si la obligación fuere a plazo, comenzará la responsabilidad desde el vencimiento de éste;

II. Si la obligación no dependiere de plazo cierto solamente correrá la responsabilidad desde el día en que el deudor fuere interpelado, observándose en su caso lo dispuesto en el artículo 1809;

III. El que contravenga una obligación de no hacer, pagará daños y perjuicios por el solo hecho de la contravención;

IV. En las obligaciones de hacer o de no hacer se observará, en su caso, lo dispuesto en los artículos 1665 y 1666;

V. En las obligaciones recíprocas ninguno de los contratantes incurre en mora, si el otro no cumple o no se allana a cumplir debidamente la obligación que le corresponda.

Artículo 2011. Se llama interpelación el acto por el cual el acreedor intima o manda intimar al deudor que cumpla con su obligación.

Artículo 2012. El acreedor puede hacer la interpelación ante Notario o en jurisdicción voluntaria.

Artículo 2013. En las obligaciones contractuales de dar, el precio del bien perdido o gravemente deteriorado será el que tenía al tiempo en que debió entregarse al acreedor.

Artículo 2014. Si la prestación consistiere en el pago de alguna cantidad de dinero, los daños y perjuicios que resultaren de la falta de cumplimiento, salvo convenio en contrario, no podrán exceder del interés legal.

Artículo 2015. Cuando en un contrato no se hubiere fijado algún interés, si por sentencia debiera pagarse alguno, su tasa será el dieciocho por ciento anual.

Artículo 2016. Los gastos judiciales se regularán por el Código de Procedimientos Civiles.

B. Cláusula Penal

(REFORMADO PRIMER PÁRRAFO, P.O. 26 DE NOVIEMBRE DE 2007)

Artículo 2017. La responsabilidad por daños y perjuicios causados por incumplimiento de contrato, puede ajustarse por las partes al celebrarse éste, estipulando una prestación determinada como pena, misma que no podrá exceder ni en valor ni en cuantía a la obligación principal, por cualquiera de los siguientes casos:

I. Por el no cumplimiento del contrato;

II. Por el retardo en el cumplimiento de la obligación; o

III. Porque la obligación no se preste de la manera convenida.

Artículo 2018. En el caso de cláusula penal, por no cumplimiento del contrato, son aplicables las siguientes disposiciones:

I. El acreedor puede pedir el cumplimiento de la pena o el del contrato; pero no ambos;

II. No procede indemnización compensatoria por el incumplimiento;

III. Al pedir el acreedor el pago de la pena, no está obligado a probar que sufrió daños y perjuicios;

IV. No es admisible la prueba por el deudor de que el acreedor no sufrió daños y perjuicios;

V. Cuando por aceptarlo así el acreedor, la obligación fuere cumplida en parte, la pena se disminuirá en la misma proporción;

VI. Si se trata de prestaciones periódicas y se cumplieren algunas de éstas, se disminuirá la pena proporcionalmente;

VII. Si la modificación de la pena, en el supuesto previsto en las fracciones anteriores, no pudiere ser exactamente proporcional, el Juez la reducirá de una manera equitativa, teniendo en cuenta la naturaleza y demás circunstancias de la obligación; y

VIII. Salvo convenio en contrario, puede el acreedor pedir la indemnización de daños y perjuicios moratorios.

Artículo 2019. En el caso de cláusula penal, por retardo en el cumplimiento de la obligación, son aplicables las siguientes disposiciones:

I. El acreedor puede pedir el cumplimiento del contrato y el de la pena;

II. Al pedir el acreedor el pago de la pena, no está obligado a probar que sufrió daños y perjuicios moratorios, ni el deudor puede probar que el acreedor no sufrió dichos daños;

III. En caso de no cumplirse la obligación, puede el acreedor pedir el pago de la pena, y la indemnización de daños y perjuicios compensatorios, sin perjuicio de la acción derivada del pacto comisorio tácito.

Artículo 2020. A la cláusula penal pactada para el caso de que no se preste la obligación de la manera convenida, se aplicarán las siguientes disposiciones:

I. El acreedor sólo puede pedir el cumplimiento de la pena;

II. Salvo convenio en contrario, el acreedor puede pedir el pago de daños y perjuicios moratorios;

III. El acreedor, al pedir el pago de la pena, no está obligado a probar que sufrió daños y perjuicios por incumplimiento parcial del contrato, y el deudor no puede probar que no sufrió el acreedor dichos daños.

Artículo 2021. La inexistencia o nulidad del contrato importa la de la cláusula penal; mas la inexistencia o nulidad de ésta no importa la de aquél.

Artículo 2022. Cuando se promete por otra persona, imponiéndose una pena para el caso de no cumplirse por ésta lo prometido, valdrá la pena, aunque el contrato no se lleve a efecto por falta de consentimiento de dicha persona.

Artículo 2023. Cuando se estipule con otro, a favor de una persona distinta de las partes y quien prometa se sujete a una pena, valdrá ésta, para el caso de no cumplir lo prometido.

Artículo 2024. No podrá hacerse efectiva la pena cuando el obligado a ella no pudo cumplir el contrato por hecho del acreedor, caso fortuito o fuerza mayor.

Artículo 2025. En las obligaciones solidarias con cláusula penal, se aplicarán las siguientes disposiciones:

I. Bastará la contravención de uno de los deudores para que se incurra en la pena;

II. El acreedor podrá exigir la pena del contraventor en todo caso, o de cualquiera de los codeudores, si notificados éstos de la falta del requerido, no cumplen la obligación;

III. El contraventor deberá indemnizar al que hubiere pagado la pena.

C. Instituciones protectoras del acreedor para el caso de incumplimiento del deudor

I (SIC). Actos celebrados en fraude de acreedores

Artículo 2026. Los actos realizados por un deudor en perjuicio de un acreedor pueden anularse, a petición de éste, si de esos actos resulta la insolvencia del deudor, y el crédito en virtud del cual se intente la acción es anterior a ellos.

Artículo 2027. Si el acto fuere oneroso, la nulidad sólo procederá en el caso que expresa el artículo anterior, cuando haya mala fe, tanto por parte del deudor, como de quien contrató con él.

Artículo 2028. Hay insolvencia cuando la suma de los bienes y créditos del deudor, estimados en su justo precio, no iguala al importe de su deuda.

Artículo 2029. La mala fe exigida por el artículo 2027 consiste en el conocimiento del déficit que resulta de la insolvencia.

Artículo 2030. Si el acto fuere gratuito, procederá la nulidad del mismo, aun cuando haya habido buena fe en ambos contratantes.

Artículo 2031. La acción concedida al acreedor, en los artículos anteriores, contra el primer adquirente, no procede contra el subsecuente sino cuando éste adquirió de mala fe.

Artículo 2032. Anulado el acto oneroso o gratuito a que se refieren los artículos anteriores, regresarán al patrimonio del deudor los bienes, derechos o valores que hubiere transmitido en fraude de acreedores, y si hubo enajenación de propiedades, éstas se devolverán por el que las adquirió, con todos sus frutos.

Artículo 2033. Para que produzca efectos la restitución a que se refiere el artículo anterior, no será menester que el deudor devuelva antes al adquirente, lo que a su vez haya recibido de él, quedando a salvo los derechos de este último para exigir la restitución al citado deudor.

Artículo 2034. Quien adquirió de mala fe los bienes enajenados en fraude de acreedores, deberá indemnizar a éstos de los daños y perjuicios, cuando el bien hubiere pasado a un adquirente de buena fe, o cuando se hubiere perdido.

Artículo 2035. La nulidad procede también en los casos en los que el deudor renuncia derechos constituidos a su favor y cuyo goce no fuere exclusivamente personal.

Artículo 2036. Si el deudor no hubiere renunciado derechos irrevocablemente adquiridos, sino facultades por cuyo ejercicio pudiera mejorar el estado de su fortuna, los acreedores pueden obtener la nulidad de esa renuncia y usar de las facultades renunciadas.

Artículo 2037. Es nulo:

I. El pago hecho por el deudor insolvente antes del vencimiento del plazo;

II. El acto celebrado en los treinta días anteriores a la declaración judicial del concurso, y que tuviere por objeto dar a un crédito ya existente una preferencia que no tenía.

Artículo 2038. La acción de nulidad establecida en el artículo 2026, cesará luego que el deudor satisfaga su deuda o adquiera bienes con los cuales pueda cubrirla.

Artículo 2039. El adquirente demandado puede también hacer cesar la acción, satisfaciendo el importe de la deuda.

Artículo 2040. La nulidad de los actos del deudor sólo se pronunciará en interés de los acreedores que la hubieren pedido, y hasta el importe de sus créditos.

Artículo 2041. Pagados los acreedores a que se refiere el artículo anterior, si el deudor estuviere en concurso, el remanente entrará en la masa de aquél para pagar a los demás acreedores.

Artículo 2042. El fraude que consiste únicamente en la preferencia indebida a favor de un acreedor, importa la pérdida de la preferencia y no del derecho.

Artículo 2043. Si el acreedor que pide la nulidad para acreditar la insolvencia del deudor, prueba que el monto de las deudas de éste exceden al de sus bienes conocidos, le impone al deudor la carga de acreditar que tiene bienes suficientes para cubrir esas deudas.

Artículo 2044. Cuando la enajenación, sea gratuita u onerosa, produzca la insolvencia del deudor, se presume fraudulenta:

I. Si es hecha por persona contra quien se hubiese pronunciado antes sentencia condenatoria de pago, en cualquiera instancia, o expedido mandamiento de embargo de bienes;

II. Si se hace en favor de las personas que según las disposiciones de este Código se consideran testaferros;

III. Si se ejecutan dentro del plazo de treinta días anteriores a la declaración del concurso del deudor; o

IV. Si el precio pactado es la mitad o menos del valor o estimación del bien o derecho enajenado.

2. Simulación de actos jurídicos

Artículo 2045. Los actos jurídicos simulados por sus autores, con el fin de defraudar a uno o más acreedores deberán declararse judicialmente nulos, a petición de los perjudicados.

Artículo 2046. Es simulado el acto en que las partes declaran o confiesan falsamente lo que en realidad no pasó o no se convino por ellas.

Artículo 2047. La simulación es absoluta cuando el acto simulado nada tiene de real.

Artículo 2048. La simulación es relativa:

I. Cuando a un acto jurídico se le da una falsa apariencia que oculta su verdadero carácter;

II. Cuando la simulación comprenda sólo una o más cláusulas del acto, correspondiendo las demás a lo efectivamente convenido por las partes; y

III. Cuando el acto se celebra por medio de testaferro, en los casos no permitidos por la ley.

Artículo 2049. Son aplicables a la simulación absoluta, las siguientes disposiciones:

I. Origina la inexistencia del acto y lo priva de efectos jurídicos;

II. Declarada judicialmente la simulación, se restituirá el bien o derechos a quien pertenezcan, con sus frutos o intereses, si los hubiere; pero esta restitución sólo beneficia a los acreedores que hubiesen promovido la nulidad y hasta el importe de sus créditos;

III. Si el bien o derechos se habían transmitido ya por título oneroso a un adquirente de buena fe, no procederá la restitución; y en este caso los simuladores responderán solidariamente en favor del acreedor;

IV. Si se hubieren impuesto al bien o derecho, gravámenes en favor de una persona de buena fe, subsistirán dichos gravámenes.

Artículo 2050. Son aplicables a la simulación relativa, las siguientes disposiciones:

I. Una vez descubierto el acto, o cláusula que contiene la simulación, ésta origina la nulidad de las cláusulas aparentes;

II. La cláusula o cláusulas no simuladas producirán sus efectos, salvo que fueren nulas por haberse realizado en fraude de acreedores o por alguna otra causa;

III. Si el acto no podía celebrarse mediante testaferro por prohibirlo la ley, descubierta la interposición de persona, estará afectado de nulidad absoluta;

IV. Si por virtud de la simulación uno o más bienes salieron del patrimonio del deudor, al declararse la nulidad se aplicará lo dispuesto en la fracción II del artículo anterior.

Artículo 2051. Para probar la simulación son admisibles todos los medios de prueba establecidos por la ley.

Artículo 2052. Son presunciones de simulación, salvo prueba en contrario, las siguientes:

I. La realización del acto entre personas que éste Código presume testaferros, si el acto tiene por objeto la enajenación a título oneroso o gratuito;

II. Que el acto se realice después de haberse dictado mandamiento de embargo o sentencia condenatoria, en contra del enajenante;

III. La realización del acto dentro de los treinta días anteriores a la declaración judicial de la quiebra o del concurso del deudor.

3. Acción oblicua

Artículo 2053. El acreedor cuyo crédito sea exigible, puede ejercitar las acciones que competen a su deudor si se reúnen los siguientes requisitos:

I. Que el deudor sea insolvente o caiga en la insolvencia, de no ejercitarse tales acciones;

II. Que excitado el deudor por el acreedor, para que deduzca las acciones que competen a aquél, rehuse hacerlo dentro del plazo de treinta días o en uno menor, pero en el necesario para que el derecho del deudor no prescriba. La excitación a que se refiere esta fracción debe hacerse en jurisdicción voluntaria o ante Notario.

Artículo 2054. Si el crédito a favor de quien ejercita la acción oblicua, no constare por escrito, bastará el reconocimiento del mismo por confesión ante el Juez o ante Notario.

Artículo 2055. No pueden ser ejercitadas por el acreedor, las acciones personalísimas del deudor.

Artículo 2056. La acción oblicua puede ser paralizada por el deudor de quien la ejercita o por el demandado:

I. Si pagan al acreedor totalmente el crédito de éste;

II. Si otorgan garantía bastante que asegure al acreedor demandante el pago de su crédito;

III. Si demuestran la solvencia del deudor del demandante;

IV. Si posteriormente al ejercicio de la acción oblicua, el deudor adquiere bienes bastantes para responder a su acreedor.

Artículo 2057. La sentencia condenatoria obtenida por el acreedor que ejercitó la acción oblicua, favorecerá a éste, para pagarse preferentemente respecto a los demás acreedores.

Artículo 2058. El acreedor que ejercite la acción oblicua podrá exigir a su deudor, la exhibición de los documentos fundatorios y probatorios del derecho de éste.

Artículo 2059. Si a pesar de las gestiones del acreedor no obtiene éste la exhibición de los documentos a que se refiere el artículo anterior, el contenido de ellos podrá demostrarse por cualquier otro medio probatorio.

Artículo 2060. El acreedor podrá:

I. Promover, por su deudor, la expedición de un ulterior título ejecutivo para ejercitar la acción oblicua correspondiente;

II. Interpelar a la persona a quien pretende demandar, para interrumpir la prescripción.

4. Derecho de retención

Artículo 2061. Existirá el derecho de retención cuando la ley autorice al detentador o poseedor de un bien ajeno, a conservarlo en su poder hasta que el dueño de él le pague lo que le adeuda por concepto del bien o por algún otro motivo.

Artículo 2062. Cuando la ley no establezca expresamente el derecho de retención, podrá ejercitarse por el acreedor, si su crédito consta en título ejecutivo, aunque no haya relación alguna entre el crédito y el bien del deudor que se encuentre en poder del acreedor, o entre dicho crédito y la causa de la posesión o detentación.

Artículo 2063. El acreedor no podrá ejercer el derecho de retención:

I. Si obtuvo del deudor un bien a base de engaños, maquinaciones o artificios, o con la promesa de devolverlo;

II. Cuando otra persona, sin consentimiento del deudor, le entregue un bien de éste;

III. Cuando posea o detente el bien de su deudor por virtud de un hecho ilícito.

Artículo 2064. El derecho de retención sólo puede recaer sobre bienes que sean propiedad del deudor de quien ejercita tal derecho.

Artículo 2065. Cuando un deudor tiene respecto de un bien, únicamente el derecho temporal de uso o goce, y entrega tal bien a su acreedor, éste sólo puede ejercitar el derecho de retención respecto a los frutos de ese bien, que pertenezcan al deudor.

Artículo 2066. El dueño de un taller de reparaciones puede ejercitar el derecho de retención sobre el bien que se le entregó para su arreglo, hasta que se le pague su importe, si el presupuesto de la reparación consta por escrito, con la firma de quien la encargó.

Artículo 2067. El derecho de retención es oponible al deudor y a quienes no tengan adquirido un derecho real sobre el bien, anterior a la fecha en que se ejercita el citado derecho.

Artículo 2068. Los titulares de derechos reales sobre el bien respecto al cual se ejercita el derecho de retención, anteriores a este ejercicio, podrán hacerlos valer sin que les sea oponible éste.

Artículo 2069. En virtud del derecho de retención, el acreedor no puede de propia autoridad apropiarse del bien, o de sus frutos, o disponer jurídica o materialmente de tales bienes.

Artículo 2070. El ejercicio del derecho de retención no requiere fianza del acreedor y hace a éste depositario del bien retenido.

Artículo 2071. El acreedor deberá interpelar al deudor requiriéndole el pago de su deuda. La interpelación se hará como lo disponen los artículos 2011 y 2012.

Artículo 2072. Hecha la interpelación a que se refiere el artículo anterior, se aplicarán las siguientes disposiciones:

I. Si el deudor no hace el pago, deberá el acreedor demandarlo dentro de los veinte días siguientes a la interpelación;

II. Si el acreedor no presenta su demanda en tiempo, quedará sin efecto la retención y deberá aquél entregar al deudor el bien retenido.

Artículo 2073. La fecha de presentación de la demanda a que se refiere la fracción I del artículo anterior, y en su caso la anotación de la misma en el Registro Público de la Propiedad, establecerán su preferencia frente a otros acreedores.

Artículo 2074. El derecho de retención faculta al acreedor, para conservar en su poder los bienes que retenga y que sean propiedad del deudor, hasta ser pagado directamente o en ejecución de sentencia.

Artículo 2075. Quien ejercita el derecho de retención puede entablar los interdictos, tratándose de inmuebles, o perseguir el bien mueble, cuando haya sido desposeído de él.

Artículo 2076. Si se remata el bien, el derecho de retención otorga a quien lo ejercitó, preferencia frente a los demás acreedores que no tengan garantía real, anterior a la fecha en que se hizo valer la retención.

Artículo 2077. En los casos de concurso o liquidación judicial del deudor, el derecho de retención será oponible para que el acreedor no sea privado del bien, y obtenga en su caso pago preferente, según los artículos que anteceden.

Artículo 2078. El derecho de retención no produce los efectos establecidos en los artículos anteriores:

I. Si se demuestra, por quien tenga interés jurídico, que hubo acuerdo fraudulento o simulado entre acreedor y deudor; o

II. Si el deudor entregó el bien a uno de sus acreedores en perjuicio de los demás.

Artículo 2079. Se considerará que existe el supuesto previsto en la fracción II del artículo anterior, cuando el importe de los bienes del deudor, sin tomar en cuenta los que haya entregado al acreedor, sea inferior al valor de sus deudas.

Artículo 2080. Son aplicables a los casos mencionados en los dos artículos anteriores, las presunciones de fraude o simulación establecidas por este Código para los actos ejecutados en perjuicio de acreedores.

SECCIÓN QUINTA
RECEPCIÓN DOLOSA DE LO INDEBIDO

Artículo 2081. Cuando de mala fe se reciba algún bien que no se tenía derecho de exigir, y que por error de hecho fue indebidamente pagado, se tiene obligación de restituirlo, de acuerdo con lo dispuesto en esta sección.

Artículo 2082. En el supuesto del artículo anterior, quien recibe el bien deberá:

I. Abonar el interés legal, cuando se trate de dinero;

II. Abonar los frutos percibidos y los dejados de percibir si se tratare de bienes productivos;

III. Responder de los deterioros que el bien objeto del pago haya sufrido, y de los perjuicios que se causaren a quien lo entregó, hasta que éste lo recupere; pero no responderá del caso fortuito o de fuerza mayor.

Artículo 2083. Si quien recibió el bien, lo hubiere enajenado a una persona que tuviere también mala fe, podrá el dueño reivindicarlo, y cobrar de uno u otro los daños y perjuicios.

Artículo 2084. Si la persona a quien se enajenó el bien, lo recibió de buena fe, sólo podrá reivindicarse, si la enajenación se hizo a título gratuito.

Artículo 2085. En el caso del artículo anterior el dueño podrá reclamar daños y perjuicios a quien enajenó el bien.

Artículo 2086. En cuanto a las mejoras, se observará lo dispuesto por este Código para el poseedor de mala fe.

Artículo 2087. Son aplicables, en lo conducente, a quien recibe de mala fe un pago indebido, los artículos 2098, 2104 y 2107.

CAPÍTULO VIGÉSIMO PRIMERO
REPARACIÓN DEL DAÑO CAUSADO POR HECHOS LICITOS

SECCIÓN PRIMERA
RESPONSABILIDAD OBJETIVA O RIESGO CREADO

Artículo 2088. Cuando una persona utilice como propietario, o como poseedor civil o precario, por sí o por medio de dependientes, mecanismos, instrumentos, aparatos, substancias o bienes peligrosos por sí mismos, por la velocidad que desarrollen, por su naturaleza explosiva o inflamable, por la energía de la corriente eléctrica que conduzcan o por otras causas análogas, está obligada esa persona, a responder del daño que con tales mecanismos se cause.

Artículo 2089. La responsabilidad a que se refiere el artículo anterior, no requiere culpa en el obligado a pagarla; y deja de existir cuando hubo culpa inexcusable de la víctima.

Artículo 2090. Los propietarios o poseedores civiles o precarios de bienes muebles o inmuebles, responderán de los daños que causen:

I. Por la explosión de máquinas, o por la inflamación de substancias explosivas;

II. Por el humo o gases que sean nocivos a las personas o a las propiedades;
III. Por la caída de sus árboles;
IV. Por las emanaciones de cloacas o depósitos de materias infectantes o tóxicas;
V. Por los depósitos de agua que humedezcan la pared del vecino o derramen sobre la propiedad de éste;
VI. Por el peso o movimiento de las máquinas, por las aglomeraciones de materias o animales nocivos a la salud o por cualquiera otra causa que origine algún daño;
VII. Por la falta de solidez del terreno, aun cuando no existan vicios de construcción o defecto de cimentación.

Artículo 2091. El artículo anterior es enunciativo y no limitativo.

Artículo 2092. Si el daño se debiera a culpa de una persona extraña tanto al uso del bien peligroso, como al dueño de éste y sus dependientes, aquélla responderá solidariamente.

Artículo 2093. Son aplicables a la responsabilidad objetiva, en lo conducente, los artículos 1956 a 2002, fracciones I y II.

Artículo 2094. La acción para exigir la reparación en la responsabilidad objetiva prescribe en dos años, contados a partir del día en que se hayan causado los daños.

SECCIÓN SEGUNDA
REPETICIÓN DEL PAGO DE LO INDEBIDO

Artículo 2095. Cuando una persona reciba, a título de pago, algún bien que no tenía derecho de exigir y que por error le fue indebidamente entregado, esa persona tiene obligación de restituirlo.

Artículo 2096. Si lo pagado indebidamente consiste en una prestación cumplida, cuando el que la recibe procede de buena fe, sólo debe pagar lo equivalente al enriquecimiento recibido.

Artículo 2097. El error a que se refiere el artículo 2095, puede ser de hecho y recaer sobre la persona del acreedor o del deudor, o respecto a la existencia de la deuda.

Artículo 2098. Habrá error:

I. Sobre la persona del acreedor, cuando el pago se ejecute a quien no tenga tal carácter, bajo el concepto falso de que sí lo tiene;

II. Sobre la persona del deudor, cuando el pago se ejecute por alguien que equivocadamente se estima deudor;

III. Sobre la existencia de la deuda, cuando se pague una obligación no contraída o ya extinguida.

Artículo 2099. El que de buena fe recibe una cantidad indebida, está obligado a restituirla, sin intereses.

Artículo 2100. El que de buena fe hubiere aceptado un pago indebido de bien cierto y determinado, sólo responderá de los menoscabos o pérdidas de éste y de sus accesiones, en cuanto por ellos se hubiere enriquecido.

Artículo 2101. En el caso del artículo anterior, si el que aceptó en pago indebido el bien, lo hubiere enajenado a título oneroso, restituirá el precio o cederá la acción para hacerlo efectivo.

Artículo 2102. Si el que recibió de buena fe un bien dado en pago indebido lo hubiere donado, no subsistirá la donación y el donante cederá los derechos que tenga para recuperar el bien o pagará el valor de éste.

Artículo 2103. En cuanto a las mejoras, se observará lo dispuesto por este Código para el poseedor de buena fe.

Artículo 2104. En el caso de pago de lo indebido, la prueba se rige por las disposiciones siguientes:

I. La prueba del pago incumbe a quien pretende haberlo hecho;

II. Quien hizo el pago debe probar el error en que incurrió al realizarlo;

III. Lo dispuesto en la fracción anterior, no es aplicable si el demandado negare haber recibido el bien que se le reclama, caso en el cual, justificada la entrega por el actor, quedará éste relevado de toda prueba;

IV. Lo dispuesto en la fracción anterior, no limita el derecho del demandado para probar que se le debía lo que recibió;

V. Se presume que hubo error en el pago, cuando se entrega un bien que no se debía o que ya estaba pagado; pero aquél a quien se pide la devolución puede probar que la entrega se hizo a título de liberalidad o por cualquier otra causa justa.

Artículo 2105. Queda libre de la obligación de restituir el que, creyendo de buena fe que se hacía el pago por cuenta de un crédito legítimo y subsistente, hubiere inutilizado el título, dejado transcurrir el plazo de prescripción, abandonado las prendas o cancelado las garantías de su derecho.

Artículo 2106. En el caso del artículo anterior, quien paga indebidamente sólo podrá dirigirse contra el verdadero deudor o los fiadores, respecto de los cuales subsista la acción.

Artículo 2107. La acción para repetir lo pagado indebidamente prescribe:

I. En seis meses, contados desde que se conoció el error que originó el pago; o

II. En un año, contado desde el pago, si dentro de este plazo no se conoce aquel error.

Artículo 2108. No puede repetirse lo que se pague en cumplimiento de una obligación, a sabiendas de que no se está jurídicamente obligado y ajustándose quien hace el pago a su propia conciencia.

LIBRO QUINTO
DIVERSAS ESPECIES DE CONTRATOS

CAPÍTULO PRIMERO
PROMESA DE CONTRATAR

Artículo 2109. Por virtud de la promesa de contratar, una parte o ambas se obligan a celebrar, en cierto tiempo, un contrato determinado.

Artículo 2110. La promesa de contratar puede ser unilateral o bilateral.

Artículo 2111. Son elementos esenciales de la promesa bilateral de contratar:

I. El consentimiento;

II. Que se expresen los elementos esenciales y las cláusulas que según la voluntad de los promitentes, contendrá el contrato, que se obligan a celebrar o contrato definitivo;

III. Que se determine el plazo en que habrá de otorgarse el contrato definitivo.

Artículo 2112. La promesa de contratar deberá otorgarse por escrito, en documento público o privado.

Artículo 2113. La promesa de contratar sólo origina obligaciones de hacer, consistentes en celebrar el contrato respectivo de acuerdo con lo ofrecido.

Artículo 2114. La promesa de contratar no equivale al contrato definitivo.

Artículo 2115. Si celebrada la promesa de contratar, una de las partes, dentro del plazo a que se refiere la fracción III del artículo 2111, cumpliere, de conformidad con la otra, las obligaciones que prometió o alguna de ellas, cesará la promesa y se tendrá por celebrado el contrato definitivo.

Artículo 2116. En el supuesto previsto por el artículo anterior, cualquiera de las partes tiene acción para exigir a la otra, aun antes de vencerse el plazo a que se refiere la fracción III del artículo 2111, que se dé al contrato la forma que deba tener conforme a este Código.

Artículo 2117. Si el promitente rehusa firmar los documentos necesarios para dar la forma al contrato, en su rebeldía los firmará el Juez, salvo que el contrato prometido sea de compraventa y quien prometió vender no fuere propietario del bien específicamente determinado, objeto de la promesa.

Artículo 2118. La promesa de contratar quedará sin efecto y el que la hizo incurrirá en responsabilidad, si el bien que ofreció lo transmitió en propiedad a un tercero de buena fe y a título oneroso.

Artículo 2119. Si la promesa de contratar se refiere a compraventa de un bien inmueble cierto y determinado, la propiedad de éste se transmite hasta la celebración del contrato definitivo.

Artículo 2120. Si vencido el plazo a que se refiere la fracción III del artículo 2111, no se cumple la obligación de hacer, dimanada de la promesa de contratar, el perjudicado podrá demandar el cumplimiento de ésta y que se dé al contrato la forma legal correspondiente o la rescisión de ella, y en uno y otro caso la reparación de los daños y perjuicios causados.

CAPÍTULO SEGUNDO
COMPRAVENTA

SECCIÓN PRIMERA
DISPOSICIONES GENERALES

Artículo 2121. La compraventa es un contrato por el cual una de las partes, llamada vendedor, transfiere a la otra la propiedad de un bien, obligándose esta última, que es el comprador, al pago de un precio cierto y en dinero.

Artículo 2122. La venta es perfecta y obligatoria para las partes, por el solo convenio de ellas respecto al bien vendido y el precio, aunque el primero no haya sido entregado ni el segundo satisfecho.

Artículo 2123. Desde el momento que la compra-venta es perfecta, conforme a los artículos 1445, 1716, y 2122, pertenece el bien al comprador y el precio al vendedor, teniendo cada uno de ellos derecho de exigir del otro el cumplimiento del contrato.

Artículo 2124. Si el precio del bien vendido se ha de pagar parte en dinero y parte con el valor de otro bien, el contrato será de venta cuando la parte en numerario sea igual o mayor que la que se pague con el valor del otro bien. Si la parte en numerario fuere inferior, el contrato será de permuta.

Artículo 2125. Los contratantes pueden convenir en que el precio sea el que corre en día o lugar determinados.

Artículo 2126. El señalamiento del precio no puede dejarse al arbitrio de uno de los contratantes; pero pueden éstos convenir que el precio sea fijado por una persona extraña al contrato y en este caso se aplicarán las siguientes disposiciones:

I. Entre tanto no se fije el precio, no existe compraventa;

II. Con la fijación del precio se perfecciona el contrato;

III. Fijado el precio, no podrá ser rechazado por los contratantes, sino de común acuerdo;

IV. Si la persona a quien se encomendó fijar el precio, no quiere o no puede señalarlo no existirá el contrato.

Artículo 2127. La compraventa a vista o de bienes que se acostumbra pesar, contar o medir, se perfecciona hasta que los bienes hayan sido vistos y aprobados, o pesados, contados o medidos.

Artículo 2128. En cuanto a los bienes que se acostumbren gustar, el contrato no existirá hasta que los bienes hayan sido gustados y se acepten por el comprador.

Artículo 2129. Cuando los bienes se vendieren como de una calidad determinada, y no al gusto personal del comprador, no dependerá del arbitrio de éste rehusar el bien vendido, y el vendedor puede pedir el pago del precio si demuestra que el bien es de la calidad contratada.

Artículo 2130. Las mercancías determinadas y conocidas por las partes podrán venderse sobre muestra, y el contrato se perfecciona si se acepta ésta.

Artículo 2131. Si la venta se hizo sólo a la vista y por acervo, aun cuando sea de bienes que no se suelen contar, pesar y medir, se entenderá realizada luego que los contratantes se avengan en el precio, y el comprador no podrá pedir la rescisión del contrato alegando no haber encontrado en el acervo la cantidad, peso o medida que él calculaba.

Artículo 2132. En el caso de la venta a que se refiere el artículo anterior, procederá la rescisión si el vendedor presentare el acervo como de especie homogénea y ocultare en él especies de inferior clase y calidad de las que están a la vista. La acción de rescisión establecida en este artículo prescribe en seis meses.

Artículo 2133. Si la venta de uno o más inmuebles se hiciere por un precio alzado y sin estimar especialmente sus partes o medidas, no procederá la rescisión fundada en falta o exceso en la entrega.

Artículo 2134. Son nulas las ventas que produzcan la concentración o acaparamiento, en una o en pocas manos, de artículos de consumo necesario, y que tengan por objeto el alza de los precios de esos artículos.

Artículo 2135. Las ventas al menudeo de puros, cigarros y bebidas embriagantes, hechas al fiado, no dan acción para exigir su precio.

SECCIÓN SEGUNDA
OBJETO DE LA COMPRAVENTA

Artículo 2136. El bien objeto de la compraventa debe ser propiedad del vendedor.

Artículo 2137. La venta de un bien ajeno es nula.

Artículo 2138. En el supuesto previsto en el artículo anterior, son aplicables las siguientes disposiciones:

I. El vendedor, sea o no de buena fe, deberá indemnizar al comprador de los daños y perjuicios que resulten de la nulidad del contrato;

II. Si el comprador sabía que el bien era ajeno, no podrá exigir la restitución del precio ni la indemnización de los daños y perjuicios que se le hubieren ocasionado;

III. El vendedor de mala fe, después que haya entregado el bien, no puede demandar la nulidad de la venta ni la restitución del bien vendido;

IV. La nulidad de la venta de un bien ajeno no perjudica los derechos que la ley concede al segundo o ulterior adquirente de buena fe;

V. Si el vendedor adquiere por cualquier título legítimo la propiedad del bien vendido, antes de sufrir evicción el comprador, la venta producirá todos sus efectos;

VI. La venta del bien ajeno surtirá todos sus efectos, si el propietario de la misma ratifica el contrato en forma expresa.

Artículo 2139. La venta de la totalidad del bien común, hecha por uno solo de los copropietarios, será nula, aun respecto a la porción del vendedor, debiendo este último además responder de los daños y perjuicios que se causen al comprador, si éste ignoraba la copropiedad.

Artículo 2140. No puede ser objeto de compraventa el derecho a la herencia de una persona viva, aun cuando ésta preste su consentimiento.

Artículo 2141. No produce efectos la venta de bien que ya no existe o que no puede existir, y el vendedor es responsable de los daños y perjuicios, si hubiere dolo o mala fe.

Artículo 2142. Si el bien vendido hubiere perecido en parte, puede el comprador rescindir el contrato, o aceptar la parte restante y, en este caso, el precio se reducirá proporcionalmente, a juicio de peritos.

Artículo 2143. Pueden venderse los bienes o derechos litigiosos, y el vendedor debe aclarar la circunstancia de hallarse dichos bienes en litigio, siendo responsable de los daños y perjuicios si el comprador sufre evicción, salvo pacto en contrario.

SECCIÓN TERCERA
PARTES EN LA COMPRAVENTA

Artículo 2144. Pueden comprar y vender las personas que pueden contratar, salvo las excepciones establecidas por la ley.

Artículo 2145. Los cónyuges no pueden celebrar entre sí, el contrato de compraventa, si el régimen económico de su matrimonio es el de sociedad conyugal.

Artículo 2146. Los funcionarios enumerados en el artículo 1669, no pueden comprar los bienes que sean objeto del juicio o procedimiento económico-coactivo (sic) en que intervengan respectivamente.

(REFORMADO, P.O. 4 DE ENERO DE 2010)

Artículo 2147. La prohibición a que se refiere el artículo anterior y la establecida en el 1725, se extiende también al Ministerio Público, Defensores Públicos, abogados, procuradores y testigos que intervengan en el juicio que verse sobre el bien vendido.

Artículo 2148. Se exceptúa de lo dispuesto en los artículos 1669 y 2146:

I. La venta o cesión de derechos hereditarios, cuando sean coherederas las personas mencionadas en los artículos citados; y

II. La venta de derechos que tengan por objeto bienes de la propiedad de esas personas.

Artículo 2149. No pueden comprar los bienes de cuya venta o administración se hallen encargados:

I. Los mandatarios;

II. Los tutores y curadores;

III. Los albaceas;

IV. Los interventores nombrados por el testador o por los herederos;

V. Los representantes, administradores e interventores en caso de ausencia; y

VI. Los empleados públicos.

Artículo 2150. La prohibición establecida en el artículo anterior cesa, en el caso del mandatario, si la compraventa la celebran personalmente el mandante como vendedor y el mandatario como comprador, ambos por su propio derecho, se haya o no revocado el mandato.

Artículo 2151. Los peritos y los corredores no pueden comprar los bienes en cuya venta han intervenido.

Artículo 2152. Las ventas hechas en contravención a los artículos 2146 y 2147 estarán afectadas de nulidad absoluta, y las comprendidas en los demás casos previstos en este capítulo, de nulidad relativa.

SECCIÓN CUARTA
OBLIGACIONES Y DERECHOS DEL VENDEDOR

Artículo 2153. El vendedor está obligado:

(REFORMADA, P.O. 10 DE MARZO DE 2021)

I. A conservar y custodiar el bien vendido con la debida diligencia en virtud de garantizar mantenerlo en condiciones pactadas, mientras no lo entregue;

II. A entregar al comprador el bien vendido; y

III. A otorgar al comprador los documentos legalmente necesarios, para acreditar la adquisición del bien objeto del contrato.

Artículo 2154. Los gastos de entrega del bien vendido son de cuenta del vendedor, y los de su transporte, a cargo del comprador, salvo convenio en contrario.

Artículo 2155. El vendedor no está obligado a entregar el bien vendido:

I. Si el comprador no ha pagado el precio o no se señaló en el contrato un plazo para el pago;

II. Aunque en el contrato se haya establecido un plazo para el pago del precio, si después de la venta se descubre que el comprador se halla en estado de insolvencia, a no ser que dé fianza de pagar en el plazo convenido.

Artículo 2156. El vendedor debe entregar el bien vendido en el estado en que se encontraba al perfeccionarse el contrato.

Artículo 2157. Debe también el vendedor entregar todos los frutos producidos por el bien vendido desde que se perfeccionó la venta, y los rendimientos, accesiones y títulos del mismo bien.

Artículo 2158. Cuando el bien se vendiere por número, peso o medida, con expresión de estas circunstancias, el comprador podrá pedir la rescisión del contrato si en la entrega hubiere falta que no supla el vendedor, o exceso que no pueda separarse sin perjuicio del bien.

Artículo 2159. Si el comprador quiere sostener el contrato, puede exigir la reducción del precio en proporción a la falta, debiendo aumentarlo en proporción al exceso.

Artículo 2160. Los derechos establecidos en los dos artículos anteriores, prescriben en el plazo de seis meses, contados a partir de la entrega del bien vendido.

Artículo 2161. Si en la venta de un inmueble se han designado los linderos, el vendedor está obligado a entregar todo lo que dentro de ellos se comprenda, aunque haya exceso en las medidas expresadas en el contrato.

Artículo 2162. La entrega del bien vendido debe hacerse en el lugar convenido, y si no hubiere lugar designado en el contrato, en el lugar en que se encontraba el bien en la época en que se vendió.

Artículo 2163. El vendedor, a quien el comprador no haya pagado el precio, tiene:

I. El derecho de preferencia para obtener el pago del precio, de conformidad con el artículo 2980, fracción IX;

II. El derecho de retención para no entregar el bien, como lo dispone el artículo 2155, fracción I;

III. El derecho a demandar la rescisión del contrato, de acuerdo con las disposiciones de este Código.

Artículo 2164. Si el comprador se constituyó en mora de recibir, se aplicarán las siguientes disposiciones:

I. El vendedor quedará liberado del cuidado ordinario del bien y solamente será responsable de dolo o de culpa grave; y

II. Abonará al vendedor los gastos de conservación del bien vendido.

SECCIÓN QUINTA
DERECHOS Y OBLIGACIONES DEL COMPRADOR

Artículo 2165. El comprador está obligado:

I. A pagar el precio del bien en el tiempo, lugar y forma convenidos o como se dispone en esta sección, si nada se pactó al respecto;

II. A recibir el bien.

Artículo 2166. Si no se fijó lugar para el pago, éste se hará en el lugar en que se entregue el bien.

Artículo 2167. Si no se fijó fecha para el pago, se sobreentiende que la venta es de contado.

Artículo 2168. Si ocurre duda sobre cuál de los contratantes deberá hacer primero la entrega, uno y otro harán el depósito en manos de otra persona.

Artículo 2169. El comprador debe intereses por el tiempo que medie entre la entrega del bien y el pago del precio, en los tres casos siguientes:

I. Si así se hubiere convenido;
II. Si el bien vendido y entregado produce fruto o renta; y
III. Si se hubiere constituido en mora.

Artículo 2170. El comprador debe recibir el bien en la fecha convenida y, a falta de convenio, luego que el vendedor se lo entregue.

Artículo 2171. Cuando el comprador a plazo o con espera del precio fuere perturbado en su posesión o derecho, o tuviere justo temor de serlo, podrá suspender el pago si aún no lo ha hecho, mientras el vendedor le asegure la posesión.

Artículo 2172. La compraventa de inmuebles y la adquisición a título oneroso de derechos reales sobre inmuebles, si el adquirente no cumple las obligaciones que le correspondan, se rigen en cuanto a su rescisión, por las siguientes disposiciones:

I. La rescisión fundada en el pacto comisorio tácito, sólo surte efectos entre los contratantes.

II. Para que la rescisión surta efectos contra tercero de buena fe, el pacto comisorio debe ser expreso y reunir las condiciones establecidas en el artículo 1564.

III. Para que el comprador incurra en mora respecto al pago del precio, además del vencimiento del plazo, se requiere que el vendedor interpele al comprador.

IV. La rescisión por incumplimiento en el pago del precio no procede, cuando este Código así lo disponga.

Artículo 2173. Lo dispuesto en la fracción III del artículo anterior es irrenunciable.

Artículo 2174. Respecto de bienes muebles, independientemente de lo dispuesto en los artículos 1565 y 2180, la resolución de la venta tendrá lugar de pleno derecho cuando el comprador, antes de vencerse el plazo fijado para la entrega del bien, no se presente a recibirlo, o habiéndose presentado no haya ofrecido al mismo tiempo el precio, a no ser que para el pago de éste se hubiere pactado mayor dilación.

Artículo 2175. Si se trata de bienes muebles que no sean susceptibles de identificarse indubitablemente y que no pueda registrarse su venta, los contratantes podrán pactar la rescisión de la venta por falta de pago del precio, pero esa cláusula no producirá efectos contra tercero de buena fe que hubiere adquirido los bienes a que esta disposición se refiere.

SECCIÓN SEXTA
MODALIDADES DEL CONTRATO DE COMPRAVENTA

Artículo 2176. Puede pactarse que el bien comprado no lo venda el comprador a una o más personas determinadas.

Artículo 2177. La contravención de la cláusula de no vender a determinada persona, no origina la nulidad de la venta, y el responsable sólo quedará obligado a pagar los daños y perjuicios que se originen a su vendedor.

Artículo 2178. Son ilícitos el pacto de retroventa y la promesa de venta de un inmueble que haya sido objeto de una compraventa entre los mismos contratantes.

Artículo 2179. Puede estipularse que el vendedor goce del derecho de preferencia por el tanto, para el caso de que el comprador quisiere vender el bien que fue objeto del contrato de compraventa.

Artículo 2180. En la compraventa de inmuebles o de bienes muebles susceptibles de identificarse, puede pactarse válidamente que el vendedor se reserve la propiedad de la cosa vendida hasta que su precio haya sido pagado, siendo aplicables las siguientes disposiciones:

I. Si se rescinde la venta, el vendedor y el comprador deben restituirse las prestaciones que se hubieren hecho;

II. El vendedor que hubiere entregado el bien vendido puede exigir del comprador, por el uso de él, el pago de un alquiler o renta que fijarán peritos, y una indemnización, también fijada por peritos, por el deterioro que haya sufrido el bien;

III. El comprador que haya pagado parte del precio, tiene derecho a los intereses legales de la cantidad que entregó;

IV. El comprador que no haya pagado el precio, no puede enajenar el bien objeto de compraventa con reserva de dominio, pero si puede transmitir a otra u otras personas los derechos que le confiera esa compraventa. Por su parte el vendedor no puede enajenar el bien vendido con reserva de propiedad, mientras no se venza el plazo o plazos pactados para pagar el precio;

V. Los artículos 2172 fracción III y 2173;

VI. Las (sic) pactos que impongan al comprador obligaciones más onerosas que las expresadas, se tendrán por no puestos y no producirán ningún efecto;

VII. Las disposiciones establecidas en las seis fracciones que anteceden no son aplicables a la compraventa reglamentada por el artículo 2181.

Artículo 2181. La compraventa a plazos de una casa habitación o de un terreno para construir ésta, y para habitar esa casa por el comprador, sean o no vendidos por un fraccionador, se rige por las siguientes disposiciones:

I. Podrá otorgarse en documento privado, que se inscribirá en el Registro Público de la Propiedad, previa ratificación ante Notario;

II. El contrato se elevará a escritura pública cuando se acabe de pagar el precio y, en todo caso, cuando el comprador lo solicite;

III. Se hará constar en los antecedentes del contrato, los datos relativos de los títulos de propiedad con arreglo a los cuales adquirió el vendedor, así como su inscripción en el Registro Público de la Propiedad;

IV. Si el título de propiedad del vendedor no estuviere inscrito, debe éste, bajo su responsabilidad, obtener la inscripción;

V. En el documento mencionado en la fracción I de este artículo, se relacionarán los actos que importen gravámenes o limitaciones al dominio y sus inscripciones en dicho Registro;

VI. La inscripción a que se refiere la fracción I, se hará a solicitud de cualquiera de las partes, y surtirá efectos contra tercero desde la fecha del contrato, si se gestiona dentro de los noventa días siguientes a la misma fecha;

VII. Los intereses que se pacten no podrán ser superiores a los intereses de los préstamos con hipoteca que celebran las Sociedades Nacionales de Crédito;

VIII. Se entenderá, sin necesidad de cláusula expresa, que el comprador no podrá enajenar el inmueble adquirido, hasta que haya pagado totalmente el precio;

IX. El vendedor podrá demandar el cumplimiento del contrato; pero no la rescisión del mismo;

X. En el juicio mediante el cual el vendedor exija el cumplimiento del contrato al comprador, éste puede pagar su deuda hasta antes de que cause estado el auto de fincamiento del remate;

XI. Los gastos y honorarios que cause la escrituración del contrato, el registro correspondiente, y el del documento privado a que se refiere la fracción I, serán cubiertos por mitad entre los contratantes.

XII. Si la escritura definitiva se otorga al terminar de pagarse el precio, el último diez por ciento del mismo, podrá retenerlo el comprador, para entregarlo al vendedor, en el momento de su otorgamiento y en presencia del Notario;

XIII. No es lícito el convenio por el cual las partes estipulan que por concepto de alquiler, o renta, y por indemnización debida al deterioro, el comprador perderá lo que hubiere dado a cuenta del precio y tal convenio se tendrá por no puesto y no surtirá ningún efecto;

XIV. No es lícito en estos contratos pactar cláusula penal en contra del comprador;

XV. Las disposiciones de este artículo no pueden renunciarse;

XVI. El texto de este artículo se transcribirá en los antecedentes del contrato, con caracteres tipográficos idénticos al clausulado del mismo;

XVII. Si el inmueble adquirido conforme a ese artículo se destina a patrimonio familiar, se aplicará lo dispuesto en el artículo 796.

SECCIÓN SÉPTIMA
FORMA DEL CONTRATO DE COMPRAVENTA

Artículo 2182. La venta de un inmueble, cualquiera que sea el valor de éste, se otorgará en escritura pública.

Artículo 2183. Los contratantes pagarán por mitad los gastos de escritura y registro, salvo convenio en contrario.

CAPÍTULO TERCERO
PERMUTA

Artículo 2184. Permuta es un contrato por el que se da un bien por otro.

Artículo 2185. Dándose un bien y dinero por otro bien, será venta o permuta, según lo dispuesto en el artículo 2124.

Artículo 2186. Si uno de los contratantes recibió el bien que se le prometió en permuta, y acredita que no era propio del que lo dio, no puede ser obligado a entregar el que ofreció en cambio, y cumple con devolver el recibido por él.

Artículo 2187. El permutante que sufra evicción del bien que recibió en cambio, podrá reivindicar el que dio, si se halla aún en poder del otro permutante, o exigir su valor y los daños y perjuicios.

Artículo 2188. Lo dispuesto en el artículo anterior, no perjudica los derechos que a título oneroso haya adquirido un tercero, sobre el bien que reclama el que sufrió la evicción.

Artículo 2189. Con excepción de lo relativo al precio, son aplicables a este contrato las reglas de la compraventa, en cuanto no se opongan a los artículos anteriores.

CAPÍTULO CUARTO
DONACIÓN

SECCIÓN PRIMERA
DONACIÓN EN GENERAL

Artículo 2190. Donación es un contrato por el que una persona transfiere a otra, gratuitamente, uno o más bienes.

Artículo 2191. El patrimonio considerado como universalidad jurídica no puede transferirse por donación.

Artículo 2192. La donación no puede comprender bienes futuros.

Artículo 2193. La donación puede ser pura, condicional, onerosa o remuneratoria.

Artículo 2194. Pura es la donación que se otorga en palabras absolutas, y condicional la que depende de algún acontecimiento futuro y contingente.

Artículo 2195. Es onerosa la donación que se hace imponiendo algunas cargas al donatario.

Artículo 2196. Es remuneratoria la donación que se hace en atención a servicios recibidos por el donante y que no importen una deuda a cargo de éste.

Artículo 2197. Cuando la donación sea onerosa, sólo se considerará donado el exceso que hubiere en el precio del bien, deducidas de aquél las cargas.

Artículo 2198. Las donaciones sólo pueden efectuare por acto entre vivos y únicamente pueden revocarse o reducirse en los casos autorizados por la ley.

Artículo 2199. La donación se perfecciona desde que el donatario la acepta.

Artículo 2200. La donación puede hacerse verbalmente o por escrito.

(REFORMADO, P.O. 29 DE DICIEMBRE DE 2017)

Artículo 2201. La donación verbal sólo puede tener por objeto bienes muebles cuyo valor no pase del equivalente a la cantidad de treinta veces el valor diario de la Unidad de Medida y Actualización.

Artículo 2202. La donación se hará constar:

I. En documento privado si el bien donado es mueble; y

II. En escritura pública, si el bien donado es inmueble.

Artículo 2203. En el documento en que se haga constar la donación se especificarán los bienes donados, se dirá cual es el valor de cada uno de ellos en dinero y las cargas y obligaciones que se imponen al donatario.

Artículo 2204. La aceptación de la donación se rige por las siguientes disposiciones:

I. Para que la aceptación surta efectos debe hacerse en vida del donante;

II. El donatario debe aceptar por sí mismo o por medio de mandatario especial para el caso, o general para aceptar donaciones; y tratándose de menores o incapacitados por medio de su representante;

III. Respecto de bienes inmuebles, la aceptación debe hacerse en el mismo instrumento en que se hizo la donación o en otro distinto de la misma clase y, en este último caso, se notificará la aceptación al donante en jurisdicción voluntaria o ante Notario;

IV. Si el donante es ascendiente o descendiente del donatario se tiene por aceptada la donación sin otro requisito.

Artículo 2205. Puede donarse la nuda propiedad a una persona y el usufructo total o parcial a otra.

Artículo 2206. La donación hecha a varias personas conjuntamente, no produce a favor de éstas el derecho de acrecer, salvo lo dispuesto expresamente por el donante.

Artículo 2207. El donante sólo responde de la evicción del bien donado si se obligó expresamente a prestarla.

Artículo 2208. Si la evicción se verifica, el donatario quedará subrogado en todos los derechos del donante.

Artículo 2209. Si la donación se hace con la carga de pagar una o más deudas del donante, deberán precisarse éstas al hacer la donación.

Artículo 2210. La donación de bienes gravados con un derecho real de garantía, transmite al donatario la propiedad de aquéllos y la obligación garantizadas por éste.

Artículo 2211. Salvo que el donante dispusiere en otro sentido, las donaciones que consisten en prestaciones periódicas se extinguen con la muerte de aquél.

SECCIÓN SEGUNDA
PERSONAS QUE PUEDEN DONAR Y RECIBIR DONACIONES

Artículo 2212. Pueden donar los que pueden contratar y disponer de sus bienes.

Artículo 2213. Pueden aceptar donaciones las personas que no tengan impedimento legal para ello.

SECCIÓN TERCERA
RESCISIÓN, REVOCACIÓN O REDUCCIÓN DE DONACIONES

A. Rescisión

Artículo 2214. La donación onerosa puede rescindirse si el donatario no cumple las cargas que le impuso el donante.

Artículo 2215. El donatario responde únicamente con el bien donado, del cumplimiento de las cargas que se hubieren impuesto y no está obligado personalmente con sus bienes.

Artículo 2216. Puede el donatario sustraerse a la ejecución de las cargas que se le imponen, renunciando a la donación y devolviendo el bien donado o abandonando éste a la persona en cuyo favor se establecieron las cargas.

Artículo 2217. Rescindida la donación serán restituidos al donante los bienes donados, o su valor si fueron enajenados antes de la rescisión.

Artículo 2218. Si el donatario hubiere hipotecado o dado en prenda o en anticresis los bienes donados, subsistirá la hipoteca, la prenda o la anticresis; pero el donante tendrá derecho a exigir que aquél redima éstas.

Artículo 2219. Cuando el donatario hubiere constituido usufructo o servidumbre sobre los bienes donados, se observará lo dispuesto en los artículos 1243, fracción VIII y 1324, fracción IV, respectivamente.

Artículo 2220. Cuando los bienes donados no puedan ser restituidos en especie, el valor exigible será el que tenían aquéllos al tiempo de la donación.

Artículo 2221. Si el bien donado perece por caso fortuito o de fuerza mayor, queda el donatario libre de toda obligación.

B. Revocación y reducción

Artículo 2222. La donación puede ser revocada por ingratitud:

I. Si el donatario comete algún delito contra la persona, la honra o los bienes del donante o de los ascendientes, descendientes o cónyuge;

II. Si el donatario acusa judicialmente al donante de algún delito que pudiera ser perseguido de oficio aunque lo pruebe, a no ser que hubiere sido cometido contra el mismo donatario o las personas a que se refiere la fracción anterior;

III. Si el donatario rehusa socorrer, según el valor de la donación, al donante que haya venido a pobreza.

(ADICIONADA, P.O. 15 DE AGOSTO DE 2019)

IV. En el supuesto del incumplimiento, a lo establecido en el artículo 487, cuando el donatario es descendiente del donante.

Artículo 2223. Son aplicables a la acción de revocación por causa de ingratitud, las siguientes disposiciones:

I. No puede ser renunciada anticipadamente;

II. Prescribe en un año contado desde que se tuvo conocimiento del hecho que la motive;

III. No podrá ejercitarse contra los herederos del donatario, a no ser que en vida de éste hubiese sido intentada;

IV. No puede ser ejercitada por los herederos del donante, si éste, pudiendo, no la hubiese intentado.

Artículo 2224. Es inoficiosa la donación que perjudique la obligación del donante de ministrar alimentos.

Artículo 2225. La donación debe ser revocada cuando sea inoficiosa, observándose lo dispuesto en los artículos 2217 a 2221.

Artículo 2226. Si el perjuicio que con la donación se haya causado a los que tienen derecho a percibir alimentos, no iguala al valor total de la donación, ésta sólo se reducirá en la parte que fuere necesaria, observándose en su caso, y respecto de esta parte lo dispuesto en los artículos 2217 a 2221.

Artículo 2227. Las donaciones inoficiosas no serán revocadas ni reducidas cuando, muerto el donante, el donatario tome sobre sí la obligación de ministrar los alimentos debidos por aquél, y garantice conforme a derecho el cumplimiento de esa obligación.

Artículo 2228. La reducción de las donaciones comenzará por la última en fecha, que será totalmente revocada si la reducción no bastare a completar los alimentos.

Artículo 2229. Si el importe de la donación menos antigua no alcanzare, se procederá respecto de la anterior, como lo dispone el artículo que precede, siguiéndose el mismo orden hasta llegar a la más antigua.

Artículo 2230. Habiendo diversas donaciones otorgadas en el mismo acto o en la misma fecha, se hará la reducción entre ellas a prorrata.

Artículo 2231. Si la donación consiste en bienes muebles, se tendrá presente para la reducción el valor que tenían al tiempo de ser donados.

Artículo 2232. Cuando la donación consista en bienes raíces que fueren cómodamente divisibles, la reducción se hará en especie.

Artículo 2233. Cuando el inmueble no pueda ser dividido y el importe de la reducción exceda de la mitad del valor de aquél, recibirá el donatario el resto en dinero; pero si la reducción no excede de la mitad del valor del inmueble, el donatario pagará en dinero.

Artículo 2234. Las donaciones hechas legalmente por una persona que al tiempo de otorgarlas no tenía hijos, pueden ser revocadas por el donante cuando le sobrevengan uno o más hijos.

Artículo 2235. La donación deviene irrevocable:

I. Si transcurren cinco años desde que se hizo la donación y el donante no ha tenido hijos;

(REFORMADA, P.O. 29 DE DICIEMBRE DE 2017)

II. Si es menor que el importe equivalente a la cantidad de cincuenta veces el valor diario de la Unidad de Medida y Actualización;

III. Cuando sea antenupcial;

IV. Si se hizo entre consortes, salvo lo dispuesto en el artículo 391;

V. Cuando sea puramente remuneratoria; y

VI. Si el hijo o hijos supervenientes tienen bienes suficientes para satisfacer sus alimentos.

Artículo 2236. Si el donante muere dentro del plazo de cinco años, contados a partir de la donación y naciere un hijo póstumo de él, se tendrá por revocada la donación, si no se encuentra en los casos previstos por las fracciones II a V del artículo anterior.

Artículo 2237. Revocada la donación por el nacimiento del hijo póstumo, los bienes donados se transmitirán a éste de acuerdo con las disposiciones de este Código sobre sucesión ab intestato.

Artículo 2238. En caso de revocarse la donación son aplicables los artículos 2217 a 2221.

Artículo 2239. Revocada o reducida una donación, o en el caso de rescisión, el donatario responderá de los frutos desde que fuere demandado.

CAPÍTULO QUINTO
MUTUO

SECCIÓN PRIMERA
REGLAS GENERALES

Artículo 2240. Mutuo es un contrato por el cual el mutuante, transfiere la propiedad de una suma de dinero o de otros bienes fungibles al mutuario, quien se obliga a pagar, en el plazo convenido, otro tanto de la misma especie y calidad.

Artículo 2241. Pueden dar y recibir en mutuo los que pueden disponer de sus bienes.

Artículo 2242. Los derechos y obligaciones que resulten del mutuo son transmisibles por acto entre vivos o por causa de muerte.

Artículo 2243. Si el mutuo es nulo por incapacidad de uno de los contratantes, el fiador que haya intervenido en el contrato, no puede oponer la excepción de nulidad, si al otorgar la fianza conocía aquella incapacidad.

SECCIÓN SEGUNDA
MUTUO SIMPLE

Artículo 2244. El contrato de mutuo es simple si no se pactan intereses.

Artículo 2245. El contrato de mutuo se perfecciona por la entrega del bien que constituye su objeto.

Artículo 2246. Si no hubiere convenio acerca del plazo para el pago, se observarán las reglas siguientes:

I. Si el mutuario fuere labrador y el préstamo consistiere en cereales u otros productos del campo, el pago se hará en la siguiente cosecha de los mismos o semejantes frutos o productos;

II. Si el mutuario no fuere labrador, pero percibe frutos de las clases mencionadas en la fracción anterior, se aplicará lo dispuesto en ella;

III. En todos los demás casos, la obligación de pagar lo prestado se rige por lo dispuesto en el artículo 1808.

Artículo 2247. Cuando no se haya señalado lugar para el pago del bien dado en mutuo, se observarán las reglas siguientes:

I. Si el bien prestado es dinero, el pago se hará según lo dispuesto por la fracción I del artículo 1813;

II. Si el mutuo tiene por objeto bienes fungibles que no sean dinero, el pago se hará en el lugar donde los recibió el mutuario.

Artículo 2248. En el caso de la fracción II del artículo anterior, si el mutuario no pudiere pagar en género y no hubiere estipulación en contrario, pagará el valor que el bien prestado tenía en el lugar y tiempo en que se hizo el préstamo.

Artículo 2249. El mutuante es responsable de los perjuicios que el mutuario sufra por la mala calidad o vicios ocultos del bien prestado, si conoció los defectos y no dio aviso oportuno a éste.

Artículo 2250. El mutuario será responsable de los perjuicios que sufra el mutuante por la mala calidad o vicios ocultos de los bienes que entregue a éste en pago, aun cuando desconozca tales defectos.

Artículo 2251. Son válidas las deudas contraídas por un menor, para proporcionarse los alimentos que necesite, cuando su representante legítimo no se encuentre presente.

Artículo 2252. De las deudas a que se refiere el artículo anterior, responderá el deudor alimentario del menor.

SECCIÓN TERCERA
MUTUO CON INTERÉS

Artículo 2253. En el mutuo pueden estipularse intereses en dinero o en géneros.

Artículo 2254. El interés es legal o convencional.

Artículo 2255. El interés convencional es el que pactan los contratantes.

Artículo 2256. Cuando el interés sea tan desproporcionado que haga fundadamente creer que se abusó del apuro pecuniario, inexperiencia, ignorancia o necesidad del deudor, a petición de éste, el Juez, teniendo en cuenta las especiales circunstancias del caso, podrá reducir equitativamente el interés hasta el tipo legal.

Artículo 2257. El artículo anterior sólo es aplicable cuando el interés convencional exceda del interés con el que operen las Sociedades Nacionales de Crédito.

Artículo 2258. La tasa del interés convencional debe incluirse en el mismo contrato de mutuo, y puede probarse por los mismos medios que éste, si no excediere del interés legal; si el interés pactado es mayor, el acreedor sólo podrá probar la tasa de aquél, por medio de documento.

Artículo 2259. En el supuesto de los artículos 2256 y 2257, se aplicarán además, las disposiciones siguientes:

I. El deudor puede liberarse de la obligación, después de la celebración del contrato, mediante el reembolso del capital, cualquiera que sea el plazo fijado en el contrato, dando aviso al acreedor con un mes de anticipación y pagando a éste los intereses vencidos;

II. Los pagos que haga el deudor al mutuante se aplicarán por ministerio de la ley, primeramente a la amortización del capital y, redimido éste, al pago de intereses, los cuales se calcularán al tipo autorizado para operaciones de las Sociedades Nacionales de Crédito, según la naturaleza y objeto de la deuda de que se trate;

III. Lo dispuesto en este artículo es irrenunciable.

Artículo 2260. Las partes no pueden bajo pena de nulidad absoluta, convenir que los intereses se capitalicen y que produzcan intereses.

CAPÍTULO SEXTO
ARRENDAMIENTO

SECCIÓN PRIMERA
DISPOSICIONES GENERALES

Artículo 2261. Arrendamiento es el contrato por el cual una persona, llamada arrendador, concede a la otra llamada arrendatario, el uso o goce de un bien por tiempo determinado mediante un precio cierto.

Artículo 2262. Pueden dar y recibir en arrendamiento los que pueden contratar.

Artículo 2263. El que no fuere dueño del bien, podrá arrendarlo si tiene la facultad de celebrar este contrato, por autorización expresa del dueño o por disposición de la ley.

Artículo 2264. En los dos supuestos previstos en el artículo anterior, el contrato de arrendamiento se sujetará, por lo que hace a las facultades del arrendador para celebrarlo, a las que le conceda el dueño, en el primer caso, o la ley en el segundo.

Artículo 2265. No puede arrendar el copropietario sin consentimiento de los otros copropietarios, o de quien los represente.

Artículo 2266. Pueden arrendarse los bienes que puedan usarse sin consumirse, incluyendo el usufructo, excepto aquéllos que la ley prohíbe arrendar.

Artículo 2267. Se prohíbe a magistrados, jueces, encargados de establecimientos públicos y funcionarios o empleados del gobierno o del municipio, tomar en arrendamiento, como arrendatarios, los bienes que deban arrendarse, en los negocios en que intervengan o administren con ese carácter.

Artículo 2268. La renta o precio del arrendamiento puede consistir en una suma de dinero o de cualquiera otro bien equivalente, que sea cierto y determinado.

(REFORMADO, P.O. 29 DE DICIEMBRE DE 2017)

Artículo 2269. El arrendamiento debe otorgarse por escrito; pero si el bien arrendado fuere rústico y la renta anual pasare del importe equivalente a la cantidad de quinientas veces el valor diario de la Unidad de Medida y Actualización, el contrato se otorgará en escritura pública.

Artículo 2270. El arrendamiento de los bienes del Estado y de los municipios se regirá por las leyes sobre bienes de propiedad pública.

Artículo 2271. El arrendamiento puede celebrarse por el tiempo que convengan los contratantes; pero no puede exceder de diez años para los inmuebles destinados a habitación, de quince para los destinados al comercio y de veinte tratándose de una industria.

Artículo 2272. En contratos de arrendamiento de inmuebles destinados a habitación, se prohíbe a las partes convenir que en el local arrendado no habitarán menores de edad o enfermos dependientes del arrendatario. Esta disposición es irrenunciable.

SECCIÓN SEGUNDA
DERECHOS Y OBLIGACIONES DEL ARRENDADOR

Artículo 2273. El arrendador está obligado, aunque no haya pacto expreso:

I. A entregar al arrendatario el bien arrendado con todas sus pertenencias y en estado de servir para el uso convenido;

II. A conservar el bien arrendado en el mismo estado durante el arrendamiento, haciendo para ello las reparaciones necesarias;

III. A no estorbar ni embarazar en manera alguna el uso del bien arrendado, a no ser por causa de reparaciones urgentes e indispensables;

IV. A garantir el uso o goce pacífico del bien arrendado por el tiempo del contrato;

V. A responder de los daños y perjuicios que sufra el arrendatario, si se le privare del uso o goce del bien arrendado, por virtud de evicción contra el arrendador; y

VI. A responder de los perjuicios que sufra el arrendatario por los defectos o vicios ocultos del bien arrendado, anteriores al arrendamiento.

Artículo 2274. Con relación a la fracción I del artículo anterior, si no hubo convenio sobre el uso, el arrendador cumple entregando al arrendatario el bien arrendado, en estado de servir para el uso al que por su naturaleza estuviere destinado.

Artículo 2275. La entrega del bien arrendado se hará en el tiempo convenido; y si no hubiere convenio, luego que el arrendador fuere requerido por el arrendatario.

Artículo 2276. Respecto a la obligación que impone la fracción II del artículo 2273 al arrendador, se observarán las siguientes disposiciones:

I. El arrendatario está obligado a poner en conocimiento del arrendador la necesidad de las reparaciones; y para aquél es causa de responsabilidad, el incumplimiento de esta obligación;

II. Si el arrendador no cumpliere con hacer las reparaciones necesarias para el uso a que esté destinado el bien arrendado, quedará a elección del arrendatario demandar la rescisión del arrendamiento, o pedir a la autoridad judicial o administrativa competente, a elección del arrendatario, que apremie al arrendador para que cumpla su obligación;

III. Si el arrendador no hiciere las reparaciones en el plazo que fije la autoridad, ésta autorizará al arrendatario para ejecutarlas, a cuenta de renta;

IV. Para fijar el importe máximo de las reparaciones que se autoricen en el caso de la fracción anterior y para resolver sobre la necesidad de éstas, se oirá a un perito designado por la autoridad;

V. El Juez resolverá, como amigable componedor, en una sola diligencia, oyendo al arrendador, al arrendatario y al perito, y recibiendo las pruebas que estimare necesarias;

VI. Las resoluciones a que se refieren las fracciones anteriores, cuando sean dictadas por un Juez, no admiten recursos;

VII. El pago de los daños y perjuicios que se causaren al arrendatario por la falta o demora de las reparaciones se decidirá en juicio y no conforme a lo dispuesto en las franciones (sic) anteriores.

Artículo 2277. El arrendador no puede durante el arrendamiento, mudar la forma del bien arrendado, ni intervenir en el uso legítimo de él, salvo el caso de la fracción III del artículo 2273.

Artículo 2278. El arrendatario está obligado a poner, en conocimiento del arrendador, los hechos que perturben la posesión del inmueble arrendado.

Artículo 2279. Si el arrendatario no cumple lo dispuesto en el artículo anterior, responderá al arrendador de los daños y perjuicios que cause su omisión.

Artículo 2280. Independientemente de lo dispuesto en los dos artículos anteriores, puede el arrendatario defender por sí mismo, la situación jurídica que tiene con ese carácter.

Artículo 2281. Lo dispuesto en el artículo 2278 no comprende los hechos ilícitos cometidos directamente contra el arrendatario, su familia o sus bienes.

Artículo 2282. El arrendatario, en los casos a que se refiere el artículo anterior, sólo tiene acción contra los autores de los hechos ilícitos mencionados en él y no contra el arrendador.

Artículo 2283. Si el arrendador perdiere en juicio reivindicatorio parte del bien arrendado, puede el arrendatario reclamar una disminución proporcionada en la renta, o la rescisión del contrato y, en uno y otro caso, el pago de los daños y perjuicios que sufra.

Artículo 2284. El arrendador responde:

I. De los vicios o defectos del bien arrendado que impidan su uso, los hubiere conocido o no al celebrar el contrato;

II. De los vicios o defectos que sobrevengan en el curso del arrendamiento, sin culpa del arrendatario.

Artículo 2285. En los casos previstos en el artículo anterior, el arrendatario podrá pedir la disminución de la renta o la rescisión del contrato, salvo que respecto al primero se pruebe que tuvo conocimiento, antes de celebrarse el contrato, de los vicios o defectos del bien arrendado.

Artículo 2286. Corresponde al arrendador pagar las mejoras hechas por el arrendatario, en los siguientes casos:

I. Si se obligó a pagarlas; y

II. Si se trata de mejoras útiles y por culpa del arrendador se rescindiese el contrato.

Artículo 2287. No es renunciable lo dispuesto en el artículo anterior; pero el arrendatario no tiene el derecho de retención, sobre el bien arrendado respecto a los créditos objeto de los artículos 2286 y 2288.

Artículo 2288. Si al terminar el arrendamiento hubiere algún saldo a favor del arrendatario, el arrendador deberá devolverlo inmediatamente, a no ser que tenga algún derecho que ejercitar contra aquél; en este caso, depositará judicialmente el saldo referido.

SECCIÓN TERCERA
OBLIGACIONES Y DERECHOS DEL ARRENDATARIO

Artículo 2289. El contrato de arrendamiento otorga al arrendatario un derecho personal de usar y gozar del bien arrendado.

Artículo 2290. El arrendatario está obligado:

I. A pagar la renta en la forma y tiempo convenidos y a falta de convenio, por meses vencidos si el predio arrendado es urbano, y por semestres vencidos si es rústico;

II. A responder de los daños que el bien arrendado sufra por culpa suya, de sus familiares, sirvientes, subarrendatarios o personas que lo visiten;

III. A servirse del bien solamente para el uso convenido o el que sea conforme a la naturaleza y destino de él;

IV. A restituir el bien al terminar el contrato.

Artículo 2291. El arrendatario está obligado a pagar la renta desde el día que reciba el bien arrendado, aunque no lo ocupe, salvo pacto en contrario.

Artículo 2292. La renta será pagada en el lugar convenido, y a falta de convenio, en la casa habitación o despacho del arrendatario.

Artículo 2293. Tratándose de bienes urbanos arrendados para habitación del arrendatario, si éste es obrero o empleado, puede pagar la renta por semanas o quincenas vencidas, y el arrendador no puede negarse a aceptar el pago parcial, aunque se haya pactado que la renta se pagaría por mensualidades.

Artículo 2294. El arrendatario debe pagar renta hasta que restituya el bien al arrendador.

Artículo 2295. Si la renta debiera pagarse en frutos, y el arrendatario no los entregare en el tiempo debido, estará obligado a pagar en dinero el precio que hubieren tenido aquéllos, el día que debió entregarlos.

Artículo 2296. Si por caso fortuito o de fuerza mayor se impide al arrendatario el uso del bien arrendado, se aplicarán las siguientes disposiciones:

I. No se causará renta mientras dure el impedimento si éste es total;

II. Si sólo parcialmente se impidiere el uso del bien, la renta debe reducirse proporcionalmente a juicio de peritos;

III. Si el impedimento parcial o total dura más de seis meses, podrá el arrendatario demandar la rescisión del contrato.

Artículo 2297. El arrendatario será responsable de los daños y perjuicios causados por incendio, si éste se debe a culpa de aquél.

Artículo 2298. El arrendatario que vaya a establecer en la finca arrendada una industria peligrosa, tiene la obligación de asegurar dicha finca contra el riesgo que origine el ejercicio de esa industria. El seguro se extenderá a beneficio del arrendador.

Artículo 2299. El arrendatario no puede, sin consentimiento escrito del arrendador, variar la forma del bien arrendado.

Artículo 2300. El arrendatario deberá devolver el bien arrendado, al concluir el arrendamiento, tal como lo recibió, salvo lo que hubiere perecido o se hubiere menoscabado por el tiempo o por causa inevitable.

Artículo 2301. Al arrendador corresponde probar que entregó al arrendatario, en buen estado, el bien arrendado, si la entrega no la hizo con expresa descripción de las partes de que se componga.

Artículo 2302. El arrendatario debe hacer las reparaciones de aquellos deterioros de poca importancia, que regularmente son causados por las personas que habitan en el local arrendado.

Artículo 2303. El arrendatario no puede cobrar las mejoras útiles y voluntarias hechas sin autorización del arrendador; pero puede llevárselas, si al separarlas no se sigue deterioro a la finca.

SECCIÓN CUARTA
ARRENDAMIENTO DE FINCAS URBANAS

Artículo 2304. No podrá darse en arrendamiento una localidad que no reúna las condiciones de higiene y salubridad exigidas por la ley.

Artículo 2305. El arrendador que no haga las obras que ordenen las autoridades como necesarias para que una localidad sea habitable e higiénica, es responsable de los daños y perjuicios que los inquilinos sufran por esa causa y no puede renunciarse anticipadamente lo dispuesto en este artículo.

Artículo 2306. El arrendador no puede rehusar como fiador a una persona que reúna los requisitos exigidas por la ley.

SECCIÓN QUINTA
ARRENDAMIENTO DE FINCAS RÚSTICAS

Artículo 2307. En el arrendamiento de predios rústicos por plazo determinado, son aplicables las siguientes disposiciones:

I. Debe el arrendatario, en el último año que permanezca en el fundo, permitir a su sucesor o al dueño, en su caso, el trabajo de las tierras que tenga desocupadas y en las que él no pueda verificar la nueva siembra, así como el uso de los edificios y demás medios que fueren necesarios para las labores preparatorias del ciclo agrícola siguiente;

II. El permiso a que se refiere la fracción que precede, sólo es obligatorio en el período y por el tiempo rigurosamente indispensable, conforme a las costumbres locales, salvo convenio en contrario;

III. Terminado el arrendamiento, tendrá a su vez el arrendatario saliente, derecho, sin pago de nueva renta, para usar de las tierras y edificios, por el tiempo absolutamente indispensable para la recolección y aprovechamiento de los frutos pendientes al terminar el contrato.

Artículo 2308. Si en el arrendamiento de un predio rústico, se incluye el ganado de labranza o de cría existente en él, así como tractores, equipo y aperos, el arrendatario tendrá, respecto de ellos los mismos derechos y obligaciones que el usufructuario, sin obligación de dar fianza.

Artículo 2309. Lo dispuesto en el artículo anterior se aplicará también al arrendatario de bienes productores de frutos naturales, cuando el uso de aquéllos sólo reporte utilidad a través de estos.

SECCIÓN SEXTA
SUBARRENDAMIENTO

Artículo 2310. Habrá subarrendamiento cuando el arrendatario arriende en todo o en parte el mismo bien que recibió en arrendamiento.

Artículo 2311. El arrendatario no puede subarrendar el bien arrendado en todo o en parte ni ceder sus derechos sin consentimiento del arrendador.

Artículo 2312. Si el subarriendo se hiciere en virtud de la autorización general concedida en el contrato, el arrendatario responderá al arrendador, como si él mismo continuara en el uso o goce del bien.

Artículo 2313. En el caso del artículo anterior, además de la responsabilidad del arrendatario, el subarrendatario responderá también en forma directa ante el arrendador.

Artículo 2314. Si no hubiere autorización para subarrendar, se aplicarán las siguientes disposiciones:

I. El contrato de subarrendamiento será válido;

II. El arrendador podrá pedir la rescisión del arrendamiento y del subarrendamiento;

III. Arrendatario y subarrendatario responden solidariamente de los daños y perjuicios que causen al arrendador.

Artículo 2315. Si el arrendador aprueba expresamente el contrato especial del subarriendo, el subarrendatario queda subrogado en todos los derechos y obligaciones del arrendatario, salvo convenio en otro sentido.

Artículo 2316. La autorización especial para subarrendar a determinada persona puede otorgarse antes de que se celebre el subarrendamiento, o mediante conformidad expresa en el documento en que se haga constar éste.

Artículo 2317. El subarrendamiento debe otorgarse con las mismas formalidades requeridas por la ley para el arrendamiento.

SECCIÓN SÉPTIMA
TERMINACIÓN DEL ARRENDAMIENTO

Artículo 2318. El arrendamiento puede terminar:

I. Por haberse cumplido el plazo fijado en el contrato o en la ley, o por estar satisfecho el objeto para que el bien fue arrendado;

II. Por convenio expreso;

III. Por nulidad;

IV. Por rescisión;

V. Por confusión;

VI. Por pérdida o destrucción del bien arrendado, debidas a caso fortuito o fuerza mayor;

VII. Por expropiación del bien arrendado.

Artículo 2319. Si el arrendamiento se celebró por tiempo determinado, concluye en el día prefijado.

Artículo 2320. El arrendamiento de predios rústicos o urbanos, que no se haya celebrado por tiempo expresamente determinado, concluirá a voluntad de cualquiera de las partes contratantes, previa notificación judicial o notarial a la otra parte, con dos meses de anticipación, si el predio es urbano, y un año si es rústico.

Artículo 2321. Vencido un contrato de arrendamiento, tendrá derecho el arrendatario a que se le prorrogue por una sola vez y hasta por tres años más ese contrato, si se reúnen los siguientes requisitos:

I. Que el bien se haya arrendado para habitación;

II. Que el arrendatario esté al corriente en el pago de las rentas;

III. Que durante la prórroga el arrendamiento tenga también como objeto habitar el local arrendado;

IV. Que el inquilino no sea propietario de un inmueble en que exista una construcción para habitación, que se encuentre en la misma localidad; y

V. Que el inquilino no tenga celebrado como arrendador uno o más contratos de arrendamiento en la misma localidad.

Artículo 2322. Lo dispuesto en el artículo anterior se aplicará también al arrendamiento por tiempo indeterminado.

(REFORMADO, P.O. 29 DE DICIEMBRE DE 2017)

Artículo 2323. Durante la prórroga prevista en los artículos anteriores, la renta estipulada en el contrato prorrogado sólo podrá aumentarse anualmente, pero el aumento no podrá exceder del setenta por ciento del incremento porcentual fijado del equivalente al valor diario de la Unidad de Medida y Actualización. En tratándose de viviendas construidas dentro de los Programas Gubernamentales de Fomento Habitacional, tales como FOVI, FONHAPO, FOVISSSTE y FIDEICOMISO SEDUE, la renta se incrementará durante el plan de amortización correspondiente, en la forma que señalen dichos Programas.

(REFORMADO, P.O. 9 DE AGOSTO DE 1985)

Artículo 2324. Para que se produzca la prórroga a que se refieren los artículos 2321 y 2322, bastará que el arrendatario satisfaga los requisitos señalados en el propio numeral 2321.

Artículo 2325. Si el arrendador no estuviere de acuerdo, por no reunir el arrendatario los requisitos establecidos en el artículo 2321, decidirá el Juez.

Artículo 2326. La prórroga comenzará a correr a partir de la fecha en que venza el contrato.

Artículo 2327. No producirá ningún efecto el convenio entre arrendador y arrendatario, que contravenga lo dispuesto en los artículos 2321 a 2326, los cuales son irrenunciables.

Artículo 2328. En caso de la prórroga del contrato de arrendamiento, establecida por los artículos 2321 y 2322, no cesan las obligaciones de quien haya otorgado garantía para la seguridad del arrendador, y la responsabilidad de aquél se extiende a los aumentos de renta autorizados por la ley, sin necesidad de pacto expreso. Este artículo es irrenunciable.

Artículo 2329. Si terminado el arrendamiento celebrado para casa habitación y la prórroga si la hubo, continúa el arrendatario sin oposición en el goce y uso del bien, ya no se entenderá prorrogado el arrendamiento.

Artículo 2330. En el caso supuesto en el artículo anterior, el arrendatario deberá pagar la renta que corresponda al tiempo que exceda al del contrato y, en su caso, a la prórroga, con arreglo a la renta que pagaba, más los aumentos ordenados por la ley.

Artículo 2331. El artículo 2330 es irrenunciable y no puede pactarse ningún aumento de la renta, ni cláusula penal alguna, en el caso previsto por él.

Artículo 2332. Si el inmueble no se arrendó para casa habitación, y después de terminado el arrendamiento, continúa el arrendatario sin oposición en el uso y goce del bien, se aplicarán las siguientes disposiciones:

I. Si el predio es rústico, se entenderá renovado el contrato de arrendamiento por otro año;

II. Si el predio es urbano y se arrendó para comercio o para establecer en él una industria, no se tendrá por renovado el arrendamiento; pero el arrendatario deberá pagar la renta que corresponda al tiempo que exceda al del contrato, con arreglo a lo que pagaba, más los aumentos que correspondan conforme al artículo 2323 aplicado por analogía;

III. En los casos previstos en las dos fracciones anteriores, cesan las obligaciones otorgadas por persona distinta a las partes, para la seguridad del arrendamiento, salvo convenio en contrario.

Artículo 2333. En el caso de la fracción II del artículo 2318, el convenio se cumplirá en cuanto no perjudique derecho de personas que no sean partes en aquel convenio.

Artículo 2334. El arrendador puede exigir la rescisión del contrato al inquilino:

I. Si no paga la renta correspondiente a tres meses consecutivos, cuando el arrendamiento se celebró para habitación;

II. Si no paga la renta en los plazos establecidos en la fracción I del artículo 2290, si el arrendamiento no se celebró para habitación;
III. Si usa el bien en contravención a lo dispuesto en la fracción III del artículo 2290; y
IV. Si subarrienda el bien contraviniendo lo dispuesto en el artículo 2311.

Artículo 2335. Además de los casos previstos por la ley, el arrendatario podrá exigir la rescisión del contrato:
I. Si el dueño entrega el bien sin cumplir lo dispuesto por los artículos 2273, fracción I y 2274;
II. Si el arrendador sin motivo fundado se opone al subarriendo, que con derecho pretenda el arrendatario.

Artículo 2336. Si el usufructuario no manifestó su calidad de tal al hacer el arrendamiento, y por haberse consolidado la propiedad con el usufructo, exige el propietario la desocupación de la finca, tiene el arrendatario derecho para demandar al usufructuario o a sus causahabientes a título universal la indemnización de daños y perjuicios.

Artículo 2337. Si el bien fue arrendado por el usufructuario, manifestando o no este carácter en el contrato, y al extinguirse el usufructo y consolidarse la propiedad, el arrendatario continúa en el goce y el uso del bien sin oposición del propietario, continuará éste como arrendador y vigente el contrato, siendo aplicable en su caso lo que disponen los artículos 2321 a 2331.

Artículo 2338. Si el bien se destruyere totalmente, por caso fortuito o fuerza mayor, el arrendamiento se rescinde, sin responsabilidad para ninguna de las partes.

Artículo 2339. Si la destrucción del bien fuere parcial, la renta se disminuirá proporcionalmente, a no ser que el arrendador o el arrendatario prefieran rescindir el contrato.

Artículo 2340. El contrato de arrendamiento no se rescinde por la muerte del arrendador ni del arrendatario y no puede pactarse lo contrario.

Artículo 2341. Si durante la vigencia del contrato de arrendamiento para habitación, se transmitiese por cualquier causa la propiedad del bien arrendado, subsistirá el contrato.

Artículo 2342. En el caso del artículo anterior, respecto al pago de las rentas, regirán las siguientes disposiciones:

I. El arrendatario tiene obligación de pagar al nuevo propietario la renta estipulada en el contrato, desde la notificación que se le haga, de haberse transmitido la propiedad;

II. No queda comprendido en la fracción anterior, el arrendatario que hubiere adelantado rentas al primer propietario, cuando el adelanto aparezca expresamente estipulado en el contrato;

III. El arrendatario que, habiendo hecho adelanto de rentas, sea obligado a segunda paga, tiene derecho de exigir al primer propietario la devolución de las cantidades adelantadas.

Artículo 2343. Los tres artículos anteriores son irrenunciables.

Artículo 2344. Si el inmueble no se arrendó para casa habitación, puede pactarse que la transmisión de la propiedad de aquél, entre vivos o por causa de muerte, termina o no el contrato.

Artículo 2345. Si la transmisión de la propiedad se hiciere por causa de utilidad pública, el contrato de arrendamiento terminará; pero arrendador y arrendatario deberán ser indemnizados por el expropiador.

Artículo 2346. Si el arrendador sufre evicción del bien arrendado, el reivindicante se subroga en todos los derechos que tenía aquel, por virtud del contrato de arrendamiento, y éste continúa surtiendo sus efectos hasta su conclusión.

SECCIÓN OCTAVA
ALQUILER O ARRENDAMIENTO DE BIENES MUEBLES

Artículo 2347. Pueden ser materia del contrato de alquiler todos los bienes muebles no fungibles.

Artículo 2348. Son aplicables al contrato de alquiler, las disposiciones de este capítulo compatibles con la naturaleza de los bienes objeto de él.

Artículo 2349. El alquiler terminará en el plazo convenido; y a falta de plazo, luego que concluya el uso a que el bien se hubiere destinado conforme al contrato.

Artículo 2350. Si en el contrato no se hubiere fijado plazo ni se hubiere expresado el uso a que el bien se destine, el arrendatario será libre de devolverlo cuando quiera; pero el arrendador no podrá pedirlo sino después de cinco días de celebrado el contrato.

Artículo 2351. Si el bien se alquiló por años, meses, semanas o días, la renta se pagará al vencimiento de cada uno de esos plazos.

Artículo 2352. Si el contrato se celebró por un tiempo fijo, la renta se pagará al vencerse el plazo.

Artículo 2353. Si el arrendatario devuelve el bien antes del plazo convenido, cuando se pactó un solo precio, está obligado a pagarlo íntegro; pero si el alquiler se convino por períodos, sólo está obligado a pagar los corridos hasta la entrega.

Artículo 2354. El arrendatario estará obligado a la totalidad del precio, cuando celebró el alquiler por tiempo fijo y los períodos se establecieron como plazo para el pago.

Artículo 2355. Si se arrienda un edificio o local amueblado, el alquiler de los muebles dura el mismo tiempo que el arrendamiento del local, salvo pacto en contrario.

Artículo 2356. Cuando los muebles se alquilaren con separación del local, su alquiler se regirá por lo dispuesto en este capítulo.

Artículo 2357. El arrendatario está obligado a hacer las pequeñas reparaciones que exija el uso del bien dado en alquiler.

Artículo 2358. La pérdida o deterioro el bien alquilado se presume a cargo del arrendatario, a menos que él pruebe que sobrevino sin culpa suya, caso en el cual, será a cargo del arrendador.

Artículo 2359. Aun cuando la pérdida o deterioro sobrevengan por caso fortuito, serán a cargo del arrendatario, si éste no usó el bien conforme al contrato, de manera que sin ese uso no habría sobrevenido el caso fortuito.

Artículo 2360. Es a cargo del arrendatario de un animal, la alimentación de éste y la curación de sus enfermedades leves, mientras esté en poder de él.

Artículo 2361. Los frutos del animal alquilado pertenecen al dueño, salvo convenio en contrario.

Artículo 2362. En caso de muerte de algún animal alquilado, sus despojos serán entregados por el arrendatario al dueño.

Artículo 2363. Cuando se arrienden dos o más animales que forman un todo, como una yunta o un tiro, y uno de ellos se inutiliza, se rescindirá el arrendamiento, a no ser que el dueño dé otro que sustituya al inutilizado.

Artículo 2364. Lo dispuesto en los artículos 2355 y 2356 es aplicable a los aperos del bien rústico rentado.

CAPÍTULO SÉPTIMO
COMODATO

Artículo 2365. Comodato es el contrato por el cual el comodante se obliga a conceder gratuita y temporalmente el uso de un bien no fungible, mueble o inmueble y el comodatario contrae la obligación de restituir el mismo bien, al terminar el contrato.

Artículo 2366. Cuando la transmisión del uso tuviere por objeto bienes consumibles, sólo será comodato si por voluntad de las partes se altera su destino natural, de tal manera que se utilicen sin ser consumidos y se restituyan idénticamente.

Artículo 2367. Los administradores de bienes ajenos, no podrán dar en comodato, sin autorización especial del dueño, los bienes confiados a su guarda.

Artículo 2368. El comodatario adquiere el uso; pero no los frutos y accesiones del bien.

Artículo 2369. Si el comodato se celebra en consideración únicamente a la persona del comodatario, termina a la muerte de éste y sus herederos no tienen derecho de continuar en el uso del bien.

Artículo 2370. Sin autorización del comodante no puede el comodatario conceder a otra persona el uso del bien.

Artículo 2371. El comodatario debe usar diligentemente el bien objeto del comodato y es responsable del deterioro que aquél sufra por su culpa.

Artículo 2372. Si el deterioro es tal que el bien no sea susceptible de emplearse en su uso ordinario, podrá el comodante exigir el valor anterior de él, abandonando su propiedad al comodatario.

Artículo 2373. El comodatario no puede destinar el bien a uso distinto del convenido; de lo contrario, es responsable de la pérdida o deterioro que sobrevenga por ese uso.

Artículo 2374. El comodatario responde de la pérdida del bien si lo emplea por más tiempo del convenido, aun cuando aquélla sobrevenga por caso fortuito.

Artículo 2375. Si el bien perece por caso fortuito, de que el comodatario haya podido preservarlo, empleando uno de su propiedad, o si no pudiendo conservar más que uno de los dos, prefirió el suyo, responde de la pérdida del otro.

Artículo 2376. Salvo lo dispuesto en el artículo anterior, es a cargo del comodante la pérdida del bien por caso fortuito.

Artículo 2377. Si el bien fue valuado al prestarlo, su pérdida es a cargo del comodatario, se deba ésta o no a caso fortuito.

Artículo 2378. Si el bien se deteriora por el solo efecto del uso para que fue concedido y sin culpa del comodatario, no es éste responsable del deterioro.

Artículo 2379. El comodatario no tiene derecho:

I. Para repetir el importe de los gastos ordinarios que se necesiten en el uso o conservación del bien;

II. Para retener el bien a pretexto de lo que por expensas o por cualquiera otra causa le deba el dueño.

Artículo 2380. Si el comodatario tuvo que efectuar, para la conservación del bien, algún gasto extraordinario y de tal manera urgente que no haya podido dar aviso de él al comodante, éste tendrá obligación de reembolsarlo.

Artículo 2381. Cuando los comodatarios sean dos o más, responden solidariamente de las obligaciones dimanadas del comodato.

Artículo 2382. Si no se determinó el uso o el plazo del contrato, el comodante podrá exigir el bien cuando le pareciere.

Artículo 2383. En el caso del artículo anterior, la prueba de haber convenido uso o plazo, incumbe al comodatario.

Artículo 2384. El comodante podrá exigir la devolución del bien antes de finalizar el plazo o uso convenidos:

I. Cuando le sobrevenga necesidad urgente de él;

II. Cuando haya peligro de que éste perezca si continúa en poder del comodatario;

III. Cuando el comodatario autorizó a otra persona para servirse del bien, sin consentimiento del comodante; y

IV. En los casos previstos en el artículo 2386.

Artículo 2385. Cuando el bien prestado tiene defectos tales que causen perjuicios al que se sirva de él, el comodante es responsable de éstos, si conocía los defectos y no dio aviso al comodatario.

Artículo 2386. El comodato termina:

I. Por muerte del comodatario, cuando el comodato se celebró únicamente en consideración a la persona de aquél;

II. Por enajenación del bien dado en comodato;

III. Por muerte del comodante.

Artículo 2387. El comodatario responderá de los vicios que tenga el bien al restituirlo y que se deban a culpa en la custodia, conservación o uso del mismo.

Artículo 2388. Si el comodato es nulo por incapacidad de uno de los contratantes, el fiador del comodatario, no puede oponer la excepción de nulidad si al otorgar la fianza conocía aquella incapacidad.

CAPÍTULO OCTAVO
DEPÓSITO

Artículo 2389. El depósito es un contrato por el cual el depositante entrega para su guarda un bien, mueble o inmueble, al depositario, quien se obliga a custodiarlo y a restituirlo, cuando se lo pida el depositante.

Artículo 2390. Se llama simplemente depósito el que hace el dueño del bien.

Artículo 2391. El depósito que hacen la autoridad pública o los litigantes de acuerdo a la ley, se llama secuestro.

Artículo 2392. Puede dar un depósito quien puede contratar.

Artículo 2393. El depositario no puede usar el bien depositado ni aprovecharse de él.

Artículo 2394. Si el depositante, con posterioridad a la celebración del depósito, autoriza al depositario por escrito, para servirse del bien depositado, habrá novación del contrato, y los derechos de las partes dependerán de lo pactado.

Artículo 2395. En el contrato fijarán las partes la retribución del depositario; si no la fijan, esa retribución se arreglará de acuerdo con los usos del lugar en que se constituya el depósito.

Artículo 2396. Para que el depósito sea gratuito, deberá pactarse así expresamente.

Artículo 2397. Los depositarios de títulos, valores, efectos o documentos que devengan intereses, quedan obligados a realizar el cobro de éstos en las épocas de su vencimiento, así como también a practicar cuantos actos sean necesarios para que los efectos depositados conserven el valor y los derechos que les correspondan con arreglo a las leyes.

Artículo 2398. La incapacidad de uno de los contratantes no exime al otro de las obligaciones a que están sujetos el que deposita y el depositario.

Artículo 2399. El incapaz que acepte el depósito no puede, si se declara nulo el contrato, eximirse de restituir el bien depositado si lo tiene aún en su poder.

Artículo 2400. La incapacidad del depositario no lo exime del pago de los daños y perjuicios que haya causado al depositante, si obró con dolo o mala fe.

Artículo 2401. Es deber del depositante hacer constar por escrito firmado por el depositario, la cantidad, clase y demás señas específicas del bien depositado.

Artículo 2402. La omisión del requisito que prescribe el artículo anterior, sujeta al depositante, en el caso de que se niegue o adultere el depósito, a la carga de probar éste o la adulteración que alegue haberse hecho en él.

Artículo 2403. El depositario está obligado:

(REFORMADA, P.O. 10 DE MARZO DE 2021)

I. A conservar el bien depositado según lo reciba y a prestar en su guarda y conservación la debida diligencia en virtud de garantizar mantenerlo en condiciones pactadas mientras no lo entregue;

II. A restituir el depósito con todos sus frutos y accesiones, cuando le fuere exigido, por quien tenga derecho de pedir la restitución;

III. A responder de los menoscabos, daños y perjuicios que los bienes depositados sufrieren por su malicia o negligencia.

Artículo 2404. El depositario es responsable de la pérdida o deterioro del bien depositado, causados por caso fortuito o fuerza mayor, sólo cuando se obligó a esa responsabilidad, o si sobrevienen estando el bien en su poder cuando ya había incurrido en mora.

Artículo 2405. La mora del depositante respecto de la recepción o retiro del bien depositado, libera de responsabilidad al depositario por su pérdida o deterioro.

Artículo 2406. Siendo varios los que den un solo bien o cantidad en depósito, no podrá el depositario entregarlo, sino previo el consentimiento de la mayoría de los depositantes computado por cantidades y no por personas; a no ser que al constituirse el depósito se haya convenido que la entrega se haga a cualquiera de los depositantes.

Artículo 2407. El depositario entregará a cada depositante una parte del bien, si al constituirse el depósito se señaló la que a cada uno correspondía.

Artículo 2408. El depósito se entregará en el lugar convenido y si no hubiere lugar designado, la devolución se hará en el lugar donde se halle el bien depositado.

Artículo 2409. Los gastos de la entrega serán por cuenta del depositante.

Artículo 2410. El depositario debe restituir el bien depositado en cualquier tiempo en que lo reclame el depositante, aunque al constituirse el depósito se haya fijado plazo y éste no hubiere llegado; pero en este último caso, si el depósito es oneroso, debe el depositante pagar al depositario lo pactado por el tiempo convenido.

Artículo 2411. El depositario no está obligado a entregar el bien cuando judicialmente se haya mandado retener o embargar.

Artículo 2412. El depositario puede devolver el depósito al depositante, antes de vencerse el plazo convenido, si existe justa causa.

Artículo 2413. Cuando no se estipuló plazo, el depositario puede devolver el bien depositado al depositante, en cualquier tiempo.

Artículo 2414. En los casos previstos, en los dos artículos anteriores, el depositario debe avisar al depositante, por lo menos con treinta días de anticipación, cuando se necesite hacer preparativos para la guarda del bien.

Artículo 2415. Si el depositante se niega a recibir el bien depositado, el depositario puede hacer consignación de él de acuerdo con las disposiciones legales aplicables.

Artículo 2416. El depositante está obligado a pagar al depositario, la retribución que a éste corresponda según el artículo 2395.

Artículo 2417. Si el depósito es a título gratuito, el depositante está obligado a indemnizar al depositario de todos los gastos que haya hecho en la conservación del depósito.

Artículo 2418. En el depósito oneroso o gratuito, el depositante está obligado a indemnizar al depositario de todos los daños y perjuicios que le cause el bien depositado.

Artículo 2419. El depositario no puede retener el bien depositado, aun cuando al pedírsele no haya recibido el importe de las cantidades a que tenga derecho conforme a los tres artículos anteriores.

Artículo 2420. Los propietarios de fondas, cafés, restaurantes, casas de baño y otros establecimientos semejantes no responden de los bienes que introduzcan los clientes, a menos que los depositen bajo el cuidado de los encargados autorizados.

CAPÍTULO NOVENO
SECUESTRO

Artículo 2421. El secuestro es la entrega de un bien a un depositario, para que lo guarde y custodie, hasta que una autoridad competente ordene su devolución o decida a quien deba entregarse.

Artículo 2422. El secuestro es convencional o judicial.

Artículo 2423. El secuestro convencional se verifica cuando los litigantes depositan un bien litigioso, en poder de otra persona, que se obliga a entregarlo, concluido el litigio, al que conforme la sentencia, tenga derecho a él.

Artículo 2424. El depositario en el secuestro convencional no puede liberarse de él antes de la terminación del litigio, sino consintiendo en ello todas las partes interesadas, o por causa que el Juez declare legítima.

Artículo 2425. Fuera de las excepciones acabadas de mencionar, rigen para el secuestro convencional las mismas disposiciones que para el depósito.

Artículo 2426. El secuestro judicial es un acto de autoridad que se constituye por resolución del Juez, para asegurar bienes, garantizar con ellos los derechos del acreedor, y pagar a éste con el importe que se obtenga del remate de tales bienes.

Artículo 2427. Por el secuestro judicial sólo pueden asegurarse bienes que pertenezcan a la persona en contra de quien se decretó aquél.

Artículo 2428. El secuestro judicial se rige además, por las disposiciones del Código de Procedimientos Civiles.

CAPÍTULO DÉCIMO
MANDATO

SECCIÓN PRIMERA
DISPOSICIONES GENERALES

Artículo 2429. El mandato es un contrato por el cual el mandatario se obliga a ejecutar por cuenta y nombre del mandante, o sólo por cuenta de éste, los actos jurídicos que le encargue.

Artículo 2430. Pueden ser objeto de mandato todos los actos lícitos para los que la ley no exige la intervención personal del interesado.

Artículo 2431. El contrato de mandato se perfecciona por la aceptación del mandatario.

Artículo 2432. La aceptación puede ser expresa o tácita.

Artículo 2433. Hay aceptación tácita cuando se realiza un acto en ejecución del mandato y en el caso del artículo siguiente.

Artículo 2434. El mandato que implica el ejercicio de una profesión se presume aceptado, cuando es conferido a personas que ofrecen al público ese ejercicio, por el solo hecho de que no lo rehusen dentro de los tres días siguientes.

Artículo 2435. Será gratuito el mandato cuando así se haya convenido expresamente.

Artículo 2436. El mandato puede ser escrito o verbal.

Artículo 2437. El mandato verbal se otorgará de palabra, con o sin testigos, para la realización de actos sin contenido económico y para los cuales la ley no exija mandato escrito.

Artículo 2438. El mandato escrito puede otorgarse:

I. En escritura pública;

II. En carta poder firmada por el mandante y dos testigos y ratificadas las firmas ante Notario; y

III. En carta poder firmada por el mandante y dos testigos, sin ratificación de firmas.

Artículo 2439. El mandato puede ser general y especial. Son generales los contenidos en las tres primeras fracciones del artículo siguiente. Cualquiera otro mandato será especial.

Artículo 2440. Las facultades del mandatario se rigen por las siguientes disposiciones:

I. En todos los mandatos generales para pleitos y cobranzas, bastará que se diga que se otorgan con todas las facultades generales y las particulares que requieran cláusulas especiales conforme a la ley, para que se entiendan conferidos sin limitación alguna;

II. En los mandatos generales para administrar bienes, bastará expresar que se dan con ese carácter, para que el mandatario tenga toda clase de facultades administrativas;

III. En los mandatos generales, para ejercer actos de dominio, bastará que se den con ese carácter para que el mandatario tenga todas las facultades de dueño, tanto en lo relativo a los bienes, como para hacer toda clase de gestiones a fin de defenderlos;

IV. Dentro de las facultades a que se refiere la fracción anterior, no se comprende la de hacer donaciones;

V. Cuando se quisieren limitar las facultades de los mandatarios, en los casos a que se refieren las tres primeras fracciones anteriores y la primera parte del artículo 2481, se consignarán las limitaciones, o los poderes serán especiales;

VI. Los notarios insertarán la fracción o fracciones relativas de este artículo, del 2480 y la primera parte del 2481, en los testimonios que expidan, de los mandatos otorgados en la notaría a su cargo.

Artículo 2441. Para que el mandatario pueda hacer donaciones en nombre o por cuenta del mandante, es necesario que éste le dé poder especial, en cada caso.

(REFORMADO, P.O. 29 DE DICIEMBRE DE 2017)

Artículo 2442. El mandato podrá otorgarse en carta poder firmada ante dos testigos, sin que sea necesaria la ratificación de las firmas, cuando el interés del negocio para que se confiere no exceda del importe equivalente a la cantidad de diez veces el valor diario de la Unidad de Medida y Actualización.

(REFORMADO, P.O. 29 DE DICIEMBRE DE 2017)

Artículo 2443. Puede otorgarse mandato en carta poder firmada ante dos testigos y ratificada la firma del otorgante ante Notario, cuando el interés del negocio para que se confiere exceda del importe equivalente a la cantidad de diez veces el valor diario de la Unidad de Medida y Actualización, pero no de cincuenta.

Artículo 2444. El mandato debe otorgarse en escritura pública:

(REFORMADA, P.O. 29 DE DICIEMBRE DE 2017)

I. Cuando el interés del negocio para que se confiere exceda del importe equivalente a la cantidad de cincuenta veces el valor diario de la Unidad de Medida y Actualización;

II. Cuando sea general;

III. Cuando en virtud de él haya de ejecutar el mandatario a nombre del mandante, algún acto que conforme a la ley deba constar en instrumento público; y

IV. Cuando lo solicite el otorgante.

Artículo 2445. La omisión de uno o más de los requisitos de forma anula el mandato.

Artículo 2446. En el caso de nulidad a que se refiere el artículo anterior, las obligaciones contraídas por el mandatario, en favor de una persona que de buena fe haya tratado con él, subsisten a cargo del mismo mandatario, como si éste hubiese obrado en negocio propio.

Artículo 2447. El mandatario debe ejecutar el mandato a nombre y en representación del mandante, salvo que éste lo haya autorizado para ejecutarlo sin representación, a nombre del mandatario mismo.

Artículo 2448. Cuando el mandatario obre sin representación, en su propio nombre, se aplicarán las disposiciones siguientes:

I. El mandante no tiene acción contra las personas con quienes el mandatario contrató, ni éstas contra el mandante;

II. El mandatario es el obligado directamente, en favor de la persona con quien contrató, como si el asunto fuere personal suyo;

III. El mandatario deberá transferir al mandante los bienes o derechos que hubiere adquirido por su cuenta, y firmar los documentos o contratos necesarios para que el mandante sea titular de esos bienes o derechos;

IV. El mandante deberá cumplir las obligaciones contraídas por el mandatario en favor de la persona con quien contrató;

V. Lo dispuesto en las dos primeras fracciones de este artículo se entiende sin perjuicio de las acciones entre mandante y mandatario.

SECCIÓN SEGUNDA
OBLIGACIONES DEL MANDATARIO CON RESPECTO AL MANDANTE

Artículo 2449. El mandatario, en el desempeño de su encargo, se sujetará a las instrucciones recibidas del mandante y no podrá proceder contra disposiciones expresas del mismo.

Artículo 2450. En lo no previsto y prescrito expresamente por el mandante, se aplicarán las siguientes disposiciones:

I. Deberá el mandatario consultar al mandante, siempre que lo permita la naturaleza del negocio;

II. Si no fuere posible la consulta o estuviere el mandatario autorizado para obrar a su arbitrio, hará lo que la prudencia dicte, cuidando del negocio como propio; y

III. Si un accidente imprevisto hiciere, a juicio del mandatario, perjudicial la ejecución de las instrucciones recibidas, podrá suspender el cumplimiento del mandato comunicándolo así al mandante, por el medio más rápido posible.

Artículo 2451. El mandatario que se exceda de sus facultades es responsable de los daños y perjuicios que cause al mandante y a la persona con quien contrató, si ésta ignoraba que aquél traspasaba los límites del mandato.

Artículo 2452. En las operaciones hechas por el mandatario, con violación o con exceso del encargo recibido, además de la indemnización a favor del mandante, de daños y perjuicios, quedará a opción de éste, ratificarlas o dejarlas a cargo del mandatario, si éste no es insolvente.

Artículo 2453. El mandatario debe:

I. Informar oportunamente al mandante de los hechos o circunstancias que puedan determinarlo a revocar o modificar el mandato;

II. Informar sin demora al mandante de la ejecución del mandato;

III. Dar al mandante cuenta exacta de su administración, conforme al convenio, si lo hubiere; no habiéndolo, cuando el mandante lo pida y, en todo caso, al fin del mandato;

IV. Entregar al mandante lo que haya recibido en virtud del poder, aun cuando lo recibido por el mandatario no fuere debido al mandante;

V. Pagar intereses:

a) De las sumas pertenecientes al mandante y que el mandatario haya distraído de su objeto e invertido en provecho propio, desde la fecha de la distracción; y

b) De las cantidades que resulten a su cargo, cuando esté en mora.

Artículo 2454. El incumplimiento de lo dispuesto en la fracción I del artículo anterior es causa de responsabilidad para el mandatario.

Artículo 2455. El mandatario no puede compensar los perjuicios que cause con los provechos que por otro motivo haya procurado al mandante.

Artículo 2456. Si se confiere un mandato a diversas personas respecto de un mismo negocio, aunque sea en un solo acto, no quedarán solidariamente obligadas si no se convino así expresamente.

Artículo 2457. En el caso del artículo anterior, cada uno de los mandatarios responderá de sus actos; pero si todos omiten ejecutar el mandato, serán responsables solidariamente.

Artículo 2458. El mandatario puede encomendar a otra persona el desempeño total o parcial del mandato, si tiene facultad expresa para ello.

Artículo 2459. Si el mandante designó al substituto, el mandatario debe nombrar a éste; si no se le designó persona, podrá nombrar a la que quiera.

Artículo 2460. Cuando el substituto haya sido designado por el mandante, la substitución libera para el futuro al mandatario.

Artículo 2461. El substituto tiene para con el mandante, los mismos derechos y obligaciones que el mandatario.

SECCIÓN TERCERA
OBLIGACIONES DEL MANDANTE EN FAVOR DEL MANDATARIO

Artículo 2462. El mandante debe anticipar al mandatario, si éste lo pide, las cantidades necesarias para la ejecución del mandato.

Artículo 2463. Si el mandatario hubiere anticipado las sumas necesarias para la ejecución del mandato, debe el mandante pagarle los gastos que legal y necesariamente haya hecho.

Artículo 2464. En el caso del artículo anterior, el reembolso comprenderá los intereses de la cantidad anticipada, a contar desde el día en que se hizo el anticipo.

Artículo 2465. Debe también el mandante indemnizar al mandatario de todos los daños y perjuicios que le haya causado el cumplimiento del mandato, sin culpa ni imprudencia del mismo mandatario.

Artículo 2466. Sin perjuicio de lo dispuesto en los artículos anteriores, el mandante está obligado a pagar al mandatario la retribución u honorarios convenidos.

Artículo 2467. Si no se hubiere fijado convencionalmente el monto de la retribución del mandatario, se estará al arancel si lo hay, y si no lo hubiere, será fijada por el Juez, quien oirá la opinión de peritos.

Artículo 2468. Las obligaciones del mandante para con el mandatario, establecidas en los artículos anteriores, subsisten aun cuando el mandato no haya sido provechoso al mandante, a no ser que esto acontezca por culpa del mandatario.

Artículo 2469. Si varias personas hubiesen nombrado a un solo mandatario para algún negocio común, quedan obligadas solidariamente en favor de aquél, para todos los efectos del mandato.

SECCIÓN CUARTA
OBLIGACIONES Y DERECHOS DEL MANDANTE Y DEL MANDATARIO CON RELACIÓN A OTRAS PERSONAS

Artículo 2470. El mandante está obligado a cumplir las obligaciones que el mandatario haya contraído, sin traspasar los límites del mandato.

Artículo 2471. El mandatario no tendrá acción para exigir el cumplimiento de las obligaciones contraídas a favor del mandante, a no ser que esa facultad se haya incluido también en el mandato o que éste sea general.

Artículo 2472. Los actos que el mandatario practique en nombre del mandante, traspasando los límites expresos del mandato, serán nulos con relación al mismo mandante, si no los ratifica tácita o expresamente.

Artículo 2473. La persona que hubiere contratado con el mandatario que se excedió de sus facultades, no tendrá acción contra éste, si él le hubiere dado a conocer cuáles fueron aquellas facultades y el mandatario mismo no se hubiere obligado personalmente por el mandante.

SECCIÓN QUINTA
MANDATO JUDICIAL

Artículo 2474. No pueden ser procuradores en juicio:

I. Los incapacitados;

II. Los jueces, magistrados y demás funcionarios y empleados de la administración de justicia en ejercicio, dentro de los límites del Estado;

III. Los empleados de la Hacienda Pública en cualquiera causa en que puedan intervenir de oficio, dentro de los límites del Estado;

IV. (DEROGADA, P.O. 26 DE JULIO DE 1991)

V. Los notarios;

(ADICIONADA, P.O. 26 DE JULIO DE 1991)

VI. Cuando los mandatarios para pleitos y cobranzas no sean abogados titulados, deberán promover ante las autoridades judiciales, patrocinados por un abogado con título registrado ante el Tribunal Superior de Justicia del Estado.

Artículo 2475. El mandato judicial será otorgado por escrito, en cualquiera de las formas establecidas para el mandato ordinario.

Artículo 2476. La substitución del mandato judicial se hará en la misma forma que su otorgamiento.

Artículo 2477. Si por la cuantía del negocio el mandato judicial se otorgó en documento privado, el Juez, cuando lo estime conveniente, podrá decretar la ratificación antes de admitir al procurador y aun después de admitido.

Artículo 2478. No puede admitirse en juicio mandato otorgado a favor de dos o más personas, con cláusula que prohíba a cada una de ellas promover sin el concurso de la otra u otras; pero puede concederse simultáneamente un mismo mandato a diversas personas.

Artículo 2479. Si en virtud de lo dispuesto al final del artículo que precede, se presentan diversos apoderados de una misma persona a promover o contestar sobre un mismo asunto, se estará a lo dispuesto en el Código de Procedimientos Civiles.

Artículo 2480. El procurador sólo necesita poder o cláusula especial, en los casos siguientes:

I. Para desistirse;

II. Para transigir;

III. Para comprometer en árbitros;

IV. Para absolver y articular posiciones;

V. Para hacer cesión de bienes;

VI. Para recusar;

VII. Para recibir pagos; y

VIII. Para los demás actos que expresamente determine la ley.

Artículo 2481. Las facultades a que se refieren las diversas fracciones del artículo anterior, se comprenden en los poderes generales para pleitos y cobranzas que se confieran con arreglo al artículo 2440, fracción I; pero si no se quiere conferir alguna de ellas, se consignarán las limitaciones en la misma escritura.

Artículo 2482. El procurador, aceptado el mandato, está obligado:

I. A seguir el juicio por todas sus instancias mientras no haya cesado su representación por alguna de las causas expresadas en los artículos 2487 y 2490;

II. A pagar los gastos que se causen a su instancia, salvo el derecho que tiene de que el mandante se los reembolse; y

III. A practicar, bajo la responsabilidad que este Código impone al mandatario, cuanto sea necesario para la defensa de su poderdante, ajustándose a las instrucciones que éste le hubiere dado, y si no las tuviere, a lo que exija la naturaleza e índole del litigio.

Artículo 2483. La aceptación del mandato se presume por el hecho de usar de él el procurador.

Artículo 2484. El procurador que acepte el mandato de una de las partes no puede admitir el del contrario, en el mismo juicio, aunque renuncie el primer mandato.

Artículo 2485. El procurador que revele a la parte contraria los secretos de su poderdante o cliente, o le suministre documentos o datos que perjudiquen al mismo poderdante o cliente, será responsable de todos los daños y perjuicios. Esta responsabilidad es independiente de cualquiera otra que por esos hechos le imponga la ley.

Artículo 2486. El procurador que después de haber aceptado el mandato, tuviere justo impedimento para desempeñar su encargo, no podrá abandonarlo sin substituir el mandato si tiene facultades para ello o sin informar a su mandante el impedimento, para que nombre a otra persona.

Artículo 2487. La representación del procurador cesa, además de los casos expresados en el artículo 2490:

I. Por separarse el mandante de la acción u oposición que haya formulado;

II. Por haber terminado la personalidad del poderdante;

III. Por haber transmitido el mandante a otra persona, sus derechos sobre el bien litigioso, luego que la transmisión o cesión sea debidamente notificada y se haga constar en autos;

IV. Por hacer el dueño del negocio alguna gestión en el juicio, manifestando que revoca el mandato; y

V. Por nombrar el mandante otro procurador para el mismo negocio.

Artículo 2488. El procurador que substituyó un mandato puede revocar la substitución si tiene facultades para hacerlo, rigiendo también en este caso, respecto del substituto, lo dispuesto en la fracción IV del artículo anterior.

Artículo 2489. El mandante puede ratificar, antes de que la sentencia cause ejecutoria, lo que el procurador hubiere hecho en el juicio, excediéndose del mandato.

SECCIÓN SEXTA
DIVERSOS MODOS DE TERMINAR EL MANDATO

Artículo 2490. El mandato termina:

I. Por revocación;

II. Por renuncia del mandatario;

III. Por muerte del mandante o del mandatario;

IV. Por incapacidad del mandante o del mandatario;

V. Por el vencimiento del plazo o conclusión del asunto para el que se concedió;

VI. En los casos de ausencia, conforme a las reglas de esta materia.

Artículo 2491. El mandante y el mandatario pueden, libremente y en todo tiempo, revocar o renunciar respectivamente el mandato, salvo que éste sea irrevocable.

Artículo 2492. La parte que revoque o renuncie el mandato en tiempo inoportuno, deberá reparar los daños y perjuicios que la revocación o renuncia cause a la otra parte o a otras personas.

Artículo 2493. El mandato no puede ser revocado por el mandante ni renunciado por el mandatario, en los siguientes casos:

I. Cuando su otorgamiento se hubiere estipulado:

a) Como una condición para celebrar un contrato bilateral; y

b) Como medio para cumplir una obligación contraída por el mandante, en favor del mandatario o de otras personas.

II. Cuando se otorgue para un acto o asunto determinado y se estipule que se otorga con el carácter de irrevocable, aun cuando no constituya una condición de un contrato bilateral, o no sea medio para cumplir una obligación anterior.

Artículo 2494. Al mandato irrevocable son aplicables las siguientes disposiciones:

I. Tiene el carácter de accesorio del contrato bilateral del cual es condición o de la obligación para cuyo cumplimiento se otorgó;

II. No puede ser renunciado por el mandatario;

III. Sólo puede ser especial y termina al celebrarse el contrato, extinguirse la obligación o concluirse el asunto para los que se otorgó;

IV. Cuando el mandato se otorgue como una condición en un contrato bilateral, impide que este último surta efectos, hasta que se confiera dicho mandato;

V. Si el mandato se otorgó como un medio para pagar una obligación contraída por el mandante en favor del mandatario, este último está facultado para pagarse al ejercer el mandato;

VI. Si falleciere el mandante, sin haberse realizado el asunto para que se confirió el mandato, el mandatario debe concluir aquel asunto y rendir cuentas a los herederos del mandante, salvo que se le haya dispensado de esta obligación; y

VII. Si fallece el mandatario antes de realizarse el objeto del mandato, el albacea de la sucesión de aquél, ejecutará éste.

Artículo 2495. Cuando se otorgó un mandato para tratar con determinada persona, el mandante debe notificar a ésta la revocación del mandato, so pena de quedar obligado por los actos del mandatario ejecutados después de la revocación, si hubo buena fe de parte de esa persona.

Artículo 2496. El mandante debe exigir la devolución del testimonio o del documento privado en que conste el mandato, y todos los documentos relativos al asunto o asuntos que tuvo a su cargo el mandatario.

Artículo 2497. El mandante que no exija hasta obtenerla, la devolución de los documentos que acrediten las facultades que tuvo el mandatario, responde de los daños que puedan resultar por esa causa a otras personas de buena fe.

Artículo 2498. La designación de un nuevo mandatario para un mismo asunto, importa la revocación del primero, desde el día en que se notifique a éste el nuevo nombramiento.

Artículo 2499. Cuando el mandato termine por muerte del mandante debe el mandatario continuar en la administración, entre tanto los herederos proveen por sí mismos a los negocios, siempre que de lo contrario pueda resultar algún perjuicio.

Artículo 2500. En el caso del artículo anterior, tiene derecho el mandatario para pedir al Juez que señale un plazo corto a los herederos, a fin de que se presenten a encargarse de sus negocios.

Artículo 2501. Cuando el mandato sea judicial, la muerte del mandante obliga al mandatario a continuar el juicio, hasta que se designe albacea que pueda apersonarse en el mismo.

Artículo 2502. Si el mandato termina por muerte del mandatario, deben sus herederos si tienen conocimiento de aquél y de sus consecuencias, avisar al mandante y practicar, mientras éste resuelva, solamente las diligencias que sean indispensables; pero los herederos sólo responderán de su culpa grave en caso de incumplimiento de este deber.

Artículo 2503. El mandatario que renuncie tiene obligación de seguir el negocio mientras el mandante no provea a la procuración, si de lo contrario se sigue algún perjuicio.

Artículo 2504. Lo que el mandatario hiciere, a sabiendas de que terminó el mandato, obliga al mandante y al mandatario, en favor de las personas que hayan tratado con éste y que sean de buena fe.

Artículo 2505. El mandatario, en el caso del artículo anterior, será responsable de los daños y perjuicios que cause al mandante o a los causahabientes de éste.

SECCIÓN SÉPTIMA
GESTIÓN DE NEGOCIOS

Artículo 2506. Bajo el nombre de mandato oficioso o de gestión de negocios, se comprenden todos los actos que por oficiosidad y sin mandato realice una persona a favor de otra, que no está presente o que está impedida de atender a sus propios asuntos.

Artículo 2507. El que realiza los actos a que se refiere el artículo que precede, se llama mandatario oficioso o gestor de negocios; la persona a cuyo favor se ejecutan los actos, se llama dueño del negocio.

Artículo 2508. El gestor de negocios es responsable respecto del dueño y respecto de aquéllos con quienes contrata en nombre de éste.

Artículo 2509. Si el dueño ratifica la gestión y quiere aprovecharse de las utilidades que produzca, está obligado a indemnizar al gestor de los gastos necesarios que haya hecho y de los perjuicios que haya recibido por causa del negocio.

Artículo 2510. Si el dueño no ratifica la gestión, y ésta no tuvo por objeto obtener lucro, sino evitar algún daño inminente y manifiesto, el dueño deberá en todo caso pagar los gastos hechos exclusivamente con ese objeto.

Artículo 2511. La ratificación de la gestión producirá los mismos efectos que produciría el mandato expreso.

Artículo 2512. Si el dueño desaprueba la gestión, deberá el gestor reponer, a su costa, la situación que existía antes de haberse realizado aquélla y responderá además de los daños y perjuicios causados por su culpa.

Artículo 2513. En el supuesto del artículo anterior, el gestor responderá también de los daños y perjuicios causados a personas de buena fe, y distintas del dueño, que hayan tratado con el mismo gestor.

Artículo 2514. Si cuando el dueño desaprueba la gestión, la situación no puede ser restablecida a su estado primero, se aplicarán las siguientes disposiciones:

I. Cuando los beneficios excedan a los perjuicios, unos y otros serán de cuenta del dueño;

II. Cuando los beneficios no excedan de los perjuicios, podrá el dueño obligar al gestor a tomar todo el negocio por su cuenta, exigiendo de él la obligación correspondiente.

Artículo 2515. El gestor que intervenga en un negocio contra la voluntad expresa del dueño, es responsable de los daños y perjuicios que se causen, con excepción de los que provengan de fuerza mayor o caso fortuito.

Artículo 2516. Si el dueño quiere aprovecharse de la gestión, cuando ésta se haya realizado contra su voluntad expresa, se aplicará lo dispuesto en el artículo 2509.

Artículo 2517. El gestor está obligado a dar cuenta exacta y fiel de sus actos, así como de las cantidades recibidas y gastadas.

Artículo 2518. El que comienza la gestión de negocios queda obligado a concluirla, salvo lo que disponga el dueño del negocio.

Artículo 2519. Si el gestor interviene en negocios ajenos, por hallarse éstos tan conexos con los suyos que no podría tratar unos sin los otros, el dueño sólo está obligado hasta el monto de las ventajas que reciba.

CAPÍTULO UNDÉCIMO
PRESTACIÓN DE SERVICIOS PROFESIONALES

Artículo 2520. El que preste y el que recibe servicios profesionales pueden fijar de común acuerdo la retribución debida por ellos.

Artículo 2521. Cuando no hubiere convenio, los honorarios se regularán atendiendo juntamente a las costumbres del lugar, a la importancia del trabajo realizado o del asunto o caso de que se trate, a la situación económica del que recibe el servicio y a la reputación profesional que tenga adquirida el que lo prestó.

Artículo 2522. Si los servicios estuvieren regulados por arancel, éste servirá de norma para fijar el importe de los honorarios, si no los hubieren fijado las partes.

Artículo 2523. Los que sin tener el título correspondiente ejerzan profesiones para cuyo ejercicio la ley exija título, además de incurrir en las penas respectivas, no tendrán derecho de cobrar retribución por los servicios que hayan prestado.

Artículo 2524. En la prestación de servicios profesionales, pueden incluirse los gastos que hayan de hacerse, en el negocio en que aquéllos se presten.

Artículo 2525. El pago de los honorarios y de los gastos, cuando los haya, se hará en el despacho del profesional, inmediatamente después de que preste cada servicio.

Artículo 2526. Si varias personas encomendaren un negocio al mismo profesional, se aplicarán las siguientes disposiciones:

I. Serán solidariamente responsables de los honorarios y de los anticipos que hubiere hecho el profesional;

II. Una vez que sean cubiertos los honorarios y anticipos por alguno de los obligados, el profesional no tiene derecho para exigir el pago a los demás.

Artículo 2527. Tratándose de juicio, si hay un representante común de los interesados, los honorarios del abogado serán pagados a prorrata por las partes.

Artículo 2528. Cuando varios profesionales en la misma ciencia presten sus servicios a la misma persona o a varias para el mismo caso, podrán cobrar los servicios que individualmente haya prestado cada uno.

Artículo 2529. Cuando un profesional no pueda continuar prestando sus servicios, deberá avisar oportunamente a la persona que lo ocupe, siendo responsable de los daños y perjuicios si no cumple con esta obligación.

Artículo 2530. Los profesionales tienen derecho para exigir sus honorarios, cualquiera que sea el éxito del negocio o trabajo que se les encomienda, salvo convenio en contrario, o que la obligación del profesional, por su naturaleza misma, no sea exclusivamente de diligencia, sino de resultado.

Artículo 2531. Cuando la obligación del profesional sea de resultado y no se obtenga éste, se aplicarán las siguientes disposiciones, salvo convenio en contrario:

I. El profesional no tendrá derecho a cobrar honorarios;

II. Deberá el profesional reparar los daños y perjuicios que la no obtención del resultado cause a la otra parte.

Artículo 2532. El que preste servicios profesionales y su obligación no sea de resultado, sólo es responsable, hacia las personas a quienes sirve, por negligencia, impericia o dolo.

CAPÍTULO DUODÉCIMO
CONTRATO DE OBRAS A PRECIO ALZADO

Artículo 2533. El contrato de obras a precio alzado, cuando el empresario dirige la obra y pone los materiales, se sujetará a las reglas siguientes.

Artículo 2534. Son a cargo del empresario la pérdida o deterioro de la obra hasta el momento de la entrega, salvo que hubiere mora en el dueño respecto a la recepción de aquélla o convenio expreso en contrario.

Artículo 2535. El contrato de obras a precio alzado se otorgará por escrito, incluyéndose en él una descripción pormenorizada y, cuando sea necesario, un plano, diseño y presupuesto de la obra.

Artículo 2536. Si no hay plano, diseño o presupuesto para la ejecución de la obra y surgen dificultades entre el empresario y el dueño, serán resueltas oyendo el dictamen de peritos y teniendo en cuenta la naturaleza de la obra, el precio de ella y la costumbre del lugar.

Artículo 2537. Cuando se haya invitado a varios peritos para hacer planos, diseños o presupuestos, con el objeto de escoger entre ellos el que parezca mejor, y los peritos han tenido conocimiento de esta circunstancia, ninguno puede cobrar honorarios, salvo convenio expreso.

Artículo 2538. En el caso del artículo anterior, podrá el autor del plano, diseño o presupuesto aceptados, cobrar el valor de éstos, si no ejecuta él la obra.

Artículo 2539. Cuando al encargarse una obra no se fijó precio, éste será, si los contratantes no estuviesen de acuerdo después, lo que importen los materiales empleados, más los salarios de los trabajadores ocupados, incluyéndose cuotas del Instituto Mexicano del Seguro Social y del Instituto del Fondo Nacional de la Vivienda para los Trabajadores o Instituciones semejantes y, en su caso, los honorarios que designen los aranceles, o a falta de ellos el que tasen peritos.

Artículo 2540. El empresario que se encargue de ejecutar alguna obra por precio determinado, no tiene derecho de exigir después ningún aumento, aunque lo haya tenido el precio de los materiales o el de los salarios, salvo que ese aumento sea de veinticinco por ciento o más y que el empresario no haya incurrido en mora. El aumento a que tiene derecho el empresario será proporcional al tenido por los materiales o salarios.

Artículo 2541. El empresario no tiene derecho a exigir aumento en el precio cuando haya habido algún cambio o aumento en el plano o diseño, salvo que el dueño haya autorizado por escrito ese cambio o aumento y con expresa designación del precio.

Artículo 2542. Una vez pagado y recibido el precio, no procede reclamación sobre él, a menos que, al pagar o recibir las partes se hayan reservado expresamente el derecho de reclamar.

Artículo 2543. El que se obligue a hacer una obra por ajuste cerrado, debe comenzar y concluir en los plazos designados en el contrato, y si en éste no se fijaron, en los que sean suficientes, a juicio de peritos.

Artículo 2544. El que se obligue a hacer una obra por piezas o por medida, puede exigir que el dueño la reciba en partes y que éste pague el importe de las que reciba.

Artículo 2545. Las partes pagadas se presumen aprobadas y recibidas por el dueño, y no existe esta presunción sólo porque el dueño haya hecho adelantos a cuenta del precio de la obra, si no se expresa que el pago se aplique a la parte ya entregada.

Artículo 2546. Lo dispuesto en el artículo anterior, no se observará cuando las piezas que se manden construir, sólo puedan ser útiles formando reunidas un todo.

Artículo 2547. El empresario que se encargue de ejecutar alguna obra, no puede hacerla ejecutar por otro, salvo pacto en contrario o consentimiento del dueño; en estos casos, la obra se hará bajo la responsabilidad del empresario.

Artículo 2548. Recibida y aprobada la obra por el que la encargó, el empresario responde durante cinco años, contados desde el día de la entrega de la obra, de los defectos que después aparezcan y que procedan de vicios en su construcción y hechura, mala calidad de los materiales empleados o vicios del suelo en que se fabricó.

Artículo 2549. El empresario no es responsable de los defectos a que se refiere el artículo anterior, en los siguientes casos:

I. Si por disposición expresa del dueño se emplearon materiales defectuosos, después que el empresario le haya dado a conocer sus defectos; o

II. Si se edificó en terreno inapropiado, elegido por el dueño, a pesar de las observaciones del empresario.

Artículo 2550. El dueño de una obra ajustada por un precio fijo puede desistir de la empresa comenzada, y en este supuesto deberá indemnizar al empresario de todos los gastos y trabajos y de la utilidad que pudiera haber obtenido de la obra.

Artículo 2551. Cuando la obra se concertó fijando su precio por peso o medida, sin designación del número de piezas o de la medida total, el contrato puede rescindirse unilateralmente, por cualquiera de los contratantes, y el dueño deberá pagar el importe de lo hecho según lo que pese o mida.

Artículo 2552. Cuando la obra se contrató por honorarios que se estimen en un tanto por ciento de lo invertido en aquélla, el contrato puede rescindirse a voluntad de las partes, aplicándose las siguientes disposiciones:

I. Si se rescinde el contrato por voluntad del empresario, éste tiene derecho de cobrar los honorarios de la porción concluida de la obra;

II. Si el contrato se rescinde por voluntad del dueño, éste debe pagar al empresario, además de los honorarios a que se refiere la fracción anterior, el cincuenta por ciento de los honorarios que hubiere devengado si continuara la obra;

III. El empresario, al rescindirse el contrato, deberá probar el costo de los materiales, el empleo de éstos en la obra y el importe de los gastos hechos;

IV. En caso de conflicto entre el empresario y el dueño sobre el importe de los honorarios a que se refiere este artículo, antes de ocurrir a los tribunales, obtendrán un dictamen de peritos.

Artículo 2553. Pagado el empresario de lo que le corresponde, según los artículos anteriores, el dueño queda en libertad de continuar la obra, empleando a otras personas, aun cuando aquélla se siga conforme al mismo plano, diseño o presupuesto.

Artículo 2554. Si el dueño cumplió las obligaciones que le impone el contrato, puede continuar la obra, empleando a otras personas, en cualquiera de los siguientes supuestos:

I. Si el empresario suspende, sin causa para ello, la ejecución de la obra, por dos semanas consecutivas;

II. Si el empresario retrasa la ejecución de la obra, en un cuarenta por ciento del tiempo convenido para ello, cuando se haya pactado la obra por porciones o estimaciones; y

III. Si vencido el plazo, el empresario no concluyó la obra.

Artículo 2555. En los supuestos previstos en el artículo anterior, se aplicarán las siguientes disposiciones:

I. Antes de continuar la obra, debe el dueño notificar al empresario y levantar un inventario de aquélla;

II. La notificación y el inventario se harán ante Notario;

III. Podrá concurrir el empresario al levantamiento del inventario;

IV. Quedarán a salvo los derechos de las partes para establecer en el juicio correspondiente, las responsabilidades en que pudieren haber incurrido.

Artículo 2556. Si el empresario muere antes de terminar la obra, podrá rescindirse el contrato; pero el dueño indemnizará a los herederos de aquél por el trabajo y gastos hechos.

Artículo 2557. Lo dispuesto en el artículo anterior es aplicable si el empresario no puede concluir la obra, por alguna causa independiente de su voluntad.

Artículo 2558. Si muere el dueño de la obra, no se rescindirá el contrato, y sus herederos serán responsables del cumplimiento para con el empresario.

Artículo 2559. Quienes por cuenta del empresario realicen, a su vez, parte de la obra, a virtud de un contrato que no sea laboral o que le ministren material para la obra, no tendrán acción contra el dueño de ella, sino hasta la cantidad que alcance el empresario.

Artículo 2560. El empresario es responsable del trabajo ejecutado por las personas que ocupe en la obra y de las cuotas del Instituto Mexicano del Seguro Social y del Instituto del Fondo Nacional de la Vivienda para los Trabajadores.

Artículo 2561. Cuando se conviniere que la obra deba hacerse a satisfacción del propietario, o de otra persona, se entiende reservada la aprobación, a juicio de peritos.

Artículo 2562. El constructor de cualquiera obra mueble, tiene derecho de retenerla, mientras no se le pague, y su crédito será cubierto preferentemente con el precio de dicha obra.

Artículo 2563. Los empresarios constructores responden de que la obra esté conforme a las leyes que rijan esta materia, así como de las multas que se impongan.

CAPÍTULO DECIMOTERCERO
PORTEADORES Y ALQUILADORES

Artículo 2564. El contrato por el cual alguno se obliga a transportar, bajo su inmediata dirección o la de sus dependientes, por tierra o por aire, a personas, animales, mercaderías o cualesquiera otros objetos, si no constituye un contrato mercantil, se regirá por las disposiciones de este capítulo.

Artículo 2565. Los porteadores responden:

I. Del daño causado a las personas, durante el transporte, por culpa de los conductores o por defecto de los medios de transporte que empleen;

II. De la pérdida o deterioro que sufran los bienes que reciban para su transporte, salvo que provinieren de caso fortuito de fuerza mayor, o de vicio de los mismos bienes;

III. De las omisiones o equivocaciones que haya en la remisión de efectos, ya sea que no los envíen en el viaje estipulado, ya sea que los envíen a parte distinta de la convenida;

IV. De los daños causados por retardo en el viaje, ya sea al comenzarlo o durante su curso, o por mutación de ruta, a menos que prueben que caso fortuito o fuerza mayor los obligó a ello;

V. De los bienes que se entreguen a los conductores o dependientes, aunque no estén autorizados para recibirlos.

Artículo 2566. La culpa en los conductores y el defecto en los medios de transporte a que se refiere la fracción I del artículo anterior, se presumen, y esta presunción desaparece probando que el daño aconteció por fuerza mayor o caso fortuito que no pueda imputarse al porteador.

Artículo 2567. La responsabilidad de las infracciones que durante el transporte se cometan a las disposiciones legales que lo rijan, será del conductor o del porteador, según lo dispongan las leyes aplicables y no de las personas transportadas, ni de los dueños de los bienes conducidos, a no ser que las infracciones hayan sido cometidas por estas personas.

Artículo 2568. Las personas transportadas tienen derecho a exigir al conductor el cumplimiento de las disposiciones administrativas, a fin de que éste no conduzca con exceso de velocidad o con negligencia.

Artículo 2569. Si el cargador lo pide al porteador, éste debe darle recibo por escrito de los objetos que se le entreguen, en el que hará constar:

I. Los nombres, apellidos y domicilios del cargador, del porteador y del destinatario, respectivamente;

II. La designación de los efectos por transportar, con indicación de su número, peso y descripción, en su caso, de los bultos;

III. El precio del transporte;

IV. La fecha en que se hace la expedición;

V. El lugar y fecha de la entrega por el porteador; y

VI. El lugar y fecha de la entrega al destinatario.

Artículo 2570. Los dueños de los transportes tienen la responsabilidad establecida en el artículo 2565, aunque no sean ellos mismos los conductores, salvo su derecho contra éstos en caso de que resulten culpables del daño.

Artículo 2571. Si el bien transportado fuere de naturaleza peligrosa, de mala calidad o no estuviere convenientemente empacado o envasado, y el daño proviniere de alguna de esas circunstancias, la responsabilidad será del dueño del transporte si tuvo conocimiento de ellas; en caso contrario, la responsabilidad será del que contrató con el porteador, tanto por el daño que se cause en el bien, como por el que reciban el medio de transporte, u otras personas u objetos.

Artículo 2572. El porteador debe declarar los defectos del medio de transporte, y es responsable por los daños y perjuicios que resulten si omite hacer esta declaración.

Artículo 2573. Si se inutiliza o perece el medio de transporte, la pérdida será de cuenta del porteador, salvo que haya sobrevenido por culpa del otro contratante.

Artículo 2574. El porteador tiene derecho de recibir el precio y gastos de conducción, de acuerdo con lo pactado en el contrato.

Artículo 2575. A falta de convenio expreso se observará la costumbre del lugar, sobre el importe del precio y gastos, y tiempo en que haya de hacerse el pago.

Artículo 2576. El crédito por fletes que se adeudaren al porteador, será pagado preferentemente con el precio de los efectos transportados, si se encuentran en poder del porteador.

Artículo 2577. El contrato de transporte es rescindible a voluntad del cargador, antes o después de comenzarse el viaje, pagando en el primer caso al porteador la mitad y en el segundo la totalidad del porte, y siendo obligación suya recibir los efectos en el punto y en el día en que la rescisión se verifique.

Artículo 2578. Si el cargador no cumple las obligaciones de recibir los efectos y de pagar el porte al contado, que le impone el artículo anterior, el contrato no quedará rescindido.

Artículo 2579. El contrato de transporte se rescindirá de hecho antes de emprenderse el viaje, o durante su curso, si sobreviniere algún suceso de fuerza mayor que impida verificarlo o continuarlo, y en este supuesto son aplicables las siguientes disposiciones:

I. Cada uno de los interesados perderá los gastos que hubiere hecho si el viaje no se realiza;

II. Si el viaje está en curso:

a) El porteador tendrá derecho a que se le pague del porte, la parte proporcional al camino recorrido;

b) El porteador tendrá obligación de presentar los efectos, para su depósito, a la autoridad judicial o administrativa del lugar en que ya no le sea posible continuar el viaje;

c) La autoridad a que se refiere el inciso anterior levantará una constancia del estado en que se hallen los efectos; y

d) El porteador deberá dar aviso oportuno al cargador, a cuya disposición deben quedar los efectos.

Artículo 2580. Las acciones originadas por el contrato de transporte, en favor o en contra de los porteadores, prescriben en seis meses después de concluido el viaje.

CAPÍTULO DECIMOCUARTO
CONTRATO DE HOSPEDAJE

Artículo 2581. Por el contrato de hospedaje, el hostelero se obliga a dar alojamiento y alimentos o solamente aquél, al huésped, quien se obliga a pagar el precio convenido.

Artículo 2582. El contrato de hospedaje puede ser expreso o tácito y le son aplicables los siguientes preceptos:

I. Si es expreso se rige por las estipulaciones de las partes;

II. Se entiende celebrado tácitamente el hospedaje, por el recíproco comportamiento del huésped y del dueño de la casa, si ésta se destina a ese objeto;

III. El hospedaje tácito se rige por el reglamento, que expedirá la autoridad municipal competente, y que el dueño de la casa de huéspedes deberá tener por escrito en lugar visible.

Artículo 2583. Quien se hospede responde con su equipaje del importe del hospedaje; y el dueño de la casa tiene el derecho de retención sobre ese equipaje.

CAPÍTULO DECIMOQUINTO
APARCERÍA

Artículo 2584. La aparcería comprende la aparcería agrícola y la de ganados.

Artículo 2585. Por el contrato de aparcería agrícola, una de las partes da a la otra un predio rústico para que lo cultive, a fin de repartirse los frutos en la forma que convengan, o a falta de convenio, conforme a las costumbres del lugar.

Artículo 2586. No puede convenirse que al aparcero le corresponda por sólo su trabajo, menos del cincuenta por ciento de cada cosecha.

Artículo 2587. Si el aparcero muere durante el contrato, puede éste darse por terminado, salvo pacto en contrario.

Artículo 2588. Si durante el contrato muere el propietario, y el aparcero hubiere barbechado el terreno, podado los árboles o ejecutado cualquiera otra obra necesaria para el cultivo, subsistirá el contrato por ese año, si no se conviniere en rescindir la aparcería.

Artículo 2589. Los aparceros no podrán cosechar los frutos en que deban tener parte, sin dar aviso al propietario o a quien haga sus veces, si reside en el lugar o dentro del municipio a que corresponde el predio.

Artículo 2590. En el caso del artículo anterior, si en el municipio no reside el propietario o su mandatario, podrá el labrador hacer medir, contar o pesar los frutos en presencia de testigos.

Artículo 2591. Si el aparcero no cumple lo dispuesto en los dos artículos anteriores, tendrá obligación de entregar al propietario la cantidad de frutos que, de acuerdo con el contrato, fijen peritos nombrados uno por cada parte contratante.

Artículo 2592. El aparcero que deje el predio sin cultivo o no lo cultive según lo pactado, o por lo menos en la forma acostumbrada, será responsable de los daños y perjuicios que causare.

Artículo 2593. El propietario del terreno sólo podrá levantar la cosecha cuando el aparcero abandone el predio.

Artículo 2594. En el caso del artículo anterior, se observará lo dispuesto en la parte final del artículo 2590 y, en su caso se aplicará por analogía lo dispuesto en el artículo 2591.

Artículo 2595. El propietario del terreno no tiene derecho de retener, de propia autoridad, los frutos que correspondan al aparcero, o parte de ellos, para garantizar lo que éste le deba por razón del contrato de aparcería.

Artículo 2596. Si la cosecha se pierde por completo, sin culpa del aparcero, éste no tiene obligación de pagar las semillas, si le fueron proporcionadas por el dueño.

Artículo 2597. Hay aparcería de ganados cuando una persona da a otra determinado número de animales, a fin de que los cuide y alimente, para repartirse los frutos en la proporción que convengan.

Artículo 2598. Constituyen el objeto de esta aparcería las crías de los animales, frutos y productos de éstos.

Artículo 2599. A falta de convenio de los interesados, sobre los derechos y obligaciones derivadas de la aparcería de ganados, se observará la costumbre del lugar, salvo las siguientes disposiciones.

(REFORMADO, P.O. 10 DE MARZO DE 2021)

Artículo 2600. La persona aparcera de ganados está obligada a emplear en la guarda y tratamiento de los animales, el cuidado y debida diligencia en virtud de garantizar mantenerlo en condiciones pactadas mientras no lo entregue.

Artículo 2601. El propietario está obligado a garantizar a su aparcero la posesión y el uso del ganado y a substituir por otros, en caso de evicción, los animales perdidos.

Artículo 2602. No puede pactarse que todas las pérdidas que resultaren por caso fortuito, sean de cuenta del aparcero de ganados.

Artículo 2603. El aparcero de ganados no podrá disponer de una o más cabezas, ni de las crías, sin la autorización del propietario, ni éste sin la de aquél.

Artículo 2604. Son aplicables por analogía y en lo conducente, a los frutos y productos de ganados, lo dispuesto en los artículos 2589 a 2591, 2593 y 2594.

Artículo 2605. La aparcería de ganados dura el tiempo convenido, y a falta de convenio, el tiempo que fuere costumbre en el lugar.

Artículo 2606. Si los animales dados en aparcería perecieren por caso fortuito, la pérdida será de cuenta del propietario.

Artículo 2607. El provecho que pueda sacarse de los despojos de los animales muertos, pertenecerá al propietario.

Artículo 2608. Los acreedores del propietario sólo podrán embargar los derechos que a él correspondan, quedando a salvo las obligaciones contraídas con el aparcero.

Artículo 2609. Los acreedores del aparcero pueden embargar los derechos que aquél haya adquirido o pueda adquirir en virtud de la aparcería, pero no los animales.

Artículo 2610. El propietario cuyo ganado se enajene indebidamente por el aparcero, tiene derecho para reivindicarlo, salvo que se haya rematado en pública subasta.

Artículo 2611. El propietario, en el último de los casos previstos en el artículo anterior, conservará sus derechos contra el aparcero para exigirle daños y perjuicios.

Artículo 2612. Si el propietario no exige su parte de lucros dentro de sesenta días, después de fenecido el tiempo del contrato, se entenderá prorrogado éste por otro año.

Artículo 2613. En el caso de venta de los animales, antes de que termine el contrato de aparcería, disfrutarán los contratantes del derecho del tanto.

Artículo 2614. El contrato de aparcería deberá constar por escrito, firmándose dos ejemplares, uno para cada contratante.

Artículo 2615. Las disposiciones de los artículos precedentes, se aplicarán sin perjuicio de lo que dispongan las leyes sobre cultivo y aprovechamiento de tierras propias para la ganadería y agricultura.

CAPÍTULO DECIMOSEXTO
CENSO ENFITÉUTICO

Artículo 2616. Censo enfitéutico es el contrato por virtud del cual una persona adquiere el derecho de percibir una pensión anual, por entrega que hace a otra del dominio útil de un bien inmueble, para que lo disfrute. El que recibe la pensión se llama dueño y el que lo paga enfiteuta.

Artículo 2617. El censo enfitéutico otorga al enfiteuta un derecho real para usar y disfrutar temporalmente el predio objeto de él.

Artículo 2618. Las partes pueden fijar convencionalmente el plazo de duración de la enfiteusis, el cual no puede exceder de diez años.

Artículo 2619. Vencido el contrato de enfiteusis celebrado a plazo fijo, pueden las partes celebrar otro contrato de enfiteusis respecto del mismo bien.

Artículo 2620. Si el contrato se pactó por un plazo menor de diez años, el censo sólo podrá redimirse por convenio de ambas partes.

Artículo 2621. No puede constituirse el censo enfitéutico sobre la vida de una o más personas.

Artículo 2622. El contrato de enfiteusis se hará constar en escritura pública y en él se estipulará:

I. El monto de la pensión que el enfiteuta debe pagar al dueño;

II. Si la pensión se pagará en dinero o en frutos;

III. Si la pensión se pagará cada año en una o varias exhibiciones;

IV. El número de pensiones que sea necesario que el enfiteuta deje de pagar, para incurrir en mora y proceda la rescisión del contrato;

V. El lugar de pago de la pensión;

VI. El plazo para la devolución del predio.

Artículo 2623. Si la enfiteusis fuere de predio urbano, la pensión se pagará en dinero.

Artículo 2624. Si no hubiere lugar convenido para el pago de la pensión, se hará en la casa del dueño, o en la del representante de éste si viven en el municipio de la ubicación del predio; y si no habitan en este municipio, o si el dueño no tiene representante, se hará el pago en el domicilio del enfiteuta.

Artículo 2625. Si no hubiere tiempo señalado para el pago de la pensión y ésta consistiere en frutos, se hará al fin de la cosecha respectiva.

Artículo 2626. Si la pensión consistiere en dinero y no se hubiere fijado plazo para el pago, éste se hará al fin del año, contado desde la fecha del contrato.

Artículo 2627. Si el dueño dividiere la finca en varias fracciones, se aplicarán los siguientes preceptos:

I. La división no es oponible al enfiteuta y éste continuará ejerciendo sus derechos sin modificación;

II. El enfiteuta sólo estará obligado a hacer pagos parciales a los diversos adquirentes:

a) Si al constituirse la enfiteusis se previó la posibilidad de esta división, y el enfiteuta se obligó en esa eventualidad; y

b) Si la división se realiza con posterioridad, y la aceptó el enfiteuta.

Artículo 2628. Si el enfiteuta fraccionare el predio para los efectos de su aprovechamiento entre diversos interesados, se aplicarán las siguientes disposiciones:

I. Continuará el enfiteuta obligado al pago íntegro de la pensión, no siendo oponibles al dueño las divisiones que hubiere hecho;

II. Si el dueño consintiere en la división por lotes, cada uno de éstos será objeto de una enfiteusis por separado, debiendo estipularse en este caso el monto de las pensiones que serán exigibles a cada uno de los enfiteutas.

Artículo 2629. En caso de transmisión del dominio directo, por causa de muerte del dueño, si hubiere varios herederos, el enfiteuta estará obligado a hacer a éstos, pagos parciales de la pensión, según la parte aplicada a cada uno de ellos del dominio directo.

Artículo 2630. Si fallece el enfiteuta, y deja varios herederos, cada uno de éstos deberá pagar al dueño, la parte de la pensión que corresponda, en proporción al porcentaje del dominio útil que se le aplique.

Artículo 2631. Por falta de herederos testamentarios o legítimos del último enfiteuta, se extingue la enfiteusis y se devolverá el predio al dueño.

Artículo 2632. Sólo pueden ser dados en enfiteusis los bienes raíces enajenables.

Artículo 2633. Se requiere autorización judicial para dar en enfiteusis los predios de incapacitados.

Artículo 2634. El enfiteuta tiene:

I. Derecho de poseer el bien objeto de la enfiteusis y la acción persecutoria;

II. Facultad de ejercitar las acciones posesorias, como poseedor del dominio útil del predio;

III. Derecho de usufructuar el predio y de ejecutar todos los actos jurídicos que la ley permite al usufructuario;

IV. Facultad para ceder el dominio útil, hipotecarlo o imponer al predio servidumbres sin consentimiento del dueño;

V. Derecho de donar el dominio útil.

Artículo 2635. En los supuestos de la fracción IV del artículo anterior, los contratos que celebre el enfiteuta, terminarán con la enfiteusis o con la pérdida del predio por rescisión.

Artículo 2636. Si se rescinde el contrato de enfiteusis, el inmueble pasará al dueño libre de gravámenes, salvo que él los hubiere consentido.

Artículo 2637. Para los efectos del artículo 2635, el derecho de quienes contraten con el enfiteuta y adquieran de éste el dominio útil o algún derecho real sobre el predio, estará sujeto a condición resolutoria, consistente en la extinción del derecho del enfiteuta.

Artículo 2638. Si por un hecho voluntario del enfiteuta se extinguiere la enfiteusis, y se estuviese en los supuestos de los artículos 2634, fracción IV y 2636, el enfiteuta deberá pagar a la persona con quien contrató, los daños y perjuicios causados a éste por la extinción de la enfiteusis.

Artículo 2639. Para que la enfiteusis sea oponible a terceros y el enfiteuta pueda ejercitar acciones reales, deberá el contrato inscribirse en el Registro Público de la Propiedad.

Artículo 2640. El dueño tiene derecho de preferencia para el pago de la pensión, sobre los frutos del inmueble objeto de la enfiteusis, y es acreedor de primera clase en caso de concurso.

Artículo 2641. Si el enfiteuta deja de pagar una pensión anual, o tres mensualidades, en su caso, el dueño tiene derecho de exigir el pago o la rescisión del contrato.

Artículo 2642. Para constituir en mora al enfiteuta no se necesita que el dueño lo interpele.

Artículo 2643. Si el enfiteuta deteriora el predio y por este deterioro pierde una cuarta parte de su valor, podrá el dueño rescindir el contrato y exigir el pago de daños y perjuicios.

Artículo 2644. Si el enfiteuta fuere perturbado en su derecho por tercero que dispute el dominio directo y la validez de la enfiteusis, deberá denunciar el litigio al dueño; y si no lo hiciere, no tendrá acción contra éste por los daños y perjuicios que sufra en caso de evicción.

Artículo 2645. Independientemente de que se haga al dueño la denuncia ordenada en el artículo anterior, puede aquél apersonarse al juicio por sí solo.

Artículo 2646. El enfiteuta está obligado a pagar todas las contribuciones impuestas en razón del predio.

Artículo 2647. Si el enfiteuta cede o dona el dominio útil:

I. Deberá el cedente o donante, hacerlas saber al dueño, dentro de sesenta días, contados a partir de su fecha; y

II. Si no se cumple con lo dispuesto en la fracción anterior, continuará siendo responsable el enfiteuta del pago de las pensiones.

Artículo 2648. El dueño y el enfiteuta, que pretenda vender o dar en pago los derechos que respectivamente disfrutan sobre el bien, tendrán el derecho del tanto.

Artículo 2649. Si el predio objeto del censo enfitéutico es expropiado, se destruyere o inutilizare totalmente por fuerza mayor o caso fortuito, termina el contrato.

Artículo 2650. La acción del dueño para exigir al enfiteuta las prestaciones atrasadas, prescribe en tres años, contados a partir de la mora en cada pensión.

Artículo 2651. Cuando el contrato de enfiteusis fuera rescindido, deberá abonar el dueño las mejoras útiles, si el aumento subsiste al tiempo de la rescisión y salvo pacto en contrario.

Artículo 2652. Lo dispuesto en el artículo anterior, otorga derecho al enfiteuta para retener la finca.

CAPÍTULO DECIMOSÉPTIMO
RENTA VITALICIA

Artículo 2653. Renta vitalicia es un contrato aleatorio, por el cual el deudor se obliga a pagar periódicamente una pensión durante la vida de una o más personas determinadas, mediante la entrega de una cantidad de dinero o de un bien mueble o raíz valuados, cuyo dominio se le transfiere desde luego, entrega que puede hacer la persona que recibe la pensión u otra distinta.

Artículo 2654. El contrato de renta vitalicia debe hacerse constar en escritura pública.

Artículo 2655. La renta vitalicia puede también constituirse a título gratuito, por donación o por testamento.

Artículo 2656. En los casos del artículo anterior se observarán, para la validez y pago de la renta vitalicia, las disposiciones relativas a la solemnidad externa del acto en que se constituya.

Artículo 2657. La renta vitalicia puede constituirse sobre la vida del que da el capital o del deudor.

Artículo 2658. Puede también constituirse la renta vitalicia sobre la vida de una persona distinta de quien constituye la renta o de quien debe ésta.

Artículo 2659. La constitución gratuita de una renta en favor de persona que no puso el capital es donación.

Artículo 2660. La renta a que se refiere el artículo anterior, no se rige por las reglas aplicables al contrato de donación, salvo en los casos en que deba reducirse por inoficiosa.

Artículo 2661. Para la existencia del contrato de renta vitalicia se requiere que la persona sobre cuya vida se constituye, exista en el momento del otorgamiento del contrato y que sobreviva a éste el tiempo que en él se señale y que no puede ser menor de un mes.

Artículo 2662. El rentista debe constituir a favor del pensionista las garantías necesarias y conservar éstas.

Artículo 2663. La sola falta de pago de las pensiones, no autoriza al pensionista para demandar el reembolso del capital o la devolución del bien dado para constituir la renta.

Artículo 2664. El pensionista, en el caso del artículo anterior, tiene derecho para exigir judicialmente al deudor el pago de las rentas vencidas, y de pedir el aseguramiento de las pensiones futuras.

Artículo 2665. La renta correspondiente al plazo dentro del cual muere el rentista, se pagará en proporción a los días que éste vivió; pero si debía pagarse por plazos anticipados, se pagará el importe total del que durante la vida del rentista se hubiere comenzado a cumplir.

Artículo 2666. Quien constituye a título gratuito una renta sobre sus bienes, puede disponer, al tiempo del otorgamiento, que no estará sujeta a embargo por un acreedor del pensionista.

Artículo 2667. Es inembargable la renta que se constituyó para alimentos.

Artículo 2668. La renta vitalicia constituida sobre la vida del mismo pensionista, se extingue con la muerte de éste.

Artículo 2669. Si la renta se constituye sobre la vida de otra persona, cesará con la muerte de ésta y no con la del pensionista.

Artículo 2670. El pensionista sólo puede demandar las pensiones, justificando su supervivencia o la de la persona sobre cuya vida se constituyó la renta.

Artículo 2671. Si el que paga la renta vitalicia causó intencionalmente la muerte del acreedor o de la persona sobre cuya vida se constituyó, debe devolver el capital en el primer caso a los herederos del acreedor, y a éste en el segundo.

Artículo 2672. El deudor de la renta no puede librarse del pago de ésta, ofreciendo el reembolso del capital y renunciando a la repetición de las pensiones pagadas, salvo que el reembolso fuere aceptado voluntariamente.

CAPÍTULO DECIMOCTAVO
COMPRA DE ESPERANZA

Artículo 2673. Se llama compra de esperanza, el contrato por el cual una de las partes adquiere por una cantidad determinada, los frutos futuros de un bien o los productos inciertos de un hecho que pueda estimarse en dinero.

Artículo 2674. El vendedor tiene derecho al precio aunque no lleguen a existir los frutos comprados.

Artículo 2675. Cuando el objeto de la compra de esperanza sean los productos de un hecho, el vendedor debe ejecutar éste, dando aviso al comprador, quien podrá vigilar la ejecución; y si omite este aviso, sólo tiene acción para cobrar el precio, cuando se obtenga el producto que se espera de ese hecho.

Artículo 2676. El vendedor tiene derecho a cobrar el precio, obténgase o no el producto, siempre que la ejecución del hecho se haya verificado como se convino.

Artículo 2677. El vendedor, en la compra de esperanza, debe reparar los daños y perjuicios que se causen al comprador, si por culpa del mismo vendedor no se obtienen o se pierden o deterioran los productos objeto del contrato.

Artículo 2678. Los derechos y obligaciones de las partes, en la compra de esperanza, en lo no previsto en esta sección, serán los que se determinan en el capítulo sobre la compraventa.

CAPÍTULO DECIMONOVENO
TRANSACCIÓN

Artículo 2679. La transacción es un contrato por el cual las partes, dando, prometiendo o reteniendo algo, terminan una controversia actual o evitan otra futura.

Artículo 2680. La transacción se rige por las reglas generales de los contratos en lo que no esté expresamente prevenido en este capítulo.

Artículo 2681. La forma de la transacción se rige por las siguientes disposiciones:

I. La transacción debe hacerse constar por escrito, en documento privado;

II. Si el objeto de la transacción es evitar controversias futuras, las partes deben ratificar el contenido del contrato y sus firmas ante Notario;

III. Si la transacción se refiere a bienes inmuebles o a derechos reales, se hará constar en escritura pública;

IV. Cuando la transacción termine una controversia judicial, el escrito en que se haga constar será ratificado ante el Juez o Tribunal que conozca de esa controversia, quienes se cerciorarán de la identidad y capacidad de las partes;

V. En el caso de la fracción anterior, el Juez al que corresponda la ejecución de la transacción, remitirá los autos a la notaría que indiquen las partes, para que se otorgue la escritura correspondiente, cuando la transacción se refiera a bienes inmuebles o a derechos reales y deba inscribirse en el Registro Público de la Propiedad;

VI. Lo dispuesto en este artículo sobre la forma de la transacción no impide que las partes la hagan constar en escritura pública.

Artículo 2682. La transacción que celebre un establecimiento público se sujetará a las leyes que le sean aplicables.

Artículo 2683. Se puede transigir sobre la reparación del daño causado por delito.

Artículo 2684. La acción penal no se extingue por la transacción sobre la reparación del daño proveniente del delito, ni éste se prueba con la transacción.

Artículo 2685. No se puede transigir sobre el estado civil de las personas, ni sobre la validez del matrimonio.

Artículo 2686. Es válida la transacción sobre los derechos pecuniarios, que de la declaración del estado civil pudieran deducirse a favor de una persona, y esa transacción no importa la adquisición de estado.

Artículo 2687. Estará afectada de nulidad absoluta la transacción que verse sobre:

I. Las consecuencias jurídicas de un delito, de un acto doloso o de un hecho ilícito que pueda ejecutarse en el futuro;

II. La reparación del daño de un delito futuro;

III. Una sucesión futura;

IV. Una herencia, antes de visto el testamento, si lo hay; y

V. El derecho de recibir alimentos.

Artículo 2688. Podrá haber transacción sobre las cantidades que sean ya debidas por alimentos, y cuando el acreedor alimentista sea incapaz, esta transacción requiere aprobación judicial.

Artículo 2689. La transacción hecha por uno de los interesados, no perjudica ni aprovecha a los demás, si no la aceptan.

Artículo 2690. La transacción celebrada sobre un negocio, no podrá hacerse extensiva a otro semejante que tengan después las mismas personas.

Artículo 2691. La transacción únicamente comprende los derechos expresamente mencionados en ella.

Artículo 2692. La renuncia general de derechos en virtud de transacción, sólo se extiende a los que tienen relación con la disputa que fue su objeto.

Artículo 2693. El fiador queda obligado por la transacción si consiente en ella por escrito.

Artículo 2694. La transacción tiene, respecto de las partes, la misma eficacia y autoridad que la cosa juzgada.

Artículo 2695. La transacción en materia de fianza se rige por las siguientes disposiciones:

I. La transacción celebrada entre el acreedor y el deudor principal, aprovecha al fiador, pero no le perjudica;

II. La transacción celebrada entre el fiador y el acreedor, aprovecha pero no perjudica al deudor principal.

Artículo 2696. La transacción no puede ser impugnada por causa de lesión.

Artículo 2697. Es nula la transacción que se conviene en razón de un título nulo, a no ser que las partes hayan tratado expresamente de la nulidad.

Artículo 2698. Cuando las partes están instruidas de la nulidad del título, o la disputa es sobre esa misma nulidad, pueden transigir válidamente, si los derechos a que se refiere el título son renunciables.

Artículo 2699. Es nula la transacción celebrada, teniéndose en cuenta documentos, que después han resultado falsos por sentencia judicial.

Artículo 2700. El descubrimiento de nuevos títulos o documentos no es causa para anular o rescindir la transacción, salvo mala fe en la otra parte.

Artículo 2701. Hay mala fe, en el caso del artículo anterior, si una de las partes tenía conocimiento del título o títulos, oculta éstos o disimula aquel conocimiento.

Artículo 2702. Es inexistente la transacción sobre litigio que esté decidido judicialmente por sentencia irrevocable, ignorada por los interesados.

Artículo 2703. Cuando una de las partes deje de cumplir la transacción, se observará en sus respectivos casos lo dispuesto en los artículos 1563 y 2005.

Artículo 2704. En las transacciones sólo procede la evicción, cuando en virtud de ellas da una de las partes a la otra un bien que no era objeto de la disputa, y que conforme a derecho, pierde el que lo recibió.

Artículo 2705. Cuando el bien dado tiene vicio o gravamen ignorados del que lo recibió, tiene este derecho a exigir la diferencia que resulte del vicio o gravamen, de la misma manera que en la compraventa.

Artículo 2706. La transacción puede tener uno o más de los siguientes efectos:

I. Crear, transmitir, modificar, conservar o extinguir derechos respecto de ambas partes o de una de ellas;

II. Declarar o reconocer los derechos que son objeto de controversia;

III. Establecer la certidumbre en cuanto a derechos dudosos o inciertos, determinando en su caso sus alcances y efectos.

Artículo 2707. La declaración o reconocimiento de los derechos a que se refiere la fracción II del artículo anterior, no produce como efecto:

I. Obligar al que los hace a garantir el derecho reconocido;

II. Imponer al autor del reconocimiento responsabilidad, en caso de evicción, salvo pacto en contrario;

III. Constituir un título propio para fundar la prescripción o la usucapión en perjuicio de otra persona, pero sí en contra del que los haga.

Artículo 2708. Las transacciones deben interpretarse estrictamente y sus cláusulas son indivisibles.

Artículo 2709. No podrá intentarse demanda contra el valor o subsistencia de una transacción, sin que previamente se haya asegurado la devolución de todo lo recibido, a virtud del convenio que se quiera impugnar.

CAPÍTULO VIGÉSIMO
FIANZA

SECCIÓN PRIMERA
DISPOSICIONES GENERALES

I. Definición y diferentes clases de fianza

Artículo 2710. Fianza es un contrato accesorio por el cual una persona se obliga a pagar o cumplir por el deudor, si éste no lo hace.

Artículo 2711. Las modalidades que afectan a la obligación principal, surten efectos con respecto a la fianza, que queda sujeta a las mismas.

Artículo 2712. Las modalidades que se estipulen directamente respecto a la fianza, no afectan a la obligación principal.

Artículo 2713. Puede ser objeto de fianza:

I. La obligación principal;

II. La obligación del fiador;

III. La obligación accesoria establecida en los contratos de prenda, anticresis o hipoteca.

Artículo 2714. La operación a que se refiere la fracción II del artículo anterior, se denomina subfianza y a quien otorga la segunda garantía se llama subfiador.

Artículo 2715. La fianza se puede constituir a título oneroso o gratuito.

Artículo 2716. La fianza se constituye ya sea que el fiado consienta en la garantía, la ignore o la contradiga.

Artículo 2717. La fianza puede ser civil, mercantil, legal o judicial, de acuerdo con las siguientes disposiciones:

I. Fianza civil es la celebrada entre particulares no comerciantes, para garantizar obligaciones civiles;

II. Fianza mercantil es la reglamentada con este carácter por las leyes mercantiles;

III. La fianza no es civil por el solo hecho de ser accesoria de una obligación civil y se requiere, necesariamente para ello, que no tenga carácter mercantil;

IV. Fianza legal es la que debe otorgarse por disposición de la ley;

V. Fianza judicial es la que se otorga en cumplimiento de la resolución de un Juez.

Artículo 2718. Quedan sujetas a las disposiciones de este capítulo, las fianzas otorgadas por individuos o compañías accidentalmente en favor de determinadas personas, si no las extienden en forma de póliza, ni las anuncian públicamente, por la prensa o por cualquier otro medio ni emplean agentes que las ofrezcan.

SECCIÓN SEGUNDA
CONSTITUCIÓN DE LA FIANZA

Artículo 2719. El obligado a dar fiador debe presentar persona que tenga capacidad para obligarse y bienes suficientes para responder de la obligación que garantiza.

Artículo 2720. El fiador se entenderá sometido a la jurisdicción del Juez del lugar donde debe cumplirse la obligación principal.

Artículo 2721. Puede celebrarse una promesa de contrato, en la cual una de las partes se obligue con el deudor, a otorgar una fianza en un plazo determinado, y en este supuesto son aplicables las siguientes disposiciones:

I. El contrato definitivo de fianza se otorgará con el acreedor; y

II. Si quien se obligó a otorgar la fianza no cumpliere, tienen acción directa para exigirla, tanto el acreedor como el deudor.

Artículo 2722. En las obligaciones a plazo o de prestación periódica, el acreedor podrá exigir fianza, aun cuando en el contrato no se haya pactado, si después de celebrado, el deudor sufre menoscabo en sus bienes, o pretende dejar el lugar en que debe hacerse el pago.

Artículo 2723. Si los bienes del fiador disminuyen de manera que se halle en peligro de quedar insolvente, puede el acreedor pedir otro que reúna las cualidades exigidas por el artículo 2719.

Artículo 2724. Si el que debiendo dar o reemplazar al fiador, no lo presenta dentro del plazo que el Juez le señale, a petición de parte legítima, queda obligado al pago inmediato de la deuda, aunque no se haya vencido el plazo de ésta, salvo que establezca otra garantía idónea.

Artículo 2725. Si la fianza importa garantía de una cantidad que el deudor debe recibir, la suma se depositará mientras se otorga la fianza.

SECCIÓN TERCERA
REQUISITOS DE EXISTENCIA Y DE VALIDEZ DE LA FIANZA

Artículo 2726. La fianza no puede existir sin una obligación válida.

Artículo 2727. No obstante lo dispuesto en el artículo anterior, la fianza puede recaer sobre una obligación cuya nulidad sea reclamable mediante una acción o excepción puramente personales del obligado.

Artículo 2728. La ilicitud en el objeto, motivo o fin de la obligación principal, originará la nulidad absoluta de la fianza.

Artículo 2729. Puede otorgarse fianza en garantía de deudas futuras, cuyo importe no sea aún conocido.

Artículo 2730. En el caso del artículo anterior, no podrá reclamarse al fiador hasta que la deuda sea líquida y no pague el fiado.

SECCIÓN CUARTA
OBLIGACIONES DEL FIADOR

Artículo 2731. Si se constituye fianza en el caso de mancomunidad de deudores, para responder por un deudor determinado, el fiador sólo quedará obligado si su fiado no cumple la parte que le corresponda.

Artículo 2732. En el supuesto de obligaciones solidarias, se aplicarán las siguientes disposiciones:

I. La fianza constituida en favor de un deudor solidario, obliga al fiador por la totalidad de la prestación, para el caso de incumplimiento de su fiado;

II. Si muere uno de los deudores solidarios y no se trata del deudor fiado, el fiador estará obligado en unión con los demás deudores, en el caso de insolvencia de los herederos;

III. Si muere el deudor fiado, el fiador quedará obligado por la totalidad de la deuda;

IV. El fiador que paga por el deudor solidario la totalidad de la prestación, tiene derecho de exigir de los otros codeudores la parte que en ella les corresponda; pero éstos pueden oponerle las excepciones inherentes a la obligación principal;

V. Si el fiador pagó por un deudor solidario, a quien exclusivamente interese el negocio que motivó la deuda, sólo podrá repetir contra su fiado, pero no contra los demás codeudores;

VI. Cualquier acto que interrumpa la prescripción que esté corriendo en favor de uno de los deudores, interrumpe la prescripción de la fianza;

VII. El fiador, en el caso de solidaridad activa, se libera pagando a cualquiera de los acreedores, a no ser que él o su fiado hayan sido requeridos judicialmente por alguno de ellos, caso en el cual deberá pagar al demandante;

VIII. Son aplicables en su caso al fiador los artículos 1615 a 1617 y 1630, según que la solidaridad sea pasiva o activa.

Artículo 2733. En la fianza que garantice obligaciones conjuntivas, el fiador deberá dar todos los bienes o prestar todos los hechos, si el fiado no cumple.

Artículo 2734. Si la fianza se constituyó para garantizar obligaciones alternativas, el fiador deberá cumplir, si el fiado no lo hace, prestando cualquiera de los hechos o bienes, según se haya pactado.

Artículo 2735. Si la fianza se otorgó para garantizar una obligación facultativa, el fiador podrá hacer el pago cumpliendo cualquiera de las prestaciones.

Artículo 2736. Si la obligación principal es pura y simple y la fianza depende de un plazo o condición, el fiador estará obligado a pagar hasta que se venza aquél o se realice ésta.

Artículo 2737. La cuantía de la obligación del fiador se rige por las siguientes disposiciones:

I. El fiador puede obligarse por una cantidad menor del importe de la obligación principal y no por una cantidad mayor;

II. Si el fiador se hubiere obligado a más de lo que importa la obligación del deudor, se reducirá la obligación de aquél a los límites de la de éste.

Artículo 2738. Puede pactarse que el fiador:

I. Quede obligado a una prestación distinta de la principal;

II. Elegirá entre pagar la prestación principal u otra distinta;

III. Pagará una cantidad de dinero, si el deudor principal no presta un bien o un hecho determinado.

Artículo 2739. En el caso del artículo anterior, la prestación del fiador, que sustituya al pago de la obligación principal, no puede ser superior a ésta, apreciadas ambas en dinero.

Artículo 2740. Si convencionalmente se fijó determinado importe al monto de la obligación del fiador, por no ser líquido el valor de la obligación principal, aquélla sólo podrá ejecutarse hasta que ésta sea líquida.

Artículo 2741. Si la obligación principal es de hacer, se aplicarán las siguientes disposiciones:

I. Puede el fiador obligarse a prestar el mismo hecho objeto de la obligación principal, si es susceptible de ser realizado por él o por cualquiera otra persona;

II. El fiador quedará libre de la obligación, cumpliendo lo que respecto del deudor principal establece el artículo 1664;

III. Si la obligación no se cumple, el fiador debe pagar al acreedor como daños y perjuicios el valor del hecho prometido.

Artículo 2742. Si la obligación principal no se cumple y es de no hacer, el acreedor podrá exigir si hubiere obra material, que se destruya a costa del fiador, además del pago por éste de los daños y perjuicios.

Artículo 2743. Es nulo el pacto por virtud del cual se establece que la fianza será exigible, aún cuando no lo sea la obligación principal, o antes de que venza el plazo señalado para el cumplimiento de la misma.

SECCIÓN QUINTA
PLURALIDAD DE FIADORES

Artículo 2744. Cuando al celebrarse el contrato de fianza, se obliguen varios fiadores, puede estipularse mancomunidad entre ellos o solidaridad.

Artículo 2745. Cuando entre los fiadores sólo se estipule mancomunidad, únicamente quedan obligados en la parte proporcional que corresponda a cada uno de ellos en la obligación del deudor principal.

Artículo 2746. Si no se estipula que los fiadores se obliguen mancomunadamente, se entiende que son solidarios, respondiendo cada uno por la totalidad de la obligación principal.

Artículo 2747. Si muere el fiador dejando varios herederos, se aplicarán las siguientes disposiciones:

I. Si se estipuló mancomunidad entre fiadores, cada heredero está obligado a pagar la cuota que le corresponda;

II. Cuando se estipuló solidaridad entre los fiadores, cada uno de los herederos responde por la totalidad de la deuda;

III. Lo dispuesto en las dos fracciones anteriores se entiende respetando el beneficio de inventario.

SECCIÓN SEXTA
FORMALIDADES DE LA FIANZA

Artículo 2748. La fianza debe otorgarse por escrito y cuando la obligación principal que garantice deba constar en escritura pública, se otorgará también con dicha formalidad.

Artículo 2749. Las fianzas judiciales se otorgarán en forma de acta ante el Juez o Tribunal.

SECCIÓN SÉPTIMA
EFECTOS DE LA FIANZA ENTRE EL FIADOR Y EL ACREEDOR

Artículo 2750. El fiador tiene derecho de oponer al acreedor todas las excepciones inherentes a la obligación principal y al contrato de fianza, así como las personales del deudor.

Artículo 2751. Para resolver sobre las excepciones personales del deudor, a que se refiere la última parte del artículo anterior, aquél será llamado al juicio por el Juez.

Artículo 2752. El deudor debe:

I. Informar oportunamente al fiador de las excepciones personales que tenga contra el acreedor;

II. Oponer al acreedor las excepciones a que se refiere la fracción anterior, dentro del término que establezca el Código de Procedimientos Civiles, cuando sea llamado al juicio seguido entre acreedor y fiador;

III. Rendir pruebas sobre sus excepciones, sean éstas opuestas por él mismo o por el fiador.

Artículo 2753. La renuncia voluntaria que hiciese el deudor de la prescripción, nulidad o rescisión de la obligación principal o de otra causa de liberación, no impide que el fiador haga valer esas excepciones.

Artículo 2754. Son beneficios del fiador los de orden, excusión y división.

Artículo 2755. Son aplicables, a los beneficios del fiador, entre otras, las siguientes disposiciones:

I. Los beneficios de orden y excusión operan por ministerio de la ley y sólo pueden perderse por disposición de ésta o por renuncia que legalmente haga el fiador;

II. El beneficio de división sólo opera cuando se ha convenido expresamente, a efecto de dividir la deuda entre los fiadores.

Artículo 2756. El fiador no puede ser compelido a pagar al acreedor, sin que previamente se exija el pago al deudor. Este es el beneficio de orden.

Artículo 2757. El beneficio de excusión consiste en aplicar todo el valor libre de los bienes del deudor al pago de la obligación, que quedará extinguida o reducida a la parte que no se cubra.

Artículo 2758. Ni el orden ni la excusión proceden:

I. Cuando el fiador renunció expresamente a ellos, cumpliendo lo dispuesto en el artículo 11;

II. Cuando el fiador se obligó solidariamente con el deudor;

III. En los casos de concurso o de insolvencia probada del deudor;

IV. Cuando el deudor no puede ser judicialmente demandado dentro del territorio del Estado;

V. Cuando el negocio para que se prestó la fianza sea propio del fiador;

VI. Cuando se ignore el paradero del deudor, y llamado éste por edictos, no comparezca ni tenga bienes en el lugar donde debe cumplirse la obligación.

Artículo 2759. Para que el beneficio de excusión aproveche al fiador, son necesarios los requisitos siguientes:

I. Que alegue el beneficio luego que se le requiera judicialmente de pago;

II. Que designe bienes del deudor que basten para cubrir el crédito y que se hallen dentro del distrito judicial en que deba hacerse el pago; y

III. Que anticipe suficientemente los gastos de ejecución o que asegure el pago de éstos.

Artículo 2760. Si el deudor adquiere bienes después del requerimiento, o si se descubren los que hubiere ocultado, el fiador puede pedir la excusión, aunque antes no la haya pedido.

Artículo 2761. El acreedor puede obligar al fiador a que haga la excusión en los bienes del deudor.

Artículo 2762. Si el fiador, voluntariamente u obligado por el acreedor, hace por sí mismo la excusión y pide plazo, el Juez puede concederle el que crea conveniente, atendidas las circunstancias de las personas y las calidades de la obligación.

Artículo 2763. El acreedor que, cumplidos los requisitos del artículo 2759, hubiere sido negligente en promover la excusión queda responsable de los perjuicios que pueda causar al fiador, y éste libre de la obligación hasta la cantidad que cubran los bienes designados para la excusión.

Artículo 2764. Cuando el fiador renunció el beneficio de orden, pero no el de excusión, el acreedor puede perseguir en un mismo juicio al deudor principal y al fiador.

Artículo 2765. En el caso del artículo anterior, el fiador conservará el beneficio de excusión, aun cuando se dicte sentencia condenatoria de pago contra él y contra el deudor principal.

Artículo 2766. Si el fiador renunció los beneficios de orden y excusión, debe, al ser demandado por el acreedor, denunciar el pleito al deudor principal, para que éste oponga las excepciones y rinda las pruebas que crea convenientes.

Artículo 2767. En el supuesto del artículo anterior, la sentencia que se pronuncie contra el fiador, perjudicará al deudor principal, se apersone éste o no al juicio.

Artículo 2768. El que fía al fiador goza de los beneficios de orden y excusión, en contra del fiador y del deudor principal.

Artículo 2769. No fían al fiador los testigos que declaren de ciencia cierta en favor de su idoneidad, pero por analogía se les aplicará lo dispuesto en el artículo 2812.

Artículo 2770. Si son varios los fiadores de un deudor por una sola deuda, se aplicarán las siguientes disposiciones:

I. Cuando no haya convenio en contrario, responderá cada uno de ellos por la totalidad de la deuda;

II. Si sólo uno de los fiadores es demandado, podrá llamar al juicio a los demás para que se defiendan juntamente y en la proporción debida, o de igual manera estén a la (sic) resultas del mismo.

Artículo 2771. Los efectos de la cosa juzgada en contra del deudor, por sentencia obtenida en juicio seguido por el acreedor, no perjudican al fiador, si no fue llamado a ese juicio y puede oponer, al ser demandado, las excepciones que procedan conforme a este capítulo.

SECCIÓN OCTAVA
EFECTOS DE LA FIANZA ENTRE FIADOR Y FIADO

Artículo 2772. El fiador que paga debe ser indemnizado por el fiado, aunque éste no haya prestado su consentimiento para la constitución de la fianza.

Artículo 2773. El fiador que paga por el fiado, debe ser indemnizado por éste:

I. De la deuda principal;

II. De los intereses respectivos, desde que haya hecho saber el pago al fiado, aun cuando éste no estuviere obligado por razón del contrato a pagarlos al acreedor; y

III. De los gastos que haya hecho desde que dio noticia al fiado de haber sido requerido de pago.

Artículo 2774. En el caso previsto en el artículo anterior:

I. El fiador se subroga en todos los derechos que el acreedor tenía en contra del fiado;

II. El fiador podrá proceder ejecutivamente contra el fiado, si pagó en virtud de sentencia ejecutoriada;

III. Si el fiador no hizo el pago en virtud de sentencia ejecutoriada, podrá demandar al fiado, conforme a la naturaleza de la obligación.

Artículo 2775. Si la fianza se otorgó contra la voluntad del fiado, no se aplicará en su caso lo dispuesto por los artículos 2773 y 2774 y el fiador que pague por el fiado, sólo podrá cobrar a éste lo pagado, hasta el monto del beneficio que le hubiere procurado ese pago.

Artículo 2776. El fiador, antes de hacer el pago que el acreedor le reclame, debe notificar al fiado haciéndole saber el requerimiento de pago.

Artículo 2777. En el caso del artículo anterior, debe el fiado manifestar al fiador si tiene excepciones que oponer y cuales son éstas, y si el requerimiento hecho al fiador fue judicial, el fiado deberá oponer en el juicio correspondiente dichas excepciones, ya se siga ese juicio contra el fiador o contra éste y el fiado al mismo tiempo.

Artículo 2778. Si el fiador hace el pago sin notificar al fiado, o a pesar de que éste le manifieste que tiene excepciones que oponer, podrá el fiado oponerle aquellas excepciones.

Artículo 2779. Si el fiado después de ser notificado por el fiador, diere su conformidad para el pago o no manifestare nada dentro de tres días, no podrá alegar excepción alguna cuando fuere requerido por el fiador, al exigir éste el reembolso de lo que hubiere pagado.

Artículo 2780. Si el fiador hubiese transigido con el acreedor, no podrá exigir del fiado sino lo que en realidad haya pagado.

Artículo 2781. Si el fiado ignorando el pago por falta de aviso del fiador, paga de nuevo, no podrá éste repetir contra aquél, sino contra el acreedor.

Artículo 2782. Si el fiador pagó en virtud de sentencia ejecutoriada, y por motivo fundado no pudo hacer saber el pago al fiado, éste quedará obligado a indemnizar a aquél y sólo podrá oponerle las excepciones inherentes a la obligación y que no hubieren sido opuestas por el fiador, teniendo conocimiento de ellas.

Artículo 2783. Si la deuda fuere a plazo o bajo condición, y el fiador la pagare antes de que aquél o ésta se cumplan, únicamente podrá cobrarla del fiado cuando fuere legalmente exigible.

Artículo 2784. Siendo dos o más los deudores solidarios de una misma deuda, podrá el fiador pedir de cualquiera de ellos la totalidad de lo que hubiere pagado.

Artículo 2785. El fiador puede, aun antes de haber pagado, exigir que el fiado asegure el pago o lo releve de la fianza:

I. Si fue demandado judicialmente por el pago;

II. Si el fiado sufre menoscabo en sus bienes de manera que se halle en riesgo de quedar insolvente;

III. Si el fiado pretende alejarse del Estado;

IV. Si el fiado se obligó a relevarlo de la fianza en tiempo determinado, y éste ha transcurrido; y

V. Si la deuda se hace exigible por el vencimiento del plazo.

Artículo 2786. Cuando la deuda se haga exigible, por vencimiento del plazo, podrá el fiador, en todo caso, exigir que el acreedor proceda contra el fiado o contra el mismo fiador, admitiéndole el beneficio de excusión, si tuviere derecho a éste.

Artículo 2787. Si el acreedor dentro de treinta días contados desde la fecha en que se le haga el requerimiento, no demanda al fiado ni al fiador, éste queda libre de su obligación como fiador.

Artículo 2788. Salvo lo dispuesto en los dos artículos anteriores, el derecho del fiador para que se asegure el pago o se le releve de la fianza, en nada puede perjudicar las acciones del acreedor.

Artículo 2789. El fiador, para hacer efectivos los derechos que le otorga el artículo 2785, puede asegurar bienes de la propiedad del fiado, que sean bastantes para responder de la deuda y en el juicio correspondiente se resolverá sobre tales derechos.

Artículo 2790. El aseguramiento decretado conforme a lo dispuesto en el artículo anterior quedará sin efecto, cuando se extinga la obligación del fiado o la del fiador.

SECCIÓN NOVENA
EFECTOS DE LA FIANZA CON RELACIÓN A LOS FIADORES ENTRE SÍ

Artículo 2791. Si son dos o más los fiadores de una misma persona, y por la misma deuda, el que de ellos la haya pagado, podrá exigir de cada uno de los otros la parte que proporcionalmente les corresponda satisfacer.

Artículo 2792. Si alguno de los cofiadores se hallare insolvente, la parte de la deuda que correspondía cubrir a éste, se pagará por los demás a prorrata.

Artículo 2793. Los fiadores demandados por el que pagó, podrán oponer a éste las excepciones que podría alegar el fiado contra el acreedor, y que no fueren puramente personales del fiador que hizo el pago.

Artículo 2794. Para la aplicación de lo dispuesto en los artículos 2791 a 2793 es preciso:

I. Que el pago se haya hecho en virtud de demanda judicial o encontrándose el fiado en estado de concurso;

II. Que el fiador haya opuesto las excepciones inherentes a la obligación principal o a la fianza, o que haya llamado a juicio a los demás fiadores y al fiado, notificándoles oportunamente para que opusieren las excepciones a que tuvieren derecho.

Artículo 2795. No existirá beneficio de división entre los cofiadores:

I. Cuando se haya renunciado expresamente;

II. Cuando cada uno se haya obligado solidariamente con el mismo deudor;

III. Cuando alguno o algunos de los cofiadores son concursados o se hallen insolventes, caso en el cual se aumentará la responsabilidad a prorrata de todos los demás, para aplicarse lo dispuesto en el artículo 2792;

IV. Cuando el negocio para el cual se prestó la fianza sea propio de uno de los cofiadores, caso en el cual éste responderá por la totalidad de la deuda, sin tener la facultad de exigir a sus cofiadores el reembolso; y

V. Cuando alguno o algunos de los cofiadores no puedan ser judicialmente demandados dentro del territorio del Estado, o se ignore su paradero, siempre que llamados por edictos, no comparezcan, ni tengan bienes embargables en el lugar donde deba cumplirse la obligación.

Artículo 2796. El cofiador que pide el beneficio de división, sólo responde por la parte del fiador o fiadores insolventes, si la insolvencia es anterior a la petición; y ni aun por esa misma insolvencia, si el acreedor voluntariamente hace el cobro a prorrata sin que el fiador lo reclame.

Artículo 2797. El que fía a un cofiador, en el caso de insolvencia de éste, es responsable para con los otros cofiadores de la misma manera en que lo sería el cofiador fiado.

SECCIÓN DÉCIMA
EXTINCIÓN DE LA FIANZA

Artículo 2798. La obligación del fiador se extingue al mismo tiempo que la del fiado y por las mismas causas que las demás obligaciones.

Artículo 2799. Si la obligación del fiado y la del fiador se confunden, porque uno herede al otro, no se extingue la obligación del que fió al fiador.

Artículo 2800. La liberación hecha por el acreedor a uno de los cofiadores, sin el consentimiento de los otros, aprovecha a todos hasta donde alcance la parte del fiador a quien se otorgó.

Artículo 2801. Los cofiadores, aun cuando sean solidarios, quedan libres de su obligación, si por culpa o negligencia del acreedor no pueden subrogarse en los derechos, privilegios o hipotecas del mismo acreedor, sean anteriores a la fianza, contemporáneos o posteriores a ésta.

Artículo 2802. Cuando la subrogación respecto de los derechos del acreedor se haya hecho imposible en una parte, el fiador sólo quedará liberado en proporción a esa parte.

Artículo 2803. Si el acreedor acepta en pago de la deuda otro bien distinto al que era objeto de ella, queda liberado el fiador, aun cuando el acreedor pierda después por evicción el bien que se le dio en pago.

Artículo 2804. La prórroga o espera concedida al fiado por el acreedor, sin consentimiento del fiador, extingue la fianza.

Artículo 2805. La quita reduce la fianza en la misma proporción que la deuda principal, y la extingue en el caso de que, en virtud de ella, quede sujeta la obligación principal a nuevos gravámenes o condiciones.

Artículo 2806. Si la fianza se convino por tiempo determinado, la obligación del fiador se extingue:

I. Si el acreedor no demanda al fiado judicialmente el cumplimiento de la obligación principal, dentro de los tres meses siguientes a la expiración del plazo señalado para esta última;

II. Si el acreedor, sin causa justificada, deja de promover por más de tres meses, en el juicio entablado contra el fiado, en el que exija el cumplimiento de la obligación principal.

SECCIÓN UNDÉCIMA
FIANZA LEGAL O JUDICIAL

Artículo 2807. El fiador que haya de darse por disposición de la ley o por providencia judicial, debe reunir los requisitos que establece el artículo 2719.

Artículo 2808. Si el obligado a dar fianza legal o judicial no obtuviere fiador, podrá constituir en substitución de la fianza, un derecho real de prenda o hipoteca que se estime bastante para garantizar su obligación.

Artículo 2809. El fiador judicial no puede pedir la excusión del fiado.

Artículo 2810. El que fía a un fiador judicial no puede pedir la excusión de éste ni la del fiado.

SECCIÓN DUODÉCIMA
CARTAS DE RECOMENDACIÓN

Artículo 2811. Las cartas de recomendación en las que se asegure la probidad y solvencia de una persona, no constituyen fianza.

Artículo 2812. Si las cartas de recomendación fueren dadas de mala fe, afirmando falsamente la solvencia del recomendado, el que las suscriba será responsable del daño que sobreviniese a las personas a quienes se dirigen por la insolvencia del recomendado.

Artículo 2813. No tendrá la responsabilidad a que se refiere el artículo anterior el que dio la carta, si prueba que no fue su recomendación la que condujo a tratar con su recomendado.

CAPÍTULO VIGÉSIMO PRIMERO
PRENDA

Artículo 2814. La prenda es un contrato accesorio, por el cual el deudor o una persona distinta de éste, constituyen un derecho real sobre un bien mueble, para garantir el cumplimiento de una obligación y su preferencia en el pago.

Artículo 2815. El derecho real a que se refiere el artículo anterior, se llama "derecho real de prenda"; y el objeto sobre el que recae ese derecho se llama también "prenda".

Artículo 2816. La prenda puede constituirse:

I. Por el deudor en virtud de convenio con el acreedor;

II. Por una persona distinta del deudor:

a) En virtud de convenio con el deudor y el acreedor;

b) Por convenio con el acreedor, sin consentimiento del deudor o con el simple conocimiento de éste; o

c) Por convenio con el acreedor y contra la voluntad del deudor.

Artículo 2817. Deudor prendario es la persona, distinta del deudor principal, que constituye prenda, en garantía de la obligación de éste, en los casos supuestos por la fracción II del artículo anterior.

Artículo 2818. Para que se tenga por constituida la prenda, deberá ser entregada al acreedor, real o jurídicamente.

Artículo 2819. Se entiende entregada jurídicamente la prenda al acreedor:

I. Cuando quede en poder del deudor, por haberse estipulado así con el acreedor o porque expresamente lo autorice la ley;

II. Cuando acreedor y deudor convengan que la prenda quede en poder de persona distinta de uno y otro.

Artículo 2820. El deudor puede usar de la prenda que quede en su poder, de acuerdo con lo que al respecto convengan las partes y es ésta la prenda sin desposesión.

Artículo 2821. El contrato de prenda deberá constar por escrito, y si se otorga en documento privado, se firmarán tantos ejemplares como sean las partes en los contratos principal y accesorio, a cada una de las cuales se entregará un ejemplar.

Artículo 2822. No pueden darse en prenda bienes ajenos sin la autorización de su dueño.

Artículo 2823. La prenda de bien ajeno es nula, y quien la constituye será responsable de los daños y perjuicios si procede con dolo o mala fe.

Artículo 2824. En el caso del artículo anterior, el contrato quedará revalidado si antes de la evicción, adquiere el constituyente de la garantía, por cualquier título legítimo, la propiedad del bien empeñado.

Artículo 2825. Si se prueba debidamente que el dueño prestó su bien a otro con el objeto de que éste lo empeñara, valdrá la prenda como si la hubiere constituido el mismo dueño.

Artículo 2826. Si se constituye prenda por el propietario aparente, será nula si existe mala fe por ambas partes; cuando existe buena fe en el acreedor prendario, la prenda será válida.

Artículo 2827. Las limitaciones a que esté sujeto el derecho de propiedad de quien constituye la prenda, afectarán a ésta.

Artículo 2828. Si el dominio de quien constituyó la prenda es revocable, llegado el caso de revocación, se extinguirá la prenda.

Artículo 2829. Si el donatario hubiere dado en prenda los bienes donados, y posteriormente se revocare la donación, subsistirá la prenda, y el donante tendrá derecho de exigir al donatario que la redima.

Artículo 2830. Cuando se declare nulo el título de propiedad de quien constituyó la prenda, y el acreedor hubiere procedido con buena fe, será válida aquélla.

Artículo 2831. Pueden darse en prenda:

I. Los bienes muebles, salvo que la ley lo prohíba respecto de un bien determinado;

II. Los frutos pendientes de los bienes raíces que deban ser recogidos en tiempo determinado.

Artículo 2832. Si la prenda es un crédito, se aplicarán las siguientes disposiciones:

I. El acreedor que tuviere en su poder el título, estará obligado a hacer todo lo que sea necesario para que no se altere o menoscabe el derecho que aquél representa;

II. Para que la renta quede legalmente constituida como prenda, cuando el crédito no sea al portador ni negociable por endoso, debe ser notificado el deudor de aquélla;

III. El acreedor a quien se haya entregado en prenda títulos de crédito:

a) Debe guardarlos, conservarlos y ejercitar los derechos inherentes a ellos, siendo los gastos por cuenta del deudor.

b) Podrá conservar en prenda las cantidades que reciba, si se vencen o amortizan los títulos empeñados.

IV. A voluntad de los interesados podrá suplirse la entrega al acreedor prendario del título empeñado, con el depósito de éste en una Sociedad Nacional de Crédito.

Artículo 2833. Cuando la prenda consista en frutos de un bien raíz, sea que estén pendientes o cosechados, el dueño de la finca será considerado como depositario.

Artículo 2834. Lo dispuesto en el artículo anterior, no se aplicará si convencionalmente las partes en la prenda, designan como depositario a otra persona.

Artículo 2835. La inexistencia o nulidad absoluta de la obligación principal determinan, respectivamente, la inexistencia o nulidad absoluta de la prenda.

Artículo 2836. La nulidad relativa de la obligación principal no puede ser invocada por el deudor prendario.

Artículo 2837. La obligación principal no se afecta por la inexistencia o nulidad de la prenda.

Artículo 2838. Las modalidades de la obligación principal afectarán a la prenda, cualquiera que sea la persona que la constituya.

Artículo 2839. Las modalidades de la prenda no afectan a la obligación principal.

Artículo 2840. Puede darse prenda para garantizar obligaciones futuras o condicionales y, en estos casos, para hacer efectiva la garantía debe probarse que la obligación principal es ya legalmente exigible.

Artículo 2841. Si la obligación principal estuviere sujeta a condición resolutoria, la prenda dejará de surtir efectos desde que se realice la condición.

Artículo 2842. Cuando el bien dado en prenda sea un bien mueble susceptible de identificarse indubitablemente, o un derecho sobre un inmueble que legalmente deba constar en el Registro Público de la Propiedad, para que la prenda surta efectos contra tercero deberán inscribirse en ese Registro:

I. El contrato que la constituya;

II. La prenda de frutos pendientes de los bienes raíces;

III. Las condiciones o modalidades que afecten la garantía.

Artículo 2843. Cuando se realicen las condiciones o modalidades a que se refiere la fracción III del artículo anterior deberá hacerse constar en el Registro

Público, por medio de una nota al margen de la inscripción prendaria, y sin esta anotación no podrá aprovechar ni perjudicar a tercero la garantía constituida.

Artículo 2844. La prenda puede constituirse antes de que nazca la obligación principal, al crearse ésta o después, hasta antes de su vencimiento.

Artículo 2845. Vencida la obligación principal, sólo puede garantizarse con prenda, cuando acreedor y deudor convengan ampliar el plazo para el pago.

Artículo 2846. Si alguno hubiere prometido dar un bien en prenda y no lo hubiere entregado, sea con culpa suya o sin ella, el acreedor puede pedir que se le entregue el bien, que se dé por vencido el plazo de la obligación o que ésta se rescinda.

Artículo 2847. En el caso del artículo anterior, el acreedor no podrá pedir que se le entregue el bien, si está en poder de otra persona en virtud de cualquier título legal.

Artículo 2848. El acreedor adquiere por la prenda, los siguientes derechos:

I. De ser pagado de su crédito con el precio del bien empeñado, con la preferencia que establece el artículo 2971;

II. De recobrar la prenda de cualquier detentador, sin exceptuar al deudor principal ni al deudor prendario;

III. De ser indemnizado de los gastos necesarios y útiles que hiciere para conservar el bien empeñado, a no ser que use de él por convenio; y

IV. De exigir del deudor otra prenda, o el pago de la deuda aun antes del plazo convenido, si el bien empeñado se pierde o se deteriora sin culpa del acreedor.

Artículo 2849. Los derechos que da la prenda al acreedor, se extienden a todos los accesorios del bien y a todas sus accesiones.

Artículo 2850. Si el acreedor es perturbado en la posesión de la prenda, debe avisarlo al dueño para que la defienda.

Artículo 2851. Si el dueño, en el supuesto del artículo anterior, no defiende la posesión de la prenda, es responsable de daños y perjuicios, de los que, en su caso responderá el acreedor, si no dio el aviso.

Artículo 2852. Si perdida la prenda, el deudor ofreciere otra, una fianza o hipoteca, queda al arbitrio del acreedor aceptarla o rescindir el contrato.

Artículo 2853. En los casos de accesión, se aplicarán las siguientes disposiciones:

I. Cuando el bien dado en prenda sea el principal, y el dueño del bien accesorio hubiere procedido de mala fe, la prenda se extenderá a la nueva especie formada;

II. Si el dueño de la prenda hubiere procedido de mala fe, no podrán perjudicarse los derechos del acreedor prendario y continuará la garantía;

III. En el supuesto previsto en la fracción anterior, el dueño del bien accesorio tendrá derecho para exigir el pago de los daños y perjuicios que sufriere;

IV. Si el bien empeñado fuere el accesorio, y la unión se hiciere en un bien del acreedor, se extinguirá la garantía; pero del precio del bien accesorio, se deducirá el importe de la obligación principal, que cubrirá ésta si ya se venció o quedará en garantía en caso contrario;

V. Cuando el bien dado en prenda sea el accesorio, y el principal pertenezca a una persona distinta de las partes, la garantía subsistirá sobre la nueva especie formada, hasta el límite del valor de la prenda, salvo que hubiere habido mala fe del acreedor prendario, caso en el cual se extinguirá el derecho real de garantía.

Artículo 2854. El acreedor está obligado:

I. A conservar el bien empeñado como si fuera propio, y a responder de los deterioros y perjuicios que sufra por su culpa o negligencia;

II. A restituir la prenda luego que estén pagados íntegramente la deuda, sus intereses y los gastos de conservación del bien, si se han estipulado los primeros y hecho los segundos.

Artículo 2855. Si el acreedor abusa del bien empeñado, el deudor puede exigir que éste se deposite o que aquél dé fianza de restituirlo en el estado en que lo recibió.

Artículo 2856. El acreedor abusa del bien empeñado, cuando usa de él sin estar autorizado por convenio, o cuando estándolo, lo deteriore o aplique a fin diverso del que le corresponde.

Artículo 2857. Si el propietario del bien empeñado lo enajenare, la obligación de éste se transmite al adquirente, quien sólo podrá exigir su entrega pagando el importe de la obligación garantizada, más intereses y gastos.

Artículo 2858. Los frutos del bien empeñado pertenecen al dueño de éste, sea el deudor principal o el prendario.

Artículo 2859. Si por convenio el acreedor percibe los frutos del bien empeñado, el importe de éstos se imputará primero a los gastos, después a los intereses y el sobrante al capital.

Artículo 2860. Las partes podrán estipular compensación recíproca de intereses con los frutos del bien.

Artículo 2861. La prenda únicamente garantiza la obligación para cuya seguridad fue constituida, salvo convenio en otro sentido.

Artículo 2862. Si el deudor no paga cuando su obligación sea exigible, el acreedor podrá promover judicialmente el remate de la prenda.

Artículo 2863. Sólo después de vencerse la obligación, puede convenir el deudor con el acreedor que éste adquiera la prenda, en el precio que se le fije por peritos.

Artículo 2864. Se prohíbe:

I. El convenio anterior al vencimiento de la deuda, que autorice al acreedor para apropiarse de la prenda, aunque ésta sea de menor valor que aquélla, o a disponer de la prenda contrariando lo establecido en los artículos que preceden;

II. La renuncia del deudor al derecho de pagar la deuda, durante el procedimiento judicial y hasta antes del remate, en caso de haberse promovido éste.

Artículo 2865. El acreedor no responde por la evicción de la prenda vendida en subasta, a no ser que hubiera dolo de su parte o que se hubiere sujetado a aquella responsabilidad expresamente.

Artículo 2866. El derecho y obligación que resultan de la prenda son indivisibles, salvo en los siguientes casos:

I. Cuando las partes estipulen la divisibilidad;

II. Si el deudor está facultado para hacer pagos parciales y se hayan dado en prenda:

a) Un bien que sea cómodamente divisible; o

b) Varios bienes.

Artículo 2867. En el caso de la fracción II del artículo anterior, la garantía se irá reduciendo proporcionalmente a los pagos hechos, si los derechos del acreedor quedan eficazmente garantizados.

Artículo 2868. Extinguida la obligación principal por cualquiera causa, se extingue el derecho de prenda.

Artículo 2869. El deudor principal podrá oponer al acreedor las siguientes excepciones:

I. Las inherentes a la obligación principal;

II. Las relativas al contrato de prenda; y

III. Las que sean personales del deudor.

Artículo 2870. El deudor prendario podrá oponer al acreedor las excepciones que sean personales del mismo deudor y las enumeradas en el artículo anterior.

Artículo 2871. Para que el deudor prendario pueda oponer las excepciones que sean personales del deudor principal, debe éste habérselas dado a conocer.

Artículo 2872. Las relaciones originadas por la prenda entre deudor principal y deudor prendario, se rigen por las siguientes disposiciones:

I. Si existe convenio entre el deudor principal y el prendario, se estará a lo convenido;

II. Si no existe convenio se distinguirá según que:

a) La prenda se haya otorgado:

1, Con el consentimiento del deudor principal;

2, Con su simple conocimiento o

3, Ignorándolo aquel deudor.

b) La prenda se haya otorgado contra la voluntad del deudor.

Artículo 2873. En los casos a que se refiere el inciso a) de la fracción II del artículo anterior, se aplicarán los siguientes preceptos:

I. Cuando el acreedor demande el cumplimiento de la garantía, el deudor prendario debe llamar a juicio al deudor principal, a efecto de que pueda aquél oponer las excepciones mencionadas en el artículo 2870;

II. Si el deudor principal no sale al juicio o si habiendo salido se remata el bien empeñado, el deudor prendario se subrogará en los derechos del acreedor, para exigir el pago de la obligación principal;

III. Si el deudor prendario hubiere transigido con el acreedor, únicamente podrá exigir del deudor, lo que en realidad haya pagado;

IV. Si no es llamado a juicio el deudor principal por el prendario y éste paga o se remata la prenda, aquél podrá oponerle todas las excepciones que podría haber opuesto al acreedor al tiempo de hacer el pago;

V. Si por ignorar el pago por falta de aviso del deudor prendario, el deudor principal paga de nuevo, no podrá aquél reclamarlo a éste y sólo podrá repetir contra el acreedor; y

VI. Si el acreedor prendario pagó en cumplimiento de un fallo judicial, y por motivo fundado no informó del pago al deudor principal, éste debe indemnizar a aquél, y sólo podrá oponerle las excepciones inherentes a la obligación, que no hubieren sido opuestas por el deudor prendario, a pesar de haber tenido conocimiento de ellas.

Artículo 2874. Si la prenda se constituyó contra la voluntad del deudor principal, y el deudor prendario paga la obligación voluntariamente o por el remate de la prenda, se aplicarán las siguientes disposiciones

I. El deudor principal debe indemnizar al prendario, de lo que pagó o de los perjuicios que sufrió con el remate de la prenda, si el beneficio recibido por aquél con la extinción de la obligación, es igual a la suma pagada o al importe de esos perjuicios;

II. Si el valor del beneficio recibido por el deudor principal, es menor que la suma pagada por el deudor prendario o que el perjuicio sufrido por éste, a causa del remate, el deudor principal sólo deberá pagar el importe de ese beneficio; y

III. El deudor principal podrá oponer las excepciones que se enumeran en el artículo 2869.

CAPÍTULO VIGÉSIMO SEGUNDO
ANTICRESIS

Artículo 2875. Por el contrato de anticresis puede el deudor prestar, en seguridad de su deuda, un inmueble que le pertenezca, quedando el acreedor con derecho de disfrutarlo por cuenta de los intereses y del capital, si no se deben éstos.

Artículo 2876. El contrato de anticresis se otorgará en escritura pública, y en él se declarará si el capital causa interés, y la manera como el acreedor ha de administrar el inmueble.

Artículo 2877. Si no se establecen las cláusulas mencionadas en el artículo anterior, se entenderá, por lo que hace a la primera, que no hay intereses; y por lo que respecta a la segunda, que el acreedor debe administrar de la misma manera que el mandatario general.

Artículo 2878. Son válidos los contratos que el acreedor celebre como administrador del bien, pero no pueden extenderse a mayor tiempo que el que debe durar la anticresis, salvo pacto expreso en contrario celebrado entre el acreedor y el deudor.

Artículo 2879. El contrato de anticresis crea en favor del acreedor un derecho real, llamado también anticresis, que confiere a su titular las siguientes facultades:

I. De retener el inmueble hasta que la deuda sea pagada íntegramente;

II. De transferir a otro, bajo su responsabilidad, el usufructo y administración del bien, si no hubiere estipulación en contrario; y

III. De defender sus derechos con las acciones posesorias.

Artículo 2880. El acreedor anticrético debe dar cuenta de los productos del bien; tiene las mismas obligaciones que el acreedor de prenda, y responde:

I. Por los frutos y rendimientos que se perdieren por su culpa;

II. Por las contribuciones y demás cargas prediales, salvo el derecho de deducirlas de los rendimientos;

III. Por la conservación y custodia del bien, debiendo solventar todos los gastos que sean necesarios para ello, y que deducirá del importe de los frutos.

Artículo 2881. Cuando por cualquiera causa no puedan ser exactamente conocidos los frutos, se regularán por peritos como si el inmueble estuviera arrendado.

Artículo 2882. Si en la escritura no se señala plazo para las cuentas, el acreedor debe darlas anualmente, si el bien es rústico y por trimestre vencido, si es urbano.

Artículo 2883. Si el acreedor que administra el bien no rinde cuentas tres meses después del plazo en que debe darlas, puede ponérsele un interventor a su costa, si el deudor así lo pide.

Artículo 2884. Si el acreedor hubiere conservado en su poder el bien dado en anticresis más de diez años sin rendir cuentas, se presumirán pagados capital e intereses, salvo prueba en contrario.

Artículo 2885. La falta de pago no autoriza al acreedor para quedarse con el bien, siendo aplicables al respecto las disposiciones conducentes de la prenda, para hacer efectiva la garantía.

Artículo 2886. Respecto del bien ajeno dado en anticresis, se observará lo dispuesto en los artículos 2822 al 2825.

CAPÍTULO VIGÉSIMO TERCERO
HIPOTECA

SECCIÓN PRIMERA
REGLAS GENERALES

Artículo 2887. La hipoteca es un derecho real que se constituye sobre inmuebles o derechos reales, para garantir el cumplimiento de una obligación y su preferencia en el pago.

Artículo 2888. El bien hipotecado no se entrega al acreedor, y queda sujeto al gravamen impuesto, aunque pase a poder de otra persona.

Artículo 2889. La hipoteca, salvo lo dispuesto en este capítulo, sólo puede constituirse sobre:

I. Inmuebles especialmente determinados;

II. Derechos reales constituidos sobre los mismos;

III. Un conjunto de inmuebles y muebles que formen una unidad perfectamente individualizada.

Artículo 2890. La hipoteca comprende, aunque no se exprese:

I. El área o superficie nuda que sirve de base a los edificios. En los casos de hipoteca sobre pisos, departamentos, viviendas o locales de edificios sujetos al régimen de propiedad y condominio, se estará a lo dispuesto por este Código en los artículos 1137 y 1138;

II. Las accesiones del inmueble hipotecado;

III. Las mejoras hechas por el propietario en los bienes gravados;

IV. Los objetos muebles accesorios del inmueble;

V. Los nuevos edificios que el propietario construya sobre el terreno hipotecado y los nuevos pisos que levante sobre los edificios hipotecados; y

VI. Los nuevos edificios que el constituyente de la garantía levantare, en reconstrucción total o parcial de los edificios hipotecados.

Artículo 2891. Pueden hipotecarse las negociaciones industriales, comerciales, agrícolas o ganaderas, con los inmuebles en que estén instaladas y en estos casos la hipoteca comprenderá también:

I. Las concesiones, si pueden enajenarse;

II. Los elementos materiales, muebles e inmuebles afectos a la explotación considerados en su unidad;

III. El dinero en caja y bancos de la explotación corriente y los créditos en favor de la empresa, derivados directamente de sus operaciones, y sin perjuicio de la posibilidad de disponer de ellos y de sustituirlos en el movimiento normal de las operaciones, sin necesidad del consentimiento del acreedor.

Artículo 2892. Salvo pacto en contrario, la hipoteca no comprenderá los frutos industriales ni las rentas vencidas y no satisfechas, que se hayan producido o causado, respectivamente, hasta el vencimiento de la obligación garantizada.

Artículo 2893. No se podrán hipotecar:

I. Los frutos y rentas pendientes, con separación del predio que los produzca;

II. Los bienes muebles accesorios de un inmueble, con separación de éste;

III. Las servidumbres, a no ser que se hipotequen juntamente con el predio dominante, y exceptuándose en todo caso las de aguas, la cual podrá ser hipotecada;

IV. Los bienes litigiosos, salvo que la demanda, origen del juicio, se haya registrado preventivamente, o que se haga constar en el título constitutivo de la hipoteca, que el acreedor tiene conocimiento del litigio. En ambos casos, la hipoteca quedará pendiente de la resolución del pleito.

Artículo 2894. La hipoteca sobre derechos reales constituidos respecto de bienes raíces, puede tener por objeto los derechos de copropiedad, nuda propiedad, usufructo, hipoteca, servidumbre en el caso de la fracción III del artículo anterior, anticresis, enfiteusis y superficie.

Artículo 2895. Son aplicables a la hipoteca prevista en el artículo anterior, las siguientes disposiciones:

I. Dura mientras subsista el derecho real hipotecado;

II. Si el derecho hipotecado se extingue, cualquiera que sea la causa de la extinción, el deudor hipotecario debe constituir nueva hipoteca a favor y a satisfacción del acreedor;

III. Si el deudor hipotecario no otorga la nueva hipoteca a que se refiere la fracción anterior, u otra garantía suficiente a juicio del acreedor, se dará por vencido anticipadamente el plazo de la obligación principal.

Artículo 2896. La hipoteca puede recaer sobre una herencia o sobre los derechos de un heredero, cuando en el acervo hereditario haya inmuebles.

Artículo 2897. Puede hipotecarse exclusivamente la nuda propiedad, o ésta por una parte y el usufructo por la otra, y cada una de esas hipotecas son independientes, de manera que extinguida la primera, la segunda no se extiende al objeto de aquélla.

Artículo 2898. La hipoteca de una construcción levantada en terreno ajeno no comprende el área.

Artículo 2899. Cuando alguien construyere de buena fe en terreno ajeno, y el propietario no quiere hacer uso del derecho que le concede este Código para adquirir la construcción, podrá hipotecarse ésta por el constructor.

Artículo 2900. El derecho de superficie puede ser hipotecado, siguiendo el gravamen las limitaciones y modalidades de ese derecho.

Artículo 2901. La hipoteca de hipoteca se rige por los siguientes preceptos:

I. Comprende, salvo pacto en contrario, tanto el derecho real, cuanto el principal garantizado por éste;

II. Si las partes no pactaron en contrario a lo dispuesto en la fracción anterior, al constituirse la hipoteca, el deudor deberá otorgar al acreedor un mandato irrevocable, para cobrar y, en su caso, demandar en tiempo al deudor de la hipoteca hipotecada;

III. Los notarios cuidarán del exacto cumplimiento de la fracción anterior;

IV. El mandatario, en el supuesto de la fracción II, de este artículo, tendrá las facultades que concede la fracción I, del artículo 2440;

V. Cuando se hipoteque exclusivamente el derecho principal, el gravamen se extinguirá al extinguirse la hipoteca hipotecada; y

VI. Si la hipoteca hipotecada, en el caso de la fracción anterior, se extingue por pago de la obligación principal, el titular de la hipoteca de hipoteca no tendrá derecho alguno respecto a la prestación que en bienes o numerario fuera pagada.

Artículo 2902. En los casos previstos en los artículos 2895 y 2901, fracciones V y VI, si el derecho real hipotecado se extingue por culpa del titular de ese derecho, el acreedor hipotecario además de los derechos que le concede la fracción III del artículo 2895, podrá exigir al titular del derecho real extinguido, el pago de daños y perjuicios.

Artículo 2903. Puede hipotecarse la herencia como una universalidad, si tuviere inmuebles o derechos reales, y de acuerdo con las siguientes disposiciones:

I. Se requiere el consentimiento de los herederos y, en su caso, de los legatarios, de acuerdo con el artículo 3471, fracción II;

II. Esta hipoteca se constituirá sin perjuicio de los acreedores hereditarios;

III. Para la constitución, deberá inscribirse previamente, en el Registro Público de la Propiedad, el testamento y, en caso de intestado, el auto declaratorio de herederos, indicándose, en ambos casos, los bienes que constituyen el haber hereditario.

Artículo 2904. Para que un heredero pueda hipotecar su parte alícuota, se requiere que en la herencia existan inmuebles o derechos reales y que se hayan hecho las inscripciones a que se refiere la última fracción del artículo anterior.

Artículo 2905. La hipoteca a que se refiere el artículo anterior quedará sujeta a la adjudicación que se hiciere al heredero del inmueble, al efectuarse la partición.

Artículo 2906. Las concesiones pueden ser objeto de hipoteca de acuerdo con lo que establezcan las leyes respectivas.

Artículo 2907. Pueden también ser hipotecados los bienes que ya lo estén anteriormente, salvo los derechos de prelación que establece este Código. El pacto de no volver a hipotecar es nulo.

Artículo 2908. En la hipoteca de un predio común, se aplicarán las siguientes disposiciones:

I. Se requiere el consentimiento de todos los copropietarios para hipotecar el predio común en su totalidad;

II. Un copropietario puede hipotecar su porción indivisa, y al dividirse el bien común, la hipoteca gravará la parte que le corresponda en la división;

III. En el supuesto previsto en la fracción anterior, el acreedor tiene derecho de intervenir en la división, para impedir que a su deudor se le aplique una parte del inmueble, con valor inferior al que corresponda al copropietario que constituyo la hipoteca.

Artículo 2909. La hipoteca queda sujeta a las condiciones y limitaciones que afecten al derecho de propiedad del bien hipotecado.

Artículo 2910. Sólo puede hipotecar el que pueda enajenar, y solamente son susceptibles de ser hipotecados los bienes enajenables.

Artículo 2911. La hipoteca constituida por quien no tenga derecho de hipotecar, se convalidará, si el constituyente adquiere el inmueble hipotecado antes de la evicción.

Artículo 2912. El propietario cuyo derecho sea condicional o de cualquiera otra manera limitado, deberá declarar, en el contrato, la naturaleza de su propiedad, si la conoce.

Artículo 2913. La hipoteca puede ser constituida tanto por el deudor, como por otro a su favor, con o sin el consentimiento de éste o contra su voluntad.

Artículo 2914. Cuando el inmueble deviniere, con o sin culpa del deudor, insuficiente para la seguridad de la deuda se aplicarán las siguientes disposiciones:

I. Podrá el acreedor exigir que se mejore la hipoteca por el monto que, a juicio de peritos, garantice la obligación principal;

II. Se sujetará a juicio de peritos, la insuficiencia del inmueble para responder de la obligación principal;

III. Si quedare comprobada la insuficiencia de la finca y el deudor no mejorare la hipoteca como dispone la fracción I, dentro de ocho días siguientes a la declaración judicial correspondiente, se dará por vencida la hipoteca para todos los efectos legales.

Artículo 2915. Cuando la finca estuviere asegurada y se destruyere por caso fortuito, se aplicarán los siguientes preceptos:

I. La hipoteca subsistirá en los restos de la finca;

II. El valor del seguro quedará afecto al pago;

III. Si el crédito fuere de plazo cumplido, podrá el acreedor pedir la retención del seguro; y

IV. Si el crédito no fuere exigible aún, podrá pedir el acreedor que el valor del seguro se imponga a satisfacción de él, para que el pago se verifique al vencimiento del plazo.

Artículo 2916. La hipoteca subsistirá íntegra aunque se reduzca la obligación garantizada, y gravará cualquier parte de los bienes hipotecados que se conserven, aunque la restante hubiere desaparecido, salvo lo dispuesto en las fracciones siguientes:

I. Cuando se hipotequen varios predios para la seguridad de un crédito, y se fije la porción del crédito por la que responderá cada predio, pueden éstos ser redimidos independientemente, pagándose la parte del crédito que garanticen;

II. Cuando sean varios los predios hipotecados y no se haya señalado la responsabilidad de cada predio, no se podrá exigir la liberación de ninguno de ellos, sea cual fuere la parte del crédito que el deudor haya satisfecho;

III. Cuando un inmueble hipotecado susceptible de ser fraccionado convenientemente se divida en varios predios, se repartirá equitativamente el gravamen hipotecario entre éstos, por convenio entre el acreedor y el dueño del bien hipotecado; y si no se consiguiere ese acuerdo, la distribución del gravamen se hará por decisión judicial, oyendo el dictamen de peritos;

IV. Si no se divide el crédito, según lo establecido en la fracción que precede, podrá el acreedor hacer efectivo su crédito por la totalidad de la suma garantizada, contra cualquiera de los nuevos predios en que se haya dividido el primero, o contra todos, simultánea o sucesivamente;

V. Dividida entre varios predios la hipoteca constituida para la seguridad de un crédito, y pagada la parte de éste con que estuviere gravado alguno de ellos, se podrá exigir por quien tenga interés, la cancelación parcial de la hipoteca, en la parte correspondiente a ese predio;

VI. Si la parte pagada del crédito es mayor que la cantidad por la que responde cada uno de los predios, pero no igual a la suma de las cantidades que garantizan ambos, podrá el deudor elegir cuál de los dos ha de liberarse.

Artículo 2917. El propietario del predio hipotecado no puede recibir, adelantadas, las rentas que deban vencer durante el plazo de la hipoteca ni durante tres años después; pero podrá cobrar las que venzan mientras no incurra en mora.

Artículo 2918. Si el crédito hipotecario causa rédito, el predio gravado no responde por los caídos de más de tres años, a no ser que se haya ampliado a ellos la hipoteca al constituirla, lo que surtirá efectos contra tercero desde que la cláusula correspondiente se inscriba en el Registro Público de la Propiedad.

Artículo 2919. El bien hipotecado puede ser adquirido por el acreedor en remate judicial y de acuerdo con las disposiciones del Código de Procedimientos Civiles; pero no puede pactarse, al constituir la hipoteca, que el bien hipotecado se adjudique al acreedor en determinado precio.

Artículo 2920. La hipoteca debe otorgarse en escritura pública.

Artículo 2921. La acción hipotecaria prescribe en igual tiempo que la obligación principal.

Artículo 2922. El plazo para la prescripción de la acción hipotecaria, se contará desde que puedan ejercitarse los derechos que confieren al acreedor la obligación principal y esa acción.

Artículo 2923. La hipoteca no puede ser tácita ni general.

Artículo 2924. La hipoteca puede constituirse por contrato, testamento o declaración unilateral de voluntad, así como por la ley, con el carácter de necesaria. En los tres primeros casos, la hipoteca se llama voluntaria, y en el último, necesaria.

SECCIÓN SEGUNDA
HIPOTECA VOLUNTARIA

Artículo 2925. La hipoteca constituida por declaración unilateral de persona distinta al acreedor y al deudor de la obligación principal, será irrevocable desde el momento en que se hace saber a aquél o a éste.

Artículo 2926. El propietario de un bien inmueble que se halle libre de gravámenes puede, por declaración unilateral de voluntad, constituir una hipoteca en primer lugar, sobre dicho bien, en garantía de obligaciones que no existan aún ni estén sujetas a condición suspensiva. Esta hipoteca estará sujeta a las siguientes reglas:

I. La declaración unilateral de la voluntad que la constituya se hará constar ante Notario, en escritura pública, y se establecerá, expresamente, el plazo de la hipoteca y el interés que en su caso causará la suma por la que se constituya;

II. La suma que esta hipoteca garantice, no podrá exceder del cuarenta por ciento del valor del bien hipotecado, según avalúo bancario;

III. Una vez hecha la inscripción, el propietario podrá transmitir total o parcialmente su derecho real hipotecario, a una o más personas, en garantía de las obligaciones que adquiera en favor de éstas;

IV. La transmisión total o las transmisiones parciales se harán constar en escritura pública;

V. En los testimonios de las escrituras a que se refiere la fracción anterior, se insertará la escritura constitutiva de la hipoteca y la razón de su registro;

VI. Si el Notario que autorice las transmisiones de la hipoteca, no es el que autorizó la escritura de constitución, se agregará al apéndice una copia certificada de la misma y aquél comunicará a éste, dentro de tres días, las transmisiones, para que las anote marginalmente en la mencionada escritura;

VII. El adquirente o adquirentes de este derecho real hipotecario, tendrán los derechos establecidos en la escritura constitutiva de la hipoteca;

VIII. Quienes adquieran total o parcialmente el derecho hipotecario a que se refiere este artículo, gozarán de los derechos de garantía y preferencia, oponibles a todos los acreedores personales del constituyente de la hipoteca y a los que tengan un derecho real constituido con posterioridad a su registro;

IX. Si la transmisión es parcial y se hace a varios acreedores, en la misma o en diferentes fechas, todos ellos ocuparán el mismo grado de preferencia;

X. La mora en el pago de los intereses respecto a uno de los acreedores, produce los mismos efectos respecto a todos;

XI. El primer testimonio de la escritura de transmisión parcial o total, una vez inscrito, servirá de título ejecutivo al adquirente de toda la hipoteca o de parte de ella;

XII. En caso de juicio, se llamará a todos los acreedores que hubiesen adquirido parte de esta hipoteca;

XIII. La hipoteca por declaración unilateral de voluntad se extingue cuando transcurran dos años desde que se constituyó, sin que el propietario haya transmitido total o parcialmente su derecho. Si la hipoteca se transmitió parcialmente dentro de ese plazo, sólo se extinguirá la parte que no se haya transmitido;

XIV. Unicamente surtirán efectos desde su inscripción, las transmisiones parciales de la hipoteca, cuyo testimonio se presente al Registro Público de la Propiedad después de dos años de la constitución de ésta;

XV. El Registrador, en el supuesto de las dos fracciones anteriores, a petición de parte interesada cancelará, total o parcialmente, la inscripción, según proceda;

XVI. Si la hipoteca por declaración unilateral de voluntad fuere embargada al propietario, antes de la transmisión total o parcial, ésta o aquélla sólo podrán efectuarse, después del embargo, por orden judicial; y lo que se obtenga de la transmisión sustituirá a la hipoteca embargada;

XVII. En el supuesto previsto en la fracción anterior, si la hipoteca se extinguiere por falta de transmisión en tiempo, el embargo se considerará trabado sobre el inmueble, y su preferencia se determinará por la fecha de inscripción de ese embargo.

Artículo 2927. La hipoteca constituida por testamento, puede tener por objeto mejorar un crédito a cargo del testador, para convertirlo de simple en hipotecario, o bien garantizar un legado, o un crédito que se reconozca por testamento.

(REFORMADO, P.O. 28 DE FEBRERO DE 1997)

Artículo 2928. Puede otorgarse hipoteca para garantizar obligaciones civiles consignadas en documentos privados o públicos, y una vez inscrita en el Registro Público de la Propiedad la escritura de hipoteca, debe hacerse una anotación sobre su constitución y registro en el documento que acredite la deuda, salvo lo previsto en el Artículo 2933.

Artículo 2929. La hipoteca constituida para la seguridad de una obligación futura o sujeta a condiciones suspensivas inscritas, surtirá efecto contra tercero desde su inscripción, si posteriormente la obligación llega a realizarse o la condición a cumplirse.

Artículo 2930. Si la obligación garantizada estuviese sujeta a condición resolutoria inscrita, la hipoteca dejará de surtir su efecto respecto de tercero, desde que se haga constar en el Registro Público de la Propiedad el cumplimiento de la condición.

Artículo 2931. En el supuesto de los dos artículos anteriores son aplicables las siguientes disposiciones:

I. Cuando se contraiga la obligación que era futura o se cumplan las condiciones o condición a que estaba sujeta la obligación principal, deberán los interesados pedir que se haga constar así, en una nota marginal en la inscripción hipotecaria, y sin este requisito la hipoteca constituida no aprovecha ni perjudica a tercero;

II. Para hacer constar en el Registro Público de la Propiedad el cumplimiento de las condiciones o la existencia de las obligaciones que eran futuras, presentará cualquiera de los interesados al Registrador, copia del documento público que así lo acredite;

III. En defecto del documento público que acredite el cumplimiento de las condiciones o la existencia de la obligación principal, se presentará al

Registrador una solicitud firmada ante Notario, por el deudor principal y por el deudor hipotecario, pidiendo que se extienda la nota marginal y expresando claramente los hechos que la hacen procedente;

IV. Si alguno de los interesados se niega a firmar, a petición de parte, el Juez ordenará la anotación preventiva y oportunamente la marginal.

Artículo 2932. Los actos jurídicos que puedan modificar o destruir la eficacia de una obligación hipotecaria anterior, no surtirán efectos contra tercero si no se hace constar en el Registro Público de la Propiedad, por medio de una nueva inscripción, de una cancelación total o parcial o de una nota marginal, según los casos.

Artículo 2933. La cesión del crédito hipotecario debe: 1° hacerse constar en escritura pública; 2° notificarse al deudor; y 3° inscribirse en el Registro Público de la Propiedad.

(ADICIONADO, P.O. 28 DE FEBRERO DE 1997)

Si la hipoteca se ha constituido para garantizar obligaciones a la orden, puede transmitirse por endoso del título, sin necesidad de notificación al deudor ni de registro. La hipoteca constituida, para garantizar obligaciones al portador, se transmitirá por la simple entrega del título sin ningún otro requisito.

(ADICIONADO, P.O. 28 DE FEBRERO DE 1997)

Las Instituciones del Sistema Bancario Mexicano, actuando en nombre propio o como fiduciarias, las demás entidades financieras, y los institutos de seguridad social, podrán ceder sus créditos con garantía hipotecaria, sin necesidad de notificación al deudor, de escritura pública, ni de inscripción en el Registro, siempre que el cedente lleve la administración de los créditos. En caso de que el cedente deje de llevar la administración de los créditos, el cesionario deberá únicamente notificar por escrito la cesión al deudor.

(ADICIONADO, P.O. 28 DE FEBRERO DE 1997)

En los supuestos previstos en los dos párrafos anteriores, la inscripción de la hipoteca a favor del acreedor original se considerará hecha a favor de el o los cesionarios referidos en tales párrafos, quienes tendrán todos los derechos y acciones derivados de ésta.

Artículo 2934. En el caso de la hipoteca prevista en el artículo 2928, si se constituyó para garantizar obligaciones a la orden, se aplicarán las siguientes disposiciones:

I. El endoso en propiedad del título, transmite al endosatario el derecho accesorio de hipoteca; y

II. El endoso en procuración da facultades al endosatario para ejercitar judicialmente, como mandatario del endosante, la acción hipotecaria y para exigir el pago de la obligación principal.

Artículo 2935. La duración de la hipoteca se rige por las disposiciones siguientes:

I. Durará el tiempo que subsista la obligación principal;

II. Si la obligación principal no tuviere plazo para su vencimiento, la hipoteca continuará vigente hasta que prescriba la obligación principal o se extinga por alguna otra causa;

III. En el título constitutivo de la hipoteca puede establecerse que ésta dure menos que la obligación principal;

IV. No puede estipularse, al constituirse la hipoteca, que ésta tendrá mayor duración que la obligación principal.

Artículo 2936. La prórroga se rige por las siguientes disposiciones:

I. El plazo de la obligación principal puede ser prorrogado antes de su vencimiento;

II. En el caso de la fracción anterior, la hipoteca puede prorrogarse por el mismo lapso que la obligación principal; y

III. Si en el instrumento en que se estipule la prórroga no se señala el tiempo de ésta, se entenderá prorrogada la hipoteca por cinco años.

Artículo 2937. Durante las prórrogas y el plazo señalado para la prescripción, la hipoteca conservará la prelación que le corresponda desde su origen.

Artículo 2938. En caso de prórroga, la prescripción empieza a correr al día siguiente del vencimiento de aquélla.

SECCIÓN TERCERA
HIPOTECA NECESARIA

Artículo 2939. Llámase necesaria la hipoteca especial y expresa que, por disposición de la ley, están obligadas a constituir ciertas personas para asegurar los créditos de determinados acreedores.

Artículo 2940. La constitución de la hipoteca necesaria podrá exigirse en cualquier tiempo, aunque haya cesado la causa que le diere fundamento, si está pendiente de cumplimiento, la obligación que se debiera haber asegurado.

Artículo 2941. Si para la constitución de una hipoteca necesaria se ofrecieren varios predios y no convinieren los interesados la cantidad por la que responderá cada uno de ellos, se observará lo dispuesto en la parte final de la fracción III del artículo 2916, y del mismo modo decidirá el Juez las cuestiones que se susciten entre los interesados, sobre la calificación de suficiencia de los bienes ofrecidos para la constitución de cualquiera hipoteca necesaria.

Artículo 2942. La hipoteca necesaria durará el mismo tiempo que la obligación que con ella se garantiza.

Artículo 2943. Tienen derecho de pedir la hipoteca necesaria para seguridad de sus créditos:

I. El coheredero o partícipe, sobre los inmuebles repartidos, en cuanto importen sus respectivos saneamientos o el exceso de los bienes que hayan recibido;

II. Los menores y demás incapacitados, sobre los bienes de sus tutores, por lo que éstos administren;

III. El que presta dinero para comprar un inmueble, sobre éste, si consta en documento público el préstamo y el objeto del mismo;

IV. Los acreedores que hayan obtenido a su favor sentencia ejecutoriada, sobre los bienes que tuviere libres el deudor y que ellos mismos designen;

V. Los acreedores de la herencia por el importe de sus créditos, si en la misma existen bienes inmuebles o derechos reales sobre bienes raíces;

VI. Los legatarios, sobre los inmuebles de la herencia, por el importe de su legado, si no hubiere hipoteca especial designada por el mismo testador.

Artículo 2944. La constitución de la hipoteca, en los casos a que se refiere la fracción II del artículo anterior, puede ser pedida por el curador del incapaz, por los parientes de éste sin limitación de grado o por el Ministerio Público.

Artículo 2945. Los que tienen derecho de exigir la constitución de hipoteca necesaria, tienen también el de objetar la suficiencia de la que se ofrezca, y el de pedir su ampliación cuando los bienes hipotecados se hagan por cualquier motivo insuficientes para garantizar el crédito; en ambos casos resolverá el Juez.

Artículo 2946. Si el responsable de la hipoteca designada en las fracciones II y VI del artículo 2943, no tuviere inmuebles, el acreedor sólo gozará del privilegio mencionado en el artículo 2982, fracción I, salvo disposición legal en otro sentido.

SECCIÓN CUARTA
DISPOSICIONES COMUNES A LAS DIVERSAS HIPOTECAS

Artículo 2947. La hipoteca constituida por el propietario aparente es válida, independientemente de que se declare o no la nulidad del título de propiedad o la falta del mismo, si se reúnen los siguientes requisitos:

1, que el acreedor sea de buena fe;

2, que los vicios del título de dominio no se desprendan del mismo Registro Público de la Propiedad; y

3, que la obligación garantizada tenga su origen en un acto a título oneroso.

Artículo 2948. Cuando no se reúnan los tres requisitos señalados en el artículo anterior, la hipoteca constituida por el propietario aparente será nula, y esta nulidad podrá ser invocada por cualquiera persona que tenga interés jurídico, será imprescriptible y sólo podrá convalidarse, si quien constituyó la hipoteca adquiere legítimamente la propiedad, antes de la evicción.

Artículo 2949. Se adquiere una hipoteca de propietario, por subrogación legal, según lo dispuesto en la fracción V del artículo 1729, cuando el adquirente de un bien gravado, pague a un acreedor, que tenga sobre dicho bien, un crédito hipotecario anterior a la adquisición.

Artículo 2950. Habrá también lugar a la hipoteca de propietario, cuando el dueño del bien gravado se libere de la obligación principal por compensación, novación, confusión o remisión. En estos casos, el dueño quedará subrogado en la hipoteca que pesa sobre su propio bien, si hay otro u otros gravámenes en favor de terceros. De no existir tales gravámenes ni desear el propietario conservar la hipoteca, se extinguirá ésta.

SECCIÓN QUINTA
EXTINCIÓN DE LA HIPOTECA

Artículo 2951. La hipoteca produce sus efectos jurídicos contra tercero, mientras no sea cancelada su inscripción.

Artículo 2952. La hipoteca se extingue, a petición de parte interesada y mediante declaración judicial:

I. Cuando se extingue el bien hipotecado;

II. Cuando se extinga la obligación a que sirvió de garantía, salvo los casos de hipoteca de propietario;

III. Por expropiación del bien hipotecado.

Artículo 2953. Para los efectos de la fracción I del artículo anterior, se extingue el inmueble hipotecado:

I. Cuando se destruye; y

II. Cuando queda fuera del comercio.

Artículo 2954. Cuando el acreedor hipotecario hereda el bien hipotecado, no se extinguirá la hipoteca, y si en la división de la herencia se le aplicare íntegramente el bien, el heredero adquirirá la hipoteca de propietario.

Artículo 2955. La hipoteca extinguida por dación en pago revivirá, si el pago queda sin efecto, porque el bien objeto de la dación se pierda por culpa del deudor y estando todavía en su poder, o por evicción.

Artículo 2956. En los casos del artículo anterior, si el registro hubiera sido ya cancelado, revivirá solamente desde la fecha de la nueva inscripción; quedando siempre a salvo al acreedor, el derecho para ser indemnizado por el deudor, de los daños y perjuicios que se le hayan seguido.

SECCIÓN SEXTA
CANCELACIÓN DE LA HIPOTECA

Artículo 2957. Los registros hipotecarios pueden ser cancelados por consentimiento del acreedor y por decisión judicial.

Artículo 2958. La cancelación consiste en la anotación del Registrador, al margen de la inscripción respectiva, de quedar extinguida la hipoteca con todos sus efectos.

CAPÍTULO VIGÉSIMO CUARTO
GRADUACIÓN DE ACREEDORES

SECCIÓN PRIMERA
DISPOSICIONES GENERALES

Artículo 2959. El deudor está obligado a pagar con todos sus bienes presentes y futuros, salvo los que sean inembargables.

Artículo 2960. El concurso de acreedores procede cuando el deudor suspenda el pago de sus deudas líquidas y exigibles.

Artículo 2961. La declaración de concurso será hecha por el Juez, según lo disponga el Código de Procedimientos Civiles, y produce, entre otros, los siguientes efectos:

I. Incapacita al deudor para administrar bienes propios o ajenos;

II. Las deudas del concursado dejan de devengar intereses con excepción de los créditos hipotecarios y pignoraticios, que seguirán causándolos hasta donde alcance el valor de los bienes que los garanticen.

Artículo 2962. Los capitales debidos serán pagados en el orden establecido en este capítulo y si después de satisfechos quedaren fondos pertenecientes al concurso, se pagarán los réditos correspondientes, reducidos al tipo legal, a no ser que se hubiere pactado un tipo menor.

Artículo 2963. Sólo que en el concurso hubiere bienes suficientes para pagar a todos los acreedores, se cubrirán los réditos al tipo convenido, que sea superior al legal.

Artículo 2964. El deudor y los acreedores de éste, en junta debidamente constituida, pueden celebrar los convenios que estimen oportunos.

Artículo 2965. En el supuesto previsto en el artículo anterior, se aplicarán las siguientes disposiciones:

I. Los requisitos sobre la mayoría necesaria para la celebración del convenio entre deudor y acreedores, así como los casos en que sea necesaria autorización judicial, se regirán por el Código de Procedimientos Civiles;

II. El convenio puede ser anterior al concurso, para evitar la declaración del mismo;

III. Puede el convenio ser posterior a la declaración del concurso, y tener por objeto la terminación de éste y la rehabilitación del deudor;

IV. Si el deudor cumpliere el convenio quedarán extinguidas sus obligaciones, según se haya pactado;

V. El cumplimiento del convenio rehabilita al deudor;

VI. Si el deudor no cumpliere total o parcialmente el convenio, los acreedores tendrán derecho a exigir el pago de lo que aún se les adeude y cualquiera de ellos podrá pedir la declaración del concurso, en el caso de la fracción II anterior, o su continuación en el de la III.

Artículo 2966. No mediando pacto expreso en contrario, entre deudor y acreedores, conservarán éstos su derecho, terminado el concurso, para cobrar, de los bienes que el deudor adquiera posteriormente, la parte de sus créditos que no les hubiere sido satisfecha.

Artículo 2967. Los créditos se graduarán en el orden que se clasifican en las secciones siguientes, con la prelación que para cada clase se establece.

Artículo 2968. Concurriendo diversos acreedores de la misma clase y orden, serán pagados según la fecha de su título, si aquélla constare de una manera indubitable. En cualquier otro caso serán pagados a prorrata.

Artículo 2969. Los gastos judiciales hechos por un acreedor en lo particular, serán pagados en el orden en que deba serlo el crédito que los haya causado.

Artículo 2970. El crédito cuya preferencia provenga de convenio fraudulento entre el acreedor y el deudor, pierde toda preferencia.

SECCIÓN SEGUNDA
CRÉDITOS HIPOTECARIOS Y PIGNORATICIOS

Artículo 2971. Los acreedores hipotecarios y los pignoraticios no entrarán en concurso, y pueden deducir las acciones que les competen, en virtud de la hipoteca o de la prenda, en los juicios respectivos, a fin de ser pagados con el valor de los bienes que garanticen sus créditos.

Artículo 2972. Cuando el valor de los bienes hipotecados o dados en prenda, no alcanzare a cubrir los créditos que garantizan, se pagará el saldo considerando a los acreedores como de tercera clase.

Artículo 2973. Para que el acreedor pignoraticio goce del derecho que le concede el artículo 2971, es necesario:

I. Que conserve en su poder la prenda si se le entregó materialmente ésta; y

II. Que si la prenda se le entregó virtual o jurídicamente, no haya consentido que el depositario de ella, sea o no el deudor, la entregará a otra persona.

Artículo 2974. Del precio de los bienes hipotecados o dados en prenda, se pagarán en el orden siguiente:

I. Los gastos del juicio respectivo y los que cause la venta de esos bienes;

II. Los gastos de conservación y administración de los mencionados bienes;

III. - La deuda de seguros de los mismos bienes;

IV. Los créditos hipotecarios de acuerdo con la preferencia que a cada uno de ellos corresponda legalmente, comprendiendo en el pago los réditos de los últimos tres años, o los créditos pignoraticios, según su fecha, así como sus réditos durante los últimos seis meses.

Artículo 2975. Para que se paguen con la preferencia señalada los créditos comprendidos en las fracciones I y II del artículo anterior, son requisitos indispensables que los de la fracción II hayan sido necesarios, y que los de la III consten indubitablemente.

Artículo 2976. Si el concurso llega al período en que deba pronunciarse sentencia de graduación, sin que los acreedores hipotecarios o pignoraticios hagan uso de los derechos que les concede el artículo 2971 el representante del concurso venderá los bienes y depositará el importe del crédito y de los réditos correspondientes.

Artículo 2977. El concurso tiene derecho para redimir los gravámenes hipotecarios y pignoraticios que pesen sobre los bienes del deudor, o pagar las deudas de que especialmente responden algunos de ellos y, en estos supuestos, esos bienes entrarán a formar parte del fondo del concurso.

Artículo 2978. Si entre los bienes del deudor se hallaren confundidos bienes muebles o inmuebles adquiridos por sucesión y obligados por el autor de la herencia a ciertos acreedores, podrán éstos pedir que aquéllos sean separados para formar un concurso especial, con exclusión de los demás acreedores.

Artículo 2979. No existirá el derecho a que se refiere el artículo anterior:

I. Si la separación de los bienes no fuere pedida dentro de tres meses, contados desde que se inició el concurso, o desde la aceptación de la herencia;

II. Si los acreedores hubieren novado la deuda o aceptado la responsabilidad personal del heredero.

SECCIÓN TERCERA
ACREEDORES PREFERENTES SOBRE DETERMINADOS BIENES

Artículo 2980. Serán pagados preferentemente:

I. Los adeudos fiscales, con el valor de los bienes que los hayan causado;

II. La deuda por gastos de salvamento, con el valor del bien salvado;

III. La deuda contraída antes del concurso, expresamente para ejecutar obras de rigurosa conservación de algunos bienes, con el valor de éstos, siempre que se pruebe que la cantidad prestada se empleó en esas obras;

IV. Los créditos por fabricación de muebles, con el precio de éstos;

V. Los créditos por semillas, gastos de cultivo y recolección, con el precio de la cosecha a que se destinaron y que se halle en poder del deudor;

VI. El crédito por fletes, con el precio de los efectos transportados, si se encuentran en poder del acreedor;

VII. El crédito por hospedaje, con el precio del equipaje del huésped, si ese equipaje está en la casa donde se hospedó;

VIII. El crédito del arrendador, con el precio de los bienes muebles embargables, que se hallen dentro del inmueble arrendado, o con el precio de los frutos de la cosecha respectiva si aquél fuere rústico;

IX. El crédito que provenga del precio de los bienes vendidos y no pagados, con el valor de ellos, si el acreedor hace su reclamación dentro de los sesenta días siguientes a la venta de contado, o del vencimiento, si fue a plazo.

Tratándose de bienes muebles, cesará la preferencia si éstos son accesorios de un inmueble;

X. Los créditos anotados en el Registro Público de la Propiedad en virtud de mandamiento judicial por embargos, secuestros o ejecución de sentencias, sobre los bienes respecto a los cuales se hizo la anotación;

XI. Los créditos a que se refiere la fracción IV del artículo 1160.

SECCIÓN CUARTA
ACREEDORES DE PRIMERA CLASE

Artículo 2981. Pagados los acreedores mencionados en los dos capítulos anteriores, se pagarán con el valor de los bienes que queden:

I. Los gastos judiciales comunes, como lo disponga el Código de Procedimientos Civiles;

II. Los gastos de rigurosa conservación y administración de los bienes concursados;

(REFORMADA, P.O. 14 DE SEPTIEMBRE DE 1998)

III. Los gastos, que no sean de lujo, ocasionados por los funerales del deudor, de su cónyuge o concubino, y de los menores que estén bajo su patria potestad o pupilos bajo su tutela y no tuviesen bienes propios;

IV. Los gastos de la última enfermedad de las personas mencionadas en la fracción anterior;

V. El crédito por alimentos fiados al deudor para su subsistencia y la de su familia, en los seis meses anteriores a la formación del concurso;

VI. La responsabilidad por reparación del daño en la persona.

SECCIÓN QUINTA
ACREEDORES DE SEGUNDA CLASE

Artículo 2982. Pagados los créditos antes mencionados se cubrirán:

I. Los créditos de las personas comprendidas en las fracciones II y VI del artículo 2943, que no hubieren exigido la hipoteca necesaria;

II. Los créditos del erario, que no estén comprendidos en la fracción I del artículo 2980 y los créditos a que se refiere la fracción V del artículo 2943, que no hayan sido garantizados en la forma allí prevenida;

(REFORMADA, P.O. 31 DE DICIEMBRE DE 2012)

III. Los créditos de los establecimientos de asistencia social, sea pública o privada.

SECCIÓN SEXTA
ACREEDORES DE TERCERA CLASE

Artículo 2983. Satisfechos los créditos a que se refieren las secciones anteriores, se pagarán los que consten en escritura pública o en cualquier otro documento auténtico.

SECCIÓN SÉPTIMA
ACREEDORES DE CUARTA CLASE

Artículo 2984. Con los bienes restantes serán pagados los créditos que no estén comprendidos en las disposiciones anteriores. El pago se hará a prorrata y sin atender a las fechas, ni al origen de los créditos.

N. DE E. EN RELACIÓN CON LA ENTRADA EN VIGOR DEL PRESENTE CAPÍTULO, VER TRANSITORIO ÚNICO DEL DECRETO QUE MODIFICA EL CÓDIGO.

(DEROGADO CON LAS SECCIONES Y ARTÍCULOS QUE LO INTEGRAN, P.O. 13 DE ABRIL DE 2009)

CAPÍTULO VIGÉSIMO QUINTO
REGISTRO PUBLICO DE LA PROPIEDAD

N. DE E. EN RELACIÓN CON LA ENTRADA EN VIGOR DE LA PRESENTE SECCIÓN, VER TRANSITORIO ÚNICO DEL DECRETO QUE MODIFICA EL CÓDIGO.

(DEROGADA CON LOS ARTÍCULOS QUE LA INTEGRAN, P.O. 13 DE ABRIL DE 2009)

SECCIÓN PRIMERA
DISPOSICIONES GENERALES

N. DE E. EN RELACIÓN CON LA ENTRADA EN VIGOR DEL PRESENTE ARTÍCULO, VER TRANSITORIO ÚNICO DEL DECRETO QUE MODIFICA EL CÓDIGO.

Artículo 2985. (DEROGADO, P.O. 13 DE ABRIL DE 2009)

N. DE E. EN RELACIÓN CON LA ENTRADA EN VIGOR DEL PRESENTE ARTÍCULO, VER TRANSITORIO ÚNICO DEL DECRETO QUE MODIFICA EL CÓDIGO.

Artículo 2986. (DEROGADO, P.O. 13 DE ABRIL DE 2009)

N. DE E. EN RELACIÓN CON LA ENTRADA EN VIGOR DEL PRESENTE ARTÍCULO, VER TRANSITORIO ÚNICO DEL DECRETO QUE MODIFICA EL CÓDIGO.

Artículo 2987. (DEROGADO, P.O. 13 DE ABRIL DE 2009)

N. DE E. EN RELACIÓN CON LA ENTRADA EN VIGOR DEL PRESENTE ARTÍCULO, VER TRANSITORIO ÚNICO DEL DECRETO QUE MODIFICA EL CÓDIGO.

Artículo 2988. (DEROGADO, P.O. 13 DE ABRIL DE 2009)

N. DE E. EN RELACIÓN CON LA ENTRADA EN VIGOR DEL PRESENTE ARTÍCULO, VER TRANSITORIO ÚNICO DEL DECRETO QUE MODIFICA EL CÓDIGO.

Artículo 2989. (DEROGADO, P.O. 13 DE ABRIL DE 2009)

N. DE E. EN RELACIÓN CON LA ENTRADA EN VIGOR DEL PRESENTE ARTÍCULO, VER TRANSITORIO ÚNICO DEL DECRETO QUE MODIFICA EL CÓDIGO.

Artículo 2990. (DEROGADO, P.O. 13 DE ABRIL DE 2009)

N. DE E. EN RELACIÓN CON LA ENTRADA EN VIGOR DEL PRESENTE ARTÍCULO, VER TRANSITORIO ÚNICO DEL DECRETO QUE MODIFICA EL CÓDIGO.

Artículo 2991. (DEROGADO, P.O. 13 DE ABRIL DE 2009)

N. DE E. EN RELACIÓN CON LA ENTRADA EN VIGOR DEL PRESENTE ARTÍCULO, VER TRANSITORIO ÚNICO DEL DECRETO QUE MODIFICA EL CÓDIGO.

Artículo 2992. (DEROGADO, P.O. 13 DE ABRIL DE 2009)

N. DE E. EN RELACIÓN CON LA ENTRADA EN VIGOR DEL PRESENTE ARTÍCULO, VER TRANSITORIO ÚNICO DEL DECRETO QUE MODIFICA EL CÓDIGO.

Artículo 2993. (DEROGADO, P.O. 13 DE ABRIL DE 2009)

N. DE E. EN RELACIÓN CON LA ENTRADA EN VIGOR DEL PRESENTE ARTÍCULO, VER TRANSITORIO ÚNICO DEL DECRETO QUE MODIFICA EL CÓDIGO.

Artículo 2994. (DEROGADO, P.O. 13 DE ABRIL DE 2009)

N. DE E. EN RELACIÓN CON LA ENTRADA EN VIGOR DEL PRESENTE ARTÍCULO, VER TRANSITORIO ÚNICO DEL DECRETO QUE MODIFICA EL CÓDIGO.

Artículo 2995. (DEROGADO, P.O. 13 DE ABRIL DE 2009)

N. DE E. EN RELACIÓN CON LA ENTRADA EN VIGOR DE LA PRESENTE SECCIÓN, VER TRANSITORIO ÚNICO DEL DECRETO QUE MODIFICA EL CÓDIGO.

(DEROGADA CON LOS ARTÍCULOS QUE LA INTEGRAN, P.O. 13 DE ABRIL DE 2009)

SECCIÓN SEGUNDA
PERSONAS QUE PUEDEN PEDIR LA INSCRIPCIÓN Y MODO DE HACER EL REGISTRO

N. DE E. EN RELACIÓN CON LA ENTRADA EN VIGOR DEL PRESENTE ARTÍCULO, VER TRANSITORIO ÚNICO DEL DECRETO QUE MODIFICA EL CÓDIGO.

Artículo 2996. (DEROGADO, P.O. 13 DE ABRIL DE 2009)

N. DE E. EN RELACIÓN CON LA ENTRADA EN VIGOR DEL PRESENTE ARTÍCULO, VER TRANSITORIO ÚNICO DEL DECRETO QUE MODIFICA EL CÓDIGO.

Artículo 2997. (DEROGADO, P.O. 13 DE ABRIL DE 2009)

N. DE E. EN RELACIÓN CON LA ENTRADA EN VIGOR DEL PRESENTE ARTÍCULO, VER TRANSITORIO ÚNICO DEL DECRETO QUE MODIFICA EL CÓDIGO.

Artículo 2998. (DEROGADO, P.O. 13 DE ABRIL DE 2009)

N. DE E. EN RELACIÓN CON LA ENTRADA EN VIGOR DEL PRESENTE ARTÍCULO, VER TRANSITORIO ÚNICO DEL DECRETO QUE MODIFICA EL CÓDIGO.

Artículo 2999. (DEROGADO, P.O. 13 DE ABRIL DE 2009)

N. DE E. EN RELACIÓN CON LA ENTRADA EN VIGOR DEL PRESENTE ARTÍCULO, VER TRANSITORIO ÚNICO DEL DECRETO QUE MODIFICA EL CÓDIGO.

Artículo 3000. (DEROGADO, P.O. 13 DE ABRIL DE 2009)

N. DE E. EN RELACIÓN CON LA ENTRADA EN VIGOR DEL PRESENTE ARTÍCULO, VER TRANSITORIO ÚNICO DEL DECRETO QUE MODIFICA EL CÓDIGO.

Artículo 3001. (DEROGADO, P.O. 13 DE ABRIL DE 2009)

N. DE E. EN RELACIÓN CON LA ENTRADA EN VIGOR DEL PRESENTE ARTÍCULO, VER TRANSITORIO ÚNICO DEL DECRETO QUE MODIFICA EL CÓDIGO.

Artículo 3002. (DEROGADO, P.O. 13 DE ABRIL DE 2009)

N. DE E. EN RELACIÓN CON LA ENTRADA EN VIGOR DEL PRESENTE ARTÍCULO, VER TRANSITORIO ÚNICO DEL DECRETO QUE MODIFICA EL CÓDIGO.

Artículo 3003. (DEROGADO, P.O. 13 DE ABRIL DE 2009)

N. DE E. EN RELACIÓN CON LA ENTRADA EN VIGOR DEL PRESENTE ARTÍCULO, VER TRANSITORIO ÚNICO DEL DECRETO QUE MODIFICA EL CÓDIGO.

Artículo 3004. (DEROGADO, P.O. 13 DE ABRIL DE 2009)

N. DE E. EN RELACIÓN CON LA ENTRADA EN VIGOR DEL PRESENTE ARTÍCULO, VER TRANSITORIO ÚNICO DEL DECRETO QUE MODIFICA EL CÓDIGO.

Artículo 3005. (DEROGADO, P.O. 13 DE ABRIL DE 2009)

N. DE E. EN RELACIÓN CON LA ENTRADA EN VIGOR DEL PRESENTE ARTÍCULO, VER TRANSITORIO ÚNICO DEL DECRETO QUE MODIFICA EL CÓDIGO.

Artículo 3006. (DEROGADO, P.O. 13 DE ABRIL DE 2009)

N. DE E. EN RELACIÓN CON LA ENTRADA EN VIGOR DEL PRESENTE ARTÍCULO, VER TRANSITORIO ÚNICO DEL DECRETO QUE MODIFICA EL CÓDIGO.

Artículo 3007. (DEROGADO, P.O. 13 DE ABRIL DE 2009)

N. DE E. EN RELACIÓN CON LA ENTRADA EN VIGOR DE LA PRESENTE SECCIÓN, VER TRANSITORIO ÚNICO DEL DECRETO QUE MODIFICA EL CÓDIGO.

(DEROGADA CON LOS ARTÍCULOS QUE LA INTEGRAN, P.O. 13 DE ABRIL DE 2009)

SECCIÓN TERCERA
EXTINCIÓN DE LAS INSCRIPCIONES

N. DE E. EN RELACIÓN CON LA ENTRADA EN VIGOR DEL PRESENTE ARTÍCULO, VER TRANSITORIO ÚNICO DEL DECRETO QUE MODIFICA EL CÓDIGO.

Artículo 3008. (DEROGADO, P.O. 13 DE ABRIL DE 2009)

N. DE E. EN RELACIÓN CON LA ENTRADA EN VIGOR DEL PRESENTE ARTÍCULO, VER TRANSITORIO ÚNICO DEL DECRETO QUE MODIFICA EL CÓDIGO.

Artículo 3009. (DEROGADO, P.O. 13 DE ABRIL DE 2009)

N. DE E. EN RELACIÓN CON LA ENTRADA EN VIGOR DEL PRESENTE ARTÍCULO, VER TRANSITORIO ÚNICO DEL DECRETO QUE MODIFICA EL CÓDIGO.

Artículo 3010. (DEROGADO, P.O. 13 DE ABRIL DE 2009)

N. DE E. EN RELACIÓN CON LA ENTRADA EN VIGOR DEL PRESENTE ARTÍCULO, VER TRANSITORIO ÚNICO DEL DECRETO QUE MODIFICA EL CÓDIGO.

Artículo 3011. (DEROGADO, P.O. 13 DE ABRIL DE 2009)

N. DE E. EN RELACIÓN CON LA ENTRADA EN VIGOR DEL PRESENTE ARTÍCULO, VER TRANSITORIO ÚNICO DEL DECRETO QUE MODIFICA EL CÓDIGO.

Artículo 3012. (DEROGADO, P.O. 13 DE ABRIL DE 2009)

N. DE E. EN RELACIÓN CON LA ENTRADA EN VIGOR DEL PRESENTE ARTÍCULO, VER TRANSITORIO ÚNICO DEL DECRETO QUE MODIFICA EL CÓDIGO.

Artículo 3013. (DEROGADO, P.O. 13 DE ABRIL DE 2009)

N. DE E. EN RELACIÓN CON LA ENTRADA EN VIGOR DEL PRESENTE ARTÍCULO, VER TRANSITORIO ÚNICO DEL DECRETO QUE MODIFICA EL CÓDIGO.

Artículo 3014. (DEROGADO, P.O. 13 DE ABRIL DE 2009)

N. DE E. EN RELACIÓN CON LA ENTRADA EN VIGOR DEL PRESENTE ARTÍCULO, VER TRANSITORIO ÚNICO DEL DECRETO QUE MODIFICA EL CÓDIGO.

Artículo 3015. (DEROGADO, P.O. 13 DE ABRIL DE 2009)

N. DE E. EN RELACIÓN CON LA ENTRADA EN VIGOR DEL PRESENTE ARTÍCULO, VER TRANSITORIO ÚNICO DEL DECRETO QUE MODIFICA EL CÓDIGO.

Artículo 3016. (DEROGADO, P.O. 13 DE ABRIL DE 2009)

N. DE E. EN RELACIÓN CON LA ENTRADA EN VIGOR DEL PRESENTE ARTÍCULO, VER TRANSITORIO ÚNICO DEL DECRETO QUE MODIFICA EL CÓDIGO.

Artículo 3017. (DEROGADO, P.O. 13 DE ABRIL DE 2009)

N. DE E. EN RELACIÓN CON LA ENTRADA EN VIGOR DEL PRESENTE ARTÍCULO, VER TRANSITORIO ÚNICO DEL DECRETO QUE MODIFICA EL CÓDIGO.

Artículo 3018. (DEROGADO, P.O. 13 DE ABRIL DE 2009)

N. DE E. EN RELACIÓN CON LA ENTRADA EN VIGOR DEL PRESENTE ARTÍCULO, VER TRANSITORIO ÚNICO DEL DECRETO QUE MODIFICA EL CÓDIGO.

Artículo 3019. (DEROGADO, P.O. 13 DE ABRIL DE 2009)

LIBRO SEXTO
SUCESIONES

CAPÍTULO PRIMERO
DISPOSICIONES PRELIMINARES

Artículo 3020. Herencia es la sucesión en los bienes, derechos y obligaciones del difunto que no se extinguen por la muerte.

Artículo 3021. La herencia se defiere por testamento o por disposición de la ley. La primera se llama testamentaria y la segunda legítima o intestamentaria.

Artículo 3022. La herencia puede ser en parte testamentaria y en parte legítima.

Artículo 3023. Si el autor de la herencia y sus herederos perecieren en el mismo desastre o en el mismo día, sin que se pueda averiguar quiénes murieron antes, no se transmitirá entre ellos la herencia o legado, y se tendrán todos por muertos al mismo tiempo, salvo prueba en contrario.

Artículo 3024. La prueba de que una persona falleció antes que otra, corresponde a quien tenga interés en probar ese hecho.

Artículo 3025. La propiedad y posesión de los bienes, y los derechos y obligaciones del autor de la herencia, se transmiten por la muerte de éste a sus herederos, según lo establecido en el presente libro, salvo lo dispuesto en el artículo 375.

Artículo 3026. Los herederos pueden disponer del derecho que tengan en la sucesión, pero no de los bienes que formen el haber de ésta.

Artículo 3027. Desde la muerte del autor de la herencia, los bienes que forman ésta mejoran, se deterioran o perecen en beneficio o perjuicio de los herederos.

Artículo 3028. El heredero no puede enajenar su parte en la herencia, sino después de la muerte de la persona a quien sucede.

Artículo 3029. Heredan por disposición de la ley en el orden y forma establecidos en este Código:

I. Los descendientes nacidos o póstumos;

(REFORMADA, P.O. 14 DE SEPTIEMBRE DE 1998)

II. El cónyuge o concubino que sobreviva;

III. Los ascendientes;

IV. Los parientes colaterales hasta el grado indicado en este Código; y

(REFORMADA, P.O. 31 DE DICIEMBRE DE 2012)

V. Por partes iguales, la Benemérita Universidad Autónoma de Puebla y el Gobierno del Estado a través de la instancia responsable de la administración del patrimonio inmobiliario estatal, para destinarlo a la asistencia social pública.

Artículo 3030. Los coherederos tienen el derecho del tanto, para el caso de que uno de ellos pretenda enajenar sus derechos sucesorios a un extraño a la herencia.

CAPÍTULO SEGUNDO
SUCESIÓN POR TESTAMENTO

SECCIÓN PRIMERA
TESTAMENTO EN GENERAL

Artículo 3031. El testamento es un acto jurídico unilateral, personalísimo, revocable y libre, por el cual una persona capaz para ello, dispone de sus bienes y derechos para después de su muerte.

Artículo 3032. No pueden testar en el mismo acto dos o más personas.

Artículo 3033. El testamento y la revocación de éste no pueden hacerse por medio de mandatario.

Artículo 3034. No pueden dejarse al arbitrio de un extraño a la sucesión, la subsistencia del nombramiento de herederos ni la designación de las cantidades que a ellos correspondan, cuando son instituidos nominalmente.

Artículo 3035. Puede el testador cometer a un extraño a la herencia:

I. La distribución de las cantidades que deje a grupos determinados, como huérfanos, ciegos, pobres y demás personas beneficiadas por las leyes de asistencia social;

II. La individuación y elección de las personas a quienes deban aplicarse las cantidades a que se refiere la fracción anterior;

(REFORMADA, P.O. 31 DE DICIEMBRE DE 2012)

III. La elección de los establecimientos públicos o de asistencia social pública, a los que se transmitan los bienes del testador y la determinación de las cantidades que a cada uno corresponda.

Artículo 3036. En el caso del artículo anterior, el Juez y el Ministerio Público deberán vigilar:

I. La elección e individuación de los grupos y personas mencionados en la fracción I del artículo anterior;

II. La administración, distribución y ejecución de la herencia o legado; y

III. El cumplimiento de las disposiciones de orden público en esta materia.

Artículo 3037. Es inexistente la herencia motivada en una causa contraria a derecho, expresada por el testador, sea o no verdadera esa causa.

Artículo 3038. La disposición vaga en favor de los parientes del testador, se entenderá hecha en beneficio de los más próximos, según el orden de la sucesión legítima.

Artículo 3039. Se tendrá por no escrita en el testamento:

I. La expresión de una falsa causa; y

II. La designación del día o del tiempo en que deba comenzar o cesar la institución de heredero.

Artículo 3040. Toda disposición testamentaria deberá entenderse en el sentido literal de sus palabras.

Artículo 3041. En caso de duda sobre la inteligencia de una disposición testamentaria, se observará lo que parezca más conforme a la intención del testador, según el tenor del testamento y la prueba que se rinda.

Artículo 3042. Si el testamento se pierde por un evento desconocido del testador o es ocultado por otra persona, la sucesión se tramitará en juicio intestamentario, independientemente de la responsabilidad del culpable de tal evento.

SECCIÓN SEGUNDA
CONDICIONES QUE PUEDEN PONERSE EN LOS TESTAMENTOS

Artículo 3043. El testador puede libremente establecer condiciones al disponer de sus bienes.

Artículo 3044. Las condiciones impuestas a los herederos, legatarios y albaceas, en lo que no esté prevenido en esta sección, se regirán por las reglas establecidas para las obligaciones condicionales.

Artículo 3045. La disposición a plazo señalado por un acontecimiento que puede no suceder, se reputa hecha bajo la condición de que se verifique aquel acontecimiento.

Artículo 3046. No es condicional la disposición a plazo señalado por un día fijo, o por un acontecimiento que sucederá necesariamente.

Artículo 3047. La falta de cumplimiento de alguna condición impuesta al heredero o legatario, no perjudicará a éstos, si emplearon todos los medios necesarios para la realización de aquélla.

Artículo 3048. Se tendrá por no puesta, sin necesidad de declaración alguna, la condición:

I. Física o legalmente imposible;

II. De no dar o de no hacer;

III. De no impugnar el testamento, o alguna de sus disposiciones, so pena de perder el carácter de heredero o legatario;

IV. De tomar o dejar de tomar estado;

V. Impuesta al heredero de disponer testamentariamente de todos o parte de los bienes del mismo heredero, en favor de una o varias personas.

Artículo 3049. Si la condición que era imposible al tiempo de otorgarse el testamento dejare de serlo al de la muerte del testador, será válida.

Artículo 3050. La condición que suspenda por cierto tiempo la ejecución del testamento, no impedirá que el heredero o legatario adquieran derechos a la herencia o legado y lo transmitan a sus herederos.

Artículo 3051. Si la condición suspensiva se refiere a un legado, cuando el testador no hubiere señalado plazo para el cumplimiento de la condición, el bien legado permanecerá en poder del albacea y al hacerse la partición se asegurará competentemente el derecho del legatario, para el caso de cumplirse la condición.

Artículo 3052. Si quien fue gravado por una condición potestativa de dar o de hacer, se allana a cumplirla, y aquél en cuyo favor se estableció rehusa aceptar el bien o el hecho, la condición se tiene por realizada.

Artículo 3053. La condición potestativa se tendrá por cumplida aun cuando el heredero o legatario haya prestado el bien o el hecho antes del otorgamiento del testamento, a no ser que pueda reiterarse la prestación.

Artículo 3054. En el caso de la última parte del artículo anterior, subsistirá la condición, si el testador, al establecerla, tenía conocimiento de la primera prestación o cumplimiento.

Artículo 3055. En el caso de los dos artículos anteriores corresponde al que debe pagar el legado, la prueba de que el testador tenía conocimiento del cumplimiento de la condición.

Artículo 3056. Cuando la condición fuere casual o mixta, bastará que se realice en cualquier tiempo, vivo o muerto el testador.

Artículo 3057. Si la condición se había cumplido al hacerse el testamento, ignorándolo el testador, se tendrá por cumplida; mas si lo sabía, la condición deberá realizarse nuevamente salvo que ya no pueda existir o cumplirse de nuevo.

Artículo 3058. La condición que se realiza en vida del heredero o legatario a quien se impuso, se retrotrae al tiempo de la muerte del testador; y desde entonces deben abonarse los frutos de la herencia o legado.

Artículo 3059. Si el heredero o legatario a quien se impuso una condición, muere antes de que se realice ésta, se aplicará lo dispuesto en el artículo 3050.

Artículo 3060. La carga de hacer algo, impuesta al heredero o legatario, se considera como condición resolutoria.

Artículo 3061. Si el testador no hubiere señalado tiempo para el cumplimiento de la carga, ni ésta por su propia naturaleza necesitare tiempo para ejecutarse, se observará lo dispuesto en el artículo 3051.

Artículo 3062. Si el legado fuere de prestación periódica y sujeto a condición resolutoria, el cumplimiento de ella termina con el derecho del legatario, pero son de éste las prestaciones que correspondan hasta el día en que se realice la condición.

Artículo 3063. Podrá dejarse a alguien el usufructo total o parcial de un bien o alimentos, por el tiempo que permanezca soltero o viudo.

CAPÍTULO TERCERO
CAPACIDAD PARA TESTAR

Artículo 3064. La ley reconoce capacidad para testar, a las personas que tienen:

I. Perfecto conocimiento del acto;

II. Libertad al ejecutarlo; esto es, exenta de intimidación y de influencia moral.

Artículo 3065. Son incapaces de testar:

I. El menor de catorce años, salvo que sea casado;

II. El que habitual o accidentalmente se encuentre en estado de enajenación mental.

Artículo 3066. El testamento hecho antes de la enajenación mental es válido.

Artículo 3067. Es válido el testamento hecho por un mayor declarado en estado de incapacidad, si se observa lo dispuesto en los artículos 3068 a 3073.

Artículo 3068. Cuando un mayor incapacitado pretenda hacer testamento en un intervalo de lucidez, el tutor y, en defecto de éste, cualquier miembro de la familia de aquél, presentará por escrito una solicitud al Juez que corresponda.

Artículo 3069. El Juez al recibir la solicitud nombrará dos médicos, de preferencia psiquiatras, para que examinen al enfermo y dictaminen acerca de su estado mental.

Artículo 3070. El Juez, asistido por su Secretario, y el Ministerio Público presenciarán el examen del enfermo.

Artículo 3071. El Juez y el Ministerio Público podrán hacer al enfermo las preguntas que estimen convenientes, a fin de cerciorarse de la capacidad de éste para testar.

Artículo 3072. El resultado del reconocimiento se hará constar en el acta, y si fuere favorable, el testador otorgará a continuación el testamento, que será necesariamente público abierto.

Artículo 3073. Firmarán el testamento, además del Notario y de los testigos, el Juez, el Secretario, el Agente del Ministerio Público y los médicos, poniéndose al pie de él, razón expresa de que durante todo el acto conservó el paciente lucidez de juicio y sin este requisito y su constancia será nulo el testamento.

Artículo 3074. Es nulo el testamento hecho por intimidación, cualquiera que sea la persona de quien provenga ésta.

Artículo 3075. El testador que se encuentre en el caso del artículo que precede, podrá, luego que cese la intimidación y disfrute de libertad completa, revalidar su testamento con las solemnidades necesarias para testar.

Artículo 3076. Para juzgar de la capacidad del testador, se atenderá al estado en que se halle al hacer el testamento.

CAPÍTULO CUARTO
CAPACIDAD PARA HEREDAR

Artículo 3077. Por falta de capacidad de goce y de ejercicio no pueden adquirir ni por testamento ni por intestado, los que no estén concebidos al tiempo de la muerte del autor de la herencia, o que si lo están, no nazcan vivos.

Artículo 3078. Los habitantes del Estado, de cualquier edad y sexo que sean, tienen capacidad para heredar y no pueden ser privados de ella de manera absoluta; pero con relación a ciertas personas y a determinados bienes, pueden perderla por alguna de las causas siguientes:

I. Comisión de un ilícito;

II. Presunción de influencia contraria a la libertad del testador, o a la verdad o integridad del testamento;

III. Utilidad Pública;

IV. Renuncia o remoción de algún cargo conferido en el testamento.

Artículo 3079. Por razón de la comisión de un ilícito, son incapaces de adquirir por testamento o por intestado:

I. El que haya sido condenado por un delito intencional que merezca pena de prisión, cometido contra el autor de la herencia o contra las personas enumeradas en el artículo 1473;

(REFORMADA, P.O. 14 DE SEPTIEMBRE DE 1998)

II. El que haya presentado contra el autor de la herencia o contra las personas a que se refiere la fracción anterior, acusación de delito que merezca pena de prisión, a no ser que ese acto haya sido preciso para que el acusador salvara su vida, su honra o la de sus descendientes, ascendientes, hermano o cónyuge;

III. El padre y la madre respecto del hijo expuesto por ellos;

(REFORMADA, P.O. 14 DE SEPTIEMBRE DE 1998)

IV. Los padres, cónyuges o concubinos que sin haber sido condenados en los casos de la fracción I, hubieren abandonado, sustraído, corrompido, prostituido, traficado, abusado sexualmente o atentado contra los principios contenidos en el artículo 291 de este Código, respecto de sus hijos, cónyuge o concubinos;

V. El padre o la madre respecto de sus hijos en los casos de la fracción II del artículo 574;

VI. Los parientes del autor de la herencia que teniendo obligación de darle alimentos, no la hubieren cumplido;

VII. Los parientes del autor de la herencia que, hallándose éste imposibilitado para trabajar y sin recursos, no se cuidaren de recogerlo, o de hacerlo recoger en establecimientos de asistencia;

VIII. El que usare de violencia, dolo o mala fe para que el testador haga, deje de hacer o revoque su testamento;

IX. El que, conforme al Código de la materia fuere culpable de supresión, substitución o suposición de infante, si se trata de la herencia que debía corresponder a éste o a las personas a quienes se haya perjudicado o intentado perjudicar con esos actos.

Artículo 3080. La capacidad para suceder, perdida por las personas enumeradas en el artículo anterior, se recobra:

I. Si la persona agraviada por alguno de los modos establecidos en el artículo anterior, perdonare al ofensor, por declaración auténtica;

II. Si después de conocido el agravio, el ofendido constituye heredero al ofensor o revalida su institución anterior, con las mismas solemnidades que se exigen para testar.

Artículo 3081. En los casos de intestado, los descendientes del incapaz de heredar conforme al artículo 3079, heredarán al autor en lugar de su ascendiente incapaz.

Artículo 3082. Por presunción de influjo contrario a la libertad del autor de la herencia, son incapaces de adquirir, por testamento:

I. Las personas que en vida del testador desempeñaron la tutela o curaduría del mismo, si otorgó el testamento durante su incapacidad;

II. El médico que haya asistido al testador durante su última enfermedad, si entonces hizo su disposición testamentaria.

Artículo 3083. La incapacidad a que se refiere la fracción I del artículo anterior, no comprende:

I. A los ascendientes y hermanos del incapacitado;

II. A quienes el testador instituyó herederos o legatarios, antes de ser nombrados para el cargo o después de terminada la tutela o curaduría, y de haberse aprobado las cuentas de ésta.

Artículo 3084. El médico que sea pariente por consanguinidad, afinidad o civil del testador no queda comprendido en la incapacidad establecida por la fracción II del artículo 3082.

Artículo 3085. Por presunción de influjo contrario a la verdad o integridad del testamento, son incapaces de heredar el Notario y los testigos que intervinieron en él.

Artículo 3086. Los ministros de los cultos sólo pueden ser herederos por testamento de acuerdo con lo establecido por la Constitución Política de los Estados Unidos Mexicanos.

Artículo 3087. Son incapaces de heredar por testamento, por sí o por interpósita persona los ministros de cualquier culto, respecto al testador a quien aquéllos hayan prestado cualquiera clase de auxilios espirituales, durante la enfermedad de la que hubiere fallecido, así como respecto al testador de quien hayan sido directores espirituales, aunque esa dirección no la hayan prestado durante la última enfermedad.

Artículo 3088. El Notario que a sabiendas autorice un testamento en que se contravenga lo dispuesto en los artículos anteriores, sufrirá la sanción de privación de oficio y el Juez a quien se presentare el testamento impondrá esta pena, oyendo sumariamente al Notario y al consejo de notarios.

Artículo 3089. La capacidad para heredar de los extranjeros se rige por lo dispuesto en la legislación federal.

Artículo 3090. Por causa de utilidad pública son incapaces de adquirir bienes inmuebles, sea por herencia, sea por legado, las personas jurídicas a quienes prohíben esta especie de propiedad la Constitución Política de los Estados Unidos Mexicanos y las leyes reglamentarias de ésta.

Artículo 3091. La herencia o legado que se dejen a un establecimiento público, imponiéndole algún gravamen o bajo alguna condición, sólo serán válidos si el Gobernador del Estado los aprueba.

(REFORMADO, P.O. 31 DE DICIEMBRE DE 2012)

Artículo 3092. Las disposiciones hechas en favor del alma, o de los pobres en general, salvo lo dispuesto en el artículo 3035, se entienden hechas en favor de la asistencia social pública del Estado.

Artículo 3093. Por renuncia o remoción de un cargo son incapaces de heredar por testamento los que, nombrados en él tutores, curadores o albaceas, hayan rehusado sin justa causa el cargo, o hayan sido separados judicialmente de su ejercicio, salvo que la cesación en el cargo de albacea, haya sido motivada por no haber terminado el juicio sucesorio, en el plazo establecido.

Artículo 3094. Lo dispuesto en la primera parte del artículo anterior, no comprende a los que, desechada por el Juez la excusa, hayan servido el cargo.

Artículo 3095. Las personas llamadas por la ley para desempeñar la tutela legítima y que rehusaren sin causa legal desempeñarla, no tienen derecho a heredar a los incapaces de quienes debían ser tutores.

Artículo 3096. Para que el heredero pueda suceder, basta que sea capaz de heredar, al tiempo de la muerte del autor de la herencia.

Artículo 3097. Si la institución de heredero es condicional, para que éste pueda suceder se requiere que sea capaz de heredar, al tiempo en que se cumpla la condición.

Artículo 3098. El incapaz de heredar, el que renuncie a la sucesión y el heredero por testamento, que muera antes que el testador no transmiten ningún derecho a sus herederos, salvo lo dispuesto por el artículo 3050.

Artículo 3099. En los supuestos del artículo anterior, la herencia pertenece a los herederos legítimos del testador, salvo que hubiere derecho de acrecer.

Artículo 3100. Si el incapaz de suceder hubiere entrado en posesión de los bienes, se aplicarán las siguientes disposiciones:

I. Deberá restituir los bienes con sus accesiones y con los frutos y rentas que hubiere percibido;

II. Si hubiere enajenado o gravado, parcial o totalmente los bienes hereditarios, y quien los adquirió, o en cuyo favor se estableció el gravamen, hubiere tenido buena fe al contratar con el incapaz de heredar, el contrato subsistirá;

III. En el caso de la fracción anterior, el heredero incapaz estará obligado a indemnizar a quien lo substituya de todos los daños y perjuicios.

Artículo 3101. El que herede en lugar del excluido, tendrá las mismas cargas y condiciones que legalmente se habían puesto a aquél.

Artículo 3102. Si un menor de edad hereda en lugar del excluido y éste ejercita la patria potestad sobre aquél, no tendrá la administración de los bienes heredados y para ella se proveerá al menor de tutor.

Artículo 3103. Los deudores hereditarios que fueren demandados, y que no tengan el carácter de herederos, no podrán oponer al que está en posesión del derecho de heredero o legatario, la excepción de incapacidad para heredar.

Artículo 3104. La incapacidad para heredar no priva de los alimentos que por la ley corresponden al afectado por ella, salvo en los casos previstos por el artículo 3079.

Artículo 3205 (sic). La incapacidad de heredar no produce el efecto de privar al incapaz de lo que hubiere de percibir, sino después de declarada en juicio a petición de algún interesado.

Artículo 3106. No puede deducirse acción para declarar la incapacidad, pasado un año desde la muerte del autor de la herencia, si era conocida la causa de incapacidad, y de dos años en caso contrario.

CAPÍTULO QUINTO
LIBRE TESTAMENTIFACCIÓN Y TESTAMENTOS INOFICIOSOS

Artículo 3107. Toda persona tiene derecho de disponer libremente de sus bienes por testamento, a título de herencia o legado; pero el testador debe dejar alimentos a las personas que se mencionan en las fracciones siguientes:

I. A los descendientes menores de dieciocho años;

II. A los descendientes que estén imposibilitados para trabajar cuando fueren mayores de dieciocho años;

III. A los mayores que se encuentren en el supuesto previsto en el artículo 499;

IV. Al cónyuge supérstite varón que esté impedido para trabajar;

(REFORMADA, P.O. 14 DE SEPTIEMBRE DE 2017)

V. Al cónyuge supérstite mujer mientras no contraiga matrimonio;

VI. A la persona con quien el autor de la herencia haya vivido en la situación prevista por el artículo 297 de este Código, que se encuentre, respectivamente, en cualquiera de los casos a que se refieren las dos fracciones anteriores;

VII. A los ascendientes.

Artículo 3108. Tratándose de ascendientes o de descendientes, el testador sólo tiene obligación de dejarles alimentos, a falta o por imposibilidad de parientes más próximos en grado.

Artículo 3109. No hay obligación de dejar alimentos a las personas enumeradas en el artículo 3107, que tengan bienes; pero si teniéndolos, su producto no iguala a la pensión que debería corresponderles, subsiste esa obligación, la que se reducirá a lo que falte para completar la pensión.

Artículo 3110. Para tener derecho a alimentos, se requiere encontrarse, al tiempo de la muerte del testador, en alguno de los casos previstos en el artículo 3107, y cesa ese derecho tan luego como el interesado deja de estar en las condiciones a que se refiere el mismo artículo, observe mala conducta siendo mayor de edad o adquiera bienes, aplicándose en este caso lo dispuesto en el artículo anterior.

Artículo 3111. Es inoficioso el testamento en que no se deja la pensión alimenticia, según lo establecido en este capítulo.

Artículo 3112. El preterido de las personas enumeradas en el artículo 3107, tendrá solamente derecho a que se le dé la pensión alimenticia que le corresponda, subsistiendo el testamento en lo que no perjudique ese derecho.

Artículo 3113. El derecho a alimentos con relación a la inoficiosidad del testamento, se rige por las siguientes disposiciones:

I. No es renunciable;

II. No puede ser objeto de transacción;

III. La pensión alimenticia se fijará y asegurará conforme a los artículos 497 a 500, 503 y 507;

IV. La pensión alimenticia no podrá exceder de los productos de la porción, que en caso de sucesión intestada, correspondería a quien tenga derecho a esa pensión, ni será menor de la mitad de dichos productos;

V. Si el testador hubiere fijado la pensión alimenticia, subsistirá su designación, cualquiera que sea, si no es inferior al mínimo antes establecido;

VI. Cuando el caudal hereditario no fuere bastante para ministrar alimentos a las personas enumeradas en el artículo 3107, se proporcionarán a prorrata, en primer lugar, a los descendientes y al cónyuge o persona a que se refiere la fracción VI de dicho artículo; sólo cubiertas íntegramente estas pensiones, se ministrarán a los ascendientes a prorrata, cualquiera que sea su línea o grado;

VII. No son aplicables a los alimentos debidos por sucesión, los artículos 486 a 495, 501, 502, 504 a 506 y 508 a 521.

Artículo 3114. La pensión alimenticia es carga de la herencia.

Artículo 3115. Es hijo póstumo:

I. El nacido después de la muerte del testador; y

II. El nacido en vida de su padre o de su madre después que aquél o ésta hayan otorgado testamento.

Artículo 3116. En el caso de hijos póstumos son aplicables las siguientes disposiciones:

I. El nacimiento del hijo póstumo, a que se refiere la fracción I del artículo anterior, que sea preterido en el testamento de su padre, deja sin efecto ese testamento, debiéndose transmitir los bienes de aquél, según las disposiciones legales que regulan la sucesión legítima, a menos que el testador hubiese dispuesto expresamente refiriéndose al póstumo mismo, que es su voluntad que éste no lo herede; y

II. Por el nacimiento de los hijos póstumos, a que se refiere la fracción II del artículo anterior, caduca y queda sin efecto el testamento hecho por su padre o madre, y se considerará que ésta o aquél, en su caso, murieron ab intestato.

CAPÍTULO SEXTO
INSTITUCIÓN DE HEREDERO

Artículo 3117. La no aceptación de la herencia por el heredero, la incapacidad de éste y la no institución de aquél, no afectan la validez del testamento legalmente otorgado.

Artículo 3118. En los tres casos señalados en el artículo anterior, se cumplirán las demás disposiciones testamentarias que estuvieren hechas conforme a la ley.

Artículo 3119. Los herederos instituidos sin designación de la parte que a cada uno corresponda, heredarán por partes iguales.

Artículo 3120. La institución de heredero puede hacerse asignando al nombrado un bien cierto, una cantidad determinada, o una parte alícuota de la herencia.

Artículo 3121. El heredero adquiere a título universal y responde de las deudas, legados y demás cartas hereditarias y testamentarias, hasta la cuantía de los bienes que hereda. Este es el beneficio de inventario.

Artículo 3122. Si el heredero renuncia a la sucesión, la carga que se le haya impuesto se pagará con los bienes que habría heredado y hasta el monto de éstos.

Artículo 3123. Si el testador designa unos herederos por su nombre y a otros colectivamente, éstos últimos se considerarán como si hubiesen sido nombrados uno por uno.

Artículo 3124. Si el testador instituye herederos a sus hermanos, se dividirá la herencia entre todos los que tenga, por ambas líneas o sólo por una.

Artículo 3125. Si el testador llama a la sucesión a una persona y a los hijos de ésta, se entenderán todos instituidos simultánea y no sucesivamente.

Artículo 3126. El heredero debe ser instituido designándole por su nombre y apellidos; y si hubiere varios que tengan el mismo nombre y apellidos, deben señalarse otros nombres y circunstancias que distingan al que se quiere nombrar.

Artículo 3127. Aunque se haya omitido el nombre del heredero, si el testador le designare de manera que no pueda dudarse quién sea, valdrá la institución.

Artículo 3128. El error en el nombre, apellidos o cualidades del heredero, o la omisión de lo que preceptúa la segunda parte del artículo 3126, no vicia la institución, si de otra manera se supiere ciertamente cual es la persona nombrada.

Artículo 3129. Si entre varios individuos del mismo nombre y circunstancias no pudiere saberse a quién quiso designar el testador, todos heredarán.

CAPÍTULO SÉPTIMO
LEGADOS

SECCIÓN PRIMERA
REGLAS GENERALES

Artículo 3130. El testador puede gravar con legados a los herederos y también a los legatarios.

Artículo 3131. Son incapaces de adquirir legados los que los son de heredar.

Artículo 3132. Respecto a los legatarios se observará lo dispuesto en los artículos 3026 a 3028, 3077 a 3100, 3105, 3106 y 3123 a 3129.

Artículo 3133. El legado puede consistir en la prestación de un bien, o en la de un hecho o servicio.

Artículo 3134. El legatario adquiere a título particular y sólo responde de las obligaciones que expresamente le imponga el testador, sin perjuicio de la responsabilidad subsidiaria con los herederos.

Artículo 3135. El legatario a quien haya gravado el testador con el pago de un legado o de una deuda, será el único responsable de ese pago, hasta donde alcance la cuantía de los bienes que reciba en legado.

Artículo 3136. Si el legatario renunciare al legado, y se le hubiere impuesto por el testador el pago de una deuda o legado, se aplicarán las siguientes disposiciones:

I. La deuda se pagará preferentemente con el bien que había sido legado, y si éste no alcanzare, con los demás bienes; y

II. El legado impuesto al legatario se cubrirá exclusivamente, hasta donde alcance el bien objeto de legado de quien renunció.

Artículo 3137. Si la deuda impuesta al legatario consiste en la prestación de un hecho, el legatario que acepta el legado queda obligado a prestarlo.

Artículo 3138. Si el legatario a quien se impuso algún gravamen, no recibe todo el legado, se reducirá éste proporcionalmente; y si sufre evicción, podrá repetir lo que haya pagado.

Artículo 3139. En el caso del artículo anterior, si el gravamen pagado por el legatario, no se originó en el testamento y era una deuda del testador, la repetición será a cargo de la herencia.

Artículo 3140. Si toda la herencia se distribuyere en legados, los legatarios serán considerados como herederos y se prorratearán las deudas y gravámenes de la herencia, entre todos ellos, en proporción a los bienes que reciba cada uno.

Artículo 3141. El legatario no puede aceptar una parte del legado y repudiar otra.

Artículo 3142. Si el legatario muere antes de aceptar el legado y deja varios herederos, pueden uno o más de éstos aceptar, y otro u otros repudiar la parte que les corresponda en el legado.

Artículo 3143. Si se dejaren dos legados y uno fuere oneroso, el legatario no podrá renunciar éste y aceptar el que no lo sea. Si los dos son onerosos o gratuitos, es libre para aceptar ambos o repudiar el que quiera.

Artículo 3144. El heredero que sea al mismo tiempo legatario, puede renunciar la herencia y aceptar el legado, o renunciar éste y aceptar aquélla.

Artículo 3145. El error acerca del nombre de la persona o acerca del bien objeto del legado, no anula éste, si en el mismo testamento hay datos para saber cuál fue la intención del testador.

Artículo 3146. El bien legado deberá ser entregado con todos sus accesorios y en el estado en que se halle al morir el testador, siendo el pago de los gastos de entrega a cargo del legatario.

Artículo 3147. Entretanto se hace la entrega del bien objeto del legado, el deudor de éste o el albacea en su caso, serán depositarios de aquél.

Artículo 3148. Si el día en que debe comenzar el legado fuere seguro, sea que se sepa o no cuando ha de llegar, el que ha de entregar el bien legado tendrá, respecto de él, los derechos y las obligaciones de usufructuario.

Artículo 3149. En el caso del artículo anterior, si el legado consiste en prestación periódica, el que debe pagarlo hace suyo todo lo correspondiente al intermedio, y cumple con hacer la prestación comenzando el día señalado.

Artículo 3150. Cuando el legado debe concluir en un día que es seguro que ha de llegar, se entregará el bien o cantidad legada al legatario, quien se considerará como usufructuario de él.

Artículo 3151. En el caso del artículo anterior, si el legado consistiere en prestación periódica, el legatario hará suyas todas las cantidades vencidas hasta el día señalado.

Artículo 3152. No puede el legatario ocupar por su propia autoridad el bien legado y debe pedir su entrega y posesión al albacea.

Artículo 3153. Si el bien legado estuviere en poder del legatario, podrá éste retenerlo, sin perjuicio de devolver, en caso de reducción, lo que corresponda conforme a derecho.

Artículo 3154. Las contribuciones correspondientes al legado, serán a cargo del legatario.

Artículo 3155. Cuando se legue un bien con todo lo que comprenda, no se entenderán legados los créditos activos ni los documentos justificantes de la propiedad de otros bienes distintos del legado.

Artículo 3156. Al legado de los bienes muebles de una casa o menaje de ésta son aplicables los artículos 948 a 950.

Artículo 3157. Si el que lega una propiedad le agrega después nuevas adquisiciones, no se comprenderán éstas en el legado, aunque sean contiguas.

Artículo 3158. En el legado de un inmueble se comprenden las mejoras necesarias, útiles o voluntarias hechas al mismo después del testamento.

Artículo 3159. Si el bien legado reporta alguna servidumbre o un gravamen, pasará con aquélla o con éste al legatario.

Artículo 3160. Si el bien legado estuviere sujeto a usufructo, éste subsistirá hasta que legalmente deba extinguirse.

Artículo 3161. El legatario puede exigir que el heredero afiance en todos los casos en que pueda exigirlo el acreedor.

Artículo 3162. Los legatarios pueden usar para seguridad de sus legados, el derecho que les concede el artículo 2943, fracción VI.

Artículo 3163. Si alguno de los herederos se hubiese obligado especialmente al pago de un legado sólo en los bienes de éste podrá exigir el legatario, la constitución de la hipoteca necesaria.

Artículo 3164. Si sólo hubiere legatarios, podrán éstos exigir entre sí la garantía a que se refiere el artículo 2943, fracción I.

Artículo 3165. El acreedor cuyo crédito sólo conste en el testamento, se tendrá para los efectos legales, como legatario preferente.

Artículo 3166. Los legatarios pueden reivindicar de cualquiera persona el bien legado, inmueble o mueble, si éste es cierto y determinado.

Artículo 3167. El legatario de un bien que perece después de la muerte del testador, tiene derecho a la indemnización si ese bien estaba asegurado.

Artículo 3168. Si se declara nulo el testamento después de pagado el legado, la acción del verdadero heredero para recobrar el bien legado, procede contra quien lo recibió en pago y no contra el heredero aparente, a no ser que éste lo haya pagado dolosamente.

Artículo 3169. Si los bienes de la herencia no alcanzaren para cubrir todos los legados, el pago se hará en el orden siguiente:

I. Legados de alimentos o educación;

II. Legados remuneratorios;

III. Legados que el testador haya declarado preferentes;

IV. Legados de bien cierto y determinado;

V. Los demás a prorrata.

Artículo 3170. El legado queda sin efecto:

I. Si por actos u órdenes del testador pierde el bien legado la forma y denominación que lo determine;

II. Si el bien legado perece por evicción;

III. Si el bien perece del todo, en vida del testador;

IV. Si el bien perece después de muerto el testador, sin culpa del heredero;

V. Si el testador enajena el bien legado.

Artículo 3171. En el caso de la fracción V del artículo anterior, el legado vale si el testador recobra el bien legado por cualquier título.

Artículo 3172. A falta de disposición legal expresa, son aplicables a los legados:

I. Las normas que rigen las herencias;

II. Las normas que este Código establece para el pago entre acreedor y deudor, respecto a las relaciones existentes entre el legatario y quien debe pagar el legado.

SECCIÓN SEGUNDA
LEGADO DE ALIMENTOS

Artículo 3173. El legado de alimentos dura mientras vive el legatario.

Artículo 3174. Si el testador no señaló el monto de los alimentos, se estará a las reglas generales establecidas por este Código, sobre la materia.

Artículo 3175. Si el testador acostumbró en vida dar al legatario determinada cantidad como pensión alimenticia, se entenderá legada la misma suma.

SECCIÓN TERCERA
LEGADO DE BIEN AJENO

Artículo 3176. El legado de un bien ajeno, si el testador sabía que lo era, es válido, y el heredero debe adquirirlo para entregarlo al legatario, o dar a éste su precio.

Artículo 3177. La prueba de que el testador sabía que el bien era ajeno, corresponde al legatario.

Artículo 3178. Si el testador ignoraba que el bien que legaba era ajeno, es nulo el legado.

Artículo 3179. Es válido el legado, si el testador, después de otorgado el testamento, adquiere el bien que al otorgarlo no era suyo.

Artículo 3180. No produce efectos el legado de bien que al otorgarse el testamento pertenezca al mismo legatario.

Artículo 3181. Si el legatario adquiere el bien legado después de otorgado el testamento, se entiende legado su precio.

Artículo 3182. Si en el bien legado sólo tenía una parte el testador sabiéndolo éste, vale el legado.

Artículo 3183. Es válido el legado de bien propio del heredero o de un legatario, quienes, si aceptan la sucesión, deberán entregar el bien legado o su precio.

Artículo 3184. Si el testador ignoraba que el bien fuese propio del heredero o del legatario, será nulo el legado.

SECCIÓN CUARTA
LEGADO DE BIEN INDETERMINADO

Artículo 3185. El legado de bien mueble indeterminado, pero comprendido en género determinado, será válido aunque en la herencia no haya bien alguno de este género.

Artículo 3186. En el caso del artículo anterior, si los bienes existen en la herencia, la elección corresponde al que deba pagar el legado, quien cumple con entregar uno de mediana calidad, pudiendo, en caso contrario, comprar uno de esa misma calidad o abonar al legatario el precio correspondiente, previo convenio o a juicio de peritos.

Artículo 3187. Si el testador concedió expresamente la elección al legatario, éste podrá, si hubiere varios bienes del género determinado, escoger el mejor; pero si no los hay, sólo podrá exigir uno de mediana calidad o el precio que corresponda a éste.

Artículo 3188. Si el bien indeterminado fuere inmueble, sólo valdrá el legado existiendo en la herencia varios del mismo género, y para la elección se observarán las reglas establecidas en los dos artículos anteriores.

SECCIÓN QUINTA
LEGADO DE BIEN HIPOTECADO, DADO EN PRENDA O ANTICRESIS

Artículo 3189. Si el bien legado se encuentra en la herencia y está hipotecado o dado en prenda o en anticresis, o lo fuere después de otorgado el testamento, la redención o el desempeño será a cargo del heredero o herederos.

Artículo 3190. Si por no pagar los obligados, conforme al artículo anterior, lo hiciere el legatario, quedará éste subrogado en el lugar y derechos del acreedor, para reclamar contra aquéllos.

Artículo 3191. Cualquiera otra carga a que se halle afecto el bien legado, se transmite, junto con éste, al legatario.

Artículo 3192. Son carga de la herencia, las rentas y réditos devengados hasta la muerte del testador en caso de los legados a que se refieren los artículos 3189 y 3191.

SECCIÓN SEXTA
LEGADO DE BIEN PROPIO

Artículo 3193. Es nulo el legado que el testador hace de bien propio, individualmente determinado, que al tiempo de su muerte no se halla en su herencia.

Artículo 3194. Si el bien mencionado en el artículo que precede existe en la herencia, pero no en la cantidad o número designados, recibirá el legatario lo que hubiere.

Artículo 3195. Cuando el legado es de bien específico y determinado, propio del testador, el legatario adquiere su propiedad desde que aquél muere, y desde ese momento hace suyos los frutos pendientes y futuros y le benefician los aumentos posteriores del bien legado.

Artículo 3196. En el caso del artículo anterior, son a cargo del legatario la pérdida o deterioro del bien legado.

Artículo 3197. Cuando el testador, el heredero o el legatario, sólo tengan cierta parte o derecho en el bien legado, se restringirá el legado a esa parte o derecho.

Artículo 3198. Si el testador declara que sabía que el bien era parcialmente ajeno, se estará a lo dispuesto en el artículo 3182.

SECCIÓN SÉPTIMA
LEGADO DE CRÉDITO O DE DEUDA

A. De crédito

Artículo 3199. El legado de un crédito a favor del testador, sólo produce efecto en la parte del crédito que éste insoluta al abrirse la sucesión.

Artículo 3200. En el caso del artículo anterior, el que deba cumplir el legado entregará al legatario el título que compruebe el crédito, y le cederá las acciones que en virtud de él corresponderían al testador.

Artículo 3201. Cumplido lo dispuesto en el artículo que precede, el que debe pagar el legado queda libre de la obligación de saneamiento y de cualquiera otra responsabilidad, ya provenga ésta del mismo título, de insolvencia del deudor o de sus fiadores, o de otra causa.

B. De deuda

Artículo 3202. El legado de una deuda hecho al mismo deudor, extingue la obligación; y el que debe cumplir el legado está obligado a dar al deudor la constancia de extinción de la deuda, a desempeñar las prendas y anticresis, a cancelar las hipotecas y fianzas, y a liberar al legatario de toda responsabilidad.

Artículo 3203. El legado de la garantía real de una deuda, sea aquella hipoteca, prenda o anticresis, y el legado de una fianza, extinguen la deuda y la garantía, ya se haga al deudor principal o al deudor de la garantía.

Artículo 3204. Legado el título, sea público o privado de una deuda o de la garantía, se entiende legada la deuda.

C. Disposiciones comunes a los legados de crédito y de deuda

Artículo 3205. A los legados de que hablan los artículos 3199 y 3202 son aplicables las siguientes disposiciones:

I. Ambos legados comprenden los intereses que por el crédito o deuda se deban a la muerte del testador; y

II. Ambos legados subsistirán, si el testador demandó judicialmente al deudor y no obtuvo el pago.

SECCIÓN OCTAVA
LEGADO DE DINERO O DE UN BIEN DEPOSITADO

Artículo 3206. El legado en dinero debe pagarse en efectivo y si no lo hay en la herencia, con el producto de los bienes que al efecto se vendan.

Artículo 3207. El legado de bien o cantidad depositada en lugar designado, sólo subsistirá en la parte que en él se encuentre.

SECCIÓN NOVENA
LEGADO DE EDUCACIÓN

Artículo 3208. El legado de educación, si el testador no fija el plazo, subsiste por el tiempo normal de aprendizaje de un oficio y, en su caso, si se estudia una profesión, por el número de años que el plan de estudios señale para la carrera de que se trate, incluyendo la práctica y el servicio social, más un año.

SECCIÓN DÉCIMA
LEGADO ESPECÍFICO

Artículo 3209. En el legado de bien determinado el heredero debe entregar el mismo bien legado, y en caso de pérdida, se observará lo dispuesto por este Código, para las obligaciones de dar un bien de esa característica.

SECCIÓN UNDÉCIMA
LEGADO DE PENSIÓN

Artículo 3210. El legado de pensión se rige por las siguientes disposiciones:

I. Sean cuales fueren la cantidad, el objeto y los plazos, corre desde la muerte del testador;

II. Es exigible al principio de cada período;

III. El legatario hace suya la pensión que tuvo derecho de cobrar, aunque muera antes de que termine el período comenzado;

IV. El heredero debe garantizar suficientemente al legatario el pago de las pensiones futuras.

SECCIÓN DUODÉCIMA
LEGADO EN FAVOR DEL ACREEDOR

Artículo 3211. El legado hecho al acreedor no compensa el crédito.

Artículo 3212. Si el testador declara su voluntad de que exista compensación, se aplicarán las siguientes disposiciones:

I. Si se reúnen los requisitos legales de la compensación, y el crédito y la cantidad fijada por el testador son iguales, no se considera legada esa cantidad; pero los herederos deberán entregarla al acreedor para que se extinga el crédito;

II. Si el crédito fuere de mayor valor que la fijada por el testador, no se entiende legada ésta y si la acepta el acreedor, podrá exigir el pago de la diferencia a su favor;

III. Si el crédito fuere menor a la cantidad fijada por el testador, sólo se entiende legado el exceso;

IV. Si no se reúnen los requisitos legales para la compensación, sólo se extinguirá el crédito si el acreedor acepta el legado.

Artículo 3213. Por medio de un legado puede el deudor mejorar la condición de su acreedor, haciendo puro el crédito condicional, hipotecario el simple, o exigible desde luego el que lo sea a plazo.

Artículo 3214. La mejora a que se refiere el artículo anterior no perjudicará en manera alguna los privilegios de los demás acreedores.

SECCIÓN DECIMOTERCERA
LEGADO GENÉRICO DE LIBERACIÓN DE DEUDAS

Artículo 3215. El legado genérico de liberación o remisión de la deuda, comprende sólo las existentes al tiempo de otorgarse el testamento y no las posteriores.

SECCIÓN DECIMOCUARTA
LEGADO PARA CONTRAER MATRIMONIO

Artículo 3216. Si se lega alguna cantidad para cuando se tome estado, se entiende legada para contraer matrimonio y puede dejarse a alguno el usufructo total o parcial de uno o varios bienes o una pensión o prestación periódica por el tiempo que permanezca viudo o soltero.

SECCIÓN DECIMOQUINTA
LEGADOS ALTERNATIVOS

Artículo 3217. En los legados alternativos la elección corresponde al heredero, si el testador no la concede expresamente al legatario.

Artículo 3218. Si el heredero tiene la elección, puede entregar el bien de menor valor, si la elección corresponde al legatario, puede escoger el bien de mayor valor.

Artículo 3219. En los legados alternativos se observará además lo dispuesto por este Código para las obligaciones alternativas.

Artículo 3220. Si quien tiene derecho a elegir no puede hacerlo, la elección la harán el representante o los herederos de aquél.

Artículo 3221. El Juez, a petición de parte hará elección, si en el término que él señale no la hiciere la persona que tenga derecho de hacerla.

Artículo 3222. La elección hecha legalmente es irrevocable.
Sección Decimosexta. Legados de Usufructo, y servidumbre

Artículo 3223. Los legados de usufructo o servidumbre voluntaria, subsistirán mientras viva el legatario o por el plazo que les fije el testador.

Artículo 3224. Sólo durarán hasta diez años los legados de que trata el artículo anterior, si el beneficiario fuere alguna persona jurídica.

CAPÍTULO OCTAVO
SUBSTITUCIONES

Artículo 3225. Por la substitución vulgar, puede el testador sustituir una o más personas al heredero o herederos instituidos para el caso de que mueran antes que él, o de que no puedan o no quieran aceptar la herencia.

Artículo 3226. Los substitutos pueden ser nombrados conjunta o sucesivamente.

Artículo 3227. Los substitutos nombrados conjuntamente ocupan, en su caso, el lugar del heredero y serán solidarios tanto activa como pasivamente.

Artículo 3228. El substituto que haya sido designado con otros sucesivamente, ocupa el lugar del heredero y no el de los que le antecedieron en el orden de su nombramiento, cuando éstos no aceptaron o no pudieron heredar.

Artículo 3229. El substituto, en el caso del artículo anterior, excluye a los nombrados con ese carácter y que sean posteriores a él, en el orden de su nombramiento.

Artículo 3230. La substitución simple y sin expresión de casos, comprende los tres señalados en el artículo 3225.

Artículo 3231. Por la substitución pupilar, el testador puede nombrar substitutos a sus descendientes, que se encuentren bajo su patria potestad, que no sean capaces de testar según el artículo 3065 fracción I, y para el caso de que mueran éstos antes de adquirir esa capacidad.

Artículo 3232. La substitución pupilar queda sin efecto, si el menor a quien se nombró substituto reconoce a un hijo como suyo, o judicialmente se declara la paternidad de aquél.

Artículo 3233. Por la substitución ejemplar, el ascendiente puede nombrar substituto al descendiente mayor de edad incapacitado, para el caso de que éste muera sin hacer testamento.

Artículo 3234. La substitución ejemplar queda sin efecto, si el incapacitado recobra la razón, y así se declara por sentencia judicial.

Artículo 3235. El substituto recibirá la herencia con los mismos gravámenes y condiciones con que debía recibirla el heredero, salvo que los gravámenes o condiciones fueren meramente personales de éste.

Artículo 3236. Si los herederos instituidos en partes desiguales fueren substituidos recíprocamente, en la substitución tendrán las mismas partes que en la institución.

Artículo 3237. Puede el testador heredar a su hijo el usufructo de una parte o de la totalidad de los bienes del mismo testador, y legar la nuda propiedad a los hijos que tenga o tuviere el designado heredero.

Artículo 3238. En el caso del artículo anterior, si no viven los legatarios a la muerte del testador, la nuda propiedad acrecerá al heredero.

Artículo 3239. Si el testador deja todos o parte de sus bienes a una persona y el usufructo a otra, no puede imponer al nudo propietario la carga de transferir, a la muerte de éste, la nuda propiedad a quien el testador designe, ni la propiedad, si el usufructo se hubiere extinguido por haber fallecido antes el usufructuario.

Artículo 3240. Las substituciones antes establecidas son de estricta interpretación y se consideran excepciones a las reglas que rigen las disposiciones testamentarias.

Artículo 3241. Puede el testador señalar el bien que quede afectado para el pago de la cantidad o cantidades que deje a un establecimiento de asistencia, pero pagadas estas cantidades, quedará liberado el bien.

(REFORMADO, P.O. 31 DE DICIEMBRE DE 2012)

Artículo 3242. Puede el testador fundar uno o más lugares en un establecimiento de asistencia social pública o de instrucción pública, para sus herederos o legatarios.

(REFORMADO, P.O. 31 DE DICIEMBRE DE 2012)

Artículo 3243. Faltando las personas a que se refiere el artículo anterior, el capital quedará destinado por partes iguales a la Benemérita Universidad Autónoma de Puebla y al Gobierno del Estado a través de la instancia responsable de la administración del patrimonio inmobiliario estatal, para destinarlo a la asistencia social pública.

Artículo 3244. Todo lo dispuesto en este capítulo respecto de los herederos, se observará también respecto de los legatarios.

CAPÍTULO NOVENO
NULIDAD Y REVOCACIÓN DE LOS TESTAMENTOS

Artículo 3245. Es nula la institución de heredero o legatario hecha en memorias o comunicados secretos.

Artículo 3246. Es nulo el testamento otorgado por intimidación o violencia, o captado por dolo o mala fe, independientemente de que en el testamento se beneficie o no a persona distinta del autor de la violencia, del dolo o de la mala fe.

Artículo 3247. Para calificar la intimidación, el dolo y la mala fe, se aplicarán los artículos 1471 y 1473.

Artículo 3248. El que por dolo, mala fe o violencia impide que alguno haga su última disposición, será incapaz de heredar a éste, aun por intestado.

Artículo 3249. El Juez o el Agente del Ministerio Público, ante quien se denunciare que alguno impide a otro testar, se presentará sin demora en la casa del segundo para asegurarle el ejercicio de su derecho y el Notario, en todo caso, levantará acta haciendo constar los hechos que le impiden a él redactar el testamento.

Artículo 3250. En el caso del artículo anterior, el testamento será público abierto y el Juez o el Agente del Ministerio Público, en su caso, estará presente durante el otorgamiento haciéndose constar esta circunstancia, y la causa de la misma y firmará junto con el Notario y los testigos.

Artículo 3251. Es nulo el testamento en que el testador no expresa clara y terminantemente su voluntad, sino sólo por señales y monosílabos, en respuesta a las preguntas que se le hacen.

Artículo 3252. El testador no puede prohibir que se impugne el testamento en los casos en que éste deba ser nulo conforme a la ley.

Artículo 3253. El testamento es nulo cuando se otorga en contravención a las formas prescritas por la ley.

Artículo 3254. El testamento es un acto revocable hasta el último momento de la vida del testador.

Artículo 3255. Son nulas:

I. La renuncia del derecho de testar;

II. La obligación condicional de testar;

III. La renuncia de la facultad de revocar el testamento;

IV. La disposición por la que el testador imposibilite directa o indirectamente a las autoridades, la facultad de intervenir en la sucesión, según lo establecido por la ley.

Artículo 3256. El testamento anterior queda revocado de pleno derecho por el posterior.

Artículo 3257. Si el testamento posterior caduca, se abrirá la sucesión intestamentaria.

Artículo 3258. Las disposiciones testamentarias caducan y quedan sin efecto en lo relativo a los herederos y legatarios:

I. Si mueren antes que el testador;

II. Si mueren antes de que se cumpla la condición de que dependan la herencia o el legado;

III. Si devienen incapaces de recibir la herencia o legado;

IV. Si renuncian a su derecho.

CAPÍTULO DÉCIMO
FORMA DE LOS TESTAMENTOS

SECCIÓN PRIMERA
DISPOSICIONES GENERALES

Artículo 3259. El testamento en cuanto a su forma es público o privado.

Artículo 3260. El testamento público se otorga ante Notario y testigos.

Artículo 3261. El testamento público puede ser abierto o cerrado.

Artículo 3262. En el testamento público abierto, el testador manifiesta su última voluntad en presencia de quienes deban autorizar el acto.

Artículo 3263. En el testamento público cerrado, el testador declara que su última voluntad se encuentra contenida, en el pliego que presenta al Notario que autoriza el acto.

Artículo 3264. No pueden ser testigos del testamento:
I. Los empleados del Notario que lo autorice;
II. Los ciegos y los que no entiendan el idioma del testador;
III. Los totalmente sordos o mudos;
IV. Los incapaces;
V. Los auxiliares o suplentes del Notario, estén o no en ejercicio;
VI. Los que sean designados en él, herederos o legatarios;
VII. Los que hayan sido condenados por delito de falsedad.

Artículo 3265. En el caso de la fracción VI del artículo anterior, la presencia como testigo de una de las personas a que ella se refiere, sólo produce como efecto la nulidad de la disposición que le beneficie.

Artículo 3266. Para que un testigo sea declarado inhábil, es necesario que la causa de la inhabilidad haya existido al tiempo de otorgarse el testamento.

Artículo 3267. Cuando el testador ignore el idioma del país, concurrirán al acto y firmarán el testamento, además de los testigos y el Notario, dos intérpretes nombrados por el mismo testador.

Artículo 3268. El Notario o por lo menos dos de los testigos que intervengan en cualquier testamento, deberán conocer al testador o cerciorarse de alguna manera de su identidad.

Artículo 3269. Si la identidad del testador no pudiere ser verificada, se declarará esta circunstancia por el Notario, o por los testigos, agregando aquél todas las señales que lo caractericen.

Artículo 3270. En el caso del artículo que precede, no tendrá validez el testamento mientras no se justifique la identidad del testador.

Artículo 3271. Si se recurre a testigos de identidad, éstos deberán ser conocidos del Notario o de los testigos instrumentales.

Artículo 3272. Los artículos 3268 a 3271 son aplicables al Juez que asista al testamento de un incapacitado, en un momento de lucidez y a la autoridad que presencie el testamento, en el caso de los artículos 3249 y 3250.

Artículo 3273. El Notario y los testigos se cerciorarán de la capacidad del testador y de que se hallaba, al otorgar el testamento, en pleno uso de sus facultades mentales y libre de cualquier coacción.

Artículo 3274. Se prohibe a los Notarios dejar hojas total o parcialmente en blanco, al redactar un testamento, así como usar abreviaturas o cifras, salvo que se trate de invocar artículos de la ley o números de formas oficiales.

(ADICIONADO, P.O. 25 DE ENERO DE 2008)

Artículo 3274 Bis. Siempre que se otorgue un testamento público, el Notario debe formular un aviso de testamento al Archivo de Notarías, en el que se expresen al menos los datos siguientes:

I. Nombre completo del testador;
II. Nacionalidad;
III. Fecha y lugar de nacimiento;
IV. Clave Única del Registro Nacional de Población;
V. Estado Civil;
VI. Los nombres completos de sus padres, si los hubiera expresado;
VII. Tipo de Testamento;
VIII. Lugar y fecha de su otorgamiento;
IX. El número de instrumento y volumen; y
X. Los datos generales del Notario.

Dentro de los cinco días hábiles siguientes a la admisión y registro del aviso de testamento, el Archivo de Notarías se encargará de remitirlo, por vía electrónica y con los demás datos que resulten conducentes, al Registro Nacional de Avisos de Testamento, para los efectos respectivos.

(ADICIONADO, P.O. 25 DE ENERO DE 2008)

Artículo 3274 Ter. El Juez o Notario que inicie un procedimiento sucesorio, deberá recabar el informe de la existencia o inexistencia de alguna disposición testamentaria, mediante solicitud al titular del Archivo de Notarías para que proceda a consultar si en la base de datos del Registro Nacional de Avisos de Testamento aparece algún aviso de testamento del autor de la sucesión y remita copia autorizada de los reportes de búsqueda local y nacional, así como para que advierta si en su oficina existe testamento depositado a petición del otorgante y, en su caso, lo remita al Notario o autoridad judicial respectivo, sin perjuicio de las gestiones que éstos puedan realizar ante las autoridades que resulten competentes para recibir o conservar testamentos en otros Estados.

SECCIÓN SEGUNDA
TESTAMENTO PÚBLICO ABIERTO

(REFORMADO, P.O. 9 DE MARZO DE 2015)

Artículo 3275. El testamento público abierto se dictará de manera clara y terminante por el testador en presencia del Notario, y de dos testigos en los siguientes casos:

I. Cuando el testador declare que no puede o no sabe firmar el testamento;

II. Cuando el testador fuere enteramente sordo pero sabe leer;

III. Cuando el testador sea ciego o no pueda o sepa leer, y

IV. Cuando el testador o Notario lo soliciten.

Los testigos instrumentales a que se refiere este artículo podrán intervenir, además como testigos de conocimiento.

Artículo 3276. El Notario redactará las cláusulas y las leerá en voz alta, para que el testador manifieste si está conforme, y si lo estuviere, firmarán todos el instrumento, asentándose el lugar, la hora, el día, el mes y el año en que hubiere sido otorgado.

(REFORMADO, P.O. 9 DE MARZO DE 2015)

Artículo 3277. De los testigos a que se refiere el artículo 3275 por lo menos uno deberá saber leer y escribir.

(REFORMADO, P.O. 9 DE MARZO DE 2015)

Artículo 3278. Si uno de los testigos instrumentales no sabe o no puede firmar, imprimirá la huella de su pulgar derecho y además firmará por él, otro de los testigos.

Artículo 3279. El testador, además de su firma, si puede escribirla, imprimirá una de sus huellas digitales, indicándose cuál sea.

Artículo 3280. El testador que sepa leer y fuere enteramente sordo, leerá su testamento; si no supiere o no pudiere hacerlo, designará a una persona de su confianza que lo lea en su nombre.

Artículo 3281. Cuando sea ciego el testador, se dará lectura a su testamento dos veces, una por el Notario como está prescrito por el artículo 3276, y otra por persona que el testador designe, la que puede ser uno de los testigos instrumentales u otra distinta.

Artículo 3282. Cuando el testador ignore el idioma del país, si puede escribirá personalmente, en el protocolo, su testamento, que traducirán los intérpretes a que se refiere el artículo 3267; la traducción se transcribirá a continuación en el mismo protocolo, como testamento.

Artículo 3283. Si el testador, en el caso del artículo anterior, no puede o no sabe escribir, uno de los intérpretes escribirá en el protocolo el testamento que dicte el testador y leído y aprobado por éste, se traducirá al español por ambos intérpretes, procediéndose como lo dispone el artículo anterior.

(REFORMADO, P.O. 9 DE MARZO DE 2015)

Artículo 3284. El testamento se dictará y redactará en un solo acto, y durante éste el testador, Notario, escribiente y en su caso los testigos no podrán separarse del local en que se otorgue aquél y, salvo disposición expresa de la ley, no podrá presenciar el acto del otorgamiento otra persona distinta de las mencionadas en los Artículos anteriores.

Artículo 3285. Las formalidades se practicarán ininterrumpidamente y el Notario dará fe de haberse llenado todas ellas.

(REFORMADO, P.O. 1 DE JULIO DE 1994)

Artículo 3286. Faltando alguna de las solemnidades establecidas, quedará el testamento sin efecto, y el Notario será responsable de los daños y perjuicios.

SECCIÓN TERCERA
TESTAMENTO PÚBLICO CERRADO

Artículo 3287. Sólo pueden otorgar testamento público cerrado quienes sepan leer y escribir.

Artículo 3288. El testamento público cerrado se hará constar en papel común y puede ser escrito a máquina o manuscrito.

Artículo 3289. El testador debe firmar al pie del testamento y al margen de las hojas de que se componga.

Artículo 3290. El testador, acompañado de tres testigos, presentará al Notario el pliego que contenga el testamento.

Artículo 3291. El testador, al hacer la presentación, declarará que en aquel pliego está contenida su última voluntad.

Artículo 3292. El Notario leerá para sí el testamento y en caso de encontrar alguna irregularidad, y sin que lo adviertan los testigos, la hará saber al testador, indicándole la forma de corregirla.

Artículo 3293. Corregida la irregularidad, o si no se encontró ninguna, el Notario en presencia de los testigos y del testador, pondrá su sello y firmará en el pliego, certificará que es el que le presentó el testador, lo cerrará y sellará la cubierta del mismo.

Artículo 3294. El Notario dará fe del otorgamiento, en el protocolo, con expresión de las formalidades requeridas en los artículos anteriores.

Artículo 3295. Deberá el Notario extender en la cubierta del testamento constancia del acta, la que será firmada por el Notario, testador y testigos.

Artículo 3296. Son aplicables al testamento público cerrado, lo dispuesto en este Código para el testamento público abierto, respecto a testigos, firmas de éstos y firma del testador.

Artículo 3297. El sordomudo podrá hacer testamento cerrado si lo escribe, fecha y firma él de su propia mano, y si en el momento de presentarlo al Notario, ante tres testigos, escribe en presencia de todos, sobre la cubierta, que en aquel pliego se contiene su última voluntad y que va escrito y firmado por él.

Artículo 3298. En el caso del artículo anterior, el Notario asentará en el acta del protocolo que al respecto extienda y en la cubierta del testamento, que el testador lo escribió así, observándose además lo dispuesto en los artículos 3289 a 3296.

Artículo 3299. El que sea sólo mudo o sólo sordo, puede hacer testamento cerrado, debiéndose observar lo dispuesto en los dos artículos anteriores.

Artículo 3300. El testamento cerrado que carezca de alguna de las formalidades establecidas en la ley, quedará sin efecto y el Notario será responsable como lo dispone el artículo 3286.

Artículo 3301. Cerrado el testamento, y certificada la cubierta, podrá conservarlo el testador o se remitirá, a petición suya, al Archivo General de Notarías para su depósito.

Artículo 3302. El Notario pondrá razón en el protocolo, del lugar, hora, día, mes y año en que el testamento fue entregado al testador o remitido al Archivo General de Notarías.

Artículo 3303. Por la infracción del artículo anterior, no se anulará el testamento; pero el Notario incurrirá en la pena de suspensión por seis meses.

(REFORMADO, P.O. 25 DE ENERO DE 2008)

Artículo 3304. El Director del Archivo de Notarías asentará en el libro que con ese objeto debe llevarse, una razón de depósito, firmada por él y de la cual enviará copia al Notario, cumpliendo lo cual deberá dar aviso del depósito en términos del último párrafo del artículo 3274 Bis de este Código.

Artículo 3305. Se dará también copia al testador, si la pidiere, de la razón a que se refiere el artículo anterior.

Artículo 3306. El testador puede retirar cuando quiera su testamento; pero la devolución se hará con las mismas formalidades que la entrega.

Artículo 3307. Debe el Notario guardar el secreto profesional con relación al testamento público cerrado, que hubiere certificado, siendo responsable civil y penalmente en caso de violar dicho secreto.

SECCIÓN CUARTA
TESTAMENTO PRIVADO

Artículo 3308. Cuando no sea posible testar ante Notario, por impedimento, enfermedad, no presencia o ausencia de éste, podrá el testamento ser privado, si además el testador:

a. Es atacado de una enfermedad o sufra un accidente, violentos y graves;

b. Esté en una población incomunicada por razón de epidemia, aunque él no se halle atacado de ésta; o

c. Esté en una plaza sitiada o incomunicada por cualquiera causa temporal y de fuerza mayor.

Artículo 3309. El testador que se encuentre en el caso de hacer testamento privado, declarará a presencia de cinco testigos idóneos su última voluntad, que uno de ellos pondrá por escrito, si no pudiere o no supiere hacerlo el testador, quien imprimirá su huella digital en cada una de las hojas y al calce.

Artículo 3310. En el caso del artículo anterior, si supiere escribir y pudiere hacerlo, el testador firmará al calce y rubricará lo escrito.

Artículo 3311. Al otorgarse el testamento de que trata este capítulo, se observarán las disposiciones siguientes:

I. En el testamento se asentará el lugar, la hora, el día, el mes y el año en que hubiere sido otorgado;

II. En los casos de suma urgencia bastarán tres testigos idóneos;

III. De los testigos que requiere este testamento, por lo menos tres deben saber leer y escribir;

IV. Si el testador no pudiere o no supiere escribir, intervendrá otro testigo más, que firme a su ruego.

Artículo 3312. El testamento privado sólo surtirá efectos, si el testador fallece por la causa que lo motivó o dentro de un mes de desaparecida ésta.

Artículo 3313. El testamento privado necesita para su validez, la declaración judicial de estar arreglado a derecho, que se dicte conforme al artículo 3315.

Artículo 3314. Los testigos que autoricen un testamento otorgado en los casos que señala el artículo 3308, deberán declarar circunstanciadamente:

I. El lugar, la hora, el día, el mes y el año en que se otorgó el testamento;

II. Si reconocieron, vieron y oyeron claramente al testador;

III. El tenor de la disposición;

IV. Si el testador estaba en su cabal juicio y libre de cualquiera coacción;

V. La razón por la que no hubo Notario;

VI. En el caso del artículo 3309 quien fue el testigo que lo escribió.

Artículo 3315. Si los testigos fueren idóneos y estuvieren conformes en las circunstancias enumeradas en el artículo que precede, el Juez declarará el contenido del dicho de aquéllos, formal testamento de la persona de quien se trate; mandará protocolizar el escrito, en el que conste el testamento, y dispondrá que se extiendan los testimonios respectivos a las personas que con derecho lo soliciten.

Artículo 3316. Si después de la muerte del testador y antes de elevarse a formal testamento la que se dice su última disposición, muriese alguno de los testigos, se hará la legalización con los restantes, con tal que no sean menos de dos, perfectamente contestes y mayores de toda excepción.

Artículo 3317. Lo dispuesto en el artículo anterior, se observará también en el caso de que alguno o algunos de los testigos no se encuentren en el lugar de la información testimonial, sin perjuicio de que, en su caso, se examinen por exhorto.

(DEROGADA CON EL ARTÍCULO QUE LA INTEGRA, P.O. 13 DE AGOSTO DE 2019)

SECCIÓN QUINTA
TESTAMENTO MILITAR Y MARÍTIMO

Artículo 3318. (DEROGADO, P.O. 13 DE AGOSTO DE 2019)

SECCIÓN SEXTA
TESTAMENTO HECHO FUERA DEL ESTADO

Artículo 3319. Los testamentos otorgados en la República Mexicana, pero no en el Estado de Puebla, y los otorgados en el extranjero, se regirán, en cuanto a su forma y a los efectos que deban producir en este Estado, por lo dispuesto respectivamente en los artículos 18, 19 y 20.

CAPÍTULO UNDÉCIMO
SUCESIÓN LEGÍTIMA

SECCIÓN PRIMERA
DISPOSICIONES GENERALES

Artículo 3320. La herencia legítima se abre:

I. Si no hay testamento;

II. Si el testamento otorgado se revocó o es nulo;

III. Si el testador no dispuso de todos sus bienes;

IV. Si la condición impuesta al heredero en el testamento no se realiza;

V. Si el heredero repudia la herencia o es incapaz de heredar;

VI. Si el heredero muere antes que el testador, sin que haya substituto ni quien tenga el derecho de acrecer.

Artículo 3321. Cuando no deba subsistir la institución de heredero, en los casos a que se refieren las fracciones IV a VI del artículo anterior, y sea válido el testamento, subsistirán las demás disposiciones hechas en él, y la sucesión legítima sólo comprenderá los bienes que deberían corresponder al heredero instituido.

Artículo 3322. Si el testador dispone legalmente sólo de una parte de sus bienes, el resto de ellos forma la sucesión legítima.

Artículo 3323. Tienen derecho a heredar por sucesión legítima, en el orden establecido por este Código:

I. Los descendientes;

(REFORMADA, P.O. 14 DE SEPTIEMBRE DE 1998)

II. El cónyuge o concubino supérstites;

III. Los ascendientes;
IV. Los parientes colaterales hasta el sexto grado.

(REFORMADO, P.O. 31 DE DICIEMBRE DE 2012)

Artículo 3324. A falta de las personas comprendidas en el artículo anterior, heredarán por partes iguales, la Benemérita Universidad Autónoma de Puebla y el Gobierno del Estado a través de la instancia responsable de la administración del patrimonio inmobiliario estatal, para destinarlo a la asistencia social pública.

Artículo 3325. El parentesco por afinidad no da derecho a heredar.

Artículo 3326. Los parientes más próximos excluyen a los más remotos, salvo el derecho de representación.

Artículo 3327. Los parientes que se hallaren en el mismo grado, heredarán por partes iguales.

(REFORMADO, P.O. 14 DE SEPTIEMBRE DE 1998)

Artículo 3328. Si hubiere varios parientes en un mismo grado, y alguno o algunos no quisieren o no pudieren heredar y tampoco estuvieren representados, su parte acrecerá por igual a los otros del mismo grado, incluidos aquellos que hubieran sido llamados si vivieran o hubieren podido heredar, sólo si están representados, debiéndose observar en este caso el artículo 3336.

(REFORMADO, P.O. 14 DE SEPTIEMBRE DE 1998)

Artículo 3329. Si el autor de la herencia no pudieren sucederlo el pariente o parientes más cercanos, por repudio, fallecimiento o incapacidad, y si legalmente carece de representación, heredarán los del grado siguiente por su propio derecho.

Artículo 3330. Las líneas y grados de parentesco se arreglarán por lo dispuesto en los artículos 476 a 485.

Artículo 3331. Los hijos y descendientes del incapaz de heredar no serán excluidos de la sucesión, aún cuando viva ese ascendiente suyo, si ellos mismos fueren llamados a heredar por la ley, en representación de éste.

SECCIÓN SEGUNDA
DERECHO DE REPRESENTACIÓN

Artículo 3332. Se llama derecho de representación, el que corresponde a los parientes de una persona, para sucederle en todos los derechos que tendría si viviera o hubiere podido heredar.

Artículo 3333. El derecho de representación existe en línea recta descendente y no en la ascendente.

Artículo 3334. En la línea transversal sólo existe el derecho de representación en favor de los hijos de los hermanos, ya lo sean éstos de padre y madre, ya por una sola línea, cuando concurran con otros hermanos del difunto.

Artículo 3335. Los demás colaterales heredarán siempre por cabezas.

Artículo 3336. Siendo varios los representantes de la misma persona, repartirán entre sí con igualdad lo que debía corresponder a aquélla.

Artículo 3337. Se puede representar a la persona cuya sucesión se repudió.

Artículo 3338. El que repudia la herencia que le corresponde por una línea, no está impedido para aceptar la que le corresponde por otra.

(REFORMADO, P.O. 14 DE SEPTIEMBRE DE 1998)

Artículo 3339. Los descendientes de una persona que hayan sido declarados incapaces para suceder a ésta, no podrán representarla.

Artículo 3340. Salvo lo dispuesto en el artículo 3331, no existe derecho de representación entre personas vivas.

SECCIÓN TERCERA
SUCESIÓN DE LOS DESCENDIENTES

Artículo 3341. Si a la muerte de los padres quedaren sólo hijos, la herencia se dividirá entre todos por partes iguales.

Artículo 3342. Si quedan hijos y nietos, los primeros heredarán por cabezas y los segundos conforme a su derecho de representación.

Artículo 3343. Si sólo quedaren descendientes de ulterior grado, la herencia se dividirá entre todos ellos, por partes iguales, sin distinción de línea ni grado de parentesco.

Artículo 3344. Concurriendo hijos con ascendientes, éstos sólo tendrán derecho a alimentos, que en ningún caso podrán exceder de la porción de uno de los hijos.

Artículo 3345. El adoptado hereda como hijo.

Artículo 3346. Concurriendo padres adoptantes y descendientes del adoptado, los primeros sólo tendrán derecho a alimentos.

SECCIÓN CUARTA
SUCESIÓN DE LOS ASCENDIENTES

(REFORMADO, P.O. 14 DE SEPTIEMBRE DE 1998)

Artículo 3347. A falta de descendientes, de cónyuge o concubino, sucederán el padre y la madre por partes iguales.

Artículo 3348. Si sólo hubiere padre o madre, el que viva sucederá al hijo en toda la herencia.

Artículo 3349. Si sólo hubiere ascendientes de ulterior grado, se dividirá la herencia por partes iguales, entre todos ellos, sin distinción de línea ni grado de parentesco.

Artículo 3350. Si sólo hubiere un ascendiente de ulterior grado, éste será el único heredero.

Artículo 3351. Concurriendo los adoptantes con ascendientes del adoptado, la herencia de éste se dividirá por partes iguales entre los adoptantes y los ascendientes.

SECCIÓN QUINTA
SUCESIÓN DEL CÓNYUGE

Artículo 3352. El cónyuge que sobrevive, concurriendo con descendientes, tendrá el derecho de un hijo.

Artículo 3353. A falta de hijos, el cónyuge sucede en todos los bienes, con exclusión de los demás parientes del autor de la herencia.

Artículo 3354. Los ascendientes del autor de la herencia que le sobrevivan tienen derecho a alimentos.

(REFORMADO, P.O. 14 DE SEPTIEMBRE DE 1998)

Artículo 3355. El concubino heredará como cónyuge, si el autor de la herencia falleció mientras subsistía esa relación y si la vida en común duró más de dos años o menos si procrearon hijos.

Faltando alguno de esos últimos requisitos, el concubino supérstite sólo tendrá derecho a alimentos, según lo dispuesto por la fracción VI del artículo 3107.

SECCIÓN SEXTA
SUCESIÓN DE LOS COLATERALES

(REFORMADO, P.O. 14 DE SEPTIEMBRE DE 1998)

Artículo 3356. A falta de descendientes, cónyuge o concubino, y ascendientes, la Ley llama a la sucesión a los colaterales dentro del sexto grado.

Artículo 3357. Si únicamente hay hermanos, sean consanguíneos o civiles, por ambas líneas o sólo por una de ellas, sucederán todos ellos por partes iguales.

Artículo 3358. Si concurren hermanos con sobrinos, los primeros heredarán por cabeza y los segundos por estirpes.

Artículo 3359. A falta de hermanos sucederán los hijos de éstos, dividiéndose la herencia por partes iguales, entre todos ellos, sin distinción de línea.

Artículo 3360. A falta de los llamados en los artículos anteriores, sucederán los parientes más próximos dentro del sexto grado, sin distinción de líneas ni consideración a doble vínculo y heredarán por partes iguales.

(REFORMADA SU DENOMINACIÓN, P.O. 31 DE DICIEMBRE DE 2012)

SECCIÓN SÉPTIMA
SUCESIÓN DE LA BENEMÉRITA UNIVERSIDAD AUTÓNOMA DE PUEBLA Y DE LA ASISTENCIA SOCIAL

(REFORMADO, P.O. 31 DE DICIEMBRE DE 2012)

Artículo 3361. A falta de los herederos llamados en los capítulos anteriores, sucederán por partes iguales, la Benemérita Universidad Autónoma de Puebla y el Gobierno del Estado a través de la instancia responsable de la administración del patrimonio inmobiliario estatal, para destinarlo a la asistencia social pública; si en la herencia hubiere bienes raíces, se cumplirá lo que disponga al respecto la Constitución Política de los Estados Unidos Mexicanos.

CAPÍTULO DUODÉCIMO
DISPOSICIONES COMUNES A LA SUCESIÓN TESTAMENTARIA Y A LA LEGITIMA

SECCIÓN PRIMERA
PRECAUCIONES QUE DEBEN ADOPTARSE CUANDO LA SUPÉRSTITE QUEDE ENCINTA

Artículo 3362. Si a la muerte del autor de la herencia, la viuda de éste queda encinta, debe ponerlo en conocimiento del Juez, dentro de cuarenta días, y éste, con audiencia de los interesados en la sucesión cuyo derecho deba desaparecer o disminuir por el nacimiento del póstumo, ordenará se proceda a la comprobación de la preñez, mediante prueba pericial.

Artículo 3363. Los interesados podrán pedir al Juez que se proceda oportuna y decorosamente a la averiguación de la preñez.

Artículo 3364. Si resulta cierta la preñez, o los interesados no la contradicen, podrán éstos pedir al Juez que dicte las medidas convenientes para evitar la suposición del parto, la sustitución del infante o que se haga pasar como viva a la criatura que nació muerta.

Artículo 3365. Háyase o no dado el aviso de que habla el artículo 3362, al aproximarse la época del parto, la mujer debe ponerlo en conocimiento del Juez, para que lo haga saber a los interesados.

Artículo 3366. En el caso del artículo anterior los interesados pueden pedir al Juez que designe a un médico, o a una partera, para que se cerciore del alumbramiento.

Artículo 3367. Si el autor de la sucesión reconoció en instrumento público o en documento privado la certeza de la preñez, no podrá procederse a la averiguación de ésta; pero los interesados podrán pedir al Juez que se dicten las medidas previstas en el artículo anterior.

Artículo 3368. Los alimentos de la mujer embarazada, tenga ésta o no bienes, serán a cargo de la herencia.

Artículo 3369. La omisión de la madre no perjudica los derechos del hijo.

Artículo 3370. La división de la herencia se suspenderá hasta que se verifique el parto o hasta que transcurra el tiempo máximo de la preñez; pero esta suspensión no impide que los acreedores sean pagados mediante mandato judicial.

Artículo 3371. Para cualquiera de las diligencias que se practiquen conforme a lo dispuesto en este Capítulo, deberá ser oída la supérstite.

(REFORMADO, P.O. 14 DE SEPTIEMBRE DE 1998)

Artículo 3372. Lo dispuesto en esta sección es aplicable a la concubina del autor de la herencia.

SECCIÓN SEGUNDA
DERECHO DE ACRECER

Artículo 3373. Derecho de acrecer es el que concede la ley al heredero o al legatario, para agregar a su porción hereditaria o a su legado, la que debía corresponder a otro heredero o legatario.

Artículo 3374. Para que en las herencias por testamento exista el derecho de acrecer, se requiere:

I. Que dos o más personas sean llamados a una misma herencia o a una misma porción de ella, sin especial designación de partes; y

II. Que uno de los llamados muera antes que el testador, no acepte la herencia o sea incapaz de recibirla.

Artículo 3375. Hay especial designación de partes, cuando el testador individualizó la que a cada heredero o legatario corresponde.

Artículo 3376. La designación de partes alícuotas sobre un bien determinado no excluye el derecho de acrecer.

Artículo 3377. El heredero o legatario cuyo haber hereditario acrece, en los casos establecidos en los artículos anteriores, sucede en todos los derechos y obligaciones que tendría el que no quiso o no pudo recibir la herencia.

Artículo 3378. El heredero o legatario pueden repudiar la porción que acrece a la suya, sin renunciar la herencia o legado, respectivamente.

Artículo 3379. Cuando legalmente exista el derecho de acrecer entre los llamados conjuntamente a un usufructo, la porción del que falte, acrecerá siempre al otro, aunque aquél falte después de haber aceptado y haya estado en posesión de su parte de usufructo.

Artículo 3380. Cuando los legatarios no se hallan en el caso de la fracción I del artículo 3374, pero si en alguno de los señalados en la fracción II, el legado acrecerá a los herederos.

Artículo 3381. El testador puede prohibir o modificar el derecho de acrecer.

Artículo 3382. En las herencias ab intestato, se observará lo prevenido en los artículos 3328, 3329 y 3331.

SECCIÓN TERCERA
APERTURA Y TRANSMISIÓN DE LA HERENCIA

Artículo 3383. La sucesión se abre:

I. En el momento de la muerte del autor de la herencia;
II. Al declararse la presunción de muerte del ausente.

Artículo 3384. La propiedad y la posesión legal de los bienes, y los derechos y obligaciones del autor de la herencia, se transmiten por la muerte de éste a sus herederos, de acuerdo con lo dispuesto por este Código.

Artículo 3385. Si varias personas son llamadas simultáneamente a una herencia, es indivisible su derecho al dominio y posesión de la misma, hasta que se haga la partición.

Artículo 3386. Mientras no se nombre albacea, cada uno de los herederos puede, en el caso del artículo anterior, reclamar la totalidad de la herencia.

Artículo 3387. El demandado, en el supuesto previsto por el artículo anterior, no puede oponer al actor, la excepción de no ser éste, el heredero universal.

Artículo 3388. Si el albacea nombrado no hace, en su caso, la reclamación a que se refieren las disposiciones anteriores, los herederos podrán pedir la remoción de aquél.

Artículo 3389. Quienes pretendan tener derecho a una herencia y se presenten después de la declaración de herederos, o ésta no los hubiere reconocido como tales, pueden ejercitar la acción de petición de herencia, dentro del mismo juicio sucesorio, en la vía incidental, hasta antes que se apruebe la partición.

Artículo 3390. La partición y adjudicación hechas en una sucesión, pueden ser contradichas en juicio seguido contra el adjudicatario, por quien pretenda ser heredero, y en el que éste ejercite la acción de petición de herencia.

Artículo 3391. La acción de petición de herencia prescribe en diez años a partir de la adjudicación y es transmisible a los herederos.

SECCIÓN CUARTA
ACEPTACIÓN Y REPUDIACIÓN DE LA HERENCIA

Artículo 3392. Pueden aceptar o repudiar la herencia los que tienen la libre disposición de sus bienes.

Artículo 3393. La aceptación puede ser expresa o tácita.

Artículo 3394. Es expresa la aceptación si el heredero la hace con palabras claras, y tácita, si ejecuta algunos hechos de los que se deduzca necesariamente la intención de aceptar, o aquéllos que sólo podría ejecutar como heredero.

Artículo 3395. No puede aceptarse o repudiarse la herencia, con plazo o condición, ni parcialmente.

Artículo 3396. Los cónyuges no pueden aceptar ni repudiar la herencia común sino de mutuo acuerdo. En caso de discrepancia resolverá el Juez.

Artículo 3397. Un cónyuge no necesita autorización del otro, para aceptar o repudiar la herencia que a él le corresponda.

Artículo 3398. La herencia dejada a incapaces, se rige por las siguientes disposiciones:

I. Será aceptada por quien o quienes ejerzan la patria potestad sobre el heredero;

II. En su caso, será aceptada por el tutor; y

III. El o los titulares de la patria potestad, o el tutor, necesitan autorización judicial para repudiar la herencia.

Artículo 3399. Si los herederos no se convinieren sobre la aceptación o repudiación de la herencia, podrán aceptar unos y repudiar otros.

Artículo 3400. Si el heredero fallece sin aceptar o repudiar la herencia, el derecho de hacerlo se transmite a sus herederos.

Artículo 3401. Los efectos de la aceptación o repudiación de la herencia se retrotraen a la fecha de la muerte de la persona a quien se hereda.

Artículo 3402. La repudiación de la herencia no priva al que la hace, si no es heredero ejecutor, del derecho de reclamar los legados que se le hubieren dejado.

Artículo 3403. La repudiación debe ser expresa y hacerse por escrito ante el Juez o ante Notario.

Artículo 3404. El nombrado heredero en testamento y que al mismo tiempo tenga derecho de heredar por intestado, si repudia como heredero testamentario, pierde el derecho de suceder por intestado.

Artículo 3405. El que repudia el derecho de suceder por intestado, sin tener noticia de su título testamentario, puede en virtud de éste, aceptar la herencia.

Artículo 3406. No puede aceptarse o repudiarse una herencia sin estar cierto de la muerte del autor de la sucesión o sin estar abierta la sucesión del ausente.

Artículo 3407. Conocida la muerte de aquél a quien se hereda, se puede repudiar la herencia dejada bajo condición, aunque ésta no se haya cumplido.

Artículo 3408. Los legítimos representantes de las personas jurídicas capaces de adquirir, pueden aceptar la herencia que a aquéllas se dejare.

Artículo 3409. Las personas jurídicas de derecho público necesitan, para repudiar una herencia, autorización del Gobernador del Estado.

Artículo 3410. Si alguno tuviere interés en que el heredero declare si acepta o repudia la herencia, podrá pedir, pasados treinta días de la apertura de ésta, que el Juez señale al heredero un término que no excederá de treinta días, para que dentro de él haga su declaración, apercibido de que si no lo hace, se tendrá la herencia por aceptada.

Artículo 3411. La aceptación y la repudiación, una vez hechas, son irrevocables, y sólo pueden ser impugnadas en caso de dolo o intimidación.

Artículo 3412. El heredero puede revocar la aceptación, o la repudiación, si por un testamento desconocido al tiempo de hacer aquélla o ésta, se altera la calidad o cantidad de la herencia.

Artículo 3413. En el caso del artículo anterior, si el heredero revoca la aceptación, devolverá todo lo que hubiere percibido de la herencia, observándose, respecto de los frutos, las reglas relativas a los poseedores de buena o mala fe, según haya sido la del heredero.

Artículo 3414. Si el heredero repudia la herencia en perjuicio de sus propios acreedores, pueden éstos pedir al Juez que los autorice para aceptarla en nombre de aquél.

Artículo 3415. En el supuesto del artículo anterior, la aceptación sólo aprovechará a los acreedores para el pago de sus créditos y si la herencia excediere del importe de éstos, el exceso pertenecerá a quien llame la ley en lugar de quien repudió.

Artículo 3416. Los acreedores cuyos créditos fueren posteriores a la repudiación, no pueden ejercer el derecho que concede el artículo 3414.

Artículo 3417. Quien deba heredar, en lugar del que repudió la herencia, podrá impedir que la acepten los acreedores de éste, pagando los créditos que deba aquél.

Artículo 3418. El que a instancia de un legatario o acreedor hereditario, haya sido declarado heredero, será considerado como tal por los demás, sin necesidad de otra declaración judicial, y salvo el derecho de los interesados para contradecir, en el mismo juicio, aquella declaración.

Artículo 3419. Toda herencia se entiende aceptada con beneficio de inventario aunque no se exprese; pero este beneficio no libera al heredero de las obligaciones que solidariamente hubieren contraído él y el autor de la herencia.

Artículo 3420. Mientras no se liquide la herencia, los bienes de ésta no se confunden, por la aceptación del heredero, con los bienes de él.

SECCIÓN QUINTA
ALBACEAS

Artículo 3421. Los albaceas son:

I. Ejecutores del testamento;

II. Organos representativos de la sucesión para actuar en nombre y por cuenta de ésta, en los siguientes casos:

a) Administración de los bienes de la herencia;

b) Defensa de esos bienes; y

c) Partición y adjudicación definitiva de los mismos.

Artículo 3422. Desempeñará el albaceazgo:

I. En los juicios testamentarios, la persona designada por el testador;

II. En los juicios abintestato, la persona elegida por los herederos de entre ellos mismos y por mayoría de votos.

Artículo 3423. Si el testador no hubiere designado albacea o el nombrado no desempeñare el cargo, el albacea será nombrado por los herederos en la forma que establece la fracción II del artículo anterior.

Artículo 3424. Si el testador nombra varios albaceas sin establecer entre ellos solidaridad, desempeñará sucesivamente cada uno de ellos el cargo, en el orden de su designación.

Artículo 3425. El testador o los herederos en el juicio intestamentario, podrán nombrar dos o más albaceas solidarios, a los cuales son aplicables las siguientes disposiciones:

I. Sólo valdrá lo que todos los albaceas hagan de consuno o lo que haga uno de ellos autorizado por los demás;

II. En caso de suma urgencia, uno de los albaceas solidarios podrá practicar bajo su responsabilidad los actos que fueren necesarios, dando cuenta inmediata a los demás.

Artículo 3426. La mayoría en materia de sucesiones, se calculará por el importe de las porciones y no por el número de las personas; pero cuando la porción mayor exceda de la mitad de la herencia y pertenezca a una sola persona, el Juez, discrecionalmente moderará el ejercicio del derecho que este artículo concede, cuando su titular abuse de él.

Artículo 3427. Si no hubiere mayoría, el albacea será nombrado por el Juez entre los propuestos.

Artículo 3428. El heredero que fuere único será el albacea, si no hubiere sido nombrado otro en el testamento.

Artículo 3429. Si la herencia se distribuye en legados, los legatarios nombrarán al albacea observándose las disposiciones aplicables a los herederos.

Artículo 3430. Cuando no hay heredero o el nombrado no acepte la herencia, el albacea será nombrado por los legatarios; pero si tampoco hubiere éstos, el nombramiento lo hará el Juez.

Artículo 3431. El albacea nombrado conforme al artículo que precede durará en su cargo mientras, declarados los herederos, se hace la elección de albacea por ellos.

Artículo 3432. Si se designa albacea a un incapaz, el albaceazgo lo desempeñará el representante de aquél.

Artículo 3433. No pueden ser albaceas, excepto en el caso de ser herederos únicos:

I. Los magistrados y los jueces que estén ejerciendo jurisdicción en el lugar donde se abra la sucesión;

II. Los que por sentencia hubieren sido removidos del cargo de albacea.

Artículo 3434. El cargo de albacea es voluntario.

Artículo 3435. La aceptación del albaceazgo obliga a quien la hace a desempeñar este cargo.

Artículo 3436. El albacea que renuncie sin justa causa perderá lo que le hubiere dejado el testador.

Artículo 3437. El albacea testamentario, que pretenda excusarse, deberá hacerlo dentro de los seis días siguientes al requerimiento judicial que se le haga para aceptar el cargo.

Artículo 3438. Pueden excusarse de ser albaceas:

I. Los empleados y funcionarios públicos;
II. Los militares en servicio activo;
III. Los que no puedan atender el albaceazgo sin menoscabo de sus ingresos diarios;
IV. Los que por el mal estado habitual de salud, o por no saber leer ni escribir, no puedan atender debidamente el albaceazgo;
V. Los que tengan sesenta años cumplidos;
VI. Los que tengan a su cargo otro albaceazgo.

Artículo 3439. El albacea testamentario que estuviere presente, mientras se decide sobre su excusa, debe desempeñar el cargo, bajo la pena establecida en el artículo 3436 más el pago de daños y perjuicios.

Artículo 3440. Puede el albacea delegar su cargo por mandato especial.

Artículo 3441. Si el testador nombrare un albacea especial, el albacea general está obligado a entregarle las cantidades o bienes necesarios, para que cumpla la parte del testamento que estuviere a su cargo.

Artículo 3442. Si el cumplimiento del legado depende de plazo o de alguna otra circunstancia suspensiva, podrá el albacea general resistir la entrega del bien o cantidad, dando fianza a satisfacción del legatario o del albacea especial, en su caso, de que la entrega se hará a su debido tiempo.

Artículo 3443. El albacea especial puede también, a nombre del legatario, exigir la constitución de la hipoteca necesaria.

Artículo 3444. La posesión de los bienes hereditarios corresponde:
I. Al cónyuge supérstite en el caso del artículo 375;
II. A los herederos o legatarios de bienes individualmente determinados y respecto a esos bienes;
III. Al albacea cuando la herencia se distribuya en partes alícuotas.

Artículo 3445. En caso de sucesión testamentaria, dentro de los treinta días siguientes a la denuncia de esa sucesión, los herederos, los legatarios en su caso y el albacea, de común acuerdo, procederán a entregar a quien corresponda de ellos, los bienes mencionados en la fracción II del artículo anterior.

Artículo 3446. Si alguna de las personas a que se refiere el artículo anterior, pide que la entrega de los bienes se haga con intervención judicial, el Juez citará a junta a los interesados en la que, de no llegar éstos a un acuerdo resolverá lo que corresponda.

Artículo 3447. La entrega de los bienes será provisional, mientras no se haga la adjudicación definitiva.

Artículo 3448. El heredero, y en su caso el legatario, que conforme a la fracción II del artículo 3444, reciban la posesión provisional del bien heredado o legado, sufragarán en proporción al valor de dichos bienes, los gastos sucesorios, y la parte de las deudas hereditarias que le correspondan.

Artículo 3449. En el caso de la fracción III del artículo 3444, dentro de los treinta días siguientes, a la aceptación del cargo por el albacea, éste y los herederos, de común acuerdo fijarán:

I. La cantidad que haya de emplearse en los gastos de administración y el número y sueldo de los dependientes;

II. La forma de pago de las cargas de la herencia; y

III. La suma que a cada heredero debe entregar periódicamente el albacea, de los frutos del haber hereditario y la fecha de cada entrega.

Artículo 3450. Si los herederos en el caso del artículo anterior no llegaren a un acuerdo o si alguno de ellos es menor, el Juez resolverá sobre los tres puntos previstos en las fracciones de dicho artículo; pero con relación a la fracción III se aplicarán las siguientes disposiciones:

I. La liquidación de los frutos civiles se hará mensualmente; de su importe se deducirán los gastos de administración aprobados, incluyendo honorarios del albacea y el sobrante se pagará a los herederos, conforme a su porción hereditaria, a más tardar dentro de los primeros diez días de cada mes;

II. La liquidación y pago de los frutos naturales se hará dentro del mes siguiente al levantamiento de la cosecha;

III. La liquidación de los frutos industriales o de los productos de una industria o negociación, se hará dentro de los treinta días siguientes al vencimiento de cada ejercicio fiscal, sin que esta disposición impida que los herederos acuerden el pago de anticipos, según la situación de aquéllas.

Artículo 3451. En los supuestos previstos por las fracciones I y III del artículo 3444, el supérstite o el albacea poseen en nombre propio los bienes que, respectivamente, corresponda a cada uno de ellos en la herencia, y en nombre ajeno por la parte de los herederos y legatarios.

Artículo 3452. Mientras no se hace la partición y adjudicación de los bienes hereditarios, corresponde:

I. La propiedad de ellos al heredero si éste es único;

II. Al heredero o legatario, la propiedad de los bienes que el testador les haya dejado determinando individualmente cada uno de dichos bienes; y

III. La copropiedad de los bienes hereditarios a los herederos, cuando deban dividirse esos bienes por partes alícuotas.

Artículo 3453. Las facultades del albacea, además de las contenidas en este capítulo, serán las que expresamente le hayan concedido el testador o las que le confieran los herederos y legatarios, sean aquéllos testamentarios o legítimos.

Artículo 3454. Es causa de remoción del albacea el no cumplimiento de las obligaciones a que se refieren los artículos 3441, 3445, 3449, 3450, 3455, 3456, 3462, 3464 y 3468 a 3476.

Artículo 3455. Son obligaciones del albacea general además de las establecidas por la ley, las siguientes:

I. La presentación del testamento;

II. El aseguramiento de los bienes de la herencia;

III. La formación de inventarios;

IV. La administración de los bienes y la rendición de la cuenta del albaceazgo;

V. El pago de las deudas mortuorias, hereditarias y testamentarias;

VI. El pago periódico a los herederos, de lo que corresponda a éstos de los frutos y productos de los bienes hereditarios, de acuerdo con lo dispuesto en los artículos 3449 y 3450;

VII. La partición y adjudicación de los bienes entre los herederos y legatarios;

VIII. La defensa en juicio y fuera de él, así de la herencia como de la validez del testamento, conforme a derecho;

IX. La de representar a la sucesión en todos los juicios que hubieren de promoverse en su nombre o que se promovieren contra ella.

Artículo 3456. Si el albacea fue nombrado en testamento, y lo tiene en su poder, debe denunciar la sucesión dentro de los treinta días siguientes a la muerte del testador.

Artículo 3457. La denuncia de la sucesión puede hacerla cualquier interesado en ella.

Artículo 3458. Admitida la denuncia, se citará a los interesados, y el Juez determinará se nombre al albacea con arreglo a lo dispuesto en este Código y en el de Procedimientos Civiles.

Artículo 3459. Dentro de los treinta días siguientes, contados desde que el albacea acepte su nombramiento, debe garantizar su manejo respecto a los bienes que queden en su posesión y administración, después de cumplirse lo dispuesto en el artículo 3445.

Artículo 3460. La garantía a que se refiere el artículo anterior, se otorgará conforme a las bases siguientes:

I. Por el importe de la renta de los bienes raíces en el último año y por los réditos de los capitales impuestos, durante ese mismo tiempo;

II. Por el valor de los bienes muebles;

III. Por el de los productos de las fincas rústicas en un año, calculados por peritos o por el término medio de un quinquenio, a elección del Juez;

IV. En las negociaciones mercantiles o industriales por el veinte por ciento del importe de las mercancías y demás efectos muebles, calculados por los libros si están llevados en debida forma o a juicio de peritos;

V. Cuando el albacea sea también coheredero y su porción baste para garantizar conforme a lo dispuesto en las fracciones que preceden, no estará obligado a prestar garantía especial, mientras conserve sus derechos hereditarios;

VI. Si la porción del albacea coheredero no fuere suficiente para prestar la garantía de que se trata, estará obligado a garantizar la diferencia.

Artículo 3461. El testador y los herederos, sean testamentarios o legítimos, por mayoría calculada conforme al artículo 3426, pueden dispensar al albacea del deber de garantir su manejo.

Artículo 3462. El albacea, antes de formar el inventario, no permitirá la extracción de bien alguno, sino con aprobación judicial, la que se concederá únicamente cuando la propiedad ajena conste en documento público o en los libros de contabilidad, llevados en debida forma si el autor de la herencia hubiere sido comerciante.

Artículo 3463. Si la propiedad ajena sólo consta en el testamento, se considerará como legado.

Artículo 3464. Cuando la propiedad de un bien ajeno conste por medios diversos de los enumerados en los artículos que preceden, el albacea se limitará a poner, al margen de las partidas respectivas, una nota que indique la pertenencia del bien, para que, en su caso, se discuta en el juicio correspondiente.

Artículo 3465. Son ineficaces las disposiciones por las que el testador dispensa al albacea de la obligación de hacer inventario, o de la de rendir cuentas, salvo el caso de que el heredero sea único y al mismo tiempo albacea, y que no haya legatarios.

Artículo 3466. El deber que de dar cuentas tiene el albacea y de estar al resultado de ellas, pasa a sus herederos.

Artículo 3467. Si para el pago de una deuda u otro gasto urgente fuere necesario vender algunos bienes, el albacea deberá hacerlo de acuerdo con los herederos y con aprobación judicial si en la sucesión hay incapaces.

Artículo 3468. El albacea no puede ni con licencia judicial ni en almoneda o fuera de ella, comprar o arrendar los bienes de la herencia ni hacer contrato alguno respecto de ellos, pero cesa esta prohibición cuando el albacea o las personas que según este Código se presuman testaferros de él, sean coherederos o copropietarios de dichos bienes o hayan sido socios del autor de la sucesión.

Artículo 3469. El albacea no puede dar en arrendamiento los bienes de la herencia, sino con consentimiento de los herederos.

Artículo 3470. Los bienes heredados o legados específicamente, no pueden ser gravados, hipotecados ni arrendados, sin consentimiento del respectivo heredero o legatario.

Artículo 3471. El albacea no puede gravar ni hipotecar, sin consentimiento de los herederos y de los legatarios:

I. Los bienes de la sucesión no transmitidos específicamente a un heredero o legatario determinado;

II. La herencia como una universalidad, si tuviere inmuebles o derechos reales.

Artículo 3472. El albacea no puede transigir ni comprometer en árbitros los negocios de la herencia, sino con consentimiento de los herederos.

Artículo 3473. El albacea a quien el testador no haya fijado plazo, debe cumplir su encargo dentro de un año contado desde su aceptación, o desde que terminen los litigios que se promovieren sobre la validez o nulidad del testamento.

Artículo 3474. Si se tratare de sucesión intestamentaria, el plazo de un año para que el albacea termine el juicio sucesorio, se contará desde la aceptación del cargo.

Artículo 3475. Si el testador prorroga el plazo legal, debe señalar expresamente el tiempo de la prórroga; si no lo señala expresamente, se entenderá prorrogado el plazo sólo por otro año.

Artículo 3476. La mayoría de los herederos y legatarios puede también prorrogar el plazo en que el albacea debe desempeñar su encargo, observándose lo dispuesto en el artículo anterior.

Artículo 3477. Para que el cargo de albacea se prorrogue, es necesario, en los casos a que se refieren los artículos anteriores, que las cuentas del albacea hayan sido aprobadas.

Artículo 3478. La cuenta de administración debe ser aprobada por todos los herederos; el que disienta, puede seguir a su costa el juicio respectivo, según lo que establezca el Código de Procedimientos Civiles.

Artículo 3479. Cuando estuviere interesada la Hacienda Pública, intervendrá el Ministerio Público en la aprobación de las cuentas.

Artículo 3480. Aprobadas las cuentas, los interesados pueden celebrar, sobre su resultado, los convenios que quieran y que no fueren contrarios a las leyes.

Artículo 3481. Los gastos hechos por el albacea en el cumplimiento de su encargo, incluso los honorarios de abogados y procuradores que haya ocupado, serán a cargo de la herencia.

Artículo 3482. El testador puede señalar al albacea la retribución que quiera.

Artículo 3483. Si el testador no designare la retribución, el albacea cobrará el cinco por ciento sobre el importe líquido y efectivo de la herencia, y el diez por ciento sobre los frutos industriales de los bienes hereditarios. Si él mismo hiciere la partición, cobrará además los derechos de arancel.

Artículo 3484. El albacea tiene derecho de elegir entre lo que le deja el testador por el desempeño del cargo y lo que la ley le conceda por el mismo motivo.

Artículo 3485. Si varios albaceas definitivos hubieren desempeñado el cargo sucesivamente, la retribución se repartirá entre todos ellos, en proporción al tiempo que cada uno haya administrado y al trabajo que hubiere tenido en la administración.

Artículo 3486. El albacea provisional no tendrá retribución.

Artículo 3487. El cargo de albacea acaba:

I. Por la conclusión del juicio sucesorio;

II. Por muerte;

III. Por incapacidad legal declarada en forma;

IV. Por excusa que el Juez califique de legítima;

V. Por terminar el plazo señalado por el testador o por la ley;

VI. Por revocación de su nombramiento hecha por los herederos en cualquier tiempo; pero en el mismo acto debe nombrarse substituto;

VII. Por remoción;
VIII. En los demás casos que establezca la ley.

SECCIÓN SEXTA
INTERVENTORES

Artículo 3488. El testador puede nombrar libremente un interventor.

Artículo 3489. Los herederos que no administren, tienen derecho para nombrar, a mayoría de votos, un interventor que vigile en nombre de todos.

Artículo 3490. Si los herederos no se pusieren de acuerdo en la elección, el Juez nombrará el interventor, escogiéndole de entre las personas que hayan sido propuestas por los herederos.

Artículo 3491. El interventor no puede tener la posesión, ni aun interina de los bienes.

Artículo 3492. Debe nombrarse precisamente un interventor, cuando el heredero esté ausente o no sea conocido, y también cuando la cuantía de los legados iguale o exceda a la porción del heredero albacea.

Artículo 3493. Las funciones del interventor se limitarán a vigilar el exacto cumplimiento del cargo de albacea; pero al hacerlo, deberá asociarse a la persona cuyos intereses crea perjudicados, y en nombre de ésta y con su consentimiento expreso, practicará cualquier gestión judicial o extrajudicial.

Artículo 3494. Los interventores deben ser mayores de edad y capaces de contraer obligaciones.

Artículo 3495. Regirá, respecto del interventor, lo dispuesto en los artículos 3434, 3436 y 3439.

Artículo 3496. Los interventores durarán mientras no se revoque su nombramiento.

Artículo 3497. Termina también el cargo de interventor en los casos del artículo 3487.

Artículo 3498. Los interventores tendrán la retribución que acuerden los herederos que los nombren, y si los nombra el Juez, cobrarán conforme a arancel, como si fueren apoderados.

SECCIÓN SÉPTIMA
INVENTARIO Y LIQUIDACIÓN DE LA HERENCIA

Artículo 3499. El albacea definitivo, dentro del término que fije el Código de Procedimientos Civiles, promoverá la formación de inventario.

Artículo 3500. Si el albacea no cumpliere con lo dispuesto en el artículo anterior, podrá promover la formación de inventario cualquier heredero, el cual se considerará asociado al albacea, quien no podrá ejecutar sin consentimiento de aquél, ningún acto de administración. En caso de desacuerdo, se ocurrirá al Juez para que resuelva.

Artículo 3501. El inventario se formará según disponga el Código de Procedimientos.

Artículo 3502. Concluido y aprobado judicialmente el inventario, el albacea procederá a la liquidación de la herencia.

Artículo 3503. En primer lugar serán pagadas las deudas mortuorias.

Artículo 3504. Se llaman deudas mortuorias los gastos de funeral y los que se hayan causado en la última enfermedad del autor de la herencia.

Artículo 3505. Las deudas mortuorias se pagarán antes o después de la formación del inventario.

Artículo 3506. En segundo lugar, se pagarán los gastos causados por la misma herencia y los créditos alimenticios, que pueden ser cubiertos antes de la formación del inventario.

Artículo 3507. Si para hacer los pagos de que hablan los artículos anteriores no hubiere dinero en la herencia, el albacea promoverá la venta de los bienes muebles y aun de los inmuebles, la que se hará en subasta pública, salvo lo que acordare la mayoría de los interesados.

Artículo 3508. En seguida se pagarán las deudas hereditarias que fueren exigibles.

Artículo 3509. Se llaman deudas hereditarias las contraídas por el autor de la herencia independientemente de su última disposición.

Artículo 3510. Si hubiere pendiente algún concurso, el albacea deberá pagar conforme a la sentencia de graduación.

Artículo 3511. Los acreedores, cuando no haya concurso, serán pagados en el orden en que se presenten; pero si entre los no presentados hubiere algunos preferentes, se exigirá a los que fueren pagados, la caución de acreedor de mejor derecho.

Artículo 3512. El albacea, concluido el inventario, no podrá pagar los legados sin haber cubierto o asignado bienes bastantes para pagar las deudas, conservando en los respectivos bienes, los gravámenes especiales que tengan.

Artículo 3513. Los acreedores que se presenten después de pagados los legatarios, sólo tendrán acción contra éstos, cuando en la herencia no hubiere bienes bastantes para cubrir sus créditos.

Artículo 3514. La mayoría de los interesados o la autorización judicial en su caso, determinará la aplicación que haya de darse al precio de los bienes vendidos.

SECCIÓN OCTAVA
PARTICIÓN

Artículo 3515. Aprobados el inventario y la cuenta de administración, el albacea debe hacer en seguida la partición de la herencia.

Artículo 3516. A ningún coheredero puede obligarse a permanecer en la indivisión de los bienes, ni aun por prevención expresa del testador, salvo en el caso del patrimonio de familia.

Artículo 3517. Sólo puede suspenderse una partición en el caso del artículo 3370 o en virtud de convenio expreso de los interesados; pero si hay menores entre ellos, deberá oírse al tutor y al Ministerio Público, y el auto en que se apruebe el convenio, determinará el tiempo que debe durar la indivisión.

Artículo 3518. Si el autor de la herencia hiciere la partición de los bienes en su testamento, a ella deberá estarse, salvo derecho de tercero.

Artículo 3519. Si el autor de la herencia no hizo la partición o si murió ab intestato, los herederos y, en su caso, los legatarios podrán hacer la partición conforme a lo dispuesto en el artículo 3526 o en el Código de Procedimientos Civiles.

Artículo 3520. Si el autor de la sucesión no dispuso cómo debieran repartirse sus bienes y se trata de una negociación que forme una unidad agrícola, industrial o comercial, habiendo entre los herederos agricultores, industriales o comerciantes, a ellos se aplicará la negociación, siempre que puedan entregar en dinero a los otros coherederos la parte que les corresponda. El precio de la negociación se fijará por peritos.

Artículo 3521. Lo dispuesto en el artículo anterior no impide que los herederos celebren los convenios que estimen pertinentes.

Artículo 3522. Los coherederos deben abonarse recíprocamente los gastos que cada uno haya hecho por la sucesión, y además deberán liquidarse los frutos que hubiesen recibido y que no les correspondiesen, así como los daños ocasionados por malicia o negligencia.

Artículo 3523. Si el testador hubiere legado alguna pensión o renta vitalicia, sin gravar con ella en particular a algún heredero o legatario, se capitalizará conforme al tipo de rédito que señale el Banco de México en la fecha de la capitalización, y se separará un capital o fondo igual de valor, que se invertirá en una Sociedad Nacional de Crédito, autorizándola para entregar al legatario los intereses, mientras dure su derecho.

Artículo 3524. Lo dispuesto en el artículo anterior se observará también cuando se trate de las pensiones alimenticias a que se refiere el artículo 3107.

Artículo 3525. En el proyecto de partición se expresará la parte que del capital o fondo afecto a la pensión, corresponderá a cada uno de los herederos, luego que aquélla se extinga.

Artículo 3526. Cuando todos los herederos y los legatarios, en su caso, sean mayores, podrán los interesados separarse de la prosecución del juicio, pedir el envío de los autos a una Notaría, y adoptar los acuerdos que estimen convenientes para el arreglo o terminación de la testamentaría o del intestado.

Artículo 3527. Cuando haya menores, no se aplicará el artículo anterior.

Artículo 3528. Cuando no haya acuerdo unánime de los herederos sobre la partición y el autor de la herencia no la hubiere hecho en su testamento, dicha partición deberá ser judicial.

Artículo 3529. La infracción del artículo anterior produce la nulidad de la partición, y el heredero perjudicado podrá reclamarla dentro de sesenta días, a partir de la fecha en que se le notifique la aprobación judicial del proyecto correspondiente.

Artículo 3530. La partición constará en escritura pública, siempre que en la herencia haya bienes cuya enajenación deba hacerse con esa formalidad.

Artículo 3531. Prescribe en diez años la acción para pedir la partición de la herencia, contra el coheredero que ha poseído el todo o parte de ella en nombre propio.

Artículo 3532. Si todos los herederos poseen en común la herencia, o alguno en nombre de todos, no opera la prescripción.

Artículo 3533. El plazo para la prescripción se contará desde el día en que falleció el autor de la herencia.

Artículo 3534. Las reglas dadas para la partición de la herencia principal, se observarán también en la que se haga entre los que sucedan por derecho de representación.

Artículo 3535. Los gastos de la partición son a cargo de la herencia; los que se hagan por el interés particular de alguno de los herederos o legatarios, se imputarán a su haber.

SECCIÓN NOVENA
EFECTOS DE LA PARTICIÓN

Artículo 3536. La partición legalmente hecha, adjudica a los herederos la propiedad exclusiva de los bienes que hayan correspondido a cada uno de ellos.

Artículo 3537. Los efectos de la adjudicación son:
I. Declarativos si el heredero es único; y
II. Atributivos si los herederos son dos o más.

Artículo 3538. Los coherederos están recíprocamente obligados a indemnizarse, en caso de evicción de los bienes repartidos, y pueden usar del derecho que les concede la fracción I del artículo 2943.

Artículo 3539. La obligación de saneamiento sólo cesará en los casos siguientes:
I. Cuando el autor de la herencia haya hecho en el testamento la partición;
II. Cuando al hacerse ésta se haya pactado expresamente;
III. Cuando la evicción proceda de causa posterior a la partición o fuere ocasionada por culpa del que la sufre.

Artículo 3540. El que sufre la evicción será indemnizado por los coherederos en proporción a sus cuotas hereditarias.

Artículo 3541. La porción que deberá pagarse al que pierda su parte por evicción, no será la que represente su haber primitivo, sino la que corresponda, deduciendo del total de la herencia la parte perdida.

Artículo 3542. Si alguno de los coherederos estuviere insolvente, la cuota con que debía contribuir se repartirá entre los demás, incluso el que perdió su parte por la evicción.

Artículo 3543. Los que pagaren por el insolvente, conservarán su acción contra él para cuando mejore de fortuna.

Artículo 3544. Si se adjudica como cobrable un crédito, los coherederos no responden de la insolvencia posterior del deudor hereditario, y sólo son responsables de su solvencia al tiempo de hacer la partición.

Artículo 3545. Respecto a los créditos incobrables no hay adjudicación.

Artículo 3546. El heredero cuyos bienes hereditarios fueren embargados, o contra quien se pronunciare sentencia por causa de ellos, tiene derecho de pedir que sus coherederos caucionen la responsabilidad que pueda resultarles; y en caso contrario, que se les prohíba enajenar los bienes que recibieron.

SECCIÓN DÉCIMA
RESCISIÓN Y NULIDAD DE LAS PARTICIONES

Artículo 3547. Las particiones pueden ser rescindidas en los casos en que lo pueden ser los contratos en general.

Artículo 3548. La partición hecha con preterición de alguno de los herederos, es rescindible si hubo dolo o mala fe de parte de los otros interesados; pero éstos podrán evitar la rescisión pagando al preterido la parte que le corresponda.

Artículo 3549. La partición hecha con un heredero falso, es nula en cuanto tenga relación con él; y la parte que se aplicó a éste se distribuirá entre los herederos.

Artículo 3550. Si hecha la partición aparecieren algunos bienes omitidos en ella, se hará una división suplementaria, en la cual se observarán las disposiciones contenidas en este Código.

TRANSITORIOS

Artículo Primero. El presente Ordenamiento entrará en vigor el día Primero de Junio de mil novecientos ochenta y cinco, previa publicación en el Periódico Oficial del Estado.

Artículo Segundo. Se abroga el Código Civil que entró en vigor el Primero de Enero de mil novecientos dos y se derogan las disposiciones legales que se opongan al presente Ordenamiento.

Artículo Tercero. Al entrar en vigor este Código, puede promoverse la ausencia de las personas que se encuentren en el supuesto previsto por el Artículo 89 del mismo.

Artículo Cuarto. Cuando los plazos para el ejercicio de un derecho, o para su extinción, establecidos por el Código abrogado, varíen en cuanto a su amplitud en el nuevo Código, el tiempo transcurrido antes de la vigencia de éste se contará en proporción al nuevo plazo.

EL GOBERNADOR hará publicar y cumplir la presente disposición. Dada en el Palacio del Poder Legislativo, en la Heroica Ciudad de Puebla de Zaragoza a los quince días del mes de Abril de mil novecientos ochenta y cinco. Profr. Neftalí Dante Nolasco Hernández. Diputado Presidente. Rúbrica. Lic. Antonio Hernández Genis. Diputado Secretario. Rúbrica. Jesús Martínez García. Diputado Secretario. Rúbrica.

DIP. LUIS SÁNCHEZ ACOSTA.
DIP. CRESCENCIANO ESPAÑA MORALES.
DIP. PROFR. FELIPE GUERRERO RÍOS.
DIP. LIC. JOSÉ ALARCON HERNÁNDEZ.
DIP. LIC. JOSÉ LUIS CESATTI HERNÁNDEZ.
DIP. PASCUAL ALAMIRRA VICUÑA.
DIP. ÓSCAR HIDALGO VILLAFAÑE.
DIP. ÓSCAR AGUILAR GONZÁLEZ.
DIP. FRANCISCO SALAZAR MANZANO.
DIP. LIC. JESÚS AMADOR HERNÁNDEZ BARBOSA.
DIP. LIC. JESÚS MORALES FLORES.
DIP. LIC. HUMBERTO GUTIÉRREZ MANZANO.
DIP. LIC. LUCERO SALDAÑA PÉREZ.
DIP. PROFR. RICARDO MENDIZÁBAL BANDO.
DIP. LIC. AMADO CAMARILLO SÁNCHEZ.
DIP. LIC. ENOE GONZÁLEZ CABRERA.
DIP. MARCO ANTONIO FOSADO ORTIZ.
DIP. DR. SERGIO A. SANDOVAL ESPINOSA.
DIP. PROFR. JAVIER STEFFANONI DOSSETTI.
DIP. LIC. LIDIA ZARRAZAGA MOLINA.
DIP. TEODORO ORTEGA GARCÍA.

DIP. GABINO BONIFACIO DELGADO MORALES.
DIP. LIC. JESÚS ANTONIO CARLOS HERNÁNDEZ.
DIP. LIC. ARMANDO HERRERA GUZMÁN.
DIP. PROFR. JORGE OTHON CHAVEZ PALMA.

RÚBRICAS.

Por tanto mando se imprima, publique y circule para sus efectos. Dado en el Palacio del Poder Ejecutivo en la Heroica Puebla de Zaragoza, a los diecisiete días del mes de abril de mil novecientos ochenta y cinco. El Gobernador Constitucional del Estado. LIC. GUILLERMO JIMÉNEZ MORALES. Rúbrica. El Secretario de Gobernación. LIC. FERNANDO GARCÍA ROSAS. Rúbrica.

CÓDIGO NACIONAL DE PROCEDIMIENTOS CIVILES Y FAMILIARES

TEXTO ORIGINAL

Código publicado en el Diario Oficial de la Federación, el miércoles 7 de junio de 2023.

Al margen un sello con el Escudo Nacional, que dice: Estados Unidos Mexicanos.- Presidencia de la República.

ANDRÉS MANUEL LÓPEZ OBRADOR, Presidente de los Estados Unidos Mexicanos, a sus habitantes sabed:

Que el Honorable Congreso de la Unión, se ha servido dirigirme el siguiente

DECRETO

"EL CONGRESO GENERAL DE LOS ESTADOS UNIDOS MEXICANOS, DECRETA:

SE EXPIDE EL CÓDIGO NACIONAL DE PROCEDIMIENTOS CIVILES Y FAMILIARES

Artículo Único.- Se expide el Código Nacional de Procedimientos Civiles y Familiares, para quedar como sigue:

CÓDIGO NACIONAL DE PROCEDIMIENTOS CIVILES Y FAMILIARES

LIBRO PRIMERO
DEL SISTEMA DE IMPARTICIÓN DE JUSTICIA EN MATERIA CIVIL Y FAMILIAR

TÍTULO PRIMERO
DISPOSICIONES GENERALES

CAPÍTULO I
DEL CÓDIGO NACIONAL DE PROCEDIMIENTOS CIVILES Y FAMILIARES

SECCIÓN PRIMERA
FORMALIDADES DEL PROCEDIMIENTO

Artículo 1. Las disposiciones de este Código Nacional son de orden público, interés social y observancia general en todo el territorio nacional, tienen por objeto establecer la regulación procesal civil y familiar, con base en los derechos humanos previstos en la Constitución Política de los Estados Unidos Mexicanos y en los Tratados Internacionales de los que el Estado mexicano sea parte.

Artículo 2. Para los efectos de este Código Nacional de Procedimientos Civiles y Familiares, se entenderá por:

I. Ajustes de Procedimiento. Las modificaciones y adaptaciones necesarias y adecuadas para facilitar y garantizar el desempeño de las funciones efectivas de las personas que pertenecen a los grupos sociales en situación de vulnerabilidad como participantes directos e indirectos, en todos los procedimientos judiciales, así como el acceso a la justicia en igualdad de condiciones;

II. Apoyo. Formas de asistir en el Procedimiento a las personas para facilitar su comprensión, ejercicio y manifestación de voluntad, derechos y obligaciones;

III. Archivo o documento electrónico. Con independencia del formato en que se encuentre, comprenden el escrito que es generado, consultado, modificado o procesado por medios electrónicos, digitales u ópticos, enviado, recibido, almacenado o utilizado a través de sistemas de justicia digital;

IV. Área de transmisión. Espacio físico desde donde los intervinientes en un procedimiento en línea participan en una audiencia o diligencia virtuales, usando la herramienta de sala virtual designada para tal propósito;

V. Audiencia virtual. Cualquier audiencia de las previstas en este Código Nacional celebrada a través de una sala virtual;

VI. Autoridad jurisdiccional. Jueza, juez, magistrada, magistrado u órganos del Poder Judicial, con facultades para emitir resoluciones en el ejercicio de impartición de justicia dentro del ámbito de sus respectivas competencias;

VII. Cadena de bloques. Conjunto de tecnologías cuyas características buscan posibilitar la transferencia de valor en entornos digitales a través de métodos de consenso y cifrado. Desde un punto de vista técnico, y atendiendo a sus características, una cadena de bloques es una base de datos, descentralizada y distribuida en una red de computadoras, formada por un conjunto de registros vinculados donde se almacenan transacciones o datos, que han sido diseñados para evitar su modificación o manipulación no autorizada, una vez que un dato ha sido publicado. Una cadena de bloques es pública cuando es abierta, transparente, cualquiera puede unirse, tener acceso a ella, enviar transacciones y participar en el proceso de consenso o validación de datos. Se consideran cadenas de bloques sin permiso o no permisionadas, ya que no hay restricciones y la participación en ellas no está controlada por un administrador o por un cuerpo central de gobierno;

VIII. Certificado digital. Mensaje de datos o registro que confirme el vínculo entre un firmante y la clave privada;

IX. Clave privada. Los datos que el firmante genera de manera secreta y utiliza para crear su firma electrónica avanzada, a fin de lograr el vínculo entre dicha firma electrónica avanzada y el firmante;

X. Código Civil. Los Códigos Civiles y Familiares, Federal o Locales;

XI. Código Nacional. El Código Nacional de Procedimientos Civiles y Familiares;

XII. Declaración especial de ausencia por desaparición. Se entenderá lo previsto en la Ley General en materia de Desaparición Forzada, Desaparición cometida por Particulares y del Sistema Nacional de Búsqueda, en la Ley Federal de Declaración Especial de Ausencia para Personas Desaparecidas, así como en las leyes especiales de la materia en las Entidades Federativas;

XIII. Digitalización. Migración de documentos en soporte físico a un medio electrónico, óptico, digital o de cualquier tecnología, que genera como resultado un mensaje de datos, mediante un proceso que permita asegurar la fidelidad e integridad conforme a los documentos amparados en soportes físicos;

XIV. Diligencia virtual. Actuaciones procesales, distintas de las audiencias virtuales y promociones electrónicas, desarrolladas por personas funcionarias judiciales, las partes o sus representantes y cualquier interviniente autorizado dentro de un procedimiento judicial que se lleva a cabo a distancia o de forma remota, mediante el uso de cualquier sistema de justicia digital;

XV. Documento digitalizado. Escrito que contiene información que ha sido creado originalmente en soporte físico o de forma impresa y posteriormente ha migrado a un medio electrónico, digital o de cualquier tecnología;

XVI. Documento electrónico. Escrito que es generado, consultado, modificado o procesado por medios electrónicos, que es enviado, recibido, almacenado o utilizado a través de sistemas de justicia digital;

XVII. Enlace. Dirección electrónica o hipervínculo de la sala virtual a través de la cual las partes y el órgano jurisdiccional llevarán a cabo las audiencias o diligencias virtuales correspondientes a los procedimientos en línea;

XVIII. Expediente electrónico. Conjunto de información contenida en documentos electrónicos, documentos digitalizados o mensajes de datos que conforman un determinado procedimiento jurisdiccional, independientemente de que esté conformado por texto, imagen, audio, video o cualquier otra tecnología;

XIX. Expediente físico. Conjunto de documentos físicos que contienen las actuaciones y resoluciones judiciales, así como las promociones de las partes y demás intervinientes en un determinado procedimiento judicial;

XX. Firma electrónica avanzada. El conjunto de datos y caracteres que permite la identificación del firmante, que ha sido creada por medios electrónicos bajo su exclusivo control, de manera que está vinculada únicamente al mismo y a los datos a los que se refiere, lo que permite que sea detectable cualquier modificación ulterior de éstos, la cual produce los mismos efectos jurídicos que la firma autógrafa. La firma electrónica avanzada prevalece frente a la firma electrónica simple, ya que los requisitos de producción de la primera la dotan de más seguridad que la segunda. A pesar de que las autoridades utilicen una terminología distinta para este tipo de firma, si la misma cuenta con los atributos y características señaladas en esta definición, será considerada como firma electrónica avanzada para los efectos de este Código Nacional;

XXI. Firma electrónica o firma electrónica simple. Los datos en forma electrónica consignados en un mensaje de datos, o adjuntados o lógicamente asociados al mismo por cualquier tecnología, que son utilizados para identificar al firmante en relación con el mensaje de datos e indicar que el firmante aprueba la información contenida en el mensaje de datos, y que produce los mismos efectos jurídicos que la firma autógrafa, siendo admisible como prueba en juicio;

XXII. Grupos sociales en situación de vulnerabilidad. Las personas que pertenecen a grupos sociales en situación de vulnerabilidad, que, por causas diversas, enfrentan situaciones de riesgo o discriminación;

XXIII. Integridad. Se considerará que el contenido de un documento electrónico o mensaje de datos es íntegro, si éste ha permanecido completo e inalterado independientemente de los cambios que hubiere podido sufrir el medio que lo contiene, resultado del proceso de comunicación, archivo o presentación. El grado de confiabilidad requerido será determinado conforme a los fines para los que se generó la información y de todas las circunstancias relevantes del caso;

XXIV. Medio de comunicación judicial. El boletín judicial, lista de acuerdos, lista electrónica de acuerdos o medios electrónicos o informáticos por los que la autoridad jurisdiccional, en sus respectivos ámbitos de competencia, hace del conocimiento de las partes, la emisión de una resolución judicial;

XXV. Mensaje de datos. La información generada, enviada, recibida, archivada o comunicada a través de medios de comunicación electrónica, que puede contener documentos electrónicos;

XXVI. Metaverso. Espacio virtual que posibilita la convivencia social en mundos digitales a través de experiencias gráficas inmersivas en tercera dimensión, que suele utilizar tecnologías de realidad virtual, realidad aumentada, realidad mixta o híbrida, tokens y cadena de bloques;

XXVII. Notificación electrónica. Acto mediante el cual se hace saber a las personas a quienes va dirigida, a través de medios electrónicos, una resolución judicial;

XXVIII. Persona Desaparecida. Se entenderá lo previsto en la Ley General en materia de Desaparición Forzada, Desaparición cometida por Particulares y del Sistema Nacional de Búsqueda, en la Ley Federal de Declaración Especial de Ausencia para Personas Desaparecidas, así como las leyes especiales de la materia en las Entidades Federativas;

XXIX. Personas Mayores. Las personas determinadas como tales por la ley de la materia;

XXX. Persona Representante Autorizada. La persona autorizada por cualquiera de las partes con funciones de representación en el procedimiento judicial, de carácter público o privado que se encuentre legalmente autorizado para ejercer la profesión de abogado o licenciado en derecho con cédula profesional expedida por la autoridad competente;

XXXI. Procedimiento en línea. Todo procedimiento, contencioso o no contencioso, regulado en el presente Código Nacional, que se tramite utilizando sistemas de justicia digital;

XXXII. Promoción electrónica. Cualquier documento enviado o presentado ante un órgano jurisdiccional, a través de sistemas de justicia digital;

XXXIII. Representante social. Autoridad administrativa encargada de procurar la legalidad en los asuntos civiles y familiares, así como la representación de la sociedad en los procedimientos de orden e interés público, de acuerdo con la legislación de cada Entidad Federativa;

XXXIV. Sala virtual. Programa de cómputo, herramienta, plataforma electrónica de videoconferencia, metaverso, sistema de realidad virtual o aumentada, sistema holográfico, o cualquier otro medio tecnológico designado como sistema de interacción a distancia, que permita la transmisión de audio, video o imágenes, así como la comunicación sincrónica entre las partes que participan en cualquier acto procesal y el órgano jurisdiccional;

XXXV. Sistemas de justicia digital. Todo dispositivo electrónico, programa de cómputo, aplicación, herramienta tecnológica o plataforma electrónica, propiedad del Poder Judicial o de terceros, que sea utilizada para consultar, usar, enviar o llevar a cabo procedimientos en línea, audiencias virtuales, diligencias virtuales, expedientes electrónicos, firmas electrónicas, mensajes de datos, documentos electrónicos o digitalizados, promociones electrónicas, salas virtuales y videoconferencias, y

XXXVI. Videoconferencia. Sistema interactivo de comunicación que transmita, de forma simultánea y en tiempo real, imagen, sonido y datos a distancia de una o más personas, ubicadas en un lugar distinto del recinto del órgano jurisdiccional.

Artículo 3. En el sistema de impartición de justicia en materia civil y familiar se ponderará en todo tiempo la solución de la controversia sobre los formalismos procesales, serán aplicables las reglas y principios del juicio oral en lo que resulte compatible; asimismo, serán considerados los beneficios de la justicia alternativa o procedimientos convencionales que pacten las partes y de conformidad con lo dispuesto en este Código Nacional, podrá tramitarse mediante el uso de las tecnologías de la información y la comunicación.

Artículo 4. Las autoridades jurisdiccionales contarán con las más amplias facultades de dirección procesal para decidir en forma pronta y expedita lo que en derecho corresponda al procedimiento respectivo. Para hacer cumplir sus determinaciones podrán hacer uso de las medidas de apremio previstas en este Código Nacional.

Las autoridades jurisdiccionales deberán cerciorarse en todos los casos que las partes se encuentren debidamente representadas por persona representante autorizada.

Artículo 5. En los asuntos de orden familiar y civil, y sin alterar el principio de igualdad procesal, las partes podrán revelar su condición de vulnerabilidad, a fin de que la autoridad jurisdiccional provea ajustes de procedimiento en su caso y supla oportunamente de oficio, las deficiencias de sus planteamientos sobre la base de proteger los intereses de la familia, personas mayores, niñas, niños, adolescentes, personas con discapacidad o cualquier otra persona que se encuentre en alguna condición de vulnerabilidad.

En los casos que se involucren derechos de niñas, niños y adolescentes, así como los derechos de las mujeres, la autoridad jurisdiccional deberá actuar y resolver con base en el interés superior de las niñas, niños, o adolescentes, así como con perspectiva de género de conformidad con los Tratados Internacionales de los que el Estado Mexicano sea parte.

Asimismo, deberán adecuar sus actuaciones a las circunstancias de los grupos sociales en situación de vulnerabilidad mediante formatos alternativos, a fin de garantizar equidad y accesibilidad estructural y de comunicación, durante el procedimiento, en estricto apego al ejercicio de los derechos humanos.

Artículo 6. Tratándose de personas que pertenezcan a pueblos y comunidades indígenas y afromexicanas, la autoridad jurisdiccional deberá cerciorarse que cuenten con intérprete y traductor y en todos los casos considerará sus sistemas normativos, usos y costumbres, siempre que no contravengan lo dispuesto por la Constitución Política de los Estados Unidos Mexicanos y los Tratados Internacionales de los que el Estado mexicano sea parte.

Las personas intérpretes y traductoras al iniciar su función serán advertidos de las penas en que incurren los falsos declarantes y sobre su obligación de traducir o interpretar fielmente lo dicho. Si para el desahogo de la audiencia no es posible contar con la asistencia requerida, deberá suspenderse y ordenarse nueva fecha. En ningún caso las partes o los testigos podrán ser intérpretes.

Artículo 7. Son principios rectores del sistema de impartición de justicia en materia civil y familiar:

I. Acceso a la justicia. Cualquier persona tiene derecho a acudir ante la autoridad jurisdiccional para formular una pretensión jurídica concreta de carácter familiar y la autoridad jurisdiccional requerida deberá de proveer sobre sus peticiones;

II. Concentración. Se procurará desahogar la mayor cantidad de actuaciones procesales en una sola audiencia o el menor número de diligencias procesales;

III. Colaboración. Se propiciará que las partes resuelvan por sí mismas el conflicto en cualquier etapa del procedimiento, por tanto, las autoridades jurisdiccionales facilitarán que sean ellas las que pongan fin a la controversia mediante acuerdos conciliatorios, exceptuando aquellos casos en que existan conductas de violencia en cualquiera de sus modalidades, o que se discutan derechos intransigibles;

IV. Continuidad. Las audiencias deberán ser ininterrumpidas, permitiendo excepcionalmente su suspensión en los casos establecidos en el presente Código Nacional;

V. Contradicción. Las partes tienen derecho a debatir los hechos, argumentos jurídicos y pruebas de su contraparte, en los términos establecidos en este Código Nacional;

VI. Dirección Procesal. La rectoría del proceso está confiada únicamente a las autoridades jurisdiccionales en primera o en segunda instancia, según sea el caso;

VII. Igualdad Procesal. Desde el escrito inicial de demanda y hasta la ejecución de la sentencia, las personas recibirán el mismo trato, oportunidades, derechos y cargas procesales sin discriminación alguna. Con las excepciones que se establezcan expresamente en este Código Nacional, cuando en la controversia se involucren derechos de niñas, niños, adolescentes y personas en grupos sociales en situación de vulnerabilidad;

VIII. Inmediación. El contacto directo, personal e indelegable de la autoridad jurisdiccional con las partes y las pruebas, salvo las excepciones previstas en este Código Nacional;

IX. Interés superior de la niñez. Observancia que debe darse para hacer prevalecer los derechos de las niñas, niños o adolescentes, por sobre los otros derechos que pudieran estar en pugna en el litigio;

X. Impulso procesal. Las partes tienen la facultad para solicitar las diligencias necesarias que impidan la paralización del procedimiento, con independencia del principio de Dirección procesal que le corresponde a la autoridad jurisdiccional;

XI. Lealtad procesal. Quienes participen en el proceso, ajustarán su conducta a la dignidad de la justicia, al respeto que se deben, a la probidad y buena fe;

XII. Litis abierta. En materia familiar, la litis no se reduce a la demanda y a la contestación, o en su caso, a la reconvención y a la contestación de ésta, sino que la autoridad jurisdiccional debe hacer mérito de los hechos constitutivos, modificativos o extintivos, producidos durante la sustanciación del proceso y debidamente probados, aunque no hubiesen sido invocados oportunamente como hechos nuevos;

XIII. Oralidad. El proceso se desarrollará en audiencias orales, salvo las excepciones previstas en este Código Nacional y las que, en casos debidamente fundados y motivados, considere la autoridad jurisdiccional;

XIV. Perspectiva de género. Es una visión científica, analítica y política sobre las mujeres y los hombres. Se propone eliminar las causas de la opresión de género como la desigualdad, la injusticia y la jerarquización de las personas basada en el género. Promueve la igualdad entre los géneros a través de la equidad, el adelanto y el bienestar de las mujeres; contribuye a construir una sociedad en donde las mujeres y los hombres tengan el mismo valor, la igualdad de derechos y oportunidades para acceder a los recursos económicos y a la representación política y social en los ámbitos de toma de decisiones;

XV. Preclusión. El no ejercicio de los derechos procesales en la etapa correspondiente extingue la oportunidad de ejercerlos en la posterior;

XVI. Privacidad. En materia familiar el acceso a las audiencias queda reservado a las partes y a quienes deban comparecer conforme a la ley, y

XVII. Publicidad. En materia civil, las audiencias serán públicas, de conformidad con lo dispuesto en este Código Nacional, por las Leyes de Protección de Datos Personales, Transparencia y Acceso a la Información Pública, y demás ordenamientos aplicables en sus respectivos ámbitos de competencia.

SECCIÓN SEGUNDA
DE LA ACCIÓN

Artículo 8. El ejercicio de la acción requiere:

I. La existencia de un derecho;

II. La violación de un derecho, el incumplimiento o desconocimiento de una obligación, o la necesidad de declarar, preservar o constituir un derecho o imponer una condena, y

III. La capacidad o legitimación para ejercitar la acción por sí o por quien represente legalmente, al Ministerio Público, procurador, fiscal o representante social y a quienes cuya intervención esté autorizada por la Ley en casos especiales.

Se exceptúa de lo señalado en la fracción III anterior, el derecho o interés difuso, colectivo o individual de incidencia colectiva, de conformidad con lo dispuesto en el Libro respectivo de este Código Nacional.

Artículo 9. Las instituciones, servicios y dependencias de la Administración Pública de la Federación y de las Entidades Federativas, tendrán dentro del procedimiento judicial, en cualquier forma en que intervengan, la misma situación que otra parte cualquiera; pero nunca podrá dictarse en su contra, mandamiento de ejecución ni providencia de embargo, y estarán exentos de prestar las garantías que este Código Nacional exija de las partes.

Las resoluciones dictadas en su contra serán cumplimentadas por las autoridades correspondientes, dentro de los límites de sus atribuciones.

Artículo 10. La acción procede en juicio aun cuando no se exprese su nombre o se manifieste equivocadamente, siempre que se determine con claridad la prestación que se exija de la parte demandada y el título o causa de la acción.

Artículo 11. Por razón de su objeto, las acciones se clasifican en:

I. Reales;

II. Personales, y

III. Del estado civil de las personas.

Artículo 12. Son acciones reales las que tienen por objeto:

I. La reclamación de un bien que pertenece a título de dominio;

II. La reclamación de gravámenes, de servidumbre o la declaración que un fundo está libre de ellas;

III. La reclamación de los derechos de usufructo, uso y habitación;

IV. Las hipotecarias;

V. Las de prenda;

VI. Las de herencia;

VII. Las de posesión, y

VIII. Las demás acciones que tiendan a ejercitar un derecho contra una persona a título de propietaria o poseedora y no de obligada.

Artículo 13. Las acciones personales se deducirán para exigir el cumplimiento de una obligación personal, ya sea de dar, de hacer o no hacer determinado acto. Éstas no pueden ejercitarse sino contra la persona obligada, contra quien la haya garantizado y contra quienes legalmente le sucedan en la obligación.

Artículo 14. Las acciones de estado civil tienen por objeto las cuestiones relativas al nacimiento, reconocimiento, defunción, matrimonio, concubinato y su cesación, pacto civil de solidaridad, sociedad de convivencia o sus equivalentes.

Artículo 15. La reivindicación compete a quien no está en posesión del bien del cual tiene la propiedad, y su efecto será declarar que la parte actora tiene dominio sobre este y ordenar la entrega con sus frutos y accesiones en los términos prescritos por el Código Civil.

Artículo 16. El tenedor del bien puede declinar la responsabilidad del juicio designando a quien posee a título de dueño.

Artículo 17. El poseedor que niegue la posesión la perderá en beneficio del demandante.

Artículo 18. Pueden ser demandadas en reivindicación, aunque no posean el bien, quienes para evitar los efectos de la acción reivindicatoria dejaron de poseer y quienes están obligadas a restituir el bien o su estimación si la sentencia fuera condenatoria. La parte demandada que paga la estimación del bien puede ejercitar a su vez la reivindicación.

Artículo 19. No pueden reivindicarse los bienes que están fuera del comercio, los géneros no determinados al entablarse la demanda, las cosas unidas a otras por vía de accesión según lo dispuesto por el Código Civil, ni los bienes muebles pérdidas o robadas (sic) que una tercera persona haya adquirido de buena fe en almoneda, o de comerciante que en mercado público se dedica a la venta de objetos de la misma especie, sin previo reembolso del precio que se pagó. Se presume que no hay buena fe del adquirente, si de la pérdida o robo la persona propietaria dio aviso oportunamente a la autoridad, institución, dependencia u organismo público que corresponda, y ello se hizo del conocimiento público a través de los registros respectivos, y éstos pudieron ser consultados por el adquiriente.

Artículo 20. A quien adquiere con justo título y de buena fe, le compete la acción plenaria de posesión para que se le restituya el bien con sus frutos y accesiones en los términos del artículo 15 de este Código Nacional, incluso cuando no lo haya prescrito.

La acción se ejercitará contra el poseedor de mala fe o contra el que teniendo título de igual calidad al de la parte actora, ha poseído por menos tiempo el bien.

No procede esta acción en casos en que ambas posesiones fuesen dudosas, o la parte demandada tuviere su título registrado y la parte actora no, así como contra quien sea legítima propietaria.

Artículo 21. Procederá la acción negatoria para obtener la declaración de libertad o la de reducción de gravámenes de bien inmueble y la demolición de obras o señales que importen gravámenes, la cancelación o anotación en el Registro Público de la Propiedad, Oficina Registral o cualquier otra Institución análoga según la Entidad Federativa de que se trate, y conjuntamente, en su caso, la indemnización de daños y perjuicios. Cuando la sentencia sea condenatoria, la parte actora puede exigir de la parte demandada que caucione el respeto de la libertad del inmueble. Sólo se dará esta acción a quien posea a título de dueño o que tenga derecho real sobre el bien.

Artículo 22. Compete la acción confesoria al titular del derecho real sobre el inmueble y a quien posea el fundo dominante interesado en la existencia de la servidumbre. Se da esta acción contra el tenedor o poseedor jurídico que contraría el gravamen, para que se obtenga el reconocimiento, la declaración de los derechos y obligaciones del gravamen y el pago de frutos, daños y perjuicios, en su caso, y se haga cesar la violación. Si fuere la sentencia condenatoria, la parte actora puede exigir de la demandada que garantice el respeto del derecho.

Artículo 23. Se intentará la acción hipotecaria para constituir, ampliar y registrar una hipoteca, o bien, para obtener el pago o prelación del crédito que una hipoteca garantiza o cuando tenga por objeto la división, registro y extinción de ésta, así como su nulidad, cancelación o para obtener el pago o prelación del crédito que la hipoteca garantice. Procederá contra quien posea a título de dueña del fundo hipotecado y, en su caso, contra personas acreedoras. Cuando después de anotada la demanda en el Registro Público de la Propiedad, Oficina Registral o cualquier otra Institución análoga según la Entidad Federativa de que se trate y contestada ésta, cambiare el dueño y poseedor jurídico del fundo, con éste continuará el juicio.

Artículo 24. La acción de petición de herencia se ejercitará para que sea declarado heredero quien demande, se le haga entrega de los bienes hereditarios con sus accesiones, sea indemnizado y le rindan cuentas.

Artículo 25. La petición de herencia se deducirá por la persona presunta heredera por testamento o sucesión legítima, así como la legataria, y se da contra quien tenga el cargo de albacea y contra quien posea los bienes hereditarios con carácter de heredera o cesionaria de ésta, y contra quien no alega título ninguno de posesión del bien hereditario, o dolosamente dejó de poseerlo.

Para el caso que el juicio sucesorio ya hubiera concluido, la acción de petición de herencia deberá formularse en contra de quienes tengan la calidad de causahabientes; y de no haberse formalizado en escritura la titularidad de los bienes, esta acción real se hará en contra de quien se haya adjudicado.

Artículo 26. El copropietario puede deducir las acciones relativas al bien común, en calidad de dueño, salvo pacto en contrario o ley especial que así lo determine. La acción reivindicatoria puede ser ejercida por todos los copropietarios del bien común, una parte de ellos o uno solo, debiendo la autoridad jurisdiccional en este caso, llamar a todos al juicio ante la existencia de un litisconsorcio activo necesario. Por otro lado, el copropietario, no podrá transigir ni comprometer en árbitros el procedimiento, sin consentimiento unánime de los copropietarios.

Artículo 27. A quien se perturbe en la posesión jurídica, tanto originaria como derivada de un bien inmueble, compete el interdicto de retener la posesión contra quien le perturbe, mandó tal perturbación o que a sabiendas y directamente se aproveche de ella, y contra la sucesora de la despojante. El objeto de esta acción es poner término a la perturbación, indemnizar a la poseedora y que la parte condenada garantice no volver a perturbar.

La procedencia de esta acción requiere que la perturbación consista en actos preparatorios tendientes directamente a la usurpación violenta, o a impedir el ejercicio del derecho. Que se reclame dentro de un año, y que la persona poseedora no haya obtenido la posesión de la contraria.

Artículo 28. Quien sea despojada de la posesión jurídica de un bien inmueble, tanto originaria como derivada, debe ser restituida, y le compete la acción de recobrar contra quien despoje o lo haya mandado hacer, contra quien a sabiendas y directamente se aprovecha del despojo y contra la sucesora de quien despojó.

Artículo 29. El interdicto de recuperar la posesión tiene por objeto reponer a la persona despojada en la posesión, indemnizarla de los daños y perjuicios, obtener de la parte condenada que garantice su abstención y a la vez apercibirla con multa y arresto para el caso de reincidencia.

Artículo 30. La acción de recuperar la posesión se deducirá dentro de los dos años siguientes a los actos violentos o vías de hecho causantes del despojo. No procede en favor de aquella persona que, con relación a la parte demandada, poseía clandestinamente, por la fuerza o a ruego; pero sí contra la persona propietaria despojante que transfirió el uso y el aprovechamiento del bien por medio de contrato.

Artículo 31. A quien posea el fundo o derecho real sobre éste, compete la acción para suspender la conclusión de una obra perjudicial a sus posesiones, su demolición o modificación en su caso, y la restitución de las cosas al estado anterior a la obra nueva. Compete también a vecinos del lugar cuando la obra nueva se construye en bienes de uso común. Se da contra la persona que la mandó construir, sea poseedora o detentadora del bien donde se construye.

Para los efectos de esta acción por obra nueva, se entiende por tal no sólo la construcción de nueva planta, sino también la que se realiza sobre edificio antiguo, añadiéndole, quitándole o dándole una forma distinta.

Artículo 32. La autoridad jurisdiccional que conozca del procedimiento podrá ordenar la suspensión de la construcción hasta que el juicio se resuelva, mediante garantía que otorgue la parte actora para responder de los daños y perjuicios que se causen al demandado por obra nueva.

La suspensión quedará sin efecto, si la persona propietaria de la obra nueva da a su vez, contragarantía bastante para restituir las cosas al estado que guardaban antes o paga los gastos que erogó la parte actora para garantizar la suspensión de la obra, así como los daños y perjuicios que le sobrevengan a éste en caso de que se declare procedente la acción, salvo que la restitución se haga físicamente imposible con la conclusión de la obra, o con ésta se siga perjuicio al interés social o se contravengan disposiciones de orden público.

Artículo 33. La acción de obra peligrosa se da a quien esté en la posesión jurídica o derivada de una propiedad contigua o cercana que pueda resentirse o padecer por la ruina o derrumbe de la otra, caída de un árbol u otro objeto análogo. Su finalidad es adoptar medidas urgentes para evitar los riesgos que ofrezca el mal estado de los objetos referidos, obtener la demolición total o parcial de la obra o la destrucción del objeto peligroso.

Compete la misma acción a quienes tengan derecho privado o público de paso por las inmediaciones de la obra, árbol u otro objeto peligroso.

Artículo 34. La autoridad jurisdiccional que conozca del procedimiento podrá, previa garantía que otorgue la parte actora para responder de los daños y perjuicios que se causen a la demandada, ordenar desde luego y sin esperar la sentencia, que la persona demandada suspenda la obra o realice las obras indispensables para evitar daños a la actora.

Artículo 35. Compete acción a terceras personas para coadyuvar en el juicio seguido contra sus codeudores solidarios. Igual facultad corresponde a quienes cuyo derecho dependa de la subsistencia del derecho de la parte demandada o de la actora.

La persona deudora de obligación indivisible que sea demandada por la totalidad de la prestación puede hacer concurrir a juicio a sus codeudores, siempre y cuando su cumplimiento no sea de tal naturaleza que sólo pueda satisfacerse por la parte demandada.

Artículo 36. La parte demandada al contestar la demanda podrá denunciar el pleito a quien esté obligada a la evicción; de así considerarlo, la autoridad jurisdiccional, ordenará su llamamiento para que conteste dentro del plazo previsto por este ordenamiento para la contestación a la demanda. Quien sea llamada como obligada a la evicción, una vez salida al pleito, se convierte en principal.

El llamamiento a juicio se hará con las mismas formalidades que el emplazamiento. La parte demandada que pida sea llamada la tercera, deberá proporcionar el domicilio de ésta, y si no lo hace no se dará curso a la petición respectiva; si afirmare que desconoce, se procederá en términos de la fracción II del artículo 209 de este Código Nacional, y será a su costa el importe de la publicación de los edictos para el emplazamiento.

Artículo 37. Quien sea llamada a juicio para que le pare perjuicio la sentencia, podrá comparecer al mismo en un plazo de quince días, y estará en aptitud de ofrecer pruebas, alegar e interponer toda clase de defensas y recursos. El llamamiento a juicio se hará corriéndole traslado con los escritos y documentos que formen la litis, que deberán ser exhibidos por quien solicite la citación o en su caso, quien lo solicite deberá cubrir el pago por derecho de expedición de las copias simples necesarias para su llamamiento.

Artículo 38. Quien se ostente como tercero e intente excluir los derechos de la parte actora y de la demandada, o los de la primera solamente, tiene la facultad de concurrir al procedimiento o de iniciar uno nuevo, en el caso de que ya se haya dictado sentencia firme en aquel.

Artículo 39. Los procedimientos relacionados con el estado civil, así como su rectificación, serán competencia de la autoridad jurisdiccional o autoridad administrativa, de conformidad con las disposiciones del Código Civil respectivo.

Artículo 40. Tratándose de acciones del estado civil, salvo lo dispuesto en el párrafo siguiente, se realizará la anotación al margen o al calce del atestado respectivo, en los términos que sean ordenadas por la autoridad jurisdiccional o autoridad administrativa.

En los procedimientos de reconocimiento de identidad de género, o de reasignación por concordancia sexo genérica, en la sentencia o constancia se deberá ordenar el levantamiento de una nueva acta de nacimiento, y la cancelación del acta de nacimiento primigenia.

Artículo 41. Las acciones del estado civil fundadas en la posesión de estado de hijo o hija producirán el efecto que se ampare o restituya a quien la disfrute contra cualquier perturbador.

Las decisiones judiciales recaídas en el ejercicio de acciones de estado civil perjudican aún a quienes no litigaron.

Artículo 42. La autoridad competente tendrá a su cargo el control del registro de personas deudoras alimentarias morosas, en el que harán las inscripciones.

Artículo 43. El enriquecimiento sin causa de una parte en detrimento de otra, da derecho a la parte perjudicada para ejercitar la acción de indemnización en la medida en que aquélla se enriqueció.

Artículo 44. Quien sea perjudicado por falta de título legal, le compete la acción proforma para exigir de quien esté obligado le extienda el documento correspondiente, siempre y cuando se acredite la titularidad registral del bien inmueble transmitido por quien esté obligado a realizar la formalización que se exige.

Artículo 45. En las acciones mancomunadas por título de herencia o legado, sean reales o personales, se observarán las reglas siguientes:

I. Si no se ha nombrado albacea, interventor o albacea judicial o provisional, puede ejercitarlas quienes tengan un derecho reconocido de herencia o legado, y

II. Si se ha nombrado albacea, interventor o albacea judicial o provisional, sólo a ellos compete la facultad de deducirlas en juicio, y sólo podrán hacerlo quienes tengan reconocido derecho de herencia o legado cuando, requeridos por estos, aquéllos se rehúsen a hacerlo.

Artículo 46. Procede la acción oblicua cuando la persona acreedora tenga interés en ejercitar las acciones que competan a su deudor, cuando conste el crédito en título ejecutivo y, requerido quien sea deudor para deducirlas, descuide o rehúse hacerlo. La persona tercera demandada puede paralizar la acción pagando a la demandante el monto de su crédito.

Las acciones derivadas de derechos inherentes a la persona del deudor nunca se ejercitarán por quien sea acreedor.

Quienes acepten la herencia que corresponda a su deudor, ejercitarán las acciones pertenecientes a éste, en los términos previstos por el Código Civil correspondiente.

Artículo 47. Las acciones que pueden ejercitarse contra los herederos no obligan a éstos sino en proporción a su masa hereditaria, salvo en todo caso, la responsabilidad que les resulte cuando sea solidaria la obligación con el autor de la herencia, por ocultación de bienes o por dolo o fraude en la administración de los bienes indivisos.

Artículo 48. Cuando haya varias acciones contra una misma persona, respecto de un mismo bien y provengan de una misma causa, deberán intentarse en una sola demanda y por el ejercicio de una o más quedan extinguidas las otras. No pueden acumularse en la misma demanda las acciones contrarias o contradictorias, ni las posesorias con las petitorias ni cuando una dependa del resultado de la otra. Tampoco son acumulables acciones que por su cuantía, materia o naturaleza correspondan a jurisdicciones diferentes. Queda abolida la práctica de deducir subsidiariamente acciones contrarias o contradictorias.

Artículo 49. A nadie puede obligarse a intentar o proseguir una acción contra su voluntad, excepto cuando alguno tenga acción o excepción que dependa del ejercicio de la acción de otro, a quien pueda exigir que la deduzca, oponga o continúe desde luego; y si se rehusare, lo podrá hacer aquel.

Artículo 50. Admitida la demanda, así como formulada la contestación, no podrán modificarse ni alterarse, salvo en los casos que este Código Nacional lo disponga.

El desistimiento de la instancia que se realice con posterioridad al emplazamiento requerirá del consentimiento de la persona demandada.

Para tal efecto, se dará vista a la contraria por el término de tres días para que manifieste su conformidad o inconformidad, y en caso de silencio, se tendrá por conforme con dicho desistimiento y su efecto será que las cosas vuelvan al estado que tenían antes de la presentación de la demanda, sin perjuicio del pago a la contraparte de las costas, daños y perjuicios, en el caso de que éste haya sido emplazado, salvo convenio en contrario.

Artículo 51. El desistimiento de la acción, la extingue, aún sin consentimiento de la parte demandada, y obliga a quien lo hizo, a resarcir a la contraria en los mismos términos del desistimiento de la instancia.

Artículo 52. La acción de nulidad de juicio concluido procede en aquellos asuntos en los cuales se ha dictado sentencia o auto definitivo que han causado ejecutoria, y se actualiza alguna de las siguientes hipótesis:

I. Si se falló con base en pruebas reconocidas o declaradas de cualquier modo falsas con posterioridad a la resolución, o que la parte vencida ignoraba que se habían reconocido o declarado como tales antes de la sentencia, y

II. Cuando existiere colusión u otra maniobra fraudulenta de las partes litigantes en el juicio cuya nulidad se pide, en perjuicio de la parte promovente de la acción de nulidad de juicio concluido.

Artículo 53. La acción de nulidad de juicio concluido puede ser ejercitada por quienes hayan sido parte en el procedimiento, sus sucesores o causahabientes y los terceros a quienes perjudique la resolución.

Artículo 54. Es competente la autoridad jurisdiccional de proceso oral civil para conocer de la acción de nulidad de juicio concluido, independientemente de la cuantía del juicio solicitado como nulo.

Artículo 55. En ningún caso podrá interponerse la acción de nulidad de juicio concluido:

I. Si ha transcurrido un año desde que hubiere causado ejecutoria la resolución que en ese juicio se dictó, o

II. Si han transcurrido tres meses desde que el recurrente hubiere conocido o debió conocer los motivos en que se fundare la misma.

No procede la acción de nulidad de juicio concluido contra las sentencias dictadas en el mismo juicio de nulidad.

Artículo 56. Si se encuentra juicio pendiente de resolver sobre la falsedad de alguna prueba que fue determinante en fallo dictado en el juicio reclamado como nulo, se suspenderán los plazos a que se refiere el artículo anterior.

Artículo 57. La interposición de la acción de nulidad de juicio concluido no suspenderá la ejecución de la resolución firme que la motivare. Sin embargo, quien promueva la nulidad podrá solicitar a la autoridad jurisdiccional que conociere de la misma, la suspensión de la ejecución de aquella sentencia que motive la acción de nulidad. Para este fin, deberá otorgar garantía que fije la autoridad jurisdiccional que conoce de la acción de nulidad, por los daños y perjuicios que, de manera inmediata y directa, pudieran ocasionarse con motivo de la suspensión a la parte vencedora del juicio cuya nulidad se solicita.

Artículo 58. Cuando la acción de nulidad de juicio concluido se declare infundada, la garantía se adjudicará a la parte demandada por concepto de daños y perjuicios ocasionados por la suspensión, sin necesidad de prueba alguna.

No será necesaria la garantía cuando se acredite fehacientemente que la ejecución pueda causar un daño irreparable a quien promueve la nulidad. En este supuesto, de resultar infundada la acción de nulidad, la parte actora será condenada al pago de los daños y perjuicios ocasionados con motivo de la suspensión, sin necesidad de prueba alguna, en los términos del artículo anterior, junto con el pago de gastos y costas, así como una multa equivalente a un año de valor de la Unidad de Medida y Actualización para la persona licenciada en derecho o abogada que la haya intentado.

Artículo 59. Contra la sentencia dictada en el juicio de nulidad de juicio concluido procederá el recurso de apelación, en los términos previstos en este Código Nacional.

Artículo 60. La parte demandada que haya dado lugar a alguna de las causales para declarar nulo el juicio, será responsable de los daños y perjuicios que con su conducta haya causado.

Siempre será condenada la parte demandada al pago de los gastos y costas en el juicio en que declare fundada la acción de nulidad, conforme al arancel correspondiente.

En caso de ser improcedente o infundada la acción de nulidad de juicio concluido, siempre se condenará a la actora a una indemnización por concepto de daños y perjuicios, y a pagar gastos y costas.

El pago de los gastos y costas será conforme al arancel establecido.

Artículo 61. Quien haya actuado en ejercicio del mandato judicial de la parte actora y que intervenga de cualquier forma en el ejercicio de la acción de nulidad, podrá ser responsable solidario respecto de las prestaciones condenadas en la sentencia ejecutoriada, siempre y cuando se acredite el dolo.

SECCIÓN TERCERA
DE LAS EXCEPCIONES

Artículo 62. Las excepciones procesales son las oposiciones de la parte demandada para impugnar o contradecir el procedimiento, sin atacar el derecho sustantivo en litigio, las cuales se deben resolver antes del dictado de la sentencia definitiva.

Artículo 63. Son excepciones procesales las siguientes:

I. La falta de cumplimiento del plazo o condición a que esté sujeta la obligación;

II. La improcedencia de la vía;

III. La incompetencia de la autoridad jurisdiccional;

IV. La litispendencia;

V. La conexidad de la causa;

VI. La falta de personalidad del actor o del demandado o la falta de capacidad del actor;

VII. La cosa juzgada;

VIII. La remisión al arbitraje, y

IX. Las demás a las que les den ese carácter las leyes.

Se harán valer al contestar la demanda, la reconvención o la solicitud de medidas cautelares y en ningún caso suspenderán el procedimiento. De todas las excepciones se dará vista a la contraria por el término de tres días para que manifieste lo que a su derecho convenga, y se resolverán mediante sentencia interlocutoria en procedimientos escritos y de manera oral dentro de la audiencia preliminar en juicio oral dejando constancia de ello en el acta mínima que se levante con motivo de ésta, salvo la de cosa juzgada que se tramitará conforme a las disposiciones previstas en este Código Nacional. Contra la resolución de excepciones procesales en juicio oral no procede recurso alguno.

En las excepciones de falta de personalidad, conexidad o litispendencia, sólo se admitirá la prueba documental en copia certificada, las que se deberán exhibir antes de la audiencia preliminar, en términos de lo dispuesto en este Código Nacional.

Artículo 64. En la excepción de falta de cumplimiento del plazo o condición a que esté sujeta la obligación, si se allana la contraria, se declarará procedente de plano. De no ser así, la excepción se resolverá en la audiencia respectiva y de declararse procedente, el efecto será dejar a salvo el derecho para que se haga valer cuando cambien las circunstancias que afectan su ejercicio, debiendo condenar al pago de gastos y costas que se hubieren causado.

Artículo 65. Cuando se declare la improcedencia de la vía, el efecto será el de continuar el procedimiento para el trámite del juicio en la vía que se considere procedente declarando la validez de lo actuado, sin perjuicio de la obligación de la autoridad jurisdiccional para regularizar el procedimiento de acuerdo con la vía que se declare procedente.

Artículo 66. La incompetencia puede promoverse por declinatoria o inhibitoria, que se substanciarán conforme a lo dispuesto en este Código Nacional.

Artículo 67. La excepción de litispendencia procede cuando la autoridad jurisdiccional conoce de un juicio en el que hay identidad entre partes, acciones deducidas y objetos reclamados, cuando las partes litiguen con el mismo carácter. Quien la oponga, debe señalar precisamente la autoridad jurisdiccional ante quien se tramita el primer juicio y declarar bajo protesta de decir verdad, que no se ha dictado sentencia definitiva en el juicio primeramente promovido.

La excepción de litispendencia sólo podrá acreditarse con la copia autorizada o certificada de la demanda y contestación, así como con el original de la constancia de emplazamiento del juicio primeramente promovido, mismas que deberán exhibirse hasta el momento de celebración de la audiencia respectiva. El mismo tratamiento se dará cuando se trate de autoridad jurisdiccional que no pertenezca a la misma jurisdicción de apelación.

Artículo 68. Si se declara procedente la litispendencia, el efecto será sobreseer el juicio que en segundo lugar previno.

En materia familiar persistirán las medidas provisionales y cautelares impuestas que estén ordenadas en el juicio, hasta que determine lo contrario la autoridad jurisdiccional que previno. Lo anterior resulta aplicable tratándose de personas que pertenezcan a los pueblos y comunidades indígenas y afromexicanas y demás grupos sociales en situación de vulnerabilidad.

Artículo 69. Existe conexidad de causas en cualquiera de los supuestos siguientes:

I. Identidad de personas y acciones, aunque los bienes sean distintos;

II. Identidad de personas y bienes, aunque las acciones sean distintas;

III. Acciones que provengan de una misma causa, aunque sean diversas las personas y los bienes, y

IV. Identidad de acciones y de bienes, aunque las personas sean distintas.

Quien oponga la conexidad debe señalar precisamente la autoridad jurisdiccional ante la que se tramita el juicio conexo, y declarar bajo protesta de decir verdad el estado procesal que guarda. La conexidad sólo podrá acreditarse con la copia autorizada o certificada de la demanda y contestación, formuladas en el juicio conexo, así como con original de la constancia de emplazamiento, mismas que deberán exhibirse hasta el momento de celebración de la audiencia respectiva.

La excepción de conexidad tiene por objeto la remisión de los autos del segundo juicio a la autoridad jurisdiccional que previno conociendo primero de la causa conexa, para que se acumulen ambos juicios y se tramiten por cuerda separada, decidiéndose en una sola sentencia, evitando que exista contradicción alguna.

Artículo 70. No procede la excepción de conexidad:

I. Cuando los pleitos están en diversas instancias;

II. Cuando las autoridades jurisdiccionales que conozcan respectivamente de los juicios pertenezcan a autoridad jurisdiccional de segunda instancia o Poder Judicial diferente;

III. Cuando ambos juicios tengan trámites incompatibles, y

IV. Cuando se trate de un procedimiento que se tramite en el extranjero.

Artículo 71. La autoridad jurisdiccional estudiará de oficio la personalidad al momento de proveer el escrito inicial de demanda y su posible contestación, y el interesado podrá corregir cualquier deficiencia al respecto, siempre y cuando fuese subsanable, en un plazo no mayor de diez días, con la consecuencia de no admitir la demanda, en caso de la parte actora, o de no tener por contestada la demanda y continuar el juicio en su rebeldía, en caso de la demandada.

En caso de juicios orales, la posibilidad de subsanar la personalidad de las partes deberá realizarse a más tardar al inicio de la audiencia preliminar. Siempre que un litigante se presente en representación de alguna de las partes, la autoridad jurisdiccional estudiará de oficio su personalidad, independientemente del derecho de la contraparte de excepcionarse o realizar la objeción pertinente.

Artículo 72. La excepción de falta de personalidad de la parte actora y, en su caso, la objeción de la personalidad que haga valer la actora en contra de la demandada en la etapa postulatoria, se tramitarán incidentalmente en los procedimientos escritos, conforme a las reglas que se establecen en el presente Código Nacional.

En los juicios orales se resolverá, previo derecho de contradicción por tres días, si la excepción se hace valer en la fase postulatoria, al momento de celebrar la audiencia preliminar en la etapa de depuración del procedimiento, en la que se recibirán las pruebas que se encuentren debidamente admitidas y preparadas, dejando constancia de los puntos resolutivos en el acta mínima que se levante con motivo de la misma.

Artículo 73. En los juicios orales si la excepción de falta de personalidad fuere sobrevenida en la audiencia preliminar, se resolverá previo derecho de contradicción en la misma audiencia de la parte contraria, en la que la autoridad jurisdiccional escuchará los argumentos de las partes, proveerá lo necesario para la admisión o desechamiento de pruebas y las mandará recibir en la misma audiencia si fuere posible, resolviendo en el acto la resolución que en derecho proceda, de forma fundada y motivada, dejando constancia de los puntos resolutivos en el acta mínima que se levante con motivo de la misma.

Cuando se declare fundada una u otra, si fuere subsanable el defecto, la autoridad jurisdiccional concederá un plazo no mayor a diez días para que se subsane, y de no hacerse así, cuando se tratare de la parte actora se sobreseerá el juicio y en tratándose de la demandada se continuará el juicio en su rebeldía.

Artículo 74. Cuando se trate de objeciones de personalidad posteriores a los escritos que fijan la litis y hasta antes del dictado de la sentencia definitiva, se tramitarán de manera incidental conforme a las reglas previstas en el presente Código Nacional para los juicios del sistema escrito. En tratándose de objeción de personalidad dentro del sistema de audiencia en juicios orales, se deberá hacer valer dentro de la audiencia respectiva y resolver cumpliendo con el principio de contradicción y de manera oral en la misma audiencia cuando la naturaleza de las pruebas ofrecidas y admitidas así lo permitan; en caso de ser procedente la objeción, el interesado no podrá actuar dentro del procedimiento y se declarará nulo lo actuado por él en la audiencia respectiva.

Artículo 75. En la excepción de cosa juzgada, además de la copia certificada o autorizada de la demanda y contestación de demanda, deberá exhibirse copia certificada o autorizada de la sentencia de segunda instancia o, la de la autoridad jurisdiccional de primera instancia y del auto que la declaró ejecutoriada o, en su caso, original o copia certificada del convenio emanado del procedimiento de mediación a que se refiere la ley correspondiente que regule los medios alternativos de solución de conflictos o justicia alternativa, o cualquier otra disposición al respecto de cada Entidad Federativa.

La excepción de cosa juzgada debe oponerse al dar contestación a la demanda o la reconvención y con la misma se dará vista a la contraparte para que dentro del término de tres días manifieste lo que a su derecho convenga. Se debe resolver mediante sentencia interlocutoria en los juicios escritos y en la audiencia preliminar dentro de la etapa de depuración del procedimiento en los juicios orales; y en su caso, será apelable en ambos efectos si se declara procedente, y en el efecto devolutivo de tramitación conjunta con la sentencia definitiva si se declara improcedente. En dicho caso la autoridad jurisdiccional asumirá plena jurisdicción, resolviendo el fondo del asunto, sin necesidad de reenvío a la autoridad jurisdiccional de primera instancia del sistema escrito o sistema oral, sea en el trámite o resolución del recurso, cuando éste modifique o revoque la sentencia interlocutoria combatida.

Artículo 76. Salvo disposición expresa que señale alguna otra excepción como procesal, las demás defensas y excepciones que se opongan se resolverán en la sentencia definitiva.

TÍTULO SEGUNDO
DE LA COMPETENCIA OBJETIVA Y SUBJETIVA

CAPÍTULO I
DISPOSICIONES GENERALES

Artículo 77. Toda demanda debe formularse ante la autoridad jurisdiccional competente. La competencia de la autoridad jurisdiccional se determinará por la materia, el grado y el territorio.

La competencia por cuantía sólo aplicará en el caso de que la Ley Orgánica respectiva establezca órganos jurisdiccionales cuya competencia se defina con dicho criterio.

Artículo 78. Los Tribunales Colegiados de Circuito, Tribunales Colegiados de Apelación y Plenos Regionales, así como la Suprema Corte de Justicia de la Nación, conocerán en segunda instancia, de los procedimientos en que resulte aplicable este Código Nacional y que sea competencia de los Juzgados de Distrito, en términos de lo que disponga la Ley Orgánica del Poder Judicial de la Federación.

Cuando, en el lugar que haya de seguirse el juicio, hubiere dos o más Tribunales Federales, será competente el que elija el actor.

Las competencias entre los Tribunales Federales y los de las Entidades Federativas, se decidirán declarando cuál es el fuero en que radica la jurisdicción, y se remitirán los autos a la autoridad jurisdiccional que hubiere obtenido.

Esta resolución no impide que otras autoridades jurisdiccionales del fuero al que pertenezca la que obtuvo, le puedan iniciar competencia para conocer del mismo procedimiento.

Artículo 79. Ninguna autoridad jurisdiccional del Poder Judicial de la Federación o de las Entidades Federativas pueden negarse a conocer de un asunto, sino por considerar que carece de competencia legal. En este caso debe expresar en su resolución la motivación y los fundamentos legales en que se apoye y la autoridad que considere competente. El auto en que una autoridad jurisdiccional se negare a conocer es apelable en ambos efectos.

Artículo 80. Ninguna autoridad jurisdiccional puede sostener competencia con otra bajo cuya jurisdicción se halle, pero sí con otra que, aunque sea superior en su clase, no ejerza jurisdicción sobre ella.

Artículo 81. La autoridad jurisdiccional que reconozca la jurisdicción de otra por resolución expresa, no puede sostener su competencia.

Si el acto del reconocimiento consiste sólo en la cumplimentación de un exhorto, la autoridad jurisdiccional exhortada no estará impedida para sostener su competencia.

Artículo 82. Las partes pueden desistirse de seguir sosteniendo la competencia de una autoridad jurisdiccional, hasta antes que se resuelva la misma, si se trata de competencia por territorio.

Artículo 83. La competencia por razón del territorio y materia, son las únicas que se pueden prorrogar, salvo que correspondan al fuero federal.

La competencia por razón de materia, únicamente es prorrogable en las materias civil y familiar, y en aquellos casos en que las prestaciones tengan íntima conexión entre sí, o por los nexos entre las personas que litiguen, sea por razón de parentesco, negocios, sociedad o similares, o deriven de la misma causa de pedir, sin que para que opere la prórroga de competencia en las materias señaladas, sea necesario convenio entre las partes, ni dará lugar a excepción sobre el particular.

En consecuencia, ninguna autoridad jurisdiccional podrá abstenerse de conocer de asuntos, argumentando falta de competencia por materia cuando se presente alguno de los casos señalados, que daría lugar a la división de la continencia de la causa o a multiplicidad de litigios con posibles resoluciones contradictorias.

Artículo 84. Si la autoridad jurisdiccional deja de conocer por excusa o recusación, conocerá la que siga en número o turno, que corresponda de conformidad con la Ley Orgánica del Poder Judicial de la Federación, así como de la Entidad Federativa correspondiente.

Artículo 85. Es autoridad jurisdiccional competente aquella a la que las partes litigantes se hubieren sometido expresa o tácitamente, cuando se trate de fuero renunciable.

Artículo 86. Hay sumisión expresa cuando las partes interesadas renuncian de forma clara y precisa, sin que admita duda al fuero que la ley les concede, y se sujetan a la competencia de la autoridad jurisdiccional en turno de la materia y territorio correspondiente, o al que precisen que se someten.

Artículo 87. Se entienden sometidos:

I. La parte demandante, por el hecho de ocurrir a la autoridad jurisdiccional en turno, entablando su demanda;

II. La parte demandada, por contestar la demanda o por reconvenir a la parte actora;

III. La persona que habiendo promovido una incompetencia se desiste de ella, y

IV. La persona tercera opositora y la que por cualquier motivo viniere al juicio.

Artículo 88. Será nulo todo lo actuado por la autoridad jurisdiccional declarada incompetente, salvo que se trate de incompetencia sobrevenida, caso en el cual será nulo todo lo actuado a partir del momento en que tiene efectos dicha incompetencia.

Esta nulidad de actuaciones es de pleno derecho, y solo bastará para ello que se declare la incompetencia por la autoridad jurisdiccional para que las cosas se restituyan al estado en que se encontraban hasta antes de que se practicaran dichas actuaciones.

Serán válidas las actuaciones de una autoridad jurisdiccional competente, aun cuando declare nulo o inexistente el acuerdo en el cual se pactó su competencia.

SECCIÓN PRIMERA
DE LA FIJACIÓN DE LA COMPETENCIA

Artículo 89. Es autoridad jurisdiccional competente:

I. La del lugar que la persona deudora haya designado para ser requerida judicialmente de pago;

II. La del lugar convenido en el contrato o convenio para el cumplimiento de la obligación;

III. La de la ubicación del bien, si se ejercita una acción real sobre éste. Lo mismo se observará respecto a las cuestiones derivadas del contrato de arrendamiento de inmuebles. Cuando estuvieren comprendidos en dos o más jurisdicciones, será competente aquella en que se encuentre la mayor parte de ellos;

IV. La del domicilio de la parte demandada, si se trata del ejercicio de una acción sobre bienes muebles, de acciones personales, colectivas o del estado civil. Cuando sean varias las personas demandadas y tuvieren diversos domicilios, será competente la autoridad jurisdiccional que se encuentre en turno del domicilio que elija la parte actora;

V. En los juicios sucesorios, la autoridad jurisdiccional en cuya jurisdicción haya tenido su último domicilio el autor de la sucesión. A falta de ese domicilio, lo será el de la ubicación de los bienes inmuebles que forman la herencia y si estuvieren en varias jurisdicciones, el de aquel en que se encuentre el mayor número; y a falta de domicilio y bienes inmuebles, el del lugar del fallecimiento de la persona autora de la herencia, sin que pueda alterarse el orden anterior. Lo mismo se observará en casos de declaración especial de ausencia por desaparición o presunción de muerte. En los supuestos de la presente fracción no procede sometimiento expreso o tácito alguno;

VI. Aquella en cuyo territorio radica un juicio sucesorio para conocer:

a) De las acciones de petición de herencia.

b) De la nulidad de testamento.

c) Las relativas a la partición hereditaria.

d) De todas las acciones legales contra la sucesión antes de la partición y adjudicación de los bienes.

e) De las acciones de nulidad, rescisión y evicción de la partición hereditaria.

f) De la declaración especial de ausencia por desaparición, así como la declaración de ausencia y presunción de muerte, en los términos de la legislación aplicable.

VII. La del lugar que la persona deudora haya designado para ser requerida judicialmente de pago, o el domicilio de ésta en caso de concursos;

VIII. En los actos de jurisdicción voluntaria, la del domicilio de quien las promueve, pero si se tratare de bienes inmuebles, lo será la del lugar donde estén ubicados. En caso de conflicto de competencias se decidirá a favor del que haya prevenido en el conocimiento;

IX. La del domicilio de las niñas, niños y adolescentes, tratándose de asuntos en materia familiar;

En los procedimientos relativos a suplir el consentimiento de quien ejerce la patria potestad, o impedimentos para contraer matrimonio, la del lugar donde se hayan presentado las partes pretendientes;

X. Para decidir las controversias del estado civil de las personas, la del domicilio conyugal, o aquel en el que habiten los concubinos o convivientes;

XI. En los juicios de divorcio, lo es la del último domicilio conyugal;

XII. En los juicios de nulidad o inexistencia del matrimonio o institución equivalente o similar, lo es la del domicilio donde tuvo lugar el acto cuya nulidad se alega;

XIII. En los juicios de rectificación de actas del estado civil, lo es la del domicilio del actor;

XIV. En caso de abandono de hogar, la del domicilio en el que residía al momento del abandono el cónyuge, concubina o concubino, o conviviente que alega dicho abandono;

XV. En los juicios de alimentos o violencia familiar, la del domicilio de la persona acreedora alimentaria, la de la receptora de la violencia o la de la parte demandada, a elección de la parte actora;

XVI. La del domicilio de la hija o hijo en las acciones de filiación, sean de impugnación, contradicción, reconocimiento o desconocimiento sobre la maternidad o paternidad, y

XVII. Tratándose de juicios en los que la parte demandada sea una persona perteneciente a los pueblos y comunidades indígenas o afromexicanas, será competente la autoridad jurisdiccional del lugar en que dicha persona tenga su domicilio. Si ambas partes lo son, lo será la que ejerza jurisdicción en el domicilio del demandante.

Artículo 90. En los interdictos conocerá siempre la autoridad jurisdiccional de la ubicación del bien.

Artículo 91. Es competente para conocer de la reconvención la autoridad jurisdiccional que conoce de la demanda en el juicio principal, cualquiera que sea la materia.

Artículo 92. Las cuestiones de tercerías deben substanciarse y decidirse por la autoridad jurisdiccional que sea competente para conocer del asunto principal.

Artículo 93. Para los actos preparatorios del juicio, será competente la autoridad jurisdiccional que lo fuere para el procedimiento principal.

En las providencias precautorias y medidas cautelares o medidas provisionales regirá lo dispuesto en el párrafo anterior.

Si el expediente estuviere en segunda instancia, será competente para dictar la providencia precautoria, medidas cautelares o medidas provisionales la autoridad jurisdiccional que conoció de ellos en primera instancia. Cuando se trate de asuntos en materia familiar, de pueblos y comunidades indígenas y afromexicanas y demás grupos sociales en situación de vulnerabilidad, será competente la autoridad jurisdiccional de segunda instancia para dictarlas y en su caso, ejecutarlas con plenitud de jurisdicción.

En caso de urgencia, puede dictarla la autoridad jurisdiccional del lugar donde se hallen la persona o el bien objeto de la providencia, y una vez ejecutada, se remitirán las actuaciones a la autoridad jurisdiccional competente que conozca del procedimiento principal.

SECCIÓN SEGUNDA
DE LA SUBSTANCIACIÓN Y DECISIÓN DE COMPETENCIAS

Artículo 94. Las contiendas sobre competencia, podrán promoverse por inhibitoria o por declinatoria.

La inhibitoria se intentará ante la autoridad jurisdiccional a quien se considere competente.

La declinatoria se propondrá ante la autoridad jurisdiccional a quien se considere que carece de competencia legal, pidiéndole que resuelva no conocer del procedimiento, y remita los autos al que se estime competente. La declinatoria se promoverá y substanciará en forma incidental.

En ningún caso se promoverán de oficio las contiendas de competencia.

Artículo 95. La declinatoria se propondrá al contestar la demanda, ante la autoridad jurisdiccional que se considere que carece de competencia legal, y se expondrán las razones jurídicas esenciales, ofreciendo únicamente pruebas documentales. Se pedirá se abstenga del conocimiento del procedimiento y remita los autos a la autoridad jurisdiccional considerada competente. Al admitirla la autoridad jurisdiccional de primera instancia, se dará vista por tres días a la contraparte para que contradiga y alegue lo que a su interés convenga, así como ofrezca pruebas documentales. Vencido el término concedido con o sin el desahogo de la vista, dentro los cinco días posteriores se remitirá a la autoridad jurisdiccional de segunda instancia el testimonio de las actuaciones respectivas, haciéndolo saber a las partes interesadas para que en su caso comparezcan ante aquella.

Recibido el testimonio de las constancias por la autoridad jurisdiccional de segunda instancia, proveerá con respecto a las pruebas documentales ofrecidas su admisión o desechamiento, procediendo a desahogar en el acto las admitidas conforme a derecho. Hecho lo anterior, se dictará resolución dentro del término improrrogable de cinco días.

Artículo 96. En el caso que las partes no ofrezcan prueba, o las ofrecidas no se admitan, y no formulen alegatos, la autoridad jurisdiccional de segunda instancia citará para resolución, la que se pronunciará dentro del término improrrogable de cinco días.

Decidida la competencia, la autoridad jurisdiccional de segunda instancia lo comunicará a la autoridad jurisdiccional ante quien se promovió la declinatoria, y en su caso, al que se declare competente. Si la declinatoria se declara improcedente o infundada, la autoridad jurisdiccional de segunda instancia lo comunicará a la autoridad jurisdiccional respectiva.

Artículo 97. La autoridad jurisdiccional ante quien se promueva inhibitoria girará oficio requiriendo al que se estime incompetente, para que deje de conocer del procedimiento, y le remita los autos dentro de los cinco días posteriores. La resolución que niegue el requerimiento es apelable. Si la inhibitoria se promueve ante la autoridad jurisdiccional de segunda instancia respectiva, la resolución que niegue al requerimiento, no admite recurso ordinario alguno.

La autoridad jurisdiccional requerida, dentro del término de cinco días, resolverá si acepta o no la inhibitoria. Si las partes estuvieren conformes al ser notificadas del proveído que acepte la inhibición, se remitirá los autos a la autoridad jurisdiccional requirente dentro de los cinco días posteriores. En cualquier otro caso, se remitirán los autos a la autoridad jurisdiccional en turno que faculte la Ley Orgánica del Poder Judicial de la Federación, en tratándose de autoridades jurisdiccionales federales, comunicándolo así al requirente, para que haga igual cosa.

Recibidos los autos por la autoridad jurisdiccional de segunda instancia o aquella que faculte la Ley Orgánica del Poder Judicial de la Federación, dará vista a las partes por tres días para que aleguen por escrito lo que a su derecho corresponda y resolverá dentro del término improrrogable de cinco días.

Decidida la competencia, se comunicará la sentencia a las autoridades jurisdiccionales contendientes, y al declarado competente además se le remitirán los autos originales dentro del término de cinco días la substanciación del procedimiento y resolución.

Artículo 98. En caso de no promoverse cuestión de competencia alguna dentro de los términos señalados por la parte que se estime afectada, se considerará sometida a la autoridad jurisdiccional que lo emplazó y perderá todo derecho para intentarla.

Las cuestiones de competencia en ningún caso suspenderán el procedimiento principal, pero deberán resolverse antes de dictarse sentencia definitiva, reservándose el dictado de ésta, salvo los casos señalados en el presente Código Nacional.

Artículo 99. Si por los documentos que se hubieren presentado o por otras constancias de autos, apareciere que la parte litigante que promueve la declinatoria se ha sometido a la jurisdicción de la autoridad jurisdiccional que conoce del procedimiento, se desechará de plano, continuando su curso el juicio.

También se desechará de plano la competencia promovida que no tenga por objeto decidir cuál ha de ser la autoridad jurisdiccional que deba conocer de un asunto.

Artículo 100. Las autoridades jurisdiccionales quedan impedidas para promover oficiosamente las cuestiones de competencia, y sólo deberán inhibirse del conocimiento de un procedimiento, cuando se trate de competencias por razón de territorio, materia, con excepción de lo dispuesto en el artículo 83 de este Código Nacional, siempre y cuando se inhiban en el primer proveído que se dicte respecto de la demanda principal.

Cuando dos o más autoridades jurisdiccionales locales de la misma jurisdicción se nieguen a conocer de determinado asunto, quien se vea perjudicada ocurrirá ante la autoridad jurisdiccional de segunda instancia en turno, dentro del término de cinco días contados a partir de que la última de dichas autoridades se negó a conocer del asunto, a fin de que ésta ordene a esas autoridades jurisdiccionales, que en el término de tres días remitan los expedientes originales en que se contengan sus respectivas resoluciones. Si las dos partes consideran que les causa perjuicio la negativa a conocer del asunto siendo de materia diversa y ambas ocurrieran a autoridades jurisdiccionales de segunda instancia de diferentes Tribunales, será competente para resolver, el que primero reciba la inconformidad.

Artículo 101. Una vez recibidos los autos por la autoridad jurisdiccional de segunda instancia correspondiente, los pondrá a la vista de las partes, por el término de tres días para que ofrezcan pruebas documentales y aleguen lo que a su interés convenga.

En lo demás, será aplicable el procedimiento previsto en el artículo 95 de este ordenamiento.

Artículo 102. Cuando dos o más autoridades jurisdiccionales federales se nieguen a conocer de un determinado procedimiento, la parte interesada ocurrirá a la autoridad jurisdiccional que faculte la Ley Orgánica del Poder Judicial de la Federación, sin necesidad de agotar los recursos ordinarios, a fin de que ordene a los que se nieguen a conocer, que le envíen los expedientes en que se contengan sus respectivas resoluciones.

Recibidos los autos, se correrá de ellos traslado, por cinco días, al Ministerio Público Federal, y, desahogada que sea, se dictará la resolución que proceda, dentro de igual término.

Cuando la negativa a conocer se suscite entre dos o más autoridades jurisdiccionales del fuero común y federal, y además se encuentren en el mismo circuito judicial, corresponderá al Pleno Regional del Poder Judicial de la Federación respectivo resolver. Cuando sea entre autoridades jurisdiccionales de distintos circuitos judiciales, será el Pleno Regional del Poder Judicial de la Federación de la autoridad jurisdiccional que conoció en primer momento del asunto.

Una vez recibidos los expedientes, el procedimiento para resolver se ajustará a lo dispuesto en el artículo 95 de este Código Nacional.

Artículo 103. En el caso de que se declare infundada o improcedente la incompetencia, se aplicará una corrección disciplinaria por los montos que establece el artículo 192 fracción III de este Código Nacional, en beneficio del Fondo de Administración de Justicia del Poder Judicial de que se trate.

CAPÍTULO II
DE LA COMPETENCIA SUBJETIVA

SECCIÓN PRIMERA
DE LOS IMPEDIMENTOS Y EXCUSAS

Artículo 104. Las autoridades jurisdiccionales se tendrán por forzosamente impedidas para conocer en los casos siguientes:

I. Cuando tengan interés directo o indirecto en el procedimiento;

II. En los procedimientos que sean del mismo interés para su cónyuge, concubina, concubinario, conviviente o para sus parientes consanguíneos en línea recta sin limitación de grados, a los colaterales dentro del cuarto grado, y a los afines dentro del segundo;

III. Siempre que, entre su cónyuge, concubina, concubinario, conviviente, ascendientes o sus descendientes, y alguno de las partes interesadas, haya relación de intimidad nacida de algún acto civil o religioso, sancionado y respetado por la costumbre, relación de amistad o económica, de subordinación o lealtad, sin importar su origen;

IV. Si fuere pariente por consanguinidad o afinidad de la persona representante autorizada, abogado o procurador de alguna de las partes, en los mismos grados a que se refiere la fracción II de este artículo;

V. Cuando la autoridad jurisdiccional, su cónyuge, concubina, concubinario, conviviente o alguno de sus ascendientes o descendientes sea parte heredera, legataria, donante, donataria, socia, acreedora, deudora, fiadora, fiada, arrendadora, arrendataria, principal, dependiente o comensal habitual de alguna de las partes, o administradora actual de sus bienes;

VI. Si ha hecho promesas o amenazas, o ha manifestado de otro modo su odio o afecto por alguna de las partes; o ha sido sujeto de amenazas o la animadversión de alguna de las partes ha influido en su fuero interno de tal manera que se ponga en riesgo su imparcialidad;

VII. Si asiste o ha asistido a convites que especialmente se le ofrecieren o costeare alguna de las partes que litigan el asunto o sus personas representantes autorizadas, antes y después de comenzado el procedimiento, o si se tiene familiaridad con los mencionados, o cohabitan con ellas;

VIII. Cuando después de iniciado el procedimiento, la autoridad jurisdiccional, su cónyuge, concubina, concubinario, conviviente, ascendientes o descendientes, parientes colaterales en segundo grado y por afinidad en primer grado, haya recibido dádivas o servicios de alguna de las partes;

IX. Si ha sido abogado o procurador, ha fungido como apoyo o ha recibido apoyo para el ejercicio de la capacidad jurídica, perito o testigo en el procedimiento de que se trate o de cualquiera de las partes en éste, en cualquier otro procedimiento;

X. Si ha conocido del procedimiento como autoridad jurisdiccional, arbitro o asesor, resolviendo algún punto que afecte a la sustancia de la cuestión, en la misma instancia o en otra;

XI. Cuando la autoridad jurisdiccional, su cónyuge, concubina, concubinario, conviviente o alguno de sus parientes consanguíneos en línea recta, sin limitación de grados, de los colaterales dentro del segundo, o de los afines en el primero, siga contra alguna de las partes, o no ha pasado un año, de haber seguido un juicio civil, o una causa criminal, como parte acusadora, querellante o denunciante, o se haya constituido parte civil en causa criminal seguida contra cualquiera de ellas;

XII. Cuando alguna de las personas representantes autorizadas, sigan o hayan seguido un juicio civil, o una causa criminal, y no ha pasado un año o más, de haber causado ejecutoria, un procedimiento jurisdiccional, en contra de la autoridad jurisdiccional de que se trate, su cónyuge, concubina, concubinario, conviviente, ascendientes o descendientes, parientes colaterales en segundo grado y por afinidad en primer grado;

XIII. Cuando la persona servidora pública, su cónyuge, concubina, concubinario, conviviente, ascendientes o descendientes, parientes colaterales en segundo grado y por afinidad en primer grado, sea contrario a cualquiera de las partes en procedimiento administrativo que afecte a sus intereses;

XIV. Si la persona servidora pública, su cónyuge, concubina, concubinario, conviviente o alguno de sus expresados parientes sigue algún procedimiento civil o criminal en que sea autoridad jurisdiccional, agente del Ministerio Público Federal o Local, Procurador o Representante Social, árbitro o arbitrador, de alguno de los litigantes;

XV. Si es persona tutora, tutriz, curador o curadora de alguna de las partes interesadas, administra sus bienes, es gerente de alguna sociedad, asociación que tenga interés en la causa o no hayan pasado tres años de haberlo sido, y

XVI. Siempre que haya externado su opinión públicamente, adelantando el sentido de su fallo.

Las opiniones expresadas por la autoridad jurisdiccional al intentar conciliar entre las partes, y aquellas que se emitan con carácter doctrinario o académico, no constituyen motivo de impedimento.

Artículo 105. Las autoridades jurisdiccionales tienen el deber de excusarse del conocimiento de los procedimientos en que ocurra alguna de las causas expresadas en el artículo anterior, aún y cuando las partes no los recusen. La excusa debe expresar concretamente la causa en que se funde. Sin perjuicio de las providencias que conforme a este Código Nacional se deben dictar, tienen la obligación de excusarse inmediatamente que se avoquen al conocimiento de un procedimiento del que no deben conocer por impedimento, o dentro de los tres días siguientes en que ocurra el hecho que origina el impedimento o de que tengan conocimiento de él.

SECCIÓN SEGUNDA
DE LA RECUSACIÓN

Artículo 106. Cuando la autoridad jurisdiccional no se excusare a pesar de existir alguno de los impedimentos expresados, procede la recusación, que siempre se fundará en causa legal.

Artículo 107. Sólo pueden hacer uso de la recusación:

I. Las partes, personas interesadas o sus representantes;

II. La persona que represente a los acreedores en los concursos sólo podrá hacer uso de la recusación en los procedimientos que afecten al interés general, el cual se calculará por el importe de las porciones. En los que afecten al interés particular de alguno (sic) de las personas acreedoras, podrá la parte interesada hacer uso de la recusación, pero la autoridad jurisdiccional no quedará impedida más que en el punto de que se trate. Resuelta la cuestión se reintegra al principal;

III. La persona designada como albacea o interventor en los juicios sucesorios, y

IV. La persona que funja como representante común en caso de litisconsorcio y cuando no se haya designado aún, por cualquiera de las partes.

Artículo 108. Conocerán de las excusas y recusaciones:

I. Las autoridades jurisdiccionales respecto de las personas ante ella adscritas;

II. Los Tribunales de Segunda Instancia respecto de las autoridades jurisdiccionales de primera instancia;

III. La autoridad jurisdiccional de conformidad con lo dispuesto por la Ley Orgánica que corresponda, respecto de las personas magistradas.

En el Tribunal de segunda instancia, la recusación sólo importa la de aquellas persona o personas recusadas expresamente, y si fueren varias, deberá fundarse en la causa de impedimento que afecte a cada una.

Artículo 109. No procederá recusación:

I. En los actos prejudiciales;

II. Al cumplimentar exhortos, despachos o cartas rogatorias;

III. En las diligencias de mera ejecución;

IV. En los juicios ejecutivos mientras no se lleve a cabo el aseguramiento, y en los hipotecarios mientras no se expida el oficio de inscripción de la demanda;

V. Tratándose de ejecución de sentencia, desde la fecha del auto en que se señala término a las personas deudoras para que cumplan con ella, y

VI. En los demás actos que no radiquen jurisdicción, ni importen conocimiento de causa.

Si la ejecución de sentencia fuera mixta o si hubiere oposición de tercera persona o se opusieren excepciones en contra de la ejecución, será admisible la recusación.

Artículo 110. En los procedimientos de apremio y en el juicio que empieza por ejecución, no se dará curso a ninguna recusación sino una vez practicado el aseguramiento, hecho en el embargo o levantamiento del embargo, en su caso, o anotada la demanda en el Registro Público de la Propiedad, oficina registral o cualquier otra institución análoga según la Entidad Federativa de que se trate.

Artículo 111. La recusación puede interponerse en todo momento hasta antes de la admisión de pruebas. La recusación deberá presentarse a más tardar dentro de los cinco días a partir de que se conozca la causal que la motivó.

Artículo 112. En tanto se califica o decide la recusación, se suspenderá la jurisdicción de la autoridad jurisdiccional, excepto para la fijación de la garantía y admisión de la recusación; así como para el dictado de las medidas provisionales sobre alimentos, separación de personas o aquellas que afecten derechos de las niñas, niños o adolescentes, y demás personas que pertenezcan a grupos sociales en situación de vulnerabilidad, o a las que se refieren a providencias cautelares o diligencias de ejecución.

Artículo 113. Declarada procedente o fundada la recusación, termina la jurisdicción de la autoridad jurisdiccional en el procedimiento de que se trate.

Artículo 114. Una vez interpuesta la recusación, la parte recusante no podrá retirarla en ningún tiempo, ni variar la causa, a menos que surgiere un impedimento superveniente, en cuyo caso, se podrá permitir la substanciación de una nueva recusación.

Artículo 115. Si se declarare improcedente o no probada la causa de recusación que se hubiere alegado, no se volverá a admitir otra recusación contra la misma autoridad jurisdiccional por la misma causal, salvo cuando ésta se sustituya, en cuyo caso podrá hacerse valer la recusación.

Artículo 116. La autoridad jurisdiccional o el órgano disciplinario que conozca de la recusación la desechará de plano:

I. Por extemporánea;

II. Cuando no se funde en alguna de las causas a que se refiere el presente Título;

III. Cuando no se precisen los hechos en que se motive, no se ofrezca prueba o no se precisen los puntos sobre los que deban versar las mismas, y

IV. Cuando se interponga en procedimientos en que no puede tener lugar.

Artículo 117. Toda recusación se interpondrá ante la autoridad jurisdiccional que conozca del procedimiento, expresándose con toda claridad y precisión la causa en que se funde, así como las pruebas tendientes a justificarla, y la autoridad recusada remitirá a la autoridad competente para resolver sobre ésta, dentro del término improrrogable de cinco días, el testimonio de las actuaciones respectivas, acompañado del informe justificado, manifestando bajo protesta de decir verdad las argumentaciones que considere apoyan la inexistencia de la causa en que se funde la recusación. La falta de informe hará presumir como cierto el impedimento alegado por la parte promovente.

La autoridad jurisdiccional que conozca de una recusación, resulta irrecusable para este solo efecto.

Artículo 118. La recusación debe decidirse sin audiencia de la parte contraria, y se tramita en forma de incidente.

Artículo 119. En el incidente de la recusación son admisibles todos los medios de prueba establecidos por este Código Nacional, excepto la declaración de la autoridad jurisdiccional de la que se trate.

Artículo 120. De la recusación de las autoridades jurisdiccionales integrantes de un Tribunal de Segunda Instancia conocerá aquella a la que corresponda, y para tal efecto se integrará de acuerdo con la Ley Orgánica respectiva.

Si una autoridad jurisdiccional de segunda instancia dejare de conocer de algún asunto por impedimento o recusación, conocerá de éste la autoridad jurisdiccional que se designe mediante el turno, conforme a lo dispuesto en la Ley Orgánica respectiva.

Cuando todas las autoridades jurisdiccionales que integren la Sala estuvieren impedidas de conocer un procedimiento, pasará éste al conocimiento de la Sala que le siga en número.

Si todas las autoridades jurisdiccionales de las Salas de la materia civil y familiar estuvieren impedidas de conocer, pasará el asunto al conocimiento de las Salas de otra materia, por el orden indicado, y si éstas también se agotaren, se integrará una Sala que conozca del asunto con autoridades jurisdiccionales de todas las materias según corresponda, designadas por el Pleno, conforme a lo dispuesto en la Ley Orgánica respectiva, que al efecto se reunirá inmediatamente y sin perjuicio de sus demás labores y funciones.

Artículo 121. Para el caso que una autoridad jurisdiccional deje de conocer un caso por impedimento, recusación o excusa, ésta deberá remitir el expediente a la autoridad jurisdiccional respectiva, a la dirección o área administrativa que corresponda del Poder Judicial conforme a la Ley Orgánica respectiva, para que lo envíe a la autoridad jurisdiccional que corresponda en turno.

Artículo 122. Si en la sentencia incidental se declara procedente la recusación, se comunicará a la autoridad jurisdiccional correspondiente, para que ésta a su vez, remita los autos a la que corresponda, dentro del término de tres días posteriores a la recepción del comunicado anteriormente descrito. En la Sala, la autoridad jurisdiccional recusada quedará separada del conocimiento del procedimiento y se completará la misma en la forma en que determina la Ley Orgánica respectiva.

Si se declara improcedente la recusación, se comunicará la resolución a la autoridad jurisdiccional de su origen. Si la autoridad jurisdiccional recusada fuese una persona Magistrada, continuará conociendo del procedimiento la misma Sala como antes de la recusación.

Artículo 123. La recusación promovida contra otras personas servidoras públicas de acuerdo con el organigrama del Poder Judicial Federal o de la Entidad Federativa de que se trate, no suspenderá el procedimiento, y se proveerá de inmediato quien deba sustituirlo, en tanto se resuelva la recusación a fin de dar continuidad al juicio respectivo.

La recusación de las personas servidoras públicas antes mencionadas se substanciará ante la autoridad jurisdiccional ante la que se encuentren adscritas respectivamente, resolviendo esta de plano.

Artículo 124. En todos los casos la resolución que decida una recusación es irrecurrible.

LIBRO SEGUNDO
DEL PROCEDIMIENTO ORAL CIVIL Y FAMILIAR

TÍTULO PRIMERO
DE LAS FORMALIDADES JUDICIALES

CAPÍTULO I
DE LAS PARTES EN EL PROCEDIMIENTO

Artículo 125. Sólo puede iniciar o intervenir en un procedimiento judicial, quien tenga interés en que la autoridad jurisdiccional declare, constituya, preserve o modifique un derecho o imponga una condena y quien tenga el interés contrario.

Artículo 126. Cuando haya transmisión del interés a un tercero, en términos del artículo anterior, dejará de ser parte quien haya perdido el interés, y lo será quien lo haya adquirido. Esas transmisiones no afectarán el procedimiento judicial, excepto en los casos en que hagan desaparecer, por confusión substancial de intereses, la materia del litigio.

Las relaciones recíprocas de las partes dentro del procedimiento, con sus respectivas facultades y obligaciones, así como los términos, recursos y toda clase de medios que este Código Nacional concede para hacer valer en el litigio, no pueden sufrir modificación en ningún sentido. En todo caso, debe observarse la norma tutelar de la igualdad de las partes dentro del procedimiento, de manera tal que su curso será el mismo, aunque se inviertan los papeles de los litigantes.

Artículo 127. Los cambios de representante procesal de una parte, no causan perjuicio alguno a la contraria, mientras no sean hechos saber judicialmente. Tampoco perjudicarán a una parte los cambios operados en la parte contraria, por relaciones de causante a causahabiente, mientras no se hagan conocer en igual forma.

Cuando se verifiquen estos cambios sin cumplir con las notificaciones de sustitución o inclusión de representante procesal, la actividad procesal se desarrollará y producirá sus efectos con toda validez, como si no se hubiese operado el cambio, en tanto no se haga saber judicialmente.

Artículo 128. Tienen legitimación en el procedimiento para comparecer en juicio:

I. Las personas físicas por sí mismas o por conducto de sus personas representantes autorizadas, así como las personas que designen para su apoyo, en su caso;

II. Las personas jurídicas públicas o privadas por medio de quienes las representen, sea por disposición de la ley o reglamento, o bien, conforme a sus escrituras constitutivas, estatutos, poderes o mandatos;

III. Las agrupaciones o entes que no constituyan personas jurídicas reconocidas por la Ley, por medio de quienes en su nombre hayan actuado;

IV. Las instituciones y dependencias de la administración pública, por medio de sus órganos autorizados conforme a la normatividad que las regule;

V. Cualquiera que integre un grupo afectado, que busque una adecuada defensa para el interés general; y las instituciones, asociaciones o agrupaciones privadas, especializadas en la defensa de los intereses sociales o colectivos cuando se trata de la tutela de intereses difusos y de grupos indeterminados, siempre que no sean políticas o gremiales reguladas;

VI. En el caso de las personas de los pueblos y comunidades indígenas y afromexicanas, sus propias autoridades o las personas que designen con base en sus usos y costumbres, y

VII. El Ministerio Público Local o Federal.

Artículo 129. Podrán comparecer como terceras personas, quienes tengan interés propio y distinto de la parte actora o demandada, y la sentencia les pueda afectar.

Artículo 130. Las niñas, niños y adolescentes, comparecerán por conducto de las siguientes personas:

I. Quienes ejerzan la patria potestad;

II. Quien ejerza la tutela;

III. Las personas designadas legalmente por quien ejerza la patria potestad o la tutela, y

IV. La Procuraduría de Protección de Niñas, Niños y Adolescentes o institución con facultades de representación coadyuvante o en suplencia, de conformidad con la Ley General de los Derechos de Niñas, Niños y Adolescentes.

Sin embargo, las niñas, niños y adolescentes, podrán comparecer a juicio por sí o por cualquier persona en su nombre, sin la intervención de su legítimo representante cuando éste se halle ausente o desaparecido, se ignore quién sea, esté impedido, se negare a promover la acción o hubiese un conflicto de interés con su representado.

La autoridad jurisdiccional, nombrará un representante independiente para que intervenga en el juicio, debiendo preferir a un familiar cercano, salvo cuando haya conflicto de intereses o motivo que justifique la designación de persona diversa, sin perjuicio de dictar las providencias y medidas de protección especiales o urgentes, conforme a la Ley de la materia y, los tratados internacionales que resulten aplicables.

Artículo 131. Las personas ausentes o ignoradas y las personas desaparecidas serán representadas como se previene en el Código Civil o ley correspondiente. Si a juicio de la autoridad jurisdiccional la diligencia fuere urgente o perjudicial la dilación, la persona será representada por el Ministerio Público, Fiscalía o Representación Social.

En materia civil, si se presentare por quien esté ausente o desaparecida una persona que pueda comparecer en juicio, será admitida como gestor judicial; quien tendrá las obligaciones y responsabilidades que establezca el Código Civil Federal o Local correspondiente. Dicha persona deberá dar fianza equivalente al monto del procedimiento judicial en que intervenga; y en su caso de pagar lo juzgado y sentenciado e indemnizar los perjuicios y gastos que se causen. La fianza será calificada por la autoridad jurisdiccional.

Las resoluciones que admitan o no la figura de gestor judicial, así como la que fije la fianza, serán apelables en efecto devolutivo de tramitación inmediata.

Artículo 132. Si varios actores ejercen la misma acción en una demanda, o varios demandados niegan la acción u oponen la misma excepción, se aplicarán las disposiciones siguientes:

I. Los actores deberán tener un solo representante común;

II. El representante común de los actores será nombrado por estos en su primera intervención;

III. Los demandados deben tener un sólo representante común, y

IV. El nombramiento del representante común de los demandados lo harán en la contestación de la demanda.

Cuando la multiplicidad de personas surja en cualquier otro momento del juicio, o en actos de jurisdicción voluntaria, el nombramiento de representante común deberá hacerse, dentro de los tres días siguientes al primer acto procesal en el que aparezca la multiplicidad.

Si el nombramiento no fuere hecho por quienes tienen interés, previa prevención hecha de forma legal, lo hará la autoridad jurisdiccional, de entre las mismas personas interesadas.

La persona que como representante común designe la autoridad jurisdiccional, tendrá las mismas facultades que si litigara exclusivamente por su propio derecho, excepto las de desistirse, transigir y comprometer en árbitros. La que designen los interesados, sólo tendrá estas últimas facultades, si expresamente le fueren concedidas por quienes conforman el litisconsorcio.

Artículo 133. En los casos de litisconsorcio se observarán las siguientes reglas:

I. La carga de impulsar el procedimiento corresponderá al representante común del litisconsorcio;

II. Mientras continúe la persona designada como persona representante autorizada o representante común en su encargo, las notificaciones y citaciones de toda clase que se le hagan, tendrán la misma fuerza que si se hicieren a las personas que representan, sin que le sea permitido pedir que se entiendan con éstas, y

III. Cualquier persona interesada podrá excluirse de la representación común, para litigar por sí mismo y deducir su propio derecho.

Artículo 134. En cualquiera de los procedimientos previstos en el presente Código Nacional, sin que obste el derecho de las partes, sus abogados y representantes autorizados de comparecer a exponer sus alegatos en la audiencia respectiva, bajo el principio de igualdad procesal y publicidad, podrán solicitar fuera de audiencia, una cita a la autoridad jurisdiccional para manifestar en lo particular, los aspectos que consideren relevantes en la solución del juicio en el que intervengan. La misma se solicitará por escrito y le recaerá mandamiento judicial en el que se indique día, hora y duración de la cita, la que se autorizará con la finalidad de que comparezcan al recinto judicial el interesado y su contra parte; o bien sus asesores jurídicos; con el objeto de respetar el principio de contradicción. Fuera de estos casos, las autoridades jurisdiccionales estarán impedidas para escuchar en lo particular o individual a cualquiera de las partes.

CAPÍTULO II
DE LAS ACTUACIONES JUDICIALES

Artículo 135. Las autoridades jurisdiccionales se sujetarán al procedimiento convencional que las partes hubieren pactado, siempre que el mismo se hubiere formalizado en documento público o ante la misma autoridad jurisdiccional que conozca de la demanda en cualquier estado del juicio, y se respeten las formalidades esenciales del procedimiento; salvo los procedimientos en materia familiar, los cuales son de orden público.

Para su validez, el documento en que se encuentre el acuerdo a que se refiere este artículo, deberá contener como mínimo, por inclusión o referencia, las previsiones sobre la presentación de la demanda, el emplazamiento, la contestación de la demanda, las pruebas y los alegatos, en cuyo caso no puede imponer a las partes mayores cargas que las previstas en este Código Nacional. También podrá regular lo relacionado con:

I. El negocio o negocios en que se ha de observar el procedimiento convenido;

II. La sustanciación que debe observarse, siempre que no afecte las formalidades esenciales del procedimiento ni se vulneren derechos humanos;

III. Los términos que deberán seguirse durante el juicio, cuando se modifiquen los señalados en el presente Código Nacional;

IV. Los recursos legales a que renuncien, siempre que no se afecten las formalidades esenciales del procedimiento, ni se vulneren derechos humanos;

V. La autoridad jurisdiccional que debe conocer del litigio para el cual se convino el procedimiento en los casos en que conforme a este Código Nacional pueda prorrogarse la competencia, y

VI. El convenio también deberá expresar los nombres de los otorgantes, su capacidad para obligarse, el carácter con que contraten, sus domicilios y cualquiera otro dato que defina la especialidad del procedimiento.

Artículo 136. En caso de no existir convenio de las partes sobre el procedimiento en los términos del anterior artículo, los juicios civiles se regirán por las disposiciones de este Código Nacional.

Artículo 137. Los expedientes que se integren en los juicios civiles y familiares se sujetarán a las siguientes reglas:

I. Tanto los físicos como los electrónicos se formarán por la autoridad jurisdiccional;

II. Las promociones físicas o electrónicas de las partes deberán redactarse en español, debiendo estar firmados de manera autógrafa o mediante firma electrónica avanzada, según corresponda;

III. Quienes no supieren o no pudieren firmar autógrafamente, por presentar una condición de discapacidad física, imprimirán su huella digital, firmando otra persona en su nombre y a su ruego, indicando esta circunstancia;

IV. Las promociones subsecuentes físicas o electrónicas deberán tener la debida identificación del litigio, que contendrá los nombres de la parte actora, de la parte demandada y en su caso, de quien haga la solicitud, así como el número de expediente, situación que se observará tanto en el expediente físico como en el electrónico;

V. Los documentos redactados en idioma extranjero deberán acompañarse con la correspondiente traducción al español. Si la contraparte la objeta o la autoridad jurisdiccional lo estima necesario se nombrará a quien haga la traducción para el cotejo. Sólo para el caso que la traducción sea requerida por la autoridad jurisdiccional, los honorarios de quien realice el peritaje correrán a cargo del erario público;

VI. Las promociones a cargo de personas de los pueblos y comunidades indígenas y afromexicanas, que se hicieren en su lengua o idioma original, no necesitarán acompañarse de la traducción al español, la autoridad jurisdiccional de oficio designará persona autorizada a realizar la traducción correspondiente;

VII. En los procedimientos en los que una o ambas partes sean indígenas y no supieran leer el idioma español, podrán designar a quien traduzca o conozca su lengua nativa, y la autoridad jurisdiccional realizará una versión sintetizada de los puntos esenciales de las actuaciones y de la sentencia dictada, en dicha lengua; debiendo agregar constancia de que se cumplió con esta obligación en los autos;

VIII. En los procedimientos en los que una o ambas partes presenten una discapacidad auditiva, visual o intelectual, se estará a lo dispuesto en la fracción anterior y dichas personas podrán designar como apoyo, a quien sea intérprete de la Lengua de Señas Mexicana y la versión sintetizada de los puntos esenciales de las actuaciones y de la sentencia dictada, se les facilitará en los medios y formatos que les resulten accesibles;

IX. En las actuaciones judiciales, las fechas y cantidades se redactarán con letra, y no se emplearán abreviaturas, ni se rasparán las frases equivocadas, sobre las que sólo se pondrá una línea delgada que permita la lectura, salvándose al final del documento con toda precisión el error cometido;

X. Las actuaciones judiciales deberán ser autorizadas, bajo pena de nulidad, por la autoridad jurisdiccional o persona secretaria judicial a quien corresponda dar fe o certificar el acto;

XI. Todos los expedientes se llevarán en la forma y términos prescritos en las fracciones que anteceden y deberán integrarse electrónicamente en todos los casos, y

XII. Todas las resoluciones judiciales deberán redactarse en términos claros y sencillos.

Los Poderes Judiciales, de conformidad con la legislación de la materia o los Lineamientos que emita el Consejo de la Judicatura que corresponda, habilitarán los sistemas de justicia digital necesarios, con diseños y formatos accesibles, para facilitar la integración, promociones y consulta de los expedientes electrónicos.

Artículo 138. Es deber de las partes asistir a las audiencias del procedimiento, por sí o a través de sus personas representantes autorizadas, con facultades necesarias para celebrar el convenio correspondiente.

La persona representante autorizada que deje de asistir a las audiencias sin justa causa calificada, se le impondrá una multa a favor del Fondo de Apoyo a la Administración de Justicia del Tribunal o Poder Judicial de cada Entidad Federativa o la Federación, hasta el equivalente a cien veces el valor diario de la Unidad de Medida y Actualización vigente al momento de su aplicación. Contra dicha resolución procede el recurso de apelación.

Cuando las actuaciones involucren derechos de niñas, niños, adolescentes, personas con discapacidad o personas de los pueblos y comunidades indígenas o afromexicanas, la defensa pública en su caso, deberá ser preferentemente especializada.

Artículo 139. Si una de las partes comparecientes carece de la persona representante autorizada, la autoridad jurisdiccional por una sola ocasión diferirá la audiencia a fin de garantizar que las partes vengan asistidas. No se requiere el diferimiento de la audiencia, cuando ésta sólo se refiera al desahogo de pruebas documentales, instrumentales o presuncionales.

En caso de que las partes designen a varias personas representantes autorizadas, deberán designar quién de ellas quedará nombrada como abogado patrono para comparecer a las audiencias, así como designar quien la sustituya para el supuesto que la primera no pueda acudir, quienes quedarán vinculadas a las responsabilidades y sanciones a que alude este artículo.

La autoridad jurisdiccional dictará proveído de ejecución al finalizar la audiencia.

Artículo 140. En las audiencias se observarán las siguientes reglas:

I. Se sujetarán a los principios procesales previstos en este Código Nacional;

II. Se celebrarán presencialmente en la sede judicial o de forma virtual;

III. La autoridad jurisdiccional deberá presidir las audiencias, mismas que serán públicas salvo disposición expresa de la ley;

IV. La autoridad jurisdiccional tiene el deber de mantener el buen orden, evitar las digresiones, faltas de decoro y probidad, y exigir que se guarde el debido respeto a toda persona presente en el acto de la audiencia o sede judicial, pudiendo imponer las correcciones disciplinarias establecidas en el artículo 192 de este Código Nacional e incluso ordenar la expulsión de la sala de audiencia con uso de la fuerza pública o a través de los mecanismos tecnológicos correspondientes, tratándose de audiencias virtuales;

V. Cuando la infracción llegare a actualizar un hecho probablemente constitutivo de un delito conforme a las leyes Penales, se dará vista al Ministerio Público competente;

VI. La autoridad jurisdiccional determinará el inicio y la conclusión de cada una de las etapas de las audiencias de forma continua, precluyendo los derechos procesales que debieron ejercitar las partes en cada una de ellas, sin necesidad de declaración judicial;

VII. La parte que asista tardíamente a las audiencias, se incorporará en la etapa en que éstas se encuentren, sin perjuicio de la facultad de la autoridad jurisdiccional en materia de conciliación y en el entendido de que esto no altera los derechos que han quedado precluidos;

VIII. Podrán decretarse los recesos que la autoridad jurisdiccional o las partes soliciten razonablemente, siempre que no constituyan una dilación procesal innecesaria;

IX. La autoridad jurisdiccional señalará el orden del desahogo de las pruebas atendiendo a la propuesta de las partes, exigiendo el cumplimiento de las formalidades que correspondan y tendrá la facultad para hacer a los testigos, peritos y a las mismas partes, las preguntas que estime conducentes sin romper el principio de contradicción, dirigiendo el debate, moderando la discusión y podrá impedir que las alegaciones se desvíen hacia aspectos no pertinentes o inadmisibles o no controvertidos, e incluso limitar el tiempo y número de veces del uso de la palabra a las partes que intervienen, interrumpiendo a quienes hicieran uso abusivo de su derecho;

X. Una vez que testigos, peritos o partes concluyan su intervención, podrán retirarse de la audiencia cuando así lo soliciten y la autoridad jurisdiccional lo autorice;

XI. Las resoluciones judiciales pronunciadas oralmente o por escrito en las audiencias, según el tipo de juicio, se tendrán por notificadas en ese mismo acto a quienes estén presentes o debieron haber estado, sin necesidad de formalidad alguna;

XII. Las audiencias podrán diferirse o suspenderse por caso fortuito o fuerza mayor, o porque de las partes de común acuerdo lo soliciten. De ser posible en el mismo acto, se señalará fecha y hora para su continuación, de la que se tendrá por notificadas a las partes. Al reanudarse, la autoridad jurisdiccional expondrá una síntesis de los actos realizados hasta ese momento, y

XIII. Al terminar las audiencias, en los juicios orales se levantará acta mínima que deberá contener, cuando menos, el lugar, la fecha, el expediente y la autoridad jurisdiccional al que corresponda; el nombre de los participantes, una relatoría sucinta del desarrollo de la audiencia, y la firma autógrafa o electrónica avanzada de la autoridad jurisdiccional.

Tratándose de audiencias virtuales, se seguirán las reglas previstas en el Libro Octavo de este Código Nacional.

Artículo 141. En las audiencias en las que participen personas con discapacidad, podrán contar con la presencia de las personas de apoyo que, en su caso, designen.

Asimismo, podrán hacerse acompañar de los animales que para dichos efectos consideren, en su caso.

Artículo 142. La autoridad jurisdiccional podrá, por razones de orden o seguridad, antes del inicio y en el desarrollo de la audiencia, prohibir el ingreso físico o digital, a:

I. Personas armadas;

II. Personas que porten distintivos gremiales o partidarios;

III. Personas que porten objetos peligrosos o prohibidos;

IV. Personas que no observen las disposiciones de orden o seguridad física o informática que se establezcan;

V. Personas que puedan afectar la integridad de alguna de las partes, o de alguna persona citada para participar en la audiencia, y

VI. Cualquier otra persona que la autoridad jurisdiccional justificadamente considere como inapropiada para el orden o seguridad en el desarrollo de la audiencia.

En el desarrollo de las audiencias, las actuaciones de la autoridad jurisdiccional en el ejercicio de sus funciones serán válidas de pleno derecho, sin requerir de la fe de ninguna otra.

Artículo 143. La autoridad jurisdiccional podrá aplicar excepciones al principio de publicidad cuando, alguna situación o hecho derivados de las audiencias:

I. Pueda afectar la integridad de alguna de las partes, o de alguna persona citada para participar en la audiencia;

II. Se divulgue información gubernamental confidencial, información confidencial o secreto industrial, cuya revelación sea indebida;

III. Se afecte el interés superior de niñas, niños y adolescentes;

IV. Cuando se trate de juicios en materia familiar, y

V. En los casos previstos en este Código Nacional o en otra ley.

Artículo 144. La autoridad jurisdiccional podrá limitar el ingreso del público a una cantidad determinada de personas, de conformidad con las disposiciones aplicables en materia de protección civil.

Las personas periodistas y demás integrantes de los medios de comunicación, deberán informar su presencia a la autoridad jurisdiccional con el objeto de ser ubicados en un lugar adecuado y deberán abstenerse de grabar y transmitir por cualquier medio la audiencia, cuando así lo disponga la autoridad jurisdiccional.

Artículo 145. Las audiencias se registrarán por medios electrónicos. Excepcionalmente, y estableciendo la motivación y fundamentación correspondiente, se registrarán por escrito o por cualquier otro medio idóneo a juicio de la autoridad jurisdiccional. En caso de ser videograbadas, no requerirán transcripción escrita para su eficacia.

En el uso de tales medios, se deberán prever diseños y formatos de accesibilidad para personas con discapacidad a las que les resulte necesario consultar dicha información.

Al inicio de las audiencias la persona secretaria judicial, hará constar oralmente en el registro a que hace referencia el párrafo anterior, la fecha, hora y el lugar de realización, datos del asunto y el nombre de quien preside la audiencia.

Si a dicha audiencia comparece una persona con discapacidad auditiva, deberá estar presente a lo largo de la misma, un intérprete de la Lengua de Señas Mexicana y los intervinientes deberán emplear palabras sencillas para que sean comprendidas por una persona con discapacidad intelectual en su caso.

Artículo 146. Las personas que intervengan en las audiencias deberán identificarse previamente. Los testigos, las partes cuando declaren o sean interrogadas, o los peritos, protestarán declarar con verdad, haciendo de su conocimiento las penas que se imponen a quienes declaran con falsedad.

La autoridad jurisdiccional será quien dará fe de todo lo actuado en la audiencia respectiva.

Artículo 147. La persona secretaria judicial certificará el medio en donde se encuentren registradas las audiencias respectivas e identificará dicho medio con el número de expediente. La conservación de los registros de audio y video estará igualmente a su cargo, y las partes podrán solicitar copia que siempre será certificada, a su costa, asegurando que estén disponibles para consulta para las partes desde el momento en que concluya la audiencia.

La conservación de registros de audios y video de las audiencias deberá realizarse a través de medios que permitan garantizar la fiabilidad e integridad de la información, así como la reproducción de su contenido y acceso al mismo.

Cuando por cualquier causa se dañe el soporte material del registro afectando su contenido, la autoridad jurisdiccional ordenará su reposición conforme a lo establecido en las reglas generales del procedimiento.

Artículo 148. En el Poder Judicial respectivo estarán disponibles los documentos y personal de auxilio para que las partes tengan acceso a los registros de audiencias, a fin de conocer su contenido.

La autoridad jurisdiccional, con base en los ajustes de procedimiento conducentes a cada caso, proporcionará toda la información relacionada desde un inicio, y en todas las etapas del procedimiento. Queda a cargo de los Poderes Judiciales la elaboración de los manuales correspondientes, que deberán estar disponibles, actualizados, comprensibles y accesibles.

Desde el primer proveído y en cualquier etapa del procedimiento, las personas con discapacidad podrán solicitar a la autoridad jurisdiccional, la forma o medio que requiere para recibir la información del juicio en que interviene.

Artículo 149. Para la validez de las actuaciones judiciales es necesario que se practiquen en días y horas hábiles.

Son días hábiles todos los del año, excepto sábados y domingos y aquellos que las Leyes declaren festivos, además en los que por cualquier motivo no tengan lugar actuaciones judiciales.

Son horas hábiles las comprendidas de las siete a las diecinueve horas, pero cuando alguna diligencia se prolongue de tal manera que haya necesidad de continuarla en horas inhábiles, no se requerirá mandamiento de habilitación y cuando haya necesidad de diferirla, se continuará en la primera hora hábil siguiente.

Artículo 150. En los juicios que versen sobre alimentos, derechos de niñas, niños y adolescentes, controversias familiares, cualquier tipo de violencia intrafamiliar, y los demás que determinen las Leyes, todos los días y horas son hábiles.

En los demás casos, la autoridad jurisdiccional puede habilitar los días y horas inhábiles para actuar o para que se practiquen diligencias, cuando hubiere causa urgente que lo exija, expresando cuál sea ésta y las diligencias que hayan de practicarse.

Artículo 151. El Poder Judicial contará con una Oficialía de Partes Común, a través de la cual se presenten los escritos de demanda o promociones posteriores de manera electrónica y escrita, en los siguientes términos:

I. La demanda o escrito inicial podrá promoverse de forma física o electrónica a través de la oficina o portal autorizado por el Consejo de la Judicatura, conforme a lo dispuesto en la Ley Orgánica, que corresponda;

II. Por lo que hace a los procedimientos en línea, la demanda y documentos siempre deberán presentarse vía electrónica, debiendo verificar en todos los casos que cuenten con la firma electrónica avanzada de quien suscribe el escrito inicial, para ser turnada a la autoridad jurisdiccional que corresponda, y

III. Una vez recibido el escrito de demanda, se emitirá acuse de recibo físico o electrónico, en el que se conste la fecha y hora de presentación, número de expediente y autoridad jurisdiccional que conocerá del mismo.

En ningún caso se requerirá manifestación bajo protesta de decir verdad de que los documentos digitalizados son copia fiel e inalterada de los documentos físicos; sin embargo, deberá manifestar si los documentos digitalizados son originales, copias certificadas o copias simples, y si es el caso que están disponibles cuando la autoridad jurisdiccional se los requiera, en el entendido que de no hacerlo precluirá su derecho y se tendrán por no presentados oportunamente, con las consecuencias legales.

Artículo 152. Las promociones electrónicas subsecuentes, se podrán presentar en cualquier hora en el sistema de justicia digital autorizado, para ser remitidas a la autoridad jurisdiccional correspondiente al día y hora hábil siguiente a su presentación y deberán contener los datos de identificación, es decir, nombre de las partes, juicio y número de expediente, para ser remitidas vía electrónica a la autoridad jurisdiccional del conocimiento, sea de procedimiento escrito u oral, a efecto de que la autoridad jurisdiccional provea lo conducente.

Cuando sean promociones por escrito subsecuentes, serán recibidas físicamente cuando se presenten después de las horas de atención al público y hasta el horario que determine cada Ley Orgánica respectiva, y si exhiben copia de ellos se les devolverá sellada y firmada, con fecha y hora de su presentación, las cuales deberán contener la debida identificación del nombre de las partes, juicio, número de expediente y autoridad a la cual se dirige, para ser remitidas a la autoridad jurisdiccional correspondiente al día y hora hábil siguiente a su presentación, a fin de ser proveídas.

Artículo 153. Quedan exceptuados del cumplimiento de dichas formalidades los juicios relativos a las comparecencias para la solicitud de pensión alimenticia, así como los juicios sumarios, en los que se podrá acudir de manera directa ante la autoridad jurisdiccional que corresponda por razón de turno.

Artículo 154. La Oficialía de Partes o área de recepción de los órganos jurisdiccionales, recibirá todas las promociones subsecuentes de los procedimientos que les hayan sido turnados, durante las horas de labores correspondientes, y quien esté interesado podrá exhibir una copia de sus escritos, a fin de que se le devuelva con la anotación de la fecha y hora de presentación, sellada y firmada por la persona servidora pública que lo reciba en la Oficialía de Partes de la autoridad jurisdiccional, a fin de que le recaiga el acuerdo que le corresponda. Se implementará una Oficialía de Partes virtual, conforme a lo establecido en la Ley Orgánica o los lineamientos que al efecto emita el Consejo de la Judicatura correspondiente.

Diariamente se efectuará la descarga e impresión de las promociones físicas, así como en las virtuales presentadas en la Oficialía de Partes; hecho lo anterior se integrarán inmediatamente al expediente físico y electrónico, para ser proveídos.

Artículo 155. Las personas servidoras públicas encargadas de la recepción de escritos y documentos de la Oficialía de Partes Común, en ningún caso y por ningún motivo podrán rechazar promoción alguna.

Artículo 156. En caso de detectarse cualquier acción tendiente a eludir el turno establecido en las Oficialías de Partes, una vez presentado un escrito por el cual se inicie un procedimiento, ya sea exhibiendo varios de éstos para elegir la autoridad jurisdiccional que convenga, o desistiéndose de la instancia más de una vez, sin acreditar la necesidad de hacerlo, o cualquier acción similar, la parte promovente y quienes aparezcan autorizadas en los escritos como personas representantes autorizadas, abogadas patronas, procuradoras o asesoras jurídicas, o cualquier figura análoga, se harán acreedores, solidariamente, a una multa que será fijada por la autoridad jurisdiccional, la que no será inferior a doscientas cincuenta ni excederá de quinientas veces el valor diario de la Unidad de Medida y Actualización vigente; además, se anotará en el Registro Judicial y se dará vista al Ministerio Público.

Artículo 157. La persona secretaria judicial o quien determine la Ley, dará cuenta con las promociones que reciba física o electrónicamente, dentro de las veinticuatro horas de su presentación, sin perjuicio de hacerlo desde luego cuando se trate de un asunto urgente; la inobservancia a este artículo será sancionada de acuerdo a la Ley Orgánica respectiva y, a falta de ésta, la primera vez con amonestación y, las subsecuentes, con apercibimiento en términos de lo dispuesto por el artículo 192 de este Código Nacional.

Asimismo, cuidará que las resoluciones judiciales, actuaciones y las promociones originales o en copias sean claramente legibles y de que los expedientes sean exactamente foliados, al agregarse cada una de las hojas. En el caso del expediente físico, se firmarán todas éstas en el centro de los escritos y pondrán el sello en el fondo del cuaderno, de manera que queden selladas las dos caras. Asimismo, deberá cumplir con los requisitos para la conservación e integración de los expedientes electrónicos, de acuerdo con el Libro Octavo de este Código Nacional.

Artículo 158. La frase "dar vista" significa que los autos quedan en la secretaría para que los interesados se impongan de ellos y para tomar apuntes dentro del local de la autoridad jurisdiccional, sin que les sea permitida la sustracción fuera del recinto judicial.

La expresión "correr traslado" significa que se entreguen las copias, exhibidas al interesado. Las disposiciones de este artículo comprenden a la persona del Ministerio Público, así como a la Procuraduría de la Defensa del Menor o cualquier institución análoga según la Entidad Federativa de que se trate.

Artículo 159. Los autos que se perdieren serán repuestos a costa de quien fuere responsable de la pérdida, quien además pagará los daños y perjuicios, quedando sujeto a las disposiciones del Código Penal correspondiente.

La reposición se substanciará incidentalmente con intervención del Ministerio Público; la persona secretaria judicial certificará la existencia anterior y falta posterior del expediente en cuestión.

La autoridad jurisdiccional está obligada a investigar de oficio la existencia de las piezas de autos desaparecidos, valiéndose para ello de todos los medios que no sean contrarios al derecho.

En la reposición de los expedientes, las partes están obligadas a aportar las copias de documentos, diligencias o resoluciones judiciales que obren en su poder, incluyendo los registros que consten en el expediente electrónico.

En el caso de resultar que algunas de las partes, sus personas representantes autorizadas, fueren responsables por autoría, complicidad o encubrimiento, de la sustracción o pérdida del expediente, se dará vista de oficio por parte de la autoridad jurisdiccional o a petición de parte, al Ministerio Público para los efectos legales procedentes, sin necesidad de denuncia por parte de la autoridad jurisdiccional.

Artículo 160. La autoridad jurisdiccional está obligada a expedir a costa de la parte que lo solicite, copia simple de los documentos o resoluciones que obren en autos, bastando que lo peticione verbalmente, sin que se requiera decreto judicial, pero dejando constancia en autos de su recepción. Cuando la solicitud se realice por conducto de quien ejerza como defensora pública o de institución pública, las copias de referencia podrán expedirse exentas de pago.

Artículo 161. Para obtener copia certificada de cualquier documento o registro electrónico que obre en juicio, la parte interesada deberá solicitarlo en comparecencia, por escrito o por vía electrónica requiriéndose decreto judicial, y sólo se expedirá con citación de la contraria cuando se pidiera copia o testimonio de parte de un documento contenido en el expediente.

Cuando la parte interesada solicite copia certificada de uno o varios documentos completos, en ningún caso se dará vista a la contraria. Al entregarse las copias certificadas, quien las reciba deberá dejar razón y constancia de su recibo. Cualquier circunstancia especial se hará constar en la certificación correspondiente.

Artículo 162. Queda prohibida la reproducción, difusión o puesta a disposición por cualquier medio, de las constancias, videos o audio grabaciones de las audiencias, en términos de las leyes de transparencia, acceso a la información, privacidad y protección de datos personales que resulten aplicables.

La violación a este precepto, hará a la persona que lo infrinja, acreedora a las sanciones previstas para tal caso en la legislación administrativa, civil y penal, con independencia de las medidas disciplinarias que procedan conforme a este Código Nacional.

Artículo 163. Las actuaciones serán nulas cuando les falte alguna de las formalidades esenciales, de manera que quede sin defensa cualquiera de las partes, y cuando la Ley expresamente lo determine, pero no podrá ser invocada esa nulidad por la parte que dio lugar a ella.

Artículo 164. La nulidad establecida en beneficio de una de las partes no puede ser invocada por la otra.

Artículo 165. Las notificaciones hechas en forma distinta a la prevenida en el presente Código Nacional serán nulas; pero si la persona notificada se hubiere manifestado en juicio, sabedora de la providencia, la notificación surtirá desde entonces sus efectos como si estuviese legítimamente hecha.

Sólo por errores u omisiones sustanciales que hagan no identificables los juicios, podrá pedirse la nulidad de las notificaciones practicadas en términos del párrafo que antecede.

Artículo 166. La nulidad de una actuación debe reclamarse en la actuación subsecuente, pues de lo contrario, aquélla queda convalidada de pleno derecho, con excepción de la nulidad por defecto en el emplazamiento o de la primera notificación en los procedimientos judiciales; su trámite será en la vía incidental.

Cualquier nulidad que se genere en audiencia, deberá reclamarse de forma oral en la propia audiencia en que se actualice y antes del cierre de la etapa procesal respectiva tratándose de la audiencia preliminar, en las demás audiencias deberá hacerse valer antes de que ésta concluya. Hecha valer, la autoridad jurisdiccional proveerá sobre su admisión y estando presente la contraria, bajo el principio de contradicción contestará en el acto de la audiencia y ofrecerán sus pruebas. En la misma diligencia la autoridad jurisdiccional ordenará la admisión o desechamiento de pruebas y en su caso, ordenará desahogar las que no requieran preparación especial, dictando en el acto, de forma fundada y motivada su fallo interlocutorio, asentando en el acta mínima únicamente los puntos resolutivos. Para el caso de existir pruebas que requieran preparación especial, se señalará fecha de audiencia especial dentro del plazo de ocho días, en el que se dictará la sentencia interlocutoria.

Los incidentes que se susciten con motivo de otras nulidades de actuaciones o de notificaciones se tramitarán y resolverán en los términos de lo dispuesto por el artículo 185.

CAPÍTULO III
DE LAS RESOLUCIONES JUDICIALES

Artículo 167. Para los efectos de este Código Nacional, las resoluciones judiciales se clasifican en la forma siguiente:

I. Decretos: son simples determinaciones de trámite que no impliquen impulso u ordenación al procedimiento;

II. Autos: decisiones que tienden al impulso, desarrollo y orden del procedimiento;

III. Autos provisionales: todas aquellas determinaciones que se ejecutan de manera provisional;

IV. Autos preparatorios: resoluciones que disponen el conocimiento del asunto, ordenando la admisión de las pruebas y su preparación o su desechamiento;

V. Autos definitivos: decisiones que ponen fin la acción principal o las que impiden la continuación del procedimiento, dándolo como totalmente concluido, cualquiera que sea la naturaleza de éste;

VI. Sentencias interlocutorias: decisiones que resuelven un incidente promovido antes o después de dictada la sentencia definitiva, y

VII. Sentencias definitivas: las que resuelven el fondo del asunto en lo principal.

Artículo 168. Todas las resoluciones, de cualquier clase, dictadas por escrito en primera o segunda instancia, serán autorizadas con las rúbricas, firmas autógrafas o electrónicas avanzadas de las autoridades jurisdiccionales que las dicten y por la de la persona secretaria judicial, o a quien corresponda dar fe o certificar el acto.

Artículo 169. Todas las resoluciones, sean decretos, autos provisionales, definitivos, preparatorios o sentencias interlocutorias, deben ser dictados con plena autonomía e independencia judicial, cualquier atentado contra estos dos principios se hará del conocimiento del Ministerio Público. Igualmente serán claras, precisas y congruentes con las promociones de las partes, resolviendo sobre todo lo que éstas hayan pedido.

Cuando la autoridad jurisdiccional sea omisa en resolver todas las peticiones planteadas, de oficio o a simple instancia verbal del interesado, deberá dar nueva cuenta y resolver las cuestiones omitidas dentro del plazo de los tres días siguientes. Las sentencias definitivas también deben ser claras, precisas y congruentes con las demandas y las contestaciones, y con las demás pretensiones deducidas oportunamente en el procedimiento, condenando o absolviendo a la parte demandada, y decidiendo todos los puntos litigiosos que hayan sido objeto del debate. Cuando éstos hubieren sido varios, se hará el pronunciamiento correspondiente a cada uno de ellos.

Artículo 170. Las sentencias deben tener el lugar, fecha, nombre de la autoridad jurisdiccional que las pronuncie, nombre de las partes contendientes, el carácter con que litiguen, el objeto del pleito, y bastará que la autoridad jurisdiccional funde y motive su resolución en preceptos legales, su interpretación o principios jurídicos, de acuerdo con los artículos 14 y 16 de la Constitución Política de los Estados Unidos Mexicanos.

En el caso de que alguna de las partes sea persona, comunidad o pueblo originario, indígena y afromexicana, la fundamentación y motivación de las resoluciones judiciales deberán tomar en cuenta su derecho consuetudinario y las mismas constarán en formato de comunicación culturalmente adecuada para comunidades indígenas, anexando en su caso, una versión original e idéntica en la lengua originaria de que se trate; en términos de lo que ordena el presente Código Nacional.

En el caso de que alguna de las partes sea persona con discapacidad, las resoluciones judiciales constarán en los formatos accesibles de acuerdo con las circunstancias de cada caso.

Artículo 171. La autoridad jurisdiccional no podrá, bajo ningún pretexto, aplazar, dilatar, ni negar la resolución de las cuestiones que hayan sido discutidas en el pleito, salvo los casos previstos por la Ley.

Artículo 172. Tampoco podrán variar ni modificar sus sentencias o autos después de firmados, pero sí aclarar algún concepto que contengan (sic) omisiones sobre puntos discutidos, errores materiales o de cálculo, edades, nombres, ambigüedades, contradicciones evidentes, oscuridad de las expresiones o de las palabras, cuando sean imprecisos sin alterar su esencia.

Estas aclaraciones podrán hacerse de oficio o a petición de parte en un plazo no mayor a tres días hábiles y en su caso, la autoridad jurisdiccional resolverá lo que estime procedente dentro del tercer día hábil siguiente al de la presentación del escrito en que se solicite la aclaración conforme a lo dispuesto en el presente Código Nacional.

Artículo 173. La autoridad jurisdiccional no admitirá demandas, promociones, peticiones, incidentes o recursos notoriamente improcedentes; las desechará de plano, sin necesidad de mandarlas hacer saber o correr traslado a la otra parte ni de formar incidente.

Se entiende por notoriamente improcedente, toda actuación de las partes que, sin necesidad de demostración, es contrario a la letra de la Ley, al estado o naturaleza del procedimiento o a las facultades de la autoridad jurisdiccional.

Al desechar las promociones o solicitudes, incluyendo los recursos e incidentes que los tribunales consideren notoriamente frívolos o improcedentes, los tribunales deben fundar y motivar su determinación.

Los incidentes ajenos al procedimiento principal o notoriamente frívolo e improcedente, deberán ser repelidos de oficio por los jueces.

Artículo 174. Los decretos y los autos deben dictarse y mandarse notificar mediante su publicación en el medio de comunicación procesal oficial correspondiente, dentro del plazo de tres días siguientes a las veinticuatro horas en que se dé cuenta a la autoridad jurisdiccional de la promoción respectiva.

Se exceptúan aquellos que por disposición de este ordenamiento tenga señalado un término o forma de notificación distinta.

Artículo 175. Las sentencias interlocutorias deben dictarse y mandarse notificar por publicación en el medio correspondiente, dentro de los diez días siguientes a aquel en que surta sus efectos la notificación del auto que ordena la citación.

Las sentencias definitivas deben dictarse y mandarse notificar mediante su publicación en el medio respectivo, dentro de los quince días siguientes a aquel en que surta sus efectos la notificación del auto que ordena la citación.

En ambos casos cuando hubiere necesidad de que la autoridad jurisdiccional examine documentos o expedientes voluminosos, al resolver, podrá disfrutar de un término ampliado de diez días más para los dos fines ordenados anteriormente.

En los juicios orales la sentencia definitiva se emitirá en la misma audiencia de juicio, y, además, se explicará con un lenguaje cotidiano, en forma breve, clara y sencilla y leerá únicamente los puntos resolutivos, así como, en los casos que proceda, el derecho que tienen las partes para apelar dicha sentencia conforme a lo establecido en este Código Nacional. Acto seguido, en la audiencia entregará a cada una de las partes copia por escrito de la sentencia. En caso de asuntos voluminosos o muy complejos o de un alto grado de dificultad, la autoridad jurisdiccional podrá diferir la audiencia de juicio hasta por diez días para el dictado y explicación de la sentencia definitiva.

Artículo 176. Cuando este Código Nacional no señale términos para la práctica de algún acto judicial, o para el ejercicio de algún derecho, se tendrán por señalados los siguientes:

I. Nueve días para interponer el recurso de apelación contra sentencia definitiva;

II. Cinco días para apelar de sentencia interlocutoria o auto contra el que proceda apelación de tramitación inmediata;

III. Tres días para la celebración de juntas, reconocimientos de firmas, exhibición de documentos; a no ser que, por circunstancias probadas, solicite ampliar el término, lo cual podrá hacerse hasta por tres días más, y

IV. Tres días para todos los demás casos.

Artículo 177. El retardo sin justa causa en el pronunciamiento y publicación de decretos, autos o sentencias dará lugar a queja administrativa que se presentará ante el Consejo de la Judicatura para su trámite y sanción respectiva.

Artículo 178. Las resoluciones judiciales dictadas con el carácter de provisionales pueden modificarse en sentencia interlocutoria o definitiva.

Sin perjuicio de que la autoridad jurisdiccional, de oficio o a petición de parte, esté facultada para modificar en cualquier etapa del procedimiento las medidas provisionales, cuando cambien las circunstancias o exista causa legal acreditada que así lo amerite o se afecte el ejercicio de la acción que se dedujo en el juicio correspondiente.

Las resoluciones judiciales firmes dictadas en procedimientos de alimentos, ejercicio y suspensión de la patria potestad, jurisdicción voluntaria y las demás que prevengan las leyes, pueden alterarse y modificarse cuando cambien las circunstancias que afectan el ejercicio de la acción que se dedujo en el juicio correspondiente.

Artículo 179. Cuando hubiere condena de frutos, intereses, daños o perjuicios, se fijará su importe en cantidad líquida o se establecerán, por lo menos, las bases con arreglo a las cuales deba hacerse la liquidación.

Sólo en el caso de no ser posible lo uno ni lo otro, se hará la condena genérica, a reserva de fijar su importe y hacerlo efectivo en la ejecución de la sentencia.

CAPÍTULO IV
DE LAS COSTAS

Artículo 180. Por ningún acto judicial se cobrarán costas, ni aun cuando se actuare con testigos de asistencia, o se practicaren diligencias fuera del lugar del juicio.

Artículo 181. Cada parte será inmediatamente responsable de los gastos y costas que originen las diligencias que promueva. El pago de los gastos será a cargo de quien faltare al cumplimiento de la obligación. Cuando las leyes utilicen solamente las palabras gastos, o solamente costas, se incluyen ambos conceptos de gastos y costas, y la condenación abarcará los dos.

La condena en costas sólo comprenderá la remuneración de la persona representante autorizada para ejercer la profesión de licenciado en derecho o abogado. Las personas de origen extranjero no podrán cobrar gastos, sino cuando estén autorizados legalmente en el territorio nacional, para ejercer como licenciadas en derecho o el ejercicio de la abogacía.

Artículo 182. La condena en costas se hará cuando así lo prevenga la Ley, o cuando, a juicio de la autoridad jurisdiccional, se haya procedido con temeridad o mala fe, conforme al arancel autorizado en la Ley Orgánica respectiva.

Siempre serán condenados:

I. La persona que ninguna prueba rinda para justificar su acción o su excepción, si se funda en hechos disputados;

II. La persona que presente instrumentos o documentos falsos, testigos falsos, aleccionados o sobornados, peritos aleccionados o sobornados, oponga acciones o excepciones procesales notoriamente frívolas e improcedentes, o haga valer recursos o incidentes de ese tipo con el fin de generar dilaciones al procedimiento, no solamente se le condenará respecto de los señalados, sino que, si la sentencia definitiva le es adversa, también se le condenará por todos los demás trámites, y así lo declarará dicha resolución definitiva;

III. La persona que fuere condenada en los juicios ejecutivos, hipotecarios, en los interdictos de retener y recuperar la posesión, y la que intente alguno de estos juicios si no obtiene sentencia favorable. En estos casos, la condenación se hará en la primera instancia, observándose en la segunda lo dispuesto en la fracción siguiente;

IV. La persona que fuere condenada por dos sentencias conformes de toda conformidad de su parte resolutiva, sin tomar en cuenta la declaración sobre costas. En este caso, la condenación comprenderá las costas de ambas instancias, y

V. Las demás que prevenga este Código Nacional.

Artículo 183. Las costas judiciales tienen por objeto resarcir los gastos y erogaciones ejecutadas con motivo del juicio a cargo de la parte vencida.

Las costas serán reguladas por cualquiera de las partes contendientes, se substanciará y resolverán mediante el incidente respectivo en términos de lo dispuesto en este Código Nacional.

La autoridad jurisdiccional deberá analizar la cuantificación y liquidación que se presente por las personas que ejerzan como notaria o notario público, personas representantes autorizadas, corredor público o peritos, y para aprobarla deberá comprobar que se apega al arancel porcentual del monto del procedimiento o por actuación respectivo de la localidad de que se trate, así como a las constancias de autos, en caso, de no existir arancel, sólo se autorizará la cuantificación y liquidación formulada a juicio de peritos, debiendo mediar prudencialmente la autoridad jurisdiccional la liquidación, siempre y cuando no exista un treinta por ciento de diferencia entre el más alto y el más bajo, en cuyo caso se despachará perito adscrito tercero en discordia.

La decisión que se pronuncie será apelable en efecto devolutivo de tramitación inmediata.

Artículo 184. La condena en costas no procede en los juicios o procedimientos relacionados con el derecho familiar, o civil cuando se encuentren involucrados derechos que afecten a niñas, niños, adolescentes o personas que pertenezcan a grupos sociales en situación de vulnerabilidad, siempre que no tengan un fin preponderantemente patrimonial.

CAPÍTULO V
DE LOS INCIDENTES

Artículo 185. Los incidentes, cualquiera que sea su naturaleza, nunca suspenderán el procedimiento, además:

I. Se tramitarán oralmente en el caso de desarrollarse en el sistema de audiencias, sea en la audiencia preliminar, la de juicio o para la ejecución de la sentencia o cualquier audiencia. En caso de promoverse en la etapa postulatoria o fuera del sistema de audiencias, se hará por escrito;

II. Los incidentes que surjan en audiencia, deberán plantearse de forma oral en la misma, exponiendo los hechos, ofreciendo las pruebas e invocando la norma vulnerada. Hecho valer, la autoridad jurisdiccional proveerá sobre su admisión o desechamiento y estando presente la contraria, contestará en el acto de la audiencia y ofrecerán sus pruebas;

III. En la misma audiencia la autoridad jurisdiccional ordenará la admisión o desechamiento de pruebas y en su caso, ordenará desahogar las que no requieran preparación especial, dictando en el acto de forma fundada y motivada su fallo interlocutorio, asentando en el acta mínima únicamente los puntos resolutivos. Para el caso de existir pruebas que requieran preparación especial, se señalará fecha de audiencia especial dentro del plazo de ocho días, en el que se dictará el fallo interlocutorio, conforme a las disposiciones anteriores;

IV. En caso de no estar presente la parte contraria, se mandará correr traslado para que conteste por escrito dentro del término de tres días. Enseguida se admitirán las pruebas y se señalará dentro del término de ocho días fecha de audiencia de resultar necesario desahogo especial alguno, dictando en el acto de forma fundada y motivada el fallo interlocutorio, asentando en el acta mínima únicamente los puntos resolutivos;

V. Los incidentes fuera del sistema de audiencias, se tramitarán, cualquiera que sea su naturaleza, con un escrito de cada parte, y tres días para resolver. Si se promueve prueba, deberá ofrecerse en los escritos respectivos, fijando los puntos sobre los que verse. En ambas vías, oral y escrita, si las pruebas no tienen relación con los puntos cuestionados incidentalmente, o si éstos son puramente de derecho, la autoridad jurisdiccional deberá desecharlas. En caso de admitirlas se citará para audiencia dentro del término de ocho días, diferible por una sola vez, en que se reciban pruebas, se oigan brevemente las alegaciones, y se dicte en el acto de forma fundada y motivada el fallo interlocutorio, asentando en el acta mínima únicamente los puntos resolutivos. Los incidentes que por la naturaleza de las pruebas de que se tratan no requieran de señalamiento de audiencia, mediante acuerdo, se admitirán las mismas y se desahogarán en el acto, citando de inmediato para sentencia interlocutoria que se dictará en el plazo de cinco días por escrito.

Artículo 186. En caso de impugnación de falsedad de documentos, se estará a lo dispuesto en el presente Código Nacional.

Artículo 187. Los incidentes que se susciten con motivo de nulidades de actuaciones o de notificaciones se tramitarán conforme a lo dispuesto en este Código Nacional.

Si, dicho incidente de nulidad es notoriamente frívolo e improcedente, se desechará de plano de manera fundada y motivada, y se impondrá solidariamente a quien lo promueva y a su persona representante autorizada, una multa en términos del artículo 192 fracción III de este Código Nacional.

Artículo 188. La nulidad por defecto en el emplazamiento implica la nulidad de todo lo actuado con posterioridad al mismo de resultar procedente. Si el incidente se hace valer en cualquiera de las audiencias y, si está presente e identificada la parte interesada en la diligencia en que se declare la nulidad del emplazamiento, en el acto y de forma inmediata se procederá a emplazarlo, debiendo entregar la cédula y traslados respectivos.

La nulidad por defecto en el requerimiento en cumplimiento a la sentencia definitiva para que una persona lleve a cabo un acto determinado de ejecución inmediata, sólo implica la nulidad de la diligencia de requerimiento y sus consecuencias materiales, así como las correcciones disciplinarias o medios de apremio que se hayan decretado para hacer cumplir la orden judicial respectiva.

Artículo 189. Las demás nulidades de actuaciones o notificaciones, por regla general, solo implican la nulidad de la propia actuación o notificación defectuosa.

En todos los casos de nulidad de actuaciones o notificaciones sólo se repetirán las declaradas nulas cuando así lo solicitare la parte interesada, salvo que se trate de alguna diligencia decretada de oficio pues, en este caso, la autoridad jurisdiccional obrará discrecionalmente.

Artículo 190. En todos los casos contra la sentencia interlocutoria procede el recurso de apelación en efecto devolutivo.

CAPÍTULO VI
DE LAS MEDIDAS DE APREMIO Y LAS CORRECCIONES DISCIPLINARIAS

Artículo 191. Para hacer cumplir sus determinaciones, las autoridades jurisdiccionales, previo apercibimiento, pueden emplear cualquiera de los siguientes medios de apremio, cuantas veces crean necesario, sin que para ello sea indispensable que se ciñan al orden que a continuación se señala:

I. Multa hasta por las cantidades a que se refiere el artículo 192 fracción III de este Código Nacional, la cual podrá duplicarse en caso de reincidencia;

II. Auxilio de la fuerza pública y la fractura de cerraduras si fuere necesario;

III. Cateo por orden escrita, de conformidad con los requisitos del Artículo 16 de la Constitución Política de los Estados Unidos Mexicanos;

IV. Arresto hasta por treinta y seis horas, y

V. Presentación de testigos por la fuerza pública.

Las personas servidoras públicas habilitadas para tal efecto de acuerdo con el organigrama de la Entidad Federativa de que se trate, podrán solicitar directamente y deberán prestárseles el auxilio inmediato de la fuerza pública, cuando actúen para cumplimentar un emplazamiento, notificación o determinación de la autoridad jurisdiccional.

Si agotados los medios de apremio no se obtuviera el cumplimiento de la resolución que motivó el uso de ellos, se dará vista al Ministerio Público, Fiscal o Representante Social.

La resolución que imponga una medida de apremio será irrecurrible.

Artículo 192. Se entenderá por corrección disciplinaria:

I. La amonestación, consistente en la reprensión verbal, electrónica o escrita, que se haga al infractor por la falta cometida;

II. El apercibimiento, consistente en la prevención verbal, electrónica o escrita, que se haga a la persona infractora, en el sentido de que, de incurrir en nueva falta, se le aplicarán una o más de las sanciones previstas por este Código Nacional;

III. La multa que no podrá ser inferior a cien ni exceder de trescientas veces el valor diario de la Unidad de Medida y Actualización;

IV. La expulsión cuando las circunstancias así lo ameriten y se altere el orden de la audiencia, se retirará al responsable del recinto judicial, inclusive, con auxilio de la fuerza pública, y

V. Arresto. Quienes se resistieren a cumplir la orden de expulsión, serán sujetos a un arresto hasta por un término de treinta y seis horas.

La autoridad jurisdiccional deberá fundar y motivar la imposición de la medida que imponga.

Artículo 193. Dentro de los tres días de haberse hecho saber una corrección disciplinaria, a quien se le haya impuesto, podrá pedir a la autoridad jurisdiccional que la oiga en justicia; y se citará para la audiencia dentro del quinto día, en la que se resolverá, confirmará, atenuará o dejará sin efecto la corrección disciplinaria, sin que en contra de dicha resolución proceda recurso alguno.

CAPÍTULO VII
DEL EMPLAZAMIENTO Y LAS NOTIFICACIONES

Artículo 194. El emplazamiento, es el primer acto por el que se hace saber a una persona que se ha iniciado un juicio en su contra, para que dentro del término que se señale comparezca a contestar la demanda.

La notificación, que es el acto procesal mediante el cual la autoridad jurisdiccional da a conocer el contenido de una resolución a las partes.

La citación, que es el llamamiento para que alguna persona comparezca o intervenga en la práctica de algún acto procesal.

El requerimiento, que es el medio a través del cual la autoridad jurisdiccional conmina a las partes o a terceros, para que cumplan con un mandato judicial.

Artículo 195. El emplazamiento deberá hacerse en el domicilio que señale la parte actora, precisamente en donde vive, trabaja o habite la parte a emplazar si esta es persona física; si se trata de persona jurídica, en su domicilio social, en sus oficinas, sucursales o principal asiento de sus negocios.

Artículo 196. El emplazamiento se entenderá con la persona a quien se dirija el mandato judicial, para lo cual la persona servidora pública judicial deberá cerciorarse previamente que el lugar designado es el domicilio de la persona a la que se dirige. Si no se encontrare, se identificará con sus rasgos particulares a la persona con la que se atendió el llamado.

En la cédula se hará constar la fecha y la hora en que se entregue; la clase de procedimiento, el nombre de las partes, en su caso la denominación o razón social, la autoridad jurisdiccional que manda practicar la diligencia; transcripción de la determinación que se manda notificar y el nombre de la persona a quien se entrega, levantándose acta de la diligencia, a la que se agregará copia de la cédula entregada en la que se procurará recabar la firma de la persona con quien se entendió la actuación.

Artículo 197. El emplazamiento por medio de cédula, ésta se entregará, se asentarán, en todo caso, los medios por los cuales la persona servidora pública se haya cerciorado de que ahí tiene su domicilio la persona buscada, pudiendo recabar fotografías del exterior del domicilio en que se realizó la diligencia. En ambos casos, además de la cédula, la persona servidora pública judicial entregará y verificará, previo cotejo, que se trate de las mismas copias simples de la demanda, debidamente cotejada y sellada, más las copias simples de los demás documentos que el actor haya exhibido con su demanda, o en su caso, la entrega del dispositivo de almacenamiento de datos que garantice la inalterabilidad del o los archivos que contengan la reproducción de los anexos citados.

Artículo 198. La persona servidora pública judicial se identificará ante quien entienda la diligencia; requiriendo a ésta para que a su vez se identifique, asentando su resultado, así como los medios por los que se cerciore de ser el domicilio del buscado, pudiendo pedir la exhibición de documentos que lo acrediten, precisándolos en caso de su presentación, así como aquellos signos exteriores del inmueble que puedan servir de comprobación de haber acudido al domicilio señalado como el del buscado, y las demás manifestaciones que haga la persona con quien se entienda el emplazamiento en cuanto a su relación laboral, de parentesco, de negocios de habitación o cualquier otra existente con el interesado.

Artículo 199. Si en el domicilio señalado, cerciorado de que ahí tiene su domicilio la persona buscada pero no se encontrara, así como tampoco persona alguna que pudiera legalmente recibir la notificación o bien si se negare a recibirla, entonces procederá la persona servidora pública judicial a fijar en lugar visible del domicilio, un citatorio de emplazamiento en donde se señalará el motivo de la diligencia, la fecha, la hora y el lugar de la misma, así como la fecha y hora del día para que le espere, que en ningún caso podrá ser menor de veinticuatro horas ni exceder de cuarenta y ocho horas, contadas a partir del día en que se dio la citación, nombre de quien promueve, autoridad jurisdiccional que ordena la diligencia, la determinación que se manda notificar y el apercibimiento de que, si en la fecha señalada para llevar a cabo la diligencia de emplazamiento no se encontrara a la persona buscada o destinataria del procedimiento judicial, se aplicarán las siguientes reglas:

I. En segunda diligencia y pese al citatorio con antelación adherido, si nuevamente la demandada o persona destinataria del procedimiento judicial no se encontrare y no hubiere con quien entender la diligencia, entonces se procederá a realizar el emplazamiento por adhesión, que consistirá en que la persona servidora pública judicial dejará adherido en lugar visible al domicilio, las cédulas de notificación con las copias de traslado correspondientes así como el instructivo en el que se explique el motivo del emplazamiento por adhesión, mismo que tendrá las características de la cédula de notificación usual, dicho emplazamiento o notificación tendrá el carácter de personal;

II. Cuando el acceso a la casa, local, oficina o despacho, donde se haya ordenado el emplazamiento se encuentre restringido para su acceso, por estar en el interior de negociaciones mercantiles, establecimientos abiertos al público, clubes privados, unidades habitacionales, fraccionamientos, condominios, colonias o cualquier otro lugar similar; la persona servidora pública judicial solicitará, el ingreso a quien se encuentre resguardando la entrada y, en caso de negativa, hará uso del auxilio de la fuerza pública previamente autorizada, a fin de que ésta ejecute todos los actos tendientes a permitir el ingreso de la persona servidora pública para que se constituya en el domicilio; lo anterior, sin perjuicio de la decisión judicial de dar vista al Ministerio Público para que investigue la probable existencia de un hecho que la ley señale como delito y; en su caso, la aplicación de otras medidas de apremio que determine ordenar la autoridad jurisdiccional, para lo cual el notificador o actuario podrá ser acompañado por el interesado o el autorizado en autos, a efecto de que bajo su responsabilidad identifique plenamente a la persona con quien se entienda la diligencia;

III. La persona servidora pública judicial describirá y certificará en el acta que elabore, los documentos que en copia se adjuntaron a la demanda y que fueron entregados al destinatario del emplazamiento, y

IV. La parte actora podrá acompañar a la persona servidora pública judicial a la práctica del emplazamiento.

Deben firmar las notificaciones tanto la persona que la hace como aquella a quien se le hace, si ésta no supiere firmar, lo hará un tercero a su ruego y si no quisiere firmar, lo hará el servidor público, haciendo constar esta circunstancia. A toda persona se le dará copia simple de la resolución que se le notifique, sin necesidad de acuerdo judicial. Las copias que no recojan las partes se conservarán en la secretaría, mientras esté pendiente el procedimiento.

Artículo 200. El emplazamiento deberá hacerse en el domicilio de la parte demandada. Desde la admisión de la demanda, la autoridad jurisdiccional habilitará los domicilios que le hubiera señalado la parte actora donde se pueda encontrar a la parte contraria, siempre y cuando obren en autos datos precisos de los mismos, y la persona servidora pública judicial lo haga constar así en autos y cumpla en lo conducente con lo que se previene en los artículos anteriores.

Artículo 201. Cuando no se conociere el lugar en donde la persona que debe emplazarse o notificarse tenga su domicilio o el principal asiento de sus negocios, o en éstos no se pudiese llevar a cabo la diligencia, se podrá hacer ésta en el lugar en donde habitual o transitoriamente se encuentre. En este caso el emplazamiento o las notificaciones se firmarán por la persona servidora pública judicial y por la persona a quien se hiciere. Si ésta no supiere o no pudiera firmar lo hará a su ruego un testigo, si no quisiere firmar o presentar testigo que lo haga por ella, firmarán dos testigos requeridos al efecto por la persona servidora pública judicial. Quienes sean testigos, no podrán negarse hacerlo bajo pena de multa por los equivalentes precisados en el artículo 192 de este Código Nacional.

Artículo 202. Las personas servidoras públicas judiciales, deberán practicar los emplazamientos, notificaciones, citaciones o requerimientos dentro de los tres días siguientes a aquél en que reciban el expediente o las actuaciones correspondientes, salvo que la ley disponga otra cosa.

Artículo 203. Las notificaciones en juicio se podrán hacer:

I. Personalmente, por cédula, por instructivo, por adhesión o por correo electrónico;

II. Por medio de comunicación judicial, según corresponda;

III. Por edictos;

IV. Por correo certificado;

V. Por telégrafo, y

VI. Por cualquier otro medio de comunicación electrónica o sistema de justicia digital, mediante dispositivos físicos o móviles, autorizados en los lineamientos aprobados por el Consejo de la Judicatura conforme a la Ley Orgánica del Poder Judicial correspondiente.

La persona servidora pública judicial, elaborará la razón respectiva, acompañando las evidencias de la ejecución de la misma.

Artículo 204. Las partes, en el primer escrito o en la primera diligencia judicial, deberán designar un domicilio ubicado en el lugar del procedimiento para que se les hagan las notificaciones personales y se practiquen las diligencias que sean necesarias.

Asimismo, podrán designar en cualquier momento una dirección de correo electrónico, para que las segundas y ulteriores notificaciones, incluso las personales, se puedan practicar por esa vía; en cuyo caso, se deberá asentar razón del día y hora en que se verifiquen las notificaciones así practicadas.

Todas las notificaciones que por disposición de este Código Nacional deban hacerse personalmente, con excepción del emplazamiento o la primera notificación de un procedimiento judicial, se harán por correo electrónico cuando así haya sido designado en términos del párrafo que antecede, salvo que excepcionalmente a juicio de la autoridad jurisdiccional deba practicarla personalmente en el domicilio señalado, con las salvedades previstas en el presente Código Nacional.

Artículo 205. En caso de omisión en la designación del domicilio o dirección electrónica, las notificaciones le surtirán a la parte omisa por el medio de comunicación procesal oficial respectivo.

Las entidades públicas que participen en un procedimiento amparado por el presente Código Nacional, deberán designar una dirección de correo electrónico, y contar con el equipo y los recursos de infraestructura necesarios para la recepción de notificaciones.

Artículo 206. Las notificaciones personales y por correo electrónico, en lo que corresponda, se entenderán con la parte interesada, la persona representante autorizada en autos, entregando cédula en la que hará constar la fecha y la hora en que se entregue; la clase de procedimiento, el nombre de las partes, autoridad jurisdiccional que mande practicar la diligencia; transcripción de la determinación que se manda notificar y el nombre de la persona a quien se entrega, levantándose acta de la diligencia, a la que se agregará copia de la cédula entregada en la que se procurará recabar la firma de la persona con quien se hubiera entendido la actuación o en su caso, explicando las razones por las que no se haya recabado la firma.

Artículo 207. Salvo disposición legal en contrario, cuando se trate de diligencias de embargo, la persona servidora pública judicial, no podrá practicarla cuando por primera ocasión en que la intente no se entienda con la parte interesada. En este caso, dejará citatorio para que la espere dentro de las horas que se le precisen, que serán para después de seis horas de la del citatorio y entre las cuarenta y ocho horas siguientes. Si la persona buscada no atiende el citatorio, la diligencia se practicará con quienes tengan con ella algún parentesco o sean sus trabajadoras, o con cualquier otra persona que viva en el domicilio señalado.

En todos los casos, practicada la diligencia de ejecución decretada, la persona servidora pública judicial, entregará a las partes, copia del acta que se levante o constancia firmada por ella, en donde consten los bienes sobre los que se haya trabado embargo y el nombre y domicilio de la persona depositaria designada. Quien funja como depositaria, deberá aceptar y protestar su cargo si se encuentra presente en la diligencia para tomar posesión del mismo, o en su caso, en comparecencia ante la autoridad jurisdiccional.

La persona servidora pública judicial, expresará las causas precisas por las que no se pueda practicar la diligencia o notificación, así como las oposiciones, para que la autoridad jurisdiccional con vista al resultado, imponga las correcciones disciplinarias y medios de apremio que considere procedentes.

A petición de parte la autoridad jurisdiccional, dentro de un término de cinco días, deberá poner el oficio respectivo a disposición de la parte interesada, acompañado de la constancia debidamente certificada del embargo de bienes inmuebles, para que se presente al Registro de la Propiedad, Oficina Registral o cualquier otra institución análoga según la Entidad Federativa de que se trate, para su inscripción preventiva, la cual tendrá el efecto señalado en el Código Civil y la Ley Registral de la Entidad Federativa correspondiente. En caso de negativa sin causa justificada a la inscripción del embargo, la dependencia pública será responsable de los daños y perjuicios que se ocasionen con motivo de su omisión.

Artículo 208. Mientras las partes no hicieren nueva designación del domicilio o medio a través del cual se deban practicar las diligencias y las notificaciones personales, se seguirán practicando en el autorizado para ello.

En caso de no existir dicho domicilio, o haber negativa a recibirla en el autorizado o se encuentre vacío y desocupado, la notificación personal le surtirá por medio de publicación en el medio de comunicación procesal oficial, así como todas las notificaciones subsecuentes incluyendo las personales, previniendo a la parte para que señale nuevo domicilio o medio de comunicación con los datos precisos.

Artículo 209. Procede el emplazamiento o la notificación por edictos:

I. Cuando se trate de personas inciertas;

II. Cuando se refiera a personas cuyo domicilio se ignora, se manifieste así bajo protesta de decir verdad y previo informe o informes que electrónicamente se soliciten y rindan por el mismo medio y que, a juicio de la autoridad jurisdiccional requiera a las autoridades o instituciones públicas que cuenten con registro oficial de personas y sus domicilios, y

III. Cuando hubiere que citar a juicio a alguna persona que haya desaparecido, no tenga domicilio conocido o se ignore donde se encuentra.

En los casos dispuestos en las fracciones anteriores, los edictos contendrán una relación sucinta de la demanda, señalándose únicamente los puntos sustanciales y se publicarán por tres veces, de tres en tres días, en el medio de comunicación procesal oficial del Poder Judicial de la Entidad Federativa o de la Federación, según corresponda, haciéndosele saber que debe presentarse dentro de un término que no será inferior a quince días ni excederá de treinta días, contados a partir del siguiente al de la última publicación.

Lo anterior en la inteligencia de que, si se presentare la persona requerida ante la autoridad jurisdiccional dentro del término que se haya otorgado, será emplazada y empezará a correr el plazo para contestar la demanda al día siguiente; y de no ser así, concluido el plazo otorgado iniciará al día siguiente el plazo para dar contestación a la demanda respectiva, quedando en la secretaría de la autoridad jurisdiccional el traslado correspondiente.

Artículo 210. Se harán mediante notificación personal las siguientes resoluciones:

I. El emplazamiento a juicio al demandado, y en todo caso en que se trate de la primera notificación en cualquier procedimiento;

II. El auto que admite la reconvención, salvo que se haga sabedor de la misma;

III. Los incidentes en ejecución de sentencia;

IV. La primera resolución que se dicte cuando se dejare de actuar por más de seis meses por cualquier motivo;

V. En caso de ejecución de sentencia o convenio judicial, cuando la misma se solicite fuera de los tres meses de que haya quedado firme la sentencia definitiva;

VI. Cuando se estime que se trata de un caso urgente o que la situación de vulnerabilidad de la persona lo requiera, a juicio de la autoridad jurisdiccional y así se ordene;

VII. El requerimiento de un acto a la parte que deba cumplirlo;

VIII. La primera resolución dictada por la autoridad jurisdiccional distinto al que previno en el conocimiento;

IX. En todo caso, a las personas titulares de las fiscalías, Agentes del Ministerio Público y cuando la ley expresamente lo disponga, y

X. En los demás casos que este Código Nacional lo disponga.

Para el supuesto que se ordene la entrega de niñas, niños o adolescentes, el requerimiento se hará de manera personal, pero dicha notificación se practicará en el lugar donde se encuentre quien tenga la calidad de requerida y podrá hacerse acompañar la persona servidora pública del auxilio de la fuerza pública de ser necesario para el cumplimiento de dicha orden judicial.

Artículo 211. Hecho el emplazamiento, quedarán obligadas las partes y sus personas autorizadas, a imponerse de todas las actuaciones que se dicten en el procedimiento y se publiquen a través del medio de comunicación procesal oficial respectivo, dándose por hecha el día de su publicación y surtiendo sus efectos al día siguiente; y, en caso de que sea una notificación personal, cuando comparezca la parte interesada ante la autoridad jurisdiccional, se les deberá de notificar dejando constancia en autos de la razón de notificación, firmada por la persona servidora pública, habilitada para tal efecto de acuerdo al organigrama de la Entidad Federativa de que se trate, haciendo saber si la persona notificada se negó a firmar; caso en el cual las partes podrán comparecer el mismo día en que se dicten las resoluciones para el efecto de notificarse, sin necesidad de esperar a que se publiquen en los medios antes referidos.

Artículo 212. Cuando variare el personal de la autoridad jurisdiccional, no se proveerá decreto haciendo saber el cambio, sino que al margen del primer proveído que se dictare, después de ocurrido, se pondrán completos los nombres de las personas funcionarios judiciales nuevas. Sólo que el cambio ocurriere cuando el procedimiento esté pendiente únicamente de la sentencia, se mandará hacer saber a las partes.

Artículo 213. Cuando se trate de citar a peritos y testigos, la citación se hará por conducto de quien haya ofrecido dichas pruebas, quien estará obligada a realizar cuanta gestión sea conducente para llevarla a cabo y será en su perjuicio la falta de comparecencia de las personas, a quienes no se les volverá a buscar si la parte interesada no efectuó la citación oportuna y debidamente, pero su inasistencia no dará lugar a la imposición de medida de apremio, si no que se desechará tal probanza.

Artículo 214. Es un deber procesal de las partes interesadas concurrir a las autoridades jurisdiccionales, para ser notificados de las resoluciones e imponerse de los autos. Todas las que se dicten en cualquier procedimiento se notificarán a través del medio de comunicación procesal oficial, que contendrá la lista de los asuntos que se hayan acordado cada día, expresando solamente el número de toca o expediente, nombre de las partes interesadas y clase de juicio, con excepción de los que la autoridad jurisdiccional estime de publicación reservada o secreta dada la naturaleza del juicio.

La persona que concurra a consultar los autos de forma física a las instalaciones de la autoridad jurisdiccional, por ese sólo hecho, se tendrá por notificada de los proveídos en la que así estuviera ordenada práctica de la diligencia, dejando constancia de ello el funcionario judicial que cuente con fe pública.

Artículo 215. Las partes podrán autorizar para oír notificaciones en su nombre, a una o varias personas, quienes quedarán facultadas para intervenir en representación de quien los autoriza en todas las etapas procesales del juicio, comprendiendo la de segunda instancia y la ejecución, con todas las facultades generales y las especiales que requieran cláusula especial, incluyendo la de absolver y articular posiciones, debiendo en su caso, especificar aquellas facultades que no se les otorguen, pero no podrán sustituir o delegar dichas facultades en tercera persona. Sin embargo, requerirán manifestación expresa que los faculte para transigir, desistirse de la instancia, de la acción y de los recursos o medios de defensa.

Las personas autorizadas conforme al párrafo anterior, deberán acreditar encontrarse legalmente autorizadas para ejercer la profesión de persona licenciada en derecho o abogada, debiendo proporcionar los datos correspondientes en el escrito en que se otorgue dicha autorización y exhibir la cédula profesional o carta de pasante en su primera intervención, en el entendido que quien no cumpla con lo anterior, perderá la facultad a que se refiere este artículo en perjuicio de la parte que la hubiere designado, y únicamente tendrá las que se indican en el penúltimo párrafo del artículo 216.

Artículo 216. Las personas autorizadas en los términos del artículo anterior, serán responsables de los daños y perjuicios que causen al que las autorice, de acuerdo a las disposiciones aplicables del Código Civil para el mandato y las demás conexas, salvo prueba en contrario. Se podrá renunciar a dicha calidad, mediante escrito presentado a la autoridad jurisdiccional, haciendo saber las causas de la renuncia. En ningún caso se requerirá registro ante los poderes judiciales, ni la falta de este registro será impedimento para que las autoridades jurisdiccionales tengan por autorizadas a las personas representantes autorizadas.

Las partes podrán autorizar a personas solamente para oír notificaciones e imponerse de los autos, a cualquiera con capacidad legal, quien no gozará de las demás facultades a que se refieren los párrafos anteriores.

Al acordar lo relativo a la autorización a que se refiere este artículo, se deberá expresar con toda claridad el alcance con el que se reconoce la autorización otorgada.

CAPÍTULO VIII
DE LOS EXHORTOS Y DESPACHOS

Artículo 217. Los exhortos y despachos que se reciban de las autoridades judiciales del territorio nacional, se proveerán dentro de las veinticuatro horas siguientes a su recepción, y se diligenciarán dentro de los cinco días siguientes, a no ser que lo que haya de practicarse, exija necesariamente mayor tiempo.

En ningún caso para la diligenciación de exhortos y despachos entrantes o salientes enviados por el Poder Judicial de la Entidad Federativa que corresponda, se requerirá la legalización de las firmas de los funcionarios que los expidan.

Artículo 218. De acuerdo con la naturaleza del exhorto o despacho, podrán autorizarse áreas o autoridades jurisdiccionales especializadas para su diligenciación a cargo de personas servidoras públicas con facultades suficientes para su cumplimiento. Para la recepción y devolución de exhortos, cartas rogatorias y despachos, los Poderes Judiciales preferentemente harán uso de las tecnologías de la información y comunicación, de conformidad con lo dispuesto en la Ley Orgánica respectiva.

En materia familiar, la autoridad jurisdiccional diligenciará los exhortos, cartas rogatorias o despachos, de oficio, salvo que se requiera la presencia de parte interesada para el cumplimiento de lo encomendado.

Artículo 219. Las autoridades jurisdicciones podrán encomendar a sus diversas, la práctica de las diligencias encomendadas dentro de su propia jurisdicción si por razones de la distancia se facilita su práctica.

Los despachos, exhortos o cualquier otra comunicación similar que tenga que diligenciarse entre las autoridades judiciales de una misma Entidad Federativa, deberán ser remitidos conforme lo establezcan las leyes o reglamentos de cada Entidad Federativa.

Los exhortos y despachos a los que alude el párrafo anterior, se deberán remitir a la autoridad jurisdiccional que deba cumplir la encomienda, a través del correo electrónico institucional de la Administración de Gestión Judicial o Institución análoga que corresponda, conjuntamente con los documentos digitalizados de las constancias conducentes. Una vez recibido, la persona secretaria judicial hará constar en el citado documento, la fecha y hora de su recepción. De la misma manera, se devolverán las constancias que deriven de la diligenciación de dichos exhortos.

Artículo 220. Las diligencias de los exhortos que deban practicarse fuera del territorio de la competencia de la Entidad Federativa de que se trate, deberán encomendarse, vía correo electrónico, al Tribunal o Poder Judicial del lugar en que han de realizarse o directamente a la autoridad jurisdiccional de la jurisdicción en que deban ejecutarse, conjuntamente con las constancias conducentes; asimismo, la autoridad jurisdiccional exhortada, de resultar incompetente por razón de territorio o cuantía, emitirá los proveídos necesarios a fin de que por su conducto y vía correo electrónico lo haga llegar a la autoridad jurisdiccional competente, informando de dicha situación a la autoridad ordenadora.

El exhorto contendrá:

I. La designación de la autoridad jurisdiccional exhortante;

II. La del lugar o población en que tenga que llevarse a cabo la actividad solicitada, aunque no se designe la ubicación del Tribunal o Poder Judicial exhortado;

III. Las actuaciones cuya práctica se intenta;

IV. El término o plazo en que habrán de practicarse las mismas, y

V. El exhorto preferentemente deberá realizarse, enviarse y devolverse en forma electrónica, mediante los correos institucionales o plataformas diseñadas para ello, conforme a las disposiciones de la Ley Orgánica o los lineamientos del Consejo de la Judicatura del Poder Judicial respectivo.

Artículo 221. Excepcionalmente, de no contar con los medios para la tramitación de los exhortos de la forma antes señalada, su diligenciación se hará vía ordinaria, ya sea por servicio postal o a través de las partes interesadas o de las personas previamente autorizadas o sus representantes, para hacerlos llegar a su destino, quienes tendrán la obligación de gestionar la diligenciación ante la autoridad jurisdiccional exhortada y devolverlos con lo que se practicare, si por su conducto se hiciere la devolución, y para el caso de que sea por servicio postal, una vez cumplimentado se devolverá a su lugar de origen por el mismo medio.

Artículo 222. En caso de que no se hubieran remitido por medio electrónico para su gestión, los tribunales pueden acordar que los exhortos y despachos que manden expedir se entreguen, para hacerlos llegar a su destino, a la parte interesada que hubiere solicitado la práctica de la diligencia.

El Tribunal o Poder Judicial de cada Entidad Federativa redactará el exhorto con las inserciones respectivas, dentro del término de tres días, contados a partir de que surta efectos el proveído que ordene su remisión y lo pondrá a disposición de la parte promovente, mediante publicación por medio de comunicación procesal oficial, que se hará dentro del mismo plazo, para que a partir del día siguiente al que surta sus efectos dicha publicación, se inicie el término que se haya concedido para su diligenciación.

Cuando el exhorto tenga algún defecto, la parte promovente deberá hacerlo saber a la autoridad jurisdiccional y devolverlo dentro de los cinco días siguientes, para que sea corregido y se proceda como se ordena en el párrafo anterior. De no hacerse la devolución del exhorto defectuoso, el plazo para su diligenciación no se interrumpirá.

Artículo 223. En la resolución que ordene librar el exhorto podrá designarse, a instancia de parte, persona o personas para que intervengan en su tramitación, con expresión del alcance de su intervención y del término para su comparecencia ante la autoridad exhortada, expresando a la autoridad jurisdiccional exhortada si su incomparecencia determina o no del exhorto. No procederá la nulidad de actuaciones por las diligencias practicadas por las personas mencionadas.

De igual manera, la autoridad jurisdiccional exhortante o de oficio, otorgará plenitud de jurisdicción al exhortado, para que se practiquen cuantas diligencias sean necesarias para el cumplimiento de lo ordenado.

No se exigirá poder alguno a las personas a que se refieren el párrafo que antecede.

La autoridad jurisdiccional exhortada devolverá a la exhortante una vez cumplimentado, salvo que se designase a una o varias personas para la tramitación, en cuyo caso, se le entregarán bajo su responsabilidad, previa razón que por su recibo obre en autos, para que haga su devolución dentro del término de cinco días como máximo. La autoridad jurisdiccional exhortada, no podrá negar el despacho del exhorto por falta de formalidades que puedan ser subsanadas por ella misma, ni negar el despacho por falta de cotejos o requisitos no previstos en el presente Código Nacional.

Artículo 224. La autoridad jurisdiccional exhortante podrá inquirir del resultado de la diligenciación a la exhortada por alguno de los medios autorizados en el presente Código Nacional, dejando constancia en autos de lo que resulte. Si a pesar del recordatorio, continuase la misma situación, la autoridad jurisdiccional exhortante lo pondrá en conocimiento directo del Superior inmediato del que deba cumplimentarlo, rogándole adopte las medidas pertinentes a fin de obtener el cumplimiento.

El exhorto deberá cumplimentarse en el tiempo previsto en el mismo. De no ocurrir así, se recordará por cualquier medio de comunicación de la urgencia del cumplimiento, lo que se podrá hacer de oficio o a instancia de parte interesada.

La autoridad jurisdiccional exhortante deberá facultar a la exhortada, para que cuando el exhorto haya sido remitido a autoridad jurisdiccional diferente al que deba prestar el auxilio, el que lo reciba lo envíe directamente al que corresponda inmediatamente, si es que le consta cuál sea éste, solicitando el exhortante que se le dé cuenta de dicha circunstancia por oficio.

Si quien reciba un exhorto para los fines que se precisan en este artículo, no hace la devolución dentro de los cinco días siguientes al plazo que se le hubiere concedido para su diligenciación, sin justificar que para ello tuvo impedimento bastante, será sancionado en los términos del artículo 192 fracción III de este ordenamiento, y se dejará de desahogar la diligencia por causas imputables.

La parte a cuya instancia se libre exhorto, queda obligada a satisfacer los gastos que origine su diligenciación.

Artículo 225. Tratándose de exhortos o despachos que libren las autoridades jurisdiccionales, serán remitidos por cualquier medio de comunicación, de manera directa a las autoridades jurisdiccionales que por razón de jurisdicción y competencia deban diligenciarlos, a través del correo electrónico institucional de la Administración de Gestión Judicial o Institución análoga que corresponda, conjuntamente con los documentos digitalizados de las constancias conducentes, mismos que una vez cumplimentados deberán ser devueltos por cualquiera de estas vías.

Del empleo de los medios de comunicación indicados se dejará razón en el expediente, la cual deberá de contener, en su caso, los datos de la persona con la que se entendió la comunicación, la fecha y hora de envío o recepción y la solicitud encomendada, anexando constancia como fotografías, impresión o capturas de pantalla del medio que se haya utilizado.

Artículo 226. Las diligencias judiciales que deban practicarse en el extranjero, se cursarán en la forma que establezca el Libro Décimo de este Código Nacional, los Tratados y los Convenios Internacionales de los que los Estados Unidos Mexicanos sea parte.

La parte a cuya instancia se libre exhorto, queda obligada a satisfacer los gastos que origine su diligenciación.

CAPÍTULO IX
DE LOS TÉRMINOS JUDICIALES

Artículo 227. Los términos empezarán a correr:

I. El día siguiente en que se hubiere hecho el emplazamiento o notificación personal;

II. Fuera de los casos señalados en la fracción anterior, el día siguiente a aquel en que surtió sus efectos la notificación realizada por el medio de comunicación procesal oficial;

III. La notificación realizada por medio de comunicación judicial surtirá efectos el mismo día a aquel en que por sistema se confirme que recibió el archivo electrónico correspondiente;

IV. También podrán notificarse por correo certificado y el plazo correrá a partir del día siguiente hábil en que fue recibida la notificación, y

V. En las audiencias del juicio oral las resoluciones dictadas por la autoridad jurisdiccional surtirán efectos en el momento en que las emita, estén o no presentes las partes.

Asimismo, podrá notificarse mediante otros sistemas autorizados en las leyes que corresponda, siempre que no causen indefensión.

Artículo 228. La Ley sólo reconoce como términos comunes en los juicios, los siguientes:

I. Para todas las partes que intervengan en el juicio, el relativo a ofrecimiento de pruebas, así como aquéllos en que la autoridad jurisdiccional determine la vista para desahogo por las partes al mismo tiempo;

II. En el litisconsorcio pasivo, tratándose del emplazamiento, y

III. Los demás que expresamente señale este Código Nacional como términos comunes.

Los términos comunes se empezarán a contar desde el día siguiente a aquel en que todas las personas que conformen el posible litisconsorcio pasivo o todas las partes hayan quedado notificadas.

Los demás términos se considerarán individuales y empezarán a correr para cada parte interesada en particular, cuando se haya realizado la notificación o surtido sus efectos según el caso.

Artículo 229. En ningún término se contarán los días en que no puedan tener lugar actuaciones judiciales.

Artículo 230. En los autos se hará constar el día en que comiencen a correr los términos y aquel en que deben concluir.

Artículo 231. Una vez concluidos los términos fijados a las partes, sin necesidad de que se acuse rebeldía, seguirá el juicio su curso y se tendrá por precluido el derecho que, dentro de ellos, debió ejercitarse, salvo los casos de caducidad o excepción previstos en el presente Código Nacional.

Artículo 232. Siempre que la práctica de un emplazamiento deba realizarse fuera del lugar del juicio, para que se concurra ante la autoridad jurisdiccional sea local o Federal, se debe fijar un término en el que se aumente al señalado por la Ley, un día más por cada doscientos kilómetros de distancia o fracción que exceda de la mitad, salvo que la Ley disponga otra cosa expresamente o que la autoridad jurisdiccional estime que deba ampliarse. Si la parte demandada residiere en el extranjero, se ampliará el término del emplazamiento por el lapso que se considere necesario, atendidas las distancias y la mayor o menor facilidad de las comunicaciones.

Artículo 233. Para fijar la duración de los términos, los meses se regularán por el número de días que les correspondan, y los días se entenderán de veinticuatro horas naturales, sin perjuicio de que las actuaciones judiciales se sujeten al horario que establece el presente Código Nacional.

Artículo 234. Operará de pleno derecho la caducidad de la primera instancia cualquiera que sea el estado del juicio, desde el primer auto que se dicte en el mismo, hasta antes de que concluya la audiencia de juicio, si transcurridos cuarenta días hábiles contados a partir de la notificación de la última determinación judicial no hubiere promoción que tienda a impulsar el procedimiento de cualquiera de las partes. Los actos o promociones de mero trámite que no impliquen ordenación o impulso del procedimiento, no se considerarán como actividad de las partes ni impedirán que la caducidad se alcance.

Los efectos y formas de su declaración se sujetarán a las siguientes normas:

I. La caducidad de la instancia es de orden público, irrenunciable y no puede ser materia de convenio entre las partes. La autoridad jurisdiccional la declarará de oficio o a petición de cualquiera de las partes, cuando concurran las circunstancias a que se refiere el presente artículo;

II. La caducidad extingue el procedimiento, pero no la acción; en consecuencia, se puede iniciar un nuevo juicio, sin perjuicio de lo dispuesto en la fracción V de este artículo;

III. La caducidad de la primera instancia convierte en ineficaces las actuaciones del juicio y las cosas deben volver al estado que tenían antes de la presentación de la demanda y se levantarán los embargos preventivos, dejando sin efectos las medidas provisionales o cautelares. Se exceptúan de la ineficacia referida, las resoluciones firmes sobre competencia, litispendencia, conexidad, personalidad y capacidad de las partes litigantes, que regirán en el juicio ulterior si se promoviere. Las pruebas rendidas en el procedimiento extinguido por caducidad, podrán ser invocadas en el nuevo si se promoviere, siempre que se ofrezcan y precisen en la forma legal;

IV. La caducidad de la segunda instancia se da si en el lapso de treinta días hábiles contados a partir de la notificación de la última determinación judicial, ninguna de las partes hubiere promovido impulsando el procedimiento y su efecto será dejar firme lo actuado ante la autoridad jurisdiccional;

V. La caducidad de los incidentes se causa por el transcurso de quince días hábiles contados a partir de la notificación de la última determinación judicial sin promoción alguna de las partes; la declaración respectiva sólo afectará a las actuaciones del incidente, sin abarcar las de la instancia principal;

VI. Para los efectos de la interrupción de la prescripción por demanda o cualquier género de interpelación judicial notificada a la persona poseedora o deudora en su caso, se equipará a la desestimación de la demanda la declaración de caducidad del procedimiento;

VII. No tiene lugar la declaración de caducidad:

a) En los juicios universales de concursos y sucesiones, pero sí en los juicios con ellos relacionados que se tramiten independientemente, que de aquéllos surjan o por ellos se motive;

b) En las actuaciones de jurisdicción voluntaria o procedimientos no contenciosos;

c) En los juicios de alimentos, y

d) Cuando sea en perjuicio de niñas, niños y adolescentes;

VIII. El término de la caducidad sólo se interrumpirá por promociones de las partes o por actos de las mismas realizados ante autoridad judicial diversa, siempre que tengan relación inmediata y directa con la instancia;

IX. La suspensión del procedimiento produce la interrupción del término de la caducidad. La suspensión del procedimiento tiene lugar:

a) Cuando por fuerza mayor la autoridad jurisdiccional o las partes no puedan actuar;

b) En los casos en que es necesario esperar la resolución de una cuestión previa o conexa por la misma autoridad jurisdiccional o por otras autoridades;

c) Cuando la autoridad jurisdiccional tenga conocimiento de que las partes están participando en un procedimiento alternativo de solución de conflictos, conforme a la Ley de la materia, y

d) En los demás casos previstos por la Ley.

X. Contra la declaración de caducidad de la primera instancia procede el recurso de apelación en ambos efectos. Si la declaratoria se hace en segunda instancia, procede el recurso de reposición. Contra la negativa a la declaración de caducidad no procede recurso alguno, y

XI. Las costas serán a cargo de la parte actora; pero serán compensables con las que corran a cargo de la parte demandada en aquellos en que opusiere reconvención, compensación, nulidad y en general las excepciones que tienden a variar la situación jurídica que privaba entre las partes antes de la presentación de la demanda.

TÍTULO SEGUNDO
DE LA ETAPA POSTULATORIA

CAPÍTULO I
DE LA DEMANDA

SECCIÓN PRIMERA
REQUISITOS DE LA DEMANDA

Artículo 235. La demanda deberá cumplir los requisitos siguientes:

I. La autoridad jurisdiccional ante la que se promueve;

II. Nombre, denominación o razón social de la parte actora o de quien promueve a su nombre, el domicilio para oír y recibir notificaciones dentro de la jurisdicción, número telefónico y dirección de correo electrónico para los mismos efectos procesales. Cuando proceda, revelar si el promovente pertenece a grupos sociales en situación de vulnerabilidad;

III. Nombre de la persona designada como la persona representante autorizada. En ningún caso se exigirá contar con registro ante el Tribunal o Poder Judicial que corresponda;

IV. Nombre, denominación o razón social de la parte demandada, y su domicilio;

V. Las pretensiones, el objeto u objetos que se reclamen con sus accesorios;

VI. La exposición clara y sucinta de los hechos en que el actor funde la demanda, relacionándolos a su vez con el titulo o titulos de las acciones que se ejerzan;

VII. Los fundamentos de derecho, procurando citar la clase de acción intentada, los preceptos legales y, en su caso, convencionales, los criterios jurisprudenciales o doctrinales, o principios jurídicos aplicables;

VIII. En su caso, el valor de lo demandado para determinar la competencia de la autoridad jurisdiccional;

IX. El ofrecimiento de pruebas, mencionando con toda precisión el hecho o hechos que se tratan de demostrar con cada prueba, debiendo proporcionar el nombre de las personas que deban rendir testimonio;

X. Las firmas de la parte actora o de su persona representante autorizada. Si éstos no pudieran o no supieran firmar, pondrán su huella dactilar, firmando otra persona en su nombre y a su ruego indicando estas circunstancias. Igualmente podrá firmar la parte actora, la persona representante autorizada, el escrito, usando su firma electrónica avanzada, la cual deberá corresponder a la persona que promueva;

XI. Exhibir por cada demandado un ejemplar de las copias de traslado tanto de la demanda y sus anexos, ya sean en formato electrónico o físico, las cuales deberán estar debidamente foliadas e identificadas como copia; si los interesados fueran varios, se acompañará un ejemplar para cada uno de ellos. Esta exigencia no será necesaria en los casos que la demanda se presente en forma electrónica, y

XII. Los demás requisitos relacionados con las pruebas conforme a lo dispuesto en este Código Nacional.

Artículo 236. Si la demanda fuere oscura, irregular o no cumpliera con alguno de los requisitos del artículo anterior, por una sola ocasión se señalará con toda precisión en qué consisten los defectos de la misma en el proveído que al efecto se dicte y publique en el medio de comunicación judicial, para que en el término de tres días contados a partir del día siguiente a aquel en que surta efectos la notificación se desahogue en tiempo y forma.

La autoridad jurisdiccional debe hacer una nueva y exhaustiva revisión de la demanda, y si en ésta encuentra que los requisitos que omitió están satisfechos, o que no son realmente indispensables para los fines que les asigna la ley o la naturaleza del proceso, debe rectificar y admitir la demanda, sin estar vinculado ineludiblemente por su propia prevención, aunque el demandante no haya presentado ningún escrito encaminado a cumplir con lo pedido o el presentado se considere insuficiente.

Si a pesar de lo anterior, no se cumplieron los motivos de prevención dentro del término señalado para tal efecto, se desechará la demanda y devolverá al interesado todos los documentos originales y electrónicos, así como las copias simples que se hayan exhibido, con excepción de la demanda con la que se haya formado el expediente respectivo, salvo lo dispuesto en el artículo 5 del presente Código Nacional.

En caso de que se promueva la acción o una petición en una vía incorrecta, la autoridad jurisdiccional la reencausará a la que sea procedente, proveyendo sobre las medidas cautelares o provisionales solicitadas.

Artículo 237. La determinación de no admitir la demanda o cualquier otra por la que no se le dé curso, se podrá impugnar mediante el recurso de queja, para que el Tribunal de Segunda Instancia competente dicte la resolución que corresponda, bajo los lineamentos que en derecho le ordene a la autoridad jurisdiccional. En contra de dicha resolución no procede recurso ordinario alguno.

En contra del auto que admita la demanda no es procedente recurso alguno.

Los efectos de la presentación de la demanda son: interrumpir la prescripción, si no lo está por otros medios, señalar el principio de la instancia, y determinar el valor de las prestaciones exigidas, cuando no pueda referirse a otro tiempo.

Artículo 238. Cuando se trate de demandas por controversias sobre bienes inmuebles, o en caso de que se intente la acción hipotecaria, la autoridad jurisdiccional podrá ordenar su anotación preventiva ante el Registro Público de la Propiedad, Oficina Registral o cualquier Institución análoga según la Entidad Federativa de que se trate, de conformidad con las disposiciones aplicables del Código Civil respectivo, siempre que previamente se otorgue garantía suficiente a criterio de la autoridad jurisdiccional para responder de los daños y perjuicios que se puedan causar a la persona demandada, la que deberá ser fijada al prudente arbitrio de la autoridad jurisdiccional. Este requisito no será exigible en el caso de la acción hipotecaria.

Artículo 239. Admitida la demanda, se ordenará emplazar al demandado, corriéndole traslado con copias de la misma, de los documentos exhibidos por el actor y, en su caso, con la propuesta de convenio y el formulario correspondiente, a fin de que, dentro del término de quince días conteste la demanda.

Artículo 240. Los efectos del emplazamiento son:

I. Prevenir el juicio en favor de la autoridad jurisdiccional que lo hace;

II. Sujetar al emplazado a seguir el juicio ante la autoridad jurisdiccional que lo emplazó, siendo competente al tiempo de la citación, aunque después deje de serlo con relación a la parte demandada, porque éste cambie de domicilio, o por otro motivo legal;

III. Obligar a la parte demandada a contestar ante la autoridad jurisdiccional que lo emplazó, dejando en su caso a salvo, siempre el derecho de provocar la incompetencia respectiva;

IV. Producir todas las consecuencias de la interpelación judicial, si por otros medios no se hubiere constituido ya en mora el obligado, y

V. Originar el interés legal en las obligaciones pecuniarias sin causa de réditos.

SECCIÓN SEGUNDA
DE LA CONTESTACIÓN A LA DEMANDA

Artículo 241. La contestación a la demanda deberá cumplir con los siguientes requisitos:

I. Presentarse ante la autoridad jurisdiccional que lo emplazó;

II. Nombre, denominación o razón social de la parte demandada o de quien actúe en su representación, el domicilio para oír y recibir notificaciones dentro de la jurisdicción correspondiente, número telefónico y dirección de correo electrónico para los mismos efectos procesales. Cuando proceda, revelar si el promovente pertenece a grupos sociales en situación de vulnerabilidad y acreditarlo o, en su caso, solicitar el apoyo especial a que se refiere el artículo 141 de este Código Nacional;

III. El nombre de la persona designada como la persona representante autorizada. En ningún caso se exigirá contar con registro ante el Tribunal o Poder Judicial que corresponda;

IV. Contestará categóricamente cada uno de los hechos en que la parte actora funde su pretensión, aceptándolos, negándolos o manifestando bajo protesta de decir verdad los que desconozca, apercibida que en caso de no hacerlo o de evadir su respuesta se tendrán por ciertos los hechos expresados por la parte actora, salvo prueba en contrario;

V. Deberá ofrecer sus pruebas, mencionando con toda precisión el hecho o hechos que trata de demostrar, debiendo proporcionar el nombre de las personas que deban rendir testimonio;

VI. Las excepciones y defensas que se tengan, se harán valer en la contestación y nunca después, salvo las supervenientes. Se procurará citar los preceptos legales, convencionales, los criterios jurisprudenciales o doctrinales, o principios jurídicos aplicables;

VII. Las firmas de la parte demandada, o de la persona representante autorizada. Si éstos no pudieren o no supieren firmar, pondrán su huella dactilar, firmando otra persona en su nombre y a su ruego indicando estas circunstancias. La parte demandada o la persona representante autorizada podrá firmar el escrito usando su firma electrónica avanzada;

VIII. Acompañar copia simple del escrito de contestación debidamente foliada e identificada como copia para dar vista a la parte actora por el término de tres días, y

IX. Los demás requisitos relacionados con las pruebas conforme a lo dispuesto en este Código Nacional.

Artículo 242. Dentro del término para contestar la demanda, se podrá proponer la reconvención en los casos que proceda, ajustándose a las disposiciones de la demanda.

En caso de reconvención, se seguirán las reglas previstas en este Código Nacional tanto para la demanda como para la contestación. Sin embargo, el emplazamiento deberá hacerse a través de la dirección de correo electrónico señalada por la parte actora en la demanda principal.

Artículo 243. Si las partes en sus respectivos escritos quisieran llamar a un tercero deberán manifestarlo en los mismos. El llamamiento a juicio se hará corriéndole traslado con los escritos y anexos, que deberán ser exhibidos por quien solicite la citación, debiendo proporcionar el domicilio de éste, sin cuyos requisitos no se dará curso a la petición respectiva.

Si se alega que se desconoce el domicilio se procederá a su búsqueda y en su caso a publicación de edictos en los términos de las disposiciones del presente Código Nacional. El tercero llamado a juicio podrá comparecer en el mismo plazo de quince días; estando en aptitud de ofrecer pruebas, alegar e interponer toda clase de excepciones defensas y recursos.

La petición contenida en este artículo no será tramitada a no ser que se trate de cuestiones supervinientes.

Artículo 244. A toda demanda o contestación deberá acompañarle necesariamente:

I. El o los documentos que acrediten, la personalidad o carácter de aquel que comparece en representación de alguna de las partes o terceros;

II. Los documentos en los que la parte actora funde su acción y aquellos en que la parte demandada funde sus excepciones, ya sea en forma física o electrónica. Si no los tuvieren a su disposición, acreditarán haber solicitado su expedición con el acuse de recibo por el archivo o lugar en que se encuentren los originales, para que, a su costa, se les expida certificación de ellos, en la forma que prevenga la Ley. Se entiende que las partes tienen a su disposición los documentos, siempre que legalmente puedan pedir copia autorizada de los originales y exista obligación de expedírselos. Si las partes no pudiesen presentar los documentos en que funden sus acciones o excepciones, declararán, bajo protesta de decir verdad, la causa por la que no pueden presentarlos o no se les expidieren sin causa justificada; en este caso, si la autoridad jurisdiccional lo estima procedente, ordenará al responsable de la expedición que el documento solicitado por la parte interesada se expida a costa de ésta, apercibiéndolo con la imposición de alguna de las medidas de apremio;

III. Salvo disposición legal en contrario o que se trate de pruebas supervenientes, de no cumplirse por las partes con alguno de los requisitos anteriores, no se les recibirán las pruebas documentales que no obren en su poder al presentar la demanda o contestación, como tampoco si en esos escritos se dejan de identificar las documentales, para el efecto de que oportunamente sean requeridos por la autoridad jurisdiccional y sean recibidas; el mismo tratamiento se dará a los informes que se pretendan rendir como prueba;

IV. Los documentos que las partes tengan en su poder y que deban servir como pruebas de su parte y, los que presentaren después, con violación de este precepto, no les serán admitidos, salvo que se trate de pruebas supervenientes o la demanda se haya presentado vía electrónica con los documentos digitalizados para que con posterioridad sean presentados sus originales, y

V. Copias simples, siempre que sean legibles, tanto del escrito de demanda como de los demás documentos referidos, incluyendo la de los que se exhiban como prueba según los párrafos precedentes, incluyendo archivos o documentos electrónicos y si se acompañan grabaciones de audio o video, para que se impongan de ellos, se exhibirá un duplicado de los mismos para correrle traslado a la contraria. Las copias simples de los documentos que sirvan como prueba y las grabaciones de audio o video, se podrán exhibir como archivos dentro de un dispositivo de almacenamiento de datos que garantice la integridad de los mismos, debiendo el promovente identificar y precisar con toda claridad su contenido. Al momento de proveer el escrito de demanda o contestación, la persona secretaria judicial deberá cotejar que las copias exhibidas o las que se contienen en los archivos del dispositivo de almacenamiento correspondan a los documentos exhibidos como pruebas.

Artículo 245. La presentación de documentos cuando sean públicos, podrá hacerse por copia simple, si la parte interesada manifestare, bajo protesta de decir verdad, que carece de otra fehaciente; pero no producirá aquélla ningún efecto si durante el desarrollo de la audiencia respectiva, no se presentare una copia del documento con los requisitos necesarios para que haga fe en juicio, o se cotejen las copias simples con sus originales por la persona secretaria judicial y a costa de la parte interesada, pudiendo asistir a la diligencia de cotejo la contraparte, para que en su caso haga las observaciones que considere pertinentes.

Artículo 246. Después de la demanda y contestación, no se admitirán a las partes, otros documentos que los que se hallen en alguno de los casos siguientes:

I. Ser de fecha posterior a dichos escritos;

II. Los anteriores respecto de los cuales, protestando decir verdad, asevere la parte que los presente no haber tenido antes conocimiento de su existencia;

III. Los que no haya sido posible adquirir con anterioridad por causas que no sean imputables a la parte interesada, y siempre que haya hecho oportunamente la designación expresa en los términos de lo dispuesto en el presente Código Nacional;

IV. Los documentos que sirvan de pruebas contra excepciones alegadas o contra acciones en lo principal o reconvencional, y

V. Los que se ofrezcan para la impugnación de pruebas de la contraria.

Artículo 247. A ninguna de las partes se le admitirá documento alguno después de concluido el desahogo de pruebas. La autoridad jurisdiccional, de oficio, no deberá admitirlos y mandará devolverlos a la parte sin ulterior recurso, sin agregarlos al expediente en ningún caso, salvo las excepciones previstas en este Código Nacional.

Artículo 248. De todo documento que se presente después de la demanda y contestación, se dará traslado a la otra parte, para que dentro del plazo de tres días manifieste lo que a su derecho convenga.

Una vez desahogada la vista por la contraria, o transcurrido el plazo para ello, la autoridad jurisdiccional resolverá sobre su admisión.

Si la exhibición del documento se hace en el acto de la audiencia y estuviera presente la parte contraria, se le dará vista en la misma audiencia para que manifieste lo que a su derecho convenga, evaluando en todo caso la autoridad jurisdiccional su admisión o desechamiento.

Artículo 249. La omisión de presentar las copias simples no será motivo para dejar de admitir los escritos y documentos que se presenten en tiempo oportuno. En este caso, se señalará un plazo que no excederá de tres días para exhibir las copias antes referidas, y si no se presentaren en dicho plazo, se tendrán por no admitidas. Lo anterior no resulta aplicable para el caso de presentación de la demanda y sus anexos por vía electrónica o digital.

Artículo 250. En los escritos de demanda, contestación, reconvención, contestación a la reconvención y desahogo de vista, las partes ofrecerán sus pruebas, exhibirán las documentales físicas o electrónicas que tengan en su poder o el acuse de recibo mediante el cual hayan solicitado las que no tuvieren en su poder.

En el caso de documentos físicos o electrónicos que hayan sido anunciados y no se tenga la posibilidad de exhibir, deberá presentarse el acuse de recibo de la solicitud de los mismos ante la oficina o archivo en que se encuentren, la parte interesada deberá continuar con las gestiones necesarias para recabar la prueba a fin de exhibirla en la etapa de admisión de pruebas de la audiencia preliminar. Sin embargo, cuando se manifieste bajo protesta de decir verdad la imposibilidad para exhibir las documentales físicas o electrónicas ofrecidas como prueba, por causa justificada la autoridad jurisdiccional desde la admisión de la demanda, contestación o desahogo de vista de excepciones, auxiliará al oferente girando las órdenes correspondientes para que sean remitidas a más tardar en la audiencia preliminar, con los apercibimientos de las medidas de apremio que considere pertinente.

Dicha medida sólo se hará efectiva si la prueba resulta admisible y conforme a las disposiciones aplicables de las leyes vigentes en materia de transparencia, acceso a la información pública y datos personales, según corresponda.

Si se trata de documentos físicos o electrónicos a disposición de la contraparte, se le requerirán en el acuerdo que recaiga al ofrecimiento y anuncio de la prueba, quien deberá exhibirlo en el escrito subsecuente referido en el primer párrafo de este artículo o en la etapa de admisión de pruebas de la audiencia preliminar, según corresponda. En este caso, de ser admisible la prueba y no se presente oportunamente, se presumirán ciertos los hechos, salvo causa justificada y previo apercibimiento.

En el supuesto de pruebas documentales o de informe a cargo de personas ajenas al juicio y que legalmente no estén obligados a su expedición, la autoridad jurisdiccional sin perjuicio de decidir su admisión en el momento oportuno, autorizará los requerimientos respectivos en el acuerdo que recaiga al anuncio y ofrecimiento de la prueba.

Artículo 251. Una vez contestada la demanda y, en su caso, la reconvención o transcurridos los términos para ello, se señalará fecha y hora para la celebración de la audiencia preliminar, dentro de los quince días siguientes.

En el mismo auto, se admitirán o desecharán las pruebas ofrecidas en relación con las excepciones procesales, para que, en su caso, se desahoguen en la audiencia preliminar. En caso de no desahogarse las pruebas en dicha audiencia, se declararán desiertas por causa imputable al oferente.

En las excepciones de conexidad, litispendencia y cosa juzgada sólo será admisible como prueba la documental.

Artículo 252. Una vez publicado el auto que señala fecha para la celebración de la audiencia preliminar y hasta el dictado de la sentencia definitiva, las promociones de las partes que se encuentren relacionadas con el procedimiento deberán formularse oralmente al inicio de la audiencia respectiva. Las peticiones que no impulsen el procedimiento se harán valer antes del cierre de la audiencia. Cualquier promoción o petición que se presente por escrito en dichas etapas, serán devueltas al interesado, sin necesidad de acuerdo.

Las cuestiones debatidas en una audiencia deberán ser resueltas en ella. Las partes no podrán dar lectura a escritos o registros de forma íntegra, pero sí a sus notas o apuntes.

Artículo 253. La nulidad de una actuación deberá reclamarse en la audiencia subsecuente, bajo pena de quedar validada de pleno derecho. La producida en la audiencia de juicio deberá reclamarse durante ésta hasta antes de que la autoridad jurisdiccional emita la sentencia definitiva. La del emplazamiento, por su parte, podrá reclamarse en cualquier momento hasta antes de que se dicte sentencia definitiva.

Artículo 254. En los juicios orales civil y familiar, únicamente será notificado personalmente el emplazamiento y el auto que admita la reconvención.

Las demás determinaciones se notificarán a las partes a través del medio de comunicación oficial, salvo lo dispuesto para las audiencias.

SECCIÓN TERCERA
DEL ALLANAMIENTO Y REBELDÍA

Artículo 255. Transcurrido el plazo fijado en el emplazamiento sin contestar la demanda, se tendrán por contestados los hechos en sentido negativo y se hará la declaratoria de rebeldía correspondiente. A continuación, se señalará fecha para la audiencia de juicio, dictando auto de admisión de las pruebas ofrecidas por la parte actora.

Artículo 256. La parte demandada podrá allanarse a la demanda. En caso de allanamiento total, este deberá ser ratificado ante la autoridad jurisdiccional, en donde ambas partes serán asistidas técnica y efectivamente por la persona representante autorizada.

Habiéndose ratificado el allanamiento, la autoridad jurisdiccional estudiará la legitimación procesal, y dictará sentencia en un plazo que no excederá de diez días.

Artículo 257. En materia familiar, en caso de allanamiento total, además de la ratificación a que se refiere al artículo anterior, la autoridad jurisdiccional deberá proveer de la preparación de las pruebas y se fijará fecha para el desahogo de la audiencia de juicio dentro de los diez días siguientes, actuación en la que se escucharan los alegatos, se desahogaran las pruebas, y se dictará el fallo correspondiente en la misma audiencia.

Artículo 258. Cuando la controversia se refiera sólo a puntos de derecho, y no de hecho, se citará para la audiencia de juicio en el término de diez días y después de escuchar los alegatos, la autoridad jurisdiccional expondrá de forma breve, clara y sencilla su fallo y leerá únicamente los puntos resolutivos, entregando copia simple de la sentencia a las partes, así como, en los casos que proceda, el derecho que tienen las partes para apelar dicha sentencia conforme a lo establecido en este Código Nacional.

Artículo 259. En los casos de declaración de rebeldía de la parte demandada por falta de contestación, tendrán aplicación las siguientes reglas:

I. Todas las resoluciones que de ahí en adelante recaigan en el pleito y cuantas citaciones deban hacérsele, aún las de carácter personal, se notificarán por el medio de comunicación procesal oficial, salvo los casos en que otra cosa se prevenga o a juicio de la autoridad jurisdiccional;

II. Desde el día en que fue declarada rebelde o quebrantó la radicación de persona la parte demandada, se decretarán las medidas cautelares solicitadas por la parte actora, si la parte contraria lo pidiere, la retención de sus bienes muebles y el embargo de los inmuebles en cuanto se estime necesario, para asegurar lo que sea objeto del juicio, aplicando en lo conducente las reglas de las medidas cautelares.

Artículo 260. La persona declarada en rebeldía podrá apersonarse a la audiencia de juicio para participar en el desahogo de las pruebas y rendir alegatos finales, sin que en ningún caso pueda retrotraerse el procedimiento.

CAPÍTULO II
DE LAS PRUEBAS

SECCIÓN PRIMERA
DE LAS PRUEBAS EN GENERAL

Artículo 261. Las partes, para soportar su acción, excepciones y defensas, así como acreditar los hechos, podrán ofrecer medios de prueba que no sean contrarios a derecho, y les serán admitidas por la autoridad jurisdiccional, las que resulten pertinentes e idóneas y guarden relación con los hechos narrados y cumplan con los requisitos de ofrecimiento previstos en este Código Nacional.

Son admisibles como medios de prueba, todos aquellos elementos que puedan producir convicción en el ánimo de la autoridad jurisdiccional acerca de los hechos controvertidos.

Artículo 262. La autoridad jurisdiccional, de oficio podrá decretar en todo tiempo, sea cual fuere la naturaleza del procedimiento la práctica o ampliación de cualquier diligencia probatoria. En la práctica de estas diligencias, la autoridad jurisdiccional obrará como estime procedente para obtener el mejor resultado de ellas, sin lesionar el derecho de las partes, oyéndolas y procurando en todo, su igualdad y justo equilibrio, se tomará en cuenta cualquier situación de vulnerabilidad que pueda afectar el equilibrio procesal.

Artículo 263. Las diligencias de desahogo de pruebas que deban verificarse fuera del recinto asiento, de la autoridad jurisdiccional, pero dentro de su ámbito de competencia territorial, deberán ser presididas por la autoridad jurisdiccional, registradas por personal técnico adscrito al Tribunal o Poder Judicial, por cualquiera de los medios autorizados en este Código Nacional y certificadas de conformidad con lo dispuesto para el desarrollo de las audiencias.

Artículo 264. La parte que niega sólo estará obligada a probar:

I. Cuando la negación envuelva la afirmación expresa de un hecho;

II. Cuando se desconozca la presunción legal que tenga en su favor la parte colitigante;

III. Cuando la negativa fuere elemento constitutivo de la acción o de la excepción.

Artículo 265. Ni la prueba en general ni los medios de pruebas establecidos por la Ley son renunciables.

No obstante, lo dispuesto en el párrafo que antecede, las partes podrán desistirse de las pruebas que estén pendientes de desahogo, a fin de que el procedimiento continúe en sus demás etapas, pero no podrán hacerlo una vez que éstas hayan sido desahogadas. Tratándose de documentales que lleguen con posterioridad al desistimiento, no podrán agregarse al expediente en ningún caso.

Artículo 266. Sólo los hechos estarán sujetos a prueba; el derecho lo estará únicamente cuando se trate de normas diversas a las generales o cuando se funde en usos y costumbres.

Artículo 267. La autoridad jurisdiccional aplicará el derecho extranjero tal como lo harían las del Estado cuyo derecho resultare aplicables sin perjuicio de que las partes puedan alegar la existencia y contenido del derecho extranjero invocado.

Respecto del texto, vigencia, sentido y alcance del derecho extranjero, la autoridad jurisdiccional podrá valerse de informes oficiales; los cuales podrá solicitar al servicio exterior mexicano, admitir las pruebas ofrecidas por las partes o bien ordenar las que considere necesarias.

Artículo 268. La autoridad jurisdiccional debe recibir las pruebas que le presenten las partes, siempre que estén permitidas por la Ley y se refieran a los puntos cuestionados. Si las partes estiman que las resoluciones judiciales que admitan o desechan pruebas les causan agravio, lo harán valer en la apelación contra la sentencia definitiva que, en su caso, interpongan; y la autoridad jurisdiccional de segunda instancia deberá resolver con plenitud de jurisdicción sin reenvío.

Tratándose de juicios del arrendamiento inmobiliario, la prueba pericial sobre cuantificación de daños, reparaciones o mejoras, sólo será admisible en el periodo de ejecución de sentencia, en la que se haya declarado la procedencia de dicha prestación. Asimismo, tratándose de informes que deban rendirse en dichos juicios, los mismos deberán ser recabados por la parte interesada.

Artículo 269. Los hechos notorios no necesitan ser probados, y la autoridad jurisdiccional puede invocarlos, aunque no hayan sido alegados por las partes.

Artículo 270. Cuando una de las partes se oponga a la inspección o reconocimiento, ordenados por la autoridad jurisdiccional, se tendrán por ciertas las afirmaciones de la contraparte, salvo prueba en contrario. Lo mismo se hará si una de las partes no exhibe a la inspección de la autoridad jurisdiccional el bien, documento o archivo electrónico que tiene en su poder, siempre que la posesión esté debidamente acreditada, que por disposición de la Ley deba tenerlo o deba acreditarlo o, atendiendo al caso en concreto, por la naturaleza de los hechos sea evidente su disponibilidad.

Artículo 271. Las personas terceras están obligadas, en todo tiempo, a prestar auxilio a las autoridades jurisdiccionales, en consecuencia, deben sin demora, exhibir documentos, informes, bienes y archivos electrónicos que tengan en su poder, cuando para ello fueren requeridos o permitir su inspección.

La autoridad jurisdiccional tiene la facultad y el deber de compeler a las personas terceras, por los apremios más eficaces, para que cumplan con esta obligación; y en caso de oposición, oirán las razones en que la funden y resolverán sin ulterior recurso.

De la mencionada obligación están exentas las personas ascendientes, descendientes, tutores o curadores de niñas, niños y adolescentes, personas designadas como apoyo para el ejercicio de la capacidad jurídica, pupilos, cónyuges, concubinos, convivientes, en los casos en que se trate de probar contra la parte con la que están relacionadas, sin perjuicio de que, si alguna de ellas manifiesta su voluntad de hacerlo, se les permitirá, dejando constancia de dicha circunstancia.

Es inadmisible el testimonio de personas que, respecto del objeto de su declaración, tengan el deber de guardar secreto con motivo del conocimiento que tengan de los hechos debido a su empleo, cargo, puesto, oficio, profesión o relación de negocios.

Cuando deba recibirse testimonio de menores de edad y se tema por su afectación psicológica o emocional, así como en caso de víctimas de cualquier tipo de violencia, la autoridad jurisdiccional a petición de las partes, podrá ordenar su recepción con el auxilio de familiares o peritos especializados.

Para ello deberán utilizarse las técnicas audiovisuales adecuadas que favorezcan evitar la confrontación con el generador de violencia.

Artículo 272. Las personas que no puedan concurrir a la sede judicial, por tener algún impedimento debidamente acreditado, podrán ser examinadas en el lugar donde se encuentren y su testimonio podrá ser rendido o transmitido utilizando sistemas de justicia digital, en presencia de la autoridad jurisdiccional.

Artículo 273. Las autoridades tendrán la obligación de proporcionar los informes que se les pidan respecto de los hechos relacionados con el procedimiento, y de los que hayan tenido conocimiento o en los que hubieren intervenido por razón de su cargo, los que serán proporcionados en el plazo de cinco días a que le fueran judicialmente requeridos y, en caso de incumplimiento a un mandato judicial o retardo injustificado en el cumplimiento de sus determinaciones, podrá imponerse una medida de apremio establecida en el presente Código Nacional, salvo que exista impedimento legal para ello.

Artículo 274. Las pruebas deberán ofrecerse en los escritos de demanda, contestación a la demanda, en la reconvención, y en el escrito de contestación a la reconvención, así como de las excepciones. En el caso de incidentes, se hará en el escrito que lo promueva y su contestación, si se realiza por escrito o, en el mismo acto, si se realiza oralmente en la audiencia respectiva.

Artículo 275. Las pruebas deben ofrecerse expresando con toda claridad cuál es el hecho o hechos que se pretende probar, declarando, en su caso, en los términos anteriores el nombre y domicilio de testigos y peritos, y pidiendo la citación de la contraparte para responder al interrogatorio respectivo. Si a juicio de la autoridad jurisdiccional las pruebas ofrecidas no cumplen con las condiciones apuntadas, serán desechadas. Con la taxativa de que no será necesario proporcionar el domicilio de testigos, cuando las partes por sí mismas se comprometan a presentarlas.

Artículo 276. En la etapa de admisión de pruebas de la audiencia preliminar o en la misma resolución que recaiga a la demanda incidental o contestación, la autoridad jurisdiccional se pronunciará sobre la admisión o desechamiento de pruebas, pudiendo limitar el número de testigos prudencialmente. En ningún caso, la autoridad jurisdiccional admitirá pruebas o diligencias en los siguientes supuestos:

I. Las que hayan sido ofrecidas extemporáneamente;

II. Las que sean contrarias a derecho;

III. Las que no versen sobre los hechos narrados por las partes, o hechos imposibles o notoriamente inverosímiles, y

IV. Las que no reúnan los requisitos establecidos en este Código Nacional.

En los casos en que las partes dejen de mencionar las personas testigos que estén relacionados con los hechos que fijen la litis; o se dejen de acompañar los documentos que se deben presentar, salvo en los casos autorizados en el presente Código Nacional, la autoridad jurisdiccional no admitirá tales pruebas.

Contra el auto que admita o deseche pruebas deberá estarse a lo dispuesto en el artículo 268 del presente Código Nacional.

Artículo 277. La autoridad jurisdiccional, en la audiencia preliminar al admitir las pruebas ofrecidas, procederá a señalar fecha y hora para audiencia de juicio en la que se recibirán oralmente las pruebas, para dichos efectos tomará en consideración el tiempo para su preparación.

Se señalará audiencia de juicio dentro de los siguientes cuarenta días. Presentes o no las partes en las audiencias, se les tendrá por notificadas y apercibidas de las consecuencias legales en caso de inasistencia.

La audiencia de juicio, incidental o de ejecución se celebrará con las pruebas que estén preparadas, por regla general no se diferirá y sólo se señalará nuevo día y hora para recibir las que se encuentren pendientes y que no sean imputables a la persona oferente. La nueva fecha se señalará en el menor tiempo posible que se requiera para su preparación.

Si en la siguiente ocasión no se encuentra debidamente preparada la prueba o en su caso no se puede hacer comparecer al testigo respectivo en la nueva fecha, se dejará de recibir la prueba o testimonio.

Artículo 278. Las partes, estén o no presentes en las audiencias, se les tendrá por notificadas y apercibidas de todas las resoluciones que la autoridad jurisdiccional emita de las consecuencias legales, en caso de inasistencia.

Artículo 279. Los medios de prueba también podrán desahogarse en audiencia virtual, cuando su naturaleza así lo permita, sea posible técnicamente, exista consenso de las partes y resulte necesario a juicio de la autoridad jurisdiccional, conforme a lo dispuesto en el Libro Octavo del presente Código Nacional.

Artículo 280. Cuando hubiere de practicarse alguna diligencia o aportarse pruebas fuera del lugar del juicio, de acuerdo con la naturaleza de la prueba, podrá ordenarse su recepción a distancia. Con este fin, la autoridad jurisdiccional exhortante podrá coordinarse con la exhortada, de acuerdo a los sistemas de justicia digital con que cuenten, para celebrar la audiencia respectiva de forma virtual, tramitar y devolver el exhorto o documentos en formato electrónico a través de correo electrónico o de las plataformas tecnológicas correspondientes, tomando las medidas necesarias para garantizar la integridad y autenticidad de actuaciones judiciales, conforme a las disposiciones del Código Nacional y, en su caso, el convenio de colaboración que entre los Poderes Judiciales exista.

En caso de que no se cuente con los recursos tecnológicos necesarios o que por la naturaleza de la prueba no lo permita, la prueba se preparará y se desahogará mediante el exhorto respectivo tramitado en forma escrita, a cargo de la parte interesada.

Artículo 281. En los casos establecidos en el artículo anterior, a petición de parte interesada, se concederá el siguiente término para la tramitación y diligenciación del exhorto respectivo:

I. Un mes si el lugar está comprendido dentro del territorio nacional;

II. Dos meses si lo está en los Estados Unidos de América o Canadá;

III. Tres meses si está comprendido en Centroamérica y el Caribe;

IV. Seis meses si estuviere en Europa o en la América del Sur, y

V. Siete meses cuando esté situado en cualquiera otra parte.

El término referido no será prorrogado, salvo caso fortuito o fuerza mayor plenamente acreditado.

Artículo 282. Para otorgarse el término antes referido, deberá de cumplirse con los siguientes requisitos:

I. Que se solicite en los escritos de fijación de la litis;

II. Que se indiquen los nombres y domicilios de las personas testigos que hayan de ser examinados, cuando la parte que los ofrezca no se haya comprometido a presentarlos cuando la prueba sea testimonial. Para el caso de ser inexactos los datos de identificación, domicilio o simplemente no existan, se declarará desierta la prueba;

III. Que se designen, en caso de ser prueba instrumental, los archivos públicos o particulares donde se hallen los documentos físicos o electrónicos que han de cotejarse, o presentarse originales, y

IV. En tratándose de cualquier otra diligencia, deberá indicarse con toda claridad lo que se pretende rendir o recibir y los puntos sobre los que deba versar.

La autoridad jurisdiccional al calificar la admisibilidad de las pruebas determinará el monto de la cantidad que el interesado deberá depositar como multa en caso de no rendirse la prueba, que no podrá ser superior a ciento veinte veces el valor diario de la Unidad de Medida y Actualización vigente al momento de su imposición. Sin este depósito no se hará el señalamiento para la recepción de la prueba. El acuerdo que autorice el término para el desahogo de prueba foránea no será recurrible.

Artículo 283. A la parte a la que se le hubiere concedido la ampliación a que se refiere el artículo anterior, se le entregarán en el término de cinco días los exhortos para su diligenciación, poniéndolos a su disposición, si no los recibiera en ese plazo se hará efectiva la multa y se dejará de recibir la prueba y si no rindiere las pruebas que hubiere propuesto, sin justificar que para ello tuvo impedimento bastante, se le impondrá una sanción pecuniaria a favor de su contraparte, equivalente al monto del depósito a que se hace mención en el mismo artículo anterior, incluyendo la anotación en el Registro Judicial a que se refiere el presente Código Nacional, y además se dejará de recibir la prueba por causas imputables al interesado.

En caso de que las partes, estando obligadas a presentar a sus testigos o peritos no cumplan con dicha comparecencia, se les tendrá por desistidos de la prueba, a menos que justifiquen la imposibilidad que se tuvo para presentarlos, dentro de esa misma audiencia, en la que la autoridad jurisdiccional ordenará lo procedente.

SECCIÓN SEGUNDA
DE LA DECLARACIÓN DE PARTE PROPIA Y CONTRARIA

Artículo 284. Podrá ofrecerse la prueba de declaración voluntaria de parte propia, así como la declaración de la parte contraria, a través del interrogatorio que se les formule en forma personal en el acto de la audiencia de juicio, con el fin de obtener información sobre los hechos controvertidos dentro del proceso, le sean propios o no.

La declaración voluntaria de parte propia será a cargo de la misma parte oferente de la prueba, para que sea interrogada en forma oral por su representante y su contraparte.

Artículo 285. Cuando se trate de una persona jurídica, sólo podrá ser desahogada por la persona representante autorizada, con facultades, sin que pueda exigirse que se lleve a cabo por representante o apoderado específico, quien deberá conocer de los hechos litigiosos.

La declaración voluntaria de parte propia no será admisible para las personas jurídicas públicas.

La declaración de parte contraria será a cargo de la contraparte, para que sea interrogada, por la oferente o la persona representante autorizada de la oferente de forma oral en el acto de la audiencia de juicio.

La declaración será a cargo de la contraparte, para que sea interrogada oralmente por la parte oferente o la persona representante autorizada en la audiencia respectiva. Su objetivo será aportar información de calidad o su confesión judicial para la autoridad jurisdiccional, sobre hechos materia de la controversia, conforme al caso en concreto. En el caso de persona física solo será por conducto de la propia parte interesada de forma personal.

La declaración de parte contraria de personas jurídicas de carácter público deberá de desahogarse por escrito.

Artículo 286. A la parte que corresponda desahogar el interrogatorio se le tendrá por citada, haya estado presente o no, desde la audiencia preliminar en que se admitió la prueba. En el caso de la declaración de parte contraria, quedará apercibida que, de no presentarse a la audiencia de juicio, o en caso de responder con evasivas el interrogatorio o negarse a contestarlo, se presumirán ciertos los hechos que se pretendieron demostrar, salvo prueba en contrario. Si se trata de una declaración voluntaria de parte propia, de no presentarse, el apercibimiento será dejar de recibir dicha probanza.

Artículo 287. Tanto el interrogatorio formulado para el desahogo de la prueba de declaración voluntaria de parte propia y de parte contraria deberá ajustarse a las siguientes reglas:

I. Las preguntas se formularán de manera oral, libre y directa sin incorporar valoraciones ni calificaciones, de manera que puedan ser comprendidas con facilidad por quien ha de declarar;

II. Estar dirigido a demostrar hechos controvertidos que sean objeto de la litis;

III. Estar formulado en términos sencillos, claros y precisos;

IV. Referir sobre hechos percibidos o con conocimiento de la parte respectiva, y no a conceptos subjetivos u opiniones;

V. Podrán formularse respecto de hechos complejos;

VI. Las preguntas no podrán ser insidiosas, entendiéndose por tales las que se dirijan a ofuscar la inteligencia del que ha de responder, con objeto de obtener una confesión contraria a la verdad;

VII. Las preguntas no serán repetitivas;

VIII. No se permitirán preguntas sobre cuestiones de derecho o desconocidas técnicamente por la parte respectiva, y

IX. Podrán formularse preguntas abiertas, caso en el cual la persona responderá ampliamente; o cerradas, supuesto en el cual deberá responder primero categóricamente, afirmando o negando, sin perjuicio de realizar las aclaraciones pertinentes.

Artículo 288. La declaración voluntaria de parte propia y parte contraria se desahogará conforme a las siguientes disposiciones:

I. Se desahogará primero la de la parte actora y con posterioridad la de la parte demandada;

II. En el caso de que una o ambas partes hayan ofrecido la declaración voluntaria de parte propia y declaración de parte contraria, la autoridad jurisdiccional establecerá que, quien declare primero, en una u otra modalidad, inmediatamente que concluya su desahogo, permanezca en el lugar de recepción, para el desahogo de la declaración voluntaria de parte propia y declaración de parte contraria, según corresponda, admitida a la contraparte, a fin de contribuir a la continuidad y concentración de las pruebas;

III. Quien responda al interrogatorio, al inicio de la diligencia se le tomarán sus datos de identificación general y domicilio. Del mismo modo, no podrá recibir asistencia jurídica alguna durante el desahogo de la prueba, de quien ostente su representación como persona representante autorizada;

IV. El oferente de la prueba formulará su interrogatorio en primer término, concluido éste, la parte contraria a su vez tiene derecho a formular preguntas;

V. Ante la formulación de cada pregunta la contraparte tendrá derecho a objetar la misma, exponiendo la causa fundada de la objeción. Quien interroga podrá contradecir la objeción o retirar la pregunta, resolviendo la autoridad jurisdiccional;

VI. En el caso de la declaración de parte contraria, si quien objeta, en su argumentación asiste al dar información o indicar a su representado sobre cómo responder la pregunta, se tendrán por presuntamente ciertos los hechos que se pretende demostrar con la prueba. Mismo criterio se seguirá cuando pretenda defender una pregunta en el caso de declaración voluntaria;

VII. Previo apercibimiento, en caso de que no asista a la audiencia respectiva la parte que responda al interrogatorio de declaración de parte contraria, se tendrán por ciertos los hechos que el oferente de la prueba pretendió demostrar con la misma. Mismo criterio se aplicará si no responde, responde con evasivas u omite responder categóricamente a las preguntas;

VIII. Si quien ofreció la declaración de parte propia no asiste a la audiencia respectiva, se declarará desierta la prueba;

IX. Si fueren varias las personas colitigantes que hayan de responder al interrogatorio, las diligencias se practicarán separadamente y en un mismo acto, evitando que las partes se comuniquen entre sí;

X. La parte que interroga, podrá reformular aquellas preguntas durante la audiencia cuando retire la pregunta anterior o porque no sea aprobada por objeción, y

XI. Durante el desahogo de esta prueba, podrán tenerse a la vista, así como usarse, bienes, instrumentos y apoyos técnicos, o incluso documentos, previamente admitidos, para ser mostrados al declarante para que pueda contestar los cuestionamientos que se le realicen.

Artículo 289. No estarán obligadas a comparecer en los términos previstos en los artículos anteriores y declararán por escrito las siguientes personas:

I. Las previstas en el artículo 110 de la Constitución Política de los Estados Unidos Mexicanos;

II. Los extranjeros que gozaren en el país de inmunidad diplomática, de conformidad con los Tratados sobre la materia, y

III. Quienes, por enfermedad grave u otro impedimento acreditado con certificado de salud emitido por Institución de Salud pública.

En casos urgentes podrán rendir declaraciones personalmente, con este fin, desde el ofrecimiento de pruebas se adicionará el interrogatorio a fin de dar la oportunidad a la contraparte de proponer el contra interrogatorio respectivo, conforme a las reglas establecidas en el presente Capítulo. En este caso también se tendrá la oportunidad de formular la objeción respectiva, lo cual deberá garantizar la autoridad jurisdiccional. Serán calificados por la autoridad jurisdiccional antes de su envío para su respuesta.

Artículo 290. Las personas señaladas en el artículo anterior declararán por medio de preguntas cerradas o abiertas y mediante oficio, en el que se insertará el interrogatorio que quiera hacerles la contraparte, para que, por vía de informe, contesten dentro del término improrrogable de tres días. En el oficio se apercibirá a la parte declarante de tenerla por cierta de los hechos sostenidos por la oferente de la prueba, si no contestare, se negaré u omitiera contestar el interrogatorio dentro del término concedido.

Únicamente en este caso, la autoridad jurisdiccional se impondrá del interrogatorio que se exhiba por escrito al momento de ofrecerse la prueba respectiva, en los escritos de fijación de litis; así como calificará las que resulten procedentes formular y enviar en el acto de la audiencia preliminar, en la etapa de admisión y preparación de pruebas.

Las determinaciones que adopte la autoridad jurisdiccional durante el desahogo de la prueba de declaración de parte propia o declaración de parte contraria, solo podrán recurrirse junto con la sentencia definitiva.

SECCIÓN TERCERA
DE LA DECLARACIÓN DE TESTIGOS

Artículo 291. Se podrá ofrecer la prueba testimonial para que cualquier persona que tenga conocimiento sobre los hechos relacionados al litigio comparezca a proporcionar su declaración testimonial a través del interrogatorio que oralmente se le formule. La autoridad jurisdiccional podrá prevenir al oferente para el efecto de reducir prudencialmente el número de testigos, debiendo admitir cuando menos dos por cada hecho controvertido.

Toda persona que no tenga impedimento legal y sea conocedora de los hechos que las partes deben de probar, están obligadas a declarar como testigos.

Artículo 292. Las partes tendrán la obligación de presentar a sus testigos, para cuyo efecto, de solicitarlo, se les entregarán las cédulas de notificación. Sin embargo, cuando razonable y justificadamente estén imposibilitadas para hacerlo, manifestando bajo protesta de decir verdad, dichas circunstancias calificadas por la autoridad jurisdiccional, podrán ser auxiliadas para su presentación en la audiencia respectiva.

La autoridad jurisdiccional ordenará la citación con el apercibimiento que, en caso de desobediencia, se le impondrá a la persona testigo una medida de apremio que considere la autoridad jurisdiccional y que garantice la pronta resolución del juicio.

En los casos de urgencia, podrán ser citados por cualquier medio que garantice la recepción de la citación, de lo cual se deberá dejar constancia.

Tratándose de testigos que sean citados en su calidad de servidores públicos, la dependencia en la que se desempeñen adoptará las medidas correspondientes para garantizar su comparecencia, en cuyo caso absorberá además los gastos que se generen.

La citación se realizará, por lo menos, con dos días de anticipación al día en que deban presentarse a declarar.

Si el testigo citado de esta forma no asistiere a rendir su declaración en la audiencia programada, la autoridad jurisdiccional le hará efectivo el apercibimiento realizado y reprogramará su desahogo en una nueva audiencia. Si el testigo debidamente citado no se presentara a la primera citación o haya temor fundado de que se ausente o se oculte, se le hará comparecer en ese acto por medio de la fuerza pública sin necesidad de agotar ningún otro medio de apremio. Las autoridades están obligadas a auxiliar oportuna y diligentemente a la autoridad jurisdiccional para garantizar la comparecencia obligatoria de los testigos. En este caso, deberán desahogarse las pruebas preparadas.

Artículo 293. La prueba se declarará desierta si, aplicado el uso de la fuerza pública, no se logra la presentación de los testigos. Igualmente, en caso de que el señalamiento del domicilio de algún testigo resulte inexacto, o no existe, o de comprobarse que se solicitó su citación con el propósito de retardar el procedimiento. En estos casos, además se impondrá al oferente una sanción pecuniaria a favor de la contraparte hasta por el importe autorizado para correcciones disciplinarias, conforme a lo dispuesto en el presente Código Nacional. La autoridad jurisdiccional despachará de oficio ejecución en contra del infractor, sin perjuicio de dar vista al Ministerio Público, se declarará desierta de oficio la prueba testimonial.

Artículo 294. Para el desahogo de la prueba testimonial se estará a las siguientes reglas:

I. Las personas que tengan la calidad de testigos serán protestadas para conducirse con verdad al iniciar la audiencia; se recabarán sus generales; y se procederá a su traslado y separación en el área de testigos correspondiente, hasta que sean llamados a declarar;

II. El interrogatorio estará a cargo de la parte oferente, quien será responsable de justificar la credibilidad e idoneidad del testigo, así como de plantear el interrogatorio correspondiente, conforme a los hechos controvertidos objeto de la prueba;

III. El contrainterrogatorio estará a cargo de la contraparte, quien podrá formular preguntas tendientes tanto a desvirtuar la credibilidad o idoneidad del testigo como de su declaración;

IV. El interrogatorio y contrainterrogatorio deberá formularse en términos sencillos, claros y precisos, deberá dirigirse a los hechos controvertidos objeto de la prueba; podrá destinarse a la credibilidad o idoneidad de quien declara; será libre y directo; y se hará bajo la completa responsabilidad de quien lo formule, atendiendo a los fines propios de su postulación y el debate;

V. Agotado el interrogatorio del oferente, se procederá al contrainterrogatorio de la contraparte; sin perjuicio de poder formularse un reinterrogatorio, a cargo del oferente, o recontrainterrogatorio, a cargo de la contraparte, respectivamente, sin que puedan autorizarse preguntas que debieron formularse con anterioridad;

VI. Cada una de las partes tiene el derecho de objetar las preguntas formuladas por su contraparte, exponiendo brevemente las razones para ello, antes de que se emita la respuesta. En este caso, quien formule la pregunta será escuchado para que defienda o retire la pregunta y la autoridad jurisdiccional resolverá inmediatamente en la misma audiencia;

VII. Quien comparezca como testigo, deberá responder a todas las preguntas que se le formulen, en caso de negativa o responder evasivamente, a petición de parte, la autoridad jurisdiccional lo apremiará y, en su caso, determinará las consecuencias de ello, según el caso, en sentencia definitiva, para alguna de las partes;

VIII. No se permitirá la tacha de testigos, están permitidas las preguntas para destruir la idoneidad y credibilidad, momento en el cual, podrán exhibirse y ofrecerse, en su caso, pruebas documentales para justificarlo;

IX. De admitirse, y escuchando en estricta igualdad a la parte oferente, se reservará lo conducente para la sentencia definitiva, y

X. Únicamente serán admisibles pruebas documentales exhibidas en la audiencia, que no requieran preparación y dirigidas específicamente para los fines establecidos en la fracción VIII de este artículo.

Artículo 295. La autoridad jurisdiccional cuenta con la facultad de hacer las preguntas que estime conducentes a las personas testigos, siempre y cuando sean de naturaleza aclaratoria, sin incorporar información adicional que correspondía generar a las partes involucradas y garantizando, ante todo, el principio de igualdad e inmediación, salvo que se trate de la materia familiar, en cuyo caso la autoridad jurisdiccional estará facultada para cuestionar a la persona testigo sin limitación alguna, en aras de allegarse de la verdad material o cuando advierta violaciones a derechos humanos.

Artículo 296. Si la persona testigo o declarante no hablara o entendiera el idioma español, no sabe leer; o tiene algún impedimento de comunicación para la manifestación de su voluntad, declarará a través de la persona intérprete que le acompañe o la persona que para dichos efectos designe la autoridad jurisdiccional, preferentemente de forma gratuita, según el caso en particular.

Artículo 297. A las personas mayores, con discapacidad permanente o temporal, debidamente acreditada por instituciones de salud pública, que lo soliciten, así como a las personas que se encuentren privadas de su libertad por mandato judicial, la autoridad jurisdiccional podrá recibirles la declaración en el lugar en que se encuentren en presencia de la otra parte, si asistiere.

En los casos que se acredite la discapacidad temporal o permanente por instancias de salud privada, el médico deberá exhibir cédula profesional y concurrir a la audiencia en la que comparezca la persona que testifica, para ratificar el diagnóstico, bajo protesta de decir verdad. En caso de inasistencia, la prueba no será recibida.

En todo caso, el desahogo de la prueba testimonial deberá realizarse en audiencia de juicio que se iniciará desde la Sala de Audiencias respectiva, para trasladarse al lugar y luego regresar a la misma.

Asimismo, de acuerdo a cada caso en particular, la autoridad jurisdiccional podrá autorizar su desahogo a distancia, conforme a las reglas establecidas en este Código Nacional.

Artículo 298. Ambas partes podrán solicitar a las personas previstas en el artículo 110 de la Constitución Política de los Estados Unidos Mexicanos, así como a las personas integrantes de las fuerzas armadas con mando, que desahoguen las preguntas vía informe, previo a la celebración de la audiencia de juicio.

A criterio de la autoridad jurisdiccional, podrá solicitarles la declaración personal dada su relación en los hechos materia de la controversia y no en virtud de su encargo.

Artículo 299. Cuando la persona testigo resida fuera del ámbito de competencia territorial de la autoridad jurisdiccional y no sea posible su desahogo por medios electrónicos, la parte oferente de la prueba, sin perjuicio que solicite la comparecencia del testigo, podrá optar por presentar sus interrogatorios con las copias respectivas para las otras partes, junto con la traducción y apostilla necesarias para el caso de girar carta rogatoria y; con la finalidad que tenga la oportunidad de formular sus contrainterrogatorios y ser agregados al exhorto o carta rogatoria, debiendo el contrainterrogatorio de cumplir con los mismos requisitos. Sin la exhibición de los interrogatorios por parte de la oferente no se admitirá la prueba.

El interrogatorio será previamente calificado por la autoridad jurisdiccional una vez que admita la prueba y enviados en sobre cerrado a la autoridad exhortada.

En todo caso, deberá preferirse y estarse al desahogo a distancia de la prueba testimonial, caso en el cual no se requerirá de dicho interrogatorio escrito.

SECCIÓN CUARTA
DE LA PRUEBA PERICIAL

Artículo 300. La prueba pericial solo procede cuando:

I. Sean necesarios conocimientos especiales en alguna ciencia, arte, técnica o industria o, en aquellos casos que la mande la Ley;

II. Cuando la autoridad jurisdiccional lo requiera para llegar a una solución;

III. Se ofrecerá expresando los puntos y cuestionamientos sobre los que versará y que deban resolver los peritos, sin lo cual no será admitida;

IV. Las personas designadas deben tener título en la ciencia, arte, técnica, oficio o industria a que pertenezca, y cédula si se requiere legalmente para su ejercicio;

V. Si los conocimientos especiales no estuvieren legalmente reglamentados con título oficial o, estándolo, no hubiere peritos en el lugar, podrá ser nombrada a satisfacción de la autoridad jurisdiccional, cualquier persona entendida, o bien con experiencia práctica en el ejercicio de un servicio u oficio;

VI. Se desechará la pericial cuando se trate de conocimientos generales, hechos acreditados en autos o tratándose de simples operaciones aritméticas, y

VII. El título de habilitación de corredor público acredita para todos los efectos la calidad de perito valuador.

Artículo 301. El ofrecimiento de la prueba pericial en materia civil deberá llevarse a cabo en los términos establecidos en el presente Código Nacional, con las salvedades siguientes:

I. Si se ofrece la prueba pericial en la demanda o en la reconvención, la contraria al contestar deberá designar perito de su parte, además de proponer la ampliación de los puntos y cuestiones que argumentó el oferente para que los peritos dictaminen. Si se ofrece al contestar la demanda principal o reconvencional, la contraria deberá designar a su perito, en la misma forma del párrafo anterior. Si se ofrece en el desahogo de las vistas con excepciones y defensas, la contraria lo designará dentro del término de tres días. En todo caso, deberá precisarse la ciencia, técnica o arte a que se refiere, proporcionando el nombre de la persona designada;

II. De estar debidamente ofrecida, la autoridad jurisdiccional la admitirá en la etapa de admisión de pruebas de la audiencia preliminar o, en su caso, en la audiencia donde haya ofrecido. Asimismo, conforme a la complejidad del caso, determinará un plazo de cinco a diez días para que las partes exhiban por escrito el dictamen respectivo, salvo que existiera causa bastante para modificar dicho término;

III. La autoridad jurisdiccional proveerá lo conducente con el fin de que los peritos en estricta igualdad cuenten con los elementos necesarios solicitados por las partes para emitir el dictamen y evitar dilaciones procesales;

IV. En caso de que alguna de las personas peritos de las partes no exhiba su dictamen dentro del plazo señalado por la autoridad jurisdiccional, precluirá su derecho para hacerlo y, en consecuencia, la prueba se desahogará con el dictamen que se tenga por rendido. En el supuesto de que ninguno de los peritos exhiba su dictamen en el plazo señalado se dejará de recibir la prueba;

V. Las partes deberán presentar a sus peritos en la audiencia de juicio, quienes deberán acreditar, bajo su responsabilidad, su calidad científica, técnica, artística o industrial para el que fueron propuestos, con el original o copia certificada de su cédula profesional o los documentos respectivos. Asimismo, deberán exponer verbal y brevemente las conclusiones de sus dictámenes, a efecto de que se desahogue la prueba con los exhibidos oportunamente y respondan las preguntas que la autoridad jurisdiccional o las partes les formulen con apoyo de auxiliar técnico, y

VI. El interrogatorio a los peritos seguirá las mismas reglas de la prueba testimonial.

En caso de no asistir el perito o los peritos designados por las partes, se procederá conforme a lo señalado en la fracción IV del presente artículo.

Artículo 302. Las partes podrán sustituir al perito designado a más tardar en la audiencia preliminar en la que se pronuncien sobre la admisibilidad de la prueba. Si las causas de sustitución acontecen después de la audiencia preliminar, la parte interesada podrá sustituir al perito designado, siempre y cuando se exhiba el dictamen dentro del plazo señalado para ello. Subsistiendo todas las cargas y apercibimientos para su comparecencia en la audiencia de juicio respectiva.

Artículo 303. Desahogados los dictámenes de ambas partes, si la autoridad jurisdiccional los estima substancialmente contradictorios de tal modo que no es posible encontrar conclusiones que le aporten elementos de convicción, podrá designar un perito tercero en discordia en la misma audiencia de juicio. En este caso, desahogará las pruebas preparadas y diferirá la misma para la recepción de dicho dictamen, según el caso, al prudente arbitrio de la autoridad jurisdiccional, siempre y cuando no exceda de quince días.

A la persona perito tercero en discordia deberá notificársele para que, dentro del plazo de tres días, presente escrito en el que acepte el cargo conferido y proteste su fiel y legal desempeño. Asimismo, señalará el monto de sus honorarios, en los términos de la legislación correspondiente o, en su defecto los que determine, mismos que deben ser autorizados por la autoridad jurisdiccional, y serán cubiertos por ambas partes en igual proporción en la audiencia de juicio donde comparezca. En caso de incumplir, la autoridad jurisdiccional en la audiencia respectiva emitirá auto de ejecución en contra de la parte que haya omitido el pago.

La persona perito tercero en discordia designado deberá rendir su dictamen por escrito a más tardar tres días hábiles antes de la audiencia de juicio o su continuación, debiendo asistir a la misma para efectos de explicar oralmente sus conclusiones y ser interrogado por las partes o la autoridad jurisdiccional.

En caso de incumplimiento por parte de la persona perito designado, dará lugar a que la autoridad jurisdiccional le imponga como sanción pecuniaria, en favor de las partes y de manera proporcional a cada una de ellas, por el importe de una cantidad igual a la que cotizó por sus servicios al aceptar y protestar el cargo. En el mismo acto, la autoridad jurisdiccional dictará proveído de ejecución en contra de dicha persona perito tercero en discordia, además de hacerla saber al Consejo de la Judicatura, a la asociación, colegio de profesionistas o institución que lo hubiera propuesto por así haberlo solicitado la autoridad jurisdiccional, para los efectos correspondientes, independientemente de las sanciones administrativas y legales a que haya lugar.

En el supuesto del párrafo anterior, la autoridad jurisdiccional designará otro perito tercero en discordia y, de ser necesario, diferirá la audiencia para el desahogo de la prueba en cuestión.

Artículo 304. La autoridad jurisdiccional podrá designar personas peritos terceros en discordia de entre aquéllos autorizados como auxiliares de la administración de justicia por la autoridad jurisdiccional competente del Poder Judicial respectivo; o, de entre aquéllos propuestos, a su previa solicitud, por colegios, asociaciones o barras de profesionales, artísticas, técnicas o científicas o de las instituciones de educación superior públicas o privadas o las cámaras de industria, comercio, confederaciones de cámaras, conforme al objeto del peritaje.

En todos los casos en que se trate únicamente de peritajes sobre el valor de cualquier clase de bienes y derechos, los mismos se realizarán por avalúos que practique un corredor público, una institución de crédito, monte de piedad, perito valuador o demás entidades que se dediquen a avalúos, nombrados por cada una de las partes y, en caso de diferencias en los montos que arrojen los avalúos, no mayor del veinte por ciento en relación con el monto mayor, se mediarán estas diferencias. De ser mayor tal diferencia, se nombrará una persona perito tercero en discordia, conforme a lo dispuesto en el presente Código Nacional. En este caso, de no designar perito alguna de las partes, se desahogará la prueba con el dictamen con que se cuente.

En caso de avalúos realizados para remates judiciales deberá estarse a las reglas especiales de los mismos.

Artículo 305. En materia civil, cuando la parte que promueve lo haga a través de la Defensoría Pública o Institución Pública o Privada que preste dichos servicios y ésta no cuente con la persona perito solicitado, la autoridad jurisdiccional, previa la comprobación de dicha circunstancia, nombrará una persona perito adscrita de alguna Institución Pública que cuente con el mismo. Aplicándose, en lo conducente, las disposiciones del presente Capítulo para garantizar la designación del perito respectivo.

Artículo 306. En materia familiar, para la prueba pericial se seguirán las siguientes reglas:

I. En todos los casos se nombrará persona perito oficial y sus honorarios serán cubiertos por el Estado, sin perjuicio de las personas peritos que puedan ser ofrecidas por las partes. Tratándose de avalúos sobre bienes, no habrá persona perito oficial, por lo que dicha pericial deberá de sujetarse a las reglas establecidas por la materia civil;

II. No será admisible persona perito tercero;

III. Las personas expertas forenses o peritos deberán comparecer a la etapa de admisión de pruebas de la segunda fase de la audiencia preliminar, para acreditar su experticia, así como protestar y aceptar el cargo, para el caso de su inasistencia se desechará la probanza, y

IV. Las personas designadas para emitir un peritaje quedan obligadas a rendir su dictamen dentro de los quince días siguientes a la fecha en que hayan aceptado y protestado el cargo o bien, de la fecha que señale la autoridad jurisdiccional atendiendo a las circunstancias del caso. Lo anterior en el entendido de que las partes deberán de estar en aptitud de imponerse de su contenido por lo menos con tres días de anticipación a la celebración de la audiencia del juicio.

Artículo 307. La persona perito tercero puede ser recusado en la audiencia de juicio en la que comparezca, por las mismas causas de las excusas e impedimentos que pueden (sic) serlo la autoridad jurisdiccional.

La parte que haga valer la recusación deberá presentar las pruebas necesarias para demostrar la causa que se alegue en la misma audiencia. En el mismo acto de la audiencia se hará saber a la persona perito tercero en discordia, a fin de que responda a la misma ofreciendo y presentando, en su caso, las pruebas pertinentes para ello. Si la reconoce como cierta, se niega a responder la recusación, se niega la misma sin ofrecerse prueba alguna o si se declaran desiertas las pruebas admitidas, la autoridad jurisdiccional lo tendrá por recusado sin más trámites y en el mismo acto nombrará otro perito.

Las pruebas ofrecidas por la parte recusante deben desahogarse en la misma audiencia. En caso contrario, se desechará de plano la recusación. En caso de que la persona perito tercero en discordia ofrezca pruebas, deberá ofrecerlas y exhibirlas en el momento, de no ser así y de requerir prepararse las mismas, se señalará una audiencia especial indiferible dentro del término de tres días, en la que se desahogaran y se resolverá lo conducente por la autoridad jurisdiccional.

En ese caso, no se suspenderá el desahogo del dictamen tercero en discordia, el cual quedará desierto, de declararse fundada la causa de recusación.

Cuando la recusación se declare fundada se designará otra persona perito tercero en discordia. En caso de declararse infundada, se impondrá a la parte recusante una multa equivalente al importe de los honorarios fijados por el perito a favor de la contraparte, por el retardo injustificado del procedimiento.

No habrá recurso alguno contra las resoluciones que se dicten en el trámite o la decisión de la recusación.

SECCIÓN QUINTA
DE LA PRUEBA DOCUMENTAL FÍSICA O ELECTRÓNICA

Artículo 308. Las pruebas documentales, físicas o electrónicas recibirán el mismo trato, atendiendo los principios de equivalencia funcional y neutralidad tecnológica. En todo caso, atendiendo a su naturaleza, se estará a las reglas generales y especiales, en lo relativo a su objeción, impugnación o fiabilidad.

Artículo 309. Las partes están obligadas a exhibir todas las pruebas documentales físicas o electrónicas que ofrezcan relacionadas con sus pretensiones en la demanda o su contestación, sea principal o reconvencional, así como sus respectivas vistas. Cuando estén a su disposición, pero por alguna circunstancia no pueda acompañarse a su escrito respectivo, deberá realizar todas las gestiones necesarias para hacerse de la prueba, acreditando dicha obligación al ofrecerla y, en su caso, la autoridad jurisdiccional emitirá las órdenes necesarias para su auxilio, si llegada la audiencia preliminar no se ha exhibido, no obstante ser admitida.

En el caso de información que no esté a su disposición, expresará el archivo o documento físico o electrónico en que se encuentre, o si está en poder de personas terceras, realizando las gestiones necesarias a su alcance para hacerse de la prueba, caso en el cual la autoridad jurisdiccional emitirá las órdenes y apercibimientos respectivos para su auxilio, en el entendido que subsistirá el deber de la parte interesada para gestionar dichas pruebas.

De no cumplirse con las cargas procesales antes referidas la prueba será desechada o, en su caso, declarada desierta.

Artículo 310. Los documentos que ya se exhibieron antes del período probatorio y las constancias de autos se tomarán como prueba, aunque no se ofrezcan.

Artículo 311. Los archivos o registros electrónicos de audiencias o diligencias del juicio oral, cualquiera que sea el medio, serán documentos públicos que harán prueba plena y acreditarán el contenido y modo en que se desarrolló la audiencia.

Artículo 312. Son documentos públicos:

I. Las escrituras públicas, pólizas y actas otorgadas ante corredor público, notaria o notario público, según corresponda y los testimonios y copias certificadas de dichos documentos, firmadas en forma autógrafa o con firma electrónica avanzada;

II. Los documentos auténticos e informes expedidos por personas funcionarias que desempeñen cargo público, en lo que se refiere al ejercicio de sus funciones, con firma autógrafa o electrónica avanzada;

III. Los documentos auténticos, libros de actas, estatutos, registros y catastros que se hallen en los archivos públicos, o los dependientes del Gobierno Federal, de los Estados, de los Ayuntamientos, con firma original o electrónica autorizada;

IV. Las certificaciones de las actas del estado civil expedidas por las autoridades jurisdiccionales, personas funcionarias públicas del Registro Civil o dependencia pública de acuerdo con cada Entidad Federativa, y las certificaciones que sean expedidas por medios manuales o electrónicos y que cuenten con la firma autógrafa digitalizada o firma electrónica avanzada de las personas facultadas para ello, respecto a constancias existentes en los libros correspondientes;

V. Las certificaciones de constancias existentes en los archivos públicos físicos o electrónicos firmados en forma autógrafa o electrónicamente expedidas por personas funcionarias a quienes competa;

VI. Las certificaciones de constancias existentes en los archivos parroquiales y que se refieran a actos pasados, antes del establecimiento del Registro Civil, siempre que fueren cotejadas por Notario Público o quien haga sus veces con arreglo a derecho;

VII. Las ordenanzas, estatutos, reglamentos y actas de sociedades o asociaciones, universidades, siempre que estuvieren aprobados por el Gobierno Federal o de los Estados, y las copias certificadas que de ellos se expidieren;

VIII. Las actuaciones judiciales de toda especie, incluyendo las de los expedientes electrónicos publicados y generados por cualquier autoridad jurisdiccional, en forma física o electrónica, de los Poderes Judiciales que les corresponda;

IX. Las certificaciones que expidieren las bolsas mercantiles o mineras autorizadas por la Ley y las expedidas por corredor público con arreglo al Código de Comercio;

X. Los convenios emanados del procedimiento de mediación o de Centro de Mediación o mecanismos alternativos para la solución de conflictos, que cumplan con los requisitos previstos en la Ley de la materia, y

XI. Los demás a los que se les reconozca ese carácter por la Ley.

Artículo 313. Los documentos públicos expedidos por Autoridades Federales, Locales, Municipales, Alcaldías o cualquier semejante, firmados en forma autógrafa o con la firma electrónica avanzada harán fe en las autoridades jurisdiccionales ante las que se presenten, sin necesidad de legalización.

Artículo 314. Para que los documentos públicos procedentes del extranjero, hagan fe en los Estados Unidos Mexicanos, deberán presentarse debidamente legalizados por las autoridades diplomáticas o consulares en los términos que establezcan los tratados y convenciones de los que México sea parte, la Ley del Servicio Exterior Mexicano y demás disposiciones aplicables.

En caso de imposibilidad para obtener la legalización, ésta se sustituirá por cualquier prueba adecuada para garantizar su autenticidad. En todo caso deberá estarse a lo señalado en los instrumentos internacionales en los que el Estado mexicano sea parte.

Artículo 315. De la traducción de los documentos que se presenten en idioma extranjero, se mandará dar vista a la parte contraria para que, en un plazo de tres días, manifieste si está conforme; en caso de no estarlo, dentro del mismo plazo de tres días deberá presentar traducción emitida por un perito traductor.

Si la traducción presentada por ambas partes fuese distinta en aspectos relevantes para la solución del conflicto, a costa de las partes, la autoridad jurisdiccional ordenará la traducción a través de un perito traductor oficial o una institución educativa.

En ambos casos, si hubiere conformidad o no dijere nada el contrario, se tendrá por consentida la traducción.

Artículo 316. Siempre que una de las partes litigantes pidiere copia o testimonio de parte de un documento, firmados de forma autógrafa o electrónicamente que obren en los archivos públicos físicos o electrónicos, la parte contraria tendrá derecho de que a su costa se adicione con lo que crea conducente del mismo documento. No así de los documentos que existen en archivos físicos o electrónicos de particulares.

Artículo 317. Los documentos existentes en un sitio distinto de aquel en que se sigue el juicio, se compulsarán a virtud de despacho o exhorto que dirija la autoridad jurisdiccional competente y; siempre que estos documentos se encuentren en los archivos públicos físicos o electrónicos.

Cuando se trate de documentos con firma electrónica, simple o avanzada, de ser posible se compulsarán levantando la actuación correspondiente y se observará el documento en la página de internet o en la base de datos de la dependencia que lo expidió. De no ser posible el referido cotejo, se procederá en los términos del párrafo anterior.

Artículo 318. Los documentos públicos que hayan venido al procedimiento sin citación contraria, se tendrán por legítimos y eficaces, salvo que se impugnare expresamente su autenticidad o exactitud por la parte a quien perjudiquen. En este caso, a petición de parte, se decretará el cotejo con los protocolos y archivos físicos o electrónicos de los que provengan, mismo que se practicará en la audiencia respectiva por parte de la autoridad jurisdiccional acompañado del personal necesario y competente, así como las partes involucradas, al efecto de ingresar en el local del archivo físico, la página de internet o matriz, el día y hora señalado, a realizar dicho cotejo. Si no comparece la parte interesada o no provee los medios tecnológicos para su desahogo se declarará desierta la prueba.

Los documentos firmados en forma autógrafa o electrónica, simple o avanzada, emitidos por autoridades federales, locales, municipales, alcaldías o cualquier otra semejante; así como por países extranjeros, tendrán el mismo valor y serán tratados con las mismas condiciones que los que se hayan elaborado físicamente, autenticados con firma autógrafa.

Artículo 319. Son documentos privados los que otorgan personas particulares sin intervención de Notario Público u otra persona funcionaria dotado de fe pública, o legalmente autorizado para certificar tal documento.

También se consideran documentos privados, aquellos que provengan de personas terceras y que este Código Nacional no reconozca como documentos públicos.

Artículo 320. Los documentos privados y la correspondencia procedente de las partes, presentados en juicio por vía de prueba y no objetados por la parte contraria, se tendrán por admitidos y surtirán sus efectos como si hubieren sido reconocidos expresamente. Puede exigirse el reconocimiento expreso, si la parte que los presenta así lo pidiere; con este objeto se exhibirán los originales a quien deba reconocerlos y se le dejará verlos en su integridad y no sólo la firma.

Quien ofrezca pruebas documentales privadas está obligada a exhibir el original, si lo exhibe en copia certificada o simple y no lo exhibe para los efectos del reconocimiento o la elaboración de pruebas periciales, se presumirá ciertos los hechos que pretende demostrar la parte impugnante u objetante, salvo prueba en contrario.

Artículo 321. Los documentos privados originales, cuando formen parte de un libro, expediente o legajo, se exhibirán para que se compulse la parte que señalen las partes interesadas.

Artículo 322. Si el documento se encuentra en libros, papeles de casa, de comercio o de algún establecimiento industrial, así como archivo que, por sus características y estado no permita su reproducción sin deteriorarse, quien pida el documento o la constancia, deberá fijar con precisión cuál sea, y la copia testimoniada se tomará en el escritorio del establecimiento, sin que las personas directoras de él, estén obligados a llevar a la autoridad jurisdiccional los libros de cuentas, ni a más que a presentar las partidas o documentos designados.

Artículo 323. Cuando las partes deban servirse de documentos en poder de terceros, solicitarán del juzgado, que se intime a los mismos la exhibición o para que faciliten la obtención de copia fotográfica, electrónica o testimonio certificado de ellos, siendo los gastos que se originen a cargo de la parte que pida la prueba. Las personas terceras pueden rehusarse si tienen derechos exclusivos sobre los documentos u otra cosa, debiendo justificarlo de manera fehaciente.

Si se trata de documento que se halle en poder de la contraparte, se le intimará para que lo presente en el primer ocurso que comparezca a juicio o en la audiencia respectiva, y de no presentarlo se presumirán ciertos los hechos que pretende demostrar su contraparte. La parte que promueva la prueba podrá presentar copia del documento o proporcionar los datos que conozca acerca de su contenido, mismo que se tendrá por exacto si se probare que el documento se halla o estuvo en poder de la parte adversaria, y ésta sin justa causa no lo presenta.

Artículo 324. La obligación de exhibir documentos y cosas en procedimientos que se sigan en el extranjero, no comprenderá la de exhibir documentos o copias de éstos identificados por características genéricas.

En ningún caso podrá una autoridad jurisdiccional ordenar ni llevar a cabo la inspección de archivos que no sean de acceso público, salvo en los casos permitidos por las Leyes nacionales.

Artículo 325. Los documentos que presenten las partes en los escritos de demanda y contestación, o en el desahogo de vista, podrán ser objetados en cuanto a su alcance y valor probatorio en esos propios escritos o una vez admitidos en la audiencia preliminar. Los documentos que surjan con posterioridad, deberán ser exhibidos o incorporados sólo durante audiencia por parte interesada y, de ser admitidos, en el mismo acto podrá realizarse su objeción.

Artículo 326. En el reconocimiento de documentos se protestará en términos de Ley a la persona que debe hacerlo, ya sea tratándose de una de las partes o de un tercero, quien en la audiencia de juicio contestará oralmente los cuestionamientos que se le realicen sólo sobre el documento a reconocer. Si se niega a responder y es parte en el juicio, el documento se tendrá por reconocido.

Sólo puede reconocer un documento privado la persona que lo firmó, la que lo manda extender o la persona legítima representante con poder o cláusula especial.

Artículo 327. Podrá pedirse el cotejo de firmas y letras, siempre que se niegue o que se ponga en duda la autenticidad de un documento privado o de un documento público que carezca de matriz. Para este objeto se procederá con sujeción a lo que se previene para la prueba pericial.

Artículo 328. La falsedad consiste en la formación de un documento no verdadero, o en la alteración de uno auténtico, o bien en la falta de veracidad de los hechos representados en un documento público que se afirman como ocurridos ante una persona funcionaria pública, Notario o Corredor públicos.

La parte que redarguye de falso un documento debe indicar específicamente los motivos y las pruebas; cuando se impugne la autenticidad del documento privado o público sin matriz deben señalarse los documentos indubitables para el cotejo y promover la prueba pericial correspondiente. Sin estos requisitos se tiene por no redargüido o impugnado el documento.

Realizada la impugnación, se procederá a desahogar la prueba pericial en términos del presente Código Nacional.

Lo dispuesto en este artículo sólo da competencia a la autoridad jurisdiccional para conocer y decidir en lo principal la fuerza probatoria del documento impugnado, sin que pueda hacerse declaración alguna general que afecte al documento, y sin perjuicio del procedimiento penal a que hubiere lugar.

Si en el momento de la celebración de la audiencia se tramitare procedimiento penal sobre la falsedad del documento en cuestión, la autoridad jurisdiccional, sin suspender el procedimiento y según las circunstancias, determinará al dictar sentencia, si se reservan los derechos del impugnador para el caso en que penalmente se demuestre la falsedad, o bien puede subordinar la eficacia ejecutiva de la sentencia a la prestación de una caución.

Artículo 329. La impugnación de falsedad de un documento debe realizarse en la etapa postulatoria del juicio. Si se trata de los exhibidos en la demanda, sea principal o reconvencional, la parte demandada deberá oponer la excepción de falsedad de documento y ofrecerá las pruebas para tal fin. La parte actora podrá responder a dicha impugnación, ampliará su cuestionario y ofrecerá la pericial correspondiente, en su caso.

Si se trata de documentos exhibidos al contestar la demanda o la reconvención, la contraparte deberá promover la impugnación al desahogar la vista y ofrecerá las pruebas para ello, dando vista por tres días a su contraria para el derecho de contradicción.

En el caso de los documentos exhibidos en los escritos de desahogo de vista de excepciones, la demandada podrá impugnarlos dentro del término de tres días contados a partir del acuerdo en que se tienen por exhibidos, ofreciendo las pruebas pertinentes; y la actora en el principal o en la reconvención, responderán a dicha impugnación por escrito en el término de tres días, en el entendido de que sólo podrán adicionar puntos o cuestionamientos y, en su caso, documentos indubitables para cotejo. En el caso de documentos exhibidos en audiencia, la impugnación de falsedad se hará en la misma audiencia donde se exhiben. Las partes tienen la obligación de acudir a la audiencia respectiva debidamente preparados para tales efectos, bajo el apercibimiento de no dar trámite a su petición.

Artículo 330. Quien pida el cotejo designará el documento o documentos indubitables con que deba hacerse, o pedirá a la autoridad jurisdiccional que cite a la persona interesada, para que en su presencia y en audiencia especial o simple comparecencia asiente la firma, letras o huella digital que servirán para el cotejo. En este caso, la autoridad jurisdiccional podrá aprovechar la presencia de la persona en cualquiera de las audiencias para recabar sus firmas.

Artículo 331. Se considerarán indubitables para el cotejo:

I. Los documentos físicos o electrónicos firmados de manera autógrafa o con firma electrónica avanzada que las partes, según el caso, de común acuerdo, reconozcan como tales;

II. Los documentos privados físicos o electrónicos cuya letra o firma autógrafa o con firma electrónica avanzada hayan sido reconocidos en juicio por aquel a quien se atribuye la dudosa;

III. Los documentos físicos o electrónicos cuya letra, firma autógrafa o con firma electrónica avanzada, o huella dactilar, haya sido judicialmente declarada propia de aquel a quien se atribuye la dudosa, exceptuándose el caso en que la declaración haya sido hecha en rebeldía;

IV. El escrito impugnado, en la parte en que reconozca la letra como suya aquella parte a quien perjudique, y

V. Las firmas o huellas digitales puestas en actuaciones judiciales, en presencia de la persona secretaria judicial, auxiliar o judicial de la autoridad jurisdiccional, por la parte cuya firma, letra o huella dactilar se trata de comprobar y las puestas ante cualquier otra persona funcionaria revestida de fe pública.

SECCIÓN SEXTA
DE LA INSPECCIÓN O RECONOCIMIENTO JUDICIAL

Artículo 332. Al ofrecerse la prueba de inspección judicial, se deberá señalar e identificar los puntos sobre los que debe versar y puede verificarse respecto de lugares, bienes muebles e inmuebles, información publicada y de libre acceso en internet o personas, y que no requieran de conocimientos técnicos especializados, debiendo indicar con toda precisión, la materia u objeto de la prueba y su relación con algún punto del debate, sin cuyos requisitos no se admitirá.

El reconocimiento o inspección judicial, es el acto contingente y momentáneo, en el que la autoridad jurisdiccional, a través de sus sentidos, da fe de aspectos reales o cuestiones materiales para crear convicción respecto de los hechos materia del litigio.

Cuando el reconocimiento a cargo de una persona verse sobre algún documento, deberá desahogarse en la audiencia de juicio, apercibido que, en caso, de no comparecer, se le tendrá por cierto el contenido del mismo.

Artículo 333. La inspección o reconocimiento deberá cumplir con las siguientes reglas:

I. Deberá desahogarse en la audiencia de juicio o, según las circunstancias, o bien, antes o después de la misma en cualquier diligencia, con día de diferencia máximo, a efecto de no afectar el principio de continuidad y concentración de la información que arroje;

II. En el caso de haberse solicitado la elaboración de planos o toma de fotografías éstas deberán desahogarse necesariamente en audiencia de juicio por la parte interesada;

III. Las partes, peritos o testigos podrán estar presentes en la inspección judicial, dejando razón de su asistencia. La autoridad jurisdiccional deberá estar presente, sin poder delegar su presencia, con el personal necesario para el desarrollo de la audiencia, en caso, contrario resultará nula la diligencia de pleno derecho;

IV. De recibirse la inspección judicial en audiencia de juicio, la autoridad jurisdiccional decidirá el momento procesal para decretar el receso respectivo, definiendo las condiciones, tiempos, apercibimientos y demás medidas que considere pertinentes para llevar a cabo el desahogo y regresar a la sala de audiencias respectiva para la continuación de la audiencia, si fuera el caso;

V. Con este fin, la audiencia iniciará en la sala de audiencias de la autoridad jurisdiccional respectiva, en la que, después de cumplir con las demás formalidades de la misma, se decretará el receso para trasladarse al lugar de la inspección y, posteriormente, al regreso, continuar con la audiencia respectiva de poderse celebrar el mismo día, en caso contrario, se podrá señalar nuevo día y hora para su continuación, y

VI. En caso de no presentarse a la audiencia o diligencia la parte interesada, la prueba dejará de recibirse. Durante el desahogo de la inspección las partes, testigos o peritos, según el caso, podrán realizar las observaciones que consideren pertinentes, debiendo la autoridad jurisdiccional resolver en el acto lo que en derecho proceda, y la inspección judicial deberá videograbarse en su totalidad, sin incluir el traslado de personas; adicionándose, en su caso, los planos y fotografías respectivas. De no ser posible, se hará constar en cualquier medio a juicio de la autoridad jurisdiccional.

SECCIÓN SÉPTIMA
DE LA PRUEBA DE INFORMES

Artículo 334. El informe es un medio de prueba autónomo, que consiste en la rendición de datos, a través de un comunicado que debe contener la información que la parte oferente de la prueba proponga, o que el juzgado requiera oficiosamente y que la persona informante tenga a su disposición, en cualquier fuente que la pueda contener, ya sea electrónica o documental.

Los informes que se soliciten deberán versar sobre puntos claramente individualizados y referirse a hechos o actos que resulten de la documentación, archivo o registro de la persona informante.

La contraparte podrá formular las peticiones tendientes a que los informes sean completos y ajustados a los hechos a que han de referirse.

SECCIÓN OCTAVA
DE OTROS MEDIOS DE PRUEBA

Artículo 335. Para acreditar hechos o circunstancias que tengan relación con el procedimiento que se ventile, las partes pueden presentar otros medios de prueba que no estén expresamente reconocidos y regulados en el Código Nacional, como son, ejemplificativamente, videos, fotografías, cintas cinematográficas, disquetes o discos compactos, de sistemas computacionales, grabaciones de imágenes y sonidos, así como la información generada o comunicada que conste en medios electrónicos, magnéticos, ópticos, u otros medios de reproducción; o bien, copias digitales, impresiones de documentos electrónicos, simples o al carbón, documentos taquigráficos; así como registros dactiloscópicos, fonográficos y, en general, cualesquiera otros elementos proporcionados por la ciencia y la tecnología, que puedan producir convicción en el ánimo de la autoridad jurisdiccional.

Las pruebas ofrecidas que, por su naturaleza, requieran de dispositivos electrónicos para su reproducción o percepción, o de alguna traducción o interpretación técnica, serán admitidas siempre y cuando la autoridad jurisdiccional cuente con ellas, y en caso contrario el oferente proporcione dichas herramientas para su desahogo en la audiencia respectiva, bajo el apercibimiento de dejar de recibir la prueba.

Los registros electrónicos generados y publicados en un expediente electrónico, únicamente podrán ofrecerse precisando la liga respectiva, la parte conducente que se desea aportar como prueba, así como el nombre de las partes, número de expediente, tipo de juicio, juzgado en el que se tramita o tramitó el procedimiento respectivo, y cualquier otro dato que permita a la autoridad jurisdiccional su localización electrónica.

En todo caso, deberán respetarse los principios de equivalencia funcional o no discriminación y de neutralidad tecnológica de todo documento electrónico, conforme a las reglas de la prueba documental, atendiendo a la naturaleza del mismo.

Artículo 336. Si alguna de las partes estima que la reproducción de estos medios puede atentar contra la intimidad de las personas o poner en riesgo información reservada, confidencial o secretos industriales, lo expresará a la autoridad jurisdiccional, quien calificará tal solicitud y de considerarla fundada se recibirá en audiencia privada, dejando constancia de ello en el acta mínima que al efecto se levante.

SECCIÓN NOVENA
DE LAS PRESUNCIONES

Artículo 337. Presunción es la consecuencia que la norma jurídica o la autoridad jurisdiccional, deduce de un hecho conocido para averiguar la verdad de otro desconocido: la primera se llama legal y la segunda humana.

Artículo 338. Hay presunción legal cuando la Ley la establece expresamente y cuando la consecuencia nace inmediata y directamente de la Ley; hay presunción humana, cuando de un hecho debidamente probado, se deduce otro que es consecuencia ordinaria de aquél.

Artículo 339. La persona que tiene a su favor una presunción legal, sólo está obligada a probar el hecho en que se funda la presunción.

Artículo 340. No se admite prueba contra la presunción legal, cuando la Ley lo prohíbe expresamente y cuando el efecto de la presunción, es anular un acto o negar una acción, salvo el caso en que la Ley haya reservado el derecho de probar.

Artículo 341. La presunción debe ser grave, esto es, digna de ser aceptada por persona de buen criterio. Debe también ser precisa, esto es, que el hecho probado en que se funde, sea parte o antecedente o consecuencia del que se quiera probar, y que cuando fueren varias las presunciones han de ser concordantes entre sí.

Artículo 342. En los supuestos de presunciones legales que admiten prueba en contrario, opera la inversión de la carga de la prueba.

SECCIÓN DÉCIMA
DE LA VALORACIÓN DE LAS PRUEBAS

Artículo 343. Las autoridades jurisdiccionales apreciarán la prueba según su libre convicción extraída de la totalidad del debate y la instrumental de actuaciones, lo harán de manera libre, lógica y basada en la experiencia. En la resolución judicial respectiva siempre expondrán la motivación racional de las pruebas desahogadas tanto en lo individual como en su conjunto, salvo que se hayan desestimado, indicando las razones que se tuvieron para hacerlo.

En el caso de los recursos que se encuentran previsto en el presente Código Nacional, la autoridad de apelación deberá realizar la inmediación directa de las pruebas cuando así resulte procedente, valorándolas en los términos señalados en el párrafo anterior.

Artículo 344. Los documentos públicos siempre harán prueba plena, salvo el caso de objeción declarada procedente o probado el incidente de impugnación.

Las actuaciones e inspección judiciales que no requiera conocimientos especiales o científicos hacen prueba plena.

Artículo 345. Los documentos privados provenientes de las partes, harán prueba plena cuando no fueren objetados, cuando no se pruebe la objeción, cuando no fueren impugnados, cuando no se demuestre la impugnación o cuando fueren legalmente reconocidos.

El reconocimiento de documentos por su autor o autores, sea en etapa escrita o en audiencia, hace prueba plena salvo que existan otras que las contradigan. Los documentos privados provenientes de extraños al juicio, no reconocidos, ni objetados, constituyen indicio que requiere concatenación con otros medios de prueba para que funden una presunción.

Artículo 346. Los libros, instrumentos técnicos y demás que conforme a la Ley se deben llevar por cualquier persona, tendrán el valor probatorio que les asigne su normatividad específica.

Los documentos simples reconocidos por testigos, tendrán el valor que merezcan sus testimonios.

Artículo 347. Las presunciones legales hacen prueba plena, salvo que existan otras que la contradigan o el presente Código Nacional disponga lo contrario.

El órgano jurisdiccional según la naturaleza de los hechos, la prueba de ellos, los indicios y el enlace necesario que exista entre la verdad conocida y la que se busca, apreciará discrecionalmente el valor de las presunciones humanas.

Artículo 348. Se reconoce como prueba la información generada o comunicada que conste en medios electrónicos, ópticos, digitales, en una cadena de bloques o en cualquier otra tecnología.

Artículo 349. Para valorar la fuerza probatoria de la información a que se refiere el artículo anterior, se estimará primordialmente la fiabilidad del método en que haya sido generada, comunicada, recibida o archivada y, en su caso, si es posible atribuir a las personas obligadas el contenido de la información relativa y ser accesible para su ulterior consulta.

Artículo 350. Cuando la ley requiera que un documento sea conservado y presentado en su forma original, ese requisito quedará satisfecho si se acredita que la información generada, comunicada, recibida o archivada por medios electrónicos, ópticos, digitales, cuánticos o de cualquier otra tecnología, se ha mantenido íntegra e inalterada a partir del momento en que se generó por primera vez en su forma definitiva y ésta pueda ser accesible para su ulterior consulta.

La información, documentos electrónicos o mensajes de datos contenidos o almacenados en una cadena de bloques pública hacen prueba plena, siempre que no existan circunstancias fehacientes de que los registros vinculados en la cadena de bloques han sido vulnerados o manipulados sin autorización, o no son confiables.

CAPÍTULO III
DEL JUICIO ORAL SUMARIO

Artículo 351. Corresponde a los Consejos de la Judicatura de los Poderes Judiciales de las Entidades Federativas y del Poder Judicial de la Federación, mediante acuerdos generales, determinar qué asuntos serán gestionados en el juicio oral sumario que trata este Capítulo.

Artículo 352. Al juicio oral sumario le resultan aplicables las disposiciones generales de este Código Nacional, siempre que no contravengan lo previsto en este Capítulo.

Artículo 353. La demanda será formulada por comparecencia y en ella se expresarán en forma sucinta el objeto que se persigue y los hechos que fundan la pretensión, se ofrecerán las pruebas de tales hechos, y se indicará el nombre y domicilio de la parte demandada.

Artículo 354. De reunirse los presupuestos procesales, en la misma comparecencia la autoridad jurisdiccional admitirá la demanda y ordenará emplazar a la parte demandada para una audiencia que se celebrará en un plazo no menor a cinco días contados a partir del emplazamiento, de conformidad con lo siguiente:

I. La parte demandada dará respuesta a los hechos expuestos por su contraria y ofrecerá las pruebas que estime a su favor; en caso de documentos, deberá proporcionar copia de los mismos a la parte actora.

II. La autoridad judicial podrá suspender la audiencia para, en sesión privada, intentar la solución del asunto a través de los medios alternativos, así como informar a las partes la posibilidad de acudir ante los centros de justicia alternativa, en los casos en que procedan dichos medios.

III. La autoridad judicial admitirá a las partes las pruebas que estime pertinentes, según la naturaleza de los hechos controvertidos, y señalará día y hora para la audiencia de juicio.

Artículo 355. Para el emplazamiento se aplicarán las reglas generales previstas en este Código Nacional, pero se dará traslado a la parte demandada del registro en que conste la comparecencia para formular la demanda, así como la resolución de admisión de esta, y se le entregarán copias de los documentos o registros presentados al formular la demanda.

Artículo 356. Si solo se admiten pruebas documentales, declaración de parte, instrumental y presuncional, la autoridad judicial iniciará en ese momento la audiencia de juicio, en la cual desahogará las pruebas admitidas, escucharán los alegatos orales y emitirá la sentencia definitiva, que explicará a las partes y documentará dentro de los tres días siguientes.

Artículo 357. Cuando el allanamiento vincule a la autoridad jurisdiccional de conformidad con lo dispuesto en este Código Nacional, si la parte demandada se allana a la demanda, en la misma audiencia la autoridad judicial dictará la sentencia definitiva, que explicará a las partes y documentará dentro de los tres días siguientes. En caso de allanamiento no procederá la condenación en costas.

Artículo 358. En los casos de reconvención:

I. La autoridad jurisdiccional admitirá la reconvención, de ser procedente;

II. Ordenará emplazar al demandado reconvencional en ese mismo acto para otra audiencia que se celebrará en un plazo no menor a cinco días contados a partir de concluida la audiencia;

III. El demandado de la reconvención dará respuesta a los hechos expuestos por su contraria y ofrecerá las pruebas que estime a su favor; en caso de documentos, deberá proporcionar copia de los mismos a la parte actora, y

IV. Concluida la reconvención se estará a lo dispuesto por este Capítulo.

Artículo 359. En la audiencia de juicio se recibirán las pruebas, conforme a las disposiciones de este Código Nacional.

Los documentos y objetos que se hayan presentado serán mencionados, leídos, descritos, exhibidos o reproducidos, según corresponda.

Concluido el desahogo, se escucharán alegaciones breves de las partes y la autoridad jurisdiccional emitirá la sentencia definitiva, que explicará a las partes y documentará dentro de los cinco días siguientes.

El escrito en que se consigne la sentencia deberá corresponder a la que en la audiencia pronunció la autoridad judicial, sin que sea permitido incorporar argumentos diversos.

Artículo 360. Siempre se procurará resolver el fondo de todas las controversias planteadas.

Artículo 361. Contra la sentencia definitiva procede recurso de apelación; contra cualquier otra resolución no procede recurso alguno.

El plazo de la apelación se contará tomando en cuenta la notificación de la sentencia escrita.

Artículo 362. La autoridad jurisdiccional, sin afectar el debido proceso o los derechos humanos, bajo su prudente arbitrio y atendiendo a la naturaleza de la controversia, dispondrá de amplias facultades para orientar el desahogo de esta.

Artículo 363. La autoridad judicial podrá señalar y desahogar tantas audiencias cuantas considere necesarias para decidir los debates que establezcan las partes, sean principales, incidentales o sobre medidas cautelares.

Artículo 364. La autoridad judicial concederá la palabra a las partes las veces que estime convenientes para aclarar los puntos del propio debate y podrá interrogarlas para ese fin.

Artículo 365. En los procedimientos orales sumarios no existirá expediente.

Las audiencias se registrarán por cualquier medio que se estime conveniente, que asegure la preservación de la información para que pueda ser consultada.

No será necesario que la autoridad judicial sea asistida por persona secretaria judicial.

Artículo 366. Los Consejos de la Judicatura de los Poderes Judiciales de las Entidades Federativas y del Poder Judicial de la Federación, mediante acuerdos generales, podrán establecer los mecanismos necesarios para que los procedimientos a que se refiere este Capítulo se desahoguen a través de sistemas de justicia digital.

LIBRO TERCERO
DE LA JUSTICIA CIVIL

TÍTULO PRIMERO
DE LOS ACTOS PREJUDICIALES EN MATERIA CIVIL

CAPÍTULO I
DE LOS MEDIOS PREPARATORIOS DEL JUICIO EN GENERAL

SECCIÓN PRIMERA
DISPOSICIONES GENERALES

Artículo 367. El juicio podrá prepararse:

I. Pidiendo información a través de declaración o interrogatorio bajo protesta, a la persona que se pretenda demandar, acerca de un hecho relativo a su personalidad, negocios, la calidad de su posesión o tenencia de bienes;

II. Pidiendo la exhibición del bien mueble que haya de ser objeto de la acción real que se trate de entablar;

III. Pidiendo la persona legataria o cualquier otra que tenga el derecho de elegir uno o más bienes entre varios, su exhibición;

IV. Pidiendo la persona que se crea heredera, o coheredera o legataria, la exhibición de un testamento;

V. Pidiendo la persona compradora a la vendedora, o la vendedora a la compradora, en el caso de evicción, la exhibición de títulos u otros documentos que se refieran a los bienes vendidos;

VI. Pidiendo a una persona socia o comunera la presentación de los documentos y cuentas de la sociedad o comunidad, a una persona socia o copropietaria que los tenga en su poder;

VII. Pidiendo el examen de personas testigos, cuando se trate de personas mayores o se hallen en peligro inminente de perder la vida, o próximas a ausentarse a un lugar con el cual sean tardías o difíciles las comunicaciones y no pueda deducirse aún la acción, por depender su ejercicio de un plazo o de una condición que no se haya cumplido todavía;

VIII. Pidiendo el examen de personas testigos para probar alguna excepción, siempre que la prueba sea indispensable y las personas testigos se hallen en alguno de los casos señalados en la fracción anterior;

IX. Pidiendo el examen de personas testigos u otras declaraciones que se requieran en un procedimiento extranjero;

X. Cuando pida la exhibición de un protocolo o de cualquier otro documento archivado, la diligencia se practicará en la oficina del Notario o Notaria Pública; del Corredor o Corredora Pública o en la oficina respectiva de conformidad con lo dispuesto por la legislación Local aplicable, sin que, en ningún caso, salgan de ellas los documentos originales, y

XI. Pidiendo la exhibición de instrumentos o documentos relativos a la posesión, propiedad y tenencia de bienes muebles o inmuebles que se pretenda recuperar; así como de actos o hechos jurídicos que puedan ser materia de controversia.

La acción que pueda prepararse conforme a las fracciones I a III y XI, procede contra cualquier persona que tenga en su poder los bienes que en ellas se mencionan.

Artículo 368. Los medios preparatorios tienen por objeto que una persona se allegue de aquellos elementos que estime necesarios para ejercitar una acción o hacer valer un derecho o excepción, dentro de un procedimiento jurisdiccional.

Artículo 369. Estos procedimientos se tramitarán de forma escrita y únicamente serán aplicables los principios del juicio oral y sus reglas probatorias, durante las audiencias.

Artículo 370. Los medios preparatorios a juicio deberán solicitarse por escrito ante autoridad jurisdiccional competente y reunir al menos los siguientes requisitos:

I. Nombre, domicilio y dirección electrónica de quien promueve, en su caso;

II. El nombre y domicilio de las personas que deberán comparecer ante la autoridad jurisdiccional para rendir su declaración o exhibir los documentos o bienes solicitados;

III. Señalar el objeto que se persigue con la práctica de las diligencias;

IV. Señalar la acción, derecho o excepción que se pretenda ejercer u oponer;

V. El ofrecimiento de los medios de prueba que estime para acreditar la pertinencia de la solicitud, y

VI. La firma autógrafa o electrónica de quien promueve.

Artículo 371. La autoridad jurisdiccional podrá ordenar la práctica de diligencias que estime necesarias para cerciorarse sobre la personalidad y legitimación de quien solicita los medios preparatorios, así como de la necesidad o pertinencia de lo solicitado.

Artículo 372. Contra la resolución que concede la diligencia preparatoria, no habrá ningún recurso. Contra la resolución que niegue alguna de las diligencias enumeradas en el artículo 367 del presente Código Nacional, procede la queja.

Artículo 373. Una vez que la autoridad jurisdiccional admitió la solicitud y concedió la práctica de las diligencias preparatorias, se citará a la persona de la cual se requiera la declaración o la exhibición de los documentos o bienes, informándosele la naturaleza del procedimiento y el contenido de la solicitud, para que dentro del plazo de cinco días se lleve a cabo la audiencia respectiva o la práctica de la diligencia a que haya lugar.

Artículo 374. La solicitud de exhibición interrumpe la prescripción de la acción, siempre que se presente la demanda correspondiente dentro de los cinco días siguientes al que se efectúo la exhibición, o dentro de los cinco días siguientes al que judicialmente conste que aquella no puede efectuarse.

Artículo 375. Desahogada la diligencia, quien intentó la medida ante la autoridad jurisdiccional competente, deberá presentar la demanda dentro del término de cinco días, la que se engrosará y tramitará con el mismo número de expediente con que se radicó el medio preparatorio. Si por razón de turno, le corresponde la nueva demanda a la misma autoridad jurisdiccional que conoció de la diligencia preparatoria, en caso contrario, se remitirá al que por razón de turno le corresponda.

Artículo 376. La autoridad jurisdiccional podrá usar los medios de apremio previstos en el presente Código Nacional para hacer cumplir sus determinaciones. La persona rebelde responderá de los daños y perjuicios que cause.

Artículo 377. No se practicará diligencia alguna de jurisdicción voluntaria de la que pueda resultar perjuicio a la Federación. Las que se practicaren en contravención de este precepto serán nulas de pleno derecho y no producirán efecto legal alguno.

SECCIÓN SEGUNDA
DE LOS MEDIOS PREPARATORIOS DEL JUICIO EJECUTIVO CIVIL

Artículo 378. Los medios preparatorios a juicio ejecutivo tienen por objeto que una persona presunta deudora comparezca ante la autoridad jurisdiccional para reconocer el contenido de un documento o la firma de este, así como por solicitud de la persona acreedora y sobre una obligación cierta, liquida y exigible.

Artículo 379. La solicitud deberá formularse por escrito ante la autoridad jurisdiccional competente y contendrá al menos lo siguiente:

I. Nombre, domicilio y dirección electrónica de quien promueve;

II. Nombre y domicilio de la persona presunta deudora;

III. Los hechos en que funde su solicitud, y

IV. La firma autógrafa o electrónica de quien promueve.

Artículo 380. Tratándose de reconocimiento de documento o firma, se deberá adjuntar el documento a reconocer.

Artículo 381. Una vez que la autoridad jurisdiccional admita la solicitud, señalará fecha de audiencia dentro del plazo de veinte días y citará a la persona de la cual se requiera el reconocimiento del documento o su declaración en torno a una presunta deuda liquida y exigible, con el apercibimiento que, en caso de inasistencia o falta de contestación al interrogatorio, se le tendrá por cierto el reconocimiento de la obligación, contenido del documento o la firma de este.

Artículo 382. Practicada la citación se llevará a cabo la audiencia de reconocimiento, misma que deberá desahogarse mediante su declaración y en su caso, con la exhibición del documento. En la audiencia de reconocimiento se observará lo siguiente:

I. El interrogatorio que se le formule a la persona citada deberá estar destinado únicamente al objeto de la solicitud, sin introducir hechos ajenos al reconocimiento o declaración;

II. La autoridad jurisdiccional calificará de oficio el interrogatorio y rechazará las que resulten impertinentes. Contra dicha resolución no procede recurso alguno;

III. Se redactará acta que contenga el reconocimiento de lo solicitado, cuando así proceda.

Artículo 383. Puede hacerse el reconocimiento de documentos firmados ante Corredora o Corredor Público, Notaria o Notario Público, según corresponda de conformidad con lo dispuesto por la legislación aplicable, en forma autógrafa o con la firma electrónica, ya en el momento del otorgamiento o con posterioridad, siempre que lo haga la persona directamente obligada, la persona representante legítima o persona representante autorizada con poder bastante.

La Corredora o Corredor Público, Notaria o Notario Público hará constar el reconocimiento al pie del documento mismo, asentando si la persona que reconoce es representante legal o apoderada de la persona deudora, y la cláusula relativa, señalando también los datos de la escritura o póliza en su caso, en que se asiente tal constancia.

Artículo 384. Si el instrumento público o privado reconocido no contiene cantidad líquida, puede prepararse la acción ejecutiva siempre que la liquidación pueda hacerse en un término que no excederá de quince días.

La liquidación se hace incidentalmente con un escrito de cada parte, un plazo probatorio no mayor de seis días, si las partes lo pidieren y la autoridad jurisdiccional lo estima necesario y la resolución se dictará dentro de los tres días siguientes al desahogo de las pruebas; pronunciamiento contra el cual no procederá recurso alguno.

Artículo 385. En lo no previsto en este Capítulo se observarán las reglas para los medios preparatorios del juicio en general en lo que resulte aplicable.

SECCIÓN TERCERA
DE LA PREPARACIÓN DEL JUICIO ARBITRAL

Artículo 386. Cuando en un contrato o instrumento público se haya establecido cláusula de arbitraje y no se haya nombrado árbitro, éste se rehusare o falleciere y no exista sustituto, cualquiera de las partes contratantes podrá acudir ante la autoridad jurisdiccional para que se designe uno a través de un medio preparatorio.

Artículo 387. Presentándose por cualquiera de los interesados el documento firmado ya sea de manera electrónica o autógrafa, en el que se contiene la cláusula compromisoria, la autoridad jurisdiccional citará a una audiencia dentro del quinto día para que se presenten a elegir árbitro, apercibiéndolos de que, en caso de no hacerlo, lo hará en su rebeldía.

Artículo 388. Si la cláusula compromisoria forma parte de documento privado, al emplazar a la otra parte a la audiencia a que se refiere el artículo anterior, la persona secretaria judicial la requerirá previamente para que reconozca o no la firma autógrafa o electrónica del documento, y si se rehusare a contestar, se tendrá por reconocida.

Artículo 389. En la audiencia, la autoridad jurisdiccional exhortará a que elijan árbitro de común acuerdo, y en caso de no conseguirlo, designará uno entre las personas que aparezcan en las listas oficiales del Poder Judicial de la Federación o de las Entidades Federativas; también podrá consultar a instituciones arbitrales, colegios de corredores o notarios públicos debidamente certificados para tal fin.

Lo mismo se hará cuando el árbitro nombrado en el compromiso renunciare o fallezca y no hubiere sustituto designado.

Artículo 390. Habiéndose nombrado árbitro, se levantará acta de la audiencia, a través de la cual se iniciarán las actuaciones de este, emplazando a las partes como se determina en las reglas generales del juicio arbitral.

SECCIÓN CUARTA
DE LAS PRELIMINARES DE LA CONSIGNACIÓN

Artículo 391. Si la persona acreedora rehusare, sin justa causa recibir la prestación debida, dar el documento justificativo de pago o si fuere persona incierta o no tenga la habilidad o facultad jurídica de recibir pagos, la deudora podrá librarse de la obligación, mediante el ofrecimiento judicial de pago, seguido de consignación.

Artículo 392. Si la persona acreedora fuere cierta y conocida, se le citará para día, hora y lugar determinados, a fin de que reciba o vea depositar el bien debido. Si este fuere bien mueble de difícil conducción, la diligencia se practicará en el lugar donde se encuentre, siempre que esté dentro de la competencia territorial de la autoridad jurisdiccional; si estuviere fuera, se le citará y se librará el exhorto por escrito o vía correo electrónico o el despacho correspondiente a la autoridad jurisdiccional del lugar para que en su presencia el acreedor reciba o vea depositar el bien debido.

Artículo 393. Si se tratare de valores, alhajas o muebles de fácil conducción, la consignación se hará mediante entrega directa, o bien si fuese dinero, exhibiendo el certificado de depósito expedido por instituciones de crédito autorizadas, ante la autoridad jurisdiccional o área de apoyo judicial respectiva para tal efecto en la Ley Orgánica del Poder Judicial competente.

Artículo 394. Si la consignación fuere de inmuebles, se citará al acreedor para que dentro del plazo de tres días manifieste lo que a su derecho corresponda y, en su caso, comparezca a recibir la posesión del inmueble relativo. Para ello, es necesaria la aprobación de la consignación por parte de la autoridad jurisdiccional, a fin de que la misma surta efectos, pudiendo también, en su momento, ordenar que se entregue al acreedor la posesión del bien, lo cual determinará con base en las circunstancias que resulten de las diligencias que se practiquen.

Artículo 395. Si la persona acreedora fuere desconocida, se le citará de conformidad con lo previsto en este Código Nacional, en términos de las disposiciones que se utilizan para las notificaciones de personas inciertas o cuyo domicilio se ignore.

Si la persona acreedora estuviere ausente o desaparecida, será citada a través de representante de conformidad con las leyes de la materia, y en su caso por conducto del Ministerio Público o la Representación Social.

Artículo 396. La persona acreedora comparecerá personalmente o a través de su persona representante autorizada, el día, hora y lugar designados, ante el área de apoyo judicial respectiva o la autoridad jurisdiccional, donde se levantará constancia de la comparecencia, o no, describiendo el bien consignado, su recepción y, en su caso, que quedó constituido el depósito en la persona o establecimiento designado por la autoridad jurisdiccional, oficina de apoyo judicial, o en el lugar indicado por la Ley Orgánica respectiva.

Si la persona acreedora se negare a recibir los bienes consignados, se harán constar sus argumentos en el acto respectivo.

Artículo 397. Si el bien debido fuese cierto y determinado, que debiera ser consignado en el lugar en donde se encuentre, y la persona acreedora no lo retirara ni lo transportara, la deudora puede obtener autorización de la autoridad jurisdiccional para depositarlo en otro lugar adecuado y bajo su responsabilidad.

Artículo 398. Cuando la persona acreedora no haya estado presente en el ofrecimiento y depósito del bien debido, debe ser notificada personalmente de esas diligencias, entregándosele copia simple de ellas, si las pidiere, conforme a las formalidades establecidas en el presente Código Nacional.

Artículo 399. La consignación del dinero puede hacerse en el lugar o cuenta bancaria que designe la persona acreedora y en su defecto, mediante certificado de depósito o cheque certificado, ante el área de apoyo judicial, dispuesta para dichos efectos en la Ley Orgánica respectiva, Secretaría de Finanzas o Tesorería de cada Entidad Federativa.

Artículo 400. La consignación y el depósito de que hablan los artículos anteriores pueden hacerse por conducto de Fedatario Público, en este caso la designación de la persona depositaria será hecha bajo la responsabilidad de la persona deudora.

La Corredora o el Corredor Público, Notaria o Notario Público, en su caso atenderán personalmente la diligencia y se limitarán a hacer el ofrecimiento y expedir a la persona deudora la certificación respectiva, en la que dé fe de los hechos. La tramitación de oposiciones de la persona acreedora y declaración de liberación deberá hacerse por la autoridad jurisdiccional competente.

Artículo 401. Las mismas diligencias previstas en el artículo que antecede, se seguirán si la persona acreedora fuere conocida, pero dudosos sus derechos. Este depósito sólo podrá hacerse bajo la intervención judicial y bajo la condición de que la persona interesada justifique sus derechos por los medios legales.

Artículo 402. Cuando la persona acreedora se rehusare en el acto de la diligencia a recibir, el bien, con la certificación a que se refieren los artículos anteriores, podrá la deudora pedir la declaración de liberación en contra de la acreedora.

Mientras la acreedora no acepte la consignación o no se pronuncie resolución sobre ella, podrá la deudora retirar el depósito del bien; pero en este caso la obligación conserva todo su vigor.

Artículo 403. La persona depositaria que se constituya en estas diligencias será designada por la autoridad jurisdiccional si con intervención de ella se practicaren. Si fueren hechas con intervención de Corredor o Corredora Pública, Notaria o Notario Público, la designación será bajo la responsabilidad de la deudora.

CAPÍTULO II
DE LAS MEDIDAS CAUTELARES EN MATERIA CIVIL

SECCIÓN PRIMERA
DE LAS PROVIDENCIAS PRECAUTORIAS

Artículo 404. Las providencias precautorias son las siguientes:

I. Radicación de persona, cuando hubiere temor fundado de que se ausente u oculte la persona contra quien deba promoverse o se haya promovido una demanda. Dicha medida se reducirá a prevenir a la parte demandada que no se ausente del lugar del juicio sin dejar quien la represente legalmente, suficientemente instruida y expensada, para responder a las resultas del juicio. Quien quebrante la providencia de radicación de persona, será sancionado con la pena que señala el Código Penal respectivo por el delito de desobediencia a un mandato legítimo de la autoridad judicial, sin perjuicio de ser compelido por los medios de apremio que correspondan a volver al lugar del juicio. Quien ostente la representación legal y que se presente instruida y expensada, quedará obligada solidariamente con la persona deudora, respecto del contenido de la sentencia;

II. Retención de bienes, en cualquiera de los siguientes casos:

a) Cuando exista temor fundado de que los bienes que se hayan consignado como garantía o respecto de los cuales se vaya a ejercitar una acción real, se dispongan, oculten, dilapiden, enajenen o sean insuficientes, y

b) Tratándose de acciones personales, siempre que la persona contra quien se pida no tuviere otros bienes que aquellos en que se ha de practicar la diligencia, y exista temor fundado de que los disponga, oculte, dilapide o enajene. En los supuestos a que se refiere esta fracción, si los bienes consisten en dinero en efectivo o en depósito en instituciones de crédito, u otros bienes fungibles, se presumirá, para los efectos de este artículo, el riesgo de que los mismos sean dispuestos, ocultados o dilapidados, salvo que el afectado con la medida garantice el monto del adeudo.

III. Depósito o aseguramiento de las cosas, libros, documentos o papeles sobre que verse el litigio, cuando se demuestre la existencia de un temor fundado o el peligro de que las cosas, libros, documentos o papeles puedan ocultarse, perderse o alterarse, y

IV. El aseguramiento de bienes y condiciones necesarias para conservar la causa de pedir y garantizar la ejecución efectiva de la sentencia, siempre y cuando las cosas se mantengan en el estado en que se encuentren a la fecha de notificación de la providencia, no se afecten el orden e interés público o de terceras personas, y no se constituyan derechos a favor de la promovente equivalentes a los que obtendría, en el caso de obtener sentencia definitiva favorable. Las disposiciones de las fracciones anteriores comprenden no sólo a la persona deudora, sino también a quienes tengan la calidad de socias y administradoras de bienes ajenos.

Artículo 405. Las providencias precautorias establecidas por este Código Nacional podrán decretarse, tanto como actos prejudiciales, como después de iniciado el juicio respectivo.

En el primer caso, se tramitará en expediente que se forme por cuerda separada, previo a iniciar el juicio principal conforme al procedimiento de dos fases que prevé el artículo 409 del presente Código Nacional; en el caso de que la petición sea la radicación de persona, quien promueva deberá garantizar el pago de los daños y perjuicios que se generen si no se presenta la demanda. El monto de la garantía deberá ser determinado por la autoridad jurisdiccional prudentemente, con base en la información que se le proporcione y cuidando que la misma sea asequible para el promovente; si la autoridad jurisdiccional que decretó las providencias no fuere la que conozca del procedimiento, desde luego remitirá las mismas a la que le haya sido encomendado el mismo, quien podrá, en su caso, confirmar o revocar la decisión dictada.

En el segundo caso, se tramitará en vía incidental directamente ante la autoridad jurisdiccional que conoce del procedimiento conforme al procedimiento de dos fases del mismo artículo 409 del presente Código Nacional.

Si se pide la radicación de persona, bastará la petición de la promovente y el otorgamiento de la garantía a que se refiere este artículo para que se decrete y se haga a la persona demandada la correspondiente notificación.

Artículo 406. Quien solicite la radicación de persona, deberá acreditar el derecho que tiene para gestionar dicha medida. Se podrá probar lo anterior mediante documentos o con testigos idóneos.

Artículo 407. La autoridad jurisdiccional deberá decretar de plano la retención de bienes, cuando la persona que la pida cumpla con los siguientes requisitos:

I. Pruebe la existencia de un crédito cierto, líquido y exigible a su favor;

II. Exprese el valor de las prestaciones o el de la cosa que se reclama, designando ésta con toda precisión;

III. Manifieste, bajo protesta de decir verdad, las razones por las cuales tenga temor fundado de que los bienes consignados como garantía o respecto de los cuales se vaya a ejercitar la acción real serán ocultados, dilapidados, dispuestos o enajenados. En caso de que dichos bienes sean insuficientes para garantizar el adeudo, deberá acreditarlo con el avalúo o las constancias respectivas;

IV. Tratándose de acciones personales, manifieste bajo protesta de decir verdad que la persona deudora no tiene otros bienes conocidos que aquellos en que se ha de practicar la diligencia. Asimismo, deberá expresar las razones por las que exista temor fundado de que el deudor oculte, dilapide o enajene dichos bienes, salvo que se trate de dinero en efectivo o en depósito en instituciones de crédito, o de otros bienes fungibles. Tratándose de alimentos, bastará la protesta de decir verdad del acreedor de que la persona deudora ha dejado de suministrar alimentos por tres meses consecutivos o discontinuos, y

V. Garantice los daños y perjuicios que pueda ocasionar la medida precautoria a la persona deudora, en el caso de que no se presente la demanda dentro del plazo previsto en este Código Nacional o bien porque promovida la demanda, sea absuelta su contraparte. El monto de la garantía deberá ser determinado por la autoridad jurisdiccional prudentemente, con base en la información que se le proporcione y cuidando que la misma sea asequible para quien la solicite. Salvo en asuntos que afecten derechos de familia, niñas, niños, adolescentes o mujeres que sufran cualquier tipo de violencia, en las que no será necesaria tal garantía.

Artículo 408. Si la parte demandada consigna el valor u objeto reclamado, si da fianza bastante a juicio de la autoridad jurisdiccional o prueba tener bienes inmuebles bastantes para responder del éxito de la demanda, comprometiéndose a no transmitirlos de ningún modo, no se llevará a cabo la providencia precautoria o se levantará la que se hubiere dictado.

Artículo 409. El procedimiento para decretar una providencia precautoria constará de dos fases, una provisional y una definitiva.

En la fase provisional no se requerirá de citación de la parte afectada y tendrá por objeto proteger el peligro en la demora que afirme y demuestre el peticionario. En caso de ser otorgada, la providencia precautoria provisional surtirá sus efectos hasta que se resuelva sobre el otorgamiento de la providencia precautoria definitiva.

Para el otorgamiento de la providencia precautoria definitiva el peticionario deberá demostrar, además de los requisitos particulares que este Código Nacional exige respecto de cada providencia precautoria, la apariencia del buen derecho y el peligro en la demora. Para tal efecto, se correrá traslado a la parte afectada con la solicitud respectiva para que en el plazo de tres días hábiles manifieste lo que a su derecho convenga.

En dicho caso, las partes deben ofrecer sus pruebas en la comparecencia o en los escritos de solicitud de providencia precautoria y en el de su contestación, y cada una de ellas es responsable de su preparación de forma que puedan recibirse en la audiencia especial para la determinación de la procedencia de la providencia precautoria definitiva.

Una vez transcurrido el plazo para que la parte afectada desahogue la vista con la solicitud de la providencia precautoria, se citará a las partes para una audiencia oral que tendrá lugar en un plazo de cinco días en la que se recibirán las pruebas y alegatos de las partes. En la misma audiencia se abordará el debate sobre procedencia, en su caso, de establecer una garantía a cargo del peticionario de la providencia precautoria.

Cerrada la instrucción, la autoridad jurisdiccional gozará de un plazo de tres días hábiles para dictar la sentencia interlocutoria en la que confirme, modifique o levante la providencia precautoria, en definitiva. En todo lo relacionado a ofrecimiento, admisión, preparación, desahogo de pruebas y celebración de audiencia oral, se aplicarán las reglas previstas en el presente Código Nacional.

Artículo 410. De toda providencia precautoria queda responsable la persona que la pida; por consiguiente, son a su cargo los daños y perjuicios que se causen.

Artículo 411. El aseguramiento de bienes decretado por providencia precautoria y la consignación a que se refiere este Capítulo, se rigen en lo que sea aplicable por lo dispuesto en las reglas generales del secuestro formándose la sección de ejecución que se previene en los juicios ejecutivos.

Artículo 412. Ejecutada la providencia precautoria antes de ser presentada la demanda, la persona que la pidió deberá entablar el juicio respectivo dentro de los quince días siguientes.

Artículo 413. Si la parte actora no cumple con lo dispuesto en el artículo que precede, la providencia precautoria se revocará de oficio o a petición de parte. Dentro del término a que se refiere el artículo anterior, deberá exhibir copia certificada u original del escrito inicial de demanda debidamente recibido por la Oficialía de Partes y; en su caso, el auto que la admitiera, de lo contrario se levantará la misma.

Artículo 414. La persona contra quien se haya dictado una providencia precautoria, puede en cualquier tiempo, pero antes de la sentencia ejecutoria, solicitar a la autoridad jurisdiccional su modificación o revocación, cuando ocurra un hecho superveniente y conforme al procedimiento que establece el artículo 409 del presente Código Nacional.

Artículo 415. Puede reclamar la providencia precautoria un tercero, cuando sus bienes hayan sido objeto del secuestro. Esta reclamación se sustanciará por cuaderno separado. El tercero que reclame una providencia, deberá hacerlo mediante escrito en el que ofrezca las pruebas respectivas. La autoridad jurisdiccional correrá traslado al promovente de la precautoria y a la persona contra quien se ordenó la medida, para que la contesten dentro del término de cinco días y ofrezcan las pruebas que pretendan se les reciban. Transcurrido el plazo para la contestación, se proveerá respecto a la admisión o desechamiento de las pruebas que se hayan ofrecido y se señalará fecha para su desahogo dentro de los diez días siguientes, mandando preparar las pruebas que así lo ameriten. En la audiencia se recibirán y desahogarán las pruebas. Concluido su desahogo, las partes alegarán verbalmente lo que a su derecho convenga. La autoridad jurisdiccional fallará en la misma audiencia y dictará el acta mínima que contendrá los puntos resolutivos, siendo el medio digital que contenga la audiencia, la más fiel constancia de valoración, fundamentación y motivación de la autoridad jurisdiccional.

En contra de la resolución de dicha reclamación, procederá el recurso de apelación en el efecto devolutivo. Cuando la providencia precautoria hubiere sido dictada en segunda instancia con motivo del recurso de apelación, la sentencia de la reclamación no admitirá recurso alguno.

Artículo 416. Cuando la providencia precautoria se dicte por una autoridad jurisdiccional que no sea la que deba conocer del procedimiento principal, una vez ejecutada y resuelta en su caso la reclamación, se remitirán a la autoridad jurisdiccional competente las actuaciones que se unirán al expediente, así como las constancias digitales del audio y video de la audiencia respectiva, para que en él obren los efectos que correspondan conforme a derecho.

SECCIÓN SEGUNDA
DE LAS MEDIDAS DE ASEGURAMIENTO

Artículo 417. Antes de iniciarse el juicio, o durante su desarrollo, pueden decretarse todas las medidas necesarias para mantener la situación de hecho existente. Estas medidas se decretarán en forma provisional y definitiva siguiendo el mismo procedimiento cautelar que para las providencias precautorias se prevén en el artículo 409 del presente Código Nacional, y su resolución definitiva, es apelable en el efecto devolutivo de tramitación inmediata.

Artículo 418. La parte que tenga interés en que se modifique la situación de hecho existente, deberá proponer su demanda ante la autoridad competente.

Artículo 419. Cuando para mantener los hechos en el estado que guarden entrañe la suspensión de una obra, de la ejecución de un acto o de la celebración de un contrato, la demanda debe ser presentada por la parte que solicitó la medida, dentro del plazo de cinco días, contados a partir de la fecha en que se haya ordenado la suspensión.

El hecho de no interponer la demanda dentro del plazo indicado, deja sin efecto la medida.

Artículo 420. En todo caso, el mantener las cosas en el estado que guarden pueda causar daño o perjuicio a persona distinta de la que solicite la medida, se exigirá, previamente, garantía bastante para asegurar su pago, a juicio de la autoridad jurisdiccional que la decrete.

Artículo 421. La determinación que ordene que se mantengan las cosas en el estado que guarden al dictarse la medida, no prejuzga sobre la legalidad de la situación que se mantiene, ni sobre los derechos o responsabilidades del que la solicita, ni el pago de daños y perjuicios a que pueda resultar condenado de no ser procedente la medida de aseguramiento.

Artículo 422. Si la medida se decretó antes de iniciarse el juicio, quedará insubsistente si no se interpone la demanda dentro de los cinco días de practicada, y se restituirán las cosas al estado que guardaban antes de dictarse la medida.

Artículo 423. No podrá decretarse diligencia preparatoria alguna, de aseguramiento o precautoria que no esté autorizada por este Código Nacional o por disposición especial de la ley.

TÍTULO SEGUNDO
PROCEDIMIENTOS CIVILES NO CONTENCIOSOS

CAPÍTULO I
DE LA JURISDICCIÓN VOLUNTARIA

SECCIÓN PRIMERA
DISPOSICIONES GENERALES

Artículo 424. La jurisdicción voluntaria comprende todos los actos que, por disposición de la ley o por solicitud de las personas interesadas, se requiere la intervención de la autoridad jurisdiccional, sin que esté promovida, ni se promueva cuestión litigiosa alguna entre partes determinadas.

A solicitud de parte legítima podrán practicarse en esta vía las notificaciones o emplazamientos necesarios en procesos extranjeros.

Artículo 425. De manera enunciativa y no limitativa, podrá tramitarse la jurisdicción voluntaria en los siguientes casos:

I. Para justificar algún hecho o acreditar un derecho;

II. Cuando se pretenda justificar la posesión como medio para acreditar el dominio pleno de un inmueble o derecho real;

III. La posesión o propiedad de vehículos automotores por medio de testigos, siempre que no cuenten con reporte de robo u otros ilícitos, así como se justifique su legal estancia en el país;

IV. Cuando se trate de comprobar la posesión de un mueble o algún derecho real;

V. Para acreditar hechos conocidos o acreditar situaciones jurídicas se podrá realizar la diligencia ante Notaria o Notario Público, de conformidad con lo dispuesto por la legislación aplicable;

VI. Asimismo, se podrá realizar la diligencia ante Notaria o Notario Público, de conformidad con lo dispuesto por la legislación aplicable, en los casos del procedimiento de apeo y de deslinde, y

VII. En cualquier otro que sólo tenga interés el promovente.

En los casos de las tres primeras fracciones, así como en aquellos que se afecte el interés público, estén involucrados derechos de niñas, niños y adolescentes o se trate de derechos o bienes de personas declaradas ausentes o desaparecidas, se dará vista al Ministerio Público o Representación Social para su intervención y solo se podrá celebrar ante autoridad jurisdiccional. Las practicadas por Notaria o Notario Público las realizarán conforme a la ley respectiva.

En el caso de la fracción IV, con la quien sea titular de la propiedad o de los demás partícipes del derecho real.

Tratándose de vehículos automotores se requerirá acreditar que no cuenta con reporte de robo o de algún otro ilícito, así como su legal estancia en el país.

El Ministerio Público y las personas con cuya citación se reciba la información, pueden tachar a los testigos por circunstancias que afecten su credibilidad.

Cuando haya datos o indicios que inclinen a sospechar que la promovente trata, mediante la información de despojar inmuebles, o defraudar al fisco o cometer cualquier otro delito, la autoridad jurisdiccional, Notaria o Notario Público dará vista al Ministerio Público para los efectos conducentes y suspenderá la tramitación de la información.

Estos procedimientos se tramitarán por escrito, salvo que, atendiendo al caso en concreto puedan realizarse las diligencias ajustándose a los principios del juicio oral.

Artículo 426. La jurisdicción voluntaria deberá promoverse por escrito ante la autoridad jurisdiccional competente y reunir los siguientes requisitos:

I. Nombre y domicilio de quien promueve;

II. En su caso, nombre y domicilio de las personas que deban ser citadas;

III. La providencia solicitada;

IV. Los hechos que fundamenten la solicitud;

V. Las pruebas que se ofrezcan, y

VI. Firma de quien promueve.

Artículo 427. Si no se requiere la intervención de persona distinta al promovente, se observará lo siguiente:

I. El promovente comparecerá ante la autoridad jurisdiccional y sin mayor formalidad expresará la causa que origina la necesidad de la intervención judicial;

II. Si se requiere por la naturaleza de lo solicitado, el promovente ofrecerá las informaciones, dictámenes o pruebas necesarias para que la autoridad jurisdiccional gestione la solicitud y emita la providencia respectiva, y

III. Si la autoridad jurisdiccional admite la solicitud, en la misma audiencia recibirá las informaciones, dictámenes o pruebas ofrecidas y emitirá, en su caso, la providencia respectiva. Si se le solicita, la documentará en tres días.

Artículo 428. Si se requiere la intervención de persona distinta al promovente, se observará lo siguiente:

I. El promovente comparecerá ante la autoridad jurisdiccional, y sin mayor formalidad expresará la causa que origina la necesidad de la intervención judicial. Además, señalará el nombre y domicilio de las personas que tengan interés;

II. El promovente ofrecerá cuando así se requiera, las pruebas que sustenten la petición;

III. Se emplazará a las personas que tengan interés para una audiencia que se verificará en el término de tres días, en que expresen lo que a su interés convenga. En esa audiencia se desahogarán las pruebas de las partes y en seguida se emitirá la sentencia respectiva.

Artículo 429. Los Consejos de la Judicatura de los Poderes Judiciales de las Entidades Federativas y del Poder Judicial de la Federación, mediante acuerdos generales, podrán establecer los mecanismos necesarios para que los procedimientos a que se refiere este artículo se desahoguen por medios electrónicos.

Artículo 430. Para el examen de los testigos, se observarán las formalidades que para esta prueba regula el presente Código Nacional.

La autoridad jurisdiccional podrá ampliar el examen de los testigos con las preguntas que estime pertinentes.

Artículo 431. En ningún caso se admitirán en procedimiento judicial no contencioso, informaciones de testigos sobre hechos que fueren materia de un procedimiento en curso.

Artículo 432. La Jurisdicción Voluntaria podrá tramitarse ante Notaria o Notario Público cuando así lo disponga la legislación aplicable; y el promovente sea el único que tenga interés en el objeto de los mismos, no esté promovida, ni se promueva cuestión litigiosa alguna entre partes determinadas y no se encuentren involucrados derechos de niñas, niños y adolescentes, observándose en lo conducente las reglas del presente Código Nacional.

Artículo 433. Se dará por terminado el procedimiento de jurisdicción voluntaria si se opusiere parte legítima. Se desechará la oposición que se haga después de efectuado el acto, reservándole los derechos a quien se oponga para que los haga valer en la vía y forma que proceda.

Artículo 434. La Autoridad Jurisdiccional podrá variar o modificar las providencias que dictare, sin sujeción estricta a los términos y formas establecidos respecto de la jurisdicción contenciosa.

No se comprenden, en esa disposición, los autos que tengan fuerza de definitivos, a no ser que se demuestre que cambiaron las circunstancias que determinaron la resolución.

Artículo 435. Las resoluciones que se dicten en las diligencias de jurisdicción voluntaria ante autoridad jurisdiccional son recurribles en términos de lo que establece este Código Nacional. La resolución desestimatoria de la petición es recurrible en queja. La que dé por concluido el procedimiento de las diligencias, será apelable en el efecto devolutivo.

Artículo 436. No se practicará diligencia alguna de jurisdicción voluntaria de la que pueda resultar perjuicio a la Hacienda Pública. Las que se practicaren en contravención de este precepto serán nulas de pleno derecho y no producirán efecto legal alguno.

Artículo 437. De las informaciones o resoluciones se expedirán las copias certificadas o se mandarán protocolizar ante Fedatario Público a petición y costa del interesado.

Artículo 438. Las informaciones se inscribirán en el Registro Público de la Propiedad Federal, Oficina Registral o cualquier Institución análoga según la Entidad Federativa de que se trate, si así procediere.

SECCIÓN SEGUNDA
DEL APEO Y DESLINDE

Artículo 439. El apeo o deslinde tiene lugar siempre que no se hayan fijado los límites o linderos que separan un fundo de otro u otros, o que, habiéndose fijado, hay motivo fundado para creer que no son exactos ya sea que naturalmente se hayan confundido, o porque se hayan destruido las señales que los marcaban, o bien porque éstas se hayan colocado en lugar distinto del primitivo.

Artículo 440. Tiene derecho para promover el apeo:

I. Quien ostente la calidad de propietaria;

II. Quien posea con título bastante para transferir el dominio;

III. Quien sea titular del derecho para usufructuar el bien;

IV. El apeo o deslinde de un fundo de propiedad nacional, estatal o municipal sólo podrá practicarse a petición de la autoridad administrativa correspondiente, y

V. Los particulares pueden también pedir el apeo, para deslindar su fundo respecto de otro con carácter público. En este caso, la diligencia se limitará a marcar los linderos entre ambos fundos.

Artículo 441. La petición de apeo debe contener:

I. El nombre y ubicación de la finca que debe deslindarse;

II. La parte o partes en que el acto debe ejecutarse;

III. Los nombres de las personas colindantes que puedan tener interés en el apeo, así como de las autoridades que puedan tener injerencia en el asunto;

IV. El sitio donde están y dónde deben colocarse las señales y si éstas no existen, el lugar donde estuvieron;

V. Los planos y demás documentos que vengan a servir para la diligencia, y designación de perito por parte de la promovente, y

VI. La designación de un perito para que intervenga en el reconocimiento.

Si el apeo se tramita ante Notaria o Notario Público, además de acreditarse la propiedad o titularidad del bien a deslindar, se deberá acreditar la propiedad o titularidad de los colindantes, salvo que el predio colinde con predio o bienes destinados a servicios públicos o de propiedad municipal, estatal o federal.

Asimismo, cuando el trámite se realice por Notaria o Notario Público, la solicitud deberá ser suscrita además por los colindantes del predio a deslindar y deberá contener señalados el día, hora y lugar para que dé principio la diligencia de deslinde.

Artículo 442. Admitida la petición se mandará citar a los colindantes para que dentro de tres días presenten los títulos y documentos de su posesión, y nombren perito si quieren hacerlo. Se señalará el día, hora y lugar para que dé principio la diligencia de deslinde.

Si fuere necesario identificar alguno o algunos de los puntos de deslinde, quienes tengan interés podrán presentar dos testigos de identificación cada uno, en la diligencia.

Artículo 443. El día y hora señalados para que se celebre la diligencia de deslinde, la autoridad jurisdiccional, acompañada de la persona secretaria judicial, así como peritos, testigos de identificación y personas autorizadas en el proceso que asistan al lugar designado para dar principio a la diligencia, conforme a lo siguiente:

I. Practicará el apeo y deslinde, asentándose acta en que constarán todas las observaciones que hicieren las personas interesadas;

II. La diligencia no se suspenderá por virtud de las observaciones, sino en el caso de que se presente en el acto un documento debidamente registrado que acredite es de su propiedad el fundo que se trata de deslindar;

III. La autoridad jurisdiccional, al ir demarcando los límites del fundo deslindado, otorgará posesión a la promovente de las diligencias respecto de la propiedad que quede comprendida dentro de ellos, si quien sea colindante se opusiera, o mandará que se le mantenga en la que esté disfrutando;

IV. Si existe oposición de colindantes respecto a un punto determinado, por considerar que conforme a sus títulos quede comprendido dentro de los límites de su propiedad, la autoridad jurisdiccional oirá a los testigos de identificación y a los peritos, e invitará a los interesados a que se pongan de acuerdo. Si esto se lograre, se hará constar y se otorgará la posesión según su sentido. Si no se lograre, se abstendrá la autoridad jurisdiccional de hacer declaración alguna en cuanto a la posesión, respetando en ella a quien la disfrute, y mandará reservar sus derechos a quienes tengan interés para que los hagan valer en el juicio correspondiente mediante la resolución correspondiente que se dictare en el plazo de cinco días, y

V. La autoridad jurisdiccional mandará que se fijen las señales convenientes en los puntos deslindados, las que quedarán como límites legales. Los puntos respecto a los cuales hubiere oposición no quedarán deslindados ni se fijará en ellos señal alguna, mientras no haya sentencia ejecutoria que resuelva la cuestión, dictada en el juicio correspondiente.

Al realizarse la diligencia por Notaria o Notario Público, éste deberá levantar acta en la que haga constar y certifique los hechos ocurridos durante la diligencia, misma que deberá protocolizar en escritura pública, junto con la solicitud y demás documentos que le hayan sido presentados para la realización de la diligencia, en los términos de la Ley del Notariado de cada Entidad Federativa.

Artículo 444. Los gastos generales del apeo se harán por quien lo promueva. Los que importen la intervención de peritos y testigos que presenten los colindantes, serán pagados por quien nombre a los unos y presente a los otros.

En el caso de que el trámite de la diligencia se realice ante Notaria o Notario Público, los gastos serán únicamente por cuenta de quien la promueva.

SECCIÓN TERCERA
DE LA DESIGNACIÓN DE APOYOS EXTRAORDINARIOS

Artículo 445. Todas las personas mayores de edad tienen capacidad jurídica plena. El código civil respectivo regulará las modalidades en que las personas puedan recibir apoyo para el ejercicio de su capacidad jurídica, que son formas de apoyo que se prestan a la persona para facilitar el ejercicio de sus derechos, incluyendo el apoyo en la comunicación, la comprensión de los actos jurídicos y sus consecuencias, y la manifestación de la voluntad.

Puede ser objeto de apoyo cualquier acto jurídico, incluidos aquellos para los que la ley exige la intervención personal del interesado. Nadie puede ser obligado a ejercer su capacidad jurídica mediante apoyos, salvo lo señalado en el artículo siguiente.

Artículo 446. La autoridad jurisdiccional, en casos excepcionales, puede determinar los apoyos necesarios para personas de quienes no se pueda conocer su voluntad por ningún medio y no hayan designado apoyos ni hayan previsto su designación anticipada. Esta medida únicamente procederá después de haber realizado esfuerzos reales, considerables y pertinentes para conocer una manifestación de voluntad de la persona, y de haberle prestado las medidas de accesibilidad y ajustes razonables, y la designación de apoyos sea necesaria para el ejercicio y protección de sus derechos.

Si se hubiere realizado una designación anticipada de apoyos, se estará a su contenido.

El procedimiento para la designación extraordinaria de apoyos se llevará a cabo ante autoridad jurisdiccional civil o familiar, en su caso, en forma sumaria en una audiencia oral en los términos de este Código Nacional.

Artículo 447. La autoridad jurisdiccional determinará la persona o personas de apoyo, sobre la base de la voluntad y preferencias de la persona manifestadas previamente y, de no existir, determinará la persona o personas de apoyo tomando en cuenta la relación de convivencia, confianza, amistad, cuidado o parentesco que exista entre ellas y la persona apoyada, escuchando la opinión del Ministerio Público o autoridad competente en la Entidad Federativa. De no existir ninguna de las personas anteriores, o cuando ninguna acepte el cargo, se designará a una persona física o moral del registro de personas morales que provean apoyos para el ejercicio de la capacidad jurídica, de conformidad con la regulación del código civil respectivo.

Artículo 448. Cualquier persona podrá solicitar la designación judicial extraordinaria de apoyo; corresponderá a la autoridad jurisdiccional allegarse de la información necesaria con base en:

I. La imposibilidad de conocer la voluntad, preferencias, medio, modo y formato de comunicación;

II. El riesgo para la salvaguarda de los derechos, el patrimonio, la integridad personal o la vida, y

III. La realización de esfuerzos reales, considerables y pertinentes, incluyendo la implementación de ajustes razonables, para que la persona manifestara su voluntad y preferencias, sin que éstos resultaran eficaces.

Artículo 449. La autoridad jurisdiccional de manera fundada y motivada, determinará en la resolución la temporalidad, alcances y responsabilidades de la persona designada como apoyo, así como las salvaguardias e informes a la autoridad administrativa competente, que en su caso procedan. La designación judicial de apoyo no puede otorgarse para actos personalísimos.

Artículo 450. La persona judicialmente designada como apoyo tendrá la encomienda de realizar su mandato de acuerdo con la mejor interpretación posible de lo que fuera la voluntad y preferencias de la persona, de conformidad con las fuentes conocidas de información que resulten pertinentes, incluida la trayectoria de vida de la persona, sus valores, tradiciones y creencias, previas manifestaciones de la voluntad y preferencias en otros contextos, información con la que cuenten personas de confianza, y tecnologías presentes o futuras.

La persona designada judicialmente como apoyo está obligada a hacer esfuerzos constantes, dentro de sus posibilidades, durante su encargo para conocer la voluntad y preferencias de la persona apoyada.

Artículo 451. En caso de que se llegue a conocer la voluntad y preferencias de la persona, quien haya sido designado como apoyo, está obligada a dar aviso de inmediato a la autoridad jurisdiccional para que se revoque o modifique la presente designación.

La autoridad jurisdiccional deberá establecer revisiones periódicas, determinadas, para verificar que la persona designada está cumpliendo con su mandato, de conformidad con los parámetros establecidos en la designación extraordinaria, así como la pertinencia de su continuación o modificación. Para dichos efectos, la autoridad jurisdiccional podrá auxiliarse de las autoridades administrativas competentes.

Además, deberá verificar, de preferencia de manera directa, que sigue vigente la situación que dio lugar a la designación de apoyos y que aún no se puede conocer la voluntad y preferencias de la persona por cualquier medio, modo y formato de comunicación posible.

Artículo 452. Cualquier persona que tenga prueba de que la persona designada judicialmente como apoyo no está actuando de conformidad con la mejor interpretación posible de la voluntad y preferencias de la persona apoyada, estará autorizada a poner este hecho en conocimiento de la autoridad jurisdiccional, quien deberá tramitar por vía incidental, para realizar las diligencias y corroboraciones pertinentes a fin de adoptar las medidas correctivas, en su caso, incluida la posibilidad de remover a la persona designada como apoyo.

Artículo 453. En ningún caso se podrán tramitar ante Fedatario Público asuntos no contenciosos en los que esté involucrada la designación extraordinaria de apoyo, para el ejercicio de la capacidad jurídica, salvo aquellos asuntos autorizados por la autoridad jurisdiccional competente.

Artículo 454. La autoridad jurisdiccional no puede designar como apoyos a las personas que tengan conflicto de intereses con la persona apoyada. No será considerado como conflicto de intereses la simple relación de parentesco que tenga la persona apoyada con quien proporciona el apoyo.

Artículo 455. Se entiende que existen (sic) conflicto de intereses cuando la situación laboral, personal, profesional, familiar o de negocios, pueden llegar a afectar el desempeño o las decisiones imparciales y objetivas de sus funciones de apoyo.

CAPÍTULO II
DE LOS JUICIOS ORALES CIVILES

SECCIÓN PRIMERA
DEL JUICIO ORDINARIO CIVIL ORAL

Artículo 456. Todas las controversias de naturaleza civil que no tengan señalada tramitación especial en este Código Nacional se ventilarán en juicio ordinario civil y se tramitarán conforme a las reglas del presente Título y en lo no previsto, se regirá por las disposiciones generales de este Código Nacional.

Artículo 457. Atendiendo a lo establecido en el artículo 251, se desarrollará la audiencia preliminar con las siguientes etapas:

I. Depuración del procedimiento;

II. Conciliación de las partes y en su caso, invitación a la mediación ante los Centros Alternativos de Justicia del Poder Judicial respectivo;

III. Depuración del debate;

IV. Calificación sobre admisibilidad o desechamiento de pruebas, y

V. Citación para audiencia de juicio.

Las partes podrán solicitar a la autoridad jurisdiccional, de manera verbal, en las audiencias, que se subsanen las omisiones o irregularidades de debido proceso, que se llegasen a presentar en la substanciación del procedimiento oral, para el solo efecto de regularizar el mismo.

Artículo 458. Las partes tienen el deber de comparecer a la audiencia preliminar, personalmente o por conducto de persona representante autorizada.

A las personas representantes autorizadas que no acudan a la audiencia preliminar sin justa causa calificada por la autoridad jurisdiccional se le impondrá una multa que no podrá ser menor a veinte ni superior a sesenta Unidades de Medida y Actualización, y se diferirá la audiencia por una única ocasión.

Si dejaran de concurrir alguna o ambas partes sin justificación a la audiencia diferida, la autoridad jurisdiccional procederá a examinar los presupuestos y excepciones procesales, resolverá sobre la admisión o desechamiento de pruebas y citará para audiencia de juicio, que no podrá exceder de un plazo de cuarenta días siguientes a la celebración de esta audiencia quedando las partes notificadas desde ese momento.

Artículo 459. En la etapa de depuración del procedimiento, la autoridad jurisdiccional examinará las cuestiones relativas a la legitimación procesal y procederá, en su caso, al desahogo de las pruebas relacionadas a las excepciones procesales y una vez hecho lo anterior las resolverá de manera oral; salvo las cuestiones de incompetencia, que se tramitarán conforme a la parte general de este Código Nacional.

Artículo 460. Depurado el procedimiento, la autoridad jurisdiccional procurará conciliar a las partes, salvo que el asunto sea sobre derechos intransigibles, para dichos efectos hará saber a las partes las pretensiones de cada una de ellas, escuchará las propuestas de éstas y tendrá facultades para, sin externar opinión sobre el posible resultado del juicio, proponer alternativas relacionadas con la litis y solución del conflicto.

Dentro de la misma audiencia, las partes podrán solicitar un receso razonable para desarrollar pláticas conciliatorias entre ellas, sin la presencia de la autoridad jurisdiccional y sin que obre registro del contenido de estas.

Para el caso de conciliación se redactará convenio respectivo, que deberá referirse sólo a las cuestiones en litigio y será firmado por las partes.

La autoridad jurisdiccional examinará el convenio, si concluye que no es contrario a derecho, lo aprobará, elevándolo a categoría de cosa juzgada.

Artículo 461. Cuando en la audiencia no se logre conciliación, lo planteado por las partes no se registrará por ningún medio, ni producirá efecto alguno dentro del procedimiento o fuera de él. Asimismo, se les hará saber a las partes, la posibilidad que tienen en todo momento para llegar a un acuerdo, e incluso, acudir al centro de justicia alternativa o institución análoga que corresponda.

Artículo 462. Durante la audiencia preliminar, en la etapa de depuración del debate, las partes podrán solicitar conjuntamente a la autoridad jurisdiccional la fijación de acuerdos sobre hechos no controvertidos, los que tendrán como finalidad establecer acontecimientos que estarán fuera del debate, con el fin de que las pruebas se dirijan a los hechos controvertidos. La autoridad jurisdiccional de oficio impulsará a las partes para que realicen fijación de hechos no controvertidos con la finalidad de depurar el procedimiento.

De igual manera, las partes y la autoridad jurisdiccional precisarán los acuerdos probatorios necesarios para eliminar total o parcialmente trámites probatorios o pruebas innecesarias, o bien definirán la cooperación procesal entre las partes para su preparación y desahogo; asimismo, pueden pactar las partes el que se incorpore alguna prueba relacionada con el debate, aún y cuando no haya sido ofrecida en los escritos que fijan la Litis.

Consensuados voluntariamente los acuerdos por las partes, la autoridad jurisdiccional los tendrá por fijados.

Artículo 463. La autoridad jurisdiccional al abrir la etapa de admisión de pruebas, en la que, a petición de parte, deberá permitir un breve debate sobre la admisibilidad de las pruebas, previo al pronunciamiento de la autoridad jurisdiccional.

Concluido el breve debate sobre la admisibilidad de las pruebas, la autoridad jurisdiccional procederá a pronunciarse respecto su admisión o desechamiento, así como la forma en que deberán prepararse para su desahogo en la audiencia de juicio, quedando a cargo de las partes su oportuna preparación, bajo el apercibimiento que de no hacerlo se declararán desiertas de oficio las mismas por causas imputables al oferente. Las pruebas que ofrezcan las partes sólo deberán admitirse cuando se refieran a los hechos controvertidos y cumplan con los requisitos previstos en el presente Código Nacional.

La preparación de las pruebas quedará a cargo de las partes, por lo que deberán presentar a los testigos, peritos y demás pruebas que les hayan sido admitidas; y sólo en los casos autorizados en este Código Nacional, la autoridad jurisdiccional, en auxilio del oferente, expedirá los oficios o citaciones, los cuales serán entregados al oferente en la misma audiencia, salvo causa justificada, a efecto de que preparen sus pruebas y éstas se desahoguen en la audiencia de juicio.

Si sólo se reciben pruebas documentales, instrumentales y presuncionales, la autoridad jurisdiccional deberá concentrar la audiencia de juicio dentro de la audiencia preliminar, en la cual se expresarán alegatos de inicio, se desahogarán las pruebas admitidas, se escucharán los alegatos de cierre y se emitirá sentencia definitiva de conformidad con las reglas previstas en el presente Código Nacional.

Durante la etapa de admisión de pruebas, las partes podrán objetar las documentales que consideren pertinentes.

Artículo 464. En casos excepcionales, por la complejidad del asunto, la autoridad jurisdiccional podrá planificar el desahogo de pruebas en más de una que se celebrará en días consecutivos sin afectar los principios de continuidad y concentración.

Artículo 465. Cerrada la etapa de admisión de pruebas, la autoridad jurisdiccional dará el uso de la palabra a las partes, a fin de proveer peticiones finales antes de la conclusión de la audiencia.

Artículo 466. Abierta la audiencia de juicio, la autoridad jurisdiccional escuchará los alegatos de apertura de las partes, para exponer sus respectivas teorías del caso.

La autoridad jurisdiccional señalará el orden para el desahogo de las pruebas, de conformidad con los acuerdos fijados en la audiencia preliminar.

Serán declaradas desiertas aquellas pruebas que no estén debidamente preparadas para su desahogo por causas imputables a la parte oferente. Contra dicha resolución no procede recurso alguno.

Artículo 467. Concluido el desahogo de pruebas, se concederá el uso de la palabra, por una vez a cada una de las partes para formular los alegatos de cierre. La autoridad jurisdiccional tomará las medidas que procedan a fin de que las partes se sujeten al tiempo indicado.

Artículo 468. Enseguida se declarará el asunto visto y se emitirá de inmediato la sentencia definitiva. De ser necesario, la autoridad jurisdiccional decretará un receso razonable para resolver en el mismo día.

En su caso, reanudada la audiencia, la autoridad jurisdiccional explicará de forma breve, clara y sencilla en un lenguaje cotidiano el sentido de su sentencia definitiva y leerá únicamente los puntos resolutivos, entregando copia simple de la versión escrita de la misma a las partes, en un plazo no mayor a dos días.

Asimismo, se hará del conocimiento de las partes el derecho que tienen, si estimaren que la sentencia definitiva contiene omisiones, cláusulas o palabras contradictorias, ambiguas u oscuras, de solicitar por escrito dentro del término de tres días, posteriores a la emisión de la sentencia, la aclaración de la resolución y sin que con ello se pueda variar la substancia de la resolución, sin que dicha petición pueda alterar los plazos del recurso de apelación.

De igual forma, hará saber el derecho y término que tienen las partes para impugnar dicha sentencia conforme al caso en concreto.

En casos excepcionales, dada la complejidad del asunto, el cúmulo y naturaleza de las pruebas desahogadas, la autoridad jurisdiccional podrá diferir la audiencia para emisión de la sentencia definitiva hasta por diez días, citando a las partes para su explicación en un lenguaje cotidiano, en forma breve, clara y sencilla el sentido de la sentencia definitiva y leerá únicamente los puntos resolutivos, entregando copia simple de la versión escrita de la misma a las partes, en un plazo no mayor a dos días.

En caso de que las partes no estén presentes en la audiencia donde se emita la sentencia, se dispensará su explicación y lectura de puntos resolutivos, y se publicará la sentencia a través del medio de comunicación procesal oficial.

Tratándose de personas pertenecientes a grupos sociales en situación de vulnerabilidad la sentencia deberá explicarse y dictarse con los ajustes y formatos necesarios para su debido entendimiento y comprensión.

Artículo 469. Asimismo, al momento de dictar la sentencia definitiva, la autoridad jurisdiccional explicará a las partes las ventajas del cumplimiento voluntario de la sentencia; y las desventajas, de no hacerlo voluntariamente; así como la importancia de presentarse a las audiencias de cumplimiento voluntario de sentencia y sus consecuencias legales, para el caso de que la resolución no sea modificada o revocada por la autoridad jurisdiccional de segunda instancia. Destacando la importancia de vigilar el expediente ante la ausencia de cualquier notificación personal antes de los tres meses posteriores a que la sentencia definitiva sea ejecutable.

SECCIÓN SEGUNDA
DEL JUICIO EJECUTIVO CIVIL ORAL

Artículo 470. Procede el juicio ejecutivo en los casos que un documento lleve aparejada ejecución y que contenga obligación cierta, líquida y exigible.

Traen aparejada ejecución:

I. Los instrumentos públicos, así como los testimonios que de los mismos expidan las y los Corredores Públicos, las y los Notarios Públicos, o la autoridad competente para emitir dichos testimonios;

II. Las ulteriores copias dadas por mandato judicial, con citación de la persona a quien interesa;

III. Los demás instrumentos públicos que conforme a este Código Nacional hacen prueba plena;

IV. Cualquier documento privado después de reconocido por la persona quien lo hizo o lo mandó extender; basta con que se reconozca la firma aun cuando se niegue la deuda;

V. La confesión de la deuda hecha ante la autoridad jurisdiccional competente por la persona deudora;

VI. Los convenios celebrados en el curso de un juicio ante la autoridad jurisdiccional, ya sea de las partes entre sí o de terceros que se hubieren obligado como fiadoras, depositarias, o en cualquier otra forma;

VII. El estado de liquidación de adeudos por cuotas ordinarias o extraordinarias, intereses moratorios o penas convencionales que se hayan aprobado en la Asamblea General de Condóminos; suscrito por quien tenga a su cargo la Administración o el Comité de Vigilancia o su equivalente, conforme a lo dispuesto en la ley de la materia de cada Entidad Federativa;

VIII. Los convenios emanados del procedimiento de mediación o conciliación que cumplan con los requisitos previstos en la Ley de mecanismos alternativos de solución de controversias o de justicia alternativa respectiva, y

IX. Los demás a los que se les reconozca ese carácter por la Ley.

Artículo 471. Las sentencias que causen ejecutoria y los convenios judiciales, los convenios celebrados ante la Procuraduría Federal del Consumidor, así como los celebrados ante la Procuraduría Social o Institución autorizada de la Entidad Federativa correspondiente, los convenios emanados del procedimiento de mediación o conciliación, incluidos los de mediación comunitaria de cada Estado, que cumplan con los requisitos previstos en la Ley de Justicia Alternativa o la legislación respectiva que señale la autoridad jurisdiccional o Poder Judicial de las diversas entidades, los convenios celebrados ante Juzgado Cívico o su análogo tratándose de daños culposos causados con motivo del tránsito de vehículos, los convenios de transacción, los laudos que emitan las propias Procuradurías antes mencionadas y los laudos arbitrales o juicios de contadores, motivarán ejecución, si la persona interesada no intentare la vía de apremio.

Artículo 472. Cuando la confesión judicial de reconocimiento de deuda se haga durante la secuela del juicio ordinario, cesará este si la parte actora lo pidiere y se procederá en la vía ejecutiva.

Si la confesión sólo afecta a una parte de lo demandado en el juicio oral civil, procederá la vía ejecutiva únicamente por lo reconocido si la actora lo pidiere así. El resto de las obligaciones no reconocidas seguirán el juicio ordinario civil.

Artículo 473. La ejecución no puede despacharse sino por cantidad líquida. Si el título ejecutivo o las diligencias preparatorias determinan una cantidad líquida en parte y en parte ilíquida, por aquélla se decretará la ejecución, reservándose por el resto los derechos de la persona promovente.

Artículo 474. Las cantidades que por intereses o daños y perjuicios forman parte de la deuda reclamada y no estuvieren liquidadas al despacharse la ejecución de la suerte principal, lo serán en su oportunidad y se decidirán en la sentencia definitiva.

Artículo 475. Las obligaciones sujetas a condición suspensiva o a plazo, no serán ejecutivas, si no cuando aquélla o éste se hayan cumplido, salvo lo dispuesto en los artículos relativos al cumplimiento de la condición y pérdida del derecho a agotar el plazo del Código Civil correspondiente.

Artículo 476. Si el documento ejecutivo contiene obligación de hacer o no hacer, se observarán las reglas siguientes:

I. Si la parte actora exige la prestación del hecho por quien está obligada o por una tercera persona conforme al Código Civil de cada Entidad Federativa en relación al cumplimiento de la prestación de servicio, la tercera persona, atendidas las circunstancias del hecho, señalará un término prudente para que se cumpla la obligación;

II. Si en el contrato se estableció alguna pena por el incumplimiento, se decretará la ejecución;

III. Si no se fijó penalidad por el incumplimiento de la obligación, el importe de los daños y perjuicios será fijado por la parte actora, cuando la misma optare por el resarcimiento de daños y perjuicios; en este caso, la autoridad jurisdiccional debe moderar prudentemente la cantidad señalada, y

IV. Hecho el acto por la tercera persona, o efectuado el embargo por los daños y perjuicios o la pena, puede oponerse la demandada, de la misma manera que en las demás ejecuciones.

Artículo 477. Cuando el documento contenga la obligación de entregar bienes muebles que sin ser dinero se cuentan por número, peso o medida, o inmuebles se observará lo siguiente:

I. Si no se designa la calidad de los bienes y existieren de varias clases en poder de la parte deudora, se embargarán las de mediana calidad;

II. Si hubiere sólo calidades diferentes a la estipulada, se embargarán si así lo pidiere la parte actora, sin perjuicio de que en la sentencia definitiva se hagan los abonos recíprocos correspondientes, y

III. Si no hubiere en poder de la parte demandada ninguna calidad, se despachará ejecución por la cantidad de dinero que señale la actora, debiendo prudentemente moderarla la autoridad jurisdiccional, de acuerdo con los precios corrientes en plaza, sin perjuicio de lo que señale por daños y perjuicios, moderables también.

Artículo 478. Cuando la acción ejecutiva se ejercite sobre bien mueble o inmueble, cierto y determinado o en especie, o se haya establecido una condición resolutoria ante el incumplimiento de una obligación de dar, si hecho el requerimiento de entrega o devolución la persona demandada no la hace, se pondrá en secuestro judicial.

Si la cosa, bien mueble o inmueble ya no existe, se embargarán bienes suficientes que cubran su valor fijado por la persona ejecutante y los daños y perjuicios como en las demás ejecuciones, pudiendo ser moderada la cantidad por la autoridad jurisdiccional. La ejecutada puede oponerse a los valores fijados, y rendir las pruebas que juzgue convenientes durante la tramitación del juicio. Para el caso de pruebas periciales se estará a las disposiciones del Libro respectivo de este Código Nacional en relación a la vía de apremio y ejecución de sentencia.

Artículo 479. Si el bien mueble o inmueble especificado se halla en poder de una tercera persona, la acción ejecutiva no podrá ejercitarse contra éste, sino en los casos siguientes:

I. Cuando la acción sea real, y

II. Cuando se haya declarado judicialmente que la enajenación por la que adquirió la tercera persona fue realizada por la persona deudora en perjuicio de su acreedor, en los casos y supuestos que señala el Código Civil respectivo y los demás preceptos, en que expresamente se establezca esa responsabilidad.

Artículo 480. En el auto de admisión se mandará emplazar a la persona deudora conforme lo regula el presente Código Nacional, para que dentro de nueve días concurra a oponerse a su ejecución, si para ello tuviere excepciones que hacer valer y se dictará auto de ejecución, ordenando que se requiera de pago a la persona deudora y de no pagar se le embarguen bienes suficientes para garantizar la deuda de forma precautoria.

En los escritos de demanda o contestación y desahogo de excepciones y defensas deberán ofrecerse las pruebas pertinentes, las que se admitirán o desecharán por la autoridad jurisdiccional.

Si la parte demandada no se opusiere a la ejecución o contestadas las excepciones y defensas o precluido el derecho que de oficio se decrete, se señalará fecha para la celebración de la audiencia de juicio, que tendrá verificativo dentro de los diez días siguientes.

En la audiencia de juicio las partes expresarán los alegatos de inicio, se desahogarán las pruebas, se expondrán los alegatos de cierre y se dictará sentencia definitiva conforme a las disposiciones previstas en este Código Nacional.

Para los efectos del remate, en su caso, se estará a lo dispuesto por el Libro Noveno de este Código Nacional en relación con la vía de apremio y ejecución de sentencia.

Artículo 481. Si la persona deudora, tratándose de juicio ejecutivo, no fuere encontrada después de habérsele buscado una vez en su domicilio, se le dejará citatorio para hora fija dentro de las veinticuatro horas siguientes, y si no espera, se practicará la diligencia con cualquier persona que se encuentre en la casa o a falta de ella con el vecino inmediato.

Si no se supiere el paradero de la persona deudora, ni tuviere casa en el lugar, se hará el requerimiento por tres días consecutivos en el medio de comunicación procesal oficial y fijando la cédula en los medios de comunicación procesal oficiales y surtirá sus efectos dentro de tres días, salvo el derecho de la parte actora para pedir providencia precautoria.

Verificado de cualquiera de los modos indicados el requerimiento, se procederá en seguida al embargo.

Artículo 482. El juicio ejecutivo se tramitará en un solo cuaderno, sin necesidad de integrar secciones o cuadernillos especiales.

Artículo 483. Agotado el procedimiento se citará para la sentencia que decidirá los derechos controvertidos. Se procurará dictar en forma inmediata en términos del artículo 468 del presente Código Nacional, y en caso de que se trate de asuntos complejos que requieran mayor tiempo para su análisis, se concederá la ampliación hasta por cinco días más. De resultar probada la acción, la sentencia decretará que ha lugar a hacer trance y remate de los bienes embargados y con el producto, pago a la persona acreedora, una vez celebrada la audiencia de cumplimiento de sentencia.

Artículo 484. Si el crédito que se cobra está garantizado con hipoteca, la persona acreedora podrá intentar el juicio hipotecario o el juicio ejecutivo oral civil, según corresponda.

Artículo 485. Cuando la persona deudora consignare la cantidad reclamada para evitar los gastos y molestias del embargo, reservándose el derecho de oponerse, se suspenderá el embargo y la cantidad se depositará conforme a la Ley; y si la cantidad consignada no fuere suficiente para cubrir la deuda principal y las costas, se practicará el embargo por lo que falte.

SECCIÓN TERCERA
DE LAS TERCERÍAS

Artículo 486. Tercería es la acción que deduce un tercero en un procedimiento previamente instaurado entre dos o más personas, con el objeto de coadyuvar o adherirse a las acciones del demandante o a las excepciones del demandado, o para excluir los derechos de ese tercero.

En un juicio previamente instaurado y seguido por dos o más personas, puede uno o más terceros, con intereses distintos de las partes, presentarse a deducir una acción distinta de la que se debate entre aquellos, tercero que debe fundar su acción y presentar los documentos que tenga relación con la litis planteada en el juicio principal, sin los cuales se desechará de plano. Este nuevo litigante se llama tercer opositor.

Artículo 487. Las cuestiones de tercerías deben substanciarse y decidirse por la autoridad jurisdiccional que sea competente para conocer del asunto principal, independientemente de su cuantía.

La tercería deberá deducirse en los términos prescritos para formular una demanda ante la autoridad jurisdiccional que conoce del juicio y se tramitará conforme a las formalidades del procedimiento en el que se promueva.

Al juicio pueden venir uno o más terceros, siempre que tengan interés propio y distinto de la persona actora o persona demandada en la materia del juicio.

Artículo 488. Las tercerías son coadyuvantes o excluyentes. Las tercerías excluyentes son de dominio o preferencia.

Artículo 489. Las tercerías coadyuvantes pueden oponerse en cualquier juicio, sea cual fuere la acción que en él se ejercite y cualquiera que sea el estado en que éste se encuentre, con tal que aún no se haya pronunciado sentencia definitiva.

Artículo 490. Quien promueva tercería coadyuvante se considera asociado con la parte cuyo derecho coadyuva y, en consecuencia, podrán:

I. Salir al pleito en cualquier estado en que se encuentre, con tal que no se haya pronunciado sentencia definitiva;

II. Hacer las gestiones que estimen oportunas dentro del juicio, deduciendo la misma acción u oponiendo la misma excepción que la persona actora o la demandada, respectivamente y no hubiere designado representación común;

III. Continuar su acción y defensa, aun cuando el principal desistiere, y

IV. Apelar e interponer los recursos procedentes.

Artículo 491. Se correrá traslado a la parte actora y demandada en el principal con la promoción de la tercería coadyuvante, para que contesten en el plazo de nueve días; con el escrito de contestación a la demanda se dará vista a la tercerista para que dentro del término de tres días manifieste lo que a su derecho convenga. En los escritos citados se deberán ofrecer las pruebas, las cuales se admitirán conforme a las reglas generales de este Código Nacional.

En caso de no contestar la demanda, contestadas las excepciones y defensas o precluido el derecho para ello, la autoridad jurisdiccional señalará fecha para la celebración de una audiencia de juicio, dentro de los quince días posteriores, en donde se expresarán alegatos de inicio, se desahogarán pruebas, alegatos de cierre y se dictará sentencia. En lo no previsto y de resultar necesario, deberá de estarse a las reglas para la audiencia de juicio tratándose del procedimiento ordinario civil oral.

Artículo 492. Las tercerías excluyentes de dominio deben de fundarse en el dominio que se posee sobre los bienes objeto del procedimiento.

No es lícito interponer tercería excluyente de dominio a quien consintió en la constitución del gravamen o del derecho real en garantía de la obligación de la persona demandada.

Artículo 493. Quien promueva la tercería excluyente de preferencia debe fundarse en el mejor derecho para ser pagado.

Artículo 494. Con la demanda de tercería excluyente deberá presentarse el título de fecha cierta en original o copia certificada en que se funde o el elemento fehaciente que acredite el derecho que se pretende ejercitar.

La demanda de tercería deberá cumplir con lo previsto por el artículo 235 de este Código Nacional, sin cuyos requisitos se desechará de plano.

Artículo 495. No ocurrirán en tercerías de preferencia:

I. La persona acreedora que tenga hipoteca u otro derecho real accesorio en finca distinta de la embargada;

II. La persona acreedora que sin tener derecho real no haya embargado el bien objeto de la ejecución;

III. La persona acreedora a quien la persona deudora señale bienes bastantes a solventar el crédito, y

IV. La persona acreedora a quien la Ley lo prohíba en otros casos.

Artículo 496. La tercería excluyente de crédito hipotecario tiene derecho de pedir que se inscriba su demanda a su costa.

Artículo 497. Las tercerías excluyentes pueden oponerse en todo procedimiento, cualquiera que sea su estado, con tal de que, si son de dominio, no se haya dado posesión de los bienes a quien haya adquirido por remate o a la parte actora, en su caso, por vía de adjudicación, y que, si son de preferencia, no se haya hecho el pago al demandante.

Artículo 498. Las tercerías excluyentes no suspenderán el curso del juicio en que se interponen. Si fueren de dominio, el juicio principal seguirá sus trámites hasta antes de la aprobación definitiva del remate, y desde entonces se suspenderán sus procedimientos hasta que se decida la tercería.

Artículo 499. Si la tercería fuere de preferencia, se seguirán los procedimientos del juicio principal en que se interponga, hasta la realización de los bienes embargados.

Suspendiéndose el pago que se hará a la persona acreedora que tenga mejor derecho, definida que quede la tercería. Entre tanto se decide ésta, se depositará a disposición de la autoridad jurisdiccional el precio de la venta.

Artículo 500. Si la persona actora y la demandada en el principal se allanaren a la demanda de la tercería, la autoridad jurisdiccional, sin más trámites, mandará cancelar los embargos, si fuere excluyente de dominio, y dictará sentencia por escrito dentro de los siguientes cinco días, si fuere de preferencia. Lo mismo hará cuando ambos dejaren de contestar a la demanda de tercería.

A toda persona opositora que no obtenga sentencia favorable, se le condenará al pago de gastos y costas a favor de las partes que se hubieran opuesto a la tercería.

Al declararse fundada la tercería excluyente que motive se levante el embargo de los bienes, la parte actora en el asunto principal podrá solicitar la ampliación del embargo o un nuevo embargo de bienes sobre los cuales pueda ejecutarse la sentencia o el auto de ejecución.

Artículo 501. La persona ejecutada que haya sido declarado (sic) en rebeldía en el juicio principal, seguirá con el mismo carácter en el de tercería; pero si fuere conocido su domicilio, se le notificará el traslado de la demanda.

Artículo 502. Cuando se presenten tres o más personas acreedoras que hicieren oposición, si estuvieren conformes, se seguirá un solo juicio, graduando en una sola sentencia sus créditos; pero si no lo estuvieren, se seguirá el juicio de concurso necesario de acreedoras.

Artículo 503. Si fueren varias las personas opositoras reclamando el dominio se procederá en cualquier caso a decidir incidentalmente la controversia en unión de la ejecutante y de la ejecutada.

Artículo 504. La interposición de una tercería excluyente autoriza a la persona a pedir que se amplíe la ejecución en otros bienes de la persona deudora.

Artículo 505. Si sólo alguno de los bienes ejecutados fuere objeto de la tercería, los procedimientos del juicio principal continuarán hasta vender y hacer pago a la persona acreedora, con los bienes no comprendidos en la misma tercería.

SECCIÓN CUARTA
DEL JUICIO ESPECIAL HIPOTECARIO ORAL

Artículo 506. Se tramitará en la vía especial hipotecaria oral todo juicio que tenga por objeto la constitución, ampliación, división, registro y extinción de una hipoteca, así como su nulidad, cancelación, o bien, el pago o prelación del crédito que la hipoteca garantice.

Para que el juicio que tenga por objeto el pago o la prelación de un crédito hipotecario se siga según las reglas del presente Capítulo, es requisito indispensable que el crédito conste en documento público o privado, según la forma que establezca la legislación común o la que sea aplicable, e inscrito en el Registro, Oficina o Instituto Público Registral que corresponda y que sea de plazo cumplido, o que éste sea exigible en los términos pactados o bien conforme a las disposiciones legales aplicables.

Artículo 507. Procederá el juicio hipotecario oral que tiene por objeto el pago o la prelación de crédito sin necesidad de que el contrato esté inscrito en el Registro, Oficina o Instituto Público respectivo, cuando:

I. El documento base de la acción tenga carácter de título ejecutivo;

II. El bien se encuentre inscrito a favor de la persona demandada, y

III. No exista embargo o gravamen en favor de terceras personas, inscrito cuando menos noventa días anteriores a la de la presentación de la demanda.

Artículo 508. Presentado el escrito de demanda, acompañado del documento base de la acción, la autoridad jurisdiccional si encuentra que se reúnen los requisitos fijados por los artículos anteriores, admitirá la misma y mandará anotar la demanda en el Registro, Oficina o Instituto Público respectivo y que se corra traslado de ésta a la persona deudora y, en su caso, a quien sea titular registral del embargo o gravamen por plazo inferior a que se refiere la fracción

III, del artículo anterior, para que dentro del término de quince días ocurra a contestarla y a oponer las excepciones que no podrán ser otras que:

I. Las procesales previstas en este Código Nacional;

II. Las fundadas en que la persona demandada no haya firmado el documento base de la acción, su alteración o la de falsedad del mismo;

III. Falta de representación, de poder bastante o facultades legales de quien haya suscrito en representación de la demandada el documento base de la acción;

IV. Nulidad del contrato;

V. Pago o compensación;

VI. Remisión o quita;

VII. Oferta de no cobrar o espera;

VIII. Novación de contrato;

IX. Prescripción, y

X. Las demás que autoricen las leyes.

Las excepciones comprendidas en las fracciones de la V a la VIII sólo se admitirán cuando se funden en prueba documental. Respecto de las excepciones de litispendencia y conexidad sólo se admitirán si se exhiben con la contestación las copias selladas de la demanda y contestación o de las cédulas del emplazamiento del juicio pendiente o conexo, o bien la documentación que acredite que se encuentra tramitando un procedimiento arbitral con las excepciones y defensas se dará vista a la parte actora para que manifieste en el plazo de tres días lo que a su derecho corresponda.

Artículo 509. La autoridad jurisdiccional bajo su más estricta responsabilidad, revisará escrupulosamente la contestación de la demanda y desechará de plano las excepciones diferentes a las que se autorizan o aquéllas en que sea necesario exhibir documento y el mismo no se acompañe salvo los casos que se esté gestionando su exhibición en términos de este Código Nacional.

La reconvención sólo será procedente cuando se funde en el mismo documento base de la acción o se refiera a su nulidad. En cualquier otro caso se desechará de plano. Las cuestiones relativas a la personalidad de las partes no suspenderán el procedimiento y se resolverán dentro del plazo a que se refiere el artículo 71 de este Código Nacional.

Si la parte demandada se allanare a la demanda y solicitare término de gracia para el pago o cumplimiento de lo reclamado, se dará vista a la actora para que, dentro de tres días manifieste lo que a su derecho convenga, debiendo la autoridad jurisdiccional resolver de acuerdo a tales proposiciones de las partes en audiencia de juicio, que se celebrará dentro de los diez días siguientes, en dónde se declarará el asunto visto y de ser necesario la autoridad jurisdiccional decretará un receso razonable para resolver. En su caso, reanudada la audiencia, la autoridad jurisdiccional explicará de forma breve, clara y sencilla en un lenguaje cotidiano su sentencia definitiva y leerá únicamente los puntos resolutivos, entregando copia simple de la versión escrita de la misma a las partes, en un plazo no mayor a dos días.

Artículo 510. Tanto en la demanda como en la contestación a la misma, en la vista que se dé con ésta a la actora y en su caso en la reconvención y en la contestación a ésta, así como desahogo de excepciones y defensas, las partes tienen la carga de actuar con precisión, indicando en los hechos si sucedieron ante testigos, citando los nombres de éstos y presentando todos los documentos relacionados con tales hechos. En los mismos escritos, las partes deben ofrecer todas sus pruebas, relacionándolas con los hechos que se pretendan probar. En el caso de que las pruebas ofrecidas sean contra la moral o el derecho, sobre hechos que no han sido controvertidos por las partes, sobre hechos imposibles o notoriamente inverosímiles, o no se hayan relacionado con los mismos, serán desechadas.

Las pruebas que se admitan se desahogarán en la audiencia de juicio.

Con el escrito de contestación a la demanda se dará vista a la parte actora para que manifieste lo que a su derecho convenga; si hubiere reconvención se emplazará a la actora principal para que la conteste dentro de los quince días siguientes y en el mismo proveído, dará vista por tres días con las excepciones opuestas para que manifieste lo que a su derecho convenga.

Contestadas las excepciones opuestas en lo principal y en su caso en la reconvención, o transcurrido el plazo para ello, se admitirán las pruebas que cumplan con los requisitos de ofrecimiento y admisión, establecidos en la parte general del presente Código Nacional. Hecho lo cual, se señalará fecha para la celebración de la audiencia de juicio que deberá fijarse dentro de los quince días siguientes.

Artículo 511. En la audiencia de juicio la autoridad jurisdiccional abrirá una etapa de conciliación o mediación, y en caso de no llegar a un convenio, las partes expondrán sus alegatos de inicio, se procederá al desahogo de las pruebas admitidas, expresarán las partes alegatos de cierre, en seguida la autoridad jurisdiccional explicará de forma breve, clara y sencilla en un lenguaje cotidiano su sentencia definitiva y leerá únicamente los puntos resolutivos, entregando copia simple de la versión escrita de la misma a las partes, en un plazo no mayor a dos días, todo lo anterior, aplicando en lo conducente las reglas de las audiencias del juicio ordinario oral civil.

Artículo 512. La preparación de las pruebas quedará a cargo de las partes, por lo que deberán presentar a los testigos, peritos y demás pruebas que les hayan sido admitidas.

En caso que las partes manifiesten bajo protesta de decir verdad la imposibilidad de preparar directamente el desahogo de las mismas, la autoridad jurisdiccional previa solicitud de la oferente, expedirá los oficios o citaciones, designará en su caso perito tercero en discordia, poniendo a disposición de la oferente los oficios y citaciones respectivas, a efecto que las partes preparen las pruebas y éstas se desahoguen en la audiencia de juicio; en caso contrario se declarará desierta la prueba por causa imputable del oferente.

Si llamado un testigo, perito o solicitado un documento que hayan sido admitidos como prueba, no se desahogan éstas a más tardar en la audiencia, se declarará desierta la prueba ofrecida por causa imputable a la oferente.

Artículo 513. Si en el documento base con el cual se ejercita la acción hipotecaria se advierte que hay otros acreedores hipotecarios anteriores, se mandará notificarles personalmente la existencia del juicio para que manifiesten lo que a su derecho corresponda.

Artículo 514. La demanda se anotará en el Registro, Oficina o Instituto Público respectivo, a cuyo efecto la parte actora exhibirá un tanto más de la demanda, documentos base de la acción y en su caso, de aquellos con que justifique su representación, para que, previo cotejo con sus originales se certifiquen por la persona secretaria judicial, haciendo constar que se expiden para efectos de que la parte interesada inscriba su demanda, a quien se le entregarán para tal fin, debiendo hacer las gestiones en el registro, oficina o instituto registral dentro del término de tres días y acreditándolo en su oportunidad ante la autoridad jurisdiccional.

Artículo 515. Anotada la demanda en el Registro, Oficina o Instituto Público respectivo, no podrá verificarse en el bien hipotecado ningún embargo, toma de posesión, diligencia precautoria o cualquier otra que entorpezca el curso del juicio, salvo que se trate de derechos en materia de alimentos o en virtud de sentencia ejecutoriada relativa al mismo bien, debidamente registrada y anterior en fecha a la inscripción de la referida demanda o en razón de providencia precautoria solicitada ante la autoridad jurisdiccional por la acreedora con mejor derecho, en fecha anterior a la de inscripción de la demanda.

Artículo 516. En el trámite y resolución de las acciones deducidas en el presente Capítulo, será autoridad jurisdiccional competente, la del lugar donde se encuentra el bien inmueble objeto de la garantía real sobre el constituida, incluyendo contratos de adhesión y una de las partes sea una institución que pertenezca al sistema financiero mexicano o instituto, dependencia o institución del crédito del gobierno. Si la finca no se halla en el lugar del juicio, se librará exhorto a la autoridad jurisdiccional de la ubicación del bien inmueble objeto de la garantía real conforme a las reglas de competencia prevenidas en el presente Código Nacional.

Artículo 517. Desde el día del emplazamiento, la persona deudora contrae la obligación de depositaria judicial respecto del bien hipotecado, sus frutos y de todos los objetos que, con arreglo al contrato y conforme a lo dispuesto por la legislación aplicable, deban considerarse como inmovilizados y formando parte del mismo bien hipotecado, de los cuales se formará inventario para agregarlo a los autos, siempre que lo pida la persona acreedora. Para efecto del inventario, la persona deudora queda obligada a dar todas las facilidades para su formación y en caso de desobediencia, la autoridad jurisdiccional lo compelerá por los medios de apremio que le autoriza este Código Nacional.

Artículo 518. La parte deudora que no quiera aceptar la responsabilidad de depositaria, entregará desde luego, la tenencia material del bien hipotecado a la actora o a la depositaria que éste nombre.

Artículo 519. En todo lo no previsto en lo relativo a la demanda, emplazamiento, contestación de demanda, contestación de excepciones, ofrecimiento, admisión, preparación y desahogo de las pruebas, así como al desarrollo de la audiencia de juicio, se observarán las normas del juicio ordinario civil oral, así como las reglas generales de este Código Nacional, en cuanto no se opongan a las disposiciones del presente Capítulo.

SECCIÓN QUINTA
DEL JUICIO ESPECIAL DE ARRENDAMIENTO INMOBILIARIO ORAL

Artículo 520. A las controversias que versen sobre el arrendamiento inmobiliario les serán aplicables las disposiciones de este Capítulo.

A las acciones que se intenten contra quien haya otorgado fianza de carácter civil o terceras personas por controversias derivados del arrendamiento, se aplicarán las reglas de este Capítulo, en lo conducente. Igualmente, la acción que intente la persona arrendataria para exigir a la arrendadora, el derecho de preferencia y el pago de los daños y perjuicios a que se refiere el Código Civil correspondiente se sujetará a lo dispuesto en este Título.

Artículo 521. Los escritos de demanda, contestación, y en su caso, reconvención, observarán los requisitos establecidos en las disposiciones generales. El escrito inicial de demanda además de los requisitos referidos deberá acompañarse con el contrato de arrendamiento en caso de haberse celebrado por escrito.

En la demanda, contestación, reconvención, contestación a la reconvención y contestación a las excepciones opuestas, las partes deberán ofrecer las pruebas que pretendan rendir durante el juicio.

Artículo 522. Admitida la demanda se ordenará emplazar a la parte demandada, misma que deberá dar contestación, y formular en su caso, reconvención, dentro de los quince días siguientes a la fecha del emplazamiento; si hubiere reconvención se correrá traslado de ésta a la parte actora para que la conteste dentro de los quince días siguientes.

Desahogada la vista de las excepciones y defensas, de la contestación a la demanda y en su caso, de la contestación a la reconvención, o transcurridos los plazos para ello, la autoridad jurisdiccional señalará de inmediato la fecha y hora para la celebración de la audiencia de juicio, la que deberá fijarse dentro de los quince días siguientes.

En el mismo auto, la autoridad jurisdiccional admitirá, en su caso, las pruebas que fuesen ofrecidas en relación con las excepciones procesales opuestas, para que se rindan a más tardar en la audiencia de juicio. En caso de no desahogarse las pruebas en la audiencia, se declararán desiertas por causa imputable al oferente.

En lo no previsto para la audiencia de juicio, deberán aplicarse lo dispuesto en las reglas generales del juicio ordinario oral civil de este Código Nacional.

Artículo 523. La preparación de las pruebas quedará a cargo de las partes, por lo que deberán presentar a los testigos, peritos y demás pruebas que les hayan sido admitidas.

En caso de que las partes manifiesten bajo protesta de decir verdad la imposibilidad de preparar directamente el desahogo de las mismas, la autoridad jurisdiccional previa solicitud de la oferente, expedirá los oficios o citaciones, designará en su caso perito tercero en discordia, poniendo a disposición de la oferente los oficios y citaciones respectivas, a efecto de que las partes preparen las pruebas y éstas se desahoguen en la audiencia de juicio; en caso contrario se declarará desierta la prueba por causa imputable del oferente.

Si llamado un testigo, perito o solicitado un documento que hayan sido admitidos como prueba, no se desahogan éstas a más tardar en la audiencia, se declarará desierta la prueba ofrecida por causa imputable a la oferente.

Artículo 524. En la audiencia de juicio, se abrirá una etapa de conciliación y mediación, en caso de no lograrse un convenio, las partes expresaran sus alegatos de inicio, se desahogarán las pruebas y escuchados los alegatos finales, se declarará el asunto visto y la autoridad jurisdiccional explicará de forma breve, clara y sencilla en un lenguaje cotidiano su sentencia definitiva y leerá únicamente los puntos resolutivos, entregando copia simple de la versión escrita de la misma a las partes, en un plazo no mayor a dos días.

Artículo 525. En caso de que dentro del juicio a que se refiere este Capítulo, se demande el pago de rentas atrasadas por dos o más meses de acuerdo con el contrato suscrito por las partes, la parte actora podrá solicitar a la autoridad jurisdiccional que, al momento del emplazamiento o al dar contestación a la demanda, la demandada acredite con los recibos de renta correspondientes o escritos de consignación debidamente sellados, que se encuentra al corriente en el pago de las rentas pactadas y no haciéndolo se embargarán bienes de su propiedad suficientes para cubrir las rentas adeudadas.

Artículo 526. Para los efectos de este Capítulo siempre se tendrá como domicilio legal de la parte ejecutada el inmueble motivo del arrendamiento.

Artículo 527. Los incidentes no suspenderán el procedimiento. Se tramitarán en los términos de las reglas generales del presente Código Nacional, para los de tramitación escrita u oral, según procedan.

Artículo 528. Contra las sentencias definitivas en los procedimientos de arrendamiento inmobiliario oral, procederá el recurso de apelación en efecto devolutivo.

Artículo 529. En todo lo no previsto regirán las reglas generales de este Código Nacional, en cuanto no se opongan a las disposiciones del presente Capítulo.

SECCIÓN SEXTA
DEL PROCEDIMIENTO ESPECIAL DE INMATRICULACIÓN JUDICIAL ORAL

Artículo 530. El procedimiento especial oral de inmatriculación judicial de inmuebles, sin perjuicio de lo dispuesto en los Códigos Civiles respectivos, se substanciará conforme a lo siguiente:

I. Se presentará una solicitud que deberá de contener:

a) El origen de la posesión;

b) En su caso, el nombre de la persona de quien obtuvo la posesión el peticionario;

c) El nombre y domicilio del causahabiente de aquélla si fuere conocido;

d) La ubicación precisa del bien y sus medidas y colindancias;

e) El nombre y domicilio de las personas colindantes, y

f) El nombre de tres testigos, preferentemente colindantes del inmueble a inmatricular o, en su caso, que vivan o habiten cerca del lugar de ubicación del fundo en cuestión.

II. Se acompañará a la solicitud:

a) Un plano descriptivo de la ubicación del inmueble;

b) Un plano catastral del inmueble autorizado por el órgano de recaudación correspondiente, con una vigencia no mayor a seis meses, y

c) Un certificado de no inscripción del inmueble expedido por el Registro de la Propiedad, Oficina Registral o cualquier Institución análoga según la Entidad Federativa de que se trate. En el escrito en que se solicite dicho certificado, se deberán proporcionar los datos que identifiquen con precisión el fundo y manifestar que el certificado será exhibido en el procedimiento judicial de inmatriculación.

III. Admitida la solicitud, se ordenará la publicación por edictos en el medio de comunicación procesal oficial y en un periódico de mayor circulación en la Entidad Federativa donde se ubique el bien inmueble, por una sola ocasión, para que comparezcan al procedimiento las personas que se pudieren considerar perjudicadas, en los siguientes medios:

a) En el medio de comunicación procesal oficial de la autoridad jurisdiccional, y

b) En un periódico de los de mayor circulación en el lugar del inmueble.

IV. Se deberá fijar un anuncio de proporciones visibles en la parte externa del inmueble en cuestión, a través del cual se informe a las personas que puedan considerarse perjudicadas, a las y los vecinos, así como al público en general, la existencia del procedimiento de inmatriculación judicial respecto a ese inmueble. El anuncio deberá contener el nombre de la promovente y permanecer en el inmueble durante todo el trámite judicial.

Artículo 531. Realizadas las publicaciones y fijado el anuncio, se correrá traslado de la solicitud, para que contesten si existe oposición al procedimiento, dentro del término de quince días, las siguientes personas:

I. Aquella de quien obtuviera la posesión de quien promueve o su causahabiente si fuere conocido;

II. El Ministerio Público de la Entidad Federativa o la Federación;

III. Las personas colindantes del inmueble;

IV. El Instituto de Administración y Avalúos de Bienes Nacionales o dependencia de gobierno similar en las entidades, para que exprese si el fundo es o no de propiedad Federal o Estatal, y

V. A criterio de la autoridad jurisdiccional, el Registro Agrario Nacional.

Artículo 532. Producida la contestación y desahogadas las excepciones y defensas, en dichos escritos se ofrecerán las pruebas objeto de debate y se procederá a señalar la fecha y hora para celebración de la audiencia de juicio. En todo lo no previsto se estará a las disposiciones del juicio ordinario civil oral.

En el caso de que no hubiera oposición, y previa solicitud de acuse de rebeldía, la autoridad jurisdiccional, al vencerse el término a que se refieren los artículos anteriores, señalará fecha para la celebración de la audiencia de juicio dentro de los treinta días y se decidirá sobre la admisión y preparación de pruebas en el proveído respectivo. La audiencia se llevará a cabo con o sin la asistencia de las partes emplazadas. En caso de inasistencia sin justa causa del promovente, se sobreseerá el procedimiento.

TÍTULO TERCERO
DEL JUICIO ARBITRAL

CAPÍTULO I
DISPOSICIONES GENERALES

Artículo 533. Las partes tienen el derecho de someter sus controversias al juicio arbitral.

Artículo 534. El acuerdo de arbitraje puede celebrarse previo a que inicie un procedimiento jurisdiccional, durante éste una vez iniciado y hasta antes de dictada la sentencia definitiva.

En caso de que las partes decidan someterse a un juicio arbitral una vez iniciado un procedimiento jurisdiccional, la autoridad jurisdiccional las remitirá al arbitraje, dando por concluida la instancia, a menos, que se compruebe que el acuerdo es nulo, ineficaz o de ejecución imposible.

Lo actuado en el procedimiento jurisdiccional carecerá de validez para el juicio arbitral, salvo que las partes de común acuerdo convinieren lo contrario.

Artículo 535. El acuerdo de arbitraje es un convenio, por el que las partes deciden someter a arbitraje todas o ciertas controversias que hayan surgido o puedan surgir entre ellas respecto de una determinada relación jurídica, contractual o no. El acuerdo de arbitraje podrá adoptar la forma de una cláusula compromisoria incluida en un contrato o la forma de un acuerdo independiente.

En todos los casos el acuerdo deberá constar por escrito o por cualquier medio por el que se manifieste expresamente la voluntad de las partes que así lo convinieron.

Artículo 536. La referencia a un reglamento en el acuerdo de arbitraje, o en sus modificaciones, hará que se entiendan comprendidas en el mismo todas las disposiciones de que se trate.

Artículo 537. Quien esté en pleno ejercicio de sus derechos civiles, puede comprometer en árbitros sus negocios.

Las personas tutoras no pueden comprometer los negocios de personas sobre quienes ejercen la tutela, ni nombrar árbitros, sino con aprobación judicial, a menos que éstas fueren personas herederas de quien celebró el acuerdo de arbitraje. Si no hubiere designación de árbitros, salvo pacto en contrario de las partes, se hará con intervención judicial, como está previsto en los medios preparatorios a juicio arbitral.

Artículo 538. Los albaceas necesitan del consentimiento unánime de las personas herederas para comprometer en árbitros los negocios de la herencia y para nombrar árbitros, salvo que se tratara de cumplimentar los acuerdos de arbitraje pactados por el autor de la sucesión.

Artículo 539. Quien funja como síndico de los concursos civiles, sólo puede comprometer en árbitros con el consentimiento unánime de las personas acreedoras.

Artículo 540. No se pueden comprometer en árbitros los siguientes negocios:

I. El derecho de recibir alimentos, lo concerniente al régimen de convivencia, guarda y custodia y demás derechos de niñas, niños y adolescentes;

II. Los divorcios, excepto la separación de bienes, la liquidación y disolución de la sociedad conyugal y las demás diferencias de naturaleza pecuniarias;

III. Las acciones de nulidad de matrimonio;

IV. Los concernientes al estado civil de las personas, con las excepciones contenidas en el Código Civil o Familiar de cada Entidad Federativa que así lo determine, y

V. Los demás en los que lo prohíba expresamente la Ley.

Artículo 541. La persona a quien se comunique su posible nombramiento como árbitro, deberá estar libre de conflicto de intereses con cualquiera de las partes, así mismo, será su obligación revelar todas las circunstancias que puedan dar lugar a dudas justificadas acerca de su imparcialidad o independencia. Desde el momento de su nombramiento y durante todas las actuaciones arbitrales, revelará sin demora tales circunstancias a las partes.

Sólo podrá ser recusado si existen circunstancias que den lugar a dudas justificadas respecto de su imparcialidad o independencia, o si no posee las cualidades convenidas por las partes. Una parte sólo podrá recusar al árbitro nombrado por ella o en cuyo nombramiento haya participado, por causas de las que tenga conocimiento después de efectuada la designación.

Artículo 542. Deberá tratarse a las partes con igualdad y darse a cada una plena oportunidad de hacer valer sus derechos.

Con sujeción a las disposiciones del presente Título, las partes tendrán libertad para convenir las reglas del procedimiento a que se haya de ajustar el árbitro en sus actuaciones, a menos de que se trate de un arbitraje institucionalizado.

A falta de acuerdo sobre las reglas y siempre que no se trate de un arbitraje institucionalizado, se aplicarán las disposiciones del Reglamento de Arbitraje de la Comisión de las Naciones Unidas para el Derecho Mercantil Internacional.

En ausencia de acuerdo y de disposición expresa en el reglamento respectivo, se aplicará lo dispuesto en el presente Título.

En todo momento, el árbitro podrá, con sujeción a lo dispuesto en el presente Código Nacional, dirigir el procedimiento del modo que considere apropiado con el objeto de resolver la controversia planteada. Esta facultad conferida incluye de manera enunciativa, determinar la admisibilidad, la pertinencia y el valor de las pruebas.

Artículo 543. El acuerdo de arbitraje produce las excepciones de remisión al arbitraje y litispendencia, si durante el procedimiento se promueve el negocio en un órgano jurisdiccional ordinario.

La excepción de remisión al arbitraje debe tramitarse en la vía incidental. Sólo se denegará la remisión al arbitraje:

I. Si en el desahogo de la vista dada con la excepción de remisión al arbitraje se demuestra por medio de resolución firme, sea en forma de sentencia o laudo arbitral, que se declaró la nulidad del acuerdo de arbitraje, o

II. Si la nulidad, la ineficacia o la imposible ejecución del acuerdo de arbitraje son notorias desde el desahogo de la vista dada con la solicitud de remisión al arbitraje. Al tomar esta determinación la autoridad jurisdiccional deberá observar un criterio estricto y razonable.

Artículo 544. El tribunal arbitral resolverá la controversia según las normas de derecho que las partes hayan convenido. Si las partes no indicaren la Ley que debe regir el fondo del litigio, el tribunal arbitral, tomando en cuenta las características y conexiones del caso, determinará el derecho aplicable. Decidirá como amigable componedor o en conciencia, sólo si las partes lo han autorizado expresamente para hacerlo.

Artículo 545. El tribunal arbitral puede condenar en costas, daños y perjuicios, pero para emplear medidas de apremio debe acudir a la autoridad jurisdiccional.

CAPÍTULO II
DE LA EJECUCIÓN DE LAUDOS

Artículo 546. Notificado el laudo, cualquier parte podrá presentarlo a la autoridad jurisdiccional para su ejecución, a no ser que las partes ejercieren una acción de nulidad dentro de los siguientes tres meses a la notificación del laudo.

Artículo 547. La autoridad jurisdiccional que esté en turno y que corresponda a la competencia judicial del lugar del arbitraje, o bien, el de la ubicación de los bienes para el caso de ejecución, es competente para todos los actos relativos al juicio arbitral en lo que se refiere a jurisdicción que no tenga el árbitro; y para la ejecución de autos, decretos, órdenes y laudos.

Artículo 548. La autoridad jurisdiccional está obligada a impartir el auxilio de su jurisdicción al tribunal arbitral.

Artículo 549. Contra el laudo arbitral no procede recurso alguno. Contra la ejecución sólo serán posibles las siguientes excepciones que deberá probar la parte contra la cual se invoca el laudo:

I. Una de las partes en el acuerdo de arbitraje estaba afectada por alguna incapacidad jurídica, o que dicho acuerdo no es válido en virtud de la Ley a que las partes lo han sometido, o si nada se hubiere indicado a este respecto, en virtud de las disposiciones de este Código Nacional;

II. No fue debidamente notificada de la designación del árbitro o de las actuaciones arbitrales, o no hubiere podido, por cualquier otra razón ajena al ejecutado, hacer valer sus derechos;

III. El laudo se refiere a una controversia no prevista en el acuerdo de arbitraje o contiene decisiones que exceden los términos del acuerdo de arbitraje. No obstante, si las disposiciones del laudo que se refieren a las cuestiones sometidas al arbitraje pueden separarse de las que no lo están, se podrá dar reconocimiento y ejecución a las primeras;

IV. La composición del tribunal arbitral o el procedimiento arbitral no se ajustaron al acuerdo celebrado entre las partes o, en defecto de tal acuerdo, que no se ajustaron a la Ley del país donde se efectuó el arbitraje, o

V. El laudo no sea aún obligatorio para las partes o hubiere sido anulado o suspendido por la autoridad jurisdiccional del país en que, o conforme a cuyo derecho, hubiere sido dictado ese laudo.

En todos los casos, la autoridad jurisdiccional verificará de oficio que, el objeto de la controversia que se pretende ejecutar sea susceptible de arbitraje; o que el reconocimiento o la ejecución del laudo no sean contrarios al orden público.

LIBRO CUARTO
DE LA JUSTICIA FAMILIAR

TÍTULO PRIMERO
DISPOSICIONES COMUNES A LOS PROCEDIMIENTOS FAMILIARES

CAPÍTULO I
DISPOSICIONES GENERALES EN MATERIA FAMILIAR

SECCIÓN PRIMERA
GENERALIDADES

Artículo 550. Los procedimientos en materia familiar son de orden público; corresponde a las autoridades jurisdiccionales intervenir de oficio en los asuntos que afecten los derechos de las personas que pertenezcan a grupos sociales que se encuentren en situación de vulnerabilidad.

En todos los casos la autoridad jurisdiccional deberá:

I. Fundar y motivar sus resoluciones, de modo que estas se deduzcan lógicamente de los hechos, pruebas y leyes que les sirvan de antecedentes;

II. Procurar la preservación de los vínculos familiares, sin que ello implique una vulneración a los derechos de las personas involucradas en la controversia; para dichos efectos, también deberá de informar a las partes los beneficios del Procedimiento de Justicia Restaurativa;

III. Informar de los derechos que le asisten a la persona en su primera comparecencia ante la autoridad jurisdiccional;

IV. Valorar que los acuerdos propuestos por las partes no afectan derechos irrenunciables o propicien una segunda victimización;

V. Suplir la deficiencia procesal, y

VI. Solicitar la intervención del Ministerio Público o representación social que corresponda.

La solicitud para la intervención de la autoridad jurisdiccional podrá ser oral y sólo cuando así se prevenga los escritos, promociones y peticiones deberán reunir los requisitos mínimos exigidos por este Código Nacional.

Artículo 551. Para el esclarecimiento de la verdad de los hechos controvertidos, la autoridad jurisdiccional podrá ordenar la admisión de cualquier prueba oficial o privada y su desahogo podrá decretarse de manera anticipada.

Artículo 552. Las partes en el juicio estarán obligadas a facilitar la inspección o reconocimiento ordenados por la autoridad jurisdiccional y exhibir los documentos que tengan en su poder y se relacionen con el proceso apercibidos que de no hacerlo sin justa causa se le tendrán por ciertos los hechos que se pretendan probar con ello. La autoridad jurisdiccional podrá hacer cumplir sus determinaciones a través de la aplicación de cualquier medida de apremio prevista en el presente Código Nacional.

Las partes estarán obligadas a facilitar el examen de las condiciones físicas o mentales de una persona, o a proporcionar muestras orgánicas o biológicas, para la obtención de la verdad o resolución del conflicto; apercibiéndoles de que se tendrán por ciertas las afirmaciones de la contraparte si no cumplen con estas obligaciones, salvo prueba en contrario.

Artículo 553. La admisión de hechos por las partes y el allanamiento de estos sólo vinculan a la autoridad jurisdiccional, cuando no se afecten los derechos de niñas, niños o adolescentes, tratándose de violencia familiar, sexual o contra la mujer. Cuando se trate de un delito sexual, la autoridad jurisdiccional estará obligada a dar parte al Ministerio Público, deberá salvaguardarse la integridad y apegarse al principio del interés superior de niñas, niños y adolescentes de manera inmediata.

Artículo 554. En los casos de conductas violentas u omisiones graves que afecten a los integrantes de la familia, la autoridad jurisdiccional deberá adoptar las medidas provisionales que se estimen convenientes, para que cesen de plano. En los casos de violencia vicaria, entendida como la violencia ejercida contra las mujeres a través de sus hijos, la autoridad jurisdiccional deberá salvaguardar la integridad de niñas, niños, adolescentes y mujeres, a efecto de evitar la violencia institucional contemplada en la Ley General de Acceso de las Mujeres a una Vida Libre de Violencia.

Artículo 555. La autoridad jurisdiccional determinará siempre el aseguramiento de los alimentos de quien tenga derecho a recibirlos aun cuando el procedimiento no tenga por objeto principal dicho aseguramiento.

Artículo 556. Las medidas provisionales que hubiere decretado la autoridad jurisdiccional podrán ser modificadas o revocadas, si se demuestra que las causas que las motivaron variaron o desaparecieron.

Artículo 557. Tratándose de trámites en los que se encuentren involucrados los derechos de niñas, niños y adolescentes, la autoridad jurisdiccional, proveerá al efecto y de manera inmediata los ajustes razonables que se requiera en debida observancia del principio de interés superior de las niñas, niños y adolescentes, de conformidad con lo siguiente:

I. Actuar más allá de la demanda puntual que se le presenta cuando esto sea en aras del interés superior de la infancia;

II. Priorizar el derecho a la protección especial, contra toda forma de sufrimiento, abuso o descuido, incluidos el físico, psicológico, mental y emocional; así como priorizar el desarrollo integral en un ambiente sano y libre de violencia;

III. Atender las características, condiciones específicas y necesidades de cada niña, niño y adolescente, con base en el principio de no discriminación;

IV. Deberá cerciorarse de la necesidad de la admisión de la declaración testimonial de niñas, niños o adolescentes, con base en el principio de mínima intervención, a fin de evitar prácticas o procedimientos que causen estrés psicológico;

V. Evitar de manera acuciosa las demoras prolongadas o innecesarias en las diligencias en las que intervengan, así como la formulación de requerimientos legales que pueden resultar intimidantes;

VI. En ningún caso se hará pública la información sobre niñas, niños o adolescentes involucrados en los trámites judiciales previstos en este Código Nacional, y

VII. Toda niña, niño y adolescente, tiene derecho a expresar sus opiniones libremente sobre las decisiones que le afecten, incluidas las adoptadas en el curso de cualquier proceso, y que esos puntos de vista serán tomados en consideración por la autoridad jurisdiccional atendiendo a su edad, madurez y evolución de su capacidad; el acto procesal mediante el que sea escuchado su parecer no estará sujeto a contradicción.

Artículo 558. En todos los asuntos que estén involucrados derechos de niñas, niños y adolescentes, éstos podrán ser escuchados por la autoridad jurisdiccional, en audiencia videograbada.

La autoridad jurisdiccional señalará fecha y hora para la celebración de la comparecencia, y requerirá a quien ejerza la guarda y custodia o cuidado de la niña, niño o adolescentes para que lo presenten al desahogo de la comparecencia, con el apercibimiento de que en caso de incumplimiento se les impondrá la medida de apremio que la autoridad jurisdiccional estime conducente.

En el desahogo de la comparecencia la autoridad jurisdiccional deberá observar lo siguiente:

I. Que la comparecencia no se lleve a cabo en un ambiente hostil;

II. Asegurar que esté presente un equipo interdisciplinario, formado por: una persona profesional en psicología, preferentemente con especialidad en desarrollo infantil, una persona Agente del Ministerio Público y una persona tutora especial que se designe para el desahogo de la actuación, persona que deberá de pertenecer al Sistema al (sic) Desarrollo Integral de la Familia o a la Procuraduría de Protección de Niñas, Niños y Adolescentes;

III. La entrevista con las niñas, niños y adolescentes, está exceptuada de contradicción y debe ser resguardada en absoluta discrecionalidad, atendiendo a los principios de confidencialidad y privacidad que les asisten a las niñas, niños y adolescentes; se llevará a cabo sin la presencia de sus progenitores o tutores;

IV. En los casos en los que la niña, niño o adolescente requiera el apoyo de una persona familiar o profesional de su confianza podrá acompañarle, particularmente cuando se trate de violencia sexual infantil, ya que sólo con auxilio de sus progenitores o terapeutas suelen revelar la violencia, y

V. Dichas diligencias serán videograbadas para evitar la repetición y revic timización en el proceso de niñas, niños y adolescentes.

Los datos proporcionados en la comparecencia serán tomados en consideración por la autoridad jurisdiccional atendiendo a la edad, madurez y contexto social y familiar de la niña, niño o adolescente, así como las pruebas periciales en materia de psicología que para tal efecto se recaben. La admisión de estos medios de prueba podrá decretarse de manera anticipada.

Artículo 559. Cuando la persona que tenga a su cuidado a la niña, niño o adolescente se niegue a presentarlo a la audiencia señalada para su comparecencia, alegando cualquier causa, se harán efectivos los apercibimientos decretados con anterioridad, y de considerarse viable se señalará nuevo día y hora dentro del término de veinte días en el que la autoridad jurisdiccional, el Ministerio Público y demás personas que deban intervenir, se trasladen al domicilio donde habita la niña, niño o adolescente para llevar a cabo la diligencia referida, en su caso.

Para el caso de oposición o impedimento del desarrollo de la audiencia, la autoridad jurisdiccional dará vista al Ministerio Público para que proceda conforme a sus atribuciones y para los efectos legales conducentes. La autoridad jurisdiccional podrá adoptar las medidas de protección para las niñas, niños y adolescentes que estime pertinentes, siempre con base en el principio del interés superior de la infancia y de acuerdo con el Protocolo para juzgar con perspectiva de infancia y adolescencia de la Suprema Corte de la Justicia de la Nación.

Artículo 560. La autoridad jurisdiccional tiene, sin perjuicio de las especiales que les concede la ley, las siguientes facultades:

I. Convocar a las partes a su presencia en cualquier tiempo, para intentar la conciliación o cualquier otro medio alterno de solución de conflictos; exceptuando aquellos casos que involucren violencia de cualquier tipo incluida la de género y para cualquier persona, niña, niño y adolescente;

II. En cualquier estado o instancia del procedimiento, ordenar la comparecencia personal de las partes, a fin de interrogarlas libremente sobre los hechos por ellas afirmados. Las partes deben ser asistidas por sus representantes. Los interrogatorios se practicarán sin formalidad alguna, excepto en los casos que involucren cualquier tipo o modalidad de violencia de género, en cuyo caso las autoridades jurisdiccionales deberán actuar con base en los Protocolos que al efecto existan;

III. Rechazar de plano cualquier incidente o solicitud que merezca calificarse de frívola, notoriamente improcedente, intrascendente o dilatoria, en relación con el asunto que se ventile, lo que deberá ser hecho de manera fundada, razonada y motivada;

IV. Para el solo efecto de regularizar el proceso, ordenar en cualquier etapa del juicio que se subsane toda omisión o deficiencia formal que se notare;

V. Suplir la deficiencia de los planteamientos de derecho y de las pretensiones, así como de los agravios respecto de las niñas, niños, adolescentes; víctimas de cualquier tipo o modalidad de violencia de género y grupos de atención prioritaria;

VI. Allegarse de los medios de prueba legales que estime necesarios para la resolución del asunto, de acuerdo con la naturaleza de los derechos en conflicto, y

VII. Determinar las medidas y órdenes de protección procedentes para la protección de los miembros de la familia, cuando en un procedimiento se advierta la existencia de cualquier modalidad o tipo de violencia.

Artículo 561. Si la autoridad jurisdiccional advierte la existencia de cualquier clase de violencia, deberá modificar o suspender el ejercicio del régimen de convivencias o guarda y custodia, según sea el caso, y podrá ordenar que las convivencias se realicen de manera supervisada en los Centros o Instituciones destinadas para tal efecto en el Tribunal o Poder Judicial de cada Entidad Federativa, o bien por videoconferencia supervisada, siempre y cuando sea deseo de la niña, niño o adolescente, así como dictar las medidas que estime pertinentes para salvaguardar el orden familiar y dar vista al agente del Ministerio Público que corresponda.

SECCIÓN SEGUNDA
DE LOS ALIMENTOS

Artículo 562. Si la autoridad jurisdiccional considera acreditada la obligación alimentaria, dictará el auto admisorio a más tardar al día siguiente en que haya recibido la solicitud respectiva, fijando una pensión alimenticia provisional y dará aviso sin demora a la persona física o moral de quien perciba el ingreso la persona deudora alimentista, para que lleve a cabo el descuento y haga entrega de la cantidad al acreedor alimentario e informe sobre el total de sus percepciones.

Artículo 563. La orden de descuento de los alimentos y el informe solicitado se atenderá de inmediato por la parte responsable de la fuente de trabajo, suministrando los datos exactos dentro del término de tres días, con el apercibimiento que de no hacerlo se le aplicará una multa de hasta doscientas Unidades de Medida y Actualización, además de responder solidariamente con la obligada directa, de los daños y perjuicios que cause a la acreedora alimentaria por sus omisiones o informes falsos.

En todo momento la autoridad jurisdiccional podrá solicitar el auxilio de las autoridades fiscales para la indagación de la capacidad económica de las personas deudoras alimentarias.

Artículo 564. Cuando no se acredite la capacidad económica de la deudora alimentista, en atención a las circunstancias especiales del caso, la pensión alimenticia se fijará en salarios mínimos en la zona económica que corresponda, sin que pueda ser inferior a uno.

Artículo 565. Fuera de los casos anteriores, se ordenará requerir a la parte deudora alimentista sobre el pago inmediato de la pensión provisional, con el apercibimiento de embargar bienes de su propiedad que garanticen su cumplimiento. En caso de que se actualice el incumplimiento de la parte deudora alimentista total o parcial por un periodo mayor a 90 días, la autoridad jurisdiccional ordenará su inscripción en el Registro Nacional de Obligaciones Alimentarias.

Las personas representantes de la Procuraduría de Protección de Niñas, Niños y Adolescentes o de las instituciones análogas en las Entidades Federativas, que tengan decretada una tutoría en su favor, en todo momento se encuentran legitimadas para solicitar ante la autoridad jurisdiccional la inscripción de una persona deudora en el Registro Nacional de Obligaciones Alimentarias.

Artículo 566. En el mismo auto de admisión a la demanda, la autoridad jurisdiccional proveerá la designación de una persona profesionista en trabajo social, para que lleve a cabo un estudio socioeconómico de las partes acreedora y deudora alimentaria, el cual, de ser posible, deberá estar exhibido en la audiencia preliminar.

Artículo 567. Las cuestiones que se promuevan sobre el importe de los alimentos se decidirán por la vía incidental además de ser revisadas en la audiencia preliminar.

Artículo 568. La sentencia que decrete los alimentos fijará la pensión correspondiente y se comunicará sin demora a la persona física o moral de quien perciba el ingreso la parte deudora alimentista.

En caso de que la autoridad jurisdiccional verifique un incumplimiento total o parcial por la parte deudora alimentista del fallo que condena al pago de alimentos, ya sea que comprenda el pago de una pensión alimenticia ordinaria o retroactiva, informará para su inscripción en el plazo de tres días dicho incumplimiento al Registro Nacional de Obligaciones Alimentarias.

SECCIÓN TERCERA
DE LAS MEDIDAS PROVISIONALES Y DE PROTECCIÓN

Artículo 569. La autoridad jurisdiccional deberá intervenir de oficio en las cuestiones inherentes al orden familiar y deberá decretar las medidas provisionales necesarias sin audiencia de la contraparte y cerciorarse de su cumplimiento, en los casos que a continuación se mencionan, de manera enunciativa y no limitativa:

I. Fijación de alimentos;

II. Guarda y custodia;

III. Régimen de convivencias;

IV. Órdenes o medidas de Protección, y

V. Cualquier otra medida que señale este Código Nacional, los códigos civiles o familiares y las leyes especializadas en la materia, siempre y cuando la autoridad jurisdiccional considere pertinente para salvaguardar a los integrantes de la familia.

Las medidas indicadas en las fracciones anteriores deberán ser revisadas por la autoridad jurisdiccional, de oficio o a petición de parte, en la audiencia preliminar o en cualquier otra etapa del procedimiento. Contra dicha resolución procederá el recurso de apelación en el efecto devolutivo.

Artículo 570. Tratándose de las medidas provisionales y de protección dictadas en favor de víctimas de violencia familiar, para su revisión deberán observarse las condiciones establecidas en este Código Nacional y demás leyes aplicables.

Artículo 571. Las órdenes o medidas de protección tienen como fin salvaguardar integralmente a las víctimas de violencia y su familia, ya sea previniendo, interrumpiendo o impidiendo cualquier conducta de violencia.

Son principios básicos de la orden de protección:

I. Protección de la víctima, que la víctima recupere la sensación de seguridad ante posibles amenazas de quien violenta, lo cual, por otra parte, es indispensable para romper con el círculo de violencia;

II. Urgencia, la orden se debe implementar y cumplir de manera inmediata, con la mayor agilidad posible a efecto de que cumpla con el fin de prevenir o impedir que los actos de violencia se cometan o se sigan cometiendo;

III. Accesibilidad, quiere decir que la medida debe ser implementada a través de un procedimiento sencillo y gratuito para quien es víctima de violencia;

IV. Utilidad procesal, la orden de protección debe facilitar la confección, integración, tratamiento y conservación de las pruebas que puedan aportarse al trámite, y

V. La necesidad y proporcionalidad de la medida, las órdenes de protección deben responder a la situación de violencia en que se encuentre la persona destinataria y deben garantizar su seguridad o reducir los riesgos existentes.

Artículo 572. En caso de que la autoridad jurisdiccional conozca de hechos que probablemente constituyen actos de violencia en contra de las mujeres; niñas, niños o adolescentes; o personas que pueden encontrarse en grupos que se encuentren en situación de vulnerabilidad, tiene la obligación de dictar órdenes de protección de urgente aplicación en función del interés superior de quien pudiere resultar víctima, las cuales serán personalísimas e intransferibles, pudiendo tener incluso el carácter de preventivas y serán consideradas de naturaleza familiar.

Artículo 573. Son medidas u órdenes de protección:

I. La desocupación inmediata del domicilio conyugal o donde habite la víctima, por la persona agresora, independientemente de la acreditación de propiedad o posesión del inmueble, aún en los casos de arrendamiento;

II. La prohibición inmediata a la persona probable responsable de apersonarse en el domicilio, lugar de trabajo, de estudios, del domicilio de las y los ascendientes y descendientes o cualquier otro que frecuente la víctima;

III. La prohibición de intimidar o molestar a la víctima en su entorno social, así como a cualquier integrante de su familia;

IV. El auxilio policiaco de reacción inmediata a favor de la víctima, con autorización expresa de ingreso al domicilio donde se localice o se encuentre la víctima al momento de solicitar el auxilio;

V. El inventario de los bienes muebles e inmuebles de propiedad común, incluyendo los implementos de trabajo de la víctima;

VI. Informar a las autoridades o instituciones competentes sobre las medidas tomadas, a fin de que presten atención inmediata a las personas afectadas;

VII. El uso y goce de los bienes que se encuentren en el inmueble que sirva de domicilio a la víctima;

VIII. El acceso al domicilio en común, de autoridades policiacas o de personas que auxilien a la víctima a tomar sus pertenencias personales y las de su familia;

IX. Emitir orden de protección y auxilio dirigida a las autoridades de seguridad pública, de la que se expedirá copia a la víctima para que pueda acudir a la autoridad más cercana en caso de amenaza de agresión;

X. Brindar servicios reeducativos integrales especializados y gratuitos, con perspectiva de género en instituciones especializadas y gratuitas a la persona agresora para erradicar las conductas violentas a través de una educación que elimine los estereotipos de supremacía de género y los patrones machistas y misóginos que generaron;

XI. Suspensión temporal al agresor del régimen de visitas y convivencia con sus descendientes;

XII. Prohibición al agresor de enajenar o hipotecar bienes de su propiedad, que puedan ser susceptibles de división entre los cónyuges o concubinos, con independencia del régimen matrimonial al que se encuentre sujeto el matrimonio;

XIII. Embargo preventivo de bienes del agresor, que deberá inscribirse en el Registro Público de la Propiedad, a efecto de garantizar las obligaciones alimentarias de cualquier clase, y

XIV. En caso de ser solicitado, proveer a fin de que la víctima pueda recibir en instituciones públicas y de manera gratuita atención médica y acompañamiento psicológico.

La autoridad jurisdiccional está obligada a observar aquellos casos en los que pudiera tratarse de violencia vicaria en contra de mujeres, por sí o a través de una tercera persona.

Artículo 574. Toda persona integrante de la familia podrá solicitar las medidas de protección que considere pertinentes y se atenderá al principio de lealtad procesal para su decreto; sin embargo, atendiendo a los elementos del caso concreto el estándar probatorio requerido para el decreto podrá variar.

En caso de que se acredite que dichas medidas tengan el propósito de ejercer violencia contra la mujer, éstas se dejarán sin efecto.

Si quien solicita la medida de protección es una niña, niño o adolescente, y no se encuentra asistido por sus representantes legales, se ordenará por la autoridad judicial la fijación de una representación inmediata de algún familiar o persona cuidadora temporal o por alguna institución especializada, a efecto de que se dicten las órdenes solicitadas de manera inmediata, ya sea que comparezca por escrito o por comparecencia.

Artículo 575. Las medidas de protección previstas en este Código Nacional deben ser dictadas dentro de las veinticuatro horas siguientes al conocimiento de los hechos, y ser cumplimentadas en un término no mayor a setenta y dos horas; por lo que, no será necesario que surta efectos ningún tipo de notificación para la materialización de las medidas u órdenes.

Las órdenes de protección, pueden ser modificadas durante la tramitación del juicio, en la audiencia preliminar, o en la sentencia definitiva.

La autoridad jurisdiccional tiene la obligación de dar seguimiento a las órdenes de protección dictadas en el juicio.

Artículo 576. En el caso de violencia en contra de la mujer, serán aplicables las órdenes de protección que dispone la Ley General de Acceso de las Mujeres a una Vida Libre de Violencia, sin perjuicio de cualquier otra medida prevista en la legislación Federal y Local, así como en los tratados internacionales aplicables.

Artículo 577. Cuando el deudor alimentario haya dejado de cumplir con sus obligaciones en materia de alimentos por un periodo mayor de dos meses o sesenta días naturales, continuos o discontinuos, en cualquier momento del procedimiento podrá solicitarse a la autoridad jurisdiccional lo haga del conocimiento del Registro de Deudores Alimentarios Morosos o institución similar o análoga en las Entidades Federativas.

La autoridad jurisdiccional podrá retener los pasaportes a los deudores alimentarios morosos, y tratándose de extranjeros se dará vista al Instituto Nacional de Migración, mediante oficio para que proceda conforme a la Ley de Migración, a efecto que no se le permita la salida del Territorio Nacional.

Del mismo modo la autoridad jurisdiccional podrá ordenar a petición de parte, el embargo precautorio de bienes y derechos de los que sea titular del deudor alimentario, así como el congelamiento provisional de sus cuentas bancarias.

A efecto de lo anterior la autoridad jurisdiccional también podrá instruir la anotación, registro o inscripción que corresponda a la medida ordenada.

En su caso, se dará vista al Ministerio Público para los efectos que corresponda.

SECCIÓN CUARTA
DE LA SEPARACIÓN DE PERSONAS

Artículo 578. Quien intente demandar, denunciar o querellarse contra su cónyuge o persona concubina, podrá solicitar a la autoridad jurisdiccional en materia familiar su separación del domicilio hogar común.

Artículo 579. La solicitud de separación del hogar común podrá hacerse por comparecencia o por escrito que deberá contener al menos lo siguiente:

I. Expresar los hechos sobre los que base la solicitud;

II. Indicar el domicilio en el que pretende permanecer o del que se desea retirar, y

III. En caso de existir hijas o hijos menores de edad correspondientes a la unión, se deberán de exhibir los documentos que acrediten la filiación, sin perjuicio de que en situación de urgencia no será necesaria tal exhibición y la autoridad jurisdiccional podrá hacer uso de los medios necesarios para comprobar el parentesco indicado.

Artículo 580. Cuando, derivado de una situación de cualquier tipo o modalidad de violencia, exista imposibilidad material para la presentación por la parte interesada, cualquier persona podrá bajo protesta de decir verdad, realizar su solicitud.

La autoridad jurisdiccional de primera o segunda instancia en materia familiar más cercana al domicilio común o en el que habite quien haga la solicitud, será la encargada de recibirla y decretar la separación provisional de personas, remitiendo las diligencias a la autoridad jurisdiccional que resulte competente.

Artículo 581. Presentada la solicitud de separación, si la autoridad jurisdiccional considera que procede, conjuntamente a la admisión del trámite deberá decretar lo siguiente:

I. Para el caso que la solicitud fuera interpuesta por una tercera persona, se proveerá respecto de la manifestación de conformidad con la persona interesada en el trámite, lo cual se realizará en la diligencia de cumplimiento;

II. Las medidas pertinentes y órdenes de protección a fin de que se efectúe de inmediato la separación, con atención a los hechos y circunstancias de la solicitud;

III. La determinación en cuanto a la guarda y custodia provisional de las niñas, niños o adolescentes relacionados con el caso;

IV. La fijación de la pensión alimenticia provisional correspondiente;

V. El régimen de visitas y convivencias provisionales, si ello no lesiona los derechos de las niñas, niños y adolescentes;

VI. Establecer que quien conserve el cuidado de los hijos o hijas menores de edad o de personas que pertenezcan a grupos que se encuentren en situación de vulnerabilidad, siga habitando el domicilio conyugal o familiar, si así lo desea;

VII. Quien se separe del domicilio familiar y conserve la guarda y custodia de hijos menores de edad habidos en el matrimonio o relación familiar, se le entregarán la ropa, muebles y demás enseres de los mismos, así como de las personas mayores que deban salir del domicilio con quien se haya separado del mismo. En todos los casos quien se retire del domicilio familiar podrá retirar sus objetos personales y de trabajo, y

VIII. Ordenar la notificación al otro cónyuge, concubina o concubinario, con la prevención expresa de que deberá abstenerse de impedir la separación o causarle cualquier tipo de molestias a la parte solicitante, apercibiéndole con las medidas de apremio previstas en el presente Código Nacional para en caso de incumplimiento.

Artículo 582. Decretada procedente la separación de personas, la autoridad jurisdiccional deberá prevenir a la parte solicitante para que presente la demanda correspondiente, dentro de un plazo de quince días hábiles, bajo el apercibimiento que de no realizarlo en el término señalado se levantará el acto prejudicial y cesarán los efectos de las medidas provisionales. En este sentido, podrá autorizarse por una sola ocasión una prórroga de hasta diez días hábiles.

Si la autoridad jurisdiccional advierte que con el levantamiento del acto prejudicial se pudiera vulnerar el interés superior de la niñez o de personas que pertenezcan a grupos que se encuentren en situación de vulnerabilidad, se dará vista a la Procuraduría de Protección para Niños, Niñas y Adolescentes o su equivalente en la Entidad Federativa de la que se trate, así como al Agente del Ministerio Público de su adscripción.

Artículo 583. La autoridad jurisdiccional puede modificar las resoluciones decretadas cuando los cónyuges o concubinos lo soliciten de común acuerdo o cuando aparezcan nuevas circunstancias que así lo hagan posible.

Cualquier oposición de las personas cónyuges o concubinas respecto de los alimentos o la guarda y custodia o visitas y convivencias, decretados en el acto prejudicial, se deberá tramitar en el juicio respectivo.

SECCIÓN QUINTA
DE LA JUSTICIA RESTAURATIVA EN MATERIA FAMILIAR

Artículo 584. Las partes de común acuerdo podrán sujetarse a un procedimiento de Justicia Restaurativa en materia familiar, el cual tendrá como finalidad que las partes reconozcan la existencia de un conflicto, asuman su responsabilidad y participen tanto en la reparación de los daños como en la reestructuración de la dinámica familiar. Quedan exceptuados los casos de violencia sexual contra niñas, niños y adolescentes. El procedimiento de Justicia Restaurativa no es obligatorio para acceder a la justicia familiar.

Las partes podrán acordar suspender la tramitación del juicio que hayan iniciado por un intervalo no mayor a tres meses. Las medidas cautelares, precautorias o provisionales decretadas en el trámite de cualquier juicio se mantendrán vigentes.

Las partes podrán sujetarse a los mecanismos de justicia restaurativa, sin suspensión del trámite judicial correspondiente.

En los casos que alguna de las partes manifieste su deseo de no continuar con el proceso de justicia restaurativa en materia familiar o simplemente una de ellas deje de acudir a las sesiones que se señalen, se dará por concluido el proceso, y suspendido o no el trámite, sin dilación alguna se continuará el juicio en la etapa procesal respectiva.

Artículo 585. Para la implementación de estos procesos, la autoridad jurisdiccional podrá auxiliarse de expertos en psicología, trabajo social, mediadores o facilitadores especializados en materia de familia, quienes deberán de preservar los principios de: legalidad, imparcialidad, voluntariedad, confidencialidad, flexibilidad, simplicidad, acceso a la información y que cuenten con la certificación que para dichos efectos expida la autoridad competente.

Artículo 586. En los casos en que las partes manifiesten su deseo de someterse a los beneficios de la justicia restaurativa, la autoridad jurisdiccional señalará día y hora para que las partes acudan a la entrevista inicial, a la cual podrán ser acompañadas en todo momento de cualquier persona de su confianza, lo que incluye a su representante legal.

Una vez realizadas las entrevistas la persona facilitadora informará en el plazo de tres días a la autoridad jurisdiccional la viabilidad de la implementación de un proceso de Justicia Restaurativa. No obstante, si en los encuentros preparatorios o dentro del proceso sobreviene alguna causa de inviabilidad, la persona facilitadora lo informará en un plazo máximo de cuarenta y ocho horas a la autoridad jurisdiccional.

En caso de que las partes, asistidas de la persona facilitadora, diseñen un plan de reparación del daño, deberá de observar lo siguiente:

I. De ninguna manera podrá pactarse la renuncia de los derechos de niñas, niños o adolescentes;

II. En asuntos en los que existan datos de la existencia de conductas de violencia, queda prohibido convenir el mero pago de obligaciones pecuniarias como forma de reparación del daño, y

III. No podrán pactarse cláusulas desde una asimetría en las relaciones de poder.

En el plan o convenio, en su caso, la persona mediadora o facilitadora deberán promover que se garantice el bienestar psicológico y la seguridad física de todos los miembros de la familia. Después de aceptado y firmado el acuerdo la persona facilitadora tendrá un plazo máximo de tres días para presentarlo ante la autoridad jurisdiccional competente.

Recibido por la autoridad jurisdiccional competente el plan de restitución de derechos o el convenio, en un plazo de cinco días hábiles la autoridad jurisdiccional fijará día y hora para el desahogo de una audiencia oral, a fin de sancionar y en su caso aprobar los acuerdos formulados por las partes.

Las partes comparecerán personal y debidamente asistidas a la audiencia y en caso de que la autoridad jurisdiccional lo considere pertinente podrá apersonarse la persona facilitadora. En todos los casos deberá de encontrase presente en la actuación la persona Agente del Ministerio Público correspondiente y en caso de que así lo considere la autoridad jurisdiccional, la persona representante de la Procuraduría de Protección de niñas, niños y adolescentes a nivel federal o de cada Entidad Federativa.

De resultar en derecho el convenio, se elevará a categoría de cosa juzgada y de inmediato la autoridad jurisdiccional proveerá de todo lo necesario para su ejecución.

El cumplimiento forzoso del convenio judicial podrá solicitarse en la vía de apremio.

TÍTULO SEGUNDO
PROCEDIMIENTOS NO CONTENCIOSOS EN MATERIA FAMILIAR

CAPÍTULO I
DE LA JURISDICCIÓN VOLUNTARIA

SECCIÓN PRIMERA
GENERALIDADES

Artículo 587. La jurisdicción voluntaria comprende todos los actos que, por disposición de la ley o por solicitud de las personas interesadas, se requiere la intervención de la autoridad jurisdiccional, sin que esté promovida, ni se promueva cuestión litigiosa alguna entre partes determinadas.

A solicitud de parte legítima podrán practicarse en esta vía las notificaciones o emplazamientos necesarios en procesos extranjeros.

Los procedimientos de que trata este Capítulo podrán tramitarse ante Notaria o Notario Público de conformidad con lo dispuesto por este Código Nacional, así como el Código Civil y demás leyes de la Entidad Federativa de la que se trate.

Artículo 588. De manera enunciativa y no limitativa, los siguientes casos se podrán tramitar mediante jurisdicción voluntaria:

I. Nombramiento de personas tutoras y curadoras;

II. Enajenación de bienes propiedad de niñas, niños, adolescentes, ausentes o desaparecidos;

III. Declaración de ausencia, así como la declaración especial de ausencia por desaparición;

IV. Procedimiento de adopción, y

V. Restitución nacional.

Artículo 589. La jurisdicción voluntaria deberá promoverse por escrito ante la autoridad jurisdiccional competente y reunir los siguientes requisitos:

I. Nombre y domicilio de quien promueve;

II. En su caso, nombre y domicilio de las personas que deban ser citadas;

III. La petición expresa de lo solicitado;

IV. Los hechos que fundamenten la solicitud;

V. Las pruebas que se ofrezcan, y

VI. Firma de quien promueve.

Artículo 590. Cuando fuere necesaria la audiencia de alguna persona, se la citará conforme a derecho, apercibiéndole en la citación que quedan, por tres días, las actuaciones en la secretaría de la autoridad jurisdiccional para que se imponga de ellas y señalará día y hora para la audiencia dentro del término de quince días, a la que concurrirá el promovente o su representante legal.

Artículo 591. En la Jurisdicción Voluntaria ante autoridad jurisdiccional se dará vista al Ministerio Público, Federal o local, según corresponda:

I. Cuando la solicitud promovida afecte los intereses públicos;

II. Cuando se refiera a la persona o bienes de niñas, niños o adolescentes o personas que no tengan capacidad para comprender el significado del hecho;

III. Cuando tenga relación con los derechos o bienes de persona ausente o desaparecida;

IV. Cuando se encuentren involucrados derechos de personas pertenecientes a grupos que se encuentren en situación de vulnerabilidad;

V. Cuando lo considere necesario la autoridad jurisdiccional o lo pidan las partes, y

VI. Cuando lo dispusiere la Ley aplicable.

Artículo 592. Recibida la solicitud, la autoridad jurisdiccional la examinará y conjuntamente a su admisión, proveerá respecto de las pruebas ofrecidas, las que se desahogarán en una audiencia oral que se fijará dentro del término de quince días. En su caso, se dará vista al Ministerio Público sin que sea obstáculo para la celebración de la audiencia la inasistencia de este último.

Si no mediare oposición, la autoridad jurisdiccional aprobará la información o la autorización judicial si lo considera procedente y se expedirá copia certificada al peticionario si la pidiese.

Artículo 593. En ningún caso se admitirán en procedimiento judicial no contencioso, informaciones de testigos sobre hechos que fueren materia de un procedimiento en curso.

Artículo 594. Se dará por terminado el procedimiento de jurisdicción voluntaria si se opusiere parte legítima. Se desechará la oposición que se haga después de efectuado el acto, reservándole los derechos a quien se oponga para que los haga valer en la vía y forma que proceda.

Artículo 595. La autoridad jurisdiccional podrá variar o modificar las providencias que dictare, sin sujeción estricta a los términos y formas establecidas respecto del procedimiento contencioso que corresponda.

Artículo 596. Las resoluciones que se dicten en las diligencias de jurisdicción voluntaria ante autoridad jurisdiccional son recurribles en términos de lo que establece este Código Nacional. Contra la resolución desestimatoria de la petición procede el recurso de queja y la que dé por concluido el procedimiento de las diligencias, será apelable en ambos efectos.

SECCIÓN SEGUNDA
DE LA CONSIGNACIÓN DE ALIMENTOS

Artículo 597. Quien sea deudor alimentista puede promover diligencias de consignación, derivadas de su obligación de proporcionar alimentos, sin que ello constituya la extinción de la obligación alimentaria y sin perjuicio de que la autoridad jurisdiccional determine lo conducente.

Artículo 598. La consignación se hará en cheque certificado, o billete de depósito expedido por la oficina recaudadora o bancaria que corresponda.

Artículo 599. Hecha la consignación, la autoridad jurisdiccional deberá proveer de inmediato, haciendo saber a la persona acreedora alimentaria, que lo depositado queda a su disposición, para lo cual debe citarle para que comparezca a recibir o verificar el depósito.

Artículo 600. Si la acreedora alimentaria recibe lo consignado lisa y llanamente, la autoridad jurisdiccional hará constar su recepción, sin perjuicio de que las posteriores consignaciones se sigan realizando en ese procedimiento.

Artículo 601. Cuando la persona acreedora alimentaria no comparezca o se rehúse en el acto de la diligencia a recibir lo consignado, la autoridad jurisdiccional lo hará constar, con independencia de los depósitos de alimentos subsecuentes.

Artículo 602. La consignación que hace el deudor de pensiones alimentarias no extingue ni fija por sí misma su obligación de pagar alimentos.

SECCIÓN TERCERA
DEL NOMBRAMIENTO DE PERSONAS TUTORAS Y CURADORAS

Artículo 603. Toda persona tutora cualquiera que sea su clase debe manifestar si acepta o no el cargo dentro de los tres días que sigan a la notificación de su nombramiento; en igual término debe proponer su impedimento o excusa.

Tanto las personas tutoras como curadoras aceptarán los cargos y protestarán su leal desempeño ante la autoridad jurisdiccional de primera instancia en materia familiar que los nombró.

Cuando el impedimento o la causa legal de excusa ocurrieren después de la aceptación de la tutela o curatela, los términos correrán desde el día en que la persona tutora o curadora conoció el impedimento o la causa legal de excusa.

La aceptación o el lapso de los términos, en su caso, importan renuncia de la excusa.

Artículo 604. La persona designada, dentro de los diez días que sigan a su aceptación, debe prestar las garantías exigidas por la legislación sustantiva de cada Entidad Federativa, a no ser que lo exceptuaren expresamente.

Artículo 605. Puede oponerse al nombramiento de persona tutora, la niña, niño o adolescente que tenga la edad para nombrarla y el Ministerio Público, manifestando en un escrito las razones de su oposición y en su caso la documentación que la avale, con el que se dará vista a la persona tutora en cuestión y desahogada o no, la autoridad jurisdiccional resolverá de plano, sin que dicha resolución sea recurrible, así como también podrá oponerse al hecho por la persona que no siendo ascendiente le haya instituido heredero o legatario, de acuerdo a sus intereses.

Artículo 606. Siempre que la persona nombrada como persona tutora o curadora no reúna los requisitos que la ley disponga, la autoridad jurisdiccional denegará el discernimiento del cargo respectivo y proveerá al nombramiento en la forma y términos prevenidos por la legislación sustantiva de cada Entidad Federativa. Contra dicha resolución no procede recurso alguno.

Podrá decretarse el cuidado de niñas, niños y adolescentes que se hallen sujetos a patria potestad o a tutela y que fueren maltratados por sus padres o persona tutora o reciban de éstos ejemplos perniciosos, a juicio de la autoridad jurisdiccional, o sean obligados por ellos a cometer actos reprobados por las Leyes. La misma disposición se aplicará en caso de personas adultos (sic) mayores.

La autoridad jurisdiccional deberá privilegiar el cuidado a cargo de familiares o personas más cercanas y de confianza de los infantes.

En este caso no son necesarias formalidades de ninguna clase, asentándose solamente en una o más actas las diligencias del día.

Artículo 607. La autoridad jurisdiccional deberá contar con un registro de todos los discernimientos que se hicieren de los cargos de persona tutora y curadora, así como las modificaciones que se dieran en dichos cargos, que contendrá el nombre del pupilo, fecha de la resolución donde se le designó persona tutora y curadora, domicilio, número telefónico y correo electrónico para que por cualquiera de esos medios de comunicación procesal se realicen las notificaciones respectivas, y estará a disposición del Consejo de Tutelas, Procuraduría de Protección para Niñas, Niños y Adolescentes, del Representante de la Institución análoga de la Entidad Federativa de que se trate, así como del Ministerio Público de la adscripción.

Artículo 608. Dentro del primer mes de cada año, en audiencia pública con citación del Consejo Local de Tutelas, Procuraduría de Protección para Niñas, Niños y Adolescentes, del Representante de la Institución análoga de la Entidad Federativa de que se trate, así como del Ministerio Público de la adscripción, se procederá a examinar dicho registro y ya en su vista, recibirá la rendición de cuentas, la exhibición del informe médico y dictará las medidas que estime pertinentes:

I. Si resultare haber fallecido alguna persona tutora o curadora, harán que sea reemplazada, con arreglo a las disposiciones contenidas en este ordenamiento;

II. Si hubiere alguna cantidad de dinero que resultare sobrante después de cubiertas las cargas y atenciones de la tutela o dinero que proceda de las retenciones de capitales o que se adquiera de cualquier otro modo, se ordenará que se invierta en alguna Institución de Crédito destinadas al efecto, al plazo que mayor beneficio o interés produzca al pupilo, para lo cual la persona tutora con conocimiento de la o el curador, acreditará dicha circunstancia ante la autoridad jurisdiccional para que ésta emita el mandato judicial correspondiente, de acuerdo a la normatividad sustantiva aplicable de cada Entidad Federativa;

III. En dicha audiencia pública la persona tutora con la conformidad de la persona curadora presentará un informe sobre el desarrollo de la persona sujeta a tutela y de manera obligatoria un certificado de salud de dos profesionistas en materia de medicina general, así como un certificado de salud de dos personas médicos de la especialidad respectiva;

IV. A la audiencia indicada deberá presentarse la persona tutora o curadora, en compañía de su pupilo si sus condiciones de salud así lo permiten, para que en ese acto exprese lo que considere pertinente y la autoridad jurisdiccional se cerciore del estado que guardan éstas y tome las medidas que estime necesarias para mejorar su condición;

V. Dentro de la misma diligencia la persona tutora, deberá rendir cuenta detallada de su administración como lo preceptúa el Código Civil o Familiar de cada Entidad Federativa, sea cual fuere la fecha en que se le hubiere discernido el cargo u otorgado la encomienda. La falta de presentación de la cuenta en los tres meses siguientes al de enero, motivará la remoción de la persona tutora.

Artículo 609. En todos los casos de impedimento, separación o excusa de la persona tutora o curadora, definitivos o propietarios, se nombrará un interino mientras se decide la cuestión litigiosa y resuelto éste, se designará al que lo sustituya.

Artículo 610. Sobre la rendición y aprobación de cuentas de las personas tutoras, regirán las siguientes reglas:

I. Las cuentas se rendirán dentro del mes de enero de cada año, exhibiendo los documentos justificativos, aunque no exista prevención judicial para ello;

II. La persona tutora, también tiene obligación de rendir cuentas cuando, por causas graves que calificará la autoridad jurisdiccional, lo exijan la persona curadora, el Consejo Local de Tutelas, la Procuraduría de Protección para Niñas, Niños y Adolescentes o el Representante de la Institución análoga de la Entidad Federativa de que se trate o el mismo menor que hubiere cumplido la edad exigida por la legislación sustantiva de cada Entidad Federativa;

III. Se requiere prevención judicial para que las cuentas se rindan antes de llegar al plazo previsto en la fracción I; a menos que hubiese remoción o separación de la persona tutora, pues en este caso, sin requerimiento judicial, deberán presentarlas dentro de los quince días siguientes de la fecha de la remoción o separación. En igual forma se procederá cuando la tutela o la encomienda lleguen al final del plazo por haber cesado el estado de minoridad;

IV. Las personas a quienes deben ser rendidas las cuentas son: la misma autoridad jurisdiccional, la persona curadora, el Consejo Local de Tutelas, la misma niña, niño o adolescente que hubiere cumplido la edad exigida por la legislación sustantiva de cada Entidad Federativa, la persona tutora que lo sustituya, el pupilo que dejare de serlo, el Ministerio Público y las demás personas que fija la ley de la materia;

V. La resolución que desaprobare las cuentas indicará, si fuere posible, los alcances y la que aprobare puede ser apelada por el Ministerio Público, los demás interesados y la persona curadora si hizo observaciones. Del auto de desaprobación pueden apelar en ambos efectos la persona tutora, la curadora o el Ministerio Público de la adscripción, y

VI. Si se objetaren de falsas algunas partidas, se substanciarán incidentalmente conforme a las disposiciones previstas en el presente Código Nacional, entendiéndose la audiencia sólo con los objetantes, el Ministerio Público de la adscripción y la persona tutora.

Artículo 611. Cuando del examen de la cuenta o del cercioramiento que realice la autoridad jurisdiccional del estado de salud que guarda el pupilo, encontrare motivos graves para sospechar dolo, fraude, negligencia, descuido o maltrato de la persona tutora, su función, se iniciará, a petición de la persona curadora o del Ministerio Público, procedimiento incidental de remoción de la persona tutora, ante la autoridad jurisdiccional que corresponda conocer del presente procedimiento, se respetará el derecho de audiencia del pupilo, para que pueda expresar lo que a su derecho corresponda; y si de la resolución resultaren confirmadas las sospechas, se revocará el cargo y se nombrará nueva persona tutora, curadora, sin perjuicio de que se remita testimonio de lo conducente a las autoridades penales.

Artículo 612. Las personas tutoras y curadoras, no pueden ser removidas sino a través del procedimiento incidental respectivo, de acuerdo a la autoridad jurisdiccional que corresponda conocer del presente procedimiento.

Tratándose de excusa, únicamente se dará vista a los interesados y al Ministerio Público de la adscripción, la autoridad jurisdiccional resolverá en auto lo conducente, la resolución que se dicte en el último de los supuestos será recurrible a través del recurso de apelación en el efecto devolutivo.

SECCIÓN CUARTA
DE LA ENAJENACIÓN DE BIENES DE NIÑAS, NIÑOS Y ADOLESCENTES

Artículo 613. Será necesaria autorización judicial en la vía de jurisdicción voluntaria para la enajenación de los bienes que pertenezcan exclusivamente a niñas, niños, adolescentes y correspondan a las clases siguientes:

I. Bienes muebles, inmuebles y derechos reales sobre estos;

II. Alhajas y muebles valiosos;

III. Acciones sobre personas jurídicas colectivas, y

IV. Derechos de patentes, marcas, autorales y otros derechos análogos.

Artículo 614. Para decretar la enajenación de bienes se necesita que al pedirse se exprese el motivo de la enajenación y el objeto a que debe aplicarse la suma que se obtenga, y que se justifique la absoluta necesidad o la evidente utilidad de la enajenación.

Si fuere la persona tutora, quien solicitare la venta, debe proponer, al hacer la promoción, las bases del remate en cuanto a la cantidad que deba darse de contado, el plazo, interés y garantías del remanente.

La solicitud se substanciará ante la autoridad jurisdiccional que corresponda con la persona curadora, el Consejo Local de Tutelas o la Procuraduría de Protección para Niñas, Niños y Adolescentes o el Representante de la Institución análoga de la Entidad Federativa de que se trate, con vista del Ministerio Público de la adscripción.

Para acreditar el valor del bien o bienes inmuebles que se pretende enajenar, la persona tutora, bajo su más estricta responsabilidad deberá presentar los avalúos correspondientes.

La sentencia que se dictare es apelable en ambos efectos.

Artículo 615. Respecto de las alhajas y muebles, la autoridad jurisdiccional determinará si conviene o no la subasta, atendiendo en toda la utilidad que resulte a la niña, niño, adolescente; si se decreta, se hará por conducto de la institución de asistencia privada que designe la autoridad jurisdiccional; de lo contrario, se procederá conforme a lo dispuesto en este Código Nacional.

El remate de los inmuebles se hará conforme a las disposiciones de este Código Nacional y no podrá admitirse postura que baje de las dos terceras partes del avalúo, ni la que no se ajuste a los términos de la autorización judicial.

Si en la primera subasta no hubiere postor, la autoridad jurisdiccional convocará, a solicitud de la persona tutora, curadora, Consejo Local de Tutelas,

Procuraduría de Protección para Niñas, Niños y Adolescentes, Representante de la Institución análoga de la Entidad Federativa de que se trate, Ministerio Público de la adscripción, a una junta dentro del tercer día, para ver si son de modificarse o no las bases del remate, señalándose nuevamente las subastas que fueren necesarias, de conformidad con las disposiciones previstas en el presente Código Nacional.

Artículo 616. Para la venta de acciones y títulos de renta, se concederá la autorización sobre la base de que no se haga por menor valor del que se cotice en la plaza el día de la venta, y por conducto de corredora o corredor público, y si no lo hay, de comerciante establecido y acreditado.

Artículo 617. El precio de la venta se entregará a la persona tutora, si la caución, fianzas o garantías prestadas son suficientes para responder de él. De otra manera, se depositará en el establecimiento destinado al efecto.

La autoridad jurisdiccional señalará un término prudente a la persona tutora, para que justifique la inversión del precio de la enajenación.

Artículo 618. Para la venta de los bienes inmuebles de las personas menores de edad, o de los muebles, quienes ejercen la patria potestad o tutela, requerirán la autorización judicial en los mismos términos que los señalados en este Código Nacional.

Artículo 619. El procedimiento se substanciará con intervención del Ministerio Público de la adscripción y con la persona tutora especial que, para el efecto, nombre la autoridad jurisdiccional desde las primeras diligencias. La base de la primera subasta, si es bien inmueble, será el precio fijado por los peritos, y la postura legal no será menor a las dos terceras partes de ese precio. Bajo las mismas condiciones podrán gravar los padres los bienes inmuebles de sus hijos, o consentir la extinción de derechos reales.

Artículo 620. Para recibir dinero prestado en nombre de la niña, niño o adolescente, necesita la persona tutora la autorización judicial y la conformidad de la persona curadora y del Consejo Local de Tutelas o de la Procuraduría de Protección para Niñas, Niños y Adolescentes o del Representante de la Institución análoga de la Entidad Federativa de que se trate y del Ministerio Público de la adscripción.

SECCIÓN QUINTA
DE LA DECLARACIÓN DE AUSENCIA Y ESPECIAL DE AUSENCIA POR DESAPARICIÓN

Artículo 621. La declaración de ausencia, así como la declaración especial de ausencia por desaparición, podrá ser solicitada por cualquier persona a quien le asista un interés en términos de la legislación sustantiva aplicable y será recibida mediante escrito o por comparecencia ante la autoridad jurisdiccional en materia civil o familiar en turno, quien podrá recibir la solicitud sin mayores formalidades, en caso de recibirse por comparecencia será preferentemente videograbada. En ambas modalidades la solicitud deberá ser despachada por la autoridad jurisdiccional dentro de las veinticuatro horas siguientes a su recepción.

En caso de que la persona solicitante comparezca sin representación autorizada, la autoridad jurisdiccional designará de inmediato persona de la defensoría pública para su asistencia y representación.

Artículo 622. La declaración especial de ausencia por desaparición, se tramitará por la autoridad jurisdiccional en materia familiar o civil de conformidad con lo dispuesto en la Ley General en Materia de Desaparición Forzada de Personas, Desaparición Cometida por Particulares y del Sistema Nacional de Búsqueda de Personas, así como las leyes especiales de la materia en el Orden Federal y de las Entidades Federativas. En lo no previsto en las leyes especiales, se observarán las disposiciones establecidas en este Código Nacional para su debida tramitación.

Artículo 623. Ante la solicitud de declaración de ausencia y la declaración especial de ausencia por desaparición en su caso, la autoridad jurisdiccional deberá, una vez admitido el trámite, dar intervención inmediata, tanto a la autoridad ministerial correspondiente, como al Sistema Nacional de Protección Integral de Niñas, Niños y Adolescentes, así como a las autoridades del Sistema Nacional de Búsqueda de Personas según corresponda. Dichas autoridades deberán ser notificadas de inmediato por el medio de comunicación que la autoridad jurisdiccional considere más efectivo.

Artículo 624. Presentada la solicitud, en el mismo proveído la autoridad jurisdiccional dispondrá lo relativo a la admisión de las pruebas ofrecidas por la persona promovente cuando así fuere necesario, y ordenará recabar oficiosamente las probanzas que considere faltantes para el trámite y resolución de la declaración de ausencia y presunción de muerte o bien, la declaración especial de ausencia por desaparición, sin que ello signifique cargas onerosas o dilatorias a quienes solicitan.

Dentro de los cinco días hábiles siguientes a la radicación del trámite, se señalará fecha y hora para el desahogo de una audiencia, a fin de revisar o decretar medidas provisionales idóneas para la máxima protección de la persona de cuya ausencia o desaparición se trate, así como de su familia, tomando en cuenta las situaciones particulares al caso concreto siempre que no contravengan lo dispuesto por las leyes de la materia en el orden Federal así como en el ámbito de las Entidades Federativas.

De manera enunciativa y no limitativa la autoridad deberá proveer sobre guarda y custodia y ejercicio de la patria potestad de los hijos o hijas menores de edad, así como de los alimentos de los acreedores alimentarios, uso y pago de la vivienda y vehículos, la continuidad en los servicios médicos y beneficios a los que puedan acceder los y las familiares de la persona ausente o desaparecida.

Artículo 625. Una vez cumplimentados los requisitos que para el caso establecen los códigos civiles, o en su caso, la Ley General en Materia de Desaparición Forzada de Personas, Desaparición Cometida por Particulares y del Sistema Nacional de Búsqueda de Personas, así como las leyes especiales en el Orden Federal o de las Entidades Federativas, en materia de declaración de ausencia así como de declaración especial de ausencia por desaparición, se expedirán los Edictos de Búsqueda correspondientes en los términos y plazos que las leyes establezcan para tal efecto.

Artículo 626. Una vez publicados los edictos a que se refiere el código civil respectivo o ley en materia de declaración especial de ausencia por desaparición, la autoridad jurisdiccional dictará la sentencia definitiva y en ese mismo acto se ordenará la expedición inmediata de las copias y oficios necesarios para hacer efectiva la resolución ante las personas públicas o privadas que correspondan a cada caso concreto.

La resolución será apelable en efecto devolutivo, debiéndose remitir actuaciones originales a la autoridad jurisdiccional de apelación dentro de los tres días siguientes, en el entendido que dicho órgano jurisdiccional tendrá un plazo máximo de quince días para resolver de plano el recurso sin necesidad de reenvío.

Artículo 627. La resolución que dicte la autoridad Jurisdiccional sobre declaración de ausencia prevista en los códigos civiles y familiares, así como en la declaración especial de ausencia por desaparición, regulada por la Ley General en Materia de Desaparición Forzada de Personas, Desaparición Cometida por Particulares y del Sistema Nacional de Búsqueda de Personas y en las leyes especiales en el Orden Federal así como de las Entidades Federativas, incluirá los efectos y las medidas definitivas para garantizar la máxima protección a la persona ausente o desaparecida y los familiares, sin que implique la obligación de continuar con el trámite de presunción de muerte.

Una vez efectuada la Declaración de Ausencia o la Declaración Especial de Ausencia por Desaparición, esta surtirá todos sus efectos legales.

Artículo 628. Lo dispuesto en los artículos que preceden, se aplicará al gravamen y enajenación de los bienes de las personas ausentes o desaparecidas, así como a la transacción y arrendamiento por más de cinco años, de bienes de ausentes o desaparecidos.

SECCIÓN SEXTA
RESTITUCIÓN NACIONAL DE NIÑAS, NIÑOS Y ADOLESCENTES

Artículo 629. El procedimiento de restitución nacional tiene como finalidad tutelar el derecho de las niñas, niños y adolescentes a no ser trasladados de manera ilegal de su domicilio habitual.

Artículo 630. La autoridad jurisdiccional competente para conocer de la custodia de niñas, niños o adolescentes será aquella en cuya jurisdicción se encuentre el lugar de residencia habitual de los mismos, salvo que exista un procedimiento previo en materia de custodia o patria potestad, ante otra autoridad jurisdiccional en cuyo caso este último será competente.

Recibida la solicitud de restitución, la autoridad tendrá un plazo máximo de tres días para proveer al respecto.

Artículo 631. Podrá presentar solicitud de restitución del traslado o retención ilegal o sin previa autorización, por escrito o mediante comparecencia:

I. La madre;

II. El padre, y

III. La persona o institución que tenga la custodia de niñas, niños o adolescentes.

Se exceptúan los casos en los que los progenitores cuenten con condena de violencia sexual contra niñas, niños, adolescentes o feminicidio.

Artículo 632. La solicitud de restitución deberá contener al menos lo siguiente:

I. Nombre, domicilio, fecha y lugar de nacimiento, parentesco con la niña, niño o adolescente; y en el caso de instituciones u organismos, el mandamiento judicial con el que se le designó la custodia;

II. Manifestación bajo protesta de decir verdad, que la niña, niño o adolescente ha sido trasladado o retenido ilegalmente o sin previo consentimiento de las personas que pueden otorgarlo;

III. Exhibición de la copia certificada del acta de registro de nacimiento de la niña, niño o adolescente y documentos que acrediten su domicilio habitual;

IV. Información relativa a la identidad de la persona que se refiere ha sustraído o retenido a la niña, niño o adolescente, así como el posible domicilio en el que se encuentre;

V. Los hechos en que se basa el o la solicitante, y

VI. Toda la información disponible relativa a la localización de niñas, niños o adolescentes y de la persona con la que se presume se encuentra.

La solicitud podrá contener fotografías tanto de la niña, niño o adolescente trasladado o retenido ilegalmente, así como de la persona con la que se presume se encuentra.

Artículo 633. Admitida la solicitud por la autoridad jurisdiccional y autorizada, se librará de inmediato, exhorto a la autoridad jurisdiccional con sede en el lugar en el que se señaló se encuentra la niña, niño o adolescente, otorgando plenitud de jurisdicción para el cumplimiento del mandamiento judicial.

Artículo 634. La autoridad jurisdiccional exhortante deberá en el proveído que autorice la restitución, solicitar a la exhortada al menos lo siguiente:

I. Provea respecto a la localización inmediata del niño, niña o adolescente, de conformidad con los datos proporcionados en el exhorto;

II. Ejecute el requerimiento para la restitución de la niña, niño o adolescente con el acompañamiento de personal especializado para dichos efectos y en su caso el uso de la fuerza pública. En todo momento se privilegiará la voluntariedad en la restitución;

III. Ordenar el cuidado temporal de la niña, niño o adolescente en una institución pública especializada, en su caso;

IV. En caso de oposición a la restitución, en ese mismo acto ordenar se realice la notificación del trámite y la celebración del desahogo de la única audiencia oral de restitución, y

V. Resolver la restitución y en caso de ser procedente, decretar de inmediato su cumplimiento con plenitud de jurisdicción.

Artículo 635. La notificación deberá realizarse con las formalidades establecidas en este Código Nacional. En ella se hará del conocimiento de la persona que trasladó o retuvo a la niña, niño o adolescente, que puede interponer sus excepciones y defensas de manera oral en la audiencia señalada.

Hecha la notificación, la persona requerida deberá presentarse en la fecha y hora señalada por la autoridad jurisdiccional, en compañía de la niña, niño o adolescente de quien se trate, si aún permaneciere en su compañía.

En caso de que no asista o no se presente con la niña, niño o adolescente, motivo de la restitución, se le impondrá la medida de apremio más eficaz que la autoridad jurisdiccional estime procedente y sin mayor trámite se procederá a la restitución solicitada.

Artículo 636. La audiencia de restitución será única y se tramitará en forma oral, se celebrará en un término no mayor a los tres días siguientes a la notificación y no podrá diferirse, y en ella se deberá determinar la procedencia o no de la restitución.

Artículo 637. La audiencia de restitución será presidida por la autoridad jurisdiccional, con la presencia de un representante del Sistema para el Desarrollo Integral de la Familia de la Entidad Federativa correspondiente, el Agente del Ministerio Público adscrito a la autoridad jurisdiccional respectivo, el solicitante y su persona representante autorizada, la persona a quien se atribuye el traslado o retención ilegal y su persona representante autorizada, así como el personal del juzgado que la autoridad jurisdiccional designe para dichos efectos, de conformidad con lo siguiente:

I. La persona a quien se le atribuye el traslado o retención ilegal de la niña, niño o adolescente, deberá señalar las objeciones que tenga para su restitución y presentar las pruebas que acrediten su dicho, con base en lo dispuesto por este Código Nacional;

II. En el mismo acto se dará vista a la parte contraria, para que manifieste lo que a su derecho corresponda;

III. Se escuchará a la niña, niño y adolescente en cuestión, si así lo desean, a efecto de que sus manifestaciones sean consideradas, con base en su autonomía progresiva, y

IV. Desahogadas las pruebas y escuchadas las partes, se decretará la restitución o su negativa. Contra dicha resolución no procede recurso alguno.

La audiencia deberá ser videograbada.

Artículo 638. La restitución de una niña, niño o adolescente sólo podrá negarse con base en lo siguiente:

I. Que existan pruebas suficientes a consideración de la autoridad jurisdiccional, de peligro inminente, o cualquier tipo de violencia, generada por la persona que solicita la restitución o con quien ésta comparta la residencia habitual;

II. Que quien solicitó la restitución no tenga derecho para solicitarla;

III. Que hubieren transcurrido más de tres años desde que fue presentada la solicitud de restitución, y

IV. Que la persona adolescente solicitada hubiere alcanzado la edad de dieciséis años y manifieste su conformidad con el traslado.

El desarrollo de la audiencia y la resolución que dicte la autoridad jurisdiccional, deberán apegarse de manera estricta al principio de interés superior de las niñas, niños o adolescentes.

Artículo 639. En caso de que sea ordenada la restitución de la niña, niño o adolescente buscado, éste deberá ser entregado al solicitante, quien, para su traslado al lugar de habitual residencia de la niña, niño o adolescente, podrá ser acompañado por quien hubiera ejercido su cuidado, si así lo determina la autoridad jurisdiccional.

Artículo 640. La autoridad jurisdiccional del lugar de residencia habitual de la niña, niño o adolescente quien fuere objeto de la restitución, será la única competente para determinar la custodia, régimen de convivencias, y patria potestad.

Artículo 641. Las solicitudes de restitución internacional de niñas, niños o adolescentes se regirán conforme a las disposiciones previstas en los tratados internacionales de los que el Estado Mexicano sea parte, y por este Código Nacional.

SECCIÓN SÉPTIMA
DEL PROCEDIMIENTO DE ADOPCIÓN

Artículo 642. Será competente para tramitar la solicitud de adopción la autoridad jurisdiccional ubicada en el domicilio de la persona que se pretende adoptar.

Artículo 643. Cuando en el trámite de adopción acontezca oposición legítima se tramitará en la vía incidental y de resultar procedente se dará por concluido el mismo.

En contra de dicha resolución procederá el recurso de apelación en ambos efectos.

Artículo 644. La solicitud de adopción podrá ser recibida mediante escrito o por comparecencia desahogada en audiencia, esta última será preferentemente videograbada o a través de los medios de comunicación electrónicos previstos en este Código Nacional. En ambas modalidades la solicitud deberá de ser proveída por la autoridad jurisdiccional el mismo día de la recepción.

En todos los casos, la solicitud deberá hacerse del conocimiento del Sistema Nacional de Desarrollo Integral de la Familia (DIF) para privilegiar el interés superior de la niñez.

En caso de que la o las personas adoptantes comparezcan sin representación técnica, la autoridad jurisdiccional designará persona defensora pública a fin de que les asista de manera efectiva y gratuita.

Cuando se presente la solicitud por comparecencia deberán de apersonarse la o las personas que pretendan adoptar debidamente identificadas y también podrá concurrir la o las personas a las que les corresponde otorgar su consentimiento para la adopción, ello a efecto de que en la misma audiencia sea otorgado tal consentimiento, lo que deberá de realizarse de manera informada y asistida. En esta audiencia deberá encontrarse presente la persona Agente del Ministerio Público, a quien se le notificará a través del medio que la autoridad jurisdiccional considere efectivo.

No obstante, el consentimiento para la adopción podrá recibirse en comparecencia por separado o se podrá acreditar mediante la exhibición de la documental pública que consigne el acto, ello al inicio o durante el procedimiento.

Artículo 645. Para la admisión del trámite únicamente deberán de exhibirse las certificaciones de las actas de nacimiento tanto de las personas que pretenden adoptar y de la o las personas que se pretende adoptar. No obstante, y con independencia de los requisitos establecidos en las legislaciones locales, en la solicitud deberá de expresarse, bajo protesta de decir verdad, lo siguiente:

I. El nombre y domicilio de las personas que se pretenden adoptar;

II. El nombre y domicilio de las personas que ejerzan o estén en aptitud de ejercer la patria potestad de quien se solicita la adopción o bien la tutela, así como quien esté a cargo de la guarda y custodia de hecho o de derecho;

III. El nombre y domicilio de las personas que pretendan adoptar, y

IV. Los hechos que motiven la solicitud.

Artículo 646. En el proveído que admita a trámite la autoridad jurisdiccional deberá indicarse a las personas adoptantes, preferentemente a través del principio de inmediación en audiencia videograbada, los requisitos que en contraste con los documentos exhibidos faltan de cumplimentar según las leyes aplicables al procedimiento pretendido.

En ese mismo acto de admisión, la autoridad jurisdiccional notificará mediante oficio al Sistema Nacional para el Desarrollo Integral de la Familia o bien a los organismos homólogos en las Entidades Federativas a través de sus Procuradurías, la tramitación de la solicitud y en caso de que no fuera exhibido el certificado o constancia de Idoneidad de Adopción en la comparecencia inicial o escrito correspondiente, se le notificará de inmediato y preferentemente vía electrónica, al organismo encargado de la expedición del documento que deberá proveer en relación con la expedición o negación del documento en un plazo no mayor a noventa días naturales, bajo el apercibimiento que de no hacerlo podrán ser aplicadas las medidas de apremio que establece este Código Nacional.

En el primer proveído del procedimiento se apercibirá a la o las personas adoptantes para que comparezcan ante la autoridad encargada de expedir el Certificado de Idoneidad, en el término de tres días a fin de que realicen todas las gestiones que a ellas corresponda para la expedición del señalado Certificado, bajo el apercibimiento que, de no hacerlo, se le aplicará las medidas de apremio señaladas en este Código Nacional.

De manera conjunta con el Certificado de Idoneidad la autoridad administrativa deberá remitir copia certificada del expediente administrativo que dio origen al documento, en el cual siempre deberán ser recabados los estudios psicológicos, sociológicos, médicos y socioeconómicos correspondientes en su caso, a la persona o personas que pretenden adoptar.

Artículo 647. Durante el trámite de la adopción, la autoridad jurisdiccional deberá proveer respecto de las siguientes medidas:

I. La guarda y custodia provisional de la persona o personas que se pretende adoptar, tomando todas las medidas necesarias para la seguridad de dicha o dichas personas, y

II. El acompañamiento psicológico tanto para la o las personas que pretenden adoptar, como para quien o quienes pretenden sean adoptadas, y si es solicitado, para quienes otorgaron el consentimiento para la adopción.

Artículo 648. Una vez reunidos los requisitos señalados por la ley sustantiva para la Adopción, se proveerá respecto de los medios de prueba ofertados y se fijará fecha y hora dentro de los siguientes quince días para el desahogo de la comparecencia de la persona que se pretende adoptar, ello a efecto de que sea escuchada su opinión y su sentir respecto del trámite pretendido.

Dentro de los cinco días hábiles siguientes al desahogo de la comparecencia señalada en el párrafo que antecede, se fijarán fecha y hora para el desahogo de una audiencia especial en la que la o las personas promoventes podrán expresar alegatos, se desahogarán los medios de prueba que fueron admitidos y se dictará de manera oral la sentencia, en la que se incluirá la modalidad del seguimiento de la adopción.

Artículo 649. En caso de que la autoridad jurisdiccional así lo requiera, a la audiencia de desahogo de pruebas, deberá comparecer el personal especializado encargado de la integración del expediente administrativo exhibido en el trámite.

Dentro de los tres días hábiles siguientes al desahogo de la última audiencia, se remitirán los autos originales a la autoridad jurisdiccional de segunda instancia para que proceda a la revisión oficiosa de la resolución, misma que deberá confirmarse, modificarse o revocarse dentro de los siguientes quince días hábiles siguientes a la recepción del expediente, sin que lo anterior implique algún tipo de reenvío.

Artículo 650. Una vez autorizada la resolución de adopción por la autoridad jurisdiccional de segunda instancia, deberá de emitirse la sentencia en formato de lectura fácil para la persona o personas adoptadas y a cargo del erario las copias y oficios necesarios para la inscripción de la adopción.

Artículo 651. Durante los tres años siguientes a la autorización de la adopción, en ejecución de sentencia y de manera oficiosa, la autoridad jurisdiccional revisará los informes que realice el Sistema Nacional para el Desarrollo Integral de la Familia o bien los organismos competentes en las Entidades Federativas, con motivo del seguimiento correspondiente a la adopción, así como cualquier medida de similar que haya sido decretada en el fallo en atención al caso concreto.

Artículo 652. Tratándose de extranjeros con residencia en el país, deberán acreditar los mismos requisitos que las personas nacionales.

Artículo 653. En los casos de adopción en los que intervengan extranjeros o mexicanos con residencia en otro país, el procedimiento se llevará a cabo según lo dispuesto por el Capítulo de procedimientos internacionales de este Código Nacional, los tratados internacionales y la legislación aplicable en cada Entidad Federativa.

CAPÍTULO II
DEL DIVORCIO BILATERAL

Artículo 654. Será competente para tramitar la disolución del vínculo matrimonial la autoridad jurisdiccional ubicada en donde se encuentre el último domicilio conyugal, salvo sumisión expresa de ambos cónyuges ante alguna otra autoridad jurisdiccional.

Artículo 655. El Divorcio Bilateral podrá tramitarse a solicitud de ambos cónyuges ante la autoridad jurisdiccional, Notaria o Notario Público o la autoridad del Registro Civil correspondiente de conformidad con las siguientes disposiciones.

Artículo 656. Ante la autoridad jurisdiccional, a la solicitud deberá acompañarse:

I. Copia certificada, física o electrónica del acta de matrimonio de la unión que se pretenda disolver;

II. En su caso, copia certificada física o electrónica de las actas de nacimiento de las hijas e hijos menores de edad, y

III. Una propuesta de Convenio que contenga:

a) De existir hijos o hijas menores de edad, quien ejercerá su guarda y custodia, la fijación de la pensión alimenticia que les corresponderá y el establecimiento de un régimen de convivencias, así como la pensión alimenticia que, en su caso pudiera corresponder al o la divorciante, y

b) La forma en que deban distribuirse los bienes, derechos y obligaciones que se hayan adquirido durante el matrimonio, de conformidad con el régimen patrimonial al que estuviera sujeto el matrimonio.

En caso de no ser aplicable lo dispuesto en las fracciones anteriores, las partes deberán manifestar lo necesario bajo protesta de decir verdad.

Artículo 657. Presentada la solicitud y el convenio o manifestación a que alude el artículo anterior, cumplidas en su caso las prevenciones, se le dará vista a la persona Agente del Ministerio Público de la adscripción en caso de afectarse derechos de niñas, niños o adolescentes y la autoridad jurisdiccional admitirá el trámite y citará a los cónyuges, dentro de los diez días siguientes, a una única audiencia.

En la audiencia se procederá a ratificación, revisión y en su caso aprobación del convenio presentado. Aprobado el convenio se declarará visto el asunto y se dictará en ese momento de manera oral la sentencia, la cual en caso de decretar la disolución del vínculo matrimonial será irrecurrible y causará ejecutoria en ese momento por ministerio de ley.

Artículo 658. En el caso de que alguna de las partes falte a la audiencia, por única ocasión se fijará nueva fecha y hora para el desahogo de la audiencia en un plazo máximo de diez días, en caso de verificarse de nueva cuenta la inasistencia se dará por concluido el trámite.

Artículo 659. Cuando en el convenio aprobado se haya pactado sobre la donación de inmuebles, la autoridad jurisdiccional de manera oficiosa, girará oficio al titular del Registro Público de la Propiedad correspondiente, para que haga la anotación preventiva.

Artículo 660. En la audiencia se entregará a los cónyuges o a sus representantes el oficio dirigido al Registro Civil que corresponda, para los efectos de la inscripción del divorcio. En dicho oficio quedará inserta la trascripción de los puntos resolutivos del fallo.

Artículo 661. El Divorcio Bilateral podrá tramitarse ante Notaria o Notario Público, siempre y cuando no se hayan procreado hijas o hijos, o que aun sean menores de edad y no existan bienes o deudas atribuibles al patrimonio conyugal, o el Código Civil o leyes de cada Entidad Federativa así lo dispongan.

Artículo 662. Procede el divorcio ante la autoridad del Registro Civil cuando ambos cónyuges convengan en divorciarse; no tengan bienes o deudas pertenecientes al patrimonio conyugal; no tengan hijos en común o teniéndolos sean mayores de edad, y éstos no requieran alimentos.

La autoridad del Registro Civil, previa identificación de los cónyuges, y ratificando en el mismo acto la solicitud de divorcio, levantará un acta en que los declarará divorciados y hará la anotación correspondiente en el acta de matrimonio.

TÍTULO TERCERO
DEL JUICIO ORAL FAMILIAR

CAPÍTULO I
DISPOSICIONES GENERALES

SECCIÓN PRIMERA
DE LA PROCEDENCIA DEL JUICIO ORAL FAMILIAR

Artículo 663. Se tramitarán en la vía oral familiar, todas las controversias que no tengan tramitación especial señalada en este Código Nacional.

Las disposiciones de este Capítulo serán aplicables en lo conducente a los demás procedimientos familiares que establece este Código Nacional cuando no exista previsión específica.

Artículo 664. Podrá acudirse ante la autoridad jurisdiccional en materia familiar por escrito o por comparecencia, para constituir, declarar, preservar o restituir derechos, únicamente precisando los hechos en que se funde su pretensión. Asimismo, podrán solicitarse las medidas provisionales que considere necesarias. Las partes deberán presentar desde la primera actuación las documentales que soporten su pretensión o excepción y ofrecer los medios de prueba que estimen oportunos.

Las copias respectivas de la comparecencia y demás documentos, serán tomados como pruebas, debiendo relacionarse en forma pormenorizada con todos y cada uno de los hechos narrados por el compareciente, así como los medios de prueba que presente.

La autoridad jurisdiccional una vez presentada la demanda, se deberá pronunciar, en su caso, sobre su admisión dentro del término máximo de tres días.

Artículo 665. De admitirse la solicitud, deberá decretar las medidas provisionales conducentes, las que serán revisadas de oficio o a petición de parte en la audiencia preliminar. Ordenará emplazar personalmente a la parte demandada, para que conteste por escrito o comparecencia, dentro del término de nueve días, quien deberá ofrecer las pruebas que estime necesarias, opondrá sus excepciones y defensas.

En el mismo proveído, le hará saber a las partes su derecho para designar mandatario judicial, así como la posibilidad de contar con los servicios gratuitos de la defensoría pública.

Además, la autoridad jurisdiccional hará saber a las partes la posibilidad de acudir al centro de justicia alternativa o institución análoga en las Entidades Federativas para formar parte de un proceso de mediación o conciliación.

Artículo 666. En todo momento las partes deberán contar con una defensa técnica, efectiva y tratándose de asuntos que afecten derechos de la infancia además la defensa será especializada. Para el caso de que alguna o ambas partes acudan sin ella, la autoridad jurisdiccional solicitará de inmediato la intervención de la Defensoría Pública, quien de manera gratuita asistirá a quien lo requiera y para el caso de que la designación se realice en el momento del desahogo de alguna audiencia, la autoridad jurisdiccional podrá diferirla, por una única ocasión, fijándose nuevo día y hora dentro de los siguientes diez días hábiles.

Artículo 667. En cualquier etapa del procedimiento, la autoridad jurisdiccional exhortará a los interesados a lograr un avenimiento con el que pueda darse por terminado el asunto, ello siempre y cuando no existan conductas de violencia acreditadas en juicio.

Para este fin, se les hará saber a las partes los beneficios de llegar a un convenio proponiéndoles soluciones.

Si en audiencia los interesados llegan a un convenio, la autoridad jurisdiccional lo sancionará y aprobará de plano si procede legalmente, y dicho pacto tendrá fuerza de cosa juzgada.

Las declaraciones, propuestas o aceptaciones de las partes, no surtirán efecto legal alguno en juicio ni podrán ser utilizadas por la parte contraria. Las propuestas y pronunciamientos de la autoridad no implican ningún tipo de prejuicio sobre el fondo del asunto.

La autoridad jurisdiccional les hará saber a las partes la posibilidad de acudir al centro de justicia alternativa o institución análoga en las Entidades Federativas para formar parte de un proceso de mediación o conciliación.

Artículo 668. A fin de proveer respecto de las medidas provisionales, la autoridad jurisdiccional podrá ordenar con causa justificada el desahogo anticipado de la prueba en una audiencia especial que para tal efecto se fije, con citación de las partes y en apego a las directrices que se establece para el desahogo de cada probanza conforme a las reglas generales previstas en este Código Nacional.

Este anticipo de prueba además será procedente cuando:

I. Exista peligro de que una persona se ausente del lugar del juicio o se altere su declaración.

II. Un objeto se oculte, dilapide o pueda no lograrse su inspección.

Artículo 669. En todo lo no previsto regirán las reglas generales de este Código Nacional, en cuanto no se opongan a los principios y disposiciones del presente Libro.

SECCIÓN SEGUNDA
DE LA AUDIENCIA PRELIMINAR FAMILIAR

Artículo 670. Una vez contestada la demanda, con las excepciones y defensas se dará vista a la parte actora por el término de tres días para que manifieste lo que a su derecho convenga y ofrezca pruebas.

Al contestar la demanda, se hará valer la reconvención cuando así proceda, y en su caso, se ordenará emplazar personalmente a la parte demandada reconvencionista, en el domicilio personal, procesal o correo electrónico, para que conteste por escrito, dentro del término de nueve días hábiles, quien deberá ofrecer las pruebas que estime necesarias, opondrá las excepciones y defensas que estime procedentes, interponiendo las objeciones de pruebas. Con las excepciones y defensas de la contestación de la reconvención se dará vista a la actora reconvencionista por el término de tres días para que manifieste lo que a su derecho convenga y ofrezca pruebas.

Una vez contestadas las excepciones y defensas en lo principal, o en su caso, en la reconvención o transcurrido el plazo para ello, se señalará fecha y hora para la celebración de la audiencia preliminar que tendrá verificativo dentro de los quince días siguientes.

Artículo 671. La audiencia preliminar se integra por dos fases que deberán celebrarse el mismo día y de manera consecutiva, las cuales son:

I. La junta anticipada, que se celebrará ante la persona secretaria judicial, y no será videograbada, dejando constancia en el acta mínima respectiva, y

II. La audiencia ante la autoridad jurisdiccional.

Artículo 672. La primera fase de la audiencia preliminar consistente en la junta anticipada tiene por objeto:

I. El intercambio de información y de pruebas entre las partes;

II. Formular propuestas de convenio;

III. Establecer acuerdos sobre hechos no controvertidos, y

IV. Proponer acuerdos probatorios, dentro de los cuales se puede incluir la exclusión parcial o total de pruebas o la incorporación de otras.

La persona secretaria judicial dará cuenta inmediata a la autoridad jurisdiccional con el resultado de la junta anticipada.

Artículo 673. La segunda fase de la audiencia preliminar iniciará inmediatamente después de concluida la primera, y en ella se desarrollarán las siguientes etapas:

I. La enunciación de la Litis, que es el momento procesal en que se precisarán las prestaciones admitidas y sus contestaciones;

II. La depuración del procedimiento, momento en que se estudiará y resolverá lo atinente a los presupuestos y excepciones procesales, salvo las cuestiones competenciales las cuales se tramitarán de conformidad con las reglas previstas en el presente Código Nacional;

III. La revisión y aprobación del convenio que hayan celebrado las partes. En caso de no existir convenio en la primera fase, en esta segunda se procurará la conciliación o mediación entre las partes ante la autoridad jurisdiccional;

IV. La revisión de acuerdos de hechos o probatorios y en su caso, nueva discusión, proposición y fijación de acuerdos sobre hechos no controvertidos y exclusión total o parcial de medios de prueba o incorporación de nuevos factores probatorios, independientemente de los acordados en la fase anterior;

V. La admisión y preparación de las pruebas;

VI. La revisión oficiosa de las medidas provisionales y órdenes de protección decretadas, y

VII. Citación para la audiencia de juicio.

Artículo 674. Las partes tienen el deber de comparecer a la audiencia preliminar personalmente.

A las personas representantes autorizadas que dejen de asistir a la audiencia preliminar sin justa causa calificada por la autoridad jurisdiccional se les impondrá una multa que no podrá ser menor a veinte ni superior a sesenta Unidades de Medida y Actualización, y se continuará con la audiencia por una única ocasión.

Si dejaran de concurrir alguna o ambas partes materiales a la audiencia preliminar sin justa causa calificada por la autoridad jurisdiccional, se les impondrá una multa que no podrá ser menor a diez ni superior a treinta Unidades de Medida y Actualización, y se diferirá la audiencia preliminar por una única ocasión.

En la audiencia diferida si las partes sin justificación dejaren de asistir, la autoridad jurisdiccional procederá a examinar los presupuestos y excepciones procesales, resolverá sobre la admisión o desechamiento de pruebas y citará para audiencia de juicio, que no podrá exceder de un plazo de cuarenta días siguientes a la celebración de esta audiencia quedando las partes notificadas desde ese momento.

Artículo 675. En la Audiencia Preliminar, la autoridad jurisdiccional se pronunciará respecto de la admisión de las pruebas, así como la forma en que deberán prepararse para su desahogo en la audiencia de juicio, quedando a cargo de las partes su oportuna preparación, bajo el apercibimiento que, de no hacerlo, se declararán desiertas de oficio las mismas por causas imputables al oferente.

Durante la etapa de admisión de pruebas, las partes podrán igualmente objetar las pruebas que consideren pertinentes.

De estimarlo necesario, la autoridad jurisdiccional, en auxilio del oferente, expedirá los oficios o citaciones y realizará el nombramiento de las personas peritas para su aceptación en la misma audiencia, en el entendido de que los oficios serán puestos a disposición de la parte oferente, a afecto de que preparen sus pruebas y éstas se desahoguen en la audiencia de juicio.

En su caso, la autoridad jurisdiccional señalará fecha para la entrevista de la niña, niño o adolescente en comparecencia.

Artículo 676. Concluido lo anterior, la autoridad jurisdiccional citará a las partes a la audiencia de juicio que deberá realizarse dentro de los cuarenta días siguientes de celebrada la audiencia preliminar, quedando notificadas las partes, en ese acto.

Artículo 677. Cuando las partes hayan demandado la disolución del vínculo matrimonial y en la junta anticipada de la audiencia preliminar manifiesten su intención de sujetarse a la vía especial de Divorcio Bilateral y elaboren el convenio respectivo, la autoridad jurisdiccional proveerá en la segunda fase el cambio de vía y celebrará inmediatamente la única audiencia prevista para el trámite especial.

Si las partes no reúnen los requisitos necesarios para acceder al cambio de vía, la autoridad jurisdiccional dentro de la segunda fase de la audiencia, particularmente en la etapa de fijación para audiencia de juicio, resolverá de manera oral únicamente sobre la disolución del vínculo matrimonial.

SECCIÓN TERCERA
DE LA AUDIENCIA DE JUICIO

Artículo 678. Abierta la audiencia de juicio, la autoridad jurisdiccional escuchará los alegatos de apertura de las partes, los cuales no podrán exceder de diez minutos, para exponer sus respectivas teorías del caso.

La autoridad jurisdiccional señalará el orden para el desahogo de las pruebas, de conformidad con los acuerdos fijados en la audiencia preliminar.

Serán declaradas desiertas aquellas pruebas que no estén debidamente preparadas para su desahogo por causas imputables a la parte oferente.

Artículo 679. En la audiencia y concluido el desahogo de pruebas se concederá el uso de la palabra, por una vez a cada una de las partes y por un máximo de diez minutos para formular los alegatos de cierre. La autoridad jurisdiccional tomará las medidas que procedan a fin de que las partes se sujeten al tiempo indicado.

Artículo 680. Enseguida se declarará el asunto visto y se emitirá la sentencia definitiva correspondiente, para lo cual la autoridad jurisdiccional dispondrá del receso necesario dentro del mismo día de la audiencia.

En la misma audiencia de juicio, la autoridad jurisdiccional explicará con lenguaje sencillo, en forma breve y clara la sentencia definitiva y leerá únicamente los puntos resolutivos, así como, en los casos que proceda, el derecho que tienen las partes para impugnar dicha sentencia mediante el recurso de apelación, lo que se asentará en el acta mínima respectiva y ésta contendrá los puntos resolutivos expuestos, entregando en un plazo no mayor a tres días la versión escrita de la sentencia definitiva.

Cuando así lo considere la autoridad jurisdiccional y se involucren a niñas, niños o adolescentes, se deberá redactar una sentencia en formato de lectura fácil.

Asimismo, se hará del conocimiento de las partes el derecho que tienen, si estimaren que la sentencia definitiva contiene omisiones, cláusulas o palabras contradictorias, ambiguas u oscuras, de solicitar por escrito dentro del término de tres días, posteriores a que se encuentre puesta a su disposición la sentencia escrita, la aclaración o adición a la resolución, sin que con ello se pueda variar la substancia del fondo de la resolución. Contra tal determinación procederá el recurso de apelación, sin necesidad de reenvío, debiendo la autoridad jurisdiccional de apelación asumir plena jurisdicción.

Artículo 681. En casos excepcionales, atendiendo a la complejidad del asunto, al cúmulo y naturaleza de las pruebas desahogadas, la autoridad jurisdiccional podrá diferir, por única ocasión, la audiencia para la explicación de la sentencia hasta por quince días, citando a las partes para el dictado y explicación conforme a lo establecido en el presente artículo.

En caso de que las partes no estén presentes en la audiencia donde se dicte la sentencia, se dispensará su explicación y lectura de puntos resolutivos, y se les hará saber al día siguiente a través del medio de comunicación procesal oficial.

Artículo 682. Concluida la explicación de la sentencia definitiva, la autoridad jurisdiccional informará a las partes la importancia de presentarse a la audiencia de cumplimiento de sentencia y sus ventajas, así como las consecuencias en caso de ejecución forzosa.

Artículo 683. Las resoluciones firmes dictadas en juicios sobre alimentos y en los que se vean involucrados derechos de niñas, niños y adolescentes, pueden ser modificados en vía incidental o juicio autónomo.

Para los efectos del párrafo anterior, será competente la misma autoridad jurisdiccional que emitió la resolución que hubiera quedado firme, salvo que así lo determine este Código Nacional.

LIBRO QUINTO
DE LOS JUICIOS UNIVERSALES

TÍTULO PRIMERO
JUICIOS SUCESORIOS

CAPÍTULO I
DISPOSICIONES GENERALES

Artículo 684. Será competente para conocer del procedimiento sucesorio testamentario o intestamentario, la autoridad jurisdiccional, en materia civil o familiar de conformidad con las leyes orgánicas del poder judicial de cada Entidad Federativa, así como la o el Notario Público en los términos que dispone el presente Código Nacional.

El procedimiento se inicia mediante denuncia o solicitud de apertura de procedimiento sucesorio por parte legítima, y deberá contener la expresión de los siguientes requisitos o bien declaración bajo protesta de decir verdad sobre su desconocimiento:

I. Nombre, fecha, lugar de la defunción y último domicilio de la persona de cuya sucesión se trata y a falta de éste, cualquier otra información pertinente para fijar la competencia en términos del artículo 89 de este Código Nacional;

II. Testamento, en su caso, y

III. En caso de no haber testamento, los nombres de las posibles personas herederas de que tenga conocimiento la parte denunciante, con expresión del grado de parentesco o lazo con la persona de cuya sucesión se trate.

Los procedimientos a que se refiere el presente Título se tramitarán por escrito, salvo aquellas diligencias que, por su naturaleza, puedan realizarse conforme a los principios del juicio oral.

Artículo 685. Podrán denunciar un juicio sucesorio enunciativa y no limitativamente:

I. Las personas presuntas herederas del autor de la sucesión;

II. Las personas presuntas legatarias;

III. La persona albacea designada en el testamento;

IV. Cualquier persona acreedora de aquella de cuya sucesión se trata, y

V. El Ministerio Público, la representación social o autoridad competente.

Artículo 686. Con el escrito de denuncia de un juicio sucesorio, deberán acompañarse los siguientes documentos:

I. Acta de defunción o copia certificada del acta de defunción de la persona de cuya sucesión se trata;

II. El testamento, en caso de haberlo;

III. En su caso, el acta del Registro Civil que compruebe el parentesco de la persona de cuya sucesión se trata;

IV. En su caso, el documento que acredite la relación con la persona de cuya sucesión se trata, tratándose de cónyuges, concubinas, concubinos o convivientes;

V. En su caso, las capitulaciones matrimoniales o documento que contenga el régimen patrimonial que rija la relación jurídica con la persona de cuya sucesión se trata, y

VI. Cualquier otro documento que acredite la legitimación de la persona denunciante.

Artículo 687. Cuando la autoridad jurisdiccional conozca de la muerte de una persona, en tanto no se presenten los interesados, dictará en audiencia oral con la presencia del Ministerio Público, representación social o autoridad competente, las medidas cautelares para proteger los bienes o derechos de la sucesión:

I. Si hay peligro de que se oculten, pierdan o dilapiden los mismos;

II. Si hay niñas, niños y adolescentes interesados, y

III. Si hay personas con discapacidad que pudieran requerir apoyo para el ejercicio de su capacidad jurídica.

En caso de no asistir a la audiencia el Ministerio Público, el representante social o autoridad competente, la autoridad jurisdiccional resolverá las medidas pertinentes.

Artículo 688. Las medidas cautelares para la conservación de los bienes, que la autoridad jurisdiccional debe decretar en caso del artículo anterior, son las siguientes:

I. Reunir y asegurar, el resguardo de documentos y mensajes de datos de la persona de cuya sucesión se trate, en forma física o electrónica que, cerrados y sellados, se resguardarán en el secreto del juzgado;

II. Ordenar a la administración de correos que le remita la correspondencia dirigida de la persona de cuya sucesión se trate, con la cual hará lo mismo que con los demás documentos;

III. Requerir el dinero, alhajas, valores, acciones y demás bienes muebles de valor que se tengan, así como degradables o de fácil descomposición, para ser puestos a disposición, y que los mismos sean depositados en el establecimiento autorizado por la Ley, y

IV. Girar oficios a las autoridades o personas que tengan registros de bienes o derechos, a efecto de que informen sobre su existencia y la autoridad jurisdiccional dicte las medidas de conservación pertinentes.

Artículo 689. Mientras no se nombre albacea, y cuando ello fuere necesario para la guarda y conservación de los bienes de la sucesión o derechos que correspondan a la autora o el autor de la herencia, la autoridad jurisdiccional nombrará a alguien que ejerza el cargo de interventor como albacea judicial o provisional, de entre los mencionados en el escrito de denuncia a que se refiere el artículo 685, para que en el término de diez días acuda a aceptar el nombramiento conferido y, de no comparecer para su aceptación, se designará otro en sustitución, con la obligación y responsabilidad de actuar de manera diligente bajo apercibimiento de que los interesados puedan incoar los procedimientos para el resarcimiento de los daños ocasionados por sus actuaciones.

También se deberá nombrar por la autoridad jurisdiccional interventor en caso de que no haya heredero o el nombrado no entre en la herencia.

Artículo 690. La persona designada como interventor recibirá los bienes por inventario y tendrá el carácter de simple depositario o depositaria, sin poder desempeñar otras funciones administrativas que las de mera conservación y las que se refieran al pago de las deudas mortuorias con autorización judicial.

Si los bienes estuvieren situados en lugares diversos o a largas distancias, bastará, para la formación del inventario, que se haga mención en él de los títulos de propiedad, si existen, entre los documentos de cuya sucesión se trate, o la descripción de ellos según las noticias que se tuvieren.

Si hubiere bienes degradables o de fácil descomposición, se autorizará al interventor, albacea judicial o provisional, su enajenación.

Podrá la persona interventora, albacea judicial o provisional, promover las demandas que tengan por objeto recobrar bienes o hacer efectivos derechos pertenecientes a la sucesión, y contestar las demandas que contra ella se promuevan.

Artículo 691. La persona que ejerza el cargo de interventor, albacea judicial o provisional, no podrá deducir en juicio las acciones que por razón de mejoras, manutención o reparación tenga contra el testamentario o el intestado, sino cuando haya hecho esos gastos con autorización previa.

Artículo 692. En caso de que se hayan otorgado medidas cautelares para la conservación de bienes, la autoridad jurisdiccional abrirá la correspondencia física o electrónica que se encuentre dirigida a la persona de cuya sucesión se trate, en presencia de la persona secretaria judicial y la persona que ejerza el cargo de persona interventora, albacea judicial o provisional, en los periodos que se señalen, según las circunstancias.

La persona interventora, albacea judicial o provisional, recibirá la correspondencia física o electrónica que tenga relación con el caudal, dejándose testimonio de ella en los autos, y la autoridad jurisdiccional conservará la restante para darle en su oportunidad el destino correspondiente.

Artículo 693. La persona interventora, albacea judicial o provisional, recibirá por el desempeño de su cargo, el monto a que se refiera el Código Civil correspondiente y a falta de disposición, el dos por ciento del importe de los bienes, si no exceden de doscientas Unidades de Medida y Actualización; si excedieren este monto, pero no de mil Unidades de Medida y Actualización, recibirá, además, el uno por ciento sobre el exceso; y, si lo excediere, recibirá el medio por ciento, además sobre la cantidad excedente.

Artículo 694. La persona interventora, albacea judicial o provisional, cesará en su función luego que se dé a conocer que la persona albacea nombrada por los herederos aceptó el cargo y aquella entregará a éste los bienes, así como la cantidad que resulte de la venta de los bienes a que se refiere este

Código Nacional, sin que pueda retenerlos bajo ningún pretexto, ni aún por razón de mejoras, o gastos de manutención o reparación.

Artículo 695. La madre o el padre en ejercicio de la patria potestad serán los representantes de sus hijas o hijos que sean niñas, niños o adolescentes en los procedimientos siempre que, a juicio de la persona juzgadora, no haya conflicto de interés. En caso de haberlo, o a falta de quien ejerza la patria potestad, habiendo adolescentes, si han cumplido dieciséis años, podrán designar una persona tutora dativo que los represente en el juicio. Si las niñas o niños no han cumplido dieciséis años, se deberá designar a quien los represente a propuesta de quien ejerza la patria potestad o a través de su persona tutora o persona tutora ya sea especial, interino o definitivo.

Cuando la autoridad jurisdiccional considere que las niñas, niños y adolescentes tienen la capacidad suficiente para proponer a la persona tutora que haya de representarlos en el juicio, debe concederles el derecho de proponerlo.

Artículo 696. En las sucesiones de personas extranjeras, se dará a los cónsules o agentes consulares, la intervención que les conceda la Ley, los Tratados o los usos internacionales.

Artículo 697. Serán remitidos a los juicios testamentarios y a los intestamentarios, siempre que no se haya dictado sentencia de adjudicación:

I. Todos los juicios ordinarios y especiales, ya sean por acciones reales, personales o las ejecutivas, siempre que las demandas sean incoadas en contra de la persona de cuya sucesión se trate, por lo que se suspenderán hasta la designación de albacea, debiendo informar la autoridad jurisdiccional que conozca de la sucesión, sin que por ello se suspenda otra cosa que la adjudicación de los bienes en la partición, hasta en tanto se concluyen los juicios, con sentencia ejecutoriada, para ser remitida al juicio sucesorio y sea considerada en el haber hereditario, y

II. Todas las sentencias ejecutoriadas de las demandas ordinarias y ejecutivas que se dedujeron contra los herederos de la persona cuya sucesión se trate, cuando afecte a otros acreedores de la sucesión en su calidad de tales, después de denunciado el intestado.

De manera excepcional, en el juicio sucesorio, cuando quede de manifiesto que dolosamente repudió una persona heredera, con la intención de evadir el cumplimiento de una obligación en perjuicio de acreedores, sin que ello sea considerado vulnerar la voluntad de la persona de cuya sucesión se trate; quien solicitará la remisión de la sentencia ejecutoriada será la autoridad jurisdiccional en cuyo tribunal se encuentre radicada la sucesión.

Artículo 698. Son acumulables a los juicios sucesorios:

I. Los juicios ejecutivos incoados contra la persona de cuya sucesión se trate antes de su fallecimiento;

II. Las demandas por acciones personales pendientes en primera o única instancia contra la persona de cuya sucesión se trate;

III. Los juicios contra la persona de cuya sucesión se trate respecto de acciones reales pendientes en primera o única instancia;

IV. Las demandas ordinarias o ejecutivas promovidas contra las personas herederas o legatarias en dicho carácter, después de denunciada la sucesión;

V. Los juicios que sigan las personas herederas deduciendo la acción de petición de herencia, ya impugnando el testamento o la capacidad de aquellas personas herederas presentadas o reconocidas, o exigiendo su reconocimiento; siempre que esto último acontezca antes de la adjudicación, y

VI. Las acciones de las personas legatarias reclamando sus legados, siempre que sean posteriores a la acción de inventarios, y antes de la adjudicación, excepto los legados de alimentos, de pensiones, de educación y de uso y habitación.

Artículo 699. En los juicios sucesorios, el Ministerio Público, representación social o autoridad competente, comparecerá a nombre de las personas herederas, mientras no se presenten o no acrediten su representante legítimo, niñas, niños o adolescentes que no tengan representantes legítimos y, al Sistema para el Desarrollo Integral de la Familia, Beneficencia Pública, Instituciones Educativas, el Fisco, al Estado, o a quien se señale en el Código Civil Sustantivo en cada Entidad Federativa cuando no haya herederos legítimos dentro del grado de Ley, y mientras no se haga reconocimiento o declaración de herederos.

Artículo 700. La intervención que debe tener el representante del Fisco será determinada por las Leyes especiales de cada Entidad Federativa, pero conservando siempre la unidad del juicio.

Artículo 701. La persona albacea manifestará, dentro de tres días de haberle notificado el nombramiento, si acepta o no el cargo y hecho que sea, deberá garantizarlo dentro del término y conforme a las bases fijadas en el Código Civil de la Entidad Federativa que corresponda.

Si la persona albacea no garantiza su manejo dentro de los términos señalados conforme el párrafo anterior, se les removerá de plano, sin perjuicio de su obligación de rendir cuentas.

Artículo 702. Iniciado un juicio sucesorio intestamentario o testamentario y habiéndose reconocido los derechos hereditarios a las partes interesadas, así como aceptado el cargo de albacea, éstas podrán encomendar a una Notaria o un Notario Público, la continuación en la formación de inventarios, avalúos, liquidación, partición y adjudicación de la herencia, procediendo en todo de común acuerdo, lo que constará en uno o varios instrumentos, conforme a la legislación civil y notarial respectiva.

En el supuesto del párrafo anterior, cuando entre los interesados haya niñas, niños y adolescentes, deberán estar debidamente representados y no existir oposición del Ministerio Público, representación social o autoridad competente.

Los acuerdos que se tomen se denunciarán a la autoridad jurisdiccional, en su caso, y éste, oyendo al Ministerio Público, representación social o autoridad competente, dará su aprobación si no se lesionan sus derechos. Podrán convenir los interesados que los acuerdos se tomen por mayoría de votos.

Cuando no hubiere convenio o se suscite oposición o controversia entre los interesados, cesará la tramitación extrajudicial, quedando a cargo de la Notaria o Notario Público la devolución del juicio sucesorio al juzgado que lo puso a su disposición.

Artículo 703. La Notaria o Notario Público tendrá la responsabilidad de cumplir aquello que dicten las leyes para la satisfacción del interés fiscal que genere la adjudicación de los bienes de la masa hereditaria.

Artículo 704. En los juicios sucesorios se formarán cuatro secciones compuestas de los cuadernos necesarios. Pueden iniciarse conjuntamente las secciones segunda, tercera y cuarta, cuando simultáneamente se puedan aprobar las dos primeras y la última se turne para dictar la sentencia definitiva de adjudicación.

Artículo 705. La primera sección se llamará de sucesión y contendrá en sus respectivos casos:

I. El testamento o testimonio de protocolización, o la denuncia del intestado;

II. El acta de defunción de la persona de cuya sucesión se trate;

III. Las citaciones a las personas herederas, así como la convocatoria a quienes se crean con derecho a la herencia;

IV. La constancia de haberse obtenido los informes de existencia o no de testamento otorgado por la persona de cuya sucesión se trate, de las autoridades que correspondan en cada Entidad Federativa, así como del Registro Nacional de Avisos de Testamento;

V. El reconocimiento de derechos hereditarios, la repudiación y aceptación de la herencia y de los legados en caso de la comparecencia de legatarios, el reconocimiento de la validez del testamento y la declaratoria de herederos;

VI. Lo relativo al nombramiento y la aceptación o no del cargo de albacea;

VII. Los incidentes que se promueven sobre remoción de albacea, interventores o albaceas judiciales o provisionales, y

VIII. Las resoluciones que se pronuncien sobre la validez del testamento, la capacidad legal para heredar y la preferencia de derechos.

Artículo 706. La sección segunda se llamará de inventarios, y contendrá:

I. El inventario realizado por la persona que tenga el cargo de interventor, albacea judicial o provisional;

II. El inventario que forme la persona albacea o los herederos, según corresponda de conformidad con la legislación sustantiva de la Entidad Federativa respectiva;

III. La documentación que acredite la propiedad de los bienes inmuebles y su identificación plena con los datos del título de propiedad o escritura respectiva, acompañando, de ser necesario, la constancia de alineamiento y número oficial o cualquier otra constancia de autoridad competente de acuerdo a cada Entidad Federativa;

IV. El avalúo que solicite el albacea o los herederos el cual deberá ser practicado por corredora o corredor público, perito valuador de institución crediticia o de los auxiliares de la administración de justicia o el valor catastral según la Entidad Federativa de la que se trate;

V. Los incidentes que se promuevan, y

VI. La resolución sobre el inventario y avalúo.

Artículo 707. La tercera sección se llamará de administración y contendrá:

I. Todo lo relativo a la administración y rendición de cuentas;

II. La cuenta general, su glosa y calificación;

III. La comprobación de haberse cubierto el impuesto fiscal relativo al pago predial, consumo de agua y electricidad de los inmuebles inventariados; y los comprobantes de pago de deudas a cargo de la persona de cuya sucesión se trate;

IV. Los incidentes que se promuevan;

V. Todos los cuadernillos, archivos electrónicos y libros que contengan las cuentas anuales que se rindan hasta la conclusión del juicio sucesorio;

VI. En cuerda por separado el proyecto de distribución provisional de frutos si los hubiere, y

VII. Las cuentas que rinda el albacea removido.

Artículo 708. La cuarta sección se llamará partición y contendrá:

I. El proyecto de partición de los bienes, en el juicio testamentario de acuerdo a la voluntad del testador y en el caso del intestamentario, en términos de la declaratoria de herederos;

II. Los incidentes que se promuevan respecto del proyecto a que se refiere la fracción anterior y su resolución;

III. Los arreglos relativos, y

IV. La resolución respecto a la aplicación de los bienes del proyecto de partición.

Artículo 709. Si dictada la resolución que califica a la sucesión como intestamentaria apareciere un testamento, se aplicarán las disposiciones siguientes:

I. Se atenderá al contenido de la disposición testamentaria y quedará sin efecto la intestamentaria para recomponerse el procedimiento, y

II. Si la disposición testamentaria no comprendiere todos los bienes hereditarios, en el mismo expediente continuará el intestado y se tramitará el testamentario en cuanto haya lugar.

En este caso, se acumularán los juicios si resulta procedente, cumpliendo con las formalidades de este Código Nacional.

Artículo 710. Inmediatamente que se inicie el procedimiento sucesorio, la autoridad jurisdiccional o la Notaria o Notario Público ante quien se tramite, deberá obtener el informe de existencia o inexistencia de alguna disposición testamentaria otorgada por la persona de cuya sucesión se trate, ante el Archivo Judicial del Tribunal o Poder Judicial, así como en el Archivo General de Notarías, Registro Público de la Propiedad, Procuraduría Social del Estado, la

Dirección del Archivo de Instrumentos Públicos, Dirección de Notarías y Registros Públicos, Secretaría General de Gobierno o cualquier otra dependencia, autoridad u oficina que lleve a cabo dicha función en la respectiva Entidad Federativa, siendo estas dependencias las encargadas de solicitar la información al Registro Nacional de Avisos de Testamento, sobre la existencia o inexistencia de alguna disposición testamentaria en alguna Entidad Federativa. Toda la información podrá ser recabada en formato impreso, o en medios electrónicos, ópticos o de cualquier otra tecnología.

SECCIÓN PRIMERA
DEL PROCEDIMIENTO ESPECIAL EN LOS INTESTADOS

Artículo 711. En las sucesiones intestamentarias en que no hubiere controversia alguna y las personas herederas fueren mayores de edad, así como niñas, niños o adolescentes que se encuentren debidamente representados, se podrá realizar el procedimiento especial en los intestados a que se refiere esta sección.

Se exceptúa de lo dispuesto en el párrafo anterior, cuando los bienes se encuentren afectos a patrimonio familiar, en cuyo caso no se admitirá a trámite el juicio hasta en tanto se presente la constancia de que el mismo se ha extinguido, en caso de que así lo prevea el Código Civil de la Entidad Federativa donde se pretenda radicar el juicio sucesorio, de lo contrario, deberán seguirse las reglas particulares que al efecto establezca dicha legislación.

Artículo 712. Las personas herederas de un juicio intestamentario pueden acudir ante la autoridad jurisdiccional en materia familiar para realizar el procedimiento especial en los intestados exhibiendo:

I. Copia certificada del acta de defunción o declaración judicial de muerte de la autora o el autor de la sucesión;

II. Actas de nacimiento para comprobar el entroncamiento o parentesco de las personas herederas;

III. Documentos o pruebas que acrediten la relación con la persona autora de la sucesión, tratándose de cónyuges, concubinos o convivientes;

IV. Inventario de los bienes, al que se le acompañarán los documentos que acrediten la propiedad de la persona autora de la sucesión, y

V. Convenio de adjudicación de bienes.

Artículo 713. La autoridad jurisdiccional en audiencia de juicio, habiendo solicitado previamente informe del Archivo Judicial o Poder Judicial, Archivo General de Notarías o Registro Público de la Propiedad del Estado o Procurador Social del Estado o Director del Archivo de Instrumentos Públicos o Dirección de Notarías y Registros Públicos del Estado o la Secretaría General de Gobierno así como del Registro Nacional de Avisos de Testamento o cualquier otra oficina pública que lleve a cabo la función de informar sobre la existencia o inexistencia de testamento, en presencia de los interesados examinará los documentos, así como a los testigos a que se refiere este Código Nacional; hecho lo anterior en la misma audiencia resolverá haciendo la declaración de herederos y adjudicación de los bienes de acuerdo al convenio exhibido, debiendo señalar a la Notaria o Notario Público que procederá a la formalización de la misma.

Una vez recibida la información solicitada en el párrafo que antecede, se fijará fecha de audiencia de juicio, la que se celebrará dentro de los veinte días siguientes, en la que se desahogarán las pruebas admitidas y se escucharán los alegatos finales de los interesados. Enseguida, se señalará fecha para escucha de explicación de la sentencia definitiva en el plazo de tres días.

En dicha audiencia de comparecer los interesados se dictará el fallo final, cuyos puntos resolutivos serán agregados al acta mínima que se levante con motivo de la diligencia, entregando a las partes copia simple de la versión escrita. En caso de incomparecencia de los interesados, la sentencia quedará a su disposición en la oficina judicial.

Artículo 714. Si en el procedimiento especial hubiere controversia, el juicio se seguirá conforme a las reglas generales de este Título.

Artículo 715. Al promoverse un intestado, deberá darse cumplimiento con los requisitos y exhibir los documentos señalados en este Código Nacional. Si la autoridad jurisdiccional encuentra apegada a derecho la denuncia, la radicará y ordenará girar los oficios respectivos y mandará notificar a los presuntos herederos, cónyuge que sobreviva o concubina, concubinario o conviviente, haciéndoles saber la radicación del juicio sucesorio para que comparezcan a deducir los posibles derechos hereditarios que consideren les correspondan, con citación del Ministerio Público.

Si las personas interesadas desde su presentación otorgaron su voto para la designación de albacea y fueren reconocidos como los herederos de la persona cuya sucesión se trata, la autoridad jurisdiccional deberá ordenar la ratificación de sus votos, y procederá a reconocer al albacea que resulte nombrado conforme a la ley.

Artículo 716. Una vez recibidos los informes de la inexistencia de disposición testamentaria, la autoridad jurisdiccional dentro del término de quince días señalará día y hora para la recepción de la información testimonial a cargo de dos personas dignas de fe, que protestadas legalmente testifiquen en primer término, que los interesados o los que designen son los únicos herederos, y en segundo lugar cuando se refiera a concubinos o convivientes para acreditar la existencia de éstos, si la Ley no contempla su registro obligatorio en la Entidad Federativa de la que se trate.

Artículo 717. Dicha información se practicará con citación del Ministerio Público, quien en el mismo acto o dentro de los tres días que sigan al de la diligencia y examinadas las constancias, formule los pedimentos con los que se dará vista a las personas interesadas para que los cumplimenten, si los hubiere.

Artículo 718. Una vez examinadas las constancias por el Ministerio Público y su opinión conforme al contenido de las mismas, de así considerarlo la autoridad jurisdiccional, se turnarán los autos para que dentro del término de diez días dicte sentencia interlocutoria de declaratoria de herederos, en la que se reconozca a quienes acreditaron su derecho hereditario intestamentario, o negándolo se reserve su acción, para que se haga valer en el juicio.

Contra la sentencia interlocutoria que se dicte procederá el recurso de apelación en efecto devolutivo de tramitación inmediata.

Artículo 719. En la sentencia interlocutoria de declaratoria de herederos se nombrará albacea, si las personas interesadas desde su escrito de denuncia dieron su voto y fue ratificado, de no ser así, en la propia sentencia se citará a una junta de herederos dentro de los quince días siguientes para que designen albacea. Se omitirá la junta si el heredero fuere único.

Artículo 720. Si la declaración de herederos la solicitaren parientes colaterales dentro del cuarto grado, la autoridad jurisdiccional después de recibir los justificantes del entroncamiento y la información testimonial, mandará fijar edictos en el medio de comunicación judicial, así como en un diario de los de mayor circulación del último domicilio y del lugar del fallecimiento de la persona finada, dos veces, de diez en diez días, anunciando su muerte, sin testar, y los nombres y grado de parentesco de los que reclaman la herencia, llamando a los que se crean con igual o mejor derecho para que comparezcan al juzgado a reclamarla dentro de los cuarenta días siguientes.

Artículo 721. Transcurrido el término de los edictos, a contar desde el día siguiente de su última publicación, si nadie se hubiere presentado, se pondrán los autos a la vista de la autoridad jurisdiccional, quien hará la declaración de herederos respectiva, conforme a lo dispuesto en este Código Nacional.

Si hubieren aparecido otros parientes, al momento de comparecer deberán acompañar los atestados del Registro Civil que justifiquen su mejor o igual grado de parentesco, con lo que se dará vista al Ministerio Público para que se imponga de ellos y desahogada o sin pedimento alguno, se procederá a realizar la declaratoria respectiva.

Artículo 722. Si el juicio intestamentario es denunciado por un acreedor o tercero interesado, se ordenará la elaboración de los oficios de localización de testamento ordenados en este Código Nacional, si de los informes se aprecia que no existe disposición testamentaria alguna y no se presentaren descendientes, cónyuge, ascendientes, concubina, convivientes o colaterales dentro del cuarto grado, la autoridad jurisdiccional mandará fijar edictos en el medio de comunicación judicial, así como en un diario de los de mayor circulación, de la manera y por los términos expresados en este Código Nacional, anunciando la muerte intestada de la persona cuya sucesión se trate, y llamando a los que se crean con derecho a la herencia.

Artículo 723. Vencido el término de los edictos si no se hubiere presentado ningún aspirante a la herencia o no fuere reconocido con derechos a ella ninguno de los pretendientes, se tendrán como herederos a quien señale el Código Civil y demás legislación de cada Entidad Federativa y como albacea a la persona que dichas instituciones señalen como su representante.

Artículo 724. Las personas que comparezcan a consecuencia de dichos llamamientos, reclamando su derecho a la herencia, deberán expresar, por escrito, el grado de parentesco en que se hallen con el causante de la herencia, justificándolo con los correspondientes documentos y previa vista al Ministerio Público, se turnará a sentencia, por lo que la autoridad jurisdiccional aplicará las reglas sucesorias que se consagran en el código sustantivo e incluso la norma general de que los parientes más próximos excluyen a los más remotos y procediendo desde luego al nombramiento de albacea.

Artículo 725. Al albacea se le entregarán los bienes sucesorios, así como los libros, archivos electrónicos y papeles, debiendo rendirle cuentas el interventor, con la finalidad de que el primero pueda realizar el inventario de la masa hereditaria, sin perjuicio de lo dispuesto en el Código Civil de cada Entidad Federativa respecto de si la o el cónyuge, conviviente o concubino, conserva la posesión y administración de la misma.

SECCIÓN SEGUNDA
DE LAS SUCESIONES TESTAMENTARIAS

Artículo 726. En los juicios de sucesión, si la Federación o las Entidades Federativas son herederos o legatarios en concurrencia con los particulares, se estará a las reglas de competencia previstas en este Código Nacional.

Artículo 727. La persona que promueva el juicio testamentario debe cumplir con los requisitos y exhibir la documentación ordenada en este Código Nacional, de no ser así, la autoridad jurisdiccional requerirá se corrija o se complete, y de encontrarse apegada a derecho, sin más trámite, lo tendrá por radicado y librará los oficios para búsqueda de testamento y de no existir otro testamento más que el exhibido, se notificará a los herederos en términos de este Código Nacional, haciéndole saber la radicación del presente juicio sucesorio, con citación del Ministerio Público.

Artículo 728. Si no se conociere el domicilio de los herederos, se mandarán publicar edictos en un diario de mayor circulación en la Entidad Federativa, conforme a lo dispuesto en este Código Nacional.

Artículo 729. La autoridad jurisdiccional convocará a los herederos designados en el mismo a una junta, que tendrá verificativo dentro de los veinte días siguientes a la citación, si la mayoría de los herederos reside en el lugar del juicio. Si la mayoría residiere fuera del lugar del juicio, la autoridad jurisdiccional señalará el plazo que crea prudente, atendidas las distancias; si hubiere albacea nombrado en el testamento, se les dé a conocer, y, si no lo hubiere, procedan a elegirlo con arreglo a este Código Nacional.

Artículo 730. Si en la designación hubiere personas con discapacidad, niñas, niños o adolescentes que tengan persona quien ejerza la patria potestad, persona tutora o persona que brinde apoyos para el ejercicio de su capacidad jurídica, se les mandará citar a estos últimos para la junta.

Si las herederas niñas, niños y adolescentes no estuvieren bajo patria potestad o tutela, la autoridad jurisdiccional dispondrá que se les nombren uno con arreglo a derecho como se previene en este Código Nacional.

Artículo 731. Respecto del heredero declarado ausente o desaparecido, se entenderá la citación con el que fuere su representante legítimo.

Artículo 732. Se citará también al Ministerio Público para que represente a los herederos cuyo paradero se ignore y a los que habiendo sido citados no se presentaren y mientras se presenten.

Luego que se presenten los herederos ausentes o desaparecidos cesará la representación del Ministerio Público.

Artículo 733. Si la madre, el padre, la persona tutora o tutriz, o cualquier representante legítimo de algún heredero que sea niña, niño, adolescente, tiene interés en la herencia, le proveerá la autoridad jurisdiccional, con arreglo a derecho, de una persona tutora especial para el juicio o hará que le nombre, si tuviere edad para ello. La intervención de la persona tutora especial se limitará sólo a aquello en que el propietario o representante legítimo tenga incompatibilidad.

Artículo 734. Si el testamento no es impugnado ni se objeta la capacidad de las personas interesadas, la autoridad jurisdiccional en la misma junta, reconocerá como herederos a los que estén nombrados en las porciones que les correspondan.

Si se impugnare la validez del testamento o la capacidad legal de algún heredero, se substanciará el juicio ordinario correspondiente con el albacea o el heredero respectivamente, sin que por ello se suspenda otra cosa que la adjudicación de los bienes en la partición.

Artículo 735. En la junta de las personas herederas, podrán estas nombrar a quien funja como interventor, conforme a la facultad y en los casos previstos en el Código Civil de cada Entidad Federativa.

SECCIÓN TERCERA
DEL INVENTARIO Y AVALÚO

Artículo 736. Dentro de diez días de haber aceptado su cargo, quien ejerce el albaceazgo debe dar aviso de que procederá a la formación de inventarios y avalúos, y propondrá al o los peritos valuadores en la materia correspondiente, debiendo concluir la presente sección dentro de los siguientes sesenta días.

Las personas herederas dentro del término de tres días deberán manifestar si están de acuerdo o no con la o las propuestas de peritos y si no lo hicieren, la autoridad jurisdiccional hará la designación procedente.

Se exceptuará el nombramiento de perito valuador cuando todas las personas herederas están conformes en que se tome el valor del avalúo catastral.

El inventario y avalúo se practicarán simultáneamente, si es única y universal persona heredera o si todos quienes tienen esta calidad firmaran de conformidad.

Artículo 737. El inventario deberá practicarse por la autoridad jurisdiccional, persona secretaria judicial, alcalde, alcaldesa, Notaria o Notario Público nombrada por los herederos, o autoridad competente en su caso, con las formalidades correspondientes al Código Civil aplicable siempre y cuando tenga que realizarse una descripción detallada de aquello que conforme la masa hereditaria de acuerdo con el importe de sus porciones, cuando concurran como herederos:

I. Niñas, niños y adolescentes;

II. Personas con discapacidad;

III. El Sistema para el Desarrollo Integral de la Familia;

IV. La Beneficencia Pública;

V. Instituciones Educativas;

VI. El Estado o las Entidades Federativas, y

VII. En su defecto, a quien, teniendo interés en la sucesión, señale la legislación sustantiva correspondiente.

A dicho inventario concurrirá conjuntamente el albacea.

Artículo 738. El inventario puede ser presentado por el albacea, cuando el acervo hereditario se constituya únicamente por inmuebles, y una vez que se encuentren exhibidos los avalúos se señalará fecha dentro de los cinco días siguientes, para que el albacea ante la presencia judicial ratifique el inventario a efecto de cumplir con la solemnidad y si comparecieran todos los reconocidos como herederos manifestando su conformidad se aprobará de plano, en caso contrario se procederá de acuerdo a lo dispuesto en este Código Nacional.

Artículo 739. El albacea dentro del término señalado en este Código Nacional procederá, a presentar el inventario de forma clara y precisa y en el orden siguiente:

I. Dinero en efectivo;

II. Alhajas;

III. Bienes, derechos de comercio o industria, así como de propiedad intelectual

IV. Semovientes;

V. Frutos;

VI. Muebles;

VII. Inmuebles;

VIII. Créditos;

IX. Documentos y correspondencia;

X. Bienes ajenos que tenía en su poder el finado en comodato, depósito, prenda o bajo cualquier otro título, con expresión de la causa;

XI. Bienes o derechos litigiosos señalándose la autoridad jurisdiccional, la clase de juicio, la persona contra quien se litiga y la causa del pleito, y

XII. Las deudas que formen el pasivo de la sucesión, incluyendo los legados vigentes, los gastos funerarios y los que se hayan causado en la última enfermedad de la persona cuya sucesión se trata, con expresión de los títulos y documentos que justifiquen este pasivo.

Artículo 740. El inventario deberá especificar si de los bienes inventariados alguno corresponde (sic) la sociedad conyugal o se encuentren en copropiedad o posesión común en los casos de sociedad de convivencia o concubinato y los porcentajes, en su caso.

Si la masa hereditaria la conforma un solo bien y éste se encuentra afecto al patrimonio de familia, se suspenderá el procedimiento hasta en tanto no se haya extinguido el mismo, salvo que el Código Civil de la Entidad Federativa donde se encuentra radicado el juicio sucesorio intestamentario o testamentario prevea otra cosa.

Si dentro del caudal hereditario existen otros bienes que no conformen patrimonio familiar, el juicio podrá continuar por lo que hace a ellos, y por tanto, la suspensión sólo será del que sí se encuentra en dicha hipótesis en términos del párrafo que antecede.

Artículo 741. Si los bienes inventariados se encontraren en diversas Entidades Federativas se ampliará el término respectivo hasta por treinta días más.

Artículo 742. Practicados el inventario y avalúo serán agregados a los autos y se pondrá de manifiesto en la Secretaría, por cinco días, para que las personas interesadas puedan examinarlos, citándoseles mediante notificación personal en términos de lo dispuesto en este Código Nacional.

Artículo 743. Si transcurrido el término a que se refiere el artículo anterior, sin haberse hecho oposición, la autoridad jurisdiccional lo aprobará sin más trámites. En caso contrario, se substanciará el incidente respectivo.

Para dar curso al incidente de oposición, es indispensable expresar concretamente cuáles son los bienes omitidos o que deban de excluirse o el valor que se atribuye a cada uno de los inventariados correctamente, aportando pruebas para acreditar la misma.

Este incidente se desahogará en una sola audiencia oral a la que se citará a las partes.

Artículo 744. Si quienes reclamen fueren varios e idénticas sus oposiciones, deberán nombrar representante común en la audiencia oral. En caso de no nombrarlo o de no ponerse de acuerdo, la autoridad jurisdiccional lo nombrará de oficio de entre ellos mismos.

Artículo 745. Si a la audiencia dejaren de presentarse las personas designadas como peritos sin causa justificada, perderán el derecho de cobrar honorarios por los trabajos practicados.

En la tramitación de este incidente cada parte es responsable de la asistencia de los peritos que propusiere, de manera que la audiencia no se suspenderá por la ausencia de todos o de alguno de los propuestos.

Artículo 746. Si las oposiciones tuvieran por objeto impugnar simultáneamente el inventario y el avalúo, o se tramitaran diversos incidentes, estos se acumularán y se resolverán en una sola audiencia oral, a fin de evitar contradicción alguna.

Artículo 747. El inventario hecho por albacea o por heredero aprovecha a todas las personas interesadas, aunque no hayan sido citadas, incluso las substitutas y herederos por intestado.

El inventario perjudica a quienes lo hicieron y a quienes lo aprobaron.

Aprobado el inventario por la autoridad jurisdiccional o por el consentimiento de todas las personas interesadas, no podrá reformarse sino por error o vicio, debidamente justificado, a criterio de la propia autoridad jurisdiccional, en una audiencia oral y antes de dictarse la sentencia definitiva.

Artículo 748. Si aparecieren bienes omitidos, se procederá a la formación de un inventario suplementario aplicándose las reglas de esta sección, y demás disposiciones del Código Civil aplicable.

Artículo 749. Si pasados los términos establecidos en este Código Nacional, el albacea no promoviere o no concluyere el inventario, será removido de plano sin derecho a la percepción de honorarios y cualquier heredero podrá promover la formación del inventario.

Artículo 750. Los gastos de inventario y avalúo son a cargo de la masa hereditaria, salvo que se hubiere dispuesto otra cosa en el testamento.

SECCIÓN CUARTA
DE LA ADMINISTRACIÓN Y RENDICIÓN DE CUENTAS

Artículo 751. Corresponde la posesión y administración de la masa hereditaria a quien sobreviva, de conformidad con lo siguiente:

I. El o la cónyuge supérstite tanto en el régimen de la sociedad conyugal como en el de separación de bienes;

II. El o la conviviente que haya elegido que su patrimonio presente y futuro forme parte del patrimonio de la sociedad en convivencia, y

III. El o la concubina que hayan adquirido bienes en copropiedad o que haya procreado hijos en común con la persona de cuya sucesión se trata.

La posesión y administración de la masa hereditaria, por cualquiera de las personas anteriormente mencionadas se hará con intervención del albacea quien pondrá a su disposición los bienes que conforman la masa hereditaria.

Artículo 752. La intervención del albacea se concretará a vigilar la administración del o la cónyuge, del o la conviviente o del o la concubina, supérstite, y en cualquier momento en que observe que no se hace convenientemente, promoverá incidente ante la autoridad jurisdiccional, que conozca de la sucesión quien dará vista a quien se imputa la indebida administración, otorgando un término de tres días para que manifieste lo que a sus intereses convenga.

Una vez hechas sus manifestaciones, la autoridad jurisdiccional citará a ambas partes a una audiencia oral dentro de los tres días siguientes, en la que resolverá lo que en derecho proceda.

Artículo 753. Durante la substanciación del juicio sucesorio no se podrá enajenar los bienes inventariados, sino por acuerdo de las personas herederas o con aprobación judicial en los siguientes casos:

I. Cuando haya deuda o gasto urgente;

II. Cuando los bienes puedan deteriorarse;

III. Cuando sean de difícil y costosa conservación;

IV. Cuando para la enajenación de los frutos se presenten condiciones ventajosas, y

V. Cuando el acuerdo de los herederos no perjudique derechos de algún acreedor reconocido.

Artículo 754. Las cuentas y sus archivos físicos y electrónicos se entregarán al albacea y, hecha la partición a los herederos reconocidos. Los demás documentos y archivos físicos y electrónicos quedarán en poder de la persona que haya desempeñado el albaceazgo.

Artículo 755. Si nadie se hubiera presentado alegando derecho a la sucesión, o no hubieren sido reconocidos quienes se hubiesen presentado, y se hubiere declarado heredero, en su caso, a quien para esta hipótesis establezca como heredero legítimo la legislación sustantiva que corresponda a cada Entidad Federativa. Se entregarán a éstos por conducto de representante legal, los bienes, los documentos y archivos físicos y electrónicos que tengan relación con la misma, para su administración y rendición de cuentas.

Artículo 756. Concluido y aprobado el inventario, dentro de los quince días siguientes presentará el albacea su cuenta general de albaceazgo; si no lo hace se le apremiará por los medios legales.

Artículo 757. Presentada la cuenta general de administración, la autoridad jurisdiccional mandará dar vista a las personas interesadas por un término de diez días para que se impongan de ello, notificándose en forma personal en términos de lo dispuesto en este Código Nacional.

Artículo 758. Si todas las personas interesadas aprobaren la cuenta, o no la impugnaren, la autoridad jurisdiccional la aprobará de plano.

Si existe inconformidad, la persona interesada promoverá el incidente respectivo dentro de los tres días siguientes en que haya concluido la vista. Para darle curso al incidente, será indispensable que el promovente inconforme exprese concretamente cuáles son los puntos de la cuenta general del albaceazgo con los que se inconforma, aportando pruebas en su caso para controvertirlos. Este incidente se desahogará y resolverá en una sola audiencia oral a la que se citará a las partes, dentro de los cinco días siguientes.

En caso de que se promovieren dos o más incidentes en los que existiera identidad de puntos de inconformidad, se acumularán para ser resueltos en la misma audiencia.

Artículo 759. La persona interventora, el albacea provisional o judicial, en su caso, el o la cónyuge, el o la conviviente, el o la concubina, supérstite, el albacea designado por el testador o por los herederos y cualquier persona que haya tenido la administración de los bienes hereditarios, están obligados a rendir, dentro de los cinco primeros días de cada año del ejercicio de su cargo, la cuenta de su administración correspondiente al año anterior.

Artículo 760. Presentada la cuenta anual de administración, se mandará poner en la Secretaría, a disposición de quienes tengan interés para que se impongan, por un término de diez días, citándose mediante notificación personal en términos de lo dispuesto por este ordenamiento.

Artículo 761. Si todas las personas interesadas aprobaren la cuenta, o no la impugnaren, la autoridad jurisdiccional la aprobará. Si existiere inconformidad se tramitará el incidente respectivo. Quienes sostengan la misma pretensión deberán nombrar representante común.

Artículo 762. Las cantidades que resulten líquidas se depositarán a disposición de quien corresponda, en el establecimiento destinado por este Código Nacional.

Artículo 763. Cuando quien administre no rinda dentro del término legal su cuenta anual, será removido de plano. También podrá ser removido en términos de este Código Nacional, a solicitud de cualquiera de las personas interesadas, cuando alguna de las cuentas no fuere aprobada en su totalidad. El trámite se hará en forma incidental.

Artículo 764. Cuando no alcancen los bienes para pagar las deudas y legados, el albacea debe dar cuenta de su administración a personas acreedoras y legatarias.

Artículo 765. El albacea, dentro de los quince días de aprobado el inventario, presentará ante la autoridad jurisdiccional un proyecto para la distribución provisional de los productos de los bienes hereditarios, señalando la parte de ellos que, cada bimestre, deberá entregarse a herederos y legatarios, en proporción a su haber. La distribución de los productos se hará en efectivo o en especie.

Artículo 766. Presentado el proyecto, se pondrá a la vista de las personas interesadas por cinco días, citándose mediante notificación personal en términos de lo dispuesto en este Código Nacional.

Si están conformes o nada exponen dentro del término de la vista, lo aprobará la autoridad jurisdiccional y mandará abonar a cada quien la porción que le corresponda.

La inconformidad expresa se substanciará en forma incidental, el incidente se desahogará y resolverá en una sola audiencia oral a la que se citará a las partes, dentro de los cinco días siguientes. Dicha resolución será apelable en efecto devolutivo.

Artículo 767. Cuando los productos de los bienes variaren de bimestre a bimestre, el albacea presentará su proyecto de distribución por cada uno de los periodos indicados. En este caso deberá presentarse el proyecto dentro de los primeros cinco días del bimestre.

Artículo 768. Si el albacea no presentare el proyecto de distribución provisional de los productos de los bienes hereditarios, dentro del término legal o cuando durante dos bimestres consecutivos, sin justa causa, deje de cubrir a los herederos o legatarios las porciones de frutos correspondientes, será revocado de plano sí así lo solicita la mayoría de las personas herederas.

SECCIÓN QUINTA
DE LA PARTICIÓN DE HERENCIA

Artículo 769. Aprobada la cuenta general de administración, dentro de los quince días siguientes, el albacea presentará el proyecto de partición de los bienes, en los términos del Código Civil respectivo.

Artículo 770. Será removido el albacea de su cargo, mediante incidente, si no presentare el proyecto de partición dentro del término indicado en el artículo anterior o dentro de la prórroga que le concedan las personas interesadas por mayoría de votos.

Artículo 771. Cuando quien ejerza el albaceazgo requiera auxiliarse para hacer el proyecto de partición, podrá auxiliarse de un perito o especialista cuyo nombramiento deberá ser promovido dentro del tercer día de aprobada la cuenta y la autoridad jurisdiccional convocará a los herederos, a junta, dentro de los tres días siguientes, a fin de que se haga en su presencia la elección cuyo nombramiento se hará por mayoría de los presentes.

Si no hubiere mayoría, la autoridad jurisdiccional nombrará al perito o especialista de entre los propuestos.

Artículo 772. Quien tenga la calidad de cónyuge, conviviente, concubino o concubina, aunque no tenga el carácter de heredero, será tenido como parte, si entre los bienes hereditarios hubiere bienes de la sociedad conyugal, sociedad en convivencia o disposición de los concubinos que rija su patrimonio y será convocado a la junta que refiere el artículo que antecede, para que intervenga de acuerdo con sus intereses.

Artículo 773. Si se encuentra presente el partidor, encargado de la formulación del proyecto de partición en la misma junta que fue nombrado, procederá a aceptar y protestar su cargo, y en caso contrario se le notificará para que dentro del término de tres días comparezca a aceptar el mismo, habiendo señalado previamente el monto de sus honorarios de acuerdo con lo que le autoriza la Ley de cada Entidad Federativa, los que deberán ser autorizados y aprobados por la autoridad jurisdiccional, y cubiertos por los herederos en proporción a sus haberes.

Artículo 774. La autoridad jurisdiccional pondrá a disposición del partidor los autos y, bajo inventario, los papeles y documentos relativos al caudal, para que proceda a la partición, concediéndole hasta cuarenta días para que presente el proyecto partitorio, bajo el apercibimiento de perder los honorarios que le fueron autorizados y aprobados, ser separado de plano de su encargo y, en su caso, responsable de los daños y perjuicios.

Artículo 775. El partidor pedirá a las personas interesadas las instrucciones que estime necesarias, a fin de hacer las adjudicaciones de conformidad con ellas, en todo lo que estén de acuerdo, o de conciliar en lo posible sus pretensiones.

Puede solicitarse a la autoridad jurisdiccional para que, convoque a una junta, a fin de que las personas interesadas fijen de común acuerdo las bases de la partición, que se considerará como un convenio. Si no hubiere conformidad, el partidor presentará el proyecto de partición de los bienes, en los términos que lo dispuso el testador, en lo que no contravenga el Código Civil correspondiente.

Al hacerse la división se separarán los bienes que correspondan al cónyuge, conviviente, concubino o concubina que sobreviva, conforme a las capitulaciones matrimoniales que regulan la sociedad conyugal, a las disposiciones de la sociedad en convivencia o a las del patrimonio concubinal, cuando resulte ser en partes iguales y será convocado a la junta que refiere el artículo que antecede, para que intervenga de acuerdo con sus intereses.

Artículo 776. A falta de convenio entre las personas interesadas, se incluirán en cada porción, bienes de la misma calidad y especie, si fuere posible.

Si hubiere bienes gravados, se especificarán los gravámenes indicando el modo de redimirlos o dividirlos entre las personas herederas.

Artículo 777. Concluido el proyecto de partición, la autoridad jurisdiccional lo mandará poner a la vista de los interesados en la Secretaría, por un término de diez días. Vencido el término sin hacerse oposición, la autoridad jurisdiccional aprobará el proyecto y dictará sentencia de adjudicación, mandando entregar a cada quien los bienes muebles que le hubieren sido adjudicados, con la factura o los documentos de propiedad, después de asentarse por la persona secretaria judicial, una nota en que se haga constar la adjudicación.

Si se trata de niñas, niños o adolescentes, la autoridad jurisdiccional deberá verificar de manera oficiosa el proyecto de partición.

Si entre los bienes de la masa hereditaria, hubiere inmuebles, se mandará formalizar el proyecto de división y partición y otorgar la escritura pública correspondiente misma que deberá ser inscrita en el Registro Público de la Propiedad, Oficina Registral o cualquier otra Institución análoga según la Entidad Federativa de que se trate.

Artículo 778. Si hubiera oposición contra el proyecto, se substanciará en forma incidental, procurando que, si fueren varias, la audiencia sea común, y a ella concurrirán las personas interesadas y el partidor para que se discutan las gestiones promovidas y se reciban pruebas.

Para dar curso a esta oposición, es indispensable expresar concretamente cuál sea el motivo de la inconformidad y cuáles las pruebas que se invocan como base de la oposición.

Artículo 779. Pueden oponerse a que se lleve a efecto la partición:

I. Las personas acreedoras hereditarias legalmente reconocidas, mientras no se pague su crédito, si ya estuviere vencido y, si no lo estuviere, mientras no se les asegure debidamente el pago, y

II. Las personas legatarias de cantidad, de alimentos, de educación y de pensiones, mientras no se les pague o se garantice legalmente el derecho.

Artículo 780. La adjudicación de bienes hereditarios se otorgará con las formalidades que, por su cuantía, la Ley exige para su venta. La Notaria o Notario Público ante la que se otorgue la escritura será designada por el albacea.

Artículo 781. La escritura de partición, cuando haya lugar a su otorgamiento, deberá contener, la superficie, medidas y linderos que correspondan a los inmuebles adjudicados conforme al convenio con el fin de permitir su plena identificación.

El resto de los bienes o derechos adjudicados la autoridad jurisdiccional deberá formalizar su transmisión de conformidad con las leyes aplicables para cada caso.

Artículo 782. La sentencia que apruebe o repruebe la partición es apelable en ambos efectos.

CAPÍTULO II
DE OTRAS FORMAS TESTAMENTARIAS

SECCIÓN PRIMERA
DEL TESTAMENTO PÚBLICO CERRADO

Artículo 783. Para la apertura del testamento público cerrado, los testigos reconocerán separadamente sus firmas y el pliego que las contenga. El Ministerio Público asistirá a la diligencia.

Artículo 784. Cumplido lo prescrito en el Código Civil de la Entidad Federativa respectiva, ante la autoridad jurisdiccional, los testigos reconocerán separadamente sus firmas en el pliego que contenga el testamento y hecho lo anterior en presencia del Notario o Notaria Pública, testigos, Ministerio Público y persona secretaria judicial, abrirá el testamento, lo leerá, para sí y después le dará lectura en voz alta, omitiendo lo que deba permanecer en secreto y cumplidos los requisitos del Código Sustantivo de cada Entidad Federativa declarará la formalidad del testamento ordenando su protocolización.

En seguida firmarán al margen del testamento las personas que hayan intervenido en la diligencia, con la autoridad jurisdiccional y secretaria judicial de la Entidad Federativa de que se trate, y se le pondrá el sello del juzgado, asentándose todo ello en el acta.

Artículo 785. Para la protocolización del testamento la persona que hubiere promovido elegirá al Notario o Notaria Pública, dentro de la misma Entidad Federativa en donde se encuentre la autoridad jurisdiccional que apertura el testamento.

Artículo 786. Si se presentaren dos o más testamentos cerrados de una misma persona, la autoridad jurisdiccional procederá respecto a cada uno de ellos como se previene en este Capítulo y los hará protocolizar en un mismo oficio para los efectos de que el testamento que subsista sea aquel que indiquen las disposiciones del Código Civil de la Entidad Federativa respectiva.

SECCIÓN SEGUNDA
DE LA DECLARACIÓN DEL TESTAMENTO OLÓGRAFO

Artículo 787. La autoridad jurisdiccional que tenga noticia de que el autor de la herencia depositó su testamento ológrafo, como se dispone en el Código Civil respectivo, dirigirá oficio al encargado del Archivo General de Notarías, Registro de la Propiedad, Director del Archivo de Instrumentos Públicos, Dirección de Notarías y Registros Públicos, la Secretaría General de Gobierno o cualquier otra oficina que lleve a cabo dicha función en la Entidad Federativa, en que se hubiere hecho el depósito, a fin de que le remita el pliego cerrado en que el testador declaró que se contiene su última voluntad.

Artículo 788. Recibido el pliego, procederá la autoridad jurisdiccional como se dispone en el Código Civil de cada Entidad Federativa.

Artículo 789. Si para la debida identificación fuere necesario reconocer la firma, por no existir los testigos de identificación que hubieren intervenido, o por no estimarse bastante sus declaraciones, la autoridad jurisdiccional nombrará un perito para que confronte la firma con las indubitadas que existan del testador, y teniendo en cuenta su dictamen hará la declaración que corresponda.

SECCIÓN TERCERA
DEL TESTAMENTO PRIVADO

Artículo 790. A instancia de parte legítima formulada ante la autoridad jurisdiccional competente, puede declararse formal el testamento privado de una persona, sea que conste por escrito o sólo de palabra de conformidad con el Código Civil respectivo.

Artículo 791. La declaración de estar conforme a derecho un testamento privado, se iniciará a solicitud de legítimo interesado, quien ofrecerá la información testimonial de quienes hayan concurrido al otorgamiento.

La autoridad jurisdiccional, citará al Ministerio Público, señalando día y hora para una audiencia en la que se recibirá la información testimonial, la que deberá rendirse en los términos que para estos casos prevén los Códigos Civiles respectivos.

Recibida la información testifical, la autoridad jurisdiccional en la misma audiencia, de estimar probados los requisitos previstos por el Código Civil respectivo, declarará la existencia de formal testamento.

Contra la declaración de no estar ajustado a derecho el testamento, procede apelación sin necesidad de reenvío. Si se declara lo contrario, podrá impugnarse la validez en el juicio hereditario que con él se inicie.

Artículo 792. Es parte legítima para los efectos del artículo anterior:

I. El que tuviere interés en el testamento;

II. El que hubiere recibido en él algún encargo del testador, y

III. El que, con arreglo a las Leyes aplicables, pueda representar sin poder, a cualquiera de los que se encuentren en los casos que se expresan en las fracciones anteriores.

Artículo 793. Hecha la solicitud, se señalarán día y hora dentro de los siguientes veinte días para el examen de los testigos que hayan concurrido al otorgamiento, bajo las reglas previstas por este Código Nacional.

Para la información se citará al Ministerio Público, quien tendrá obligación de asistir a las declaraciones de testigos e interrogarlos para asegurarse de su veracidad.

Las personas testigos declararán al tenor del interrogatorio respectivo, que se sujetará estrictamente a lo dispuesto en el Código Civil de cada Entidad Federativa.

Recibidas las declaraciones, y si éstas reúnen los requisitos de este Código Nacional, la autoridad jurisdiccional declarará que sus dichos son el formal testamento de la persona de que se trate, ordenando su protocolización.

Artículo 794. De la resolución que niegue la declaración de formalidad de un testamento privado, pueden apelar el promovente y cualquiera de las personas interesadas en la disposición testamentaria.

De la que otorgue la declaración de formalidad, puede apelar el Ministerio Público.

SECCIÓN CUARTA
DEL TESTAMENTO MILITAR

Artículo 795. Luego que la autoridad jurisdiccional reciba, por conducto de la persona titular de la Secretaría de la Defensa Nacional, el parte a que se refiere el Código Civil correspondiente, citará a los testigos que estuvieren en el lugar, y respecto a los ausentes o desaparecidos, mandará exhorto al Tribunal o Poder Judicial del lugar donde se hallen.

Artículo 796. De la declaración judicial se remitirá copia autorizada a la persona titular de la Secretaría de la Defensa Nacional. En lo demás, se observará lo dispuesto en el Capítulo que antecede.

SECCIÓN QUINTA
DEL TESTAMENTO MARÍTIMO

Artículo 797. Hechas las publicaciones que ordena el Código Civil de la Entidad Federativa respectiva, podrán los interesados ocurrir ante la autoridad jurisdiccional competente para que pida de la Secretaría de Relaciones Exteriores o al Gobierno local, según la Entidad Federativa que lo contemple, la remisión del testamento para que lo envíe y continúe el trámite legal correspondiente.

SECCIÓN SEXTA
DEL TESTAMENTO HECHO EN PAÍS EXTRANJERO

Artículo 798. El testamento hecho en país extranjero será declarado válido por la autoridad jurisdiccional competente, cuando haya sido formulado de conformidad con las Leyes del país en que se otorgue y no contravenga al orden público mexicano, siguiendo las reglas de aplicación e interpretación que contempla la legislación sustantiva de cada Entidad Federativa.

CAPÍTULO III
PROCEDIMIENTO SUCESORIO NO CONTROVERTIDO VÍA JUDICIAL

Artículo 799. En el caso que no exista controversia alguna entre herederos y legatarios si los hubiera, podrá optar por el trámite de sucesiones intestadas o testamentarias conforme a este procedimiento, y debiéndose cumplimentar los requisitos siguientes:

I. Exhibir las copias certificadas, ya sea en formato físico o electrónico, de las actas de nacimiento y defunción de la persona autora de la sucesión;

II. Exhibir las copias certificadas, ya sea en formato físico o electrónico, de las actas de la totalidad de las personas interesadas, en su caso las necesarias para acreditar el entroncamiento con la persona autora de la sucesión, así como la información relativa a si la persona se encontraba unida en matrimonio o concubinato en el momento de su fallecimiento;

III. En los casos de intestado, la denuncia deberá estar firmada por la totalidad de las personas presuntamente herederas, o por sus representantes, todas deberán de señalar bajo protesta de decir verdad su reconocimiento entre sí y la propuesta para la designación de albacea;

IV. Cuando se tenga conocimiento de la existencia de un testamento, a la denuncia se acompañará éste, o bien se realizará el señalamiento relativo a la ubicación del documento. El escrito de denuncia deberá de estar firmado por todas las personas interesadas o probablemente interesadas;

V. Se deberá exhibir el inventario de los bienes cuya propiedad esté debidamente acreditada, el cual deberá estar firmado y con la aceptación expresa de las personas interesadas;

VI. Se deberá exhibir el avalúo expedido por el perito valuador autorizado en términos de este Código Nacional, y

VII. Se exhibirá una propuesta de convenio de liquidación y partición del haber hereditario, en el cual se deberá de consignar la aceptación de las personas interesadas.

Artículo 800. Para el caso de que entre las personas interesadas existan niñas, niños o adolescentes, conjuntamente a su comparecencia mediante sus legítimos representantes, deberá verificarse por la autoridad jurisdiccional que se cuente con una defensa técnica y especializada durante el trámite del procedimiento.

Artículo 801. En la admisión del trámite la autoridad jurisdiccional ordenará de manera oficiosa que:

I. Se recabe ante las dependencias registrales que corresponda la información relativa a la existencia o no de un testamento otorgado por la persona autora de la sucesión y en caso de existir tal documento se ordenará su remisión a la autoridad jurisdiccional;

II. Se recabe en los Registros Públicos correspondientes, la información relativa a la existencia de bienes propiedad de la persona autora de la sucesión, y en su caso la existencia de gravámenes, y

III. Se recabe en el Registro Civil de la entidad las certificaciones de las actas de nacimiento de los ascendientes, descendientes y colaterales hasta el cuarto grado de la persona autora de la sucesión.

En el momento de la admisión del trámite se le dará intervención activa a la persona Agente del Ministerio Público correspondiente.

Artículo 802. En caso de que el trámite se encuentre iniciado como intestado y de la información rendida por las dependencias registrales se actualice la existencia de un testamento atribuible a la persona autora de la sucesión, el procedimiento especial se ajustará a las reglas aplicables a lo previsto en este procedimiento para el caso de sucesiones testamentarias.

Artículo 803. Recibidos los informes precisados en los artículos anteriores, se procederá a presentar y revisar el inventario, avalúo y proyecto de partición y de resultar ajustado a derecho, la autoridad jurisdiccional citará a la totalidad de los interesados a una sola audiencia oral en un término no mayor de veinte días, y en la que declarará herederas o legatarias de acuerdo a lo dispuesto en la legislación sustantiva de la Entidad Federativa correspondiente, o a las que hayan sido designadas con ese carácter en el testamento, teniéndose como albacea a la persona designada en el testamento o en su defecto a la propuesta por los herederos o por la autoridad jurisdiccional.

En la misma audiencia se proveerá respecto de la aprobación del inventario y avalúo y el proyecto de partición de los bienes, adjudicándolos a las personas interesadas conforme al convenio presentado. Finalmente, se ordenará remitir las constancias a la Notaria o Notario Público señalado por la persona albacea o por la mayoría de los herederos, ello para el otorgamiento de la escritura de formalización correspondiente.

En caso de que a la audiencia señalada en este artículo no comparezcan la totalidad de las personas interesadas por sí mismas o mediante representante legal, la actuación se diferirá por una única ocasión. Sin embargo, en caso de que de nueva cuenta no comparezcan las personas interesadas, ante la falta de interés de los promoventes se dará por concluido el trámite.

Artículo 804. Si existe oposición entre las partes interesadas o no se acredita plenamente la propiedad de los bienes del autor de la herencia, la autoridad jurisdiccional dará por concluido el procedimiento especial a que hace referencia este Capítulo y abrirá el proceso sucesorio correspondiente.

CAPÍTULO IV
DE LA SUCESIÓN TRAMITADA POR NOTARIO PÚBLICO

Artículo 805. Podrán tramitarse ante Notaria o Notario Público todas las sucesiones testamentarias o intestamentarias, siempre y cuando no hubiere controversia alguna, con arreglo a lo que se establece en el presente Código Nacional.

La apertura del testamento público cerrado, la declaración de ser formal el testamento ológrafo o un testamento especial y la declaración de ser formalmente válido un testamento otorgado en país extranjero se tramitará siempre judicialmente, excepto en este último caso cuando se trate de un testamento público abierto otorgado ante miembro del servicio exterior mexicano en ejercicio de funciones notariales en los términos de la Ley del Servicio Exterior Mexicano y su Reglamento, cuyo testimonio tendrá plena validez sin necesidad de legalización. Cumplido lo anterior, podrá tramitarse la sucesión ante Notaria o Notario Público conforme a lo dispuesto en este Código Nacional.

Artículo 806. Las sucesiones testamentarias podrán tramitarse ante la o el Notario Público al que acudan las y los herederos, así como el albacea de común acuerdo, sin que, para este supuesto apliquen las disposiciones de competencia del presente Código Nacional.

El albacea, si lo hubiere, y las personas herederas comparecerán ante la Notaria o el Notario Público, exhibiendo el acta de defunción del autor de la herencia y, en su caso, la de matrimonio con sus respectivas capitulaciones si las hubiere, constancia o convenio que realicen concubinos, o convivientes en los términos de la legislación sustantiva de cada Entidad Federativa que contenga la disposición patrimonial aplicable, el testimonio del testamento o de su protocolización, según corresponda.

La Notaria o Notario Público procederá a recabar los informes respectivos ante el Archivo Judicial del Tribunal o Poder Judicial, en el Archivo General de Notarías, Registro Público de la Propiedad, Procurador Social, Director del Archivo de Instrumentos Públicos, Dirección de Notarías y Registros Públicos, Secretaría General de Gobierno o cualquier otra oficina que lleve a cabo dicha función en cada Entidad Federativa, siendo estas dependencias las encargadas de solicitar la información al Registro Nacional de Avisos de Testamento, sobre la existencia o inexistencia de alguna disposición testamentaria en su localidad.

Toda la información podrá ser recabada en formato impreso, o en medios electrónicos, ópticos o de cualquier otra tecnología, para constatar que el testamento exhibido es el único o último otorgado por el autor de la sucesión y hecho lo anterior los interesados se presentarán ante la Notaria o Notario Público para hacer constar que aceptan la herencia, legados en su caso, se reconocen recíprocamente sus derechos hereditarios, que quien fue designado albacea aceptó el cargo y, a su vez, va a proceder a formar el inventario de los bienes de la herencia.

En el mismo acto, la o el Notario Público, podrá hacer constar el repudio de herencia, así como la manifestación de no aceptación del cargo de albacea por aquellas personas que tuvieren dichos derechos.

La Notaria o Notario Público dará a conocer estas declaraciones por medio de dos publicaciones que se harán, de diez en diez días en un periódico de circulación Nacional y en el registro nacional correspondiente.

Artículo 807. Para la sucesión intestamentaria que pretenda tramitarse ante Notaria o Notario Público, deberá de observar la competencia y formalidades previstas en este Código Nacional. Comparecerán las personas interesadas, exhibiendo la copia certificada del acta de defunción del autor de la herencia, en su caso atestado de matrimonio y capitulaciones de acuerdo al régimen patrimonial que lo regule, constancia o convenio que realicen los concubinos o convivientes cuando se encuentre legalmente constituida su relación y contenga disposición expresa, de que el patrimonio que se adquiera será en partes iguales y las partidas del estado civil que justifiquen su entroncamiento con el autor de la sucesión, ofreciendo en compañía de dos testigos idóneos quienes darán su testimonio bajo protesta de decir verdad, la información testimonial respectiva para constatar que no existen otras personas con igual o mejor derecho a la herencia.

La Notaria o Notario Público procederá a recabar los informes correspondientes a que se refiere el artículo anterior, para constatar que no existe disposición testamentaria otorgada por el autor de la sucesión.

En el instrumento que al efecto se levante, y previa declaración de quienes acudan como testigos conforme se señala en el siguiente párrafo, las personas comparecientes se reconocerán recíprocamente su calidad de herederos y propondrán entre ellos al albacea, quien deberá comparecer a aceptar el cargo que se le confiere.

Adicionalmente los herederos y sus testigos declararán bajo protesta de decir verdad el último domicilio del finado; que no tienen conocimiento de la existencia de testamento alguno otorgado por el autor de la sucesión; que no tienen conocimiento de que se haya iniciado el trámite de la sucesión ni de la existencia de persona alguna diversa de ellos con derecho a heredar en el mismo o preferente grado.

La Notaria o Notario Público dará a conocer estas declaraciones por medio de dos publicaciones en la forma y con la periodicidad prevista en el artículo anterior.

Artículo 808. Practicado el inventario y avalúos por el albacea en cualesquiera de las sucesiones y estando conformes con él todos los herederos, lo presentarán a la Notaria o Notario Público para su protocolización acompañando los documentos que acrediten la propiedad o titularidad de los bienes inventariados.

Artículo 809. El proyecto de partición formado por el albacea, con la aprobación de los herederos, lo exhibirán ante la Notaria o Notario Público, quien elaborará la escritura de protocolización y la de adjudicación a su solicitud. Si el testador hubiere ordenado la partición, esta se deberá llevar a cabo en los términos dispuestos por él.

Siempre que haya oposición de algún aspirante a la herencia o de cualquier persona acreedora, la Notaria o Notario Público suspenderá su intervención y lo remitirá a la autoridad jurisdiccional ante quien se tramite la oposición.

Artículo 810. Para la titulación notarial de la adquisición por los legatarios instituidos en testamento público simplificado o testamento respecto de vivienda de interés social popular que hubiere sido otorgado en el mismo instrumento de adquisición o de conformidad con la legislación particular de cada Entidad Federativa, se observará lo siguiente:

I. Los legatarios o sus representantes, exhibirán ante la Notaria o Notario Público la copia certificada del acta de defunción del testador y testimonio del testamento público simplificado o testamento respecto de vivienda de interés social popular y solicitarán por escrito el inicio del procedimiento especial de adjudicación;

II. La Notaria o Notario Público dará a conocer, por medio de una publicación en un periódico de circulación nacional, que ante él se está tramitando la titulación notarial de la adquisición derivada del testamento público simplificado o testamento respecto de vivienda de interés social popular, el nombre de la o el testador y de los legatarios;

III. La Notaria o Notario Público solicitará al Archivo Judicial del Tribunal o Poder Judicial, así como el Archivo General de Notarías, Registro Público de la Propiedad, Procurador Social, Director del Archivo de Instrumentos Públicos, Dirección de Notarías y Registros Públicos, la Secretaría General de Gobierno o cualquier otra oficina que lleve a cabo dicha función en cada Entidad Federativa, quienes serán las dependencias encargadas de solicitar la información al Registro Nacional de Avisos de Testamento, de las constancias relativas a la existencia o inexistencia de testamento. En el caso de que el testamento público simplificado o testamento respecto de vivienda de interés social popular presentado sea el último otorgado, la Notaría Pública podrá continuar con los trámites relativos, pasados diez días posteriores a la publicación a que se refiere la fracción anterior.

Si hubiese oposición dentro de dicho plazo la o el notario suspenderá el trámite y remitirá el asunto a la autoridad jurisdiccional que se lo solicite;

IV. La Notaria o Notario Público redactará el instrumento en el que se relacionarán los documentos exhibidos, las constancias a que se refiere la fracción anterior, los demás documentos del caso, y la conformidad expresa de los legatarios en aceptar el legado. El testimonio que se expida se inscribirá en el Registro de la Propiedad, Oficina Registral o cualquier otra Institución análoga según la Entidad Federativa de que se trate. En su caso, se podrá hacer constar la repudiación expresa, y

V. En el instrumento a que se refiere la fracción anterior, los legatarios podrán otorgar, a su vez, un testamento público simplificado o testamento respecto de vivienda de interés social popular, cuando reúnan los requisitos del Código Civil de la Entidad Federativa respectiva.

TÍTULO SEGUNDO
DEL CONCURSO DE ACREEDORES

CAPÍTULO ÚNICO
DISPOSICIONES GENERALES

Artículo 811. Puede someterse a los procedimientos regulados en este Título la persona deudora no comerciante, que no pueda hacer frente a sus obligaciones líquidas y exigibles, siempre que no se encuentre en los supuestos que regula la Ley de Concursos Mercantiles y demás leyes especiales.

El procedimiento puede ser extrajudicial o judicial, asimismo, podrá ser necesario o voluntario. Es necesario, cuando un acreedor de plazo cumplido ha demandado y ejecutado a su deudor y no haya bienes bastantes para pagar o garantizar su crédito.

El procedimiento extrajudicial se tramitará ante un facilitador o conciliador certificado en los términos de la Ley de la materia, y sólo podrá iniciarse a solicitud por escrito de la persona deudora o de algún acreedor.

El procedimiento judicial se tramita ante autoridad jurisdiccional en materia civil, quien podrá solicitar el auxilio de un facilitador o conciliador público en lo que estime necesario, y puede iniciarse a solicitud de la persona deudora o acreedor.

Artículo 812. Salvo disposición expresa en contrario, los convenios suscritos en el procedimiento extrajudicial no admitirán recurso alguno, pero su ejecución será en la vía de apremio, donde previa su ejecución, la autoridad jurisdiccional de oficio o a instancia de cualquiera de las partes, hará una revisión del procedimiento extrajudicial, convenio y plan de pagos alcanzado, verificando que se ajuste a derecho.

La resolución final que contenga el plan de pagos emitida en el procedimiento judicial es apelable en el efecto devolutivo de conformidad con las disposiciones del presente Código Nacional.

Artículo 813. Las personas casadas por sociedad conyugal o en régimen similar pueden presentar solicitud conjunta o ser demandadas en forma conjunta. En su caso, se aprobará un solo convenio o, en su defecto, se dictará una sola sentencia que contendrá un solo plan de pagos.

Artículo 814. Son personas relacionadas con la persona deudora o acreedora y no podrán desempeñarse como facilitadores o conciliadores en los procedimientos previstos en el presente Título, las siguientes:

I. En el caso de deudores personas físicas no comerciantes: su cónyuge, concubina o concubino, parientes consanguíneos o por afinidad, sus garantes, personas con quienes el deudor o quienes se mencionan en esta fracción, tengan algún vínculo de amistad, trabajo o de alguna otra naturaleza que pueda generar un conflicto de interés, o cualquier persona moral de la que sean socios o en la que tengan poder decisorio en forma directa o indirecta quienes se mencionan en esta fracción, y

II. En el caso de deudores personas morales de naturaleza civil no comerciantes: sus socios, cualquier miembro de sus órganos de administración, quienes tengan poder decisorio o por cualquier otra persona que tenga facultades de decisión en dichas personas morales.

Artículo 815. El facilitador o conciliador será el encargado del procedimiento extrajudicial y será auxiliar de la autoridad jurisdiccional en el proceso judicial cuando así se ordene.

Sus funciones en el procedimiento extrajudicial serán integrar la lista de créditos, verificar los pagos efectuados y comprobados por la persona deudora, y auxiliar el acuerdo entre las partes para la firma de un convenio con un plan de pagos, y en su caso, hacer propuestas de reestructuración de adeudos, que en el supuesto de personas morales de naturaleza civil no comerciante podría llegar hasta proponer su reorganización económica, si la Asamblea General de Socios así lo decide.

Iniciado el procedimiento extrajudicial, los acuerdos privados entre acreedores o entre cualquier acreedor y la persona deudora que participen del mismo, son nulos.

Artículo 816. A lo largo del procedimiento la persona deudora está obligada a proporcionar al facilitador o conciliador y a la autoridad jurisdiccional, toda la información que le sea requerida. La parte acreedora deberá entregar toda la información de sus créditos y manifestar claramente desde un inicio su postura, para que el facilitador o conciliador o autoridad jurisdiccional cuenten con los elementos necesarios a fin de que las partes lleguen a un acuerdo y plan de pagos.

Si el facilitador o conciliador es privado deberá de estar certificado y la persona deudora podrá elegirlo al inicio del procedimiento, siempre que no sea una persona relacionada en términos del artículo 814 del presente Código Nacional y este se encargará de su trámite si la mayoría simple de personas acreedoras presentes así lo ratifican.

Si el procedimiento extrajudicial lo inician los acreedores ante un facilitador o conciliador privado, este deberá ser certificado y ellos serán quienes lo designen por mayoría simple de votos de las personas acreedoras presentes en la primera convocatoria. En los procesos judiciales se dará preferencia a los facilitadores o conciliadores públicos; quienes deberán estar igualmente certificados en los términos de la ley de la materia.

Si no hay oposición de alguna de las partes, quien haya actuado como facilitador o conciliador en el procedimiento extrajudicial podrá continuar actuando en el proceso judicial. En caso de oposición la autoridad jurisdiccional lo designará y contra dicha resolución no procede recurso alguno.

Artículo 817. Los créditos insolutos se deberán demostrar con pruebas documentales. Los archivos electrónicos se considerarán documentos y no se les negarán efectos jurídicos por ese sólo hecho. Sólo en el procedimiento judicial los documentos exhibidos, podrán ser objetados e impugnados de falsos conforme a las disposiciones de este Código Nacional.

Las personas relacionadas que se presenten como acreedoras al procedimiento deberán en todo caso exhibir los documentos originales de sus créditos. Las partes tendrán derecho de prueba para controvertir tales documentos en los términos previstos en el presente Código Nacional.

Las acciones promovidas por los acreedores, así como los juicios seguidos contra de la persona deudora, que se encuentren en trámite al iniciarse el procedimiento extrajudicial, no se acumularán al mismo. Una vez iniciado el procedimiento extrajudicial, los acreedores podrán solicitar en forma legal la suspensión de aquellos procedimientos judiciales que estén pendientes de resolución definitiva, los que serán de inmediato enviados para su resguardo al Archivo Judicial sin que se contabilice el plazo para la caducidad y con el objeto de no proseguir con el mismo.

Alcanzado un acuerdo en el procedimiento extrajudicial, una vez cumplido el convenio y plan de pago, las partes estarán obligadas a desistirse de sus acciones contra el deudor dentro de un plazo no mayor a diez días de dicho cumplimiento.

Artículo 818. Las partes podrán convenir de manera conjunta, previo al procedimiento extrajudicial, los honorarios con su facilitador o conciliador y serán cubiertos de manera independiente al concurso civil, los cuales deberán ajustarse al arancel que se establezca en cada Entidad Federativa.

Artículo 819. Los procedimientos regulados en este Título, se regirán bajo las disposiciones previstas para concurrencia y prelación de créditos prevenidos en la legislación civil correspondiente; en caso de ausencia o para efecto del plan de pagos, con independencia a cualquier otro acreedor siempre serán preferidos los acreedores alimentarios, los acreedores laborales conforme al apartado A del artículo 123 de la Constitución Política de los Estados Unidos

Mexicanos, así como los gastos de enfermedad en su caso, a quienes se pagará en primer lugar mes a mes o con la periodicidad que corresponda al tipo de obligación contraída hasta por el monto que en derecho proceda. La persona deudora podrá conservar el mínimo vital, para sí y para el de sus dependientes económicos.

En su caso, se considerará a los acreedores con créditos garantizados debidamente constituidos conforme a la ley con prenda o hipoteca sobre bienes de la persona deudora, quienes sujeto a lo establecido en este Título podrán conservar el contrato y reajustar su forma de pago, o bien, cobrarse con el valor de su garantía conforme al valor de mercado y con posterioridad al cobro de los acreedores preferentes.

Los acreedores comunes son todos aquellos que no están considerados en los párrafos anteriores, quienes cobrarán a prorrata, sin distinción de fechas y conforme al plan de pagos que en su caso se apruebe.

SECCIÓN PRIMERA
DEL PROCEDIMIENTO EXTRAJUDICIAL

Artículo 820. El procedimiento extrajudicial inicia en la fecha en la que la persona deudora entregue bajo protesta de decir verdad al facilitador o conciliador el formato único universal con toda la información precisada en el artículo 833 del presente Código Nacional, acompañado de su reporte especial de crédito emitido por una sociedad de información crediticia con no más de treinta días de antigüedad.

El facilitador o conciliador podrá ayudar a la persona deudora en el llenado del formato y la preparación de los documentos. En el transcurso del procedimiento, el facilitador o conciliador podrá solicitar a las partes la entrega de información o documentos adicionales, según sea el caso, para el mejor entendimiento del estado económico del concursado.

Artículo 821. El facilitador o conciliador notificará a cada uno de los acreedores de la solicitud presentada por la persona deudora dentro de los tres días hábiles siguientes por correo certificado, en el entendido de que en todo caso deberá contar con un acuse de recibo de la notificación. Además, se hará una publicación en el Boletín Concursal Nacional o medio de comunicación aplicable, a efecto de convocar a las personas acreedoras.

La notificación deberá acompañarse de la información presentada por la persona deudora, con el objeto de que en la primera reunión el facilitador o conciliador presente una lista de créditos con el fin de establecer un mecanismo de conciliación sobre el estado de adeudos entre las partes, y deberá precisar lo siguiente:

I. Lugar, fecha y hora de la primera reunión que deberá realizarse dentro de los siguientes veinticinco días y en la que deberá estar presente la persona deudora;

II. Nombre y domicilio de la persona deudora, así como del facilitador o conciliador;

III. El monto líquido probable de las obligaciones pecuniarias que la persona deudora sostenga se le deben a dicho acreedor, y

IV. El probable grado de prelación atribuido a su crédito, así como solicitarle exhiba los documentos justificativos de su crédito agregando un cálculo del saldo insoluto dentro de los diez días hábiles siguientes a la fecha de la notificación en el domicilio del facilitador o conciliador.

Para el caso de inasistencia sin causa justificada de la persona deudora en la primera reunión o subsecuentes, se dará por terminado el procedimiento extrajudicial.

Si las partes lo convienen desde la primera reunión, se podrá suspender la generación de intereses ordinarios y moratorios sobre la suerte principal, y en su caso, acordar que los acreedores se abstengan de hacer requerimientos judiciales de pago, de ejecución o requerimiento de la posesión de sus bienes o de dar por terminados los contratos que tengan entre ellos celebrados y puedan agravar la situación de la persona deudora.

Artículo 822. El facilitador elaborará la lista de créditos que sea compatible para personas deudoras no comerciantes, considerando todas las obligaciones pecuniarias del deudor aun cuando la determinación de algunos adeudos se encuentre reservada a otra autoridad, en el entendido de que estos últimos no podrán ser objeto de negociación en el procedimiento de concurso.

La lista de créditos deberá contener al menos lo siguiente:

I. El nombre, domicilio y correo electrónico de la persona deudora y de cada acreedor, y

II. La conciliación del saldo insoluto principal adeudado a cada acreedor más los intereses devengados hasta la fecha de presentación de la solicitud, especificando la prelación atribuida a cada crédito y sus garantías, misma que será explicada en la primera reunión con la finalidad de alcanzar acuerdo entre las partes.

En el caso de créditos garantizados deberá especificarse el valor de la garantía. Para dichos efectos el acreedor garantizado deberá presentar un avalúo de institución de crédito o una opinión de perito valuador, en este último caso la persona deudora también tendrá derecho a que se escuche a un experto nombrado de su parte.

Si algún acreedor no está de acuerdo con el monto y grado de prelación atribuido a su crédito en la lista de créditos propuesta por el facilitador o conciliador, tendrá expedito su derecho para hacerlo valer ante la autoridad jurisdiccional en la vía y forma que sea procedente, en cuyo caso, se dará por terminado el procedimiento extrajudicial.

Artículo 823. El convenio extrajudicial debe contener un plan de pagos que no excederá de tres años, con excepción del pago de créditos con garantía real en los que se observarán las reglas previstas en los Códigos Civiles respectivos, en relación con la concurrencia y prelación de créditos, salvo pacto en contrario, en el que los acreedores manifiesten su voluntad de acogerse a los beneficios del presente procedimiento. En el convenio se deberá determinar lo siguiente, según corresponda:

I. El reconocimiento de adeudo, pagos efectuados con anterioridad y monto que debe retener la persona deudora para satisfacer sus necesidades básicas y las de sus dependientes económicos, garantizando los alimentos de ellos;

II. Los montos y forma de pago de los acreedores preferentes y demás acreedores;

III. La continuación o terminación con consentimiento del acreedor del contrato sobre la vivienda de la persona deudora y su familia;

IV. Un plan de pagos en el que se detallará como se aplicarán los montos de los ingresos que la persona deudora se obliga a pagar a sus acreedores, con los montos, fechas y formas de pago;

V. Una lista de los bienes que se destinarán al pago de acreedores y que no sean necesarios para la subsistencia y trabajo de la persona deudora, en su caso, al valor más alto que les fue atribuido por corredor público o casa de comercio que se dedique a la venta de esos bienes, su posible adjudicación a favor de los acreedores como forma de pago o bien, el procedimiento para su venta extrajudicial de forma consensuada por las partes;

VI. Modificaciones a los plazos, amortizaciones o intereses de los créditos a cargo de la persona deudora sin que constituyan usura. Si la persona deudora es una persona moral de naturaleza civil, el convenio establecerá las modificaciones consensuadas entre las partes que deben hacerse a los créditos y garantías a su cargo, así como las modificaciones que sean necesarias para que la persona moral siga operando, siempre y cuando sea viable su operación;

VII. Las quitas o reducciones en los pagos, a cargo de la persona deudora y consentidas por el acreedor, y

VIII. Reservas para el pago derivado de los adeudos de procedimientos judiciales que se estén siguiendo en contra la persona deudora o en los que se haya dictado sentencia definitiva.

El plan de pagos y el convenio deberán elaborarse atendiendo a la capacidad del pago de la persona deudora. El facilitador o conciliador será responsable de los daños y perjuicios que se ocasionen a las partes por su culpa o negligencia.

Artículo 824. El convenio deberá establecer que la persona deudora tome un curso de educación financiera impartido por institución pública. Los acreedores garantizados sólo serán tomados en cuenta en la votación del convenio si desean suscribirlo, en caso contrario, podrán ejercer sus derechos en la vía procedente.

El facilitador o conciliador procurará que el convenio represente un instrumento que beneficie a los acreedores en una recuperación rápida, eficiente y equitativa, y se constituya en una herramienta que dignifique a la persona deudora.

Artículo 825. Las obligaciones pecuniarias deducidas por concepto de alimentos decretadas judicialmente no pueden ser materia en el concurso civil, en cuyo caso, el facilitador o conciliador sólo podrá tomar nota de esas obligaciones para efectos del convenio.

El convenio alcanzado en este procedimiento de concurso sólo vincula a los celebrantes.

Artículo 826. El facilitador o conciliador tendrá un plazo máximo de dos meses contados a partir de la fecha de inicio del procedimiento para tener la lista definitiva de créditos y obtener la aprobación del convenio que dé por terminado el procedimiento.

El facilitador o conciliador podrá hacer modificaciones a la propuesta de convenio presentada por la persona deudora o acreedor, y podrá presentar propuestas alternativas, que concilien los intereses de las partes, debiendo para ello explicarles exhaustivamente las mismas.

Tendrá libertad para comunicarse en forma directa con todas y cada una de las partes, ya sea en forma verbal o escrita, e incluso en forma electrónica, y podrá reunirse o tener comunicaciones en forma individual con cada uno de los acreedores o en forma conjunta, según lo considere más adecuado para el avance de las negociaciones, debiendo resolver todas las deudas de que conozca en un solo convenio y plan de pagos.

Los acreedores que hayan comparecido al procedimiento extrajudicial y no hayan consentido la propuesta de convenio no les será vinculante, por lo que podrán ejercer sus derechos en la vía y forma que estimen procedente.

Artículo 827. El facilitador o conciliador deberá notificar a las sociedades de información crediticia respecto de la celebración del convenio por parte de la persona deudora y acreedores, así como la fecha de terminación del plan de pagos convenido. Además, en el caso que la deudora sea una persona moral de naturaleza civil, el convenio deberá inscribirse en Registro Público de la Propiedad u organismo equivalente, en el folio de la persona moral de que se trate. Dicho aviso en ningún caso puede constituir un acto de discriminación a la persona deudora.

Artículo 828. El convenio celebrado ante un facilitador o conciliador certificado en caso de incumplimiento trae aparejada ejecución para su exigibilidad en la vía de apremio.

Las materias siguientes no serán objeto de negociación en el convenio, sin embargo, el facilitador o conciliador deberá tomar nota de esas obligaciones en el plan de pagos:

I. Alimentos decretados judicialmente, que son de exclusivo conocimiento de autoridad jurisdiccional;

II. Responsabilidad civil decretada en sentencia firme proveniente de delitos o de actos dolosos o de mala fe, y

III. Aquellos casos que conforme a la Ley no sean materia disponible.

Durante el plazo de cumplimiento del convenio, permanecerá la suspensión de los procedimientos y actos de ejecución sobre los bienes de la persona deudora entre aquellos que se sujetaron al convenio respectivo y la generación de intereses sólo operará en los términos establecidos en el convenio de conformidad con lo establecido en el artículo 821.

Cuando las sociedades de información crediticia no reciban un aviso de incumplimiento del convenio, deberán tenerlo por cumplido al término del plazo establecido realizando la cancelación correspondiente, salvo prueba en contrario.

Artículo 829. No podrán suspenderse los servicios de agua, luz, internet ni de ningún otro servicio básico que atente contra la dignidad humana, en la vivienda de la persona deudora. La persona deudora tendrá prohibido gravar, enajenar o disponer de cualquier forma de sus bienes, salvo autorización judicial.

Artículo 830. El procedimiento extrajudicial tendrá una duración que no excederá de dos meses a partir de la fecha de presentación del formato único universal. Si alguna de las partes inicia el proceso judicial de concurso después de haber sido parte de un procedimiento extrajudicial, el facilitador o conciliador estará obligado a remitir toda la información que haya sido materia del procedimiento extrajudicial a la autoridad jurisdiccional.

Para efecto de lo dispuesto en el párrafo anterior, el facilitador o conciliador remitirá la lista de créditos, la propuesta de convenio, todos los documentos exhibidos por las partes en el procedimiento extrajudicial, y en su caso, las actas de las reuniones respectivas celebradas de forma extrajudicial entre las partes y el facilitador o conciliador.

Artículo 831. De alcanzarse un convenio y durante la vigencia del plan de pagos la persona deudora recibiere bienes o ingresos adicionales a los que fueron considerados para el plan de pagos o anticipa que no le será posible cumplir con los términos establecidos en el plan de pagos, la persona deudora o cualquier acreedor, podrán solicitar de manera preferente al facilitador o conciliador la modificación del convenio y del plan de pagos, aportando las pruebas correspondientes. El facilitador o conciliador deberá notificarlo a todas las partes que fueron obligadas por el convenio, y tendrá un plazo máximo de treinta días naturales contados a partir que haya sido recibida la última notificación para evaluar las pruebas y lograr un acuerdo adicional entre las partes, para la modificación del convenio original.

La modificación del convenio deberá mantener la vigencia establecida en el convenio original.

En caso de no lograrse un nuevo acuerdo en el plazo señalado, el facilitador o conciliador dejará expedito a las partes su derecho para que lo hagan valer en la vía y forma correspondiente.

Artículo 832. Si la persona deudora cumple el convenio, quedarán extinguidas sus obligaciones en los términos estipulados en el mismo; pero si dejare de cumplirlo en todo o en parte, su exigibilidad se hará en la vía de apremio y se podrá iniciar el concurso necesario.

SECCIÓN SEGUNDA
DEL PROCESO JUDICIAL DE CONCURSO CIVIL

Artículo 833. Para iniciar el proceso judicial, la persona deudora debe presentar en la oficialía de partes o en la vía electrónica la solicitud de concurso a través del formato único concursal que deberá contener además de la firma, todos los datos requeridos en éste. Dicho formato podrá ser descargado de la página de internet del Poder Judicial de la Entidad Federativa en que se inicie el proceso. La persona deudora en su escrito deberá expresar los motivos que lo obligan a iniciar el procedimiento.

Mediante la presentación del formato, la persona deudora declarará bajo protesta de decir verdad que todos los datos señalados son ciertos, con el apercibimiento que si incurre en falsedad se hará acreedor a las sanciones civiles, penales o administrativas que correspondan.

El formato deberá contener la información y anexos siguientes:

I. Nombre, domicilio para oír y recibir notificaciones, correo electrónico, a fin de que las notificaciones subsecuentes se le realicen por vía electrónica, así como identificación y datos de localización de cualquier persona con titularidad sobre los bienes de la persona deudora para que pueda deducir sus derechos;

II. El nombre, domicilio y correo electrónico de los acreedores. Asimismo, nombre y domicilio de los deudores del concursado y manifestar si existen juicios pendientes o en trámite en contra de dichos deudores del concursado, como proporcionando los datos necesarios para su identificación;

III. La persona deudora hará la solicitud a la autoridad jurisdiccional para que requiera al Centro de Justicia Alternativa del Poder Judicial de la Entidad Federativa que corresponda, designe una persona facilitadora o conciliador adscrito. Si la persona deudora o cualquiera de los acreedores no están de acuerdo con dicha designación, por encontrarse en alguno de los supuestos del artículo 814 del presente Código Nacional, la autoridad jurisdiccional designará al síndico provisional, quien se encargará de las funciones que correspondan;

IV. Identificación de todo tipo de procedimientos contra la persona deudora;

V. Montos que se estiman adeudados del principal e intereses a la fecha de presentación de la solicitud, con su prelación y en su caso, si tienen constituidas garantías, deberá exhibir las pruebas que así lo demuestren y manifestar el origen de cada deuda;

VI. Enlistado de bienes susceptibles de embargo propiedad de la persona deudora. Si tiene inmuebles, debe acompañar un certificado de gravámenes y un avalúo;

VII. Propuesta de un plan de pagos a sus acreedores, y

VIII. La persona deudora exhibirá un reporte de crédito especial emitido por una sociedad de información crediticia con los nombres y domicilios de sus acreedores, con no más de un mes de antigüedad.

Artículo 834. En los casos en los que resulte que la deudora es persona física, además deberá incluir:

I. Una copia de su identificación oficial;

II. El monto promedio mensual de sus ingresos ordinarios y extraordinarios, que acredite razonablemente mediante comprobantes, y a falta de estos, deberá expresarlos y señalarlos bajo protesta de decir verdad, con el apercibimiento de ley;

III. Nombres y edades de dependientes económicos comprobando el vínculo;

IV. Lista de gastos mensuales, con sus comprobantes, y a falta de alguno de ellos, que lo señale bajo protesta de decir verdad, con el apercibimiento de ley, y

V. La resolución provisional o definitiva o convenio que ordene el pago de pensión alimenticia, en su caso.

La persona deudora podrá acompañar un avalúo o una opinión de experto, sobre el valor de los bienes enlistados que puedan ser comercializados.

Artículo 835. En caso de personas físicas, la persona deudora deberá consignar a la autoridad jurisdiccional, el excedente de sus gastos necesarios de vida y de su familia para demostrar su voluntad de pago. A partir de la presentación de la solicitud, la persona deudora deberá consignar en billete de depósito el excedente de sus gastos necesarios a la autoridad jurisdiccional cada mes, salvo que la autoridad jurisdiccional establezca un plazo distinto.

Artículo 836. Cuando la deudora es persona jurídica de naturaleza civil, además deberá exhibir:

I. El Registro Federal de Contribuyentes junto con un balance que muestre su activo, pasivo y capital al mes anterior a la fecha de presentación de su solicitud de concurso;

II. Copia de su escritura constitutiva inscrita en el Registro Público de la Propiedad y del Comercio, en su caso;

III. Copia de sus estatutos vigentes, en caso de que haya habido modificaciones;

IV. Certificación de las hojas de sus libros o equivalente, que identifique a sus socios y miembros integrantes del órgano de administración. En caso de no contar con libros, una certificación del órgano de administración con esa información;

V. Resolución de la asamblea general de socios de la persona deudora o equivalente, en el sentido de iniciar el procedimiento, y

VI. La persona deudora deberá acompañar un avalúo o una opinión de experto sobre el valor de los bienes muebles e inmuebles enlistados que puedan ser comercializados.

Artículo 837. La demanda de concurso civil deberá especificar lo siguiente:

I. Autoridad jurisdiccional ante la cual se promueve;

II. Nombre, domicilio para oír y recibir notificaciones y correo electrónico del acreedor o deudor según sea el caso;

III. En su caso, solicitud para que las notificaciones subsecuentes se le realicen en la vía electrónica;

IV. Declaración de obligarse a dar aviso a la autoridad jurisdiccional dentro los tres días hábiles siguientes, respecto de cualquier pago que reciba de algún garante, avalista o coobligado de la persona deudora o acreedora según sea el caso;

V. Nombre y domicilio de la persona deudora;

VI. Fecha de suscripción, de vencimiento y monto total de su o sus créditos, tasa de interés aplicable y saldo principal no pagado e intereses a la fecha de presentación de la demanda, junto con los documentos que así lo justifiquen;

VII. Posible grado y prelación de su o sus créditos en concordancia con lo previsto en el Código Civil respectivo y salvedades contenidas en el presente

Título, precisando si tiene garantías, y en su caso, especificando el valor de las mismas, lo cual debe acreditar agregando una valuación de institución de crédito o la opinión de experto, con no más de tres meses de antigüedad;

VIII. Hechos y fundamentos de derecho, así como las probanzas que tenga a su disposición, las que deberán de sujetarse a las reglas previstas en el presente Código Nacional;

IX. Datos de identificación de los juicios o procedimientos iniciados en contra de la persona deudora por el acreedor demandante, y

X. Los demás documentos o pruebas que acrediten la existencia del o los créditos. En su caso debe adjuntarse una relación que desglose los cargos y pagos realizados hasta ese momento por la persona deudora.

El acreedor podrá solicitar las medidas cautelares que resulten necesarias para preservar la finalidad del procedimiento de conformidad con las reglas previstas en el presente Código Nacional.

Artículo 838. Si la demanda o solicitud fuera oscura o irregular, y no cumpliera con alguno de los requisitos a que se refiere el presente Título, la autoridad jurisdiccional dentro del término de tres días señalará en qué consisten los defectos de la misma, en el proveído que al efecto se dicte. El solicitante deberá cumplir con la prevención en un plazo máximo de tres días contados a partir del día siguiente a aquél en que haya surtido efectos la notificación por boletín judicial, y de no hacerlo o transcurrido el término, la autoridad jurisdiccional la desechará y devolverá al interesado todos los documentos originales que se hayan exhibido. Contra la anterior determinación procede el recurso de queja.

No será motivo de desechamiento o prevención el hecho de no exhibir con la solicitud estados financieros o contabilidad del deudor persona física.

Artículo 839. Subsanada la prevención hecha al acreedor, se admitirá la demanda.

Admitida la demanda y emplazada la persona deudora, ésta podrá oponerse al concurso necesario, y en su caso, a las medidas cautelares, dentro de los quince días hábiles siguientes al emplazamiento, probando que está en cumplimiento o cumplió sus obligaciones y que ha realizado el pago puntual a los acreedores demandantes. La persona demandada podrá oponer las excepciones y defensas que estime pertinentes, con las que se dará vista por tres días al o los acreedores demandantes. Desahogada o no la vista la autoridad señalará fecha para celebrar audiencia preliminar dentro del término de quince días siguientes, en la que únicamente se resolverá lo referente a la depuración del procedimiento, así como fijación de hechos no controvertidos y acuerdos probatorios, siguiendo para el efecto las formalidades previstas en el presente Código Nacional.

Artículo 840. Subsanada la prevención ordenada a la persona deudora, en su caso, la autoridad jurisdiccional dictará el auto de admisión de la solicitud de concurso, o la resolución que lo tiene por presentado conforme al artículo anterior, en el que declarará la apertura del procedimiento y ordenará lo siguiente:

I. Notificar el inicio del procedimiento a todas las sociedades de información crediticia y solicitarles un reporte de crédito especial de la persona deudora, con los nombres y domicilios de sus acreedores al momento de la emisión del reporte;

II. Notificar a la persona deudora la formación de su concurso sea necesario o voluntario;

III. Notificar la formación del concurso a los acreedores personalmente o por correo certificado en el domicilio señalado en el reporte especial de crédito; y, cuando el domicilio del acreedor no esté señalado en dicho reporte, será en el domicilio señalado por la persona deudora y de no existir el domicilio o no encontrarse la persona acreedora en el mismo se ordenará la búsqueda a través de los medios que establece el presente Código Nacional.

Con la notificación se permitirá el acceso electrónico al formato único concursal y a la propuesta del plan de pagos realizada por la persona deudora, y en caso de no ser posible, se les correrá traslado con la información;

IV. Publicar el auto de apertura del procedimiento concursal en el medio de comunicación procesal oficial, por tres días hábiles consecutivos, contados a partir del día hábil siguiente a la fecha en que se dicte dicho auto. Las publicaciones en relación a los procedimientos regulados en este Capítulo serán gratuitas para el deudor;

V. Notificar electrónicamente al Centro de Justicia Alternativa de la Entidad Federativa que corresponda el inicio del proceso concursal a efecto que designe al facilitador o conciliador;

VI. La prohibición a la persona deudora de enajenar o gravar sus bienes, salvo con autorización judicial;

VII. Designar a la persona deudora como depositario judicial de todos sus bienes a la fecha de presentación del formato único concursal;

VIII. Señalará un término de quince días hábiles, contados a partir de que cause estado su notificación, para que los acreedores presenten los documentos justificativos de sus créditos y sus objeciones respecto de la información exhibida por la persona deudora, acompañadas de las pruebas que acrediten su dicho, apercibidas que, de no hacerlo, precluirá su derecho;

IX. Notificar a las autoridades jurisdiccionales ante quienes se tramiten juicios en contra de la persona deudora, del inicio del procedimiento concursal civil a efecto que informen a la autoridad jurisdiccional del concurso sobre el alcance y monto objeto del litigio para que sea tomado en cuenta en el procedimiento, así como en su caso, exhibir copia certificada de la sentencia y auto que la declare firme y que condene al pago de una cantidad líquida y exigible en contra de la persona deudora. El presente procedimiento no puede afectar los derechos de las niñas, niños o adolescentes en lo particular y los derechos de familia en lo general;

X. Notificar a los deudores conocidos la prohibición de hacer pagos o entregar efectos al concursado, bajo el apercibimiento de doble pago, debiendo consignar esos pagos a la autoridad jurisdiccional que conozca del concurso;

XI. Ordenar inscribir el auto de inicio del proceso concursal en los Registros Públicos que correspondan a los bienes de la persona deudora o cuando sea una persona jurídica colectiva de naturaleza civil o existan bienes inmuebles en su patrimonio, ordenando los exhortos, que resulten necesarios;

XII. Señalar la fecha de retroacción;

XIII. Tener por vencidas a la fecha de presentación de la solicitud o demanda todas las obligaciones de la persona deudora para poder determinar su cuantía durante el procedimiento;

XIV. Interrumpir el cómputo de la prescripción negativa respecto de todos los adeudos, y

XV. Se tendrán por no puestos los pactos que limiten o impidan el procedimiento concursal, o que iniciado el mismo agraven las obligaciones de la persona deudora en perjuicio de los acreedores.

Artículo 841. La autoridad jurisdiccional podrá ordenar las medidas de protección al patrimonio, descritas en el artículo 828 del presente Código Nacional, las cuales dejarán de surtir efectos si la solicitud o demanda es desechada, o en la fecha que ocurra antes de:

I. La aprobación del convenio entre la persona deudora y sus acreedores por la autoridad jurisdiccional o la emisión de una sentencia con un plan de pagos;

II. Un plazo de tres meses contados a partir de la notificación al último acreedor del auto referido en este artículo, y

III. Un plazo de tres meses contados a partir de la publicación a que se refiere la fracción IV del artículo 840.

Artículo 842. Por efecto de la notificación a que se refiere la fracción V del artículo 840, el Centro de Justicia Alternativa deberá designar al facilitador o conciliador y notificar a la autoridad jurisdiccional y al facilitador o conciliador sobre su designación.

Artículo 843. En caso de que el concursado no colabore o interfiera negativamente en el proceso concursal, se designará a un síndico provisional, quien tomará posesión y administración de los bienes, libros, valores y documentos del concursado de forma inmediata, debiendo llevar la contabilidad del concursado. En su caso, el síndico o depositario diverso a la persona deudora deberá otorgar garantía dentro de los siguientes diez días de aceptación del cargo.

Artículo 844. No se acumulan al concurso civil los juicios que estén pendientes de resolución ni los casos siguientes:

I. Los juicios de alimentos;

II. Los deducidos por trabajadores;

III. Los hipotecarios;

IV. Los que procedan de créditos prendarios;

V. Los que no sean acumulables, por disposición de la ley, y

VI. Los demás que se hubieren fallado en primera instancia, mismos que se acumularán una vez que se decidan definitivamente.

Artículo 845. El facilitador o conciliador designado para intervenir en el proceso judicial de concurso civil deberá aceptar su cargo ante la autoridad jurisdiccional dentro de los tres días hábiles siguientes a su designación.

El facilitador o conciliador deberá realizar lo necesario para que, en un plazo máximo de tres meses, contados a partir de la notificación al último acreedor del auto de apertura del procedimiento, se pueda conformar la lista definitiva de créditos, el convenio y plan de pagos en los términos precisados en el artículo 823 del presente Código Nacional debidamente aprobado por los acreedores. En el procedimiento concursal judicial el facilitador o conciliador realizará sus funciones de acuerdo con lo establecido en este Capítulo, siendo responsable de los daños y perjuicios que se produzca a cualquiera de las partes por su culpa o negligencia.

El convenio requerirá la aprobación de los acreedores que representen la mitad más uno y que sus créditos representen por lo menos las tres quintas partes del pasivo reconocido a acreedores comunes y de aquellos acreedores garantizados que suscriban el convenio.

Hecho lo anterior, se pondrá a consideración de la autoridad jurisdiccional el convenio para que en un plazo máximo de ocho días hábiles proceda a su revisión y eventual aprobación, plazo durante el cual se continuarán las medidas protectoras del patrimonio que hayan sido dictadas por la autoridad judicial.

Artículo 846. Si transcurrido el plazo de los tres meses referido en el artículo anterior, no se tiene una lista definitiva de créditos o no se ha aprobado un convenio con plan de pagos, el facilitador o conciliador deberá entregar de inmediato a la autoridad jurisdiccional:

I. Si el concursado es persona física, el formato único universal y en su caso, el enlistado actualizado de los bienes y adeudos del concursado. Si es persona jurídica, de manera adicional al formato único universal, deberá presentar un balance y un inventario actualizados de los bienes del concursado;

II. Todos los documentos que las partes le hubieren entregado, incluyendo propuestas de convenio o plan de pagos, y

III. Las demás que se le requiera de conformidad con el presente Capítulo y las que estime la autoridad jurisdiccional.

De igual manera, la autoridad jurisdiccional convocará a las partes a una audiencia para escuchar lo que a su derecho convenga en relación al convenio y plan de pagos, que se efectuará dentro de los quince días siguientes a la conclusión del plazo de tres meses al que se refiere el artículo anterior, la que tendrá lugar con independencia del número de acreedores que se presenten.

Verificada la audiencia de conformidad con lo dispuesto en el presente Código Nacional, se dictará resolución dentro de los diez días siguientes.

Artículo 847. La sentencia definitiva, además de cumplir con los requisitos de ley, deberá resolver:

I. El plan de pagos en los términos establecidos en el artículo 823;

II. Los bienes susceptibles de enajenación;

III. El monto que podrá conservar la persona deudora para cubrir los gastos necesarios para su subsistencia y la de sus dependientes económicos, y

IV. Las consideraciones aplicables, bajo la perspectiva de derechos humanos, sobre la declaratoria de concurso de la persona deudora y la imposibilidad de pago de sus deudas existentes al inicio del procedimiento.

Una vez que la persona deudora cumpla con lo establecido en la sentencia, se tendrán por extinguidas sus obligaciones existentes al inicio del procedimiento.

Artículo 848. La autoridad jurisdiccional deberá notificar a las sociedades de información crediticia respecto de la celebración del convenio o la emisión de la sentencia, adjuntado una copia certificada, y ordenará la inscripción del convenio o de la sentencia en los registros públicos en que proceda.

Artículo 849. La junta de acreedores se desarrollará como sigue:

I. El síndico exhibirá el formato único universal, en su caso, el balance actual y un inventario de los bienes;

II. Se examinarán los créditos de los acreedores;

III. El síndico formulará un proyecto de clasificación de los créditos;

IV. Los créditos podrán ser objetados por el síndico, por el concursado o por cualquier acreedor, y

V. Terminado el reconocimiento y graduación, los acreedores, por mayoría de créditos y de personas asistentes designarán síndico definitivo o en su defecto lo hará la autoridad jurisdiccional.

El síndico tendrá los mismos impedimentos respecto del concursado y de la autoridad jurisdiccional que los que tienen las personas tutoras que administren bienes. El síndico será removido, mediante incidente, si deja de cumplir con alguna de sus funciones.

Artículo 850. Sólo serán apelables las resoluciones que desechen la solicitud y contra la sentencia definitiva. Contra la resolución judicial que desecha la solicitud de concurso civil procede el recurso de queja. Contra la sentencia definitiva procede el recurso de apelación en ambos efectos.

Artículo 851. Para el supuesto que la persona deudora deba entrar en liquidación y, eventualmente, al remate de los bienes, las funciones del síndico serán:

I. Tomar posesión del patrimonio y de los demás bienes del concursado, con excepción de los necesario para la subsistencia de la persona deudora y sus dependientes económicos;

II. Redactar el inventario;

III. Formular el balance en caso de que el concursado sea una persona moral, y de ser necesario, rectificarlo, o aprobarlo en su caso;

IV. Recibir y examinar los libros y documentos del patrimonio del concursado;

V. Depositar los valores para su resguardo y conservación;

VI. Rendir a la autoridad jurisdiccional un informe del estado del patrimonio;

VII. Llevar a cabo las acciones necesarias para el avalúo de los bienes;

VIII. Llevar la contabilidad, y

IX. Ejercitar y continuar todos los derechos, acciones y excepciones que correspondan al concursado, con relación a sus bienes.

La liquidación del patrimonio de la persona deudora debe seguir las reglas de la ejecución de la sentencia, trance y remate de bienes que previene el presente Código Nacional.

Cuando no haya plazo específico para el cumplimiento de las obligaciones del síndico, lo será de diez días.

Artículo 852. Podrá constituir causa de anulación total o parcial del plan de pagos si en el transcurso de cualquiera de los procedimientos regulados en este Capítulo la persona deudora incurre en actos tendientes a retrasar u obstaculizar los objetivos del procedimiento, o en alguna de las conductas siguientes:

I. Proporcionar información falsa, inexacta u omitir información;

II. Ocultar sus bienes o ingresos u ocasionar su insolvencia poniendo sus bienes a nombre de personas relacionadas o se abstiene de distribuir el excedente a sus acreedores;

III. Abstenerse intencionalmente de conseguir un empleo o de generar ingresos;

IV. Celebrar actos jurídicos que disminuyan su patrimonio sin causa justificada o realizar algún acto en fraude de acreedores;

V. Celebrar actos jurídicos a título gratuito o sin una contraprestación a valor de mercado, y

VI. Realizar algún acto jurídico que le de alguna preferencia o coloque en una mejor posición a alguno de sus acreedores sin causa justificada, causando un daño o perjuicio al resto de los acreedores.

Cualquier acreedor estará legitimado para solicitar ante la autoridad jurisdiccional que se revoquen las medidas de protección al patrimonio.

El rector del procedimiento levantará todas las medidas de protección del patrimonio de la persona deudora previstas en este Capítulo. El acreedor deberá adjuntar a su escrito las pruebas que acrediten su solicitud de levantamiento o anulación, la cual se hará valer en la vía incidental. Contra esta resolución procede el recurso de apelación en el efecto devolutivo.

Artículo 853. La liquidación del patrimonio de la persona deudora procede, en el caso de personas físicas, cuando ésta lo solicite o cuando obstaculice la celebración o ejecución del convenio o sentencia definitiva.

Tratándose de personas jurídicas, la liquidación del patrimonio de la persona deudora procederá en caso de que no se logre la aprobación de un convenio con los acreedores y se determine que no es viable la consecución de su objeto o cuando se obstaculice la ejecución del convenio o sentencia definitiva.

En esos casos, el producto de la venta de los bienes se distribuirá entre los acreedores de acuerdo con el grado de prelación establecido en la lista de créditos aprobada y una vez pagados los acreedores preferentes. Si al efectuarse la distribución hubiere algún crédito que esté sujeto a algún litigio que todavía no tenga una resolución firme, se reservará su pago en la proporción que corresponda. Mientras no se entregue a los acreedores el producto de la venta de los bienes, las cantidades que se obtengan deberán invertirse por el síndico en instrumentos de renta fija, cuyos rendimientos protejan preponderantemente el valor real de dichos recursos en términos de la inflación y que, además, cuenten con las características adecuadas de seguridad, rentabilidad, liquidez y disponibilidad.

Artículo 854. Si la autoridad jurisdiccional determina la liquidación y ejecución de los bienes de la persona deudora, una vez distribuido todo el producto de la venta de los bienes que integran el patrimonio de la persona deudora o adjudicados los mismos, se dará por terminado el procedimiento. Lo anterior sin perjuicio de aquellos casos en que por dolo o mala fe de la persona deudora se reserve los derechos de los acreedores de exigir legalmente los saldos originales no pagados y sus accesorios.

El síndico debe notificar a las sociedades de información crediticia respecto de la sentencia que ordena la liquidación del patrimonio de la persona deudora.

LIBRO SEXTO
DE LAS ACCIONES COLECTIVAS

CAPÍTULO ÚNICO
DISPOSICIONES GENERALES

Artículo 855. La defensa y protección de los derechos e intereses colectivos, será ejercida ante los órganos jurisdiccionales competentes en el ámbito Federal con las modalidades que se señalen en este Libro, y sólo podrán promoverse en materia de relaciones de consumo de bienes o servicios, públicos o privados y medio ambiente.

Artículo 856. La acción colectiva es procedente para la tutela de las pretensiones cuya titularidad corresponda a una colectividad de personas determinadas o indeterminadas, así como para el ejercicio de las pretensiones individuales, cuya titularidad corresponda a miembros de un grupo de personas.

La acción colectiva será procedente además contra toda persona física o moral, que directa o a través de terceras personas hayan causado o causen daños en términos de las normas sustantivas aplicables a una colectividad de personas, independientemente de que haya o no un vínculo jurídico con los miembros de la colectividad.

Artículo 857. Para los efectos de este Código Nacional, los derechos citados en el artículo anterior se ejercerán a través de acciones colectivas, que se clasificarán en:

I. Acción difusa: Es aquélla de naturaleza indivisible que se ejerce para tutelar los derechos e intereses difusos, cuyo titular es una colectividad indeterminada, que tiene por objeto reclamar judicialmente de la persona demandada la reparación del daño causado a la colectividad, consistente en la restitución de las cosas al estado que guardaren antes de la afectación o, en su caso, al cumplimiento sustituto de acuerdo a la afectación de los derechos o intereses de la colectividad, sin que necesariamente exista vínculo jurídico alguno entre dicha colectividad y la parte demandada;

II. Acción colectiva en sentido estricto: Es aquélla de naturaleza indivisible que se ejerce para tutelar los derechos e intereses colectivos, cuyo titular es una colectividad determinada o determinable con base en circunstancias comunes, cuyo objeto es reclamar judicialmente de la parte demandada, la reparación del daño causado consistente en la realización de una o más acciones o abstenerse de realizarlas, así como a cubrir los daños en forma individual a las personas integrantes del grupo y que deriva de un vínculo jurídico común, existente por mandato de ley entre la colectividad y la parte demandada, y

III. Acción individual homogénea: Es aquélla de naturaleza divisible, que se ejerce para tutelar derechos e intereses individuales de incidencia colectiva, cuyos titulares son los individuos agrupados con base en circunstancias comunes, cuyo objeto es reclamar judicialmente de un tercero el cumplimiento forzoso de un contrato o su rescisión con sus consecuencias y efectos según la legislación aplicable.

La autoridad jurisdiccional calificará en definitiva la procedencia de la acción colectiva planteada por la parte actora en la etapa de certificación. En caso de que la autoridad jurisdiccional considere que la acción se planteó incorrectamente al referir la categoría propuesta en este mismo artículo, de oficio determinará cuál es la acción colectiva que se admite, en el entendido que lo anterior en ningún momento podrá ser motivo de desechamiento de la demanda. La autoridad jurisdiccional no podrá modificar los hechos ni los argumentos planteados en el escrito inicial de demanda.

Artículo 858. En particular, las acciones colectivas son procedentes para tutelar:

I. Derechos e intereses difusos y colectivos, entendidos como aquéllos de naturaleza indivisible cuya titularidad corresponde a una colectividad de personas, indeterminada o determinable, relacionadas por circunstancias de hecho o de derecho comunes, y

II. Derechos e intereses individuales de incidencia colectiva, entendidos como aquéllos de naturaleza divisible cuya titularidad corresponde a quienes sean integrantes de una colectividad de personas, determinable, relacionadas por circunstancias de derecho.

Artículo 859. Cualquier acción colectiva podrá tener por objeto pretensiones declarativas, constitutivas o de condena, con base a los principios de reparación integral del daño y justa indemnización.

Se entenderá por reparación integral del daño y justa indemnización, aquellas pretensiones a favor de la colectividad encaminadas a resarcir los daños causados por la parte demandada, considerando las medidas necesarias para la no repetición de los actos que causaron el daño.

Artículo 860. La autoridad jurisdiccional interpretará las normas y los hechos de forma compatible con los principios y objetivos de los procedimientos colectivos, en aras de proteger y tutelar el interés general y los derechos e intereses colectivos.

Artículo 861. Las acciones colectivas previstas en este Libro prescribirán a los cinco años, contados a partir del día en que se haya causado el daño. Si se trata de un daño de naturaleza continua, el plazo para la prescripción transcurrirá de momento a momento y comenzará a contar a partir del último día en que se haya generado el daño que produjo la afectación. No correrá el plazo de la prescripción en los casos que se siga generando el daño.

Se interrumpirá el plazo de la prescripción con la sola presentación de la demanda. Si resulta desestimada la demanda colectiva, se dejarán a salvo los derechos de los miembros de la colectividad para que los ejerzan en la vía y forma que mejor convenga.

Tratándose de acciones colectivas relacionadas con prácticas monopólicas y concentraciones ilícitas, el plazo de prescripción se suspenderá con el acuerdo de inicio de investigación por parte de la Comisión Federal de Competencia Económica y del Instituto Federal de Telecomunicaciones.

SECCIÓN PRIMERA
DE LA LEGITIMACIÓN ACTIVA

Artículo 862. Tienen legitimación activa para ejercitar las acciones colectivas:

I. La Procuraduría Federal del Consumidor, la Procuraduría Federal de Protección al Ambiente, la Comisión Nacional para la Protección y Defensa de los Usuarios de Servicios Financieros, la Comisión Federal de Competencia Económica y el Instituto Federal de Telecomunicaciones en materia de competencia económica;

II. La persona que ejerza la representación común deberá ser parte de la colectividad conformada por, al menos quince personas;

III. Las asociaciones civiles o sus correlativas sin fines de lucro, legalmente constituidas, al menos, un año previo al momento de presentar la acción, cuyo objeto social incluya la promoción o defensa de los derechos e intereses de la materia de que se trate y que cumplan con los requisitos establecidos en este Código Nacional;

IV. La Fiscalía General de la República, y

V. El Instituto Federal de la Defensoría Pública.

Artículo 863. La representación a que se refieren las fracciones II y III del artículo anterior, deberá ser adecuada. Se considera representación adecuada:

I. Actuar con diligencia, pericia y buena fe en la defensa de los intereses de la colectividad en el juicio;

II. No encontrarse en situaciones de conflicto de interés con las personas que representa respecto de las actividades que realiza;

III. No promover o haber promovido de manera reiterada acciones difusas, colectivas o individuales homogéneas frívolas o temerarias;

IV. No promover una acción difusa, colectiva en sentido estricto o individual homogénea con fines de lucro, electorales, proselitistas, de competencia desleal o especulativos, y

V. No haberse conducido con impericia, mala fe o negligencia en acciones colectivas previas, en los términos del Código Civil Federal.

La representación de la colectividad en el juicio se considera de interés público. La autoridad jurisdiccional Federal, deberá vigilar de oficio que dicha representación sea adecuada durante la substanciación del procedimiento.

La persona que ejerza el cargo de representante deberá rendir protesta ante la autoridad jurisdiccional Federal y rendir cuentas en cualquier momento a petición de ésta.

En el caso de que durante el procedimiento dejare de haber alguien con legitimación activa o bien, los legitimados referidos en las fracciones II y III, del artículo 862 de este Código Nacional, no cumplieran con los requisitos referidos en el presente artículo, la autoridad jurisdiccional Federal, de oficio o a petición de cualquier integrante de la colectividad, abrirá un incidente de remoción y sustitución, debiendo suspender el juicio y notificar el inicio del incidente a la colectividad en los términos a que se refiere este Código Nacional.

Una vez realizada la notificación a que se refiere el párrafo anterior, la autoridad jurisdiccional Federal recibirá las solicitudes de las partes interesadas dentro del término de diez días, evaluará las solicitudes que se presentaren y resolverá lo conducente dentro del plazo de tres días.

En caso de no existir interesados, la autoridad jurisdiccional Federal dará vista a los órganos u organismos a que se refiere la fracción I del artículo 862 de este ordenamiento, según la materia del litigio de que se trate, quienes deberán asumir la representación de la colectividad o grupo.

La autoridad jurisdiccional Federal deberá notificar la resolución de remoción al Consejo de la Judicatura Federal para que registre tal actuación y en su caso, aplique las sanciones que correspondan a la persona representante.

La persona que ejerza el cargo de representante será responsable frente a la colectividad por el ejercicio de su gestión.

SECCIÓN SEGUNDA
DEL PROCEDIMIENTO

Artículo 864. La demanda deberá contener:

I. La autoridad jurisdiccional ante la cual se promueve;

II. El nombre, domicilio, número telefónico y dirección de correo electrónico que señale para oír y recibir notificaciones;

III. En el caso de las acciones colectivas en sentido estricto y las individuales homogéneas, los nombres de quienes integren la colectividad promoventes de la demanda;

IV. El nombre de la persona representante autorizada y número de cédula profesional;

V. Los documentos con los que la parte actora acredite su representación de conformidad con este Título;

VI. El nombre de la parte demandada y su domicilio, o la manifestación bajo protesta de decir verdad de que se ignora éste;

VII. La precisión del derecho difuso, colectivo o individual homogéneo que se considera afectado;

VIII. El tipo de acción que pretende promover;

IX. Las pretensiones correspondientes a la acción;

X. Los hechos en que funde sus pretensiones y las circunstancias comunes que comparta la colectividad respecto de la acción que se intente;

XI. Los fundamentos de derecho, y

XII. En el caso de las acciones colectivas en sentido estricto e individuales homogéneas, las consideraciones y los hechos que sustenten la conveniencia de la substanciación por la vía colectiva en lugar de la acción individual.

La autoridad jurisdiccional Federal podrá prevenir a la parte actora para que aclare o subsane su demanda cuando advierta la omisión de requisitos de forma, sea obscura o irregular, otorgándole un término de cinco días para tales efectos.

La autoridad jurisdiccional Federal resolverá si desecha de plano la demanda en los casos en que la parte actora no desahogue la prevención, no se cumplan los requisitos previstos en este Libro, o se trate de pretensiones infundadas, frívolas o temerarias.

Artículo 865. Son requisitos de procedencia de la legitimación en la causa los siguientes:

I. Que se trate de actos que dañen a personas consumidoras o usuarias de bienes o servicios públicos o privados o al medio ambiente o que se trate de actos que hayan dañado a la persona consumidora por la existencia de concentraciones indebidas o prácticas monopólicas, declaradas existentes por resolución firme emitida por la Comisión Federal de Competencia Económica y el Instituto Federal de Telecomunicaciones;

II. Que verse sobre cuestiones comunes de hecho o de derecho entre quienes integren la colectividad de que se trate;

III. Que existan al menos quince personas en la colectividad, en el caso de las acciones colectivas en sentido estricto e individuales homogéneas;

IV. Que exista coincidencia entre el objeto de la acción ejercitada y la afectación sufrida;

V. Que la materia de la litis no haya sido objeto de cosa juzgada en procedimientos previos con motivo del ejercicio de las acciones tuteladas en este Título;

VI. Que no haya prescrito la acción, y

VII. Las demás que determinen las leyes especiales aplicables.

Artículo 866. Son causales de improcedencia de la legitimación en el procedimiento, los siguientes:

I. Que las partes promoventes de la colectividad no hayan otorgado su consentimiento en el caso de las acciones colectivas en sentido estricto e individuales homogéneas;

II. Que los actos en contra de los cuales se endereza la acción constituyan procesos judiciales;

III. Que la representación no cumpla los requisitos previstos en este Libro;

IV. Que la colectividad en la acción colectiva en sentido estricto o individual homogénea, no pueda ser determinable o determinada en atención a la afectación a sus miembros, así como a las circunstancias comunes de hecho o de derecho de dicha afectación;

V. Que su desahogo mediante el procedimiento colectivo no sea idóneo;

VI. Que exista litispendencia entre el mismo tipo de acciones, en cuyo caso procederá la acumulación en los términos previstos en este Código Nacional, y

VII. Que las asociaciones que pretendan ejercer la legitimación en el procedimiento no cumplan con los requisitos establecidos en este Libro.

La autoridad jurisdiccional Federal, de oficio o a petición de cualquier persona interesada, podrá verificar el cumplimiento de estos requisitos durante el procedimiento.

Artículo 867. Una vez presentada la demanda o desahogada la prevención, la autoridad jurisdiccional Federal, certificará el cumplimiento de los requisitos de procedencia previstos en los artículos 865 y 866 de este Código Nacional, dentro del término de diez días. Este plazo podrá ser prorrogado por la autoridad jurisdiccional hasta por otro igual, en caso de que la complejidad de la demanda lo amerite.

Artículo 868. Concluida la certificación referida en el artículo anterior, la autoridad jurisdiccional Federal proveerá en el término de cuarenta y ocho horas sobre la admisión o desechamiento de la demanda, ordenará el emplazamiento a la parte demandada, y en su caso, dará vista por el plazo de tres días hábiles, a los órganos y organismos públicos referidos en el artículo 862 fracciones I, IV y V de este Código Nacional, según la materia del litigio de que se trate.

Cuando la autoridad jurisdiccional Federal advierta que existen elementos constitutivos de un posible delito en contra de la colectividad, por parte de la demandada, de oficio dará vista al Ministerio Público Federal para que proceda conforme a su competencia.

La autoridad jurisdiccional Federal ordenará la notificación a la colectividad del inicio del ejercicio de la acción colectiva de que se trate, mediante los medios idóneos para tales efectos, incluso a través de tecnologías avanzadas de información tomando en consideración el tamaño, localización y demás características de dicha colectividad. La notificación deberá ser económica, eficiente y amplia, teniendo en cuenta las circunstancias en cada caso.

El auto que admita la demanda deberá ser notificado en forma personal a los legitimados referidos en las fracciones II y III del artículo 862 de este Código Nacional, quienes deberán ratificar la demanda.

Contra el desechamiento de la demanda procede el recurso de apelación en ambos efectos, y contra el auto que la admite en efecto devolutivo.

Artículo 869. La parte demandada contará con quince días para contestar la demanda a partir de que surta efectos la notificación del auto de admisión de la demanda. La autoridad jurisdiccional podrá ampliar este plazo hasta por un periodo igual, a petición de la parte demandada.

Una vez contestada la demanda, se dará vista a la actora por cinco días para que manifieste lo que a su derecho convenga, plazo que podrá prorrogarse hasta por otro igual.

Artículo 870. La notificación a que se refiere el presente Título, contendrá una relación sucinta de los puntos esenciales de la acción colectiva respectiva, así como las características que permitan identificar a la colectividad.

Las demás notificaciones a la colectividad o grupo se realizarán por estrados y a través del uso de tecnologías de la información y comunicación, atendiendo a lo establecido en el artículo 203, fracción VI, de este Código Nacional. Salvo que se encuentren previstas de forma diversa en este Título, las notificaciones a las partes se realizarán en los términos que establece este Ordenamiento.

Artículo 871. Las personas de la colectividad afectada podrán adherirse a la acción de que se trate, conforme a las reglas establecidas en este artículo.

En el caso de las acciones colectivas en sentido estricto e individuales homogéneas, la adhesión a su ejercicio podrá realizarse por cada persona que tenga una afectación a través de una comunicación expresa por cualquier medio físico o a través del uso de tecnologías de la información y la comunicación, dirigida a la persona representante o persona representante autorizada de la parte actora, según sea el caso.

Las personas afectadas podrán adherirse voluntariamente a la colectividad durante la substanciación del procedimiento y hasta dos años posteriores a que la sentencia haya causado estado o en su caso, el convenio judicial adquiera la calidad de cosa juzgada.

Dentro de este lapso, la persona interesada hará llegar su consentimiento expreso y simple por cualquier medio físico o a través del uso de tecnologías de la información y la comunicación a la persona representante, quien a su vez lo presentará a la autoridad jurisdiccional.

La autoridad jurisdiccional Federal proveerá sobre la adhesión y, en su caso, ordenará el inicio del incidente de liquidación que corresponda a la persona interesada.

Las personas afectadas que se adhieran a la colectividad durante la substanciación del procedimiento, promoverán el incidente de liquidación en los términos previstos en este Capítulo.

Las personas afectadas que se adhieran posteriormente a que la sentencia haya causado estado o, en su caso, el convenio judicial adquiera la calidad de cosa juzgada, deberán probar el daño causado en el incidente respectivo.

En tratándose de la adhesión voluntaria, la exclusión que haga cualquier persona integrante de la colectividad posterior al emplazamiento de la parte demandada, equivaldrá a un desistimiento de la acción colectiva, por lo que no podrá volver a participar en un procedimiento colectivo derivado de los mismos hechos.

Tratándose de acciones colectivas en sentido estricto e individuales homogéneas sólo tendrán derecho al pago que derive de la condena, las personas que formen parte de la colectividad y prueben en el incidente de liquidación haber sufrido el daño causado.

La persona representante designada por la colectividad, tendrá los poderes más amplios que en derecho procedan con las facultades especiales necesarias para sustanciar el procedimiento y para representar a la colectividad y a cada una de las personas integrantes que se hayan adherido o se adhieran a la acción.

Artículo 872. Realizada la notificación ordenada en este Código Nacional, la autoridad jurisdiccional Federal señalará de inmediato fecha y hora para la celebración de la audiencia previa y de conciliación, la cual se llevará a cabo dentro de los diez días siguientes.

En la audiencia, la autoridad jurisdiccional Federal exhortará a las partes a solucionarlo, pudiendo auxiliarse de las personas expertas que considere idóneas

La acción colectiva podrá ser resuelta por convenio judicial entre las partes en cualquier momento del procedimiento hasta antes de que cause estado.

Si las partes alcanzaren un convenio total o parcial, la autoridad jurisdiccional Federal, de oficio, revisará que proceda legalmente y que los intereses de la colectividad de que se trate estén debidamente protegidos. Previa vista por diez días a los órganos y organismos a que se refiere la fracción I del artículo 862 de este Código Nacional y a la persona titular de la Fiscalía General de la República, y una vez escuchadas las manifestaciones de la colectividad, si las hubiere, la autoridad jurisdiccional Federal podrá aprobar el convenio elevándolo a la categoría de cosa juzgada.

Artículo 873. En caso de que las partes no alcanzaren acuerdo alguno en la audiencia previa y de conciliación, la autoridad jurisdiccional procederá a abrir el juicio a prueba por un periodo de treinta días hábiles, comunes para las partes, para su ofrecimiento y preparación, pudiendo, a instancia de parte, otorgar una prórroga hasta por diez días hábiles. No obstante, las partes podrán ofrecer pruebas antes y durante la audiencia previa y de conciliación, siempre que estén reconocidas por la ley y guarden relación inmediata con los hechos controvertidos. Las partes podrán formular acuerdos sobre hechos no controvertidos en la misma audiencia previa y de conciliación.

La audiencia de juicio observará para su desarrollo las reglas previstas en este Código Nacional en lo que no se oponga a este procedimiento.

Las pruebas de declaración de parte y testimonial se desahogarán a través de sus representantes legales.

La admisión de las pruebas es recurrible como violación procesal cuando se apele la sentencia definitiva; el desechamiento es apelable en efecto devolutivo.

La autoridad jurisdiccional Federal dictará sentencia dentro de los treinta días hábiles posteriores a la celebración de la audiencia de juicio.

Artículo 874. Los términos establecidos en este Capítulo, podrán ser ampliados por una sola vez por la autoridad jurisdiccional Federal, si existieren causas justificadas para ello.

Artículo 875. La autoridad jurisdiccional Federal podrá allegarse de cualquier medio de prueba para mejor proveer, siempre que tenga relación inmediata con los hechos controvertidos.

Las personas tercero que acudan no deberán de encontrarse en conflicto de interés respecto de las partes ni de la autoridad jurisdiccional.

La autoridad jurisdiccional Federal en su sentencia deberá, sin excepción, hacer una relación sucinta de las personas que en calidad de tercero interesadas ejerzan el derecho de comparecer ante el Tribunal, conforme a lo establecido en el párrafo anterior y de los argumentos o manifestaciones por ellos vertidos.

La autoridad jurisdiccional Federal podrá requerir a los órganos y organismos a que se refiere la fracción I del artículo 862 de este Código Nacional o a cualquier tercero, la elaboración de estudios o presentación de los medios probatorios necesarios con cargo al Fondo a que se refiere este Título.

Artículo 876. Si la autoridad jurisdiccional Federal lo considera pertinente, de oficio o a petición de parte, podrá solicitar a una de las partes la presentación de información o medios probatorios que sean necesarios para mejor resolver el litigio de que se trate o para ejecutar la sentencia respectiva.

Artículo 877. Para resolver, la autoridad jurisdiccional Federal puede valerse de medios probatorios estadísticos, actuariales o cualquier otro derivado del avance de la ciencia.

Artículo 878. No será necesario que la parte actora ofrezca y desahogue pruebas individualizadas por cada integrante de la colectividad. Las reclamaciones individuales deberán justificar, en su caso, la relación causal en el incidente de liquidación respectivo.

Artículo 879. Cuando la acción sea interpuesta por las personas a que se refieren las fracciones II y III del artículo 862 de este ordenamiento, estarán obligadas a informar a través de los medios idóneos a la colectividad, sobre el estado que guarda el procedimiento por lo menos cada seis meses.

SECCIÓN TERCERA
DE LAS SENTENCIAS

Artículo 880. Las sentencias deberán resolver la controversia planteada por las partes conforme a derecho.

Artículo 881. En acciones difusas, la autoridad jurisdiccional Federal sólo podrá condenar a la parte demandada a la reparación del daño causado a la colectividad, consistente en la restitución de las cosas al estado que guardaren antes de la afectación, si esto fuere posible.

Esta restitución podrá consistir en la realización de una o más acciones o abstenerse de realizarlas.

Tratándose de materia ambiental y de consumo, la autoridad jurisdiccional Federal también podrá imponer las medidas adicionales que considere pertinentes a efecto de asegurar que no se repita la conducta materia de la condena.

Artículo 882. En el caso de acciones colectivas en sentido estricto e individuales homogéneas, la autoridad jurisdiccional podrá condenar a la parte demandada a la reparación del daño, consistente en la realización de una o más acciones o abstenerse de realizarlas, así como a cubrir los daños en forma individual a los miembros del grupo conforme a lo establecido en este artículo.

Cada integrante de la colectividad podrá promover el incidente de liquidación, en el que deberá probar el daño sufrido, o en su caso, la persona representante común o cualquiera de las personas a que se refiere el artículo 862 de este Código Nacional podrá presentar el incidente de liquidación masivo en el que se deberá probar el monto del daño sufrido por cada integrante de la colectividad.

La autoridad jurisdiccional establecerá en la sentencia, los requisitos, bases y plazos que deberán cumplir las personas integrantes de la colectividad para promover el incidente. Contra la sentencia interlocutoria que resuelva el incidente de liquidación procederá el recurso de apelación.

El incidente de liquidación podrá promoverse por cada persona que integre la colectividad o en forma masiva en ejecución de sentencia, dentro de los dos años siguientes al que la sentencia cause ejecutoria.

El pago que resulte del incidente de liquidación será hecho a las personas integrantes de la colectividad en los términos que ordene la sentencia; en ningún caso a través de la persona representante común o cualquiera de las personas a que se refiere el artículo 862 de este Código Nacional.

Artículo 883. En caso de que una colectividad haya ejercitado por los mismos hechos de manera simultánea una acción difusa y una acción colectiva, la autoridad jurisdiccional proveerá la acumulación de las mismas en los términos de este Código Nacional.

Artículo 884. La sentencia fijará a la parte condenada un plazo prudente para su cumplimiento atendiendo a las circunstancias del caso, así como los medios de apremio que deban emplearse cuando se incumpla con la misma.

Artículo 885. La sentencia o convenio respectivo, serán notificados a la colectividad en los términos de lo dispuesto en el presente Código Nacional.

Artículo 886. Cuando alguna de las partes o miembro de la colectividad, tenga conocimiento de que sus representantes ejercieron una representación fraudulenta en contra de sus intereses, éstas podrán promover por la vía incidental, la remoción de la persona representante y la reposición de las actuaciones viciadas dentro del procedimiento colectivo y hasta antes del dictado de la sentencia. Contra la resolución interlocutoria que se dicte al respecto, no cabrá recurso alguno.

En este supuesto, la autoridad jurisdiccional hará del conocimiento de los hechos que correspondan al Ministerio Público Federal.

Cuando la representación fraudulenta se advirtiera después de dictada la sentencia, la autoridad jurisdiccional reservará los derechos de las partes para hacerlos valer en la vía y forma que estimen procedentes.

Artículo 887. En cualquier etapa del procedimiento, la autoridad jurisdiccional Federal podrá decretar a petición de parte, medidas precautorias que podrán consistir en:

I. La orden de cesación de los actos o actividades que estén causando o necesariamente hayan de causar un daño inminente e irreparable a la colectividad;

II. La orden de realizar actos o acciones que su omisión haya causado o necesariamente hayan de causar un daño inminente e irreparable a la colectividad;

III. El retiro del mercado o aseguramiento de instrumentos, bienes, ejemplares y productos directamente relacionados con el daño irreparable que se haya causado, estén causando o que necesariamente hayan de causarse a la colectividad, y

IV. Cualquier otra medida que la autoridad jurisdiccional considere pertinente dirigida a proteger los derechos e intereses de una colectividad.

Artículo 888. Las medidas precautorias previstas en el artículo anterior podrán decretarse siempre que con las mismas no se causen más daños que los que se causarían con los actos, hechos u omisiones objeto de la medida.

La autoridad jurisdiccional Federal deberá valorar que las medidas que se dicten no afecten la viabilidad financiera de la parte demandada.

Para el otorgamiento de dichas medidas se requerirá:

I. Que la persona solicitante de la medida manifieste claramente cuáles son los actos, hechos o abstenciones que estén causando un daño o vulneración a los derechos o intereses colectivos o lo puedan llegar a causar.

II. Que exista urgencia en el otorgamiento de la medida en virtud del riesgo de que se cause o continúe causando un daño de difícil o imposible reparación.

Si con el otorgamiento de la medida se pudiera ocasionar daño a la persona demandada, ésta podrá otorgar garantía suficiente para reparar los daños que pudieran causarse a la colectividad, salvo aquellos casos en los que se trate de una amenaza inminente e irreparable al interés social, a la vida o a la salud de los miembros de la colectividad o por razones de seguridad nacional.

Artículo 889. La autoridad jurisdiccional federal, para hacer cumplir sus determinaciones, puede emplear, a discreción, los siguientes medios de apremio:

I. Multa hasta por la cantidad equivalente a treinta mil Unidades de Medida y Actualización, cantidad que podrá aplicarse por cada día que transcurra sin cumplimentarse lo ordenado por la autoridad jurisdiccional;

II. El auxilio de la fuerza pública y la fractura de cerraduras si fuere necesario;

III. El cateo por orden escrita;

IV. El arresto hasta por treinta y seis horas.

Si fuere insuficiente el apremio, se procederá contra la persona rebelde por el delito de desobediencia.

Artículo 890. No procederá la acumulación entre procedimientos individuales y procedimientos colectivos.

En caso de coexistencia de un proceso individual y de un proceso colectivo proveniente de la misma causa, la misma persona demandada en ambos procesos informará de tal situación a las autoridades jurisdiccionales Federales.

La autoridad jurisdiccional Federal del proceso individual notificará a la parte actora de la existencia de la acción colectiva para que, en su caso, decida continuar por la vía individual o ejerza su derecho de adhesión a la misma dentro del plazo de noventa días contados a partir de la notificación.

Para que proceda la adhesión de la parte actora a la acción colectiva, deberá desistirse del proceso individual para que éste se sobresea.

Tratándose de derechos o intereses individuales de incidencia colectiva, en caso de la improcedencia de la pretensión en el procedimiento colectivo, las personas interesadas tendrán a salvo sus derechos para ejercerlos por la vía individual.

Artículo 891. La sentencia no recurrida tendrá efectos de cosa juzgada.

Artículo 892. Si alguna persona inició un procedimiento individual al cual recayó una sentencia que causó ejecutoria no podrá ser incluida dentro de una colectividad para efectos de un proceso colectivo, si el objeto, las causas y las pretensiones son las mismas.

Artículo 893. La sentencia de condena incluirá lo relativo a los gastos y costas que correspondan.

Artículo 894. Cada parte asumirá sus gastos y costas derivados de la acción colectiva, así como los respectivos honorarios de sus representantes.

Los honorarios de la persona representante legal y representante común, que convengan con sus representados, quedarán sujetos al siguiente arancel máximo:

I. Serán de hasta el veinte por ciento si el monto líquido de la suerte principal no excede de doscientos mil Unidades de Medida y Actualización;

II. Si el monto líquido de la suerte principal excede doscientos mil, pero es menor a dos millones de Unidades de Medida y Actualización, serán de hasta el veinte por ciento sobre los primeros doscientos mil y de hasta el diez por ciento sobre el excedente, y

III. Si el monto líquido de la suerte principal excede a dos millones de Unidades de Medida y Actualización, serán de hasta el once por ciento sobre los primeros dos millones, y hasta el tres por ciento sobre el excedente.

Si las partes llegaren a un acuerdo para poner fin al juicio antes del dictado de la sentencia, los gastos y costas deberán estar contemplados como parte de las negociaciones del convenio de transacción judicial. En cualquier caso, los honorarios de la persona representante legal y representante común que pacten con sus representados deberán ajustarse al arancel máximo previsto en este artículo.

Artículo 895. Los gastos y costas se liquidarán en ejecución de sentencia de conformidad con las siguientes reglas:

I. Los gastos y costas, así como los honorarios de las personas representantes de la parte actora referidos en el artículo anterior, serán cubiertos en la forma que lo determine la autoridad jurisdiccional Federal, buscando asegurar el pago correspondiente. Dicho pago se hará con cargo al Fondo a que se refiere este Libro, cuando exista un interés social que lo justifique y hasta donde la disponibilidad de los recursos lo permita.

II. En el caso de las sentencias que establezcan una cantidad cuantificable, la parte actora pagará entre el tres y el veinte por ciento del monto total condenado por concepto de honorarios a sus representantes según lo previsto en el artículo anterior.

La autoridad jurisdiccional Federal tomará en consideración el trabajo realizado y la complejidad del mismo, el número de miembros, el beneficio para la colectividad respectiva y demás circunstancias que estime pertinente.

III. Si la condena no fuere cuantificable, la autoridad jurisdiccional Federal determinará el monto de los honorarios, tomando en consideración los criterios establecidos en el segundo párrafo de la fracción anterior.

Artículo 896. Por ser la representación común de interés público, las asociaciones civiles a que se refiere la fracción III del artículo 862, deberán registrarse ante el Consejo de la Judicatura Federal.

Artículo 897. Para obtener el registro correspondiente, dichas asociaciones deberán:

I. Presentar los estatutos sociales que cumplan con los requisitos establecidos en este Título, y

II. Tener al menos un año de haberse constituido y acreditar que han realizado actividades inherentes al cumplimiento de su objeto social.

Artículo 898. El registro será público, su información estará disponible en la página electrónica del Consejo de la Judicatura Federal, y cuando menos deberá contener los nombres de los socios, asociados, representantes y aquellos que ejerzan cargos directivos, su objeto social, así como el informe a que se refiere la fracción II del artículo 900 de este Código Nacional.

Artículo 899. Las asociaciones deberán:

I. Evitar que sus asociados, socios, representantes o aquellos que ejerzan cargos directivos, incurran en situaciones de conflicto de interés respecto de las actividades que realizan en términos de este Título;

II. Dedicarse a actividades compatibles con su objeto social, y

III. Conducirse con diligencia, probidad y en estricto apego a las disposiciones legales aplicables.

Artículo 900. Para mantener el registro las asociaciones deberán:

I. Cumplir con lo dispuesto en el artículo anterior;

II. Entregar al Consejo de la Judicatura Federal, un informe anual sobre su operación y actividades respecto del año inmediato anterior, a más tardar el último día hábil del mes de abril de cada año, y

III. Mantener actualizada en forma permanente la información que deba entregar al Consejo de la Judicatura Federal en los términos de lo dispuesto por el artículo 898 de este Código.

Artículo 901. Para los efectos señalados en este Capítulo, el Consejo de la Judicatura Federal administrará los recursos provenientes de las sentencias que deriven de las acciones colectivas difusas y para tal efecto deberá crear un Fondo.

Artículo 902. Los recursos que deriven de las sentencias recaídas en las acciones referidas en el párrafo anterior, deberán ser utilizados exclusivamente para el pago de los gastos derivados de los procedimientos colectivos, así como para el pago de los honorarios de las personas representantes de la parte actora a que se refiere el artículo 894 de este Código, cuando exista un interés social que lo justifique y la autoridad jurisdiccional así lo determine, incluyendo pero sin limitar, las notificaciones a los miembros de la colectividad, la preparación de las pruebas pertinentes y la notificación de la sentencia respectiva. Los recursos podrán ser además utilizados para el fomento de la investigación y difusión relacionada con las acciones y derechos colectivos.

Artículo 903. El Consejo de la Judicatura Federal divulgará anualmente el origen, uso y destino de los recursos del Fondo.

LIBRO SÉPTIMO
DE LOS RECURSOS

CAPÍTULO ÚNICO
DISPOSICIONES GENERALES

Artículo 904. Las resoluciones judiciales dictadas dentro de los procedimientos son impugnables conforme a lo ordenado por este Código Nacional. Para ello la persona recurrente deberá precisar la parte de la resolución que impugna.

Artículo 905. Los recursos previstos en este Código Nacional son:
I. Apelación;
II. Reposición, y
III. Queja.

Artículo 906. En el sistema de recursos previsto en el presente Código Nacional, se tendrá por perdido el derecho a recurrir una resolución judicial cuando:
I. Se consienta expresamente, y
II. Una vez concluido el plazo que la ley señala para interponer algún recurso, éste no se interponga.

Quienes hubieren interpuesto un recurso podrán desistirse de éste antes de su resolución. Los efectos del desistimiento no se extenderán a los demás recurrentes.

Artículo 907. La citación errónea en la fundamentación de preceptos legales en la sentencia o resolución impugnada que no haya influido en el sentido del fallo, así como los errores de forma en la transcripción que no causen agravio, no anularán ni revocarán la resolución judicial, deberán ser subsanados de oficio en cuanto sean advertidos de forma inmediata por la autoridad que emita la resolución judicial, o a petición de parte cuando sea advertida por ella, con la finalidad de evitar dar trámite a algún recurso que represente dilaciones procesales.

SECCIÓN PRIMERA
DE LA APELACIÓN

Artículo 908. El recurso de apelación tiene por objeto que la autoridad jurisdiccional de apelación confirme, revoque o modifique la resolución impugnada.

Artículo 909. La apelación procederá en el efecto devolutivo o en ambos efectos.

Las apelaciones que se admitan en ambos efectos suspenderán el procedimiento; en el efecto devolutivo no suspenderán el procedimiento.

No obstante, cuando la apelación se admita en ambos efectos, la autoridad jurisdiccional continuará conociendo para resolver con plenitud de jurisdicción, todo lo relativo a depósitos, embargos trabados, rendición de cuentas, gastos de administración, aprobación de entrega de fondos para pagos urgentes, medidas provisionales decretadas durante el juicio y cuestiones similares que por su urgencia no pueden esperar.

Artículo 910. La apelación en ambos efectos procede:

I. Sentencias definitivas dictadas en juicios escritos, de acciones colectivas, y ordinarios orales civiles; en materia familiar, únicamente contra la sentencia definitiva o interlocutoria que cancele o disminuya alimentos;

II. Sentencias o cualquier otra resolución judicial que por su naturaleza suspenda, impida la continuación del juicio, le pongan fin o haga imposible su continuación, cualquiera que sea la naturaleza del procedimiento, y

III. Aquellas resoluciones judiciales señaladas expresamente por este Código Nacional.

Artículo 911. Además de los casos determinados expresamente en este Código Nacional, el recurso de apelación en efecto devolutivo procede contra:

I. Sentencias definitivas dictadas en juicios sumarios, especiales orales civiles; juicios orales familiares tanto ordinarios como especiales, salvo la precisión realizadas en la fracción I del artículo anterior;

II. El auto que desecha el incidente de nulidad de actuaciones por defectos en el emplazamiento, la resolución que se dicte en el incidente y en donde la autoridad jurisdiccional de oficio decrete nulo el emplazamiento;

III. El auto que tenga por contestada o no la demanda principal o reconvencional;

IV. Las sentencias interlocutorias que trasciendan al resultado del fallo;

V. La última resolución dictada para el cumplimiento de la sentencia definitiva;

VI. La resolución que apruebe o no el remate;

VII. Resoluciones que, en la fase definitiva del proceso cautelar, decreten providencias precautorias y medidas de aseguramiento;

VIII. En contra de la imposición de cualquier medida de apremio;

IX. La resolución dictada durante la revisión de las medidas provisionales en materia de familia, en la audiencia preliminar o las que se dicten con posterioridad a dicha etapa, y

X. Las resoluciones dictadas en los procedimientos sucesorios, salvo la sentencia definitiva que se admitirá en ambos efectos.

Artículo 912. Admitida la apelación en efecto devolutivo, sólo se suspenderá la ejecución de la resolución en los casos en que, de los autos o de las sentencias recurridas derive una ejecución que pueda causar un daño irreparable o de difícil reparación. La parte apelante podrá solicitar la suspensión al interponer el recurso y deberá señalar con precisión los motivos por los que considera el daño irreparable o de difícil reparación, y, además, otorgue garantía mediante fianza o billete de depósito conforme a las reglas siguientes:

I. La calificación de la idoneidad de la garantía será al prudente arbitrio de la autoridad jurisdiccional;

II. La garantía otorgada por la parte actora comprenderá la devolución del bien o bienes que deba percibir, sus frutos e intereses y la indemnización de daños y perjuicios si la segunda instancia revoca el fallo;

III. La otorgada por la persona demandada comprenderá el pago de lo juzgado y sentenciado, como su cumplimiento, en el caso de que la sentencia condene a hacer o a no hacer;

IV. La liquidación de los daños y perjuicios que se hará en la ejecución de la sentencia, y

V. En los juicios sin interés pecuniario, el monto de la garantía quedará a criterio de la autoridad jurisdiccional.

La parte contraria y perjudicada puede solicitar la no suspensión de la ejecución, otorgando a su vez contragarantía, la que se fijará por la autoridad jurisdiccional de acuerdo con las mismas bases que se tomaron en consideración para fijar la garantía y en ningún caso puede ser inferior a ésta, caso en el cual no se admitirá la suspensión del procedimiento.

En caso de que la resolución impugnada pueda afectar a niñas, niños y adolescentes, grupos sociales en situación de vulnerabilidad, no se exigirá garantía o contragarantía para que, de oficio o a petición de parte, se suspenda la ejecución de la resolución impugnada.

Si la segunda instancia confirmare la resolución apelada, hará efectiva la garantía o contragarantía, según corresponda, a favor de la contraparte.

Artículo 913. La parte que obtuvo sentencia definitiva favorable, puede adherirse a la apelación interpuesta en contra de la sentencia definitiva al momento de contestar los agravios, expresando los razonamientos tendientes a mejorar las consideraciones vertidas por la autoridad jurisdiccional en la resolución de que se trate. Con dicho escrito, se dará vista a la contraria para que en el plazo de tres días manifieste lo que a su derecho corresponda.

La adhesión al recurso sigue la suerte de éste, al no ser una apelación independiente.

Artículo 914. Pueden apelar las partes que consideren haber recibido algún agravio, las terceras que hayan salido al juicio y las demás personas con interés jurídico a quienes perjudique la resolución judicial.

No puede apelar la persona que obtuvo todo lo que pidió. La parte vencedora que no obtuvo todo lo solicitado puede apelar en lo que a estos puntos de la resolución se refiere.

Artículo 915. Los plazos para la interposición del recurso de apelación serán de nueve días si fuere sentencia definitiva y de cinco días en contra de las demás resoluciones, a partir del día siguiente a aquél en que surta efecto la notificación de la resolución impugnada.

Artículo 916. El recurso de apelación se interpondrá ante la autoridad jurisdiccional que pronunció la resolución impugnada, con expresión de agravios.

Al apelar la sentencia definitiva se deberán expresar agravios en contra de las resoluciones dictadas durante el procedimiento en contra de las cuales no proceda recurso alguno, que les hayan causado un agravio y que trasciendan al resultado del fallo, dentro del mismo plazo para apelar la sentencia definitiva, en escritos por separado o conjuntos, exponiendo en sus agravios de qué manera trascendería al fondo del asunto el resarcimiento de la violación a subsanar.

Si fuera procedente la existencia de una o varias violaciones procesales hechas valer en la apelación, la segunda instancia así lo declarará y reservará la resolución del recurso en contra de la definitiva, procediendo a subsanar la o las violaciones procesales bajo las mismas formalidades que el juicio de origen, y una vez reparada, se citará para resolver la apelación en contra de la sentencia definitiva. Lo anterior, salvo en tratándose de defectos en el emplazamiento, que de existir se declarará su nulidad y se ordenará la reposición del procedimiento por parte de la autoridad jurisdiccional de origen, declarando insubsistente la sentencia definitiva.

De no ser procedentes los agravios de las apelaciones en contra de violaciones procesales, la segunda instancia estudiará y resolverá la procedencia o no de los agravios expresados en contra de la definitiva, resolviendo el recurso con plenitud de jurisdicción.

Artículo 917. La autoridad jurisdiccional dará trámite al recurso, expresando si lo admite en ambos efectos o sólo en el efecto devolutivo y ordenará dar vista con la expresión de agravios a la parte apelada, para que los conteste dentro del término de tres días.

Cuando se trate de apelaciones en ambos efectos, transcurrido el plazo señalado en el párrafo anterior, sin necesidad de declaración de rebeldía y se hayan contestado o no los agravios, dentro del término de ocho días, se remitirán a la segunda instancia el escrito de apelación electrónico o físico del apelante y en su caso de la parte apelada, así como los autos originales digitales o físicos, incluidos los documentos exhibidos por las partes y terceros, así como los soportes electrónicos de las audiencias, los cuales, en caso de existir agravio en contra de actuaciones realizadas dentro de audiencia, serán materia de análisis y harán fe de lo actuado, por ello, en ningún caso se exigirá reproducción escrita o documental de su contenido.

En el caso de apelaciones admitidas en efecto devolutivo, la autoridad jurisdiccional, dentro del término de ocho días, deberá integrar y remitir el escrito de apelación electrónico o físico del apelante y en su caso de la parte apelada, así como testimonio físico o electrónico del primer testimonio de apelación; debiendo dejar en el expediente original copia certificada de los escritos de apelación y de su contestación si lo hubiera.

En tratándose de segunda o ulteriores apelaciones, solamente formará el testimonio de apelación con las constancias faltantes entre la última apelación admitida y las subsecuentes hasta la apelación de que se trate, incluyéndose todos los documentos que las partes hayan exhibido desde el escrito inicial de demanda y durante la tramitación del juicio, hasta la etapa en que se encuentre. Si existieren apelaciones pendientes para su debida integración y el juicio estuviere en estado de resolución, el término para dictar la sentencia definitiva o interlocutoria iniciará una vez que se haya remitido el testimonio a la segunda instancia.

Artículo 918. Los expedientes, testimonios de apelación, documentos y videograbaciones podrán integrarse y remitirse digital o electrónicamente a la segunda instancia, ya sea mediante la generación de un archivo digital o con la autorización de acceso al expediente electrónico, de conformidad con lo que establezca la Ley Orgánica respectiva. Los Consejos de la Judicatura deberán implementar las medidas de protección y seguridad adecuadas para garantizar la confidencialidad e integridad de la información y los datos que se generen de forma electrónica.

Artículo 919. La segunda instancia integrará digital o documentalmente el toca respectivo con copia certificada de la resolución impugnada, los escritos de agravios y contestación, así como los proveídos que les recayeron, agregando lo que se actúe en cada recurso, y la resolución que se dicte.

Artículo 920. En tratándose de apelaciones en efecto devolutivo, con los testimonios que remita la autoridad jurisdiccional se formarán los cuadernos de constancias consecutivos que sean necesarios, a los que se seguirán agregando los subsecuentes testimonios que se remitan para tramitar otras apelaciones.

Una vez integrados los tocas de apelación, la segunda instancia calificará la admisión y el efecto, y en caso de confirmarse, se citará para oír sentencia.

Artículo 921. Admitido y calificado el recurso, de oficio o a petición de parte, en tratándose de apelaciones en contra de sentencias definitivas, con o sin resoluciones dictadas dentro del procedimiento, se señalará fecha para la celebración de una audiencia oral que presidirá la persona Magistrada Ponente, en donde se otorgará el uso de la palabra a los interesados directamente o por conducto de su persona representante autorizada, para que realicen sus aclaraciones o resumen de agravios y su contestación, por un máximo de tiempo de diez minutos para cada una de las partes.

Posteriormente, se citará a las partes para oír sentencia. Por lo que una vez firmada electrónica o físicamente la resolución por unanimidad o mayoría de votos, dentro de los tres días siguientes se señalará fecha para la celebración de una audiencia oral, en donde la persona Magistrada ponente explicará de manera breve, clara y precisa, con uso de lenguaje cotidiano, la resolución definitiva dictada y hecho lo cual entregará a las partes comparecientes copia simple de la misma, quedando debidamente notificados de dicha sentencia, la cual se ordenará en ese momento publicar por el medio de comunicación procesal oficial.

En caso de incomparecencia de ambas partes contendientes, no será necesaria la explicación de la sentencia y se pondrá a disposición de los contendientes copia simple de la misma, quedando notificados en ese acto de la resolución, hubiesen asistido o no a la celebración de la audiencia, ordenando entonces su publicación por el medio de comunicación procesal oficial.

Artículo 922. En los escritos de expresión de agravios, tratándose de apelación de sentencia definitiva, el apelante sólo podrá ofrecer pruebas cuando hubieren ocurrido hechos supervenientes, especificando los puntos sobre los que deben versar, que no serán extrañas ni a la cuestión debatida ni a los hechos sobrevenidos, pudiendo el apelado en la contestación de los agravios, oponerse a esa pretensión.

Artículo 923. En el auto de radicación la segunda instancia resolverá sobre la admisión de las pruebas ofrecidas y en caso de admitirlas ordenará se reciban en forma oral y señalará la audiencia dentro de los veinte días siguientes.

Artículo 924. La audiencia de desahogo de pruebas será impostergable y la parte que ofreció la prueba será responsable de la falta de su oportuna preparación. De no preparar la prueba, ésta se dejará de recibir, sin necesidad de prevención. Concluida la recepción de pruebas en la audiencia, alegarán verbalmente las partes y se les citará para oír sentencia.

Artículo 925. La segunda instancia deberá suplir la falta de agravios o la deficiencia de los expresados en los casos siguientes:

I. Cuando el juicio verse sobre derechos que pudieran afectar el interés de la familia;

II. Cuando intervenga por lo menos un niño, niña o adolescente como parte, si por falta de esa suplencia pudieran verse afectados sus derechos; y

III. Cuando se advierta por el Tribunal de apelación que en el procedimiento de primera instancia existieron violaciones manifiestas de la Ley que hayan dejado sin defensa a alguna de las partes.

Artículo 926. En los recursos de apelación en contra de sentencia definitiva el ponente contará con diez días para la elaboración del proyecto y las demás personas magistradas contarán con un plazo de cinco días para emitir su voto.

En tratándose de recursos de apelación distintos a la sentencia definitiva o en los casos que deban resolverse unitariamente, la resolución deberá pronunciarse dentro del plazo de ocho días.

En aquellos asuntos complejos o por el volumen de las constancias podrán ampliarse los plazos antes citados por quince días más.

SECCIÓN SEGUNDA
DE LA REPOSICIÓN

Artículo 927. En la segunda instancia sólo procederá el recurso de reposición y será:

I. En contra de la calificación de admisibilidad del recurso de apelación, así como en contra de su efecto;

II. Cuando no se admitan pruebas en segunda instancia, y

III. Cuando algún o algunas de las apelaciones en contra de resoluciones dictadas dentro del procedimiento hubiere resultado procedente, la reposición será admitida en contra de aquellas resoluciones que se dicten para reparar la violación procesal, siempre y cuando causen un perjuicio irreparable y puedan trascender al sentido del fallo definitivo.

Artículo 928. El recurso de reposición debe interponerse por escrito dentro de los tres días siguientes a que surta efectos la notificación de la resolución impugnada, y de admitirse se dará vista a la parte contraria por el término de tres días, para que exprese lo que a su derecho convenga, y se resolverá por escrito dentro de los tres días siguientes.

En contra de esta resolución no se admitirá ningún recurso.

SECCIÓN TERCERA
DE LA QUEJA

Artículo 929. El recurso de queja procede:

I. Contra la resolución que niegue la admisión de la apelación o adhesión a ésta;

II. En contra de resolución que se emita para fijar el monto de la fianza en tratándose de apelaciones en efecto devolutivo, y

III. En los demás casos fijados por este Código Nacional.

Artículo 930. El recurso de queja se interpondrá ante la autoridad jurisdiccional de primera instancia, dentro de los tres días siguientes a que surta efectos la notificación del proveído que se recurra, expresando los motivos de inconformidad.

Artículo 931. Dentro de los cinco días siguientes en que se tenga por interpuesto el recurso, la autoridad jurisdiccional de primera instancia remitirá a la segunda instancia el informe que justifique su resolución, y acompañará en su caso, las constancias procesales respectivas.

Artículo 932. La autoridad jurisdiccional de segunda instancia, dentro de los ocho días siguientes a la recepción de las citadas constancias, dictará el fallo correspondiente.

LIBRO OCTAVO
DE LA JUSTICIA DIGITAL

TÍTULO ÚNICO
DEL PROCEDIMIENTO EN LÍNEA E INTEGRACIÓN DEL EXPEDIENTE JUDICIAL

CAPÍTULO I
DISPOSICIONES GENERALES

Artículo 933. Todos los procedimientos regulados en el presente Código Nacional podrán tramitarse bajo la modalidad de procedimiento en línea que, al igual que cualquier otra modalidad procesal, será gratuita para las partes.

En los procedimientos en línea, la autoridad jurisdiccional garantizará una justicia digital equitativa y segura.

Artículo 934. En la aplicación de las normas referentes a justicia digital se tomarán en cuenta los principios de elegibilidad, equivalencia funcional o no discriminación, neutralidad tecnológica y seguridad de la información, adicionalmente a los generales del presente Código Nacional.

Artículo 935. El principio de elegibilidad consiste en que las partes tienen el derecho de optar voluntariamente que los procedimientos regulados en el presente Código Nacional, se tramiten de forma digital y en línea. La elegibilidad permitirá la sola integración de expedientes electrónicos, así como actuaciones y audiencias presenciales o a distancia, indistintamente.

La autoridad jurisdiccional, podrá proponer que un procedimiento se lleve a cabo en línea, atendiendo a cada caso en concreto o en las situaciones en que acontezca un fortuito o fuerza mayor; o bien, cuando para el trámite expedito del procedimiento de que se trate así convenga.

En el escrito inicial de demanda o comparecencia, la persona accionante manifestará si es su deseo tramitar el procedimiento en línea. En el caso de un procedimiento contencioso, al contestar la demanda, la persona demandada, manifestará si es su deseo igualmente de llevar el procedimiento en línea. Además, la autoridad jurisdiccional podrá, solicitar a las partes contendientes para que, de común acuerdo de forma voluntaria, el trámite procesal del juicio de que se trate, se realice de manera digital y en línea; en caso contrario, se continuará con la modalidad procesal tradicional, conforme a las disposiciones del presente Código Nacional, salvo que se trate de un procedimiento en línea exclusivamente.

Lo anterior sin perjuicio de que las partes, en cualquier etapa procesal, puedan solicitar que se cambie la modalidad para que, en lo subsecuente, se tramite en línea y digital.

Artículo 936. El principio de equivalencia funcional o no discriminación, para los efectos de los procedimientos que regula este Código Nacional, se puede interpretar bajo cualesquiera de las siguientes formas:

I. La autoridad jurisdiccional no negará efectos jurídicos, validez o eficacia probatoria a cualquier tipo de información por la sola razón de que esté contenida en un documento electrónico o en un mensaje de datos.

En ningún caso se requerirá manifestación bajo protesta de decir verdad de que los documentos digitalizados son copia fiel e inalterada de los documentos físicos;

II. La autoridad jurisdiccional no negará validez a la información o las comunicaciones, sea que estén contenidas en documentos electrónicos, mensajes de datos o en medios físicos por el solo hecho de usar alguna tecnología determinada;

III. La firma electrónica avanzada en un documento electrónico o en su caso, en un mensaje de datos, satisface el requisito de firma del mismo modo que la firma autógrafa en los documentos impresos;

IV. Todas las actuaciones judiciales, promociones, resoluciones, diligencias, expedientes, audiencias y demás semejantes dadas en forma oral, de forma virtual, electrónica, remota o a distancia, tendrán la misma eficacia probatoria o valor jurídico, que los que este Código Nacional consagra para las actuaciones presenciales y los instrumentos escritos, y

V. Los procedimientos judiciales podrán tramitarse total o parcialmente en línea, así como celebrarse sus actuaciones judiciales presencialmente o a distancia, sin que ello afecte la validez de las actuaciones. No se cuestionará la validez de un procedimiento por la sola razón de que una de las partes haya elegido llevarlo en línea y la otra de forma tradicional.

Artículo 937. El principio de neutralidad tecnológica consiste en que este Código Nacional no impondrá preferencias en favor o en contra de determinada tecnología, ni fomentará artificialmente determinadas opciones tecnológicas en detrimento de otras.

Este principio no limitará o impedirá que se usen los sistemas de justicia digital autorizados, según lo determinen los Acuerdos que establezcan los Lineamientos aprobados por el Consejo de la Judicatura respectivo.

Artículo 938. Los sistemas de justicia digital constituyen implementos adicionales, progresivos y optativos que deberán aplicarse y usarse en respeto a los derechos humanos y garantizando el derecho a la tutela judicial efectiva, por lo que de ninguna forma podrán interpretarse en forma restrictiva.

SECCIÓN PRIMERA
DE LA INTEGRACIÓN DEL EXPEDIENTE JUDICIAL

Artículo 939. El expediente judicial se integrará física y electrónicamente de acuerdo con las disposiciones establecidas en el presente Código Nacional, salvo que las partes convengan en que únicamente se integre de forma electrónica.

El Acuerdo que contenga Lineamientos aprobados por el Consejo de la Judicatura que corresponda, establecerá las reglas que permitan la debida integración de expedientes físicos y electrónicos, para los procedimientos tramitados en la modalidad en línea.

El expediente físico deberá contar con la impresión de los mensajes de datos y, de ser requerido, autenticados con firma electrónica avanzada, así como, en su caso, el acta de la diligencia respectiva, en la que se indicará la existencia de la videograbación que, aunque esté resguardada en otro lugar, formará parte del expediente respectivo.

Artículo 940. La autoridad jurisdiccional, a través de las áreas competentes, realizará todos los actos necesarios para concentrar todas las actuaciones, audiencias, diligencias, promociones y demás constancias de un procedimiento en línea en un mismo expediente judicial, que se integrará cronológicamente con las actuaciones judiciales, con independencia de la forma en que se hayan celebrado o presentado las mismas, garantizando que tanto el expediente físico como el electrónico contengan la misma información.

Artículo 941. El expediente electrónico deberá integrarse simultáneamente con el expediente físico, salvo aquellos casos en que el Consejo de la Judicatura correspondiente autorice solamente la integración de la versión electrónica y siempre que se garantice el derecho a la tutela judicial efectiva de las partes.

El expediente electrónico será el reflejo del expediente físico, para lo cual, además de los requisitos aplicables, se certificará por la persona funcionaria judicial facultada para ello, la coincidencia de las actuaciones judiciales entre sí.

Artículo 942. En los procedimientos en línea o promociones electrónicas, cualquier anexo deberá ir adjunto a la promoción electrónica. El juzgador podrá requerir la exhibición física del documento para corroborar su autenticidad e integridad. El anexo debe ir digitalizado junto con la promoción, lo que permitirá al juzgador consultarlo cuando lo requiera.

Artículo 943. El cotejo de documentos y demás actos necesarios que se requieran confrontar entre los expedientes físico y electrónico, se podrá realizar por conducto de la persona funcionaria judicial facultada para ello.

Dicha persona funcionaria judicial será responsable de verificar la coincidencia de contenidos entre el expediente físico y el expediente electrónico, y deberá validar, cuando así proceda, que:

I. Toda documentación recibida por vía electrónica se imprima y agregue al expediente físico, en su caso, con la evidencia criptográfica de la firma electrónica avanzada respectiva, y

II. La documentación recibida en formato impreso se digitalice e ingrese al expediente electrónico respectivo, certificándolo mediante el uso de la firma electrónica avanzada correspondiente.

Artículo 944. Las personas que intervengan en el procedimiento en línea deberán ajustarse a los Lineamientos para la promoción, consulta y acceso de expedientes digitales que emitan los Consejos de la Judicatura respectivos.

Artículo 945. Las personas funcionarias judiciales adscritas a las autoridades jurisdiccionales podrán acceder a los expedientes electrónicos relacionados con el ejercicio de sus atribuciones, para lo cual deberán contar con la clave de acceso otorgada por el órgano competente del Consejo de la Judicatura respectivo. Adicionalmente, deberán utilizar su firma electrónica avanzada para agregar constancias y resoluciones judiciales a los referidos expedientes.

Artículo 946. La información relativa a los expedientes electrónicos será preservada de conformidad con los lineamientos o disposiciones correspondientes.

SECCIÓN SEGUNDA
DE LA DIGITALIZACIÓN Y USO DE FIRMA ELECTRÓNICA

Artículo 947. Toda promoción, documentación y actuación que ingrese a un expediente electrónico deberá ser suscrita y autenticada con una firma electrónica avanzada.

Artículo 948. Las diligencias, promociones, resoluciones o actuaciones físicas autenticadas con firma autógrafa, se digitalizarán para su incorporación en el expediente electrónico de forma que se garantice su integridad, conservación y disponibilidad. Para la conservación y digitalización de documentos, la autoridad jurisdiccional seguirá las reglas que, para tal efecto, establece la Norma Oficial Mexicana que regule dichas actividades o las que se establezcan en los lineamientos que emita el Consejo de la Judicatura Federal correspondiente y que deberán ser acordes con dicha Norma.

Artículo 949. Las actuaciones y promociones judiciales contenidas en un mensaje de datos o documento electrónico suscritas con una firma electrónica avanzada amparada por un certificado digital vigente, garantizará la integridad del documento y producirá los mismos efectos que las leyes otorgan a los documentos con firma autógrafa, teniendo el mismo valor probatorio.

Artículo 950. Para efectos de los procedimientos en línea regulados por este Código Nacional, la autoridad jurisdiccional y las partes podrán utilizar la Firma Electrónica Certificada del Poder Judicial de la Federación (FIREL), la firma electrónica que se utilice en el Poder Judicial respectivo, y las firmas electrónicas emitidas y reconocidas por otras autoridades con los cuales los Poderes Judiciales hayan celebrado convenios para el reconocimiento de certificados digitales homologados.

Artículo 951. La página de firmantes que contenga las firmas electrónicas avanzadas de las personas funcionarias judiciales, hará las veces del sello físico que la autoridad jurisdiccional impone en los expedientes físicos.

Artículo 952. Todas las notificaciones realizadas en los procedimientos en línea surtirán sus efectos conforme a lo previsto en este Código Nacional.

Artículo 953. Cuando deba correrse traslado en la notificación electrónica, se adjuntará el documento digitalizado, documento electrónico o mensaje de datos respectivo debidamente cotejado por la persona funcionaria judicial facultada, de forma que garantice su disponibilidad e integridad.

Artículo 954. Cuando las partes reciban la notificación electrónica, el sistema de justicia digital correspondiente deberá generar acuse de recibido en el momento de la recepción del mensaje de datos a notificar, de conformidad con los lineamientos que para dichos efectos se emitan. Dicho acuse acreditará la debida notificación.

Artículo 955. Las comunicaciones diversas, como vistas al Ministerio Público, Fiscalías o Representación Social, requerimientos a las autoridades, peritos y demás auxiliares oficiales, se harán en forma electrónica a su correo electrónico oficial designado para ello, con acuse de recibo.

Artículo 956. Toda la información recibida vía electrónica, se apegará a las disposiciones aplicables de las leyes vigentes en materia de transparencia, acceso a la información pública y protección de datos personales, según corresponda.

CAPÍTULO II
DEL PROCEDIMIENTO EN LÍNEA Y DE LAS AUDIENCIAS VIRTUALES

SECCIÓN PRIMERA
DEL PROCEDIMIENTO EN LÍNEA

Artículo 957. Los procedimientos en línea se ajustarán a las siguientes disposiciones:

I. Las partes e intervinientes en un procedimiento en línea podrán presentar todos sus escritos, promociones y anexos de forma electrónica o a través de documento digitalizado. En ambos casos deberán estar autenticados mediante firma electrónica avanzada.

II. En el caso de diligencias y audiencias virtuales:

a) Se señalará día y hora para llevarla a cabo;

b) Se hará saber a las partes y demás intervinientes, por cualquiera de los medios de comunicación establecidos en este Código Nacional, la fecha de la misma y el enlace o método de acceso a la sala virtual;

c) En la fecha señalada, la autoridad jurisdiccional declarará la apertura de la diligencia o audiencia virtual en su sede judicial, ordenando a la persona secretaria de acuerdos o a quien, de acuerdo con el organigrama correspondiente realice tales funciones, proceda a identificar a todos y cada uno de los participantes;

d) Para fines de dicha identificación, los participantes deberán presentar el original de su identificación oficial vigente con fotografía, a los efectos de contar con evidencia digital, videograbada o fotográfica de la misma o, en su caso, cualquier elemento de identificación adicional que al efecto se autorice por la autoridad jurisdiccional, y

e) Hecho lo anterior, se procederá al desahogo de la diligencia o audiencia en los términos establecidos en este Código Nacional para el procedimiento respectivo;

III. Cuando deban recibirse testimonios, declaraciones, peritajes o cualquier información, con el objeto de garantizar las condiciones de autonomía y libertad en su emisión, o el derecho de las partes a realizar las preguntas que les correspondan, según sea el caso, la autoridad jurisdiccional podrá ordenar, a su criterio, cualquiera de las siguientes medidas:

a) Que la persona declarante lo haga en un área de transmisión designada por la autoridad jurisdiccional, sala remota o unidad de enlace que proporcione el Poder Judicial de la Entidad Federativa que corresponda, debiendo cumplir los requisitos para la recepción del desahogo de la prueba o información de que se trate;

b) Que la persona declarante lo haga en el área de transmisión que haya señalado la parte oferente en el juicio, acompañada de un servidor público, quien deberá asegurarse y hacer constar que la persona declarante no está siendo asistida de ninguna forma;

c) Que la persona declarante transmita desde un área que haya señalado la parte interesada, que permita verificar visual y auditivamente, a través de la cámara y micrófono, que al momento de la recepción de la prueba se encuentra sin asistencia, debiendo mantenerse a cuadro en todo momento, con el micrófono encendido durante su desahogo, ya que no se permitirá la interrupción de la transmisión de video y audio en ningún caso, así como el uso de algún dispositivo electrónico o la injerencia de cualquier otra persona durante el desahogo y hasta en tanto concluya la audiencia. En caso de incumplimiento se amonestará al infractor por única ocasión y, en caso de reincidencia, se dará vista a la Representación Social para que, de oficio, inicie la investigación correspondiente, y se declarará desierta la prueba por causas imputables a su oferente, continuándose en la etapa procesal que corresponda;

d) La parte contraria podrá estar presente durante el desahogo de la audiencia o diligencia virtual y, de ser necesaria su intervención, podrá solicitarlo mediante mensaje en el sistema electrónico de la sala virtual, levantando la mano o pidiéndolo verbalmente, para ser escuchado por la autoridad jurisdiccional. Mismo orden deberá llevarse a cabo, en el supuesto de que decida formular preguntas a alguno de los declarantes;

e) Que la persona declarante, o aquella que tenga a su cargo el desahogo de una prueba, se ubique en la misma área de transmisión de la autoridad jurisdiccional, aun cuando los representantes legales o demás participantes se encuentren en diverso lugar del de la transmisión, y

f) Cumplir con las disposiciones de la Sección segunda "De las Audiencias y Diligencias Virtuales", de este Capítulo.

IV. La persona juzgadora usará un lenguaje sencillo y claro durante toda la audiencia o diligencia virtual.

V. En su caso, desahogado todo el caudal probatorio, se pasará al período de alegatos si se prevé esta etapa para el procedimiento respectivo y, declarado visto el asunto, se procederá a emitir en el acto la sentencia o resolución judicial correspondiente, la cual se explicará con un lenguaje cotidiano, breve y sencillo a quien esté presente, entregando copia de la misma. Para ello, se decretará el receso pertinente para la materialización de la sentencia o resolución judicial. A quien esté ausente o desaparecido se le notificará en forma electrónica, dispensándose la explicación ante la inasistencia de ambas partes. La sentencia o resolución judicial correspondiente se emitirá en los términos y con las formalidades que se establecen en el presente Código Nacional para cada caso.

VI. Una vez hecho lo anterior, la autoridad jurisdiccional ordenará la elaboración de un acta mínima de la diligencia o audiencia virtual, la cual no requerirá de la firma de los participantes y sólo contendrá la firma electrónica avanzada de la persona a quien corresponda autorizar y dar fe del contenido de dicha acta.

VII. Si en la sentencia o resolución judicial se ordena su inscripción ante algún Registro, autoridad o institución, o la expedición de algún oficio, la autoridad jurisdiccional lo realizará y enviará electrónicamente a las autoridades o personas correspondientes.

En todo lo no previsto en el presente Capítulo, se estará a las disposiciones contenidas en este Código Nacional.

Artículo 958. En todos los casos las partes interesadas o intervinientes en una audiencia o diligencia virtual, deberán cumplir con las disposiciones antes referidas, apercibidos de que, en caso contrario, serán expulsadas de la sala virtual las personas infractoras, por causas imputables a las mismas, debiendo asumir las consecuencias legales que esto implique, continuando con el desarrollo de la audiencia o diligencia virtual. Asimismo, se impondrán las correcciones disciplinarias y medidas de apremio reguladas en este Código Nacional que la persona juzgadora considere oportunas.

SECCIÓN SEGUNDA
DE LAS AUDIENCIAS Y DILIGENCIAS VIRTUALES

Artículo 959. A petición de parte o por propuesta de la autoridad jurisdiccional, cualquier audiencia y diligencia prevista en el presente Código Nacional podrá celebrarse bajo la modalidad de audiencia virtual y diligencia virtual.

En las audiencias, cualquiera de las partes o la autoridad jurisdiccional, podrán estar presentes vía remota o a través de sistemas de justicia digital de acuerdo con los lineamientos respectivos, siempre y cuando se garantice el derecho a la tutela judicial efectiva y los principios procesales previstos en el presente Código Nacional.

Artículo 960. Cuando la autoridad jurisdiccional advierta en cualquier etapa del procedimiento, la viabilidad de llevar a cabo la audiencia o diligencia virtuales del procedimiento de que se trate, exhortará a las partes para optar por dicha alternativa. En todo caso, quienes intervengan en forma virtual o remota deberán:

I. Tener acceso a una computadora o dispositivo electrónico similar que tenga la capacidad de realizar videoconferencias, para lo cual es necesario que dicho equipo cuente con micrófono y cámara web;

II. Contar con conexión a Internet con al menos una velocidad de 1.5 megabytes por segundo;

III. Señalar un correo electrónico que esté registrado o señalado ante la autoridad jurisdiccional para ser notificado, así como para recibir el enlace o método de acceso a la sala virtual designada para llevar la audiencia o diligencia virtual, y

IV. Quienes comparezcan vía remota o electrónica deberán indicar el lugar y área de transmisión que ocuparán, así como los demás intervinientes a su cargo, lo que deberán hacer bajo protesta de decir verdad, cumpliendo además con lo dispuesto en este Código Nacional.

En caso de requerirlo, cualquiera de las partes o intervinientes en una audiencia o diligencia virtuales, podrán solicitar a una autoridad jurisdiccional, local o federal, distinta de la que sustancie el procedimiento, que le permita el acceso a su recinto judicial y le proporcione todo lo necesario para atender en tiempo y forma la audiencia o diligencia virtual. Dicha solicitud deberá hacerse con una razonable anticipación a la celebración de la audiencia o diligencia virtuales, dependiendo del procedimiento de que se trate, y deberá contener los datos de identificación del expediente y procedimiento judicial, las razones en que sustenta su solicitud y una dirección de correo electrónico. La autoridad jurisdiccional requerida deberá resolver y notificar su resolución mediante correo electrónico, en un plazo breve.

Artículo 961. En caso de advertir alguna falla técnica u otra situación extraordinaria que impida el desarrollo de la audiencia o diligencia virtuales, la autoridad jurisdiccional determinará las medidas que estime necesarias para continuarla o, de ser el caso, suspenderla, supuesto en el que señalará una hora o fecha posterior para su reanudación a través del uso preferente de la sala virtual o de manera presencial.

Las audiencias y diligencias virtuales se registrarán y el personal facultado para ello deberá relacionarlas con el expediente electrónico respectivo, siguiendo para ambos aspectos las pautas establecidas en los Acuerdos que contengan los Lineamientos que los Consejos de la Judicatura respectivos emitan para tal efecto.

El registro de las diligencias virtuales, audiencias virtuales y, tratándose de sesiones, de la porción respectiva al asunto del que se trate, será parte del expediente electrónico y no se requerirá transcripción alguna de lo que ahí conste.

La participación de las partes a través de audiencias y diligencias virtuales generará los mismos efectos y alcances jurídicos que la audiencia o diligencia que se realice con presencia física ante las autoridades jurisdiccionales.

Artículo 962. Cuando para el desarrollo de la audiencia o diligencia virtuales resulte fundamental mantener la separación o exclusión de ciertos intervinientes en determinados momentos de la misma, la autoridad jurisdiccional encargada de su conducción solicitará el apoyo de su personal técnico o administrativo para que, con asistencia técnica, se adopten medidas tendientes a:

I. Verificar dicha separación física y la ausencia de influencias o injerencias que puedan afectar un testimonio, declaración o peritaje;

II. Enviar a dichos intervinientes a salas de espera virtuales, utilizando para ello las funcionalidades previstas en la herramienta tecnológica implementada para la práctica de las mismas, y

III. Ordenar todas las medidas necesarias para tal efecto, siempre que se respeten los principios de este Código Nacional.

Artículo 963. Para la celebración de las diligencias y audiencias virtuales deberán de acatarse las reglas de las diligencias y audiencias dentro del procedimiento judicial respectivo, ajustándose en lo conducente a las reglas para el desarrollo de las audiencias y diligencias virtuales, en términos de lo dispuesto en el presente Título.

CAPÍTULO III
DE LOS SISTEMAS DE JUSTICIA DIGITAL Y DE LA SEGURIDAD DE LA INFORMACIÓN

SECCIÓN PRIMERA
DE LOS SISTEMAS DE JUSTICIA DIGITAL

Artículo 964. Los Poderes Judiciales correspondientes, a través del Consejo de la Judicatura o la autoridad competente señalada en su respectiva Ley Orgánica:

I. Implementarán y mantendrán actualizadas y funcionales los sistemas de justicia digital necesarios con el fin de contar con Oficialías de Partes en línea, servicios digitales, notificaciones electrónicas, así como las tecnologías necesarias para hacer accesible para todas las personas la justicia digital, y proveer lo necesario para que exista ciberseguridad;

II. Designarán a una persona, área, unidad administrativa o proveedor de tecnologías de información que de forma permanente sea responsable de:

a) Supervisar que los sistemas de justicia digital se mantengan funcionando de forma correcta y segura;

b) Dar soporte a las personas juzgadoras y personas funcionarias judiciales en todo lo relacionado con el uso de los sistemas de justicia digital;

c) Atender las quejas y orientar a los usuarios de sistemas de justicia digital para que comprendan la forma de operar de dichos sistemas;

d) Corregir cualquier falla, error, intermitencia o problema que afecte, impida u obstaculice, total o parcialmente, el funcionamiento de los sistemas de justicia digital, y

e) Conocer y compartir las mejores prácticas en el funcionamiento e implementación de sistemas de justicia digital con los Consejos de la Judicatura de otras Entidades Federativas, así como con el Consejo de la Judicatura Federal.

Artículo 965. Los sistemas de justicia digital deberán:

I. Contar con garantías sólidas de uso y funcionamiento, que les brinde continuidad y soporte permanente a los usuarios de estos sistemas, y

II. Gozar de medidas de seguridad de la información confiables y robustas.

Artículo 966. Cuando por caso fortuito, fuerza mayor o por fallas técnicas se interrumpa el funcionamiento de uno o más de los sistemas de justicia digital que dependan (sic) la autoridad jurisdiccional y que hacen posible los procedimientos en línea, hagan inviable el cumplimiento de los plazos establecidos en la ley, las partes deberán dar aviso a la autoridad jurisdiccional correspondiente en la misma promoción sujeta a término, quien pedirá un reporte al titular de la unidad administrativa del Juzgado o Tribunal responsable de la administración del sistema o plataforma sobre la existencia de la interrupción del servicio.

El reporte que determine que existió interrupción en el sistema o plataforma deberá señalar la causa y el tiempo de dicha interrupción, indicando la fecha y hora de inicio y término de la misma. Los plazos se suspenderán únicamente por el tiempo que haya durado la interrupción del sistema de justicia digital afectado. Para tal efecto, el Juzgado o la Sala hará constar esta situación mediante acuerdo en el expediente electrónico y, considerando el tiempo de la interrupción, realizará el computo correspondiente, para determinar si hubo o no incumplimiento de los plazos legales.

Artículo 967. Las fallas que pueda sufrir la computadora, dispositivo, el equipo o la conexión a internet de las partes, interesados o sus representantes legales, de ninguna forma interrumpirán los plazos establecidos en este Código Nacional.

SECCIÓN SEGUNDA
DE LA SEGURIDAD DE LA INFORMACIÓN

Artículo 968. Seguridad de la información es el principio consistente en que todo procedimiento en línea, promoción electrónica, audiencia virtual, diligencia virtual, videoconferencia, y en general, toda actuación y documentación que forme parte de procedimientos en línea, se lleve a cabo protegiendo la información y los sistemas de información contra el acceso, uso, divulgación, interrupción, modificación o destrucción no autorizados a fin de proporcionar confidencialidad, integridad y disponibilidad, mientras dichos atributos no se contrapongan con la naturaleza o características de determinado procedimiento, audiencia o actuación judicial.

Artículo 969. Las autoridades jurisdiccionales tienen la principal responsabilidad de proteger la información, los documentos y las comunicaciones que se lleven a través de medios electrónicos, así como los sistemas que contengan dicha información, incluyendo las audiencias y diligencias virtuales.

Lo anterior no exime a las partes interesadas y usuarios de sistemas de justicia digital de tomar sus propias medidas y precauciones para mantener la seguridad de la información que se envíe, intercambie y gestione a través de dichos sistemas.

Artículo 970. La autoridad jurisdiccional advertirá a todas las personas que intervengan en un procedimiento en línea, de la naturaleza confidencial o pública de las audiencias y diligencias virtuales.

Artículo 971. Las partes, los auxiliares en la administración de justicia, sus representantes y cualquier otra persona que intervenga en un procedimiento en línea, deberán acatar toda instrucción, orden u obligación en materia de seguridad de la información, privacidad y protección de datos personales, que provenga de la autoridad jurisdiccional, de este Código Nacional, de la legislación federal aplicable o de los Lineamientos que emita el Consejo de la Judicatura respectivo.

Artículo 972. Son acciones básicas que debe adoptar la autoridad jurisdiccional para darle seguridad al expediente electrónico, así como a los procedimientos en línea, y todos los sistemas de justicia digital:

I. Adoptar e implementar políticas, programas o soluciones informáticas que detecten, prevengan, mitiguen y eliminen amenazas, riesgos e incidentes cibernéticos;

II. Verificar la vigencia de los certificados digitales de las firmas electrónicas avanzadas;

III. Verificar el adecuado funcionamiento de los programas o plataformas electrónicas que posibiliten las audiencias virtuales, así como las videoconferencias;

IV. Usar comunicaciones electrónicas protegidas por algún mecanismo de seguridad como el cifrado;

V. Corroborar que los enlaces y documentos electrónicos o mensajes de datos que se adjunten en correos o comunicaciones electrónicas estén libres de virus y código malicioso, y en caso contrario, aplicar los mecanismos necesarios para eliminar o corregir cualquier amenaza cibernética detectada;

VI. Comprobar la integridad, accesibilidad, formato y contenido de los documentos digitalizados, archivos electrónicos o mensajes de datos que formen parte de los expedientes judiciales, las actuaciones, las audiencias y las diligencias virtuales;

VII. Corroborar fehacientemente la identidad de las partes y otras personas intervinientes en un procedimiento en línea;

VIII. Aplicar soluciones o mecanismos tecnológicos que aseguren la conservación, integridad y disponibilidad de todas las resoluciones judiciales e información que contenga el expediente electrónico, y

IX. Mantener respaldos seguros de toda la información que contengan los expedientes electrónicos.

El Consejo de la Judicatura respectivo emitirá Lineamientos de Seguridad de la Información, y todos aquellos que considere pertinentes para dotar de seguridad jurídica y tecnológica a los procedimientos en línea.

Artículo 973. No se deberán usar los documentos, sellos y firmas electrónicas para fines indebidos, por lo que ante ello se dará vista a los interesados para que realicen las gestiones pertinentes ante los órganos administrativos o autoridades correspondientes.

LIBRO NOVENO
DE LA SENTENCIA, VÍA DE APREMIO Y SU EJECUCIÓN

TÍTULO ÚNICO
DE LA EJECUCIÓN DE LA SENTENCIA

CAPÍTULO I
DE LA SENTENCIA EJECUTORIADA Y COSA JUZGADA

Artículo 974. Se considera cosa juzgada la sentencia que ha causado ejecutoria, el convenio emanado de cualquier procedimiento judicial, el celebrado en el procedimiento de mediación en el Centro de Justicia Alternativa correspondiente en las Entidades Federativas, así como el que resulte de la mediación comunitaria, y en los demás casos que la ley prevea.

Artículo 975. Causan ejecutoria por ministerio de Ley:

I. Las sentencias de segunda instancia;

II. Las que resuelvan una queja;

III. Las que resuelven una competencia;

IV. Las demás que se declaran irrevocables por prevención expresa de la Ley;

V. Las que no puedan ser recurridas por ningún medio ordinario, y

VI. Los convenios de mediación, conciliación o transacción emanados de los mecanismos alternativos para la solución de controversias realizados antes del inicio de un procedimiento jurisdiccional o durante el desarrollo de éste, sin necesidad de ser ratificados ante la autoridad jurisdiccional, los que tendrán la categoría de cosa juzgada o en su caso de sentencia ejecutoriada de conformidad con sus propias leyes.

Artículo 976. Las sentencias definitivas o interlocutorias respecto de prestaciones futuras y de los juicios que por su naturaleza así proceda, serán declaradas firmes, en virtud de que sólo tendrán autoridad de cosa juzgada, mientras no se alteren o cambien las circunstancias que afecten el ejercicio de la acción que se dedujo en el juicio principal y sólo podrán ser modificadas mediante juicio posterior.

Artículo 977. Causan ejecutoria por declaración judicial:

I. Las sentencias y resoluciones judiciales consentidas expresamente por las partes o por su persona representante autorizada con poder o cláusula especial;

II. Las sentencias de que hecha notificación en forma, no se interponga recurso en el término señalado por la Ley, y

III. Las sentencias contra las que se interpuso recurso, pero no se continuó en forma y términos legales, operando la caducidad de la segunda instancia; o cuando el recurso se declare improcedente, se deseche o se desista de éste, la parte o su persona representante autorizada con poder o cláusula especial.

Artículo 978. En los casos a que se refiere la fracción I del artículo anterior, la autoridad jurisdiccional de oficio hará la declaración correspondiente.

En el caso de la fracción II, la declaración se hará de oficio o a petición de parte, previa la certificación correspondiente de la persona secretaria judicial.

En los supuestos de la fracción III, la declaración se hará de oficio o a petición de parte, por la autoridad jurisdiccional que corresponda.

Artículo 979. El auto en que se declara que una sentencia o resolución judicial ha causado o no ejecutoria, no admite ningún recurso.

CAPÍTULO II
DE LA VÍA DE APREMIO Y EJECUCIÓN DE SENTENCIA

Artículo 980. En la vía de apremio y los procedimientos de ejecución de sentencia o convenio, además de los principios previstos por este Código Nacional, serán aplicables los siguientes:

I. Cumplimiento voluntario. La autoridad jurisdiccional privilegiará y dará prioridad al cumplimiento voluntario de la sentencia de la resolución a través de los mecanismos autorizados en el presente Código Nacional y los que considere pertinentes, dejando como última alternativa la ejecución forzosa;

II. Ejecución con óptica de derechos humanos. Debe garantizarse la ejecución pronta y expedita de la sentencia definitiva o convenio judicial en estricto respeto a los derechos humanos de la parte ejecutante y ejecutada;

III. Idoneidad, razonabilidad y proporcionalidad. La autoridad jurisdiccional deberá interpretar armónicamente las disposiciones para la ejecución de sentencias en relación con los puntos resolutivos de la sentencia definitiva, procurará tener siempre un enfoque de los derechos humanos de la persona ejecutante y ejecutada;

IV. Celeridad. La ejecución de sentencia o convenio judicial, privilegiará el cumplimiento sobre la formalidad, siempre y cuando se garantice la igualdad, seguridad y la tutela jurisdiccional efectiva de las personas ejecutantes, ejecutadas y terceros relacionados con los últimos, y

V. Buena fe y lealtad procesal. Es responsabilidad de las partes, ejecutante y ejecutada, cumplir y lograr la ejecución de la sentencia o convenio judicial, por lo que su participación debe entenderse en el sentido de cumplir con la vigilancia y postulación del procedimiento, así como garantizar el cumplimiento de la misma con dignidad para todas las personas, sin dilación en la impartición de justicia.

Artículo 981. En el procedimiento de ejecución de sentencia, de las resoluciones judiciales o la tramitación de cualquier incidente relacionado con las mismas, no se requerirá notificación personal, salvo que la ejecución se solicite después de tres meses que la sentencia definitiva o convenio judicial cause ejecutoria o se trate del emplazamiento de una tercería. Lo anterior, salvo la materia familiar, en la que la autoridad jurisdiccional proveerá lo necesario en relación con las notificaciones personales en dichos supuestos.

Las tercerías en etapa de ejecución de sentencia y aquellos que la autoridad jurisdiccional estime necesario, se notificarán personalmente a las partes, a través del correo electrónico que hayan designado en autos, o en su defecto, por cualquier medio de comunicación judicial de los previstos en el presente Código Nacional.

Artículo 982. Procede la vía de apremio a instancia de parte, siempre que se trate de la ejecución de una sentencia o de un convenio celebrado en juicio o en virtud de pacto comisorio expreso que obre en escritura pública, ya sea por las partes o por terceros que hayan venido a juicio.

Esta disposición será aplicable en la ejecución de convenios celebrados ante la Procuraduría Federal del Consumidor, la Procuraduría Social y las Instituciones homólogas de la Entidad Federativa de que se trate con las atribuciones respectivas, así como los laudos emitidos por dichas Instituciones.

La ejecución de convenios emanados del procedimiento de mediación ante los Centros de Justicia Alternativa, de Mediación Comunitaria, Estatales o Municipales, los realizados a través de Mediadores Públicos o Privados certificados, que cumplan previamente con los requisitos previstos en la Ley de cada Entidad Federativa, los celebrados ante los Juzgados Cívicos o sus homólogos tratándose de daños culposos causados con motivo de tránsito de vehículos.

Artículo 983. La ejecución de sentencias definitivas que hayan causado ejecutoria, se hará por la autoridad jurisdiccional que conoció del procedimiento en la primera instancia o por aquella que la Ley Orgánica respectiva determine.

La ejecución de las resoluciones firmes que resuelvan un incidente queda a cargo de la autoridad jurisdiccional que conozca del principal, según corresponda.

La ejecución de los convenios celebrados en juicio se hará por la autoridad jurisdiccional que conozca del asunto en que tuvieron lugar; pero no procede en la vía de apremio, si no consta judicialmente en autos.

Las sentencias pronunciadas sobre derechos reales e inmuebles en una Entidad Federativa serán ejecutadas en las demás y por la Federación por la autoridad jurisdiccional facultada para ello de conformidad con las leyes del lugar de la ejecución.

Artículo 984. Las transacciones o los convenios que se celebren en segunda instancia, serán ejecutados por la autoridad jurisdiccional que resolvió en la primera instancia, debiendo la autoridad jurisdiccional de segunda instancia enviar los autos y copia certificada del convenio respectivo dentro de los tres días siguientes a que se celebró y aprobó.

Artículo 985. La sentencia ejecutoriada que pronuncie la autoridad jurisdiccional de segunda instancia no requerirá notificación personal alguna a las partes.

Artículo 986. La ejecución de las sentencias arbitrales, los laudos, los convenios de mediación o transacción extrajudiciales y los celebrados ante las autoridades administrativas correspondientes, se hará por la autoridad jurisdiccional designada por las partes o, en su defecto, por la del lugar del procedimiento o la de la ubicación de los bienes objeto de ejecución a elección de la parte ejecutante.

Artículo 987. La ejecución de las sentencias y convenios en la vía ejecutiva, se efectuará conforme a las reglas generales del juicio ejecutivo civil oral por la autoridad jurisdiccional que resolvió el asunto.

Artículo 988. Las sentencias definitivas, interlocutorias y los convenios judiciales deberán señalar un plazo razonable para su cumplimiento; en caso de ausencia de dicho plazo, la persona ejecutada contará con el término improrrogable de diez días, una vez que la resolución judicial de que se trate quede firme, mismo que correrá a partir del día siguiente en que surta efectos su notificación.

Artículo 989. Una vez que la sentencia definitiva, sentencia interlocutoria ejecutoriada o convenio judicial, se encuentre firme, y transcurrido el plazo concedido para su cumplimiento voluntario, sin que éste se haya realizado, la parte que pretenda ejecutar, podrá solicitar a la autoridad jurisdiccional, la celebración de la audiencia de cumplimiento. Admitida la solicitud, se señalará fecha y hora para su celebración dentro de los siguientes diez días.

En los demás casos que proceda la vía de apremio será siempre a instancia de parte interesada el inicio del procedimiento. En estos casos deberá notificarse personalmente a las partes involucradas el inicio del procedimiento y los demás casos que la autoridad jurisdiccional lo considere necesario.

Artículo 990. En materia familiar, sólo en aquellos casos que dadas las especiales particularidades de los efectos de la sentencia ejecutoriada y cuando la autoridad jurisdiccional considere viable la celebración de la audiencia de cumplimiento, se ordenará la misma. En los demás casos, transcurrido el plazo para su cumplimiento voluntario, se procederá a su inmediata ejecución forzosa, sin necesidad de notificación personal a las partes, salvo que la autoridad jurisdiccional así lo decrete.

Artículo 991. Tratándose de prestaciones económicas sin cuantificar, en la audiencia de cumplimiento las partes podrán realizar adicionalmente las propuestas para efecto de su liquidación; quienes además podrán acordar el plazo, forma y modo para su cumplimiento.

Cuando las partes no alcancen un acuerdo sobre la forma, plazo, cuantía o modo de cumplimiento de la sentencia ejecutoriada, se dará por concluida la etapa, y, sin mayor trámite, la autoridad jurisdiccional procederá a ordenar la ejecución forzosa de la sentencia de la que se trate, dictando auto de mandamiento en forma.

Artículo 992. La ejecución de una sentencia definitiva, interlocutoria o convenio judicial podrá iniciarse en la misma audiencia de juicio, concluida la explicación del fallo, siempre que haya comparecido la parte que resultó vencida y se conforme con la misma. La persona ejecutada en ese mismo acto podrá proponer un acuerdo de cumplimiento a la persona que venció, sin que este acuerdo, pueda alterar, modificar o novar el fondo de los puntos resolutivos de la sentencia, salvo en los asuntos del orden familiar y la autoridad jurisdiccional así lo apruebe.

Artículo 993. Cuando se pida la ejecución de una sentencia ejecutoriada, la autoridad jurisdiccional señalará fecha única e indiferible en el plazo de diez días para la celebración de la audiencia de cumplimiento que contará con las siguientes etapas:

I. La etapa de cumplimiento voluntario, y

II. La etapa de ejecución forzosa.

La audiencia se desarrollará de acuerdo a las siguientes reglas:

I. Declarada la apertura de la audiencia de cumplimiento de sentencia ejecutoriada, se iniciará con los acuerdos sobre el cumplimiento voluntario de la sentencia. El funcionario judicial que asista a la autoridad jurisdiccional, identificará a las partes y les tomará la protesta de ley. Seguidamente dará lectura a los puntos resolutivos de la sentencia ejecutoriada de que se trate. En caso de hacerse constar la incomparecencia de la parte demandada desde el inicio de la audiencia, se decretará precluidos sus derechos y se iniciará de inmediato la ejecución forzosa de la sentencia;

II. Agotada la lectura a que se refiere la fracción anterior, la persona ejecutada propondrá a la persona ejecutante una propuesta de cumplimiento voluntario de la sentencia. Enseguida, la persona ejecutante manifestará su conformidad, o bien, propondrá a la persona ejecutada una nueva contra propuesta, quien manifestará la conformidad o no con la misma. Las partes podrán hacer cuantas propuestas y contra propuestas que consideren oportunas con el objeto de llegar a un acuerdo de cumplimiento y siempre que no entrañen dilaciones procesales a consideración de cualquiera de las partes o de la autoridad jurisdiccional;

III. De llegar a un acuerdo sobre el cumplimiento voluntario, la autoridad jurisdiccional, verificará que sea conforme a derecho, respetando los derechos humanos de todos los participantes y que el mismo no provoque o modifique de manera sustancial el fallo que se ejecuta, salvo en materia familiar;

IV. De no llegarse a un acuerdo entre las partes en esta audiencia, se declarará cerrada la etapa de cumplimiento voluntario y, sin mayor trámite se procederá a la apertura de la etapa de ejecución forzosa de la sentencia, procediendo el órgano jurisdiccional a pronunciar auto de mandamiento en forma en contra del ejecutado;

V. Asimismo, en el caso de que existan prestaciones económicas por cuantificar o liquidar o alguna otra condición que no haya hecho exigible la prestación condenada desde la sentencia, las partes podrán llevar sus propuestas de cuantificación para que consensen acuerdo al respecto.

Cuando no se logre ningún acuerdo, en esta etapa, se dará por concluida la etapa de cumplimiento voluntario y se iniciará la ejecución forzosa de la sentencia ejecutoriada, procediendo el órgano jurisdiccional a pronunciar auto de mandamiento en forma en contra del ejecutado por las prestaciones liquidas y se dejarán a salvo los derechos de las partes para que en la vía y forma cuantifiquen las prestaciones pendientes;

VI. En la etapa de ejecución forzada de la sentencia, las partes podrán igualmente intentar llegar a acuerdos sobre la forma de fijar el valor de los bienes en caso de remate, designación de perito único, forma de desocupación, compensaciones y el perdón o quita de algunas prestaciones económicas condenadas, para facilitar la pronta ejecución, los que en su caso serán aprobados por la autoridad jurisdiccional.

De encontrarse el ejecutado o no llegar a algún acuerdo las partes, se emitirá únicamente auto de mandamiento en forma en contra del ejecutado;

VII. Abierta la etapa de ejecución forzada de la sentencia, las partes podrán hacer valer en forma oral, el incidente de liquidación de aquellas prestaciones que la sentencia no tenga cuantificadas de conformidad con las reglas previstas en este Código Nacional.

De no estar presente alguna de las partes, el incidente de liquidación siempre se deberá presentar por escrito, observando las disposiciones aplicables en materia de incidentes previstas en el presente Código Nacional, y

VIII. En la audiencia de cumplimiento no serán admisibles promociones o peticiones por escrito, y las resoluciones judiciales no serán impugnables, salvo que el presente Código Nacional disponga lo contrario.

Artículo 994. Transcurrido el plazo para el cumplimiento voluntario y dictado el auto de mandamiento en forma, si la sentencia condenare al pago de cantidad líquida, se procederá siempre, y sin necesidad de previo requerimiento personal a la persona condenada, se procederá al embargo de bienes en los términos previstos en el presente Código Nacional.

El embargo de bienes, en ejecución de sentencia, sólo puede tener lugar para garantizar el pago de las prestaciones condenadas, así como el pago de daños y perjuicios.

En el caso de procedimientos emplazados por edictos y el ejecutado se encuentre en rebeldía, el embargo se trabará en la sede del órgano jurisdiccional que resultó competente para el trámite y resolución del asunto, debiendo notificarse dicho acto procesal mediante edictos, que se publicarán por una única ocasión en el medio que determine la autoridad jurisdiccional, con los apercibimientos respectivos.

Iniciada la ejecución forzosa de la sentencia ejecutoriada, los actos que requieran notificación personal del ejecutado, se efectuarán en el correo electrónico designado para tal efecto, a falta de correo electrónico o domicilio para oír y recibir notificaciones, le surtirán efectos las mismas, mediante su publicación en el medio de comunicación judicial que ordene la autoridad jurisdiccional.

Artículo 995. Transcurrido el plazo otorgado en el acuerdo respectivo para el cumplimiento de la sentencia, sin haberse cumplido, se procederá al embargo de cantidad cierta y determinada.

En todo caso en que, para despachar ejecución, sea necesario practicar previamente una liquidación de la sentencia, se efectuará ésta por el procedimiento incidental.

Artículo 996. Si los bienes embargados fueren dinero, sueldos, pensiones o créditos realizables en el acto, como efectos de comercio o acciones de compañías que se coticen en la Bolsa Mexicana de Valores, se hará el pago a la persona acreedora inmediatamente después del embargo. Los efectos de comercio y acciones, bonos o títulos de pronta realización, se mandarán vender por conducto de Corredor Público o por la Institución autorizada, a costa de la persona obligada.

Cuando la persona deudora consignare la cantidad reclamada, se suspenderá el embargo y la cantidad se consignará mediante billete de depósito. Si la cantidad consignada no fuere suficiente para cubrir la deuda principal y demás condenas accesorias, se practicará el embargo por lo que falte.

Artículo 997. Si los bienes embargados precautoriamente no estuvieren valuados anteriormente o no se define en audiencia de cumplimiento su valor por acuerdo de ambas partes, se ordenará el avalúo y en su caso, la venta en almoneda pública, en los términos previstos por este Código Nacional.

Sin perjuicio por lo dispuesto en las normas fiscales, no se requiere avalúo cuando el precio conste en instrumento público o se haya fijado por consentimiento de las personas interesadas o se determine por otros medios el precio de los bienes, según las estipulaciones del contrato base de la controversia, a menos que en el curso del tiempo o por mejoras, hubiere variado el precio; el que se fijará sobre el valor objetivo y razonable del mismo, por la autoridad jurisdiccional a través de un único perito valuador.

Cuando la persona ejecutada no hubiere hecho el nombramiento en ejecución de sentencia de perito valuador, se realizará el mismo a través del perito designado por la autoridad jurisdiccional, dentro de aquellos que se encuentren autorizados por el Poder Judicial que corresponda, a costa de la parte ejecutada.

Artículo 998. Del precio del remate, se pagará a la persona ejecutante el importe de su crédito y se cubrirán los gastos de ejecución que hayan sido probados.

Artículo 999. Si la sentencia contuviere condena al pago de cantidad líquida y de otra ilíquida, podrá hacerse efectiva la primera, sin esperar a que se liquide la segunda.

Artículo 1000. Si la sentencia no contiene cantidad líquida, cualquiera de las partes podrá cuantificarla por escrito o en forma oral al promover su liquidación. Si se promueve fuera de la audiencia, se dará un plazo de tres días para que se conteste el incidente, señalándose fecha para audiencia de cumplimiento en cuanto las pruebas admitidas estén preparadas, misma en la que se resolverá. Esta resolución será apelable en el efecto devolutivo.

En el caso de que para la cuantificación se requiera de alguna pericial se ofrecerá en el momento de que se promueva o conteste, la que seguirá el trámite de ofrecimiento, preparación y desahogo en los términos previstos en el presente Código Nacional.

Artículo 1001. Cuando la sentencia hubiere condenado al pago de daños y perjuicios sin fijar su importe en cantidad líquida, habiéndose establecido o no en aquélla las bases para la liquidación, la persona que haya obtenido a su favor el fallo, presentará con la solicitud oral o escrita, en relación de los daños y perjuicios y de su importe, observándose lo dispuesto en este Código Nacional.

Lo mismo se practicará cuando la cantidad ilíquida proceda de frutos, rentas o productos de cualquier clase.

Artículo 1002. Si la sentencia condena a la ejecución de un hecho o prestación de algún bien, la autoridad jurisdiccional señalará al que fue condenado a un plazo prudente para el cumplimiento. Si pasado el plazo el obligado no cumpliere, se observarán las reglas siguientes, dentro o fuera de audiencia de cumplimiento en ejecución de sentencia:

I. Si el hecho fuere personal del obligado y no pudiere prestarse por otro, el ejecutante podrá reclamar el pago de daños y perjuicios a juicio de peritos, salvo que se hubiera condenado al pago de alguna pena, caso en el cuál por ésta, se despachará ejecución;

II. Si el hecho pudiere prestarse por otro, la autoridad jurisdiccional nombrará a la persona o personas que lo ejecuten a costa del obligado en el término que le fije. La persona nombrada podrá solicitar, antes de realizar los trabajos, se le asegure el importe fijado por acuerdo entre ellos, o en su defecto, a juicio de perito oficial, pidiendo de ser necesario se despache auto de ejecución para tal efecto, y

III. Si el hecho consiste en el otorgamiento de algún instrumento o la celebración de un acto jurídico, la autoridad jurisdiccional lo ejecutará por el obligado, expresándose en el documento que se otorgó en rebeldía.

En el caso de que el documento consista en una escritura pública, se pondrán los autos a disposición de la Notaria o el Notario Público que designe la parte en cuyo favor se dictó la sentencia y mediante notificación que surta sus efectos a través de la publicación en el medio de comunicación judicial oficial, se hará del conocimiento de la parte condenada, su deber de comparecer ante la Notaría, a cumplir con su obligación de firmar la escritura que se elabore en estricto cumplimiento a la sentencia condenatoria, lo que deberá hacer dentro del término de cinco días a partir de que la Notaria o el Notario Público le informe que está listo el proyecto respectivo, apercibido que de no hacerlo lo hará la autoridad jurisdiccional en su rebeldía.

Artículo 1003. En el instrumento público, que se otorgue conforme a lo señalado en el artículo anterior, se hará constar que se otorga en ejecución de la sentencia emitida en juicio.

Las actuaciones judiciales que deberán relacionarse, insertarse o agregarse en copias certificadas, al apéndice en la escritura serán, al menos las siguientes:

I. Las cláusulas del contrato que se formaliza o acto jurídico del que emana dicha obligación;

II. La demanda, el emplazamiento y su contestación o la declaración de rebeldía;

III. La sentencia que haya resuelto el fondo del asunto y, en su caso, del auto que la declara firme o del convenio judicial y el auto de aprobación que lo eleve a categoría de sentencia ejecutoriada;

IV. El proveído que ordene poner a disposición de la Notaria o Notario Público los autos para el otorgamiento de escritura respectiva en el cual consta, además, la notificación a las partes de dicho hecho, y

V. El auto de la autoridad jurisdiccional por el que, al no haber comparecido a la firma correspondiente, se otorga la escritura sin su comparecencia.

La Notaria o el Notario Público, una vez que se haya otorgado el instrumento deberá informar a la autoridad jurisdiccional, el número, libro y fecha que corresponda al mismo y, en su caso, devolverá el expediente puesto a su disposición. En caso de requerimiento, la Notaria o el Notario Público, informará de la situación que guarda el expediente que le haya sido turnado.

La autoridad jurisdiccional contará con un plazo máximo de diez días hábiles para emitir mediante proveído las observaciones que estime pertinentes. En caso de requerimiento, la Notaria o el Notario Público, contará con el mismo plazo para su atención.

De no existir observaciones o una vez realizadas las indicadas, la autoridad jurisdiccional firmará la escritura en rebeldía de la parte condenada.

Las resoluciones judiciales que se emitan con relación a las actuaciones que se deben insertar en la escritura y sus aclaraciones, serán irrecurribles.

Artículo 1004. Si la parte ejecutante optare, en cualquiera de los casos enumerados en el artículo anterior, por el resarcimiento de daños y perjuicios, se procederá a embargar bienes de la persona deudora por la cantidad que aquella señale y que la autoridad jurisdiccional podrá moderar prudentemente, sin perjuicio de que la persona deudora reclame sobre el monto.

Esta reclamación se substanciará como el incidente de liquidación de sentencia, misma que será susceptible de apelación.

Artículo 1005. Cuando se trate de sentencia que condene a no hacer, su ejecución consistirá en notificar, al sentenciado, que a partir del cumplimiento del término que en ella misma se señale, o del que, en su defecto, le fije la autoridad jurisdiccional prudentemente, se abstenga de hacer lo que se le prohíba. Lo mismo se observará cuando la obligación de no hacer constare en cualquier otro título que motive ejecución.

Artículo 1006. Tratándose de arrendamiento, en caso de que el arrendatario, en la contestación de la demanda, confiese o se allane a la misma, siempre y cuando esté y se mantenga al corriente en el pago de las rentas, la autoridad jurisdiccional concederá un plazo de tres meses, fijado prudentemente, para la desocupación del inmueble. Cuando la demanda se funde exclusivamente en el pago de rentas este beneficio será de tres meses, siempre y cuando exhiba las rentas adeudadas y se mantenga al corriente en el pago de las mismas. Estos plazos podrán modificarse por acuerdo de ambas partes en la audiencia de cumplimiento.

Artículo 1007. En cualquier otro caso en que se despache ejecución, mandará la autoridad jurisdiccional que se requiera a la persona deudora, para que, en el acto de la diligencia, cubra las prestaciones reclamadas y que, en caso de no hacerlo, si no hubiere bienes embargados afectos al cumplimiento de la obligación, o los que hubiere no fuesen suficientes, se le embarguen los que basten para satisfacer la reclamación.

En el mismo auto a que se refiere el párrafo anterior, se mandará prevenir a las partes que, dentro de tres días, nombre cada una un perito valuador o en su caso, un perito único designado por la autoridad jurisdiccional.

Artículo 1008. Cuando la ejecución tenga por objeto bienes determinados, y, al tratar de llevarse a efecto, resultare que ya no existe, que el deudor la ha ocultado o simplemente no aparece, el ejecutante puede reclamar su valor, intereses y daños y perjuicios, por las cantidades que específicamente fije, y por ellas se despachará ejecución, substanciándose la oposición, en su caso, por el procedimiento incidental, cuya resolución será apelable en el efecto devolutivo.

Artículo 1009. Si el o los bienes se hallan en poder de un tercero, la ejecución no podrá despacharse en su contra, sino en los casos siguientes:

I. Cuando la ejecución se funde en acción real, y

II. Cuando judicialmente se haya declarado nula la enajenación por la que adquirió el tercero.

Artículo 1010. Cuando, en una ejecución, se afecten intereses de terceros que no tengan, con el ejecutante o el ejecutado, alguna controversia que pueda influir sobre los intereses de éstos y en virtud de los cuales se ha ordenado la ejecución, tanto el ejecutante como el ejecutado son solidariamente responsables de los daños y perjuicios que con ella se causen al tercero, y la oposición de éste se resolverá por el procedimiento incidental.

Cuando se demuestre que sólo una de las partes ha sido responsable de la ejecución en bienes del tercero, cesa la solidaridad, condenando sólo al responsable.

Artículo 1011. Cuando la sentencia condene a rendir cuentas, la autoridad jurisdiccional señalará un término de cinco días a la persona obligada, para que se rindan, e indicará también a quién se deban de rendir.

Artículo 1012. La persona obligada, en el término que se le fije, y que no se prorrogará sino por una sola vez y por causa grave, rendirá su cuenta presentando los documentos que tenga en su poder y que la persona acreedora tenga en el suyo y que debe presentar poniéndolos a la disposición de la persona deudora en la secretaría de la autoridad jurisdiccional de que se trate.

Las cuentas deben de contener un preámbulo que contenga la exposición sucinta de los hechos que dieron lugar a la gestión y la resolución judicial que ordena la rendición de cuentas, la indicación de las sumas recibidas y gastadas y el balance de las entradas y salidas, acompañándose de los documentos justificativos, como recibos, comprobantes de gastos y demás.

Artículo 1013. Si la persona deudora presenta sus cuentas en el término señalado, quedarán éstas por tres días a la vista de las partes en el órgano jurisdiccional, y dentro del mismo tiempo presentarán sus objeciones, determinando las partidas no consentidas.

El incidente de impugnación de algunas partidas no impide que se despache ejecución a solicitud de parte, respecto de aquellas cantidades que confiese tener en su poder la persona deudora, sin perjuicio de que se substancien las oposiciones a las partidas objetadas.

Artículo 1014. Si la persona obligada no rindiere cuentas en el plazo que se le señaló, puede la persona acreedora pedir que se despache ejecución contra la persona deudora, si durante el juicio comprobó que ésta tuviera ingresos por la cantidad que estos importaron. La persona obligada puede contradecir el monto de la ejecución, substanciándose el incidente en la misma forma a que se refiere el artículo anterior.

En el mismo caso podrá la persona acreedora pedir a la autoridad jurisdiccional que, en lugar de ejecutar a la persona obligada, preste el hecho un tercero que la propia autoridad jurisdiccional nombre al efecto con cargo al deudor.

Artículo 1015. Cuando la sentencia condene a dividir un bien común y no presente las bases para ello, en la audiencia de cumplimiento se convocará al ejecutante y al ejecutado, para que en presencia judicial determinen las bases de la partición y si no se pusieren de acuerdo, la autoridad jurisdiccional designará a un perito en la materia y señalará a éste el término prudente para que presente el proyecto partitorio.

Presentado el plan de partición, quedará en la secretaría a la vista de los interesados por tres días hábiles para que formulen las objeciones dentro de ese mismo tiempo y de las que se correrá traslado al partidor, y se substanciarán en la misma forma de los incidentes de liquidación de sentencia. La autoridad jurisdiccional, al resolver oralmente, mandará hacer las adjudicaciones.

Artículo 1016. Si la sentencia condena a no hacer, su infracción se resolverá en el pago de daños y perjuicios a la persona actora, quien tendrá el derecho de señalarlos para que por ello se despache ejecución, sin perjuicio de la pena que señale en la sentencia o convenio judicial.

Artículo 1017. Cuando en virtud de la sentencia o de la determinación de la autoridad jurisdiccional deba entregarse algún bien mueble o inmueble, se procederá inmediatamente a poner en posesión de éste a la parte ejecutante o a la persona en quien se fincó el remate aprobado, practicando para este fin todas las diligencias conducentes que solicite la persona interesada.

Si el bien fuere mueble y pudiere ser habido, se le mandará entregar a la persona ejecutante o interesada, que indique la resolución. Si la persona obligada se resistiere, lo hará el actuario, notificador, ejecutor o su homólogo, quien podrá mandar romper las cerraduras y en los casos que se requiera emplear el uso de la fuerza pública.

En caso de no poderse entregar los bienes muebles señalados en la sentencia, se despachará la ejecución por la cantidad que señale la parte interesada y sin perjuicio de que se oponga la persona deudora en la vía incidental al monto señalado.

Igualmente, en los casos que la autoridad jurisdiccional ordene la legal intervención de instituciones de gobierno, éstas deberán brindar el auxilio necesario y sin dilaciones a los efectos de la realización del desalojo.

En la resolución judicial respectiva, se deberá ordenar que, en caso de uso de la fuerza pública, éste será el necesario, razonable y proporcional en la diligencia de desalojo. En la solicitud para la práctica de dicha diligencia, el ejecutante deberá solicitar la autorización judicial de aquellas personas que intervendrán en el desalojo, debiendo identificarlas de forma individual y quienes solo facilitarán el traslado de bienes muebles del interior al exterior del inmueble o mudanza respectiva.

El ejecutante y el ejecutado, serán responsables de los daños y perjuicios ocasionados con motivo de actos realizados por ellos u otras personas que intervengan en el desalojo legal, por actos de exceso y oposición al mismo.

La autoridad jurisdiccional desde que reciba la demanda e identifique la posibilidad de un desalojo legal, garantizará la igualdad de las partes y ordenará las medidas de protección, ajustes razonables, sistemas de apoyo, y demás determinaciones para el debido cumplimiento de la sentencia o convenio sin menoscabo de los derechos humanos de las partes.

La diligencia podrá ser videograbada por servidor público judicial que intervenga.

Artículo 1018. Cuando la sentencia ejecutoriada ordene la entrega de personas, la autoridad jurisdiccional dictará de inmediato los decretos para su debido cumplimiento, contra dicha resolución no procede recurso ordinario alguno.

Además de las medidas de apremio previstas en este Código Nacional, la autoridad jurisdiccional podrá dictar las siguientes:

I. Orden de búsqueda dentro del domicilio en el que se presuma se encuentra la persona que se pretenda restituir, que precise en su caso el rompimiento de cerraduras y el auxilio de la fuerza pública en estricto apego a los requisitos y formalidades previstas en la Constitución Política de los Estados Unidos Mexicanos y los tratados internacionales en la materia;

II. Retención de pasaporte de la persona que se busca, y

III. Solicitud de activación del Protocolo Nacional Alerta AMBER México, en su caso.

Artículo 1019. Todos los gastos y costas que se originen en la ejecución de una sentencia serán a cargo de la persona que fue condenada en ella.

Artículo 1020. La petición para exigir la ejecución de una sentencia, transacción o convenio judiciales podrá ser ejercitada dentro de los siguientes plazos:

I. Tres años en juicios ejecutivos orales, diversos especiales en materia civil y derivados de convenios de mediación y extrajudiciales referidos en este Código Nacional, salvo que la ley especial de donde surja el convenio prevea un plazo diverso;

II. Cinco años para los juicios ordinarios orales civiles;

III. Diez años para el resto de las sentencias dictadas en diversos juicios, incluida la materia familiar, y

IV. En los demás casos, en los plazos que el presente Código Nacional establezca.

Artículo 1021. Los términos fijados en el artículo anterior, se contarán desde la fecha de la sentencia o convenio, a no ser que en ellos se fije el plazo para el cumplimiento de la obligación, en cuyo caso el término se contará desde el día en que se venció el plazo o desde que pudo exigirse la última prestación vencida si se tratare de prestaciones periódicas.

Sólo la última resolución dictada en ejecución forzosa de una sentencia admitirá el recurso de apelación en el efecto devolutivo.

Artículo 1022. Contra la ejecución de las sentencias, convenios judiciales, extrajudiciales y de mediación que alcancen categoría de cosa juzgada, no se admitirá más excepción que la de pago, transacción, compensación, compromiso en árbitros, novación, la espera, la quita, y cualquier otro arreglo que modifique la obligación.

Todas estas excepciones, sin comprender la de falsedad, deberán ser posteriores a la sentencia, convenio o juicio, y constar por instrumento público o por documento privado judicialmente reconocido, o por confesión judicial en la audiencia de cumplimiento.

Estas excepciones se substanciarán en la audiencia de cumplimiento de sentencia, con suspensión de la ejecución únicamente cuando se sustente en la prueba documental antes señalada.

Artículo 1023. Todo lo que en este Capítulo se dispone respecto de la sentencia, comprende el pacto comisorio expreso, transacciones, convenios, laudos y aquellos que ponen fin a los juicios arbitrales, convenios judiciales y aquellos a que se refiere el artículo 471 de este Código Nacional.

CAPÍTULO III
DEL EMBARGO

Artículo 1024. En los casos que así proceda, en la audiencia de cumplimiento la autoridad jurisdiccional decretará oralmente o por escrito el auto de ejecución, el cual tendrá fuerza de mandamiento en forma, para el efecto de que se requiera a la persona deudora el cumplimiento de la obligación respectiva y no verificándolo en el acto, se proceda a embargar bienes suficientes a garantizar el importe de lo que se reclama.

Cuando la parte ejecutada no acuda a la audiencia de cumplimiento, el ejecutor judicial, en compañía del ejecutante, requerirá en el domicilio de la persona deudora el cumplimiento de la obligación y no verificándolo éste en el acto, se procederá a embargar bienes suficientes para cubrir las prestaciones condenadas en la sentencia ejecutoriada, o bien, las demandadas, si se tratare de juicio ejecutivo.

Si el demandado, en el acto del requerimiento, cumple la obligación, ya no se efectuará el embargo.

Artículo 1025. No es necesario el requerimiento de pago en la ejecución del embargo precautorio, ni en la ejecución de sentencias cuando no fuere hallado el ejecutado.

Cuando el embargo recaiga sobre bienes muebles, se podrá efectuar sobre aquellos que el ejecutor judicial tenga a la vista y sean susceptibles de plena identificación, especificando en el acta respectiva las características específicas de los mismos.

Para el caso de no tener a la vista los bienes, a petición del interesado, la autoridad jurisdiccional prestará auxilio para el perfeccionamiento del embargo.

Artículo 1026. Decretado el embargo, si la persona deudora no fuere encontrada en su domicilio, para hacerle el requerimiento de pago, se le dejará citatorio para que espere a hora fija del día siguiente hábil y si no espera, se practicará la diligencia con la persona que se encuentre en el mismo, o a falta de ésta, con el vecino inmediato.

Cuando se encontrare cerrado el domicilio, o se impidiere el acceso al mismo, el ejecutor judicial requerirá el auxilio de la fuerza pública, para hacer respetar la determinación judicial, y hará que, en su caso, sean rotas las cerraduras, para poder practicar el embargo de bienes que se hallen dentro de dicho domicilio.

No verificado el pago, sea que la diligencia se haya o no entendido con el ejecutado, se procederá al embargo de bienes, en el mismo domicilio del demandado o en el lugar en que se encuentren los bienes que han de embargarse.

Artículo 1027. Tratándose de juicio ejecutivo, si la persona deudora, no fuere encontrada en su domicilio por una vez, se le dejará citatorio para hora fija dentro de las veinticuatro horas siguientes y si no espera, se practicará la diligencia con cualquier persona que se encuentre en el domicilio.

Si no se supiere el paradero de la persona deudora, ni tuviere domicilio en el lugar, se hará el requerimiento por tres días consecutivos en el medio de comunicación judicial, se fijará la cédula en los lugares públicos de costumbre y surtirá sus efectos dentro de tres días, salvo el derecho de la persona actora para pedir providencia precautoria.

Verificado de cualquiera de los modos indicados el requerimiento, se procederá en seguida al embargo.

Artículo 1028. Para el caso que no se conociere el paradero de la persona deudora, una vez que se hayan llevado a cabo las diligencias a que se refiere el artículo 199 del presente Código Nacional, se hará la citación a través de la publicación en el medio de comunicación judicial por tres días consecutivos, el cual surtirá sus efectos dentro de tres días. Transcurridos los tres días el embargo se ejecutará, según el caso, en una audiencia especial ante la autoridad jurisdiccional respectiva.

En el caso que la persona ejecutada se encuentre en la audiencia de cumplimiento y la autoridad jurisdiccional ordene auto de mandamiento, en el acto se procederá al requerimiento del pago y en caso de negativa, se procederá al embargo de bienes que resulte procedente conforme a las reglas previstas en el presente Capítulo.

Artículo 1029. El derecho de designar los bienes que han de embargarse corresponde a la persona deudora; y sólo que ésta se rehúse a hacerlo o que esté ausente o desaparecido, deberá ejercerlo la persona actora o su representante legal con facultad expresa para ello, o bien manifestar que se reserva el derecho para hacerlo con posterioridad. El orden que debe guardarse para los embargos es el siguiente:

I. Los bienes consignados como garantía de la obligación que se reclama;

II. Dinero;

III. Créditos realizables en el acto;

IV. Alhajas;

V. Frutos y rentas de toda especie;

VI. Bienes muebles no comprendidos en las fracciones anteriores;

VII. Bienes inmuebles;

VIII. Créditos, y

IX. Sueldos o comisiones.

Artículo 1030. La designación de embargo sobre créditos o cuentas bancarias de la persona deudora sólo procede respecto de las que existen al momento de la ejecución, y bastará que se haga en forma genérica, para que se trabe el embargo y se perfeccione posteriormente por la parte a cuyo favor se haga la ejecución, con el auxilio judicial acerca de informes que rindan terceros, quienes estarán en todo caso obligados a proporcionar los números de cuenta o crédito que permitan su identificación.

En el caso de que el ejecutante se reserve el derecho a señalar bienes, no será motivo para dar nueva oportunidad al ejecutado de señalar.

Cualquier dificultad suscitada en la diligencia no impedirá el embargo; el ejecutor judicial la allanará prudentemente, a reserva de lo que determine la autoridad jurisdiccional.

En caso de que se pretenda ejecutar deudas de carácter alimentario, la prelación establecida en el artículo 819 del presente Código Nacional no será necesaria.

Artículo 1031. La persona ejecutante puede señalar los bienes que han de ser objeto de embargo, sin sujetarse al orden establecido por el artículo anterior:

I. Si para hacerlo estuviere autorizado por la persona obligada en virtud de convenio expreso;

II. Si los bienes que señala la persona demandada no fueron bastantes o si no se sujeta al orden establecido, o

III. Si los bienes estuvieren en diversos lugares. Pudiendo señalar los que se hallen en el lugar del juicio.

Artículo 1032. El embargo sólo procede y subsiste en cuanto a los bienes que fueron objeto de él, basten para cubrir lo condenado en la resolución judicial de que se trate la suerte principal, intereses, costas, gastos y daños y perjuicios, en su caso, incluyéndose los nuevos vencimientos y réditos hasta la conclusión del procedimiento.

Artículo 1033. Cuando practicado el remate de los bienes consignados en garantía, no alcanzare su producto para cubrir la reclamación, la persona acreedora puede pedir el embargo de otros bienes.

Artículo 1034. Podrá pedirse la ampliación de embargo:

I. En cualquier caso, en que, a juicio de la autoridad jurisdiccional, no basten los bienes embargados para cubrir lo condenado en la resolución judicial de que se trate;

II. Si el bien mueble embargado que se sacó a remate dejare de cubrir el importe de lo reclamado a consecuencia de las retasas que sufriere o si transcurrido (sic) seis meses de la remisión, no se hubiere obtenido su venta;

III. Cuando no se embarguen bienes suficientes por no tenerlos la persona deudora y después aparezcan o los adquiera;

IV. En los casos que se promueva una tercería, conforme a lo dispuesto en este Código Nacional, y

V. En los casos en los que después de emplazarse a todas las personas demandadas, transcurran seis meses sin que haya resuelto en definitiva el juicio debido a medios de defensa promovidos por el presunto ejecutado.

Artículo 1035. La ampliación del embargo se seguirá sin suspensión de la sección de ejecución.

Artículo 1036. De todo embargo se tendrá como persona depositaria o interventor, según la naturaleza de los bienes que sean objeto de éste, a la persona o institución, que bajo su responsabilidad nombre la persona acreedora, pudiendo ser ella misma o la persona deudora, mediante formal inventario.

En dichos casos la persona deberá identificarse, señalar domicilio para la guarda y custodia de los bienes dentro de la competencia territorial de la autoridad jurisdiccional, así como protestar y aceptar el cargo en la diligencia respectiva; requisitos sin los cuales no se le tendrá por designado.

El depositario o interventor recibirán los bienes bajo inventario formal, previa aceptación y protesta de desempeñar el cargo. De igual manera, responderán de los daños y perjuicios que pudieran causarse por su negligencia o mala fe, con motivo del depósito o por el incumplimiento de cualquier mandato que determine sobre el destino de los bienes secuestrados.

Se exceptúan de lo dispuesto en este precepto:

I. El embargo de dinero o de créditos fácilmente realizables que se efectúa en virtud de sentencia, porque entonces se hace entrega inmediata a la persona actora en pago; en cualquier otro caso, el depósito se hará en billete o certificado respectivo que se conservará en el seguro del juzgado;

II. El embargo de bienes que han sido objeto de embargo judicial anterior, en cuyo caso este depositario lo será respecto de todos los embargos subsecuentes mientras subsista el primero, a no ser que el reembargo sea por virtud de juicio hipotecario, derecho de prenda u otro privilegio real; porque entonces éste prevalecerá si el crédito de que procede es de fecha anterior al primer embargo, y

III. El embargo de alhajas, obras de arte y demás bienes muebles o inmuebles preciosos que se hará depositándolos en el Monte de Piedad o Institución designada para ello, a costa de la persona deudora.

Artículo 1037. Cuando se justifique que los bienes que se trate de embargar están sujetos a depósito o intervención con motivo de embargo judicial anterior, en caso de reembargo no se nombrará nuevo depositario o interventor, sino que el nombrado con anterioridad lo será para todos los reembargos subsecuentes, mientras subsista el primer embargo, y se pondrá en conocimiento de las autoridades jurisdiccionales que ordenaron los anteriores aseguramientos.

Cuando se remueva al depositario, se comunicará el nuevo nombramiento a las autoridades jurisdiccionales que practicaron los ulteriores embargos, para que procedan conforme a derecho.

Artículo 1038. Cuando por cualquier motivo, quede insubsistente el primer embargo, la autoridad jurisdiccional que lo haya dictado lo comunicará así al que le siga en orden, para que, ante él, se haga el nombramiento de nuevo depositario; pero la autoridad jurisdiccional que dictó dicho primer embargo no cancelará, por esta razón, las garantías otorgadas, hasta que apruebe la gestión del depositario que nombró, y lo declare libre de toda responsabilidad, y hasta que el que le siga en orden le comunique que ante él se otorgaron las que exige la ley. Además, deberá estar concluida toda cuestión relativa a la entrega de los bienes al nuevo depositario.

La autoridad jurisdiccional cuyo embargo quede en primer término, lo comunicará, así a los ulteriores, con expresión de todos los requisitos que, ante ésta, llenó el nuevo depositario.

Artículo 1039. No son susceptibles de embargo:

I. Los bienes que constituyan el patrimonio de familia desde su inscripción en el Registro Público de la Propiedad, Oficina Registral o cualquier otra Institución Registral análoga según la Entidad Federativa de la que se trate, en los términos establecidos por el Código Civil;

II. El lecho cotidiano, los vestidos y los muebles de uso ordinario de la persona deudora, su cónyuge o sus hijos, siempre que no se trate de artículos de lujo;

III. Los instrumentos, aparatos y útiles necesarios para el arte u oficio a que la persona deudora esté dedicada;

IV. La maquinaria, instrumentos y animales propios para el cultivo agrícola, en cuanto fueren necesarios para el servicio de la finca a que estén destinados a juicio de la autoridad jurisdiccional, a cuyo efecto oirá el informe de un perito nombrado por ella a costa de la persona deudora;

V. Los libros, aparatos, instrumentos y útiles de las personas que ejerzan o se dediquen al estudio de profesiones liberales;

VI. Las armas que los militares en servicio activo usen, indispensables para éste, conforme a las Leyes relativas;

VII. Los efectos, maquinaria e instrumentos propios para el fomento y giro de las negociaciones mercantiles e industriales, en cuanto fueren necesarios para su servicio y movimiento, a juicio de la autoridad jurisdiccional, a cuyo efecto oirá el dictamen de un perito nombrado por ella, cuyos honorarios correrán a costa de la persona deudora, pero podrán ser intervenidos juntamente con la negociación a que estén destinados;

VIII. Las mieses, antes de ser cosechadas, pero no los derechos sobre las siembras;

IX. El derecho de usufructo, pero no los frutos de éste;

X. Los derechos de uso y habitación;

XI. Las servidumbres, a no ser que se embargue el fundo a cuyo favor están constituidas, excepto la de aguas, que es embargable independientemente;

XII. La renta vitalicia, en los términos establecidos en los artículos relativos del Código Civil;

XIII. Los sueldos y el salario de las personas trabajadoras, en los términos que establece la Ley; siempre que no se trate de deudas alimenticias o responsabilidad proveniente de delito;

XIV. Las asignaciones de las personas pensionistas del erario;

XV. Los ejidos de los pueblos y la parcela individual que en su fraccionamiento haya correspondido a cada persona ejidataria, y

XVI. Los demás bienes exceptuados por disposición de las leyes.

Artículo 1040. La persona deudora sujeta a patria potestad o tutela, la que estuviere físicamente impedida para trabajar y la que sin culpa carezca de diversos bienes o de profesión u oficio, tendrán alimentos que la autoridad jurisdiccional fijará, sólo cuando existan bienes que produzcan frutos, de entre los que se encuentran garantizando la obligación y hasta en tanto salgan del patrimonio del titular, momento en que cesarán los alimentos, siempre atendiendo a la importancia de la demanda y de los bienes y las circunstancias de la persona demandada.

Artículo 1041. Todo embargo de bienes inmuebles o derechos reales sobre bienes inmuebles, se inscribirá en el Registro Público de la Propiedad, Oficina Registral o cualquier otra Institución Registral análoga de la Entidad Federativa de la que se trate, expidiéndose para tal efecto por duplicado, copia certificada de la diligencia o del acta mínima de la audiencia, y cuando se trate de juicios ejecutivos; de la diligencia de embargo, uno de los ejemplares, después del registro, se agregará a los autos y el otro quedará en la oficina de registro.

El embargo de títulos valor se puede realizar aun cuando no se tengan a la vista, y se tomará nota de él en el registro que corresponda, conforme al procedimiento establecido en el párrafo anterior.

Artículo 1042. Una vez trabado el embargo no puede el ejecutado alterar en forma alguna el bien embargado, ni contratar el uso del mismo, si no es con autorización judicial, que se otorgará oyendo al ejecutante. Registrado que sea el embargo, toda transmisión de derechos respecto de los bienes sobre los que se haya trabado, no altera de manera alguna la situación jurídica de los mismos en relación con el derecho del embargante de obtener el pago de su crédito con el producto del remate de esos bienes, derecho que se surtirá en contra de tercero con la misma amplitud y en los mismos términos que se surtiría en contra del embargado, si no se hubiese operado la transmisión.

Artículo 1043. Cuando se aseguren créditos, el embargo se reducirá a notificar a la persona deudora o a quien deba pagarlos, que no verifique el pago, sino que retenga la cantidad o cantidades correspondientes a disposición del juzgado, apercibida de doble pago en caso de desobediencia; y a la persona acreedora contra quien se haya dictado el embargo, que no disponga de esos créditos, bajo las penas que señala el Código Penal aplicable.

Si llegare a asegurarse el título mismo del crédito, se nombrará una persona depositaria que lo conserve en guarda, quien tendrá obligación de hacer todo lo necesario para que no se altere ni menoscabe el derecho que el título represente, y de intentar todas las acciones y recursos que la ley conceda para hacer efectivo el crédito, quedando sujeto, además a las obligaciones que impone el Código Civil.

Si se tratare de títulos a la orden o al portador, el embargo sólo podrá practicarse mediante la aprehensión de los mismos.

Si el crédito fuere pagado en su totalidad, se depositará su importe en la institución de crédito respectiva y el billete de depósito se guardará en la caja del juzgado que se trate y, desde ese momento, cesará en sus funciones el depositario nombrado.

Artículo 1044. Si los créditos a que se refiere el artículo anterior fueren derechos litigiosos, la providencia de embargo se notificará a la autoridad jurisdiccional de los autos respectivos, dándole a conocer a la persona depositaria nombrada a fin de que ésta pueda sin obstáculo alguno desempeñar las obligaciones que corresponda.

Artículo 1045. Cuando el embargo recaiga sobre el dinero efectivo o alhajas, el depósito se hará en una institución de crédito, y, donde no haya esta institución, en casa comercial de crédito reconocida. En este caso, el billete de depósito se guardará en la caja del juzgado que se trate, y no se recogerá lo depositado sino en virtud de orden escrita de la autoridad jurisdiccional de los autos.

Artículo 1046. Una vez recaído el embargo sobre bienes muebles que no sean dinero, alhajas, ni créditos, la persona depositaria que se nombre sólo tendrá el carácter de simple custodia de los objetos puestos a su cuidado, los que conservará a disposición de la autoridad jurisdiccional respectiva. Si los muebles fueren fructíferos, rendirá cuentas en los términos de este Código Nacional.

Artículo 1047. La persona depositaria, en el caso del artículo anterior, pondrá en conocimiento de la autoridad jurisdiccional el lugar en que quede constituido el depósito y recabará de ésta la autorización para hacer, en caso necesario, los gastos razonables de almacenaje y conservación. Los gastos de almacenaje serán a cargo de la persona deudora.

Si no pudiere, la persona depositaria, hacer los gastos que demande el depósito, pondrá esta circunstancia en conocimiento de la autoridad jurisdiccional, para que ésta, oyendo a las partes en una audiencia, que se efectuará dentro de tres días siguientes, decrete el modo de hacer los gastos, según en la audiencia se acordare o, en caso de no haber acuerdo, imponiendo esa obligación al que obtuvo la providencia del embargo.

Artículo 1048. Si los muebles depositados fueren bienes fungibles, la persona depositaria tendrá, además, la obligación de imponerse del precio observado en el comercio de los efectos confiados a su guarda, a fin de que, si encuentra ocasión favorable para la venta, lo ponga desde luego, en conocimiento de la autoridad jurisdiccional, con objeto que ésta determine lo que fuere conveniente, en una audiencia en que oirá al depositario y a las partes, si asistieren, y que se efectuará, a más tardar, dentro de los tres días siguientes.

Los bienes podrán depositarse en un almacén general de depósito cuyo costo será a cargo de la persona deudora.

Artículo 1049. Cuando hubiere inminente peligro de que los bienes fungibles se pierdan o inutilicen, entre tanto que se cita y efectúa la audiencia a que se refiere el artículo anterior, el depositario está obligado a venderlas al mejor precio observado en el comercio, rindiendo, a la autoridad jurisdiccional, cuenta con pago.

Artículo 1050. Si los muebles depositados fueren bienes fáciles de deteriorarse o demeritarse, la persona depositaria deberá examinar frecuentemente su estado y poner en conocimiento de la autoridad jurisdiccional el deterioro o demérito que en ellos observe o tema fundadamente que sobrevenga, a fin de que ésta dicte las medidas conducentes para evitar el daño, o acuerde su venta con las mejores condiciones, en vista de los precios observados en el comercio y del demérito que hayan sufrido o estén expuestos a sufrir los objetos secuestrados.

Artículo 1051. Si el embargo recayere en finca urbana y sus rentas o sobre éstas solamente, la persona depositaria tendrá el carácter de administradora, con las facultades y deberes siguientes:

I. Podrá contratar los arrendamientos fijando una renta a precio de mercado, procurando que las rentas no sean menores a las que estuvieron vigentes al tiempo de verificarse el embargo. Exigirá para asegurar el arrendamiento las garantías de estilo, bajo su responsabilidad, si no quiere aceptar ésta, recabará la autorización judicial;

II. Recaudará las pensiones que por arrendamiento rinda la finca, en sus términos y plazos; procediendo, en su caso, contra las personas inquilinas morosas, con arreglo a la ley;

III. Efectuará, sin previa autorización los gastos ordinarios de la finca, como el pago de contribuciones y los de mera conservación, servicio y aseo, no siendo excesivo su monto, cuyos gastos incluirá en la cuenta mensual que presentará a la autoridad jurisdiccional y serán a cargo de la persona deudora;

IV. Pagará los impuestos que corresponda por el arrendamiento en forma oportuna, y de no hacerlo así, serán de su responsabilidad los daños y perjuicios que su omisión origine;

V. Para hacer los gastos de reparación o de construcción ocurrirá a la autoridad jurisdiccional solicitando la autorización para ello, y acompañando, al efecto, los presupuestos respectivos, y

VI. Pagará, previa autorización judicial, los réditos de gravámenes reconocidos sobre la finca.

Artículo 1052. Para el efecto que se refiere en la fracción I del artículo anterior del presente Código Nacional, si ignorare la persona depositaria cuál era el importe de la renta al tiempo de practicarse el embargo, recabará dictamen pericial y solicitará la correspondiente autorización judicial para tal efecto.

Pedida la autorización a que se refiere la fracción V del mismo artículo 1051 del presente Código Nacional, la autoridad jurisdiccional citará a una audiencia que se verificará dentro de tres días siguientes para que las partes, en vista de los documentos que se acompañan, resuelvan de común acuerdo, si se autoriza o no el gasto. Si no se logra el acuerdo, y la persona depositaria o alguna de las partes insiste en la necesidad de la reparación, conservación o construcción, la autoridad jurisdiccional resolverá, autorizando o no el gasto, como lo estime conveniente. Contra dicha resolución no procede recurso alguno.

Artículo 1053. Cuando se embarguen bienes que estuvieren arrendados o alquilados, se notificará, a los arrendatarios, que, en lo sucesivo, deben pagar las rentas o alquileres a la persona depositaria nombrada, apercibidos de doble pago, si no lo hicieren así.

Al hacerse la notificación, se dejará, en poder del inquilino, cédula en que se insertará el auto respectivo. Si, en el acto de la diligencia o dentro del día siguiente de causar estado la notificación, el inquilino o arrendatario manifestare haber hecho algún anticipo de rentas o alquileres, deberá acreditarlo al hacer su manifestación, con los recibos del arrendador. De lo contrario, no se tomará en cuenta, y quedará obligado en los términos anteriores.

Artículo 1054. Si el embargo se efectúa en una finca rústica o en una negociación mercantil o industrial, la persona depositaria será interventora con cargo a la caja, vigilando la contabilidad y todas las operaciones que se efectúen, pudiendo oponerse incidentalmente a la realización de cualquier acto que perjudique a los intereses de la persona ejecutante y tendrá las siguientes atribuciones:

I. Dentro de los diez días siguientes a la fecha en que haya tomado posesión de su cargo, realizara una descripción de todos los bienes muebles e inmuebles, títulos valor, géneros de comercio y derechos de cualquier otra especie, conforme al valor que la propia contabilidad de la negociación les fije, elaborando, asimismo, un balance que muestre la situación financiera de la negociación a fin de que produzcan el mejor rendimiento posible, con los cuales dará cuenta a la autoridad jurisdiccional y vigilará:

a) En las fincas rústicas, la recolección de los frutos y su venta;

b) Las compras y ventas de las negociaciones mercantiles, recogiendo, bajo su responsabilidad el numerario y efectos de comercio para hacerlos efectivos en su vencimiento;

c) La compra de materia prima, su elaboración y la venta de los productos, en las negociaciones industriales, recogiendo el numerario y efectos de comercio para hacerlos efectivos en su vencimiento;

II. Ministrará los fondos para los gastos de la negociación o finca rústica y cuidará que la inversión de esos fondos se haga convenientemente;

III. Depositará mediante billete de depósito el dinero que resultare sobrante, después de cubiertos los gastos necesarios y ordinarios a disposición del juzgado;

IV. Las medidas necesarias para evitar abusos y malos manejos de las personas administradoras, dando cuenta a la autoridad jurisdiccional para su ratificación y para que determine lo conducente para remediar en su caso, la mala administración, y

V. La persona administradora designada deberá acreditar, conjuntamente al aceptar y protestar el cargo, tener conocimiento y experiencia para ejercer el cargo, así como acreditar contar con bienes inmuebles suficientes o exhibir una garantía o fianza que cubra los daños y perjuicios, para así asegurar el debido ejercicio del cargo. Sin ese requisito no se le tendrá por designado y no se le pondrá en posesión del cargo.

Artículo 1055. Si en el cumplimiento de los deberes que el artículo anterior impone a la persona interventora, ésta encontrare que la administración no se hace convenientemente, o puede perjudicar los derechos de la persona que pidió y obtuvo el embargo, lo pondrá en conocimiento de la autoridad jurisdiccional, para que, oyendo a las partes y a la persona interventora, determine lo conveniente. Contra dicha resolución no procede recurso alguno.

Artículo 1056. Si la persona interventora al efectuar la valoración de los bienes muebles e inmuebles, incluyendo los efectos, maquinaria e instrumentos propios para el fomento y giro de las negociaciones mercantiles o industriales, así como de los títulos valor, géneros de comercio y derechos de cualquier otra especie, encuentra que alguno o algunos de ellos son suficientes para cubrir el adeudo, lo hará del conocimiento de la autoridad jurisdiccional, para que ésta autorice su venta, a valor de mercado, debiendo tomar nota del valor de venta en la contabilidad de la negociación y el que arroje el juicio de perito único adscrito y designado por la autoridad jurisdiccional, siempre y cuando los bienes de que se trate no fueren necesarios para el servicio y movimiento de aquellas, a juicio de la autoridad jurisdiccional.

En caso de que el producto de la venta cubra el monto total de la condena y los gastos que correspondan, terminará la designación del interventor con cargo a la caja.

Artículo 1057. Las personas que tengan administración o intervención presentarán a la autoridad jurisdiccional cada mes, una cuenta de los esquilmos y demás frutos de la finca, y de los gastos erogados, con todos los comprobantes respectivos, en cuyo caso las partes tendrán derecho de controvertir en la vía incidental.

Artículo 1058. La autoridad jurisdiccional en la vía incidental aprobará o no, la cuenta mensual y determinará los fondos que deban quedar para los gastos necesarios, mandando depositar el sobrante líquido. Los incidentes relativos al depósito y a las cuentas, se seguirán de conformidad con las disposiciones previstas en el presente Código Nacional.

Artículo 1059. Será removida la persona depositaria en los siguientes casos:

I. Si dejare de rendir cuenta mensual o la presentada no fuere aprobada;

II. Cuando no haya manifestado su domicilio o el cambio de ésta;

III. Cuando tratándose de bienes muebles, no pusiere en conocimiento de la autoridad jurisdiccional, dentro de los tres días que sigan a la entrega, el lugar en donde quede constituido el depósito, y

IV. Cuando actúe con dolo, negligencia o mala fe con motivo del depósito o por el incumplimiento de cualquier mandato que determine sobre el destino de los bienes secuestrados.

Si la persona removida fuere la persona deudora, la persona ejecutante nombrará nuevo depositario. Si lo fuere la persona acreedora o la persona por él nombrada, la nueva elección se hará por la autoridad jurisdiccional, de conformidad con las disposiciones previstas en el presente Capítulo. Contra dicha resolución no procede recurso alguno.

La persona depositaria responderá de los daños y perjuicios causados en caso de negligencia o mala fe.

Artículo 1060. La persona depositaria y la persona actora, cuando ésta la hubiere nombrado, serán responsables solidariamente de los bienes.

Artículo 1061. Cuando hubiere cambio de la persona depositaria, se prevendrá, a quien tuviere los bienes, que haga entrega de ellos, dentro de los tres días siguientes al que fuere nombrado, con el apercibimiento de que, de no hacerlo, se hará uso inmediato de la fuerza pública. Si el plazo indicado no bastare para concluir la entrega, la autoridad jurisdiccional podrá ampliarlo.

Artículo 1062. Las personas depositarias e interventoras percibirán por honorarios los que señale el arancel autorizado por la Ley Orgánica o legislación correspondiente de cada Entidad Federativa.

Artículo 1063. Los incidentes de liquidación de sentencia, rendición de cuentas y determinación de daños y perjuicios, así como cualquier audiencia, solicitud o trámite para la ejecución de la sentencia, se harán de la manera más sencilla y accesible, sin mayor formalidad que las dispuestas en este Código Nacional. Lo anterior resulta aplicable tratándose de la fijación de acuerdos siempre que no vulneren disposiciones de orden público y social, o derechos de terceros.

En todos los casos se procurará dar trámite y resolver dentro del sistema de audiencias, conforme a los principios del juicio oral.

Artículo 1064. Las disposiciones de este Capítulo resultan aplicables a todos los casos de embargo judicial, salvo aquéllos en que este Código Nacional disponga expresamente otra cosa.

CAPÍTULO IV
DEL REMATE EN SUBASTA PÚBLICA

Artículo 1065. Toda venta que legalmente deba practicarse en subasta o almoneda pública, se sujetará a las disposiciones contenidas en este Capítulo, salvo en los casos en que el presente Código Nacional disponga expresamente lo contrario.

Artículo 1066. Todo remate de bienes inmuebles o muebles será público y deberá celebrarse en la sede de la autoridad jurisdiccional que fuere competente para la ejecución.

Las reglas contenidas en este Capítulo serán aplicables para los semovientes y créditos en lo que resulte aplicable.

Artículo 1067. Una vez inscrito el embargo sobre el bien inmueble de que se trate, exhibido el certificado de gravamen y notificados los acreedores o terceros que del mismo se desprendan, dentro del término común de diez días que establezca la autoridad jurisdiccional, la parte ejecutora, parte ejecutada, personas acreedoras y terceros tendrán derecho de exhibir avalúo de los bienes inmuebles, mismo que deberá ser realizado por corredor público, institución de crédito o perito valuador autorizado por el Consejo de la Judicatura, los cuales en ningún caso podrán tener el carácter de parte o de persona interesada en el juicio.

Artículo 1068. En el caso de bienes inmuebles el valuador deberá considerar en su dictamen las características físicas, económicas, plusvalía, contexto y zona sociodemográfica en la que se encuentra el inmueble, el precio del mercado inmobiliario y todo aquel otro elemento que sirva para determinar el valor comercial del mismo.

Cuando la parte ejecutada no hubiere designado perito valuador en el plazo legal o el juicio se siga en su rebeldía, la autoridad jurisdiccional lo designará en su rebeldía, nombrado de la lista de peritos autorizados por el Consejo de la Judicatura respectivo, cuyos honorarios serán cubiertos por la parte ejecutada.

Artículo 1069. En el supuesto de que ninguna de las partes exhiba el avalúo dentro del plazo señalado, cualquiera de ellas podrá presentarlo posteriormente. A partir de que se presente el primero, las demás partes tendrán un término común de diez días para exhibir el suyo.

Artículo 1070. Si todas las partes exhibieren los avalúos y el valor referido en ellos no coincide, se tomará como base para el remate el promedio de entre el más alto y más bajo, siempre que no exista un veinte por ciento de diferencia entre ellos. En caso de que la diferencia supere ese porcentaje, la autoridad jurisdiccional ordenará se practique un nuevo avalúo para determinar el valor, nombrando perito valuador de la lista autorizada por el Consejo de la Judicatura respectivo, cuyos honorarios serán cubiertos por ambas partes.

Artículo 1071. El avalúo practicado tendrá vigencia de un año. Durante la primera subasta deberá estar vigente el avalúo practicado. Si entre ésta y las subsecuentes mediará un término mayor de seis meses, se deberán actualizar los valores.

Artículo 1072. Tratándose de remate de bienes inmuebles, se deberá exhibir certificado que consigne la existencia de gravámenes, emitido no mayor a seis meses por autoridad registral competente.

Artículo 1073. Si del certificado aparecieren gravámenes, se procederá a notificar de forma personal el estado de ejecución a las personas acreedoras o quienes a su favor existan derechos para que intervengan en el avalúo y subasta de los bienes, si así lo deciden.

Artículo 1074. Las personas acreedoras o aquellas cuyo gravamen este a su favor, tendrán las siguientes facultades:

I. Intervenir en el acto del remate y hacer las observaciones a la autoridad jurisdiccional que estimen pertinentes para garantizar sus derechos. Lo anterior no implicará que se suspenda el procedimiento de remate;

II. En su caso, apelar el auto de aprobación del remate, y

III. Una vez notificado, nombrar a su costa perito valuador que podrá con los nombrados por las partes, practicar el correspondiente avalúo. No podrá ejercer este derecho después de transcurrido el término común y practicado el avalúo por los peritos de las partes o el tercero en discordia o el designado por la autoridad jurisdiccional, ni cuando la valorización se haga por otros medios.

Artículo 1075. Cuando el monto líquido total de la condena sea igual o superior al valor de los bienes valuados y del certificado en el que se hagan constar los gravámenes, no aparecieren otras personas acreedoras, la parte ejecutante podrá optar por la adjudicación directa de los bienes. Contra la resolución que adjudica de forma directa al ejecutante, procede el recurso de apelación en ambos efectos.

La persona acreedora o alguna otra tercera a quien se adjudique el bien, de forma directa o en subasta pública, reconocerá, a las personas acreedoras hipotecarias anteriores, sus créditos, hasta donde baste a cubrir el precio de adjudicación, para pagárselos al vencimiento de sus escrituras.

Artículo 1076. Una vez determinado el valor de los bienes inmuebles, la autoridad jurisdiccional deberá cerciorarse que los datos de identificación de los mismos asentados en el acta de embargo coincidan con aquellos contenidos en el certificado en el que se hace constar los gravámenes, así como con los datos de identificación en el avalúo. Tratándose de juicios que en autos conste los títulos de propiedad de los bienes, la autoridad jurisdiccional deberá hacer la misma identificación señalada en el párrafo anterior. Una vez realizada la identificación, se podrá ordenar la publicación de edictos para anunciar la subasta pública.

Artículo 1077. De existir diferencias en los datos de identificación de los inmuebles a rematar, la autoridad jurisdiccional lo hará del conocimiento a las partes, a efecto de que éstas aporten los elementos necesarios para subsanar cualquier diferencia previa a la subasta pública.

Artículo 1078. El remate deberá realizarse dentro de los veinte días siguientes a la fecha de publicación del anuncio de su celebración; pero en ningún caso mediarán menos de cinco días entre la publicación del último edicto y la subasta.

La subasta pública deberá anunciarse por edicto una sola ocasión en el medio de comunicación procesal oficial y a través de los medios electrónicos del Poder Judicial respectivo, así como en los de la Tesorería de cada Entidad Federativa, debiendo mediar entre la publicación y la fecha de remate cuando menos cinco días hábiles.

Tratándose de remates del interés de la Federación, deberá anunciarse la subasta pública ante el Instituto de la Administración y Avalúos de Bienes Nacionales.

Si los bienes estuvieren ubicados en diversas jurisdicciones, en todas ellas se publicarán los edictos privilegiando los medios electrónicos correspondientes, o aquellos que considere a juicio de la autoridad jurisdiccional.

Artículo 1079. Antes de aprobarse la subasta, podrá la persona deudora librar sus bienes pagando lo condenado a través de la exhibición de certificado de depósito por la cantidad que prudentemente califique la autoridad jurisdiccional, para garantizar el pago de las costas, si hubiere condena a ello. Después de aprobada la subasta, no podrá ser revocada por la propia autoridad jurisdiccional. La resolución que apruebe o desapruebe un remate podrá ser apelable en el efecto devolutivo.

Artículo 1080. Si los bienes inmuebles estuvieren situados en otra Entidad Federativa distinta al del lugar de la ejecución, en todos ellos se publicarán los edictos en los sitios de costumbre y en las puertas de los tribunales respectivos.

En tales casos, se ampliará el plazo para la celebración de la subasta, concediéndose un día más por cada doscientos kilómetros o por una fracción que exceda de la mitad, y se calculará para designar el día de la subasta, la distancia mayor a que se hallen los bienes. La autoridad jurisdiccional además de los medios de publicidad mencionados, podrá utilizar algún otro para convocar postores.

Artículo 1081. Postura legal es la que cubre las dos terceras partes del valor determinado para los bienes en subasta, con el objeto de que la cantidad de la parte de contado, sea suficiente para pagar el monto del crédito o créditos de lo sentenciado.

Cuando por el importe del valor fijado a los bienes, no sea suficiente la parte de contado para cubrir lo sentenciado, será postura legal las dos terceras partes del avalúo, dadas al contado.

Artículo 1082. Las posturas se formularán por escrito, salvo que los Consejos de la Judicatura establezcan otros mecanismos para ello expresando, la misma parte postora o su representante con facultades para ello, lo siguiente:

I. El nombre, capacidad legal y domicilio de la parte postora;

II. La cantidad que se ofrezca por los bienes;

III. La cantidad que se otorgue de contado, y los términos en que se haya de pagar el resto;

IV. El interés que deba causar la suma que se quede reconociendo, el que no puede ser menor del nueve por ciento anual;

V. La exhibición del billete de depósito que consigne el diez por ciento del valor de los bienes sujetos a la subasta, y

VI. La sumisión expresa a la autoridad jurisdiccional que conozca del negocio, para que haga cumplir el contrato.

En caso de que una postura no cumpla con los anteriores requisitos, la autoridad jurisdiccional le requerirá al postor que satisfaga los omitidos, que deberán ser subsanados dentro del día siguiente, y en caso de que ese día se celebre la subasta, deberá realizarse antes de su inicio, caso contrario, se tendrá por no hecha la postura.

Artículo 1083. Las posturas que ofrezcan de contado solo una parte del precio, deberán exhibir en el remate el diez por ciento en numerario o billete de depósito a favor de la autoridad jurisdiccional ante la cual se lleva la subasta, y la cantidad que adeude será garantizada con primera hipoteca o prenda, expresando, al formular su postura, los bienes que quedarán sujetos al gravamen respectivo.

Al concluir la subasta, la autoridad jurisdiccional ordenará al postor en quien se finque el remate, la exhibición del diez por ciento que quedará como garantía del cumplimiento de su obligación, misma que se mandará depositar en términos del presente Código Nacional. Las exhibiciones de las personas postoras que no se les fincaron los bienes, les serán devueltas en ese acto.

Artículo 1084. Cuando el importe de las posturas y mejoras en el precio de subasta se ofrezcan de contado, debe exhibirse en numerario o billete de depósito a favor de la autoridad jurisdiccional que realiza la subasta; y, fincado el bien en favor del postor que hubiere hecho la exhibición, se procederá en los términos de la parte final del artículo anterior.

Artículo 1085. La parte ejecutante podrá formar parte en la subasta y mejorar las posturas de las pujas que se hicieren, sin necesidad de consignar el depósito prevenido en el artículo anterior.

Cuando la parte ejecutante haga postura, la garantía o la exhibición de contado, en su caso, se limitará al exceso de la postura, sobre el importe de lo sentenciado.

Artículo 1086. La persona postora no puede rematar para un tercero, sino con poder y cláusula especial, quedando prohibido hacer postura, reservándose la facultad de declarar después, el nombre de la persona para quien se hizo.

Artículo 1087. Desde que se anuncie el remate y durante éste, se pondrán de manifiesto los planos que hubiere y estarán a la vista los avalúos.

Artículo 1088. La autoridad jurisdiccional revisará minuciosamente el expediente antes de iniciar la subasta, y decidirá de plano cualquier cuestión que se suscite durante la misma. Las resoluciones que dicte durante la subasta serán irrecurribles.

Artículo 1089. En la hora prevista el día de la subasta, la autoridad jurisdiccional, de forma personal, pasará lista de las partes postoras presentadas, y concederá diez minutos para admitir a las nuevas personas postoras que se presenten. Concluido el plazo, la autoridad jurisdiccional declarará que procederá a subastar los bienes y no podrá admitir nuevos participantes. Enseguida revisará las propuestas presentadas, desechando, desde luego, las que no tengan postura legal y las que no estuvieren acompañadas del billete de depósito a que se refiere el presente Capítulo del Código Nacional.

Artículo 1090. Calificadas de buenas las posturas, la autoridad jurisdiccional las leerá en voz alta por sí misma, para que las partes postoras presentes puedan mejorarlas. Si hay varias posturas legales, la autoridad jurisdiccional decidirá cuál es la preferente.

Hecha la declaración de la postura considerada preferente, la autoridad jurisdiccional preguntará si alguno de los licitadores la mejora inmediatamente, contando del uno al tres en un término no mayor a los treinta segundos, sin necesidad de certificación. En caso de que alguna persona mejore la postura antes de llegar al conteo señalado, interrogará de nuevo si algún postor puja la mejora, realizando un nuevo conteo en igual tiempo y forma y, así, sucesivamente, con respecto a las pujas que se hagan y mejoren el precio del remate. En cualquier momento en que, transcurrido el término antes señalado, después de hacer la pregunta correspondiente, no se mejorare la última postura o puja, declarará la autoridad jurisdiccional fincado el remate en favor del postor que hubiere hecho aquélla y lo aprobará en su caso.

En caso de que la autoridad jurisdiccional lo considere necesario podrá decretar un receso razonable que no excederá de treinta minutos para analizar las pujas, previo a la aprobación y fincar el remate.

La resolución que apruebe o desapruebe el remate será apelable en el efecto devolutivo, sin que proceda recurso alguno en contra de las resoluciones que se dicten durante el procedimiento de remate.

Artículo 1091. Una vez ejecutada la subasta, si restan cantidades exigibles por cuantificar que sean pendientes de cumplimiento en la resolución judicial que se ejecuta, cualquiera de las partes podrá promover incidente de liquidación.

Antes de fincado el remate, puede el deudor librar sus bienes si paga en el acto lo sentenciado y garantiza el pago de las costas que estén por liquidar.

Artículo 1092. Al declarar aprobada la subasta, mandará la autoridad jurisdiccional, dentro de los tres días siguientes se otorgue a favor de la persona adjudicataria la escritura de adjudicación correspondiente, en los términos de su postura y que se le entreguen los bienes subastados. Para ello corresponderá a la autoridad jurisdiccional la firma de la escritura, sin necesidad de requerir al ejecutado.

La suscripción de la escritura de adjudicación observará el procedimiento prescrito en este Código Nacional. Independientemente de ello, a petición de parte se ordenará la entrega de los bienes rematados.

Artículo 1093. Si el postor no cumpliere sus obligaciones, ya porque se negare a otorgar la garantía ofrecida, ya porque, extendida la escritura correspondiente, en su caso, se negare a firmarla en el término legal, la autoridad jurisdiccional, cerciorándose de estas circunstancias declarará sin efecto el remate, para citar, nuevamente, a la misma almoneda, y el postor perderá el diez por ciento exhibido, el que se aplicará, por vía de indemnización, al ejecutado, manteniéndose en depósito para los efectos del pago al ejecutante, hasta concluir los procedimientos de ejecución.

Artículo 1094. No habiendo parte postora, quedará al arbitrio de la parte ejecutante pedir en el momento de la subasta que se le adjudiquen los bienes por el precio del avalúo que sirvió de base para el remate o que se saquen de nuevo a subasta pública sin rebaja en el precio.

Esta segunda subasta se anunciará y celebrará en igual forma que la anterior.

En caso de liquidación de sociedad conyugal o herencias, no operará la rebaja en el precio fijado a los bienes, al no constituir un crédito pendiente de pago.

Artículo 1095. Si en la segunda subasta tampoco hubiere personas licitadoras, la persona actora podrá pedir o la adjudicación por el precio que sirvió de base para la segunda subasta o, que se le entreguen en administración los bienes para aplicar sus productos al pago del capital, los intereses y de las costas.

Artículo 1096. Si la parte ejecutante no está de acuerdo con ninguno de los dos medios expresados en el artículo que precede, podrá pedir que se celebre una tercera subasta, con rebaja del diez por ciento de la tasación.

En este caso, si hubiere parte postora que ofrezca las dos terceras partes del precio con rebaja para la subasta que sirvió de base y que acepte las condiciones de ésta, se fincará el remate, sin más trámites.

Si no llegase a dichas dos terceras partes, con suspensión del fincamiento del remate, se hará saber el precio ofrecido a la parte deudora, para que, en una continuación de la audiencia a celebrarse en los siguientes diez días hábiles, para que haga el pago a la parte acreedora librando los bienes, o presentar persona que mejore la postura, dentro de la referida continuación de audiencia de ejecución.

Si la parte deudora no hizo el pago o no lleva un mejor postor, se aprobará el remate mandando llevar a efecto la venta.

Las personas postoras a que se refiere este artículo cumplirán con el requisito previo del depósito a que se refiere este Código Nacional.

Artículo 1097. Cuando se mejore la postura, la autoridad jurisdiccional, mandará abrir nueva subasta dentro de los siguientes cinco días hábiles, la que se celebrará únicamente entre las dos personas postores, realizándose las pujas respectivas inmediatamente, conforme a las disposiciones del presente

Capítulo y, en su caso, se adjudicará la finca al que hiciere la proposición más ventajosa.

Si la primera persona postora, en vista de la mejora hecha por la segunda, manifestare que renuncia a sus derechos, o no se presentare a la subasta, se fincará en favor de la segunda. Lo mismo se hará con la primera, si la segunda no se presenta a la subasta.

Artículo 1098. Si en la tercera subasta se hiciere postura admisible en cuanto al precio, pero ofreciendo pagar a plazos o alterando alguna otra condición, se hará saber a la persona acreedora, la cual podrá pedir en los cinco días siguientes, la adjudicación de los bienes en las dos tercias partes del precio de la segunda subasta; y si no hace uso de este derecho, se aprobará el remate en los términos ofrecidos por el postor.

Para el caso de que la parte acreedora, el precio desee adjudicarse el bien de que se trate y su crédito condenado no alcance las dos tercias partes del precio del avalúo, podrá formar parte de la subasta y exhibir la diferencia en numerario o billete de depósito con las formalidades exigidas en el presente Capítulo.

Artículo 1099. Cualquier subasta que tenga que hacerse de los gravámenes que afecten a los inmuebles vendidos, gastos de la ejecución y demás, se regulará por la autoridad jurisdiccional en forma incidental.

Artículo 1100. Aprobada la subasta se prevendrá a la persona compradora que consigne ante la propia autoridad jurisdiccional, el precio del remate.

Si la persona compradora no consignare el precio en el plazo que la autoridad jurisdiccional señale, o por su culpa dejare de tener efecto la venta, se procederá a nueva subasta como si no se hubiera celebrado, perdiendo la persona postora el depósito respectivo, que se aplicará por vía de indemnización, por partes iguales, a las partes ejecutante y ejecutada.

Artículo 1101. Consignado el precio y aprobado en definitiva el remate o la adjudicación, se suscribirá la escritura a la persona adquirente ante la Notaria o Notario Público que éste designe, apremiando, en su caso, a la persona deudora para que los entregue, y se pondrán los bienes a disposición del mismo comprador, dándose para ello las órdenes necesarias, aun las de desocupación de fincas habitadas por la persona deudora o terceros que no tuvieren contrato para acreditar el uso, en los términos que fija el Código Civil respectivo de cada Entidad Federativa. Se le dará a conocer como dueño a las personas que él mismo designe.

En todos los casos el ejecutado, es responsable de la evicción.

Artículo 1102. Con el precio se pagará a la persona acreedora hasta donde alcance, y si hubiere costas pendientes que liquidar, se mantendrá en depósito la cantidad que se estime bastante para cubrirlas, hasta que sean aprobadas las que faltaren de pagarse; pero si la persona ejecutante no formula su liquidación dentro de los cinco días de hecho el depósito perderá el derecho de reclamarlas.

El reembargo produce su efecto en lo que resulte líquido del precio del remate, después de pagarse el primer embargante, salvo el caso de preferencia de derechos. La persona reembargante para obtener el remate en caso de que éste no se haya verificado, puede obligar a la primera ejecutante a que continúe su acción.

En la liquidación deberán comprobarse todos los gastos y costas posteriores a la sentencia de remate.

Artículo 1103. Si la parte que se diera de contado o billete de depósito excediere del monto de lo sentenciado, formada y aprobada la liquidación, se entregará la parte restante al ejecutado, si no se hallare retenida a instancia de otro acreedor, observándose, en su caso, las disposiciones del Código Civil respectivo sobre graduación de crédito.

Artículo 1104. Si la ejecución se hubiere despachado a instancia de una segunda persona acreedora hipotecario o de otra persona hipotecaria de ulterior grado, el importe de los créditos hipotecarios preferentes de que responda la finca rematada, se consignará ante el juzgado correspondiente y el resto se entregará sin dilación a la persona ejecutante, si notoriamente fuera inferior a su crédito o lo cubriere.

Si excediere, se le entregarán capital e intereses y las costas líquidas. El remanente quedará a disposición de la persona deudora a no ser que se hubiere retenido judicialmente para el pago de otras deudas.

Artículo 1105. La persona acreedora que se adjudique la cosa soportará los créditos hipotecarios que existan para pagarlos al vencimiento de su escrituración, y entregará a la persona deudora al contado, lo que resulte libre del precio, después de hecho el pago.

Artículo 1106. Cuando se hubiere seguido la vía de apremio en virtud de títulos a la persona portadora con hipoteca inscrita sobre la finca vendida, si existieren otros títulos con igual derecho, se prorrateará entre todo el valor líquido de la venta, entregando a la persona ejecutante lo que le corresponda y depositándose la parte correspondiente a los demás títulos hasta su cancelación.

Artículo 1107. En los casos a que se refieren los artículos 1102 y 1104 de este Código Nacional se cancelarán las inscripciones de las hipotecas a que estuviere afecta la finca vendida, expidiéndose para ello mandamiento, en el que se exprese que el importe de la venta no fue suficiente para cubrir el crédito de la persona ejecutante y, en su caso, haberse consignado el importe del crédito acreedor preferente o el sobrante, si los hubiere, a disposición de las personas interesadas.

En el caso del artículo 1105 de este ordenamiento, si el precio de la venta fuere insuficiente para pagar las hipotecas anteriores y las posteriores, sólo se cancelarán éstas, conforme a lo prevenido en la primera parte de este artículo.

Artículo 1108. Cuando conforme a lo previsto en este Código Nacional, la persona acreedora hubiere optado por la administración de las fincas embargadas, se observará lo siguiente:

I. La autoridad jurisdiccional mandará que se le haga entrega de ellas bajo el correspondiente inventario, y que se le dé a reconocer a las personas que el mismo acreedor designe;

II. La persona acreedora y la persona deudora podrán establecer por acuerdos particulares las condiciones y término de la administración, forma y época de rendir las cuentas. Si así no lo hicieren se entenderá que las fincas han de ser administradas según la costumbre del lugar, debiendo el acreedor rendir cuentas cada seis meses;

III. Si las fincas fueren rústicas podrá la persona deudora intervenir las operaciones de la recolección;

IV. La rendición de cuentas y las diferencias que de ellas surgieren se substanciarán sumariamente;

V. Cuando la persona ejecutante haya hecho pago de su crédito, intereses y costas con el producto de las fincas, volverán éstas a poder de la persona ejecutada, y

VI. La persona acreedora podrá cesar en la administración de la finca cuando lo crea conveniente y pedir se saque de nuevo a pública subasta por el precio que salió a segunda almoneda, y si no hubiere persona postora, que se le adjudique por dos terceras partes de ese valor, en lo que sea necesario para completar el pago, deduciendo lo que hubiere percibido a cuenta.

Artículo 1109. Si en el contrato se ha fijado el precio en que una finca hipotecada haya de ser adjudicada a la persona acreedora sin haberse renunciado la subasta, el remate se hará teniéndose como postura legal la que exceda del precio señalado para la adjudicación, y cubra con el contado lo sentenciado. Si no hubiere postura legal, se llevará a efecto desde luego la adjudicación en el precio convenido, debiéndose observar al efecto lo dispuesto en este Código Nacional.

Artículo 1110. Cuando los bienes, cuyo remate se haya decretado, fueran muebles, se observará lo siguiente:

I. Se efectuará su venta siempre de contado, por medio de corredor o casa de comercio que expenda objetos o mercancías similares, o cualquier otro medio que la autoridad jurisdiccional considere, haciéndole saber, para la busca de personas compradoras el precio fijado por peritos o por convenio de las partes;

II. Si pasados diez días de puestos a la venta no se hubiere logrado ésta, la autoridad jurisdiccional ordenará una rebaja del diez por ciento del valor fijado primitivamente, y, conforme a ella comunicará al corredor o casa de comercio el nuevo precio de venta, y así sucesivamente, cada diez días, hasta obtener la realización;

III. Efectuada la venta, el corredor, casa de comercio o el establecimiento correspondiente, entregará los bienes a la persona compradora, otorgándosele la factura correspondiente, que firmará la persona ejecutada o la autoridad jurisdiccional en su rebeldía;

IV. Después de ordenada la venta, puede la parte ejecutante pedir la adjudicación de los bienes por el precio que tuvieren señalado al tiempo de su petición; eligiendo los que basten para cubrir su crédito, según lo sentenciado;

V. Los gastos de corretaje o comisión serán a cargo de la persona deudora y se deducirán preferentemente del precio de venta que se obtenga, y

VI. En todo lo demás, se estará a las disposiciones de este Capítulo.

CAPÍTULO V
DE LA EJECUCIÓN DE LA SENTENCIA Y DEMÁS RESOLUCIONES DE LAS AUTORIDADES JURISDICCIONALES DE LAS ENTIDADES FEDERATIVAS

Artículo 1111. La autoridad jurisdiccional ejecutora que reciba exhorto con las inserciones necesarias, conforme a derecho para la ejecución de una sentencia u otra resolución judicial, cumplirá con lo que disponga la autoridad jurisdiccional requirente, siempre que lo que haya de ejecutarse no fuere contrario a las Leyes de cada Entidad Federativa.

Artículo 1112. La autoridad jurisdiccional ejecutora no podrá oír ni conocer de excepciones, cuando fueren opuestas por alguna de las partes que litigan ante la autoridad jurisdiccional requirente, salvo el caso de competencia legalmente interpuesta por alguna de las personas interesadas.

Artículo 1113. Si al ejecutar los autos insertos en las requisitorias, se opusiere tercera persona, el órgano jurisdiccional oirá incidentalmente y calificará las excepciones opuestas, conforme a lo siguiente:

I. Cuando la tercera persona que no hubiere sido oído por la autoridad jurisdiccional requirente y poseyere en nombre propio la cosa en que debe ejecutarse la sentencia, no se llevará adelante la ejecución, devolviéndose el exhorto con inserción del auto en que se dictare esa resolución y de las constancias en que se haya fundado, y

II. Si la tercera opositora que se presente ante la autoridad jurisdiccional requerida, no probare que posee con cualquier título traslativo de dominio la cosa sobre que verse la ejecución del auto inserto en la requisitoria, será condenada a satisfacer las costas, daños y perjuicios a quien se los hubiere ocasionado. Contra esta resolución no se dará recurso alguno.

Artículo 1114. Las autoridades jurisdiccionales requeridas deberán ejecutar las sentencias, de conformidad con lo siguiente:

I. Que versen sobre cantidad líquida o cosa determinada individualmente;

II. Que se trataren de derechos reales sobre inmuebles o de bienes muebles ubicados en la Entidad Federativa correspondiente y conforme a las Leyes del lugar;

III. Si tratándose de derechos personales o del estado civil, la persona condenada se sometió expresamente o por razón de domicilio a la justicia que la pronunció, y

IV. Siempre que la parte condenada haya sido emplazada personalmente para ocurrir al juicio.

Artículo 1115. La autoridad jurisdiccional que reciba despacho u orden de su superior para ejecutar cualquier diligencia es mero ejecutor y, en consecuencia, no dará curso a ninguna excepción que opongan los interesados, y se tomará simplemente razón de sus respuestas en el expediente, antes de devolverlo.

LIBRO DÉCIMO
DE LOS PROCESOS DE CARÁCTER INTERNACIONAL

CAPÍTULO I
DE LA COMPETENCIA

Artículo 1116. Los procesos de carácter internacional se regirán por las disposiciones de este Código Nacional y demás leyes aplicables, salvo lo dispuesto en los tratados y convenciones de los que México sea parte.

Artículo 1117. Es autoridad jurisdiccional competente para conocer de los siguientes casos:

I. La del domicilio del demandado;

II. En caso de declaración de ausencia o declaración especial de ausencia por desaparición, la del domicilio del último lugar de residencia habitual del ausente o desaparecido;

III. En caso de restitución de niñas, niños y adolescentes, la del lugar donde se encuentren;

IV. En asuntos de relaciones de filiación, curatela y tutela, la de la residencia habitual de los hijos o pupilos o adolescentes; si el actor es alguno de éstos o su representante, éste también podrá elegir el foro del domicilio del padre, madre o persona tutora;

V. En acciones reales sobre inmuebles o muebles, será la del lugar de la ubicación de los bienes;

VI. La autoridad jurisdiccional mexicana competente para ejecutar una sentencia, laudo o resolución jurisdiccional proveniente del extranjero, será el del domicilio del ejecutado o el del lugar donde se encuentran los bienes sobre los que podrá ejecutarse la sentencia;

VII. Para el discernimiento de personas que pertenezcan a grupos sociales en situación de vulnerabilidad que les impida la emisión clara de su voluntad, es competente la autoridad jurisdiccional del foro de la residencia de éstos y si este no se conociere, el del lugar donde se encuentren;

VIII. Cuando de acuerdo con las reglas del litisconsorcio pasivo necesario debiera ser llamada a juicio una autoridad extranjera ante la cual se celebró el acto materia de la litis, la autoridad jurisdiccional competente será la del lugar donde se encuentra el funcionario o la autoridad demandada;

IX. Para conocer de acciones relativas a obligaciones derivadas del hecho ilícito, la autoridad jurisdiccional competente será la del foro en que se produzca el daño o el acontecimiento del que deriva la acción; salvo que se trate de demandas por responsabilidad por el producto, en cuyo caso, el foro competente será el del domicilio del productor o el lugar de producción del bien, y

X. Para el caso de acciones contra personas jurídicas o sin personalidad jurídica, pero con un patrimonio de afectación identificable, con residencia o ubicación en el extranjero, será competente la autoridad jurisdiccional mexicana si la demandada cuenta con alguna sede o sucursal en territorio mexicano.

Artículo 1118. Son reglas especiales de competencia tratándose de sucesiones en el ámbito internacional, las siguientes:

I. Es competente para conocer de una sucesión, incluida su liquidación y tutela testamentaria, la autoridad jurisdiccional de la última residencia del causante de la misma al momento de su fallecimiento, ausencia o desaparición. Si no hubiera tenido domicilio o se desconociera, lo será la del lugar de la ubicación de los bienes inmuebles, en su defecto, la del lugar del fallecimiento, y

II. Si la persona hubiese tenido domicilio en el territorio nacional y falleció en el extranjero y no se hubiese iniciado en el extranjero la sucesión dentro de los siguientes tres meses a partir de la fecha de su fallecimiento, será competente la autoridad jurisdiccional nacional.

Artículo 1119. Tratándose de sucesiones de personas extranjeras, las autoridades jurisdiccionales y notariales nacionales deberán avisar a la Secretaría de Relaciones Exteriores para todos los efectos legales y consulares a que haya lugar.

Artículo 1120. En el caso de adopción internacional de niñas, niños o adolescentes, la competencia de las autoridades jurisdiccionales se regirá conforme a lo siguiente:

I. Para el otorgamiento de la adopción, la del lugar de la residencia habitual del adoptado;

II. Sobre la nulidad de la adopción, será la del lugar de la residencia habitual del adoptado al momento de la adopción, y

III. Para decidir sobre la conversión de la adopción simple en adopción plena, legitimación adoptiva o figuras afines, a elección del actor, la del lugar de la residencia habitual del adoptado o adoptantes, al momento de la adopción.

Artículo 1121. La competencia de las autoridades nacionales para conocer de asuntos sobre alimentos se regirá por las siguientes disposiciones:

I. A elección del acreedor alimentario, la de su residencia o la del deudor alimentista, o la ubicación de los bienes del deudor alimentista, y

II. Para las acciones de cese o modificación de la pensión alimenticia la que haya conocido de la fijación de ésta, o los de la residencia del acreedor.

Artículo 1122. Para conocer de los efectos del matrimonio o figuras similares, es competente la autoridad jurisdiccional de la residencia o domicilio común; la de la residencia de la persona demandada o la del lugar en que se encuentre, a elección del actor.

En caso de divorcio o semejante, será competente la autoridad jurisdiccional que elijan en común acuerdo las partes y, a falta de acuerdo, el foro del último domicilio común de la pareja o el del actor, cuando éste ya hubiese cumplido en ese lugar seis meses de residencia.

Artículo 1123. Tratándose de foros renunciables es competente el elegido por las partes, siempre y cuando dicha elección se hubiese hecho expresamente y por escrito.

Para efectos de la competencia, un acuerdo exclusivo de elección de competencia que forme parte de un convenio o contrato, deberá ser considerado un acuerdo independiente de las demás cláusulas del mismo, y no podrá ser impugnada por la sola razón de que el resto del convenio o contrato no es válido.

No procede la elección o renuncia previa de la competencia suscrita en los Estados Unidos Mexicanos tratándose de cuestiones alimenticias, capacidad de las personas físicas, responsabilidad extracontractual, derechos reales sobre bienes ubicados en el territorio de los Estados Unidos Mexicanos, validez de las inscripciones en los registros públicos, y demás establecidos en las leyes nacionales.

Artículo 1124. Cualquier autoridad jurisdiccional mexicana suspenderá el procedimiento iniciado y, en su caso, rechazará la demanda que se le hubiese presentado, cuando ante éste se demuestre que el litigio hubiese sido sometido a un acuerdo exclusivo de elección de foro, salvo que concurra alguna de las siguientes circunstancias:

a) El acuerdo de exclusividad sea nulo o no aceptable, en virtud de la ley del lugar donde se encuentra el tribunal elegido.

b) Una de las partes careciera de capacidad para celebrar el acuerdo de elección de foro en virtud de la ley del tribunal al que se ha acudido.

c) Que de dar efecto al acuerdo conduciría a una manifiesta denegación de justicia o violación del equilibrio procesal o sería manifiestamente contrario a principios o instituciones fundamentales del orden público mexicano, en términos del Artículo 15, fracción II del Código Civil Federal.

d) Cuando por causas excepcionales, fuera del control de las partes, el acuerdo no pudiera ser razonablemente ejecutado.

e) Que el tribunal elegido haya resuelto no conocer del litigio.

Artículo 1125. Las autoridades jurisdiccionales nacionales asumirán competencia para resolver un asunto, cuando, al haberse presentado un conflicto competencial internacional negativo de no aceptarla, conduzca a una denegación de justicia.

Artículo 1126. En los casos que una persona goce de inmunidad de jurisdicción e inicie una acción judicial no podrá alegar dicha inmunidad en relación con una demanda reconvencional que esté directamente ligada a la demanda principal.

Artículo 1127. En el caso de reconvención, se considerará satisfecho el requisito de la competencia en la esfera internacional cuando la demanda principal hubiera cumplido con las disposiciones previstas en este Código Nacional, y la reconvención se fundamente en el acto o hecho en que se basó la demanda principal.

Artículo 1128. En ningún caso la competencia de las autoridades jurisdiccionales nacionales se suspenderá por el hecho de que se invoque litispendencia apoyada en la existencia de un proceso ante la autoridad jurisdiccional extranjera. Solo podrá suspenderse el proceso iniciado en los Estados Unidos Mexicanos cuando éste se hubiese iniciado con posterioridad al iniciado en el extranjero, y que el demandado en el proceso extranjero hubiese sido notificado de la demanda en el proceso extranjero antes de que se hubiese iniciado el proceso mexicano.

CAPÍTULO II
DE LA COOPERACIÓN PROCESAL INTERNACIONAL

Artículo 1129. Salvo lo prescrito en los tratados internacionales de que México sea parte, no procede la acumulación de procesos que también se estén tramitando en el extranjero, ni la escisión de procesos que produzcan la remisión de un proceso al extranjero.

Artículo 1130. Salvo disposición derivada de este Código y de tratados y convenciones internacionales de que México sea parte, el derecho procesal aplicable al proceso es el mexicano, siguiendo, al efecto, las siguientes reglas:

I. El orden jurídico de los Estados Unidos Mexicanos determinará las condiciones, procedimiento y efectos de las inscripciones registrales en los registros públicos mexicanos, y

II. Solo los hechos estarán sujetos a prueba; el derecho lo estará únicamente cuando se funde en usos, costumbres, tradiciones o valores culturales.

SECCIÓN PRIMERA
DE LAS NOTIFICACIONES, EMPLAZAMIENTOS Y MEDIDAS CAUTELARES

Artículo 1131. Las notificaciones y emplazamientos provenientes del extranjero, para la Federación y sus dependencias, las Entidades Federativas y los Municipios, se harán por conducto de las autoridades Federales que resulten competentes por razón del domicilio o residencia de aquéllas.

Artículo 1132. Toda notificación a una persona que se encuentre fuera de los Estados Unidos Mexicanos, para surtir efectos en territorio nacional, deberá hacérsele en forma personal y deberá informársele por los medios que prescriba el orden jurídico del lugar en donde se encuentre.

Las notificaciones que se hagan en los Estados Unidos Mexicanos por medio de edictos a personas que residan en el extranjero serán nulas.

Artículo 1133. Cuando alguna persona extranjera de naturaleza privada actúe por medio de algún representante, se considerará que tal representante, o quien lo sustituya, está autorizado para responder a las reclamaciones y demandas que se intenten en contra de dicha persona con motivo de los actos en cuestión, de conformidad con lo dispuesto en este Código Nacional.

Artículo 1134. Todas las notificaciones y emplazamientos provenientes del extranjero en territorio nacional se harán conformidad con lo dispuesto en este Código Nacional.

Artículo 1135. El plazo concedido a una persona domiciliada en el extranjero para contestar una demanda seguida ante tribunales de los Estados Unidos Mexicanos, nunca podrá ser menor de veinte días hábiles.

Cuando un tribunal extranjero conceda un plazo a una persona residente en México para que conteste una demanda seguida en el extranjero, si fue notificada en territorio mexicano, ese plazo deberá ser similar o mayor, al que se refiere el párrafo anterior.

Artículo 1136. El trato procesal dispensado a mexicanos y extranjeros será igual de conformidad con lo dispuesto por las leyes de los Estados Unidos Mexicanos. Toda persona gozará de los derechos a los mismos procedimientos y medios impugnativos sin necesidad de otorgar garantías especiales, así como del derecho de asistencia judicial y representación jurídica que otorgue el orden jurídico mexicano. No obstante, ningún extranjero podrá recurrir a la protección diplomática de su Estado hasta en tanto hubiese agotado los medios impugnativos que ofrece el orden jurídico mexicano.

El hecho de que una persona carezca de condición o calidad migratoria, que permita su estancia en México, no suspenderá sus derechos y garantías de participación en un proceso.

Artículo 1137. Las autoridades jurisdiccionales nacionales podrán ejecutar las medidas cautelares dictadas por una autoridad jurisdiccional extranjera, cuando el objeto de la medida consista en garantizar la seguridad de personas y bienes.

En su ejecución se observarán las siguientes disposiciones:

I. El cumplimiento de medidas cautelares por una autoridad jurisdiccional nacional no implicará el compromiso de reconocer y ejecutar la sentencia extranjera que se pudiere dictar.

II. La modificación de una medida cautelar, así como las sanciones por peticiones maliciosas o desproporcionadas, se regirán por este Código Nacional y demás leyes nacionales aplicables.

III. En caso de que el afectado justifique la improcedencia de la medida, la autoridad jurisdiccional nacional podrá levantar o disminuir dicha medida de acuerdo con el derecho mexicano.

IV. Si se opusiese una tercería excluyente de dominio o de derechos reales sobre el bien embargado o su posesión de éste último, se resolverá por la autoridad jurisdiccional nacional, de acuerdo con el orden jurídico del lugar de la ubicación de dicho bien.

V. Tratándose de alimentos, se ejecutarán las medidas cautelares solicitadas cuando exista resolución judicial, lo establezca un instrumento internacional o exista prueba incontrovertible a juicio de la autoridad jurisdiccional nacional, de que el ejecutado es deudor alimentista.

Artículo 1138. La autoridad jurisdiccional nacional dictará las medidas necesarias, a petición de cualquier persona o del Ministerio Público, cuando una persona que se presuma extranjera, haya desaparecido o se ignore el lugar donde se encuentre o quien la represente, nombrando un depositario de sus bienes, además informará de inmediato a la representación consular de su nacionalidad y se ordenará la búsqueda correspondiente.

En caso de que, un nacional se extravíe en el extranjero, se enviará al cónsul mexicano en el lugar en que se presume el extravío, la solicitud de búsqueda, incluido el edicto que se publique en los Estados Unidos Mexicanos.

SECCIÓN SEGUNDA
DE LAS PRUEBAS

Artículo 1139. Las disposiciones relativas a la presentación de documentos y desahogo de pruebas en procedimientos internacionales se regirán por lo previsto en instrumentos internacionales y en su defecto, por lo dispuesto en esta Sección.

Artículo 1140. La obligación de exhibir documentos y bienes en procedimientos que se sigan en el extranjero, no comprenderá la de exhibir documentos o copias de documentos identificados por características genéricas.

En ningún caso, podrá una autoridad jurisdiccional nacional ordenar ni llevar a cabo la inspección general de archivos que no sean de acceso al público, salvo en los casos permitidos por las leyes nacionales.

Artículo 1141. Las dependencias y organismos públicos de la Federación, Entidades Federativas y municipales, así como sus servidores públicos, estarán impedidos de llevar a cabo la exhibición de documentos o copias de documentos existentes en archivos oficiales bajo su control y desahogar prueba testimonial con respecto a sus actuaciones en su calidad de tales; se exceptúa de lo anterior los casos que, tratándose de asuntos particulares, deban exhibir documentos o archivos personales según lo permita la Ley.

Artículo 1142. En un proceso extranjero en que se precise la prueba testimonial o declaración de parte requerida, los declarantes podrán ser examinados en términos del derecho procesal extranjero, sin perjuicio de que la autoridad mexicana solicite la aplicación de disposiciones de este Código Nacional cuando se estime que, de aplicarse las extranjeras se vulnerarían derechos humanos.

Se deberá acreditar ante la autoridad jurisdiccional nacional, que los hechos materia del interrogatorio están relacionados con el proceso pendiente y que medie solicitud de parte o de la autoridad extranjera requirente.

Artículo 1143. El estado civil o análogo se acreditará mediante documento salvo que, dejaren de existir los registros o constancias, se admitirá cualquier medio de prueba que acredite dicho estado.

Artículo 1144. Los documentos públicos extranjeros serán reconocidos por las autoridades mexicanas cuando se presenten debidamente apostillados o legalizados en términos de la legislación aplicable o conforme a las salvedades que dispongan los instrumentos internacionales o las leyes nacionales en la materia.

En caso de imposibilidad para obtener la legalización, ésta se substituirá por cualquier prueba adecuada para garantizar su autenticidad.

Artículo 1145. Los procedimientos en el ámbito de cooperación internacional observarán el principio de publicidad de conformidad con lo establecido en los tratados internacionales, las leyes nacionales en materia de transparencia, acceso a la información pública, con excepción de los procedimientos donde se ventilen secretos profesionales, comerciales, industriales o personales y protección de datos personales.

En ningún caso podrán ser públicos los procedimientos donde se encuentren involucrados derechos de niñas, niños y adolescentes.

Artículo 1146. Cuando las personas no hablen o no entiendan el idioma español, deberá proveérseles intérprete y traductor, sin perjuicio que puedan nombrar ellas mismas intérprete y traductor de su confianza. Además, podrán producir documentos en su propia lengua y grabar sus declaraciones, mismos que luego deberán traducirse al idioma español. Lo anterior también resulta aplicable para las personas que tengan algún impedimento en comunicarse.

Artículo 1147. Las autoridades jurisdiccionales nacionales podrán encomendar la práctica de diligencias en territorio extranjero a los miembros del Servicio Exterior Mexicano, las cuales producirán sus efectos jurídicos en los procedimientos ante ellas tramitados, en términos de este Código Nacional y la normatividad aplicable, dentro de los límites que conceda el derecho internacional.

Artículo 1148. Un proceso que tenga lugar en el extranjero podrá prepararse solicitando la declaración de testigos, peritos u otras declaraciones para ser practicadas en territorio nacional. La parte interesada al solicitar la diligencia citará los hechos sobre los cuales se hará el examen.

La parte legítima podrá solicitar a la autoridad jurisdiccional nacional actos de emplazamiento, notificación o de recepción de pruebas, para ser utilizados en procesos en el extranjero sin que se requiera exhorto para su trámite, a través de los procedimientos de jurisdicción voluntaria y medios preparatorios a juicio previstos en este Código Nacional, según corresponda.

La diligenciación de cualquiera de estos actos, no implicará el reconocimiento de la competencia asumida por la autoridad jurisdiccional extranjera, ni el compromiso de ejecutar la sentencia que a futuro se dictare en el proceso correspondiente.

Artículo 1149. Las autoridades jurisdiccionales nacionales y los fedatarios públicos nacionales, podrán solicitar el auxilio y cooperación del Servicio Exterior Mexicano para ejecutar actos relacionados con un asunto o proceso que ante ellos se tramite, en los términos previstos por los instrumentos internacionales, este Código Nacional o cualquier disposición legal nacional.

SECCIÓN TERCERA
DE LA COOPERACIÓN, CUANDO INTERVENGAN NIÑAS, NIÑOS Y ADOLESCENTES

Artículo 1150. El ejercicio del derecho de visita y custodia de niñas, niños o adolescentes cuyos padres radiquen en países diferentes de manera habitual, se regirá conforme a los instrumentos internacionales y se observarán las siguientes reglas:

I. Las autoridades nacionales ejecutarán las medidas necesarias a fin de lograr la plena convivencia de las niñas, niños o adolescentes con sus padres, incluyendo la utilización de medios telemáticos;

II. El derecho de visita de una niña, niño o adolescente a otro país diferente al del lugar de su residencia, implicará que el progenitor que lo reciba en visita en el Extranjero o en los Estados Unidos Mexicanos, asegure la restitución de la niña, niño o adolescente, y

III. La autoridad jurisdiccional fijará a cargo de qué persona correrán los gastos de desplazamiento, si es que no hubiese acuerdo entre los interesados.

Artículo 1151. Las solicitudes de restitución internacional de niñas, niños o adolescentes se regirán de acuerdo con los tratados internacionales y en su defecto, por las siguientes disposiciones:

I. La autoridad jurisdiccional tendrá la facultad de ordenar las medidas precautorias y de aseguramiento, con el fin de asegurar el bienestar de las niñas, niños y adolescentes y prevenir que sean nuevamente trasladados indebidamente o retenidos.

II. Los procedimientos de restitución no podrán pronunciarse y decidir sobre el fondo de la guarda y custodia.

III. En los casos de retención o traslado ilícito de una niña, niño o adolescente, deberá procederse de inmediato y sin dilaciones a la restitución del mismo.

IV. Cuando la niña, niño o adolescente reclamado, no se encuentre en territorio mexicano, el órgano competente autorizado responderá a la solicitud informando el resultado de la búsqueda.

Ninguna autoridad jurisdiccional de lugar diferente al de la residencia habitual de la niña, niño o adolescente, podrá declarar a favor de la persona que retiene o efectúe el traslado, algún derecho de custodia, salvo que el derecho convencional internacional lo permita. Si se encuentran en trámite procedimientos jurisdiccionales que resuelvan la custodia, éstos deberán suspenderse.

Artículo 1152. La autoridad jurisdiccional nacional podrá rechazar una solicitud de restitución de una niña, niño o adolescente, cuando la persona que se oponga a la restitución compruebe que:

I. La persona, institución u organismo titulares de la solicitud de restitución, no ejercía de modo efectivo el derecho de custodia en el momento en que fue trasladado o retenido, o había consentido o posteriormente aceptado, dicho traslado o retención.

II. Existe un riesgo grave de que la restitución del menor lo exponga a un peligro físico o psicológico, o que de cualquier otra manera ponga al menor en una situación intolerable.

III. La niña, niño o adolescente, se oponga a la restitución, si ya alcanzó una edad y un grado de madurez suficiente en que resulte apropiado tener en cuenta su opinión.

IV. La restitución podría violentar los derechos humanos reconocidos en los Estados Unidos Mexicanos y las garantías que para ellos se otorguen.

V. Cuando la solicitud de restitución se hubiere presentado un año después de ocurrido el traslado o la retención y se comprueba que la niña, niño o adolescente, ha quedado integrado a su nuevo medio ambiente.

Artículo 1153. Los procedimientos de restitución deberán ser iniciados dentro del plazo máximo de un año contado a partir de la fecha en que la niña, niño o adolescente hubiere sido trasladado o retenido ilícitamente, por lo que corresponderá a la autoridad competente ordenar la restitución inmediata del menor.

Respecto de menores cuyo paradero se desconozca, el plazo se computará a partir del momento en que fueren precisa y efectivamente localizados.

Artículo 1154. Toda solicitud de restitución de una niña, niño o adolescente, proveniente del extranjero, se presentará, por conducto de la Secretaría de Relaciones Exteriores, la cual lo remitirá a la o las autoridades jurisdiccionales competentes.

Si en los Estados Unidos Mexicanos se encuentra la niña, niño o el adolescente, deberán adoptarse todas las medidas adecuadas tendientes a obtener la restitución voluntaria de la niña, niño o adolescente.

Las autoridades nacionales podrán propiciar una solución amigable, a través de la mediación. De no lograrse ésta en una única sesión, deberán iniciar procedimiento jurisdiccional o administrativo con el objeto de conseguir la restitución, o en su caso, permitir la regulación o ejercicio efectivo del derecho de visita.

Artículo 1155. La solicitud de restitución deberá contener al menos lo siguiente:

I. Nombre y datos generales de la niña, niño o adolescente;

II. Nombre y datos del solicitante y el carácter con el que promueve respecto a la niña, niño o adolescente;

III. Antecedentes y los hechos relativos al traslado o sustracción;

IV. El nombre de la persona que se presume retuvo o traslado ilícitamente y el domicilio o ubicación donde se presume que se encuentra la niña, niño o adolescente, y

V. Cualquier información que sea necesaria o pertinente para su localización.

Artículo 1156. La solicitud de restitución deberá estar acompañada de:

I. Copia (sic) documento que acredite la custodia de la niña, niño o adolescente solicitado;

II. Constancia de la residencia habitual de la niña, niño o adolescente solicitado;

III. Cualquier otro documento con el que se pueda probar el medio en el que se desarrolla habitualmente la niña, niño o adolescente;

IV. Fotografías y demás datos o elementos precisos de identificación de la niña, niño o adolescente en su caso, y

V. La traducción de los documentos que se presenten en un idioma distinto al del país al que se solicite la restitución.

La autoridad competente podrá prescindir de algunos de estos requisitos si a su juicio se justifica la restitución.

Artículo 1157. Toda petición de restitución será preferente y, salvo consideración especial de la autoridad jurisdiccional, deberá concluir dentro del plazo de seis semanas a partir de su presentación.

Artículo 1158. Ningún procedimiento de custodia tramitado en los Estados Unidos Mexicanos suspenderá la restitución ordenada.

Artículo 1159. Presentada la solicitud de restitución, la autoridad jurisdiccional dispondrá de un plazo de veinticuatro horas para pronunciarse sobre su admisión.

En caso de ser admitida, ordenará correr traslado a la parte de la que se presume ha retenido o trasladado ilícitamente a la niña, niño o adolescente para que, con los apercibimientos legales correspondientes, acuda ante la autoridad jurisdiccional dentro del término de tres días hábiles siguientes en compañía de la niña, niño o adolescente, así como todas las pruebas que considere necesarias para apoyar su objeción a la restitución, si fuera el caso.

El auto que admita la solicitud deberá disponer las medidas cautelares necesarias, y en su caso, ordenará la entrevista con la niña, niño o adolescente solicitado, en términos de este Código Nacional.

Artículo 1160. En la audiencia única la autoridad jurisdiccional intentará conciliar a las partes para su restitución voluntaria y la parte requerida deberá manifestar si acepta restituir voluntariamente a la niña, niño o adolescente; en caso de que así sea, se levantará el acta correspondiente con las condiciones que las partes concedan, debiendo ser dicho acuerdo sancionado por la autoridad jurisdiccional. En caso de que haya objeción en la restitución, quien se oponga deberá hacer valer las excepciones aplicables y ofrecer las pruebas correspondientes que las acrediten.

En esa audiencia, la autoridad jurisdiccional realizará la entrevista a la niña, niño o adolescente. Hecho lo anterior, admitirá o no las pruebas ofrecidas y enseguida procederá a su desahogo, en términos de este Código Nacional.

Artículo 1161. Concluido el desahogo, la autoridad jurisdiccional deberá resolver sobre la restitución, dentro de la misma audiencia.

En caso de que se otorgue la restitución, la autoridad jurisdiccional dictará las medidas adecuadas y eficaces para garantizar el retorno seguro de la niña, niño o adolescente.

La autoridad jurisdiccional deberá informar de dicha decisión a la Secretaría de Relaciones Exteriores.

SECCIÓN CUARTA
DE LOS EXHORTOS INTERNACIONALES Y CARTAS ROGATORIAS

Artículo 1162. Los exhortos o cartas rogatorias que se remitan al extranjero serán comunicaciones oficiales escritas, que contendrán la petición de ejecutar las actuaciones necesarias para el proceso en que se expidan. Dichas comunicaciones contendrán los datos informativos necesarios y las copias certificadas, cédulas, copias de traslado y demás anexos procedentes, con su respectiva traducción, según sea el caso.

Artículo 1163. Los exhortos extranjeros o cartas rogatorias que se reciban serán diligenciados conforme a la legislación mexicana, salvo en lo prescrito en los instrumentos internacionales y en este Código Nacional. Sólo requerirán homologación cuando requieran ejecución forzosa sobre personas, bienes o derechos. En este caso, se aplicará lo dispuesto por el apartado relativo a la ejecución de sentencias extranjeras.

Artículo 1164. Los exhortos o cartas rogatorias relativas a notificaciones, recepción de pruebas y a otros asuntos de sólo trámite, se diligenciarán sin necesidad de homologación o reconocimiento, de acuerdo con las siguientes disposiciones:

I. La solicitud deberá contener la descripción de las formalidades necesarias para la diligenciación del exhorto o carta rogatoria;

II. La autoridad jurisdiccional nacional requerida podrá conceder la simplificación de formalidades o la observancia de formalidades diversas a las nacionales, salvo que concurra una excepción al reconocimiento o aplicación del derecho extranjero o vulnere los derechos humanos;

III. La autoridad jurisdiccional prevendrá al solicitante en caso de que se omitiere acompañar los documentos correspondientes, para que dentro del plazo de cuarenta y cinco días naturales presente la documentación faltante, caso contrario, se desechará la solicitud;

IV. Las autoridades jurisdiccionales nacionales formarán expediente de todas las actuaciones que realicen en todos los procedimientos de cooperación internacional en las que intervengan y enviarán copia de las actuaciones que correspondan a la autoridad jurisdiccional requirente;

V. En el caso de que no se pudiere ejecutar la totalidad de lo solicitado a la autoridad jurisdiccional nacional, deberá retransmitir la autoridad jurisdiccional competente el resto para su ejecución. Las autoridades jurisdiccionales que conozcan deberán informar al requirente, y

VI. No se exigirán requisitos de forma adicionales respecto de los exhortos o cartas rogatorias que provengan del extranjero.

Las autoridades jurisdiccionales nacionales que sean competentes para realizar las diligencias, deberán cooperar y colaborar entre ellas.

Artículo 1165. Los exhortos o cartas rogatorias podrán ser presentadas a la autoridad jurisdiccional competente por las propias partes interesadas, vía judicial, vía consular, agentes diplomáticos o por la autoridad competente del Estado requirente, salvo que los instrumentos internacionales prescriban otra cosa.

Se privilegiará la presentación y transmisión por vías oficiales, que no implique la participación de las partes interesadas.

Los exhortos o cartas rogatorias provenientes del extranjero que sean presentadas por conductos oficiales no requerirán legalización o apostillamiento, tampoco la requerirán los que se remitan al extranjero, salvo que el otro Estado lo exija.

La participación de particulares en cualquier acto de traslado o presentación de exhortos o cartas rogatorias sin participación de los conductos oficiales, requerirán la legalización o apostillamiento, según corresponda.

Artículo 1166. Todo exhorto o carta rogatoria, así como los anexos que se reciban del extranjero, en idioma distinto del español, deberán acompañarse de su debida traducción.

Artículo 1167. Las autoridades nacionales jurisdiccionales de ciudades fronterizas que requieran enviar o recibir cartas rogatorias, podrán diligenciarlas a través de sus servidores públicos adscritos, en caso de que el Estado requerido lo tenga previsto en su legislación.

Lo anterior no requerirá de legalización ni apostillamiento, únicamente deberá obrar constancia del nombre y cargo del personal que obre la diligencia.

La autoridad nacional fronteriza deberá cerciorarse de la autenticidad del exhorto o carta rogatoria, por el medio de comunicación que estime más idóneo.

Artículo 1168. La entrega de resultados o devolución de un exhorto o carta rogatoria, se hará por la misma vía en que se recibió, o por la vía en que lo solicite la autoridad jurisdiccional internacional requirente.

SECCIÓN QUINTA
DE LA UTILIZACIÓN DE VIDEOCONFERENCIAS EN PROCESOS INTERNACIONALES

Artículo 1169. De acuerdo al uso de tecnologías en la cooperación internacional, requirente y requerido, podrán utilizar videoconferencias para la ejecución de actos procesales y empleo de medios electrónicos de comunicación oficiales.

Artículo 1170. Procederá el empleo de videoconferencia cuando medie solicitud del Estado requirente y sea técnicamente realizable. La preparación de la videoconferencia podrá iniciarse por medio de correo electrónico o cualquier otra tecnología que permita la transmisión de la solicitud, siempre que se remita de un sistema de información que esté bajo el control del iniciador o de la parte que la envíe en nombre de éste. Se establecerá día, hora y lugar de la misma.

Artículo 1171. La solicitud para el empleo de videoconferencia deberá señalar:

I. Las formas y medios técnicos que permitan lograr la comunicación entre el requirente y el requerido.

II. La naturaleza del caso, nombres y domicilios de las personas a ser interrogadas, el objetivo que se persigue con la diligencia y los impedimentos previstos por orden jurídico del requirente para que una persona declare.

Artículo 1172. Durante una videoconferencia solo podrán permanecer en la sala de audiencia los interesados y deberá privilegiarse la privacidad y deberá grabarse la videoconferencia desde su inicio hasta su conclusión. Para su ejecución se tomarán en cuenta las siguientes reglas:

a) Cuando los técnicos informen que se ha logrado la comunicación, la autoridad requirente comenzará notificando lugar, fecha, nombres de las personas que intervendrán en la videoconferencia como autoridad jurisdiccional, persona secretaria judicial, nombre de los declarantes y abogados presentes. Lo mismo hará la autoridad requerida;

b) La autoridad requerida identificará a cada testigo o perito a ser interrogados. Deberá aludir a los medios como se ha realizado la identificación, debiendo obtener copia de los documentos identificatorios. En caso necesario, deberá estar presente la persona que hubiese de realizar la traducción, que también deberá ser identificada;

c) La autoridad requirente tomará la protesta o juramento de que el declarante se conducirá con verdad, incluida (sic) el apercibimiento en la (sic) que se le haga saber al declarante la sanción por conducirse con falsedad;

d) Durante la audiencia podrán presentarse aquellos documentos que se pongan a la vista del declarante para su reconocimiento. Podrá recurrirse a cualquier tipo de tecnología que permita la transmisión de cualquier tipo de datos, y

e) El examen lo hará la autoridad requirente o los abogados reconocidos ante ésta. Las preguntas podrán ser objetadas por el requirente o el requerido, cuando no sean admisibles acorde al orden jurídico mexicano.

SECCIÓN SEXTA
DE LA INFORMACIÓN DEL DERECHO EXTRANJERO

Artículo 1173. El conocimiento, texto, alcance, sentido y vigencia del derecho extranjero, escrito o no escrito, deberá realizarse en forma oficiosa por la autoridad jurisdiccional nacional, pudiendo los interesados allegarle a la autoridad jurisdiccional datos o elementos para su conocimiento.

Para informarse del texto, vigencia, sentido y alcance legal del derecho extranjero, el que, de resultar aplicable se considerará derecho y no hecho; las autoridades jurisdiccionales mexicanas podrán valerse de informes oficiales al respecto, pudiendo solicitarlos al Servicio Exterior Mexicano, o bien, las autoridades jurisdiccionales podrán ordenar o admitir las diligencias que consideren necesarias o que ofrezcan las partes.

Artículo 1174. Por sentido y alcance legal del derecho extranjero se entenderá el resultado de la interpretación del derecho y normas extranjeras y de su aplicabilidad al caso concreto. El sentido implica la calificación del supuesto, así como el significado de lo contenido en la disposición extranjera, mientras que el alcance comprende los datos o campos sobre los que aplica o se abstiene de su aplicación. Se hará el mismo análisis tratándose de usos, costumbres, tradiciones o valores culturales extranjeros, sin embargo, estos sí se considerarán hechos sujetos a prueba.

Artículo 1175. La solicitud de informe sobre derecho extranjero se tramitará acorde a lo establecido en los instrumentos internacionales. En su defecto, se observará lo siguiente:

a) Preferentemente, se dirigirá a la autoridad central extranjera solicitándole le informe sobre el texto, vigencia, sentido y alcance legal del derecho extranjero, en el apartado que desea conocer. A su solicitud, deberá agregar una síntesis de los hechos a partir de los cuales se formula la solicitud;

b) De no ser posible lo anterior, la autoridad jurisdiccional podrá ordenar y admitir las diligencias que considere necesarias o que le ofrezcan las partes en la audiencia preliminar, y

c) Asimismo, podrá ordenar el desahogo de dictámenes o pruebas periciales a cargo de expertos mexicanos o extranjeros, solicitar el auxilio del servicio consular mexicano en el extranjero e incluso, podrá emplear medios electrónicos que le den rapidez a la comunicación e informe de ese derecho extranjero.

Artículo 1176. Cuando un Estado extranjero solicite informes sobre el derecho nacional, así como de usos y costumbres, se tramitará acorde a lo establecido en los instrumentos internacionales. En su defecto, se observará lo siguiente:

I. La autoridad jurisdiccional extranjera podrá solicitar a la Secretaría de Relaciones Exteriores un informe sobre el texto, vigencia, sentido y alcance legal del derecho mexicano que desea conocer. A su solicitud, deberá agregar una síntesis de los hechos a partir de los cuales se formula la solicitud.

II. La Autoridad Central nacional podrá acceder directamente a la solicitud o, en su caso, asistirse de personas expertas y conocedoras del apartado del derecho solicitado. En la información que pudiera proporcionar, dará a conocer los textos prescritos del orden jurídico mexicano que contengan la respuesta, su interpretación, según los precedentes de las autoridades jurisdiccionales y doctrinarios que obtuviese, y una opinión sobre cómo una autoridad jurisdiccional nacional calificaría e interpretaría el derecho para el caso concreto solicitado, así como los usos y costumbres.

La respuesta que proporcione el Estado mexicano no implicará que la sentencia que se pudiera dictar en el extranjero tenga que ejecutarse en los Estados Unidos Mexicanos, ni que con ello reconozca la competencia asumida por la autoridad jurisdiccional extranjera.

Artículo 1177. Cuando se admita una demanda y contestación que impliquen la aplicación del derecho extranjero o que tenga aspectos de derecho internacional privado, la autoridad jurisdiccional nacional deberá citar a la audiencia preliminar en términos de este Código Nacional.

Artículo 1178. En la audiencia preliminar la autoridad jurisdiccional deberá precisar la procedencia de su competencia judicial internacional y en su caso, definir el derecho sustantivo aplicable, nacional o extranjero. Las partes podrán manifestar sus argumentos jurídicos sobre la competencia y el derecho sustantivo aplicable, que consideran deben ser tomados en cuenta por la autoridad jurisdiccional para emitir su declaración.

Las partes podrán convenir en una solución a su conflicto, decidir sobre la autoridad jurisdiccional competente y definir el derecho sustantivo aplicable en aquellos casos que así sea permitido.

Artículo 1179. Depurado el procedimiento y hecha la declaración de competencia de la autoridad jurisdiccional nacional y definido el derecho sustantivo aplicable, tanto la audiencia preliminar como el procedimiento continuará en los términos previstos por este Código Nacional y resolverá aplicando los diversos derechos de manera armónica, procurando realizar las finalidades perseguidas por cada uno de tales derechos. Las dificultades causadas por la aplicación simultánea de tales derechos se resolverán tomando en cuenta las exigencias de la equidad en el caso concreto.

Artículo 1180. La autoridad jurisdiccional nacional para mejor proveer podrá admitir o allegarse de informes técnicos de personas, instituciones y organismos ajenos al litigio y que ostenten reconocida competencia sobre la cuestión planteada por las partes; éstas tendrán el carácter de Amigos del Tribunal y su informe no implicará el pago de costas u honorarios.

CAPÍTULO III
DE LA EJECUCIÓN DE SENTENCIAS, LAUDOS Y RESOLUCIONES DICTADAS EN EL EXTRANJERO

Artículo 1181. El procedimiento de reconocimiento de sentencias, laudos arbitrales y demás resoluciones extranjeras, así como su ejecución se regirán conforme a las disposiciones previstas en los instrumentos internacionales aplicables y las contenidas en este Código Nacional, en particular, las disposiciones especiales de este Capítulo.

Los efectos que las sentencias, laudos arbitrales y demás resoluciones extranjeras produzcan en los Estados Unidos Mexicanos se regirán por lo dictado en la sentencia, fallo o laudo arbitral.

La forma y el fondo de la sentencia extranjera, así como los procedimientos seguidos para dictarla, estarán regulados por el orden jurídico del lugar de la autoridad jurisdiccional que la emitió, incluidas sus normas de conflicto.

Artículo 1182. La autoridad jurisdiccional competente mexicana para ejecutar una sentencia, laudo o resolución jurisdiccional proveniente del extranjero, será el del domicilio del ejecutado o el del lugar donde se encuentran los bienes sobre los que deba ejecutarse la sentencia. En el caso de un laudo arbitral, también será competente la autoridad jurisdiccional mexicana cuando la sede del arbitraje haya sido en los Estados Unidos Mexicanos.

Artículo 1183. Las sentencias extranjeras que no requieran el procedimiento de reconocimiento u homologación para su ejecución, así como demás documentos públicos extranjeros, deberán ser reconocidas de acuerdo con los tratados internacionales y al derecho mexicano.

Artículo 1184. Tratándose de sentencias, laudos arbitrales o resoluciones jurisdiccionales que únicamente vayan a utilizarse como prueba, será suficiente que las mismas llenen los requisitos necesarios para ser consideradas como documentos auténticos.

Artículo 1185. Los acuerdos o transacciones judiciales entre las partes, sancionados por una autoridad jurisdiccional extranjera, podrán reconocerse como sentencias firmes cuando se acredite que en el país de origen se le otorgue dicho carácter. Para esto, deberá presentarse una certificación de la autoridad jurisdiccional del Estado de origen, haciendo constar que la transacción judicial o una parte de ella es ejecutoria como lo es una resolución judicial en el Estado de origen.

Artículo 1186. Las sentencias, laudos arbitrales privados de carácter no comercial y resoluciones jurisdiccionales dictados en el extranjero, tendrán carácter de cosa juzgada para ser ejecutadas en los Estados Unidos Mexicanos, si cumplen con los siguientes requisitos:

I. Que se hayan satisfecho las formalidades previstas en este Código en materia de exhortos o cartas rogatorias provenientes del extranjero y llenen los requisitos para ser considerados como auténticos;

II. Que no hayan sido dictados como consecuencia del ejercicio de una acción real inmobiliaria;

III. Que la autoridad jurisdiccional que dictó la sentencia haya tenido competencia para conocer y juzgar el asunto de acuerdo con las reglas reconocidas en la esfera internacional, que sean análogas y compatibles con las adoptadas por el orden jurídico mexicano;

IV. No se reconocerá la competencia de la autoridad jurisdiccional extranjera cuando el acuerdo de elección del foro sea estimado como nulo si alguna de las partes carecía de la capacidad para celebrar el acuerdo;

V. Que el demandado haya sido notificado o emplazado en forma personal a efecto de asegurarle la garantía de audiencia y el efectivo ejercicio de sus defensas y derechos procesales;

VI. Que tengan el carácter de cosa juzgada en el país en que fueron dictados, o que no exista recurso ordinario en su contra;

VII. Que la acción que les dio origen no sea materia de juicio que esté pendiente entre las mismas partes ante autoridades jurisdiccionales nacionales y en el cual hubiere prevenido la autoridad jurisdiccional nacional o cuando menos que el exhorto o carta rogatoria para emplazar hubieren sido tramitados y entregados a la Secretaría de Relaciones Exteriores o a las autoridades del Estado donde deba practicarse el emplazamiento, y

VIII. Que la ejecución de la resolución no vaya en contra de instituciones o principios fundamentales del orden público mexicano, que implique la evasión fraudulenta del derecho aplicable.

No obstante, lo anterior la autoridad jurisdiccional podrá negar la ejecución si se probara que en el país de origen no se ejecutan sentencias o laudos extranjeros en casos análogos.

Cuando la sentencia no evidencie los requisitos anteriores, la autoridad jurisdiccional requerida podrá solicitar otros medios de prueba para constatar que se cumplen tales.

Artículo 1187. En la resolución de reconocimiento u homologación, la autoridad jurisdiccional deberá especificar, si fuere el caso, qué parte del procedimiento de ejecución podrá ejecutarse siguiendo formas especiales o distintas a las mexicanas. La autoridad jurisdiccional también especificará las formas procesales que podrán adicionarse o suprimirse. Lo anterior procederá siempre y cuando no resulte lesivo a principios e instituciones fundamentales del orden público y especialmente a los Derechos Humanos contemplados en la Constitución. La petición extranjera o la parte interesada deberá integrar la descripción de las formalidades cuya aplicación se solicite para la diligenciación del exhorto internacional o carta rogatoria.

Artículo 1188. El exhorto de la autoridad jurisdiccional requirente deberá acompañarse de la siguiente documentación:

I. Copia auténtica de la sentencia, laudo o resolución jurisdiccional;

II. Copia auténtica de las constancias que acrediten que se cumplieron los requisitos previstos en las fracciones IV y V del artículo 1186;

III. Las traducciones al idioma español que sean necesarias al efecto, y

IV. Que el ejecutante haya señalado domicilio para oír notificaciones en el lugar de la autoridad jurisdiccional del reconocimiento u homologación.

Artículo 1189. Ninguna sentencia o resolución extranjera será reconocida en el ámbito nacional cuando:

I. Al momento de la solicitud de reconocimiento no posea el carácter de cosa juzgada.

II. La sentencia carezca totalmente de efectos jurídicos en todo el territorio del Estado donde fue emitida.

III. La sentencia resulta contraria a los principios o instituciones fundamentales del orden público nacional o fue emitida en fraude a la ley.

IV. El procedimiento concreto que condujo a la resolución fue incompatible con los principios fundamentales de equidad procesal establecidos en el derecho nacional.

SECCIÓN ÚNICA
DE LA EJECUCIÓN FORZOSA

Artículo 1190. El reconocimiento y ejecución de sentencias, fallos y laudos extranjeros que impliquen coacción en su ejecución, requerirá procedimiento de homologación y se sujetará a las siguientes disposiciones, en el entendido de que no podrá controvertirse el fondo de la resolución:

I. Se citará personalmente tanto a la persona ejecutante como a la ejecutada y se les concederá el término de nueve días para que manifiesten lo que a su derecho conviniere. Se les admitirán los medios de prueba que ofrezcan si fueren pertinentes y se señalará fecha y hora de audiencia para su desahogo. La preparación de la prueba correrá a cargo del oferente, salvo razón fundada.

II. Las personas autorizadas o reconocidas como apoderados por la autoridad jurisdiccional extranjera podrán actuar como tal conforme a las facultades que la autoridad requirente señale.

III. En todo momento la autoridad jurisdiccional ejecutante velará por el interés superior de las niñas, niños y adolescentes y gozará de plenitud de jurisdicción para garantizar sus derechos.

IV. Los gastos de ejecución correrán a cargo de parte interesada, sin perjuicio que en su momento deban ser cubiertos por la parte ejecutada.

V. La resolución que determine la ejecución forzosa deberá pronunciarse dentro del plazo de tres días, una vez que se haya desahogado la última prueba. Dicha resolución es apelable en ambos efectos.

VI. Las cuestiones sobre el depósito, avalúo, subasta y demás sobre la ejecución de la sentencia se regirán conforme a este Código Nacional.

VII. La autoridad jurisdiccional de ejecución, y en su caso, la de segunda instancia, se abstendrá de pronunciarse sobre el fondo del fallo ni sobre los fundamentos del hecho o derecho en que se apoye, ni exigir equivalencia de resultados del fallo extranjero con respecto al propio, únicamente examinarán la autenticidad de la misma y sobre la forma de su ejecución en términos de este Código Nacional.

VIII. La sentencia reconocida podrá tener cumplimientos parciales cuando no sea posible cumplimentarse en su integridad.

IX. La autoridad jurisdiccional que se declare incompetente para ejecutar la sentencia deberá remitir oficiosamente los autos a la autoridad jurisdiccional que considere competente.

X. La resolución que reconozca la sentencia extranjera precisará en su caso, qué parte del procedimiento de ejecución observará disposiciones especiales o extranjeras, observando la autoridad jurisdiccional requerida que no se violenten derechos humanos.

XI. El exhorto internacional de requerimiento o solicitud deberá especificar las formalidades de su diligenciación.

Durante la tramitación del procedimiento de reconocimiento no procederá recurso alguno, ni medio que lo suspenda.

Artículo 1191. La resolución reconocida será cumplimentada conforme al derecho mexicano, excepto en los casos en que se autoricen disposiciones distintas.

En el caso de subasta pública, los fondos resultantes quedarán a disposición de la autoridad jurisdiccional extranjera hasta por la cantidad definida en la resolución. El resto será distribuido por la autoridad jurisdiccional ejecutante conforme al derecho nacional.

ARTÍCULOS TRANSITORIOS

Artículo Primero. El presente Decreto entrará en vigor al día siguiente de su publicación en el Diario Oficial de la Federación.

Artículo Segundo. La aplicación de lo dispuesto en el Código Nacional de Procedimientos Civiles y Familiares previsto en el presente Decreto, entrará en vigor gradualmente, como sigue: en el Orden Federal, de conformidad con la Declaratoria que indistinta y sucesivamente realicen las Cámaras de Diputados y Senadores que integran el Congreso de la Unión, previa solicitud del Poder Judicial de la Federación, sin que la misma pueda exceder del 1o. de abril de 2027.

En el caso de las Entidades Federativas, el presente Código Nacional, entrará en vigor en cada una de éstas de conformidad con la Declaratoria que al efecto emita el Congreso Local, previa solicitud del Poder Judicial del Estado correspondiente, sin que la misma pueda exceder del 1o. de abril de 2027.

La Declaratoria que al efecto se expida, deberá señalar expresamente la fecha en la que entrará en vigor el Código Nacional de Procedimientos Civiles y Familiares, y será publicada en el Diario Oficial de la Federación y en los Periódicos o Gacetas Oficiales del Estado, según corresponda.

Entre la Declaratoria a que se hace referencia en los párrafos anteriores, y la entrada en vigor del presente Código Nacional de Procedimientos Civiles y Familiares, deberán mediar máximo 120 días naturales. En todos los casos, vencido el plazo, sin que se hubiera emitido la Declaratoria respectiva, la entrada en vigor será automática en todo el territorio nacional sin que la misma pueda exceder el día 1o. de abril de 2027.

Artículo Tercero. De conformidad con el Artículo Segundo de las Disposiciones Transitorias de este Decreto, se abrogan el Código Federal de Procedimientos Civiles, así como la legislación procesal civil y familiar de las Entidades Federativas.

Artículo Cuarto. Los procedimientos civiles y familiares que a la entrada en vigor del Código Nacional de Procedimientos Civiles y Familiares se encuentren en trámite, continuarán su sustanciación de conformidad con la legislación aplicable en el momento del inicio de los mismos, salvo que las partes conjuntamente opten por la regulación del Código Nacional.

No procederá la acumulación de procesos civiles y familiares cuando alguno de ellos se esté tramitando conforme al presente Código Nacional, y el otro proceso conforme a un Código abrogado.

Artículo Quinto. Cuando por razón de competencia, sea por fuero o territorio, se realicen actuaciones conforme a un fuero o sistema procesal distinto al que se remiten, podrá la autoridad jurisdiccional receptora convalidarlas, siempre que, de manera, fundada y motivada, se concluya que se respetaron las garantías esenciales del debido proceso en el procedimiento de origen.

Asimismo, podrá regularizarse aquellas actuaciones que, también de manera fundada y motivada, la autoridad jurisdiccional que las recibe determine que las mismas deban ajustarse a las formalidades del sistema civil o familiar al cual se incorporarán tomando en cuenta su marco sustantivo interno.

Artículo Sexto. En el caso de la Federación, la Cámara de Diputados, tomando en cuenta la estimación de ingresos aprobados para cada ejercicio fiscal, y con base en los principios de austeridad, eficiencia, eficacia y economía, contemplará en los ejercicios fiscales posteriores a la publicación del presente Decreto, una asignación de recursos presupuestarios para el cumplimiento del presente Decreto.

Para efectos de lo anterior, el Poder Judicial de la Federación, al elaborar su proyecto de presupuesto de egresos anual, deberá observar los criterios generales de política económica, en los términos de la Ley Federal de Presupuesto y Responsabilidad Hacendaria y demás disposiciones aplicables.

Los Congresos Locales, en el ámbito de sus atribuciones, aprobarán los recursos presupuestarios correspondientes para los Poderes Judiciales de las Entidades Federativas, para el cumplimiento del presente Decreto.

En todo caso y siempre que proceda, las adecuaciones a las estructuras orgánicas, ocupacionales y salariales que se deriven de la ejecución del presente

Decreto, deberán realizarse mediante movimientos compensados y no deberán incrementar el presupuesto regularizable de servicios personales.

Artículo Séptimo. La Secretaría de Gobernación, sesenta días hábiles posteriores a la publicación de este Decreto, instalará y presidirá una Comisión para la Coordinación del Sistema de Justicia previsto en el presente Decreto, con la participación de la Presidencia de la Comisión Nacional de Tribunales Superiores de Justicia de los Estados Unidos Mexicanos; la Presidencia del Tribunal Superior de Justicia del Estado, así como la Presidencia de la Comisión de Justicia del Congreso Local que corresponda, quienes concurrirán a convocatoria o solicitud ante la Presidencia de la Comisión, con el fin de configurar la asistencia técnica a los Poderes Judiciales, Federal y Locales, en la instrumentación del Código Nacional de Procedimientos Civiles y Familiares con base en el desarrollo de habilidades, destrezas y sanas prácticas procesales, y la definición de estándares uniformes de operación del sistema; así como la correcta aplicación de los recursos públicos asignados; asimismo la Comisión contará con la representación de la Presidencia de la Comisión de Justicia tanto de la Cámara de Diputados como del Senado de la República; y la Presidencia del Consejo de la Judicatura Federal y Locales, en caso de ausencia de las personas designadas, concurrirán quienes ostenten su representación legal. En todos los casos las participaciones de quienes integran esta Comisión, serán honoríficos.

La Comisión tendrá por objeto analizar y acordar las políticas de coordinación necesarias para la instrumentación del Código Nacional de Procedimientos Civiles y Familiares, así como la armonización legislativa que apareja, en todo el territorio nacional. Para dichos efectos podrá convocar a los diversos grupos de la sociedad y la academia, de conformidad con las Bases de Operación que para dichos efectos expida la propia Comisión, en cumplimiento a su Acuerdo de instalación. La Comisión deberá remitir un Informe de Actividades a las Cámaras del Congreso General de los Estados Unidos Mexicanos.

Artículo Octavo. La Comisión, atendiendo a lo previsto en el Artículo Sexto transitorio, contará con una Secretaría Técnica, encargada de ejecutar los Acuerdos y determinaciones de la Comisión, así como coadyuvar, coordinar y brindar apoyo a las autoridades Locales y Federales en la instrumentación del Código Nacional de Procedimientos Civiles y Familiares.

Artículo Noveno. Los Poderes Judiciales de la Federación y de las Entidades Federativas, en el ámbito de sus respectivas competencias, establecerán las etapas y calendarios para llevar a cabo las acciones y medidas necesarias para la instrumentación del Código Nacional de Procedimientos Civiles y Familiares, de conformidad con las asignaciones presupuestales aprobadas para ese fin en sus respectivos presupuestos de egresos del ejercicio fiscal que corresponda.

La Comisión prevista en el Artículo Séptimo de estas Disposiciones Transitorias, dará seguimiento a la implementación conforme a lo establecido o dispuesto en el párrafo anterior.

Artículo Décimo. El Congreso General de los Estados Unidos Mexicanos, así como las Legislaturas de las Entidades Federativas, contarán con un plazo máximo de 180 días naturales posteriores a la publicación del presente Decreto, para expedir las actualizaciones normativas correspondientes para su debido cumplimiento.

Artículo Décimo Primero. Los Poderes Judiciales Federal y de las Entidades Federativas, deberán hacer los ajustes reglamentarios para la adopción de las mejoras en sus estructuras e infraestructura física y tecnológica y de capacitación en el plazo máximo de a la entrada en vigor del presente Código Nacional.

Artículo Décimo Segundo. Para la instrumentación de lo dispuesto en este Decreto, tanto en el ámbito Federal como Local, las autoridades podrán establecer Convenios de Colaboración.

Artículo Décimo Tercero. Toda referencia a la legislación procesal civil y familiar Federal y de las Entidades Federativas, en ordenamientos diversos, se entenderá a partir de la vigencia en las mismas, al Código Nacional de Procedimientos Civiles y Familiares.

Artículo Décimo Cuarto. El Consejo de la Judicatura Federal coordinará, con los Consejos de la Judicatura de las Entidades Federativas, la armonización regulatoria y operativa respecto de la información judicial a su cargo para la instrumentación de una plataforma digital bajo la denominación de Sistema Nacional de Información Jurisdiccional, para acceso y consulta pública, la cual deberá contener al menos el nombre de la persona actora, demandada, autoridad jurisdiccional que conoce del juicio o de la apelación, tipo de juicio, así como las resoluciones de primera y segunda instancia y en su caso si se promovió juicio de amparo.

En esta plataforma se agregará un apartado, en el que se contengan las direcciones de correo electrónico de las autoridades, peritos y auxiliares oficiales.

Dicha plataforma digital será administrada por el Consejo de la Judicatura Federal, quien tendrá control y resguardo absoluto de las bases de datos, bajo lineamientos que al efecto expida para el manejo y recopilación de la información, observando en todo momento el marco regulatorio en materia de transparencia.

Artículo Décimo Quinto. En materia de digitalización de documentos en expedientes judiciales, mientras el Consejo de la Judicatura respectivo no establezca sus propios lineamientos, deberá cumplirse lo que para tal efecto establece la Norma Oficial Mexicana que señala los requisitos que deben observarse para la conservación de mensajes de datos y digitalización de documentos.

Artículo Décimo Sexto. Para efecto de que todas las comunicaciones y notificaciones electrónicas, se les realicen a todas las autoridades, peritos y demás auxiliares oficiales a través de su dirección de correo electrónico oficial, deberán señalar dicha dirección en su página de internet oficial, de contar con ella, y en todo caso deberán hacerlo de conocimiento de los poderes judiciales dentro de los 90 días siguientes a la entrada en vigor del presente Decreto. Los poderes judiciales deberán registrar y almacenar dicha información, para remitirla al Sistema Nacional de Información Jurisdiccional a fin de que sea de acceso público.

Artículo Décimo Séptimo. Los Consejos de la Judicatura Federal y de las Entidades Federativas, contarán con un plazo máximo de 180 días naturales a partir de la publicación de este Decreto, para emitir el formato único concursal; así como el diseño e instrumentación del Boletín Concursal Nacional Digital en la Plataforma del Sistema Nacional de Información Jurisdiccional, en el que se registre el número de expediente de cada proceso judicial de insolvencia que se admita, la fecha de admisión, el juzgado de radicación y el nombre de la persona deudora. Dicho registro será público, y tendrá por objeto servir de medio de notificación de los procedimientos de insolvencia a todos los acreedores que puedan ser afectados; así como a las autoridades jurisdiccionales que conozcan de algún proceso a favor o en contra de la persona deudora.

Artículo Décimo Octavo. Las sociedades de información crediticia contarán con un plazo máximo de 180 días naturales a partir de la entrada gradual en vigor del presente Decreto según corresponda, para incorporar en sus reportes de crédito una clasificación especial que identifique a las personas deudoras que celebraron un convenio, plan de pagos, o sentencia, que deriven del concurso civil que prevé el presente Código Nacional.

Artículo Décimo Noveno. Se derogan todas aquellas disposiciones que establezcan procedimientos de interdicción, cuyo efecto sea restringir la capacidad jurídica de las personas mayores de 18 años, de conformidad con lo previsto por las Disposiciones Transitorias del presente Decreto.

Artículo Vigésimo. Para el caso que, en la fecha de publicación en el Diario Oficial de la Federación este Código Nacional, en la legislación vigente de las entidades federativas no exista regulación relacionada con el procedimiento especial de declaración de ausencia por desaparición, a partir del día siguiente de dicha publicación, se aplicarán supletoriamente las disposiciones del presente Código Nacional.

Ciudad de México, a 24 de abril de 2023.- Sen. Alejandro Armenta Mier, Presidente.- Dip. Santiago Creel Miranda, Presidente.- Sen. Verónica Noemí Camino Farjat, Secretaria.- Dip. Sarai Núñez Cerón, Secretaria.- Rúbricas.

En cumplimiento de lo dispuesto por la fracción I del Artículo 89 de la Constitución Política de los Estados Unidos Mexicanos, y para su debida publicación y observancia, expido el presente Decreto en la Residencia del Poder Ejecutivo Federal, en la Ciudad de México, a 6 de junio de 2023.- Andrés Manuel López Obrador.- Rúbrica.- El Secretario de Gobernación, Lic. Adán Augusto López Hernández.- Rúbrica.